CIUDADANÍAS, EDUCACIÓN Y JUVENTUDES

INVESTIGACIONES Y DEBATES PARA EL CHILE DEL FUTURO

EDICIONES UNIVERSIDAD CATÓLICA DE CHILE
Vicerrectoría de Comunicaciones
Av. Libertador Bernardo O'Higgins 390, Santiago, Chile

editorialedicionesuc@uc.cl
www.ediciones.uc.cl

**CIUDADANÍAS, EDUCACIÓN Y JUVENTUDES.
INVESTIGACIONES Y DEBATES
PARA EL CHILE DEL FUTURO.**

Cristóbal Villalobos.
María Jesús Morel.
y Ernesto Treviño.

Editores

Diseño:
Johanna Rivas CEPPE UC

CIP-Pontificia Universidad Católica de Chile
CIUDADANÍAS, EDUCACIÓN Y JUVENTUDES :
INVESTIGACIONES Y DEBATES
PARA EL CHILE DEL FUTURO /
Cristóbal Villalobos, María Jesús Morel y Ernesto Treviño, editores.

    1.   Ciudadanía – Enseñanza – Chile.
    2.   Educación cívica – Enseñanza – Chile.
    3.   Juventud – Chile – Participación ciudadana.
    I.   Villalobos, Cristóbal, editor.
    II.   Morel Rioseco, María Jesús, editor.
    III.   Treviño, Ernesto, editor..

2021   323.60718   +   DDC23   RDA

CIUDADANÍAS, EDUCACIÓN Y JUVENTUDES

INVESTIGACIONES Y DEBATES PARA EL CHILE DEL FUTURO

Cristóbal Villalobos, María Jesús Morel y Ernesto Treviño

Editores

ÍNDICE

CIUDADANÍAS, EDUCACIÓN Y JUVENTUDES: UNA RELACIÓN EN TENSIÓN.................9
Cristóbal Villalobos • María Jesús Morel • Ernesto Treviño

PARTE I:

ACTITUDES CIUDADANAS: CONSTRUYENDO CIUDADANÍA CON OTROS/AS/ES.................**23**

RELATO 1
ESTUDIANTES MIGRANTES Y LA CIUDADANÍA COMO FORMA DE PERTENENCIA EN EL NORTE DEL PAÍS 25

RELATO 2
GÉNERO Y SEXUALIDAD: UN TEMA QUE MUEVE A LOS ESTUDIANTES SECUNDARIOS 34

CAPÍTULO 1
LA MIGRACIÓN Y LA DIVERSIDAD CULTURAL COMO FENÓMENOS QUE DESAFÍAN LA ENSEÑANZA DE LA CIUDADANÍA 43
Andrea Riedemann • Pablo Roessler • Fernanda Stang

CAPÍTULO 2
FORMACIÓN CIUDADANA, RACISMO Y COLONIALISMO DE ASENTAMIENTO: EL CASO MAPUCHE.................79
Álvaro Hofflinger • Héctor Nahuelpán

CAPÍTULO 3
PRODUCCIÓN DE MUJERES COMO SUJETOS DE SEGUNDA CATEGORÍA EN EL ESPACIO ESCOLAR: MÁS ALLÁ DE LAS IDEAS NORMATIVAS DE GÉNERO Y CIUDADANÍA 111
Claudia Matus • Valentina Errázuriz • Luna Follegati

CAPÍTULO 4
DISCURSOS CIUDADANOS EN TORNO A LA DIVERSIDAD SEXUAL EN LAS ESCUELAS.................141
María Teresa Rojas • Pablo Astudillo • Mario Catalán

CAPÍTULO 5

CREENCIAS ANTIDEMOCRÁTICAS ENTRE NUESTROS ESTUDIANTES 175
Diego Carrasco • Andrés Sandoval-Hernández • Natalia López • Javiera Maturana

PARTE II:

CONOCIMIENTO CÍVICO Y FORMACIÓN CIUDADANA: EL APRENDIZAJE DE LA CIUDADANÍA 205

RELATO 3

UNA RED DE JÓVENES MUJERES QUE BUSCAN DEMOSTRAR QUE SU OPINIÓN ES TAN VÁLIDA COMO LA DEL RESTO 207

RELATO 4

SER ESCUCHADOS Y TOMAR DECISIONES: NUEVOS PARADIGMAS DE LA PARTICIPACIÓN DE NIÑOS Y NIÑAS EN LA CIUDADANÍA 215

CAPÍTULO 6

LA FORMACIÓN CIUDADANA EN LAS ESCUELAS CHILENAS: LEYES VACÍAS 227
Patricia Ojeda • Paula Neira• Amaranta Cartes • María Teresa Cortés • María Jesús Morel • Carmen Gloria Zúñiga

CAPÍTULO 7

LA EDUCACIÓN PARA LA CIUDADANÍA EN LAS VOCES DEL PROFESORADO 257
Silvia Redón • Natalia Vallejos• Camila Beláustegui

CAPÍTULO 8

CONOCIMIENTO CÍVICO: CONCEPTO, ANTECEDENTES Y CONSECUENCIAS PARA CHILE 287
Daniel Miranda • Anaís Herrera-Leighton

CAPÍTULO 9

EL DESAFÍO DE FORMAR JÓVENES CIUDADANOS EN LA ESCUELA CHILENA: UN ANÁLISIS EMPÍRICO 327
Ernesto Treviño • Catalina Miranda

CAPÍTULO 10

MEDIOS, TELEVISIÓN Y FORMACIÓN CIUDADANA: JÓVENES FRENTE A NUEVAS Y VIEJAS PANTALLAS 359
Cristián Cabalín • Lorena Antezana • Pablo Andrada

PARTE III:

PARTICIPACIÓN CIUDADANA JUVENIL: VISIONES MULTIDIMENSIONALES 387

RELATO 5

OPINAR, REPRESENTAR Y SER PARTE DE LA TOMA DE DECISIONES: LAS PRINCIPALES MOTIVACIONES DE ESTUDIANTES DE UN CENTRO DE ALUMNOS 389

RELATO 6

¿POR QUÉ NO PROTESTAR?: LA ORGANIZACIÓN TERRITORIAL Y LA PROTESTA COMO RESPUESTA A LA INDIFERENCIA INSTITUCIONAL 397

CAPÍTULO 11

AUTORIDAD, VIOLENCIA Y PARTICIPACIÓN: CONFLICTOS DESDE LA PERSPECTIVA DE LOS DIRIGENTES ESTUDIANTILES 405
Romina Díaz • Patricia Guerrero • Marianela Aravena • Manuel Cuevas

CAPÍTULO 12

CIUDADANÍA, PROTESTAS Y JUVENTUD: UN ANÁLISIS SOCIO-HISTÓRICO DEL CICLO DE PROTESTAS EDUCATIVAS EN LA POST-DICTADURA CHILENA (1990-2014) 433
Cristóbal Villalobos • Cristian Bellei • Sebastián Pereira

CAPÍTULO 13

VOTO Y PARTICIPACIÓN ELECTORAL: CREENCIAS Y ACTITUDES DE ESTUDIANTES DE ENSEÑANZA MEDIA 467
Camila Jara • Macarena Sánchez • Cristian Cox

CAPÍTULO 14

SOCIOECOLOGÍA BASADA EN LA COMUNIDAD: INVESTIGACIÓN CIENTÍFICA ESCOLAR Y FORMACIÓN CIUDADANA PARA LA SUSTENTABILIDAD EN WALLMAPU 501
Martín Bascopé • Julián Caviedes • Rukmini Becerra-Lubies • Nicolás Gálvez • María de la Luz Marqués • Gonzalo Salazar • Antonia Barreau • José Tomás Ibarra

CAPÍTULO 15

PROMOVIENDO LA PARTICIPACIÓN PROSOCIAL Y CIUDADANA EN UN ENTORNO DE INEQUIDAD MULTIDIMENSIONAL: ANÁLISIS DEL CAMBIO EN REDES INTERPERSONALES EN EL CONTEXTO DE INTERVENCIONES ESCOLARES EN CHILE 535
Alejandra Marinovic • Paula Luengo Kanacri • Diego Palacios

CIUDADANÍAS, EDUCACIÓN Y JUVENTUDES: UNA RELACIÓN EN TENSIÓN

CRISTÓBAL VILLALOBOS
Centro de Estudios de Políticas y Prácticas en Educación,
Pontifica Universidad Católica de Chile

MARÍA JESÚS MOREL
Centro de Estudios de Políticas y Prácticas en Educación,
Pontificia Universidad Católica de Chile

ERNESTO TREVIÑO
Centro Justicia Educacional,
Facultad de Educación,
Pontificia Universidad Católica de Chile

Cristóbal Villalobos

Sociólogo y Trabajador Social, Pontificia Universidad Católica de Chile. Magister en Economía Aplicada por la Universidad Alberto Hurtado y la Georgetown University. Doctor en Ciencias Sociales de la Universidad de Chile. Actualmente, es Investigador Asociado del Centro de Estudios de Políticas y Prácticas en Educación (CEPPE UC) de la Pontificia Universidad Católica de Chile. Sus líneas de investigación incluyen la desigualdad educativa, la educación ciudadana, los movimientos sociales en educación y la educación superior.

Contacto: clvillal@uc.cl

María Jesús Morel

Socióloga de la Pontificia Universidad Católica de Chile. Investigadora Adjunta del Centro de Estudios de Políticas y Prácticas en Educación (CEPPE UC). Se ha centrado en la investigación de temas educativos, como el financiamiento escolar, la formación ciudadana y el desarrollo de resultados cívicos, y la educación para la ciudadanía global.

Contacto: mjmorel@uc.cl

Ernesto Treviño

Profesor Asociado de la Facultad de Educación de la Pontificia Universidad Católica de Chile y director del Centro UC para la Transformación Educativa (CENTRE UC). Doctor en Educación de la Universidad de Harvard (EE.UU). Además, es Investigador Principal del Centro de Estudios Avanzados sobre Justicia Educacional (CJE) e Investigador Asociado del Centro de Estudios de Políticas y Prácticas en Educación (CEPPE UC). Sus áreas de investigación son educación inicial, educación cívica y segregación e inclusión pedagógica. Ha liderado proyectos con financiamiento de ANID-Chile, UNESCO, UNICEF, PNUD, la Agencia de Calidad, el ICFES de Colombia y de los Ministerios de Educación de Chile, Colombia y Paraguay.

Contacto: ernesto.trevino@uc.cl

1. INVESTIGAR EL PRESENTE, PENSAR EL FUTURO. LA PROPUESTA DEL LIBRO

"*Pero, ¿cómo voy a ser ciudadano, si aún no soy mayor de edad?*". Con esa lapidaria frase, una joven del sur de Chile respondía a nuestra pregunta sobre qué era para ella ser ciudadana hoy. Aunque con diferencias, esta idea de la juventud como un espacio que está fuera de la ciudadanía es hoy una opinión extendida en toda la población, aun cuando la legislación nacional establece que los jóvenes desde los 14 años son responsables ante la ley. Como una forma de afrontar, discutir y cuestionar esa realidad, pero también como una manera de crear e imaginar nuevos futuros, "*Ciudadanías, educación y juventudes. Investigaciones y debates para el Chile del futuro*" se construye como un libro que busca: i) recopilar evidencia sobre la construcción de la ciudadanía juvenil en Chile y América Latina; ii) promover discusiones respecto del rol de la escuela en la formación ciudadana; y iii) potenciar el debate sobre los desafíos económicos, sociales, culturales y ambientales que vivimos actualmente y que vivirán las próximas generaciones en este globalizado (y convulsionado) mundo.

Como cualquier obra, el libro se posiciona desde un punto de vista epistemológico, ético y político de base, que puede sintetizarse en tres "mínimos comunes" que constituyen lo que podríamos llamar el *ethos* que orienta el libro. En primer lugar, partimos de la convicción de que los y las jóvenes (así como todos los seres humanos) son sujetos activos de nuestras sociedades y, en este sentido, son ciudadanos y ciudadanas de hecho. En segundo lugar, concebimos el mundo de tal forma que la ciudadanía la entendemos consustancialmente como un acto democrático, lo que implica que esta no puede estar reglamentada (únicamente) por estándares jurídicos o por reglamentos institucionales, sino que debe ser construida a través del reconocimiento mutuo y colectivo de las personas. Finalmente, partimos de la idea de que la escuela y el sistema escolar (con sus incontables limitaciones) son instituciones relevantes y necesarias para la construcción de la ciudadanía juvenil. Organizadas como ejes de pensamiento y acción, estas tres ideas estructuran y orientan (respetando las particularidades de cada estudio) las investigaciones, debates y análisis incorporados en esta obra.

A pesar de este marco común, *"Ciudadanías, educación y juventudes. Investigaciones y debates para el Chile del futuro"* se desarrolla también desde la idea de que el análisis y discusión sobre la ciudadanía es un proceso colectivo, plural y, por definición, en continua revisión. Como una forma de considerar este aspecto, el libro se desarrolla como un crisol de pluralidades, que buscan configurar, en su propia operación de diversidad, una imagen polifónica sobre cómo se tensiona la relación entre ciudadanía, la escuela y las juventudes en el Chile contemporáneo. Esta pluralidad se evidencia en los diversos enfoques conceptuales y disciplinas incluidas en el libro (que incluyen historia, ciencia política, ciencias ambientales, sociología, educación, entre otras), la variedad de enfoques de investigación, datos y formas de análisis utilizados (incorporando análisis de encuestas internacionales, etnografías, análisis de discursos, entrevistas, entre muchas otras), la diversidad de investigadores e investigadoras incorporados y la multiplicidad de realidades geográficas, sociales, culturales analizadas (que incluyen sujetos de distinto nivel socioeconómico y que recorren a lo largo del país, por nombrar dos aspectos).

De esta forma, unidad ética, pluralidad investigativa y pensamiento colectivo se convierten en los principales elementos desde los cuales se organiza este libro.

2. TRES DIMENSIONES CLAVES DE LA CIUDADANÍA JUVENIL Y LA ESCUELA. SENTIDO Y ORGANIZACIÓN DEL LIBRO

En términos de su organización, el libro se estructura en torno a las tres principales dimensiones de la ciudadanía: las actitudes ciudadanas, el conocimiento cívico y ciudadano, y la participación ciudadana. Lógicamente, estas dimensiones se encuentran interrelacionadas en la realidad social, pero su diferenciación permite resaltar dos ideas que guían el libro. Por un lado, permite mostrar que los desafíos de la ciudadanía (en general, pero especialmente la juvenil) son múltiples, pues lo que se sabe, lo que se piensa y lo que se hace no son siempre ni necesariamente lo mismo.

Por otro lado, permite dimensionar la complejidad del desafío del proceso de formación ciudadana, el que abarca, a la vez, disposiciones éticas, formas de involucramiento político, actitudes cívicas, conocimiento de la realidad local y global, y formas de relación con los otros.

La primera parte del libro se denomina "**Actitudes Ciudadanas. Construyendo ciudadanía con otros/as/es**" y reúne investigaciones relacionadas con algunas actitudes cívicas, como las actitudes hacia grupos subalternos (migrantes, pueblos originarios), las relacionadas con las identidades sociales (como la identidad de género) y las relacionadas con la institucionalidad, específicamente, las actitudes hacia la democracia. Aunque hay varias actitudes ciudadanas relevantes no consideradas (como hacia la corrupción, hacia la religión u otras formas de creencia o las comunitarias-barriales), los capítulos reunidos se focalizan en responder a interrogantes sobre tres dimensiones críticas para el país en las próximas décadas: la cohesión social, las identidades juveniles y la estabilidad democrática.

Los dos primeros capítulos se focalizan en las actitudes hacia grupos subalternos. El primer capítulo, titulado "*La migración y la diversidad cultural como fenómenos que desafían la enseñanza de la Ciudadanía*", escrito por Andrea Riedemann, Pablo Roessler y Fernanda Stang explora la relación entre ciudadanía y migración. A través de un análisis del currículo actual de formación ciudadana, se muestra la baja densidad y referencias que existen sobre el tema en el sistema escolar. De esta forma, se pone en relieve cómo los cambios migratorios y la multiplicación de la diversidad cultural está desafiando la comprensión tradicional de ciudadanía. En el segundo capítulo, Álvaro Hofflinger y Héctor Nahuelpán exploran la relación entre racismo y ciudadanía en "*Formación ciudadana, racismo y colonialismo de asentamiento. El caso mapuche*". Utilizando el concepto de colonialismo de asentamiento para explicar históricamente el contexto de estudio y usando datos secundarios nacionales disponibles, los autores se focalizan en conocer los efectos de la discriminación escolar en la participación de los y las jóvenes indígenas. Los resultados muestran que, independiente del nivel de discriminación que experimenten, los estudiantes mapuche presentan menores niveles de participación y sentido de pertenencia que sus pares no mapuche, lo que indicaría que la discriminación no solo produce sentimientos de inferioridad, sino también limita sus espacios de interacción con la población no indígena, generando espacio para la disminución (aún más) de la cohesión social en la región.

Comprender cómo se producen y circulan sistemas para razonar la normalidad y la diferencia en la categoría de género es el objetivo del texto escrito por Claudia Matus, Valentina Errázuriz y Luna Follegati en el tercer capítulo, titulado *"Producción de mujeres como sujetos de segunda categoría en el espacio escolar. Más allá de las ideas normativas de género y ciudadanía"*. Utilizando material etnográfico, las autoras dan cuenta de la persistencia histórica en la escuela de una feminidad normativa que condiciona la conceptualización y práctica de la ciudadanía, y que se transmite en una diversidad de formatos y lenguajes al interior de la escuela: desde la enseñanza de la Historia y Ciencias Naturales, hasta las pautas de crianza que transmiten las y los docentes. También relacionado con las identidades y las actitudes ciudadanas, el cuarto capítulo, *"Discursos ciudadanos en torno a la diversidad sexual en las escuelas"*, escrito por María Teresa Rojas, Pablo Astudillo y Mario Catalán, analiza las respuestas institucionales y las voces de los estudiantes sobre las identidades sexuales a través del estudio de tres casos (establecimientos) socioeconómicamente diversos entre sí, reflexionando cómo estos procesos potencian o limitan el desarrollo de la ciudadanía. Aunque se aprecian ciertos avances institucionales, los estudiantes expresan miradas críticas sobre las formas en que la comunidad de adultos reordena sus creencias o, al menos, sus disposiciones hacia la diversidad.

El capítulo cinco se focaliza en una última actitud ciudadana crítica para cualquier democracia: la adhesión al autoritarismo. Diego Carrasco, Andrés Sandoval-Hernández, Natalia López y Javiera Maturana analizan en el quinto capítulo, *"Creencias antidemocráticas entre nuestros estudiantes"*, la relación entre una práctica educativa—la discusión abierta en la sala de clases—y la adhesión al autoritarismo, a través de un análisis de una encuesta internacional de gran escala sobre el tema, encontrando que la discusión abierta sobre temas políticos y sociales en la sala de clases reduce las probabilidades de que los estudiantes acepten prácticas autoritarias. A partir de esto, indican que la implementación de este tipo de prácticas requiere de soportes adicionales como las relaciones positivas profesor-estudiante, y la valoración de la participación por parte de los estudiantes en el sistema escolar.

La segunda parte del libro se denomina ***"Conocimiento cívico y formación ciudadana. El aprendizaje de la ciudadanía"***. Como indica su título, esta parte del libro incluye estudios sobre distintos aspectos del conocimiento cívico y del aprendizaje de la ciudadanía, incluyendo análisis críticos de las últimas reformas escolares implementadas, los factores escolares (y extra-escolares) que podrían estar modelando este conocimiento y la influencia en la formación cívica de otros agentes socializadores no usualmente considerados en el proceso educativo. De esta forma, esta parte del libro busca analizar el conocimiento cívico como un hecho social que se influye, transforma y modela según el contexto escolar, pero también familiar y social de los y las jóvenes.

Los dos primeros capítulos de esta sección se focalizan en analizar y evaluar los cambios institucionales educativos sobre la materia ocurridos en los últimos años. El capítulo seis, escrito por Patricia Ojeda, Paula Neira, Amaranta Cartes, María Teresa Cortés, María Jesús Morel y Carmen Gloria Zúñiga, se titula *"La formación ciudadana en las escuelas chilenas. Leyes vacías"*. Específicamente, el capítulo se focaliza en analizar la forma en que los Planes de Formación Ciudadana (PFC) se han materializado en ocho escuelas del país, usando múltiples fuentes de información cualitativa, que incluyen entrevistas y observaciones de aula, entre otras. A pesar de existir algunas diferencias entre escuelas, las autoras concluyen que los PFC son entendidos en las escuelas como una imposición, debido a que no fueron generados en conjunto con las comunidades educativas, limitando así las posibilidades de construcción ciudadana juvenil en la escuela. En una línea complementaria, Silvia Redón, Natalia Vallejos y Camila Beláustegui analizan las creencias y concepciones de los docentes de educación para la ciudadanía en el séptimo capítulo, titulado *"La educación para la ciudadanía en las voces del profesorado"*. Usando datos de casi 100 entrevistas a docentes, las autoras muestran cómo el discurso docente está alejado muchas veces de los mandatos institucionales-técnicos, no existiendo el espacio para abordar con autonomía las realidades diversas y plurales de la juventud en la escuela, llamando a revalorizar el componente político en la educación, la formación docente y la escuela.

Los siguientes dos capítulos abordan el conocimiento cívico y sus influencias familiares y escolares, usando como fuente principal el

Estudio Internacional Educación Cívica y Formación Ciudadana (ICCS 2016). Por una parte, Daniel Miranda y Anaís Herrera-Leighton escriben *"Conocimiento cívico: concepto, antecedentes y consecuencias para Chile"* en el capítulo ocho. En este se realiza una extensa discusión sobre el concepto de conocimiento cívico, con un foco principal en dar cuenta cómo este constructo se ha medido y qué evidencia de factores incidentes hay hasta la fecha. Considerando esto, los autores analizan los resultados de Chile en la prueba ICCS 2016, que muestran que, si bien los jóvenes chilenos presentan niveles más altos de conocimientos que otros países de la región, estos son menores y muy lejanos a los de países europeos. Adicionalmente, se observa que el porcentaje de estudiantes que adquieren altos niveles de sofisticación es relativamente bajo. Con un foco distinto, Ernesto Treviño y Catalina Miranda también utilizan los datos de ICCS 2016, pero para dar cuenta de los factores escolares que influyen en un elemento específico: la concepción de buena ciudadanía que construyen los jóvenes. Este es el foco central del capítulo nueve, titulado *"El desafío de formar jóvenes ciudadanos en la escuela chilena: un análisis empírico"*. Usando una tipología de buena ciudadanía, concluyen que, en el caso chileno, a medida que las escuelas proporcionan más oportunidades de discusión abierta sobre temas políticos y sociales, junto a una buena relación con el docente, hay más probabilidad de adhesión a las normas ciudadanas en los y las jóvenes del país, dando así cuenta del potencial transformador del sistema educativo.

Cierra esta sección el capítulo diez, titulado *"Medios, televisión y formación ciudadana. Jóvenes frente a nuevas y viejas pantallas"*, escrito por Cristián Cabalín, Lorena Antezana y Pablo Andrada. Desde una perspectiva de análisis crítico, los autores discuten las potencialidades educativas de la televisión, basándose en el análisis de uno de los géneros más vistos en televisión abierta por los y las jóvenes: las telenovelas. A través de un estudio de tres telenovelas contemporáneas, se muestra cómo estas piezas producen discursos sociales que pueden impactar en la formación ciudadana de las audiencias más jóvenes, abordando problemas cruciales en la vida cotidiana de la juventud: su experiencia con el gobierno, sus condiciones de vida y diversos asuntos ligados al ámbito emotivo y privado.

Finalmente, la tercera parte del libro se titula "***Participación ciudadana juvenil. Visiones multidimensionales***" y tiene un foco en la veta agencial de la ciudadanía, incluyendo investigaciones que se enfocan en diversos ámbitos de la participación de los y las jóvenes desde o relacionados con el espacio escolar, y entendiendo la participación de forma amplia, que incluye diversos objetivos y variados niveles de influencia.

Los tres primeros capítulos de esta parte del libro se focalizan en estudiar tres formas icónicas de participación: la participación escolar, la movilización social y la (futura) participación política institucional. El capítulo once, escrito por Romina Díaz, Patricia Guerrero, Marianela Aravena y Manuel Cuevas, titulado "*Autoridad, violencia y participación. Conflictos desde la perspectiva de los dirigentes estudiantiles*" analiza las experiencias de niñas, niños y jóvenes de un Servicio Local de Educación Pública (SLE) de la Región Metropolitana. Mediante el análisis de talleres de liderazgo y escenas teatralizadas, se concluye que existe una interrelación entre violencia simbólica y la forma en que se ejerce la autoridad en las escuelas hacia los estudiantes, develando una falta de autoridad pedagógica que conduzca la formación cívica desde el respeto y el diálogo. El capítulo doce, escrito por Cristóbal Villalobos, Cristian Bellei y Sebastián Pereira, se focaliza en analizar las demandas, alianzas y formas de protesta de los estudiantes secundarios en el Chile de la post-dictadura, usando una base de datos nacional sobre conflictividad en Chile. Su capítulo, titulado "*Ciudadanía, protestas y juventud. Un análisis socio-histórico del ciclo de protestas educativas en la post-dictadura chilena (1990-2014)*" muestra cómo esta forma de movilización social juvenil ha roto dos ideas instaladas: la noción de que la juventud escolar era un actor pasivo, que debía ser "educado" en el ejercicio de sus derechos y la idea de que la ciudadanía solo se ejerce mediante el voto. Este tema es precisamente el foco del capítulo trece, que se titula "*Voto y participación electoral. Creencias y actitudes de estudiantes de Enseñanza Media*", escrito por Camila Jara, Macarena Sánchez y Cristian Cox. Como lo indica su título, el capítulo recoge evidencia reciente sobre las creencias, significados y actitudes de estudiantes de Enseñanza Media en Chile respecto al voto y su participación en procesos eleccionarios, usando información cualitativa levantada por el equipo de investigación. En general, los resultados muestran que existe una alta intención y valoración del voto entre los y las estudiantes (sobre todo entre las mujeres y entre estudiantes con mayor conocimiento cívico), pero, al mismo tiempo, se detecta que muchos estudiantes valorarían el acto de votar únicamente porque es lo que constituye ser ciudadanos.

Finalmente, los últimos dos capítulos exploran acciones ciudadanas que se relacionan con la relación entre escuelas y comunidad. Por una parte, varios equipos de investigación se unen en el capítulo catorce para analizar cinco experiencias educativas para la formación ciudadana, llevadas a cabo a través de procesos de investigación científica escolar, con un enfoque basado en los territorios y comunidades circundantes a los centros educativos. Escrito por Martín Bascopé, Julián Caviedes, Rukmini Becerra-Lubies, Nicolás Gálvez, María de la Luz Marqués, Gonzalo Salazar, Antonia Barreau y José Tomás Ibarra, titulado *"Socioecología basada en la comunidad. Investigación científica escolar y formación ciudadana para la sustentabilidad en Wallmapu"*, este capítulo muestra cómo los proyectos de investigación socioecológica pueden construir un puente de conexión entre naturaleza, sociedad y comunidad, fortaleciendo el sentido de pertenencia. A la vez, invitan a afrontar problemáticas que trascienden el territorio local. Finalmente, el capítulo quince, escrito por Alejandra Marinovic, Paula Luengo Kanacri y Diego Palacios, titulado *"Promoviendo la participación prosocial y ciudadana en un entorno de inequidad multidimensional: análisis del cambio en redes interpersonales en el contexto de intervenciones escolares en Chile"*, se focaliza en cómo la socialización cívica escolar se vincula con la desigualdad, buscando asociar las dinámicas macrosociales con los factores individuales e interpersonales del ejercicio de la ciudadanía. Usando datos longitudinales provenientes de un proyecto de intervención escolar orientado al fomento de la acción cívica y ciudadana, se analizan los cambios en las redes interpersonales, discutiendo cómo la ciudadanía también se construye en este micronivel.

Además de los quince capítulos, el libro incluye seis textos que hemos denominado "relatos". Insertados al inicio de cada parte del libro (dos en cada parte), los relatos constituyen una síntesis de las conversaciones que los editores tuvimos con diversos niños, niñas y jóvenes. En estas conversaciones, buscamos conocer las experiencias, historias, trayectorias y formas de ejercer la ciudadanía juvenil, buscando de esta forma mostrar como las distintas dimensiones de la ciudadanía son vivenciadas por los propios jóvenes. Asimismo, y para remarcar la "propia voz" de los jóvenes, cada relato incluye una carta, formulada por el puño y letra de los jóvenes, donde ellos expresas sus deseos, preguntas, emociones y vivencias respecto de la ciudadanía y la sociedad. De esta forma, los relatos complementan los estudios, buscando "dar carne" a las distintas investigaciones realizadas.

3. EL LIBRO COMO ESFUERZO COLECTIVO. AGRADECIMIENTOS Y RECONOCIMIENTOS

Además del invaluable trabajo de todos los y las autores/as del libro, este texto es parte de un esfuerzo colectivo, surgido a través de múltiples investigaciones, diálogos, debates y actividades, que se han extendido por cerca de ocho años y que han incluido a una multiplicidad de personas. El análisis del rol de la escuela en la formación cívica, así como de la relevancia de la familia surgió del proyecto *"La participación cívica de los estudiantes de secundaria en México, Chile y Colombia. Un análisis comparado"* financiado por el gobierno mexicano y desarrollado entre 2014 y 2017. En este, fueron muy enriquecedoras las conversaciones que tuvimos con nuestros colegas Benilde García-Cabrero, Guadalupe Pérez, Andrés Sandoval-Hernández y Silvia Diazgranados-Ferrand. Igualmente relevantes fueron la participación y trabajo de Consuelo Béjares y Eloísa Naranjo de parte del equipo chileno, cuyo trabajo nos permitió construir una (incipiente) comunidad nacional e internacional sobre el tema.

En segundo término, las reflexiones sobre las dimensiones múltiples de la ciudadanía, el estado de la formación ciudadana en el contexto chileno, los déficits de la educación cívica en Chile y las exploraciones metodológicas para abordar estos asuntos se alimentaron del desarrollo del Proyecto Fondecyt Regular: *"Sistema escolar chileno y el desarrollo de resultados cívicos. Formas de implementación, mecanismos de recontextualización de la política educativa e influencia de la escuela en el conocimiento, actitudes y participación cívica de los jóvenes"*, desarrollado entre 2018 y 2021. De esta experiencia, agradecemos los comentarios, trabajo y aportes de Diego Carrasco, Carmen Gloria Zúñiga, Teresa Cortés y Natalia López. Afortunadamente, pudimos profundizar en estos tópicos en el proyecto *"Análisis de los planes de Formación Cívica y ciudadana en Chile y su recontextualización en la política educativa"*, financiado por el Consejo

Nacional de Educación en 2019, y en el estudio *"Desafíos de la formación ciudadana en escuelas"*, financiado por la Agencia de la Calidad de la Educación y desarrollado entre 2019 y 2020. En ambos proyectos, los aportes de Diego Carrasco, Carmen Gloria Zúñiga, Amaranta Cartes, Paula Neira, Catalina Miranda, Angélica Bonilla, Patricia Ojeda y Teresa Cortés fueron fundamentales, permitiendo explorar nuevas vetas de trabajo y alimentar nuevas preguntas de investigación.

En tercer lugar, las discusiones sobre formas de acción ciudadana, la participación política y movilización social en el campo educativo se han nutrido del proyecto Fondecyt Iniciación Nº 11190198 *"Estudiando el funcionamiento, organización y dinámicas del campo educativo. Un análisis de la trayectoria, características, relaciones e influencias en el Chile post-dictadura (1990-2020)"*, desarrollado entre 2019 y 2021. En este, los aportes y conversaciones con Diego Palacios, Cristian Bellei, Sebastián Pereira, Camila Straub y Lluís Parcerisa han permitido explorar nuevas conexiones entre el sistema escolar, las juventudes y la ciudadanía, con un foco en las trayectorias históricas, continuidades y discontinuidades del caso chileno.

Finalmente, las discusiones sobre la ciudadanía global, las amenazas globales, las tendencias de la educación ciudadana en el mundo y los principales déficits sobre las actitudes ciudadanas tuvieron cabida gracias a dos proyectos/libros internacionales: *"Teaching tolerance in a globalized world"* (2018-2019) y *"Good citizenship around the World. Using IEA ICCS data to understand the next generation of citizens"* (2019-2021). En estos proyectos, las propuestas, discusiones y veladas con Magdalena Isac, Andrés Sandoval-Hernández, Daniel Miranda, Diego Carrasco, Ellen Claes y Kerry Keneddy nos han permitido poner en perspectiva global el caso chileno y aportar a la comprensión de la formación ciudadana y las juventudes en una escala mundial.

Aunque sustentado en estos proyectos, este libro es también un producto emergente, que ha contado con sus propias dinámicas, obstáculos y aprendizajes. En este sentido, es fundamental reconocer el trabajo de Bárbara Díaz Cabezas, quien, desde el Centro de Estudios de Políticas y Prácticas en Educación (CEPPE UC) ha ayudado a la gestión y corrección de cada uno de los capítulos, soportando nuestras demoras y peticiones. La incorporación de los relatos juveniles se debe a las conversaciones, apoyo y orientación metodológica de Javiera Roa, que, con inigualable claridad y espíritu crítico, nos ha obligado a re-pensar los objetivos del libro y nos ha alertado sobre la relevancia de poner en el centro a los y las jóvenes. Para la producción de la portada, hemos incluido una obra de Matías Prado, quien ha plasmado la idea de pluralidad de miradas a través de una bella ilustración especialmente realizada para este libro. Finalmente, parte importante del equipo del CEPPE UC ha apoyado la realización de este texto: Johanna Rivas, que ha trabajado en la diagramación de cada uno de los capítulos del libro con una paciencia y dedicación notable; Cristian Contardo, que ha apoyado en la gestión periodística y en aspectos logísticos; y Alejandro Carrasco y Magdalena Claro, que, desde sus respectivos momentos de dirección del CEPPE UC, han apoyado el proyecto en términos editoriales y financieros. A todos ellos, muchas gracias.

También es inevitable reconocer el apoyo de nuestras familias, hijos/as, compañeras/os, amigos/as. Con distintos énfasis, miradas, críticas y cuestionamientos, todos ellos han sido parte de este esfuerzo, entregando y aportando con ideas, tiempo, cariño y amor. Finalmente, necesitamos también agradecer a todas y todos los jóvenes, niños y niñas por su aporte directo o indirecto a este libro. Estamos convencidos que el diálogo intergeneracional es la clave que permitirá al país avanzar en una sociedad más justa, democrática y plural, y esperamos que este libro sea un puntapié para propiciar nuevas preguntas, explorar nuevos debates y generar nuevos conocimientos.

ACTITUDES CIUDADANAS: CONSTRUYENDO CIUDADANÍA CON OTROS/AS/ES

ESTUDIANTES MIGRANTES Y LA CIUDADANÍA COMO FORMA DE PERTENENCIA EN EL NORTE DEL PAÍS

ESTUDIANTES MIGRANTES Y LA CIUDADANÍA COMO FORMA DE PERTENENCIA EN EL NORTE DEL PAÍS

Kely Mapura (16), Debora Tallon (16) y Enyger Pérez (15) son tres estudiantes del Instituto Superior de Comercio Jerardo Muñoz Campos de Antofagasta (ISCA) que, a pesar de ser de diferentes nacionalidades, comparten un pasado y un presente similar. Provenientes de Colombia, Venezuela y Bolivia respectivamente, vinieron con sus familias a Chile buscando mejores oportunidades de vida y se instalaron en el norte del país, donde poco a poco han ido forjando un sentido de pertenencia y ciudadanía.

Aunque muchas veces las personas migrantes no son consideradas como ciudadanos del país al que llegan, ya sea por las instituciones, el gobierno o por otros ciudadanos, las tres estudiantes advierten, desde un primer momento, que no es necesario nacer en un país para sentirte parte de este. Las trayectorias de vida de las tres dan cuenta de este proceso, aunque con algunas diferencias. Así, mientras Kely y Debora comentan que tuvieron muy buena recepción en Chile y que no les fue difícil adaptarse, Enyger, por su parte, dice que le costó aceptar la idea de dejar Bolivia, pero que con el tiempo se fue acomodando a su nuevo espacio.

En este proceso, todas reconocen que la escuela cumple un rol fundamental. El colegio al que asisten las tres estudiantes se caracteriza por contar con una alta matrícula de estudiantes extranjeros, por lo que muchos tienen historias similares, lo que ayuda a promover el proceso de integración. Además, y, de acuerdo con lo que comentan, los docentes también las han recibido de muy buena manera, permitiendo así hacer más fluida la incorporación a la escuela y a la comunidad. En la ciudad, en tanto, ninguna declara haber "tenido malas experiencias", aunque Kely confiesa que "a veces se siente una incomodidad cuando una está presente, pero igual una sabe que es extranjera entonces no se toma a pecho".

Aunque ninguna participa actualmente en organizaciones barriales o movimientos sociales, todas coinciden en que la ciudadanía se forja con el hecho de formar parte de una comunidad, y de sentirte cómoda en un espacio. "Soy ciudadana porque he pasado mucho tiempo acá. Una aprende muchas cosas, yo convivo con mucha gente de acá y formo parte de la sociedad. Soy igual que cualquier chilena" menciona Enyger, al respecto. Kely en tanto, señala que "vivo en este lugar y soy parte de la comunidad. No puedo decir que no soy ciudadana porque si no, no estaría aquí".

En la misma línea, Debora menciona que "si te sientes cómoda, que es un lugar que te acepta, y sientes que estás bien mental, física o materialmente donde estás, puedo decir que si soy ciudadana de este lugar" a lo que agrega que "puedo apoyar a este país en cualquier parte que esté a mi alcance, eso también nos vuelve ciudadanos, estar acá, ayudarnos. Así nos volvemos ciudadanos entre todos".

A pesar de estas declaraciones, las estudiantes declaran que estos procesos se han visto detenidos por otras dificultades, siendo central la relacionada con su edad. Según indican, el adultocentrismo es algo que les afecta cotidianamente: "Pasa mucho que los adultos muchas veces piensan que no estamos en edad de preocuparnos o estresarnos cuando eso no es así. Siempre hay algo de lo que nos tenemos que preocupar" comenta Enyger. Por su parte, Kely coincide con su compañera y destaca que a los adultos les cuesta entender a los adolescentes y que "no saben cómo tratarlos en general porque a veces lo hacen de una manera muy abusiva o, lo contrario, muy comprensiva".

De todas formas, esta situación no limita sus pretensiones de seguir aportando en la sociedad y en su comunidad. Actualmente, todas indican que se encuentran próximas a enfrentar un hito en su trayectoria escolar: elegir la especialidad que más les guste y la que más sentido les genere, tanto para sus propias vidas como para sus familias y la comunidad.

Antofagasta, 2021

Todos al llegar a un país extranjero tenemos grandes
expectativas de lo que nos vamos a encontrar,
tratamos de acoplarnos a un nuevo lugar, costumbres,
un nuevo colegio, compañeros y maestros, hay
situaciones y anecdotas que suceden, algunas de
esas experiencias y recuerdos seran marradas en
esta carta, que compartiremos con uds

Hola, somos 3 estudiantes que llegamos a vivir a
norte de chile. En el viaje nuestros pensamientos
y emociones corrían a mil ya que no sabiamos
como seria todo nuestro nuevo entorno, traimos
consigo esperanzas de nuevas aventuras y
nuevas cosas por conocer, y llego el momento de
llegada donde seria la nueva residencia ANTOFAGASTA
¡¡¡Que emoción!!!

La primera prueba que se vive cuando uno es joven y extranjera es incorporarse a estudiar...
Comienzan los temores y la curiosidad, ¿cómo serían nuestros profesores? ¿estrictos?, ¿lejanos con los estudiantes?, ¿serían más avanzados estudios?, ¡Uuuff!! eso fue totalmente diferente, a la hora de entrar a clases era muy parecido a nuestros países, ¡prueba superada! La segunda prueba es tener amigos y "amoldarse" y sentirse a gusto e incluida entre los y las compañeros, en esto influye mucho la personalidad de cada una de nosotras si a unas no les costó mucho, una de nosotras buscó actividades para sentirs integrada, esto la ayudó a mejorar y adaptarse, ¡¡¡otra prueba superada!!! La tercera y última prueba, nuestras palabras significan otra cosa, a veces pasan anécdotas por el desconocimiento del significado de ellas, también como se escribe imprenta o manuscrito, nos fuimos adaptando y en nuestro liceo hay muchos extranjeros entonces nuestros profesores ya manejan nuestras palabras y las incluyen en su vocabulario, como nosotras las de mis otros compañeros extranjeros. ¡¡¡Prueba superada!!!

Para finalizar queremos darles un mensaje a todos y todas los que leerán esta carta. No importa las diferencias culturales y de origen; todos somos personas. Algunas estamos dispuestas a cambiar de país para buscar un lugar mejor y, aunque extrañamos nuestra cultura y países, seguimos adelante luchando por nuestros propios sueños, ser profesionales y un aporte positivo para nuestro país, chile.

Debora, Kelly, Enyger, ISCA Antofagasta.

Todos al llegar a un país extranjero tenemos grandes expectativas de lo que nos vamos a encontrar, tratamos de acoplarnos a un nuevo lugar, costumbres, un nuevo colegio, compañeros y maestros, hay situaciones y anécdotas que suceden, algunas de esas experiencias y recuerdos serán narradas en esta carta, que compartiremos con uds.

Hola, somos 3 estudiantes que llegamos a vivir al norte de Chile. En el viaje nuestros pensamientos y emociones corrían a mil ya que no sabíamos cómo sería todo nuestro nuevo entorno, traíamos consigo esperanzas de nuevas aventuras y nuevas cosas por conocer, y llego el momento de llegada donde sería la nueva residencia, ANTOFAGASTA. ¡¡¡Que emoción un nuevo hogar!!!

La primera prueba que se vive cuando uno es joven y extranjera es incorporarse a estudiar... Comienzan los temores y la curiosidad, ¿cómo serían nuestros profesores? ¿estrictos?, ¿lejanos con los estudiantes?, ¿serían más avanzados estudios? ¡¡Uuuff!! Eso fue totalmente diferente, a la hora de entrar a clases era muy parecido a nuestros países, ¡prueba superada! La segunda prueba es tener amigos y "amoldarse" y sentirse a gusto e incluida entre los y las compañeras, en esto influye mucho la personalidad de cada una de nosotras si a unas no les costó mucho, una de nosotras busco actividades para sentirse integrada, esto la ayudo a mejorar y adaptarse, ¡¡¡otra prueba superada!!! La tercera y última prueba, nuestras palabras significan otra cosa, a veces pasan algunas anécdotas por el desconocimiento del significado de ellas, también como se escriben imprenta o manuscrito, nos fuimos adaptando y en nuestro liceo hay muchos extranjeros entonces nuestros profesores ya manejan nuestras palabras, y las incluyen en su vocabulario, como nosotras las de mis otros compañeros extranjeros. ¡¡Prueba superada!!

Para finalizar queremos darles un mensaje a todos y todas las que leerán esta carta. No importan las diferencias de culturas y de origen; todos somos personas. Algunas estamos dispuestas a cambiar de país para buscar un lugar mejor y, aunque extrañamos nuestra cultura y países, seguimos adelante luchando por nuestros propios sueños, ser profesionales y un aporte positivo para nuestro país, Chile.

Débora, Kelly, Enyger, ISCA Antofagasta.

RELATO 2

GÉNERO Y SEXUALIDAD: UN TEMA QUE MUEVE A LOS ESTUDIANTES SECUNDARIOS

GÉNERO Y SEXUALIDAD: UN TEMA QUE MUEVE A LOS ESTUDIANTES SECUNDARIOS

Hoy, la mayoría de las universidades y muchos colegios en el país cuentan con espacios de diálogo e instancias para concientizar a las personas sobre educación sexual y educación no sexista, temas que hasta hace pocos años parecían ser un tabú. El Liceo Experimental Manuel de Salas es un ejemplo donde se ha desarrollado este proceso de diálogo, a través de la implementación de una Unidad de Género y Sexualidad (UGeSex), que ha logrado combatir estigmas, promover debates y cambiar la manera en que se hacen las cosas.

Esta unidad, impulsada por estudiantes y que hoy convoca a docentes, funcionarios, directivos y apoderados del colegio, cuenta con diversas instancias donde todos (pero especialmente las y los estudiantes) pueden instalar en la agenda escolar y promover discusiones sobre temas diversos, como la equidad de género, el respeto y concientización sobre temáticas sexuales o el placer, agrupando desde estudiantes de los primeros años hasta adultos.

Uno de sus grandes hitos de la UGeSex ha sido lograr incidir en la malla curricular, y desarrollar actividades a nivel de todo el colegio en horario de clases. Alejandra Toloza, ex alumna del colegio (egresada en 2019), fue una de las fundadoras de esta unidad, y agrega por su parte que la unidad "se contrapuso a esta estructura que había en el colegio antes, en el que la sexualidad y género no estaban institucionalizados en absoluto".

Aunque al principio la unidad iba a funcionar como una secretaría receptora de denuncias, este fin se volvió muy complicado por diferentes motivos. Ante los obstáculos que se fueron presentando, decidieron contactar a una psicóloga con enfoque de género, la cual le dio un nuevo aire a la comisión y colaboró para que la instancia fuera mutando hacia un nuevo objetivo. "El trabajo que hizo la psicóloga fue súper importante. Nosotras no teníamos conocimiento de las denuncias y los casos por confidencialidad y respeto, entonces tuvo un rol fundamental en la UGeSex. En ese tema -que fue el principal de la unidad en un principio- "se trabajó súper bien" comenta Chiara Sabatini, exalumna (egresada el 2020), que llegó el 2019 al colegio y rápidamente se integró a participar en la unidad.

Cuando comenzaron, las estudiantes percibieron que la incidencia del equipo directivo en la unidad, no permitía que esta funcionara de manera más independiente y menos estructurada. Sin embargo, las y los estudiantes exigieron mayores libertades y establecieron que lo fundamental era que fueran escuchados: "A veces las instituciones apagan incendios constantemente, sin saber cómo realmente podrían funcionar las cosas, y con escuchar se puede avanzar mucho más. Con solo darle los medios a la gente para que puedan trabajar en lo que creen, porque ahí están las necesidades reales" comenta Alejandra al respecto.

Con estas nuevas exigencias ya establecidas, la UGeSex comenzó a desarrollarse de forma más natural y a generar grandes convocatorias. Así, tenían reuniones semanales donde analizaban temas que pasaban en la comunidad desde diferentes perspectivas, y a partir de eso se pensaba qué acciones tomar. "Siempre había una escucha muy activa respecto a cuáles eran las necesidades y a partir de eso generaban foros, conversatorios y trabajos en aula" menciona Chiara.

Alejandra agrega que, si bien cuando comenzaron, a muchas personas les resultaba ajeno el tema, con el tiempo se fue democratizando el proceso, consultando a las y los estudiantes los temas que querían discutir, y a partir de eso fueron llamando la atención de cada vez más gente. "Siempre tuvo interés porque se nos daban los espacios. Hubo harto interés y acogió a mucha gente. Al estar siempre activas, porque estábamos constantemente trabajando, la recepción fue súper buena y para el colegio fue algo súper bueno" destaca la estudiante de psicología. Chiara se suma a las palabras de su compañera y menciona que le sorprendió mucho que la iniciativa tuviese tanto apoyo por parte de las y los profesores y de la directiva, y resalta que "al menos cuando yo estuve, sentí que hubo mucho apoyo por parte de toda la comunidad. Hubo muy buena recepción".

Los temas que ha motivado la UGeSex han sido múltiples. Al principio, hacían talleres sobre consentimiento, competencia entre mujeres, y había otros que eran solo para hombres, relacionado a temas de sexualidad y masculinidad. Además, a las niñas más pequeñas les hacían ciclos de menarquía, así como talleres para discutir y definir bien lo que era el acoso y el abuso sexual. Luego, se fueron expandiendo a otros temas. Así, se impulsaron conversatorios sobre diversidades sexuales, métodos anticonceptivos, placer y sexualidad, pornografía, aborto, consentimiento y deseo, etc., los cuales en muchas ocasiones eran dictados por especialistas en el tema. "Algo que pasó fue que con estos talleres y foros cada vez surgieron más campos específicos de los que se podía conversar y discutir. Sirvió mucho para los profes y directivos que se dieron cuenta que esto hacía mucha falta en el currículum" destaca Alejandra.

La unidad sigue funcionando hasta el día de hoy, sin embargo, la pandemia frenó mucho el proceso debido a la imposibilidad de generar convocatorias presenciales, lo que desmotivó a muchos de las y los alumnos. De todas formas, ambas exalumnas rescatan que es una muy buena señal que la unidad siga funcionando después de tantos años, lo cual puede estar mostrando una proyección para una proyección hacia el futuro.

ESTUDIANTES UGESEX 2019

EXPRESAMOS A TRAVÉS DE ESTA CARTA DIFERENTES IDEAS, DESEOS Y VISIONES DESDE LA EXPERIENCIA CONJUNTA DEL TRABAJO COLECTIVO FEMINISTA Y DISIDENTE EN TORNO A DIVERSIDADES SEXUALES Y DE GÉNERO, DERECHOS SEXUALES, SOCIALES Y REPRODUCTIVOS, TRANSFORMACIÓN CON ENFOQUE INTERSECCIONAL DE LA SOCIEDAD QUE HABITAMOS, CON ÉNFASIS EN EL CUIDADO DE LA SALUD MENTAL, SEXUAL Y FÍSICA DE TODAS LAS PERSONAS Y CON EL ESFUERZO CONSTANTE DE CONSTRUIR COMUNIDADES NO DISCRIMINATORIAS, EMPÁTICAS Y RESPETUOSAS.

DILUCIDAR EL MOTOR DE TANTO RUIDO Y MOVIMIENTO. NOS GUSTARÍA ESCRIBIRLE A LAS COMUNIDADES, A LAS INSTITUCIONES Y A LAS INDIVIDUALIDADES, DECIRLES QUE ESCUCHEN A QUIENES BUSCAN UNA VOZ Y UN LUGAR, ES FÁCIL CAER EN RUTINAS QUE NOS ADAPTAN Y MOLDEAN QUIETXS Y SILENCIOSXS PERO CREEMOS EN EL CAMBIO, NOS GUSTARIA QUE ESCUCHARAN LAS AMBICIONES DE LA JUVENTUD Y LA NIÑEZ, SIN AVARICIA Y SIN REPROCHE, QUE SE ABRAN LOS ESPACIOS PARA INCORPORAR IDEAS Y GENERAR DEBATES EN LOS QUE CONSTRUYAMOS SIEMPRE CON UNA PARTICIPACIÓN TRANSVERSAL. QUE SE GENEREN DENTRO DE LAS INSTITUCIONES LOS ESPACIOS PARA EDUCAR EN ESTAS MATERIAS, CON ENFOQUE DE GÉNERO DESDE LA INCLUSIÓN Y ACEPTACIÓN. QUE LOS MISMOS LICEOS/UNIVERSIDADES, Y POR SOBRE TODO SUS "AUTORIDADES" SE HAGAN CARGO DE PONER SOBRE LA MESA ESTOS TEMAS Y ABRIRSE AL DIÁLOGO, CONSTRUIR CON TODA LA COMUNIDAD UN LUGAR SEGURO E INCLUSIVO. LA CONSTRUCCIÓN DE LA CIUDADANÍA A TRAVÉS DE ESTOS ESPACIOS TRAE CONSIGO MUCHAS POSIBILIDADES Y APRENDIZAJES SE VUELVE URGENTE INSERTAR EN LAS COMUNIDADES ORGANISMOS Y ESPACIOS PARA LA DIVERSIDAD PRESENTE EN ELLOS

Estudiantes UGESEX 2019

Expresamos a través de esta carta diferentes ideas, deseos, y visiones desde la experiencia conjunta del trabajo colectivo feminista y disidente en torno a diversidades sexuales y de género, derechos sexuales, sociales y reproductivos, transformación con enfoque interseccional de la sociedad que habitamos, con énfasis en el cuidado de la salud mental, sexual y física de todas las personas y con el esfuerzo constante de construir comunidades no discriminatorias, empáticas y respetuosas.

Dilucidar el motor de tanto ruido y movimiento.

Nos gustaría escribirles a las comunidades, a las instituciones y a las individualidades, decirles que escuchen a quienes buscan una voz y un lugar. Es fácil caer en rutinas que nos adaptan y moldean quietxs y silenciosxs, pero creemos en el cambio. Nos gustaría que escucharan las ambiciones de la juventud y la niñez, sin avaricia y sin reproche, que se abran los espacios para incorporar ideas y generar debates en los que construyamos siempre con una participación transversal. Que se generen dentro de las instituciones los espacios para educar en estas materias, con enfoque de género, desde la inclusión y la aceptación. Que los mismos liceos/universidades, y por sobre todo sus "Autoridades", se hagan cargo de poner sobre la mesa estos temas y abrirse al diálogo, construir con toda la comunidad un lugar seguro e inclusivo. La construcción de la ciudadanía a través de estos espacios trae consigo muchas posibilidades y aprendizajes. Se vuelve urgente insertar en las comunidades, organismos y espacios para la **diversidad** presente en ellos.

CAPÍTULO 01

LA MIGRACIÓN Y LA DIVERSIDAD CULTURAL COMO FENÓMENOS QUE DESAFÍAN LA ENSEÑANZA DE LA CIUDADANÍA

ANDREA RIEDEMANN
Centro de Investigación para la Educación Inclusiva,
Pontificia Universidad Católica de Valparaíso
Centro de Investigación en Educación,
Universidad Bernardo O'Higgins

PABLO ROESSLER
Fundación Servicio Jesuita a Migrantes,
Chile

FERNANDA STANG
Centro de Investigación en Ciencias Sociales
y Juventud (CISJU),
Universidad Católica Silva Henríquez

Agradecemos por sus comentarios al equipo de Educación e Interculturalidad del SJM, en especial a Trinidad del Río, Milena Collazos, Claudia León y Karina O´Ryan, y también a Leonora Beniscelli, Doctora (c) en Sociología, Universidad Alberto Hurtado. Parte de la discusión de este texto se realizó en el marco de las actividades del proyecto Fondecyt N° 3190674 "Migración, precariedad y ciudadanía: de las tácticas de subsistencia a las estrategias de lucha", a cargo de la investigadora Fernanda Stang.

Andrea Riedemann

Investigadora colaboradora del Centro de Investigación para la Educación Inclusiva de la Pontificia Universidad Católica de Valparaíso (PUCV), PIA ANID 160009. Socióloga. Magíster en Educación Intercultural y Doctora en Ciencias Históricas y Culturales, Universidad Libre de Berlín. Sus intereses y temas de investigación versan en torno a la educación intercultural y antirracista.

Contacto: andrea.riedemann@ubo.cl

Pablo Roessler

Responsable de Estudios, Fundación Servicio Jesuita a Migrantes. Sociólogo y Magíster en Sociología, Pontificia Universidad Católica de Chile. Sus intereses y temas de investigación son las migraciones internacionales y los estudios sobre las sociedades receptoras de migración.

Contacto: pablo.roessler@sjmchile.org

Fernanda Stang

Académica investigadora en el Centro de Investigación en Ciencias Sociales y Juventud, de la Universidad Silva Henríquez (CISJU-UCSH), Chile. Doctora en Estudios Sociales de América Latina, Universidad Nacional de Córdoba, Argentina. Sus líneas temáticas de interés son: migración, educación e interculturalidad; migración, género y diversidad sexual, y migración y política (normativa y políticas migratorias; migración, Estado y ciudadanía; luchas y participación política y social de las personas migrantes).

Contacto: fstang@ucsh.cl

1. INTRODUCCIÓN

En 2020, cuarenta años después de promulgada la Constitución Política vigente, creada durante la dictadura militar (1973-1990), Chile comienza por fin un proceso de elaboración de una nueva Constitución. Tras el plebiscito del 25 de octubre de 2020 y el triunfo de las opciones "Apruebo" (el sí a una nueva Constitución obtuvo el 78% de los votos) y "Convención Constitucional" (el órgano que fue elegido para redactarla estará compuesto solo por ciudadanos, sin representantes del parlamento actual), el país está iniciando un proceso muy particular, entre otros aspectos, porque se trata de la primera Constitución a nivel mundial que será redactada por un organismo en el que habrá paridad de género y escaños reservados para representantes de los pueblos indígenas.

En este marco, el concepto de ciudadanía ha emergido con fuerza en el debate público. En el contexto nacional, las movilizaciones sociales que durante las dos últimas décadas fueron expresando el malestar ciudadano (en varios temas, que van desde acceso a educación y salud, hasta el reconocimiento de la diversidad de grupos que viven en Chile, entre otros) y que eclosionaron en el denominado "estallido social" iniciado el 18 de octubre de 2019, hicieron palmaria una creciente precariedad en el ejercicio de la ciudadanía. Esto se produjo, a su vez, en un escenario de creciente deslegitimación de diversas instituciones (PNUD, 2019).

En el debate público sobre ciudadanía, democracia y representatividad, sin embargo, ha estado poco presente el rol de la educación en la construcción ciudadana[1], a pesar de que hace pocos años se promulgó

---

[1] Es relevante mencionar, sin embargo, que fueron precisamente los estudiantes secundarios quienes, en octubre de 2019, con su llamado a la evasión en el transporte público, desencadenaron el estallido social e hicieron posible el ya mencionado referendo que da inicio al proceso constituyente. Agradecemos a los estudiantes secundarios del sistema escolar chileno que participaron en esta expresión de desobediencia civil. Asimismo, expresamos nuestra profunda desazón y solidaridad a todos quienes han visto vulnerados sus derechos humanos a raíz de la violencia estatal

en Chile una ley que busca fortalecer la formación ciudadana mediante diversos componentes[2]. Además, el actual proceso constituyente se da en un momento en que la migración intrarregional a Chile se ha ido consolidando como tendencia. Aunque es una migración primordialmente laboral, ha ido de la mano de una migración creciente de niños y jóvenes, quienes se han insertado preponderantemente en establecimientos educativos municipales. La presencia de alumnos migrantes ha enriquecido y complejizado la multiculturalidad en las escuelas, que se suma a la diversidad representada por la larga historia y presencia de diversos pueblos indígenas en lo que hoy es Chile, que ha implicado una revisión de la noción tradicional de ciudadanía. De esta forma, uno de los desafíos de las escuelas multiculturales es permitir un aprendizaje de la ciudadanía que tenga en cuenta la diversidad, y que enseñe a desenvolverse dentro de ella de manera adecuada.

El objetivo del presente capítulo es ofrecer una mirada al currículo chileno actual sobre formación ciudadana, con miras a discutir en qué medida está reflejando los debates reseñados sobre diversidad, ciudadanía y formación ciudadana. En términos de estructura, luego de esta introducción se presenta un breve contexto sobre lo que la migración y la multiculturalidad aportada por ella ha implicado en los establecimientos educativos chilenos. A continuación se bosquejan dos de los debates relevantes para el objetivo planteado: primero, acerca de lo que la migración y la diversidad cultural significan en la comprensión del concepto de ciudadanía, y segundo, lo que dichos fenómenos implican para la formación ciudadana. Luego se presenta el análisis sobre el currículo chileno vigente en formación ciudadana. Finalmente, se ofrece una discusión de los resultados de ese análisis, así como propuestas de

---

con la cual se ha intentado reprimir, y en particular a las personas que por agentes del Estado han sido asesinadas, torturadas o a quienes se les han infringido traumas oculares. Esto último ha dejado en evidencia que varias instituciones estatales no han adoptado una cultura de derechos humanos, a pesar de la dictadura de 17 años y los aprendizajes que esta debería haberles dejado.

[2]   Se trata de la Ley 20.911, promulgada en 2016. Como se explica en otros capítulos de este libro, esta Ley obliga al Mineduc a fomentar que la educación cívica y la formación ciudadana estén presentes en la formación inicial docente, a entregar orientaciones a directivos y docentes para acercar la formación ciudadana a las diferentes asignaturas escolares, y a asesorar a los establecimientos en la elaboración de sus planes de formación ciudadana. La mencionada Ley también creó la asignatura de Educación Ciudadana (MINEDUC, 2016).

cómo avanzar hacia una formación ciudadana que incorpore la relevancia de la migración y la diversidad cultural.

2. DEBATES SOBRE MIGRACIÓN, CIUDADANÍA Y FORMACIÓN CIUDADANA

Son principalmente dos los procesos que configuran el contexto de lo que se aborda en este capítulo: por una parte, el aumento de la matrícula de estudiantes migrantes en el sistema educativo nacional desde 2010 —especialmente en establecimientos públicos, concentrados geográficamente (Servicio Jesuita a Migrantes [SJM], Hogar de Cristo [HdC] y Centro de Ética y Reflexión Social Fernando Vives SJ [CFV] 2020)— y, por otra, algunos cambios normativos en el sistema escolar durante las últimas décadas, muchos de ellos empujados por la presión del movimiento estudiantil y sus demandas por educación gratuita y de calidad, junto a otros ligados al replanteo del abordaje de la educación ciudadana en los años posteriores a la recuperación de la democracia.

Respecto del primer punto, según estimaciones del Instituto Nacional de Estadística (INE) y del Departamento de Extranjería y Migración (DEM), a diciembre de 2019 residían en Chile cerca de 1,5 millones de extranjeros, que representaban alrededor de un 8% de la población nacional (SJM, 2020a). Como se señaló, el ámbito escolar no ha estado ajeno a esta realidad: los escolares migrantes[3] han pasado de constituir el 0,6% del total de matriculados en 2014 a casi el 5% en 2020, superando los 170 mil, según la base de datos del SIGE (Sistema de Información General de Estudiantes), del Ministerio de Educación (Mineduc) (Gráfico 1).

---

[3]   En este caso específico, se entiende como escolar migrante (guiándonos por lo que la base de datos del SIGE define como extranjero) a todos los estudiantes que tienen una nacionalidad diferente a la chilena, según el Registro Civil. Sin embargo, no se puede desconocer que, en el sentido común se suele asociar el término migrante solo a personas de ciertas nacionalidades y de condiciones económicas más precarias (Castles, 2010), independiente de si nacieron o no en un país diferente al que habitan (Roessler, 2018; Tijoux, 2013).

GRÁFICO 1:
CANTIDAD DE MIGRANTES MATRICULADOS EN EL SISTEMA ESCOLAR CHILENO Y PORCENTAJE DE ESTUDIANTES MIGRANTES RESPECTO DEL TOTAL DE ESTUDIANTES EN CHILE, 2014-2020

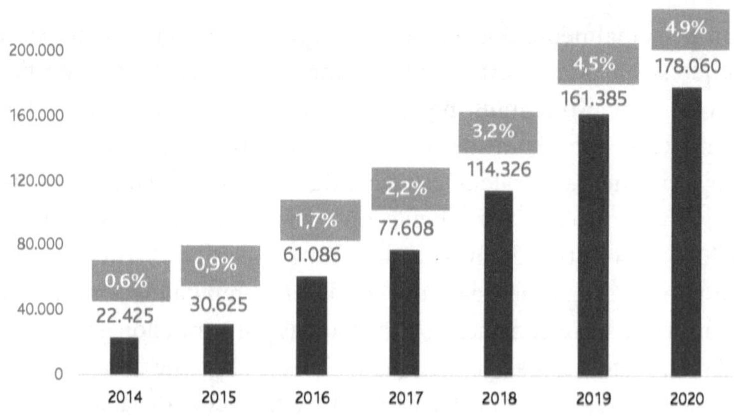

Fuente: Elaborado por SJM a partir del SIGE-Mineduc de 2014 a 2020.

El incremento y la diversificación de la matrícula de estudiantes migrantes ha tensionado el accionar tradicional del sistema educativo, enfrentándolo, entre otros desafíos, a la demanda de educar hacia nuevas formas de ciudadanía. Aun cuando el alumnado ha sido históricamente diverso en Chile, ha sido la migración la que ha tematizado la conformación de un estudiantado multicultural que demanda nuevas herramientas para su abordaje (ACE, Focus y SJM, 2019; Stang, Roessler y Riedemann, 2019).

Siguiendo tendencias de años anteriores (SJM, HdC y CFV, 2020), datos del SIGE muestran que en 2020 la mayor proporción de escolares migrantes (58%) están matriculados en la educación pública[4] (de administración municipal o de los servicios locales de

---

[4] Como parte de las reformas neoliberales implementadas durante la dictadura, en la década de 1980 se creó en Chile la figura del establecimiento educativo "particular subvencionado", que apuntaba a ser administrado por privados, pero de todas formas recibir aportes del Estado. Este tipo de establecimiento se sumó a dos ya existentes: establecimientos públicos (municipales, porque son administrados por los gobiernos locales) y privados (no reciben aportes del Estado y son administrados por privados).

educación), y un 37% en dependencia particular subvencionada. Esta distribución es prácticamente inversa en los estudiantes chilenos (34% y 55%, respectivamente)[5]. La presencia de estudiantes migrantes, de hecho, ha atenuado la disminución paulatina de matrícula escolar en establecimientos públicos (Gráfico 2), debido a la "migración" de alumnado chileno al ámbito particular subvencionado (Mineduc, 2018).

GRÁFICO 2:
CANTIDAD DE MATRÍCULA EN ESTABLECIMIENTOS PÚBLICOS, 2014 – 2020

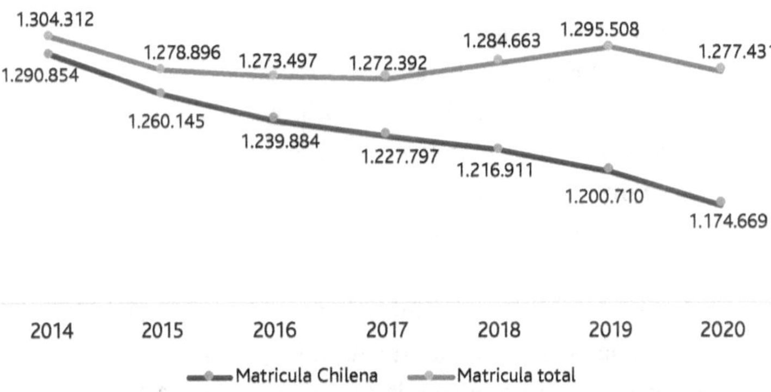

Fuente: Elaborado por SJM a partir del SIGE-Mineduc de 2014 a 2020. *Matrícula total es matrícula chilena + matrícula migrante.

Estas cifras dialogan con la realidad segregada del sistema escolar nacional, dado que en las escuelas públicas estudian niños, niñas y adolescentes chilenos de sectores precarizados y excluidos (García y Córdoba, 2018), que debido a situaciones de desigualdad socioeconómica y cultural han visto vulnerados sus propios derechos. En efecto, el sistema educativo chileno es un reflejo de la segregación estructural de su sociedad en general, y también contribuye a crear y reproducir esa segregación. Una investigación reciente confirma hallazgos de estudios

---

[5]   De todas formas, es relevante hacer notar que en comparación con otros países, los niveles de segregación escolar de los estudiantes migrantes en Chile siguen siendo relativamente bajos (Villalobos et al., 2018).

anteriores sobre la segregación en el sistema escolar, y agrega que esta no se refiere solo a la dimensión socioeconómica, sino que se superpone con la dimensión cultural y la académica (Villalobos et al., 2020). Sin dudas, esta situación dificulta el reconocimiento desde los estudiantes nacionales a sus pares migrantes como sujetos legítimos de derechos en Chile, debido a que ni ellos mismos se sienten sujetos con acceso pleno a derecho. Conjugado con la influencia de discursos adultos, esto deviene en una percepción de la población y del alumnado migrante como potencial amenaza, y como una competencia por recursos y derechos escasos en una sociedad inequitativa (Roessler, 2018). La formación ciudadana en la escuela, entonces, se presenta como un espacio propicio y necesario para abordar algunos aspectos de esta realidad.

Esta mayor y más variada presencia de estudiantes migrantes ha implicado numerosos desafíos para el sistema educativo nacional. Algunos apuntan a la estigmatización, los estereotipos y temas de convivencia; otros, al derecho de acceso a la educación y a la regularización de estudiantes y familias migrantes (ACE, Focus y SJM, 2019; SJM, 2018; Expósito, Lobos y Roessler, 2019; Stefoni, Stang y Riedemann, 2016). En muchos de estos desafíos se deja ver un escenario de vulneración de derechos de los niños, niñas y adolescentes extranjeros, por lo que en las últimas décadas se han ido dando algunos pasos, mediante medidas administrativas, para avanzar paulatinamente en el acceso e inclusión de estudiantes migrantes al sistema escolar.

Un primer paso se dio en 1995, cuando el Decreto N° 651 Exento del Mineduc aprobó el reconocimiento oficial de estudios de enseñanza básica y media a través de la convalidación y validación. Con ello se ampliaron las opciones de acceso a la educación, dado que todo niño debía ser aceptado y luego matriculado provisoriamente.

Luego, en 2003, el Oficio Circular N° 6232, por medio de los ministerios de Interior, Salud, Educación y Secretaría General de Gobierno, buscó promover una serie de medidas orientadas a reducir la discriminación hacia ciudadanos extranjeros. En materia de educación, buscó la incorporación a los diferentes establecimientos de Educación General Básica y Media para todo hijo o hija de migrante residente en Chile, incluyendo a quienes se encontraran en situación irregular.

En 2005 se reguló la aplicación de los oficios anteriores: se garantizó el acceso a la escuela para todo niño, niña o adolescente (NNA) extranjero, a partir del Ordinario 07/1008-1531, por medio de la orientación a las autoridades educacionales de Chile en relación al "derecho a ingresar, permanecer y progresar en el sistema escolar nacional de todos los niños, niñas y jóvenes inmigrantes". Debían ser aceptados y matriculados provisoriamente (y considerados como alumnos regulares) luego de la autorización del respectivo Departamento Provincial de Educación. De igual forma, para el Registro de actas de calificación final, por parte de las Secretarías Regionales Ministeriales (SEREMI) de Educación, los alumnos migrantes requerían el permiso de residencia en condición de estudiante titular -visado que se consignaba como "obligación del alumno" obtener, en el más breve plazo.

Estas medidas fueron generando algunos avances, pero dentro de sus carencias emergió una matrícula provisoria para los estudiantes extranjeros, lo cual se vio reflejado en la asignación del "Rut cien millones". Ello implicó la desigualdad de condiciones con el resto de los estudiantes, dado que se dificultaba el acceso a matrícula definitiva y apoyos complementarios, como también el registro en la base de datos del SIGE (Stefoni, Corvalán, Riedemann, Stang, Tapia y Liberona, 2018), entre otras cosas. Así, es en 2014 cuando aparece desde el Ministerio del Interior el programa "La Escuela Somos Todos", que buscaba regularizar a los estudiantes extranjeros y sus familias desde la escuela.

En 2016 se dictó el Oficio Ordinario N° 894, con el cual desde enero de 2017 comenzó a regir el Identificador Provisorio Escolar (IPE), que debe ser solicitado por cada apoderado/a en las oficinas de Atención Ciudadana Ayuda del Mineduc y se mantiene hasta que el estudiante regularice su situación migratoria. Esta medida busca dejar atrás las señaladas limitaciones del "Rut cien millones". Con el IPE se reconoce a NNA sin RUN[6], evitando duplicidad de información en el momento de cambiar de establecimiento educacional; se facilita la obtención de matrícula definitiva; y se avanza en el acceso a derechos

---

[6]   RUN significa Rol Único Nacional, un identificador particular e irrepetible de cada chileno, habite o no en Chile, como también de extranjeros que residan en el país de manera habitual y regular (con permanencia temporal o definitiva). Ver también en http://www.exteriores.gob.es/Consulados/SANTIAGODECHILE/es/VivirEn/Paginas/CGChile/RUT.aspx

como alimentación, tarjeta nacional estudiantil[7] y textos. Ahora bien, aún se observan algunas limitantes: los estudiantes quedan en un estado provisorio, sin una situación migratoria regular, con todas las limitaciones que ello trae. Sin embargo, meses después en 2017, en el marco del Plan Chile Te Recibe, se estableció la nueva visa para NNA, que se otorga a menores de 18 años, con independencia de la situación migratoria de sus tutores. Con ella se establece un permiso temporal, renovable anualmente (Expósito, Lobos y Roessler, 2019; SJM, 2020b; SJM, HdC, CFV, 2020). El equipo del Área de Educación e Interculturalidad del SJM ha constatado que esta visa no conduce a una permanencia definitiva en el país para el niño, niña o joven, ni para su familia, como tampoco asegura el visado posterior al cumplimiento de la mayoría de edad, ni el acceso a beneficios de educación superior.

Esta situación específica con el estudiantado migrante, de vulneración de diversas aristas de su derecho a la educación, ocurre en un escenario de cambios normativos en el campo educativo, que interesa revisar a la luz de la consideración (o ausencia de ella) de elementos vinculados con esta realidad reconfigurada en parte importante del sistema escolar. Si bien ninguno de los dos hitos centrales de estos cambios normativos —a saber, la Ley General de Educación (N° 20.370, 2009)[8] y la Ley de Inclusión (N° 20.845, 2015)[9]— contemplan específicamente el tema de la migración (lo que constituye un silencio significativo), representaron pasos relevantes para tratar de avanzar hacia la garantía del derecho a la educación en condiciones equitativas, aunque la realidad muestra que la brecha para ese logro sigue siendo amplia. Además, entre los principios en los que se sustentan, ambas contemplan la diversidad (cultural, religiosa y social) y la interculturalidad, en los dos casos de manera muy semejante: "El sistema debe reconocer y valorar al individuo en su especificidad cultural y de origen, considerando su lengua, cosmovisión e historia" (artículo 3, inciso m), establece la Ley de Inclusión al definir el principio de interculturalidad.

---

[7] La Tarjeta Nacional Estudiantil (TNE) es utilizada por estudiantes de educación escolar y superior para el descuento de tarifa en el transporte público.

[8] En línea, https://www.bcn.cl/leychile/navegar?idNorma=1006043.

[9] En línea, https://www.bcn.cl/leychile/navegar?idNorma=1078172.

Sin embargo, como ha surgido de estudios previos, se trata de una mirada funcional de la interculturalidad, que no ha logrado permear el currículo y la praxis educativa cotidiana, y que convive con la primacía de prácticas y discursos asimilacionistas (Beniscelli et al., 2019; Stefoni et al., 2020; Stang et al., en prensa). Como ha observado Rojas (2016)

> Los conceptos de diversidad, interculturalidad, integración, inclusión, entre otros, formarían parte de un léxico con aspiración democratizante pero que, en la concreción de las políticas educativas, siempre están definiendo sujetos en relación a un patrón de normalidad que el sistema escolar ha construido durante décadas. (s/p).

Normalidad que en este caso remite a la imagen de un estudiante construido en una matriz cultural homogénea, ligada a su vez a la idea de un Estado-nación monocultural. En definitiva, puede hablarse de una institucionalización acrítica del concepto de interculturalidad, esto es, su incorporación con carácter declarativo en normativas y orientaciones de política en la materia, pero que en la práctica se traduce, en el espacio escolar, en acciones y discursos "que tienden a invisibilizar la desigualdad que subyace al encuentro de culturas hegemónicas y subalternizadas, y los procesos sociohistóricos que condujeron a esa construcción jerárquica" (Stang et al., en prensa).

Frente a este panorama, en este capítulo se considera un tercer hito normativo, la Ley 20.911, de 2016[10], que establece el Plan de Formación Ciudadana (PFC), para analizar el modo en que se abordan temas asociados a las migraciones desde la perspectiva de la interculturalidad crítica, que como veremos en el apartado conceptual, excede la aproximación funcional. El plan se propone movilizar acciones en tres ámbitos centrales del establecimiento educacional: a) la gestión e implementación curricular, b) los "espacios donde se desarrollan actividades y relaciones más informales" (recreos, actividades extraprogramáticas, en el gimnasio, etc.), y c) en el ámbito de la convivencia (Mineduc, 2016). Es relevante enfatizar que el análisis que proponemos más adelante se concentra específicamente en el primer ámbito, que es el de la dimensión curricular.

El PFC es en cierta forma una materialización de un cambio de paradigma en este ámbito, desde la educación cívica hacia la educación

---

[10]   En línea, https://www.bcn.cl/leychile/navegar?idNorma=1088963.

ciudadana (Mineduc, 2016), que se viene plasmando en ajustes curriculares desde 1996 (Mardones, 2015), y que amplía la mirada "centrada en contenidos relacionados principalmente con las instituciones del Estado y el futuro ejercicio de los derechos de la ciudadanía plena" (Mineduc, 2016, pp. 18-19) hacia la consideración de habilidades y actitudes, pensándola como "una experiencia escolar integral" (Mardones, 2015, p. 147), es decir, que abarca todas las asignaturas y debe desarrollarse durante toda la trayectoria escolar.

Mardones (2015) analiza una instancia que, según su mirada, resultó de capital importancia en este proceso de cambio de paradigma en Chile: se trata del informe resultante de la deliberación y el trabajo de una comisión de expertos que se denominó "Formación Ciudadana", convocada durante el gobierno de Ricardo Lagos (2000-2006), y que se publicó en 2004. Dos alcances que realiza el autor sobre este texto son relevantes para esta propuesta de análisis, por sus implicancias para la enseñanza-aprendizaje de la ciudadanía desde la interpelación de los procesos migratorios: el soslayo de la diversidad frente a un énfasis en la integración de la nación, y la vinculación del relato de la ciudadanía a la comunidad nacional.

Para esta comisión, dice el autor, era necesario "superar el énfasis en la diversidad, la expresividad y las capacidades críticas y avanzar a los temas sociopolíticos de integración simbólica de la nación, los derechos ciudadanos y los procedimientos de toma decisiones" (Mardones, 2015, p. 151, énfasis propio). De manera consistente con esa mirada, los expertos buscaron el relato de la ciudadanía en la historia, restringido a la comunidad nacional, cuando según su análisis crítico "debieran buscarlo en las ciencias sociales y ampliarlo a la idea de ciudadanía global" (Mardones, 2015, p. 150).

Otro análisis reciente del mismo autor plantea que en la normativa del año 2016 sobre formación ciudadana se ha dejado fuera, además de la idea de ciudadanía global, otro tema que en el debate internacional tanto académico como político ha emergido como de gran relevancia, y que refiere a cómo el asunto de la identidad nacional actualmente se encuentra desafiado por los fenómenos migratorios (Mardones, 2020).

2.1. Ciudadanía y migración

La inmigración interpela de manera directa y profunda la noción de ciudadanía, tanto la forma en que las personas la piensan y experimentan con sus prácticas, como el modo en que la ciencia y la filosofía política la han definido convencionalmente: "las migraciones pueden ser entendidas como el catalizador social, probablemente el más decisivo, del conjunto de transformaciones que se está experimentando de la institución de la ciudadanía en las sociedades democráticas" (Velasco, 2016, p. 100).

Esta interpelación se relaciona centralmente con el hecho que los Estados nacionales hicieron de la nacionalidad un prerrequisito para la ciudadanía, e instituyeron una idea de homogeneidad de la población como característica del cuerpo político al que se liga esa ciudadanía (Arendt, 1987). La presencia de inmigrantes internacionales en un Estado-nación tensiona abiertamente ambas aristas: tanto porque implica la existencia de un no-nacional en los confines del Estado-nación receptor, como porque, con mayor o menor intensidad, ese no-nacional es "portador" de una diversidad cultural que atenta contra la supuesta (o instituida) homogeneidad cultural de la población nacional. En este apartado se abordan algunos elementos de las discusiones en torno a la relación entre ciudadanía y migración que, a la luz de esta propuesta analítica, parecen centrales como marco conceptual.

T.H. Marshall es una referencia obligada cuando se trata de definir la ciudadanía. Según el autor, "es un *status* que se otorga a los que son miembros de pleno derecho de una comunidad. Todos los que poseen ese *status* son iguales en lo que se refiere a los derechos y deberes que implica" (Marshall, 1997, p. 312). Es esencialmente ese el concepto en el que se piensa cuando se habla de la interpelación que la migración supone para la ciudadanía. Como se lee, hay dos elementos centrales considerados en esa definición: la adscripción de derechos y deberes, y la pertenencia a una comunidad política (Velasco, 2016; Durán y Thayer, 2020). El vínculo entre estos dos elementos, en la práctica usual de los Estados modernos, se ha dado por la vía de la nacionalidad, en la medida que los Estados conceden automáticamente —al menos en su espíritu— los derechos de ciudadanía a los nacionales (por nacimiento o naturalización) y, como anverso, se los niegan a los no-nacionales (Velasco, 2016).

Esa distinción es, precisamente, fundante del Estado-nación, según Sayad (2010): "[P]ensar la inmigración es pensar el Estado" (p. 386), porque "la inmigración representa el límite mismo que pone al descubierto [la] verdad fundamental [del Estado]: que la discriminación es parte de su naturaleza" (Gil Araujo, 2010, p. 244).

En esa línea, la escuela es una institución construida por y constructora del pensamiento de Estado, esto es, "un conjunto de principios de visión y división del mundo social producidos y avalados por el Estado (Bourdieu, 1997), que en relación a las migraciones se conforman como categorías nacionales y nacionalistas de pensamiento (Sayad, 2010)" (Pereira, 2016, p. 43-44). Este pensamiento introduce la distinción entre nacionales y no-nacionales como categorías objetivas, utilizadas de manera automática y naturalizada. La escuela, en su accionar, encarna cotidianamente esta discriminación entre nacionales y no-nacionales en el habitus (Bourdieu, 1990) de las y los estudiantes y, de ese modo, produce y re-produce esta noción discriminatoria, en su acepción convencional. Como se abordó en otro trabajo (Stang, Roessler y Riedemann, 2019), uno de los mecanismos importantes a partir de los cuales se produce este proceso es la operación de esencialización Estado-nacionalizante de la cultura, que se pone en escena en muchas de las acciones emprendidas por las escuelas chilenas que han recibido a estudiantes migrantes en los últimos años[11]. Justamente por eso es tan relevante re-pensar el modo en que la ciudadanía se enseña y aprende en las escuelas chilenas y, por lo mismo, hacerlo desde una perspectiva crítica.

Ahora bien, es esta mirada "contractual" entre la persona y su Estado-nación, supuesta en la definición tradicional, lo que hace de la ciudadanía, entonces, un dispositivo de clasificación para asignar poblaciones a Estados soberanos, fusionándose, como vimos, con la idea de nacionalidad[12]. En ese sentido, las migraciones internacionales

---

[11] Esta operación tiene dos componentes principales: a) la operación de esencializar, consistente básicamente en asociar la cultura a ciertos objetos y prácticas que reducen los complejos procesos culturales a cristalizaciones simples e inmutables de una identidad que se asume como única y homogénea; y b) la vinculación de esa "esencia cultural" con un Estado-nación, del que comidas típicas, danzas, trajes, símbolos patrios como banderas, himnos y días nacionales serían expresiones metonímicas (Stang, Roessler y Riedemann, 2019).

[12] Según Bauböck (2006), ciudadanía no es equiparable a nacionalidad, pero serían dos caras de la misma moneda: nacionalidad se asocia con aspectos internacionales de

emplazan este concepto de ciudadanía binario (membresía/no membresía), marcando una distinción entre miembros y "outsiders" (Bauböck, 2006) —los que son percibidos como ciudadanos, pero de sus Estados de origen (Wimmer y Glick Schiller, 2002).

Siguiendo a de Lucas (2009), los límites para la igualdad de derechos se asocian con personas que no son parte de la nación, quienes, sin reconocimiento normativo, social, ni participación política, tienen acceso parcial a los derechos. Así, aunque las migraciones sean un fenómeno social central de la era global actual, como los flujos de ideas y bienes (Castles, 2010), la ciudadanía ha sido funcional para limitar las obligaciones de los Estados-nación con los extranjeros que residen en su territorio, permitiendo controlar su entrada y salida, instaurando permisos de residencia selectivos según tipo de extranjero, como también expulsándolos fuera de su jurisdicción.

Pero como han puesto de relieve numerosos autores (por ejemplo, Bauböck, 2006; Kymlicka, 1996), esta noción de ciudadanía —la idea de ciudadanía nacional— es la que está siendo objeto de debate en las sociedades contemporáneas, en gran medida a causa de los procesos migratorios y la diversidad cultural. Aquella idea, que suponía un vínculo estrecho entre lugar de residencia, identidad nacional, garantía de un sistema de derechos y una legislación del Estado a la que se está sujeto, ha estado mutando, de una forma que supone una desagregación o desarticulación de esos elementos. El concepto de ciudadanía ha dado algunos pasos para flexibilizarse, pluralizarse y resignificarse (Velasco, 2016).

En efecto, y tal como es posible conocer, por ejemplo, a través de la compilación y el análisis de Cabrera (2000), a modo de superación de la idea de ciudadanía como sinónimo de nacionalidad varios autores han desarrollado diversos constructos tales como ciudadanía multicultural –con su propuesta de que existan derechos diferenciados para las minorías–, ciudadanía crítica –que pone énfasis en la construcción de sociedades más justas– y ciudadanía global –con foco en la idea de que la migración ha llevado a muchas personas a ser ciudadanos del mundo–, entre varios otros (Cabrera, 2000).

---

la relación entre individuo y soberanía estatal, mientras que ciudadanía apunta a elementos internos de esa relación que se regulan por leyes nacionales.

Esta transformación debiera hacerse eco en la formación ciudadana que se realiza en las escuelas del país, de modo de generar un marco apropiado para hacer parte, de manera activa, a las y los estudiantes migrantes y sus familias, tanto de la comunidad escolar como de la comunidad política.

Hasta aquí se ha enfatizado como algo central en el concepto tradicional de ciudadanía el vínculo entre Estado y personas –en general– que lo conforman, bajo los límites nacionales, siendo el primero quien confiere los mismos deberes y derechos ante la ley a los segundos, lo que excluye inherentemente a la población migrante o no-nacional (Wimmer y Glick Schiller, 2002, p. 308). Además de ese debate, es importante centrarnos en los significados específicos de la ciudadanía en relación a niños, niñas y jóvenes migrantes. En un mundo adultocentrista, los niños, niñas y adolescentes (NNA) son habitualmente considerados como no ciudadanos o como ciudadanos en construcción. En esa línea, se requiere facilitar, incentivar y promover su participación como actores sociales y políticos (Lister, 2007 citado en Despagne y Manzano-Munguía, 2020). En el caso de los NNA en contextos de migración internacional, esto puede significar una pendiente algo más empinada. A nivel mundial se ha avanzado en la garantía del derecho de acceso a la educación a los jóvenes, niñas y niños extranjeros, incluso si se encuentran en situación irregular, pero aún quedan algunos desafíos pendientes.

Centrándose en el ámbito escolar, la literatura internacional ha señalado que el currículo de educación ciudadana tiene el riesgo potencial de caer en: a) una visión unidimensional de la ciudadanía como pertenencia de un individuo con su Estado-nación, excluyendo a quienes quedan fuera de esa lógica; y b) tratar temas como la migración solo desde un reduccionismo de diferencias culturales y su asociación con estereotipos, valores y principios que cada individuo por separado posee (el que hace *bullying*, el discriminador), y no como parte de relaciones de poder injustas y racializantes a nivel mundial, que toman cuerpo en lo local: barrios, escuelas, entre otros (Nieto y Bickmore, 2017).

Frente a ello, algunos estudios (Nieto y Bickmore, 2017; Sirriyeh, 2019) han señalado que es menester hacer un giro a una educación ciudadana cuestionadora de las inequidades y el racismo estructural que puede afectar a diferentes grupos, entre ellos a las personas migrantes. Esto implica ir más allá del abordaje de las migraciones desde la "elección individual" y desde las diferencias culturales, dado que con ello se invisibilizan las estructuras de oportunidades inequitativas asociadas con la división mundial del trabajo (Quijano, 2000). Junto con ello, la educación ciudadana, al tratar temas como la migración, debe trascender también la lógica del Estado-nación y de la "responsabilidad individual", dado que detrás existen desigualdades de poder, inequidades de posición e históricas estructuras globales racializadas que se materializan a nivel local.

2.2. Interculturalidad crítica, un enfoque para la formación ciudadana

Para analizar algunos objetivos del currículo en formación ciudadana, se considera el enfoque de la interculturalidad crítica (Tubino, 2005; Walsh, 2002; 2011) como una plataforma apropiada. Este convencimiento se basa principalmente en dos elementos: por una parte, en las posibilidades que brinda esta perspectiva para deconstruir la idea de homogeneidad cultural de la nación –uno de los componentes de la noción tradicional de ciudadanía– y, por otra, en el hecho de que, a la vez, pone de relieve las desigualdades que atraviesan esas diferencias culturales, marcadas por el colonialismo y su deriva, la colonialidad del poder (Quijano, 2000). Estas desigualdades se traducen en una afrenta al principio de igualdad en la garantía de derechos, componente central sobre el que se sustenta la noción de ciudadanía.

Esta alusión a que las diferencias culturales inciden fuertemente en las desigualdades sociales remite, además del trasfondo colonialista, al carácter político de la cultura, en un vínculo evidente con la ciudadanía que la interculturalidad crítica permite establecer, alejándose además de aproximaciones basadas en un relativismo cultural: "la diversidad se manifiesta siempre en situaciones concretas, en las que se ponen en juego intereses y conflictos sociales, en tanto el sentido histórico de las diferencias redefine el sentido simbólico" (Diez, 2004, p. 200).

En la medida que la interculturalidad "va más allá de la búsqueda de reconocimiento o de inclusión", dado que "apela a cambios profundos en todas las esferas de la sociedad y forma parte de una política cultural oposicional dirigida a la sociedad en su conjunto", esta perspectiva aporta "a la construcción de una propuesta civilizatoria alternativa, a un nuevo tipo de estado y a una profundización de la democracia" (Walsh, 2002, citado en Ramón, 1998, s/p). Los representantes del enfoque de la interculturalidad crítica sostienen que, en América Latina, es imposible pensar la interculturalidad desvinculada de la experiencia de colonialidad, es decir, de ese "complejo proceso de estructuración de relaciones de poder que, mediante la naturalización de todo tipo de jerarquías (desde las raciales hasta las epistémicas), garantiza la reproducción y la legitimación de desigualdades entre sociedades, sujetos y conocimientos" (Soria, 2014, p. 47).

Desde estas perspectivas, Catherine Walsh (2011) propone una grilla clasificatoria que permite entender con más claridad el aporte de la vertiente crítica de la interculturalidad. La autora distingue tres perspectivas: la relacional, la funcional y la crítica. La primera se refiere "al contacto e intercambio entre culturas, es decir, entre personas, prácticas, saberes, valores y tradiciones culturales distintas, los que podrían darse en condiciones de igualdad o desigualdad" (Walsh, 2011, p. 101). Se trata, de este modo, de una realidad de hecho en América Latina. La perspectiva funcional, en tanto, promueve el diálogo, la convivencia y la tolerancia entre culturas, pero sin cuestionar las causas de la asimetría y desigualdad social y cultural (Tubino, 2005). La interculturalidad crítica, en cambio, no parte del problema de la diversidad sino del de la diferencia, construida dentro de una "estructura y matriz colonial de poder racializado y jerarquizado" (Walsh, 2011, p. 102). Esta perspectiva apunta a una transformación de esas estructuras, instituciones y relaciones sociales, y a "la construcción de condiciones de estar, ser, pensar, conocer, aprender, sentir y vivir distintas" (Walsh, 2011, p. 102). La mutación del concepto de ciudadanía, a la que los procesos migratorios han estado contribuyendo de forma decisiva, es parte de esa transformación.

3. INTERROGANDO AL CURRÍCULO EN FORMACIÓN CIUDADANA SOBRE MIGRACIÓN Y DIVERSIDAD CULTURAL

Considerando lo anterior, el siguiente apartado ofrece una mirada al currículo chileno actual sobre formación ciudadana con miras a discutir en qué medida está reflejando los debates reseñados sobre ciudadanía y formación ciudadana. De manera concreta, se plantean las siguientes preguntas: ¿Contiene el actual currículo en formación ciudadana elementos que tematicen la migración y la diversidad cultural asociada a ella? ¿De qué maneras vincula el currículo estos temas con el proceso de enseñanza-aprendizaje de la ciudadanía?

Dado que es posible entender el currículo como un tipo de discurso, en términos metodológicos este examen utiliza algunos elementos del análisis crítico del discurso (ACD). Como se verá, el análisis que se propone está basado en una selección acotada de objetivos y no tiene pretensión de exhaustividad. Sin embargo, hay tres aspectos relevantes a mencionar al respecto. Primero, la consideración de que "el ACD es (...) una perspectiva, crítica, sobre la realización del saber: es, por así decirlo, un análisis del discurso efectuado «con una actitud». (...) A diferencia de otros muchos saberes, el ACD no niega sino que explícitamente define y defiende su propia posición sociopolítica" (van Dijk, 2003, p. 144), en este caso, la de la interculturalidad crítica, con su postura antirracista y decolonial. En segundo lugar, está la consideración de que todo texto —en este caso, el currículo de formación ciudadana más actual— se produce dentro de un contexto/estructura social, lo que hace relevante tenerlo en consideración en el análisis (van Dijk, 2003, p. 148). Y tercero, siguiendo a Leyla Pardo (2007), que en los estudios críticos del discurso el reconocimiento de un fenómeno sociocultural y la apropiación de un corpus permite preguntarse por asuntos como qué piensan los miembros de un determinado grupo o grupos en torno a un asunto fundamental para su comunidad; qué reiteran; qué omiten; qué se propone como conflictivo, y qué valores se proponen como comunes. Estas preguntas serán las interrogantes centrales mediante las cuales analizaremos los objetivos seleccionados del currículo.

Al cuantificar los objetivos formulados para la formación ciudadana —considerando los 12 años de escolaridad (de 1º Básico a IVº Medio)— se observa, en primer lugar, que se han definido un total de 61. Cada uno cuenta además con una serie de "indicadores" que podrían ser calificados como (sub)objetivos de aprendizaje, ya que detallan con más especificidad lo que se espera que logren los estudiantes en relación a cada objetivo. De esos 61 objetivos, hay tres que en alguna medida se vinculan con la temática de la migración o con la diversidad cultural asociada a la migración.

En todo el currículo en formación ciudadana hay un único objetivo[13] que aborda de manera relativamente explícita la migración —aunque, en sentido estricto, no se refiere a la migración sino a los migrantes, que son denominados también como personas de otros países y culturas. Este objetivo forma parte de aquellos dirigidos a 2° Básico (segundo año, de un total de ocho, de enseñanza primaria), y de manera resumida apunta a mostrar actitudes que reflejen respeto por el otro, responsabilidad, tolerancia y empatía. Los indicadores del objetivo plantean, textualmente, que se espera de los estudiantes que logren lo siguiente:

> a) Desarrollan empatía frente a los inmigrantes, describiendo lo que pueden sentir y pensar al estar en un país diferente al propio, b) Muestran actitudes de respeto y no discriminación respecto a los inmigrantes, c) Se refieren con respeto a tradiciones distintas a las propias y a las personas provenientes de otros países y culturas y d) Son capaces de trabajar en equipo y respetar las opiniones de personas provenientes de otras culturas[14].

Parafraseando las preguntas propuestas por Pardo (2017), ¿qué dice el currículo sobre los migrantes? ¿Qué omite? ¿Qué reitera? ¿Qué se propone como conflictivo? ¿Qué valores se proponen comunes?

Respecto de lo que el currículo dice de los migrantes, es relevante mencionar en primer lugar que la decisión de ubicar la temática de la migración exclusivamente en un nivel donde los estudiantes tienen por lo general 7 años de edad, implícitamente parece estar diciendo que esta temática no es de gran complejidad o que no requiere de muchos conocimientos previos. Cabe recordar que, en 12 años de escolaridad, es el único objetivo del currículo que se refiere a los migrantes: no se retoma en un curso posterior, con mayor complejidad. Por otro lado, explícitamente el currículo plantea a los estudiantes que desarrollen un determinado sentimiento (la empatía) y una determinada actitud (el

---

[13] Utilizando la nomenclatura que emplea el Mineduc, se trata del objetivo HI02 OA 12.

[14] Ver indicadores de la Unidad 3 del objetivo HI02 OA 12, en: https://www.curriculumnacional.cl/portal/Ejes/Historia-Geografia-y-Ciencias-Sociales/Formacion-ciudadana/

respeto) frente a los migrantes. Al respecto, parece válido plantear la hipótesis de que los migrantes son representados como personas que han pasado o aún experimentan una situación difícil (de otra manera, no se entendería el objetivo de demostrarles empatía), y como personas a las que aparentemente se les falta el respeto (por lo que sería entonces necesario enfatizar en una actitud respetuosa). En ambos casos, los migrantes estarían siendo representados como portadores de una carencia.

Retomando las preguntas-guía expuestas anteriormente para interrogar los discursos (¿qué se reitera y qué se omite?), se observa que la palabra que más se repite en este objetivo del currículo es respeto, que se menciona tres veces: respeto a los inmigrantes, respeto a sus tradiciones y respeto a sus opiniones. Sin embargo, el currículo no se refiere al porqué una persona venida de otro país podría eventualmente encontrarse con faltas de respeto frente a todos esos elementos. El currículo omite que lograr este respeto remite a una situación difícil de alcanzar debido a ciertas creencias de fuerte arraigo en el país: es sabido que la mayor parte de los migrantes en Chile provienen de otros países de América Latina y el Caribe, lo que implica un significativo componente indígena y afrodescendiente en los colectivos migrantes. Y una serie de estudios, tanto a nivel general de la población como a nivel específico del sistema escolar, han mostrado que dichos grupos con frecuencia se ven expuestos a experiencias de racismo y otras formas de discriminación.

Siguiendo el planteamiento de Nieto y Bickmore (2017) expuesto anteriormente, hasta aquí el análisis permite sostener que el abordaje de la migración en el currículo chileno de formación ciudadana en efecto está cayendo en el riesgo de responsabilizar individualmente a los estudiantes frente a las dificultades que los migrantes pueden encontrar –proponiéndoles mostrar respeto, empatía y tolerancia– y en un reduccionismo del fenómeno de la migración, omitiendo elementos estructurales tales como la división mundial del trabajo. Otros de los elementos omitidos son que, dependiendo de las políticas del país receptor, la migración puede llevar a nuevos procesos de exclusión, que la migración intrarregional en Chile ha estado asociada a experiencias de racismo y otras formas de discriminación de parte de la sociedad receptora, y que, sin embargo, un migrante no queda desprovisto de sus derechos humanos por encontrarse en un país diferente a su país de origen.

Adicionalmente, dado que este análisis se sitúa en el marco de una discusión sobre ciudadanía, es especialmente relevante mencionar que la forma de abordar la migración por la que opta el currículo omite toda referencia a las dificultades que los migrantes enfrentan para ser ciudadanos plenos en los países a los cuales migran. De esta forma, la temática de la migración se aborda de una manera muy parcial y acotada, que no refleja la discusión que se da, en un sentido más amplio, sobre cómo dicho fenómeno desafía la comprensión tradicional de ciudadanía.

Además de la alusión directa, hay dos objetivos del currículo que se refieren a un tipo de diversidad cultural que puede entenderse como una alusión (indirecta) al tema de la migración[15]. El primer objetivo[16] que desarrolla este tema corresponde a 3° Básico. Apunta a: mostrar actitudes y realizar acciones concretas en su entorno cercano (familia, escuela y comunidad) que reflejen valores y virtudes ciudadanas, como: la tolerancia, el respeto al otro (ejemplos: respetar las opiniones distintas a las propias, mostrar disposición al diálogo, respetar expresiones de diversidad, como diferentes costumbres, creencias, origen étnico, nacionalidad, etc.); y la empatía (ejemplos: demostrar cortesía con los demás, escuchar al otro, ayudar a quien lo necesite, etc.).

El indicador asociado a este objetivo es muy acotado, y plantea esperar de los estudiantes lo siguiente: "Demuestran actitudes de respeto por expresiones de diversidad en su entorno, como diferentes costumbres, creencias, origen étnico, etc."[17]

---

[15] En el conjunto de 61 objetivos del currículo para la formación ciudadana hay al menos 6 que se refieren a la diversidad, pero no todos refieren a migración: se menciona tanto la diversidad de pueblos en la Antigüedad como la representada por los pueblos originarios en América Latina, pasando por algunas referencias indirectas a la diversidad asociada a la migración. En este último caso, es el uso del concepto de nacionalidad el que permite inferir que algunos objetivos están aludiendo a esa temática. Es cierto que, dependiendo del enfoque, a los pueblos indígenas ocasionalmente también se les entiende como naciones (las expresiones "primeras naciones" o "nación mapuche" dan cuenta de ello), pero el uso más común de dicho concepto en Chile refiere a la membresía de una persona a un Estado-nación.

[16] Usando la nomenclatura del propio Mineduc, se trata del objetivo HI03 OA 12, disponible en https://www.curriculumnacional.cl/portal/Ejes/Historia-Geografia-y-Ciencias-Sociales/Formacion-ciudadana/

[17] Ver objetivo HI03 OA 12, indicadores Unidad 2, disponible en: https://www.curriculumnacional.cl/portal/Ejes/Historia-Geografia-y-Ciencias-Sociales/Formacion-ciudadana/

Este objetivo tiene varias similitudes con el ya analizado sobre los migrantes, para 2° Básico: refiere a actitudes y acciones tales como la tolerancia, el respeto y la empatía frente a lo que en el objetivo se denomina "expresiones de diversidad". Una diferencia con el objetivo anterior radica en que, en este, tales actitudes y acciones son calificadas expresamente como virtudes ciudadanas. En cuanto a las reiteraciones y omisiones, nuevamente, la palabra respeto/respetar es la que más se repite (aparece 4 veces), pero se omiten las razones que podrían originar tales faltas de respeto.

Tal como se indicó, junto a los conceptos de respeto y empatía (que, en línea con el análisis sobre el tema migrantes, sugiere que también la diversidad está asociada a una carencia), este objetivo emplea el concepto de tolerancia para enfatizar en una virtud ciudadana a ser desarrollada entre los estudiantes. Dicho concepto es usado también en el objetivo vinculado a los migrantes y, dada su reiteración, es relevante detenerse en él. Tolerancia representa una de las palabras clave que utiliza el enfoque de la interculturalidad funcional, reseñado más arriba. El punto es que la tolerancia remite a una aceptación limitada de la diversidad. Se trata de una aceptación que no se involucra, que mantiene distancia, y esas características de la tolerancia hacen que sea un concepto cuestionado desde la interculturalidad crítica, que apunta a transformar estructuras.

El segundo objetivo[18] que tematiza la diversidad cultural asociada a la migración (entre otros aspectos) se encuentra en el currículo para II° Medio (segundo año, de un total de cuatro, de la enseñanza secundaria). Este apunta a:

Reconocer la diversidad inherente a las sociedades como manifestación de la libertad y de la dignidad humana, y evaluar las oportunidades y desafíos que un mundo globalizado entrega para evitar toda forma de discriminación, sea por raza o etnia, nacionalidad, situación socioeconómica, religión o creencia, género, orientación sexual o discapacidad, entre otras.

Los indicadores asociados a este objetivo son cinco en total. Aquellos que pueden leerse como vinculados a la diversidad cultural asociada a la migración plantean lo siguiente:

---

[18]   Es el objetivo HI2M OA 25.

a) Cuestionan situaciones de discriminación frente a la diversidad humana, a partir del estudio de diversas fuentes, relevando la diferencia como un elemento inherente a las sociedades y que requiere ser respetado por ser una manifestación de la libertad y de la dignidad humana, b) Reconocen las oportunidades y desafíos que la progresiva consolidación de un ordenamiento jurídico internacional entrega para evitar toda forma de discriminación, c) Investigan acerca de algunas de las formas de discriminación por raza o etnia, nacionalidad, (…) e informan sus conclusiones a través del uso responsable y efectivo de TIC, demostrando empatía con las situaciones vividas por los grupos estudiados, d) Proponen alternativas de solución para evitar situaciones de discriminación arbitraria con base en algunas de las formas en que se expresa (raza o etnia, nacionalidad, (…), promoviendo actitudes personales y sociales que aporten a una convivencia pacífica de la sociedad y e) Analizan los principales aportes de la ley que establece medidas contra la discriminación (Ley Zamudio), a través de ejemplos concretos, reconociendo su importancia para avanzar en la construcción de una sociedad menos discriminadora.

¿Qué dice el currículo sobre la diversidad? ¿Qué omite, reitera, propone como conflictivo, y qué valores se proponen comunes? Por un lado, lo que este objetivo dice es que la diversidad es inherente a las sociedades, y –aunque aquí no se ofrece mayor explicación de lo que la siguiente idea significa– que es manifestación de la libertad y de la dignidad humana. Por otro, el objetivo considera como conflictiva la discriminación frente a la diversidad humana y, para confrontarla, enfatiza en la relevancia de conocer las formas en que la discriminación se manifiesta, proponer soluciones para evitarla, conocer el ordenamiento jurídico internacional y analizar los aportes de la normativa nacional en temas de anti-discriminación (Ley Zamudio). A diferencia de lo que ocurre con el objetivo referido a los migrantes, el hecho de que la diversidad de nacionalidades se tematice al menos dos veces a lo largo del currículo sí posibilita –y, de hecho, aprovecha esa posibilidad– una complejización creciente del abordaje de la temática. Mientras en 3° Básico el objetivo referido a la diversidad cultural es usado como un elemento auxiliar para abordar lo que es denominado como valores y virtudes ciudadanas, en II° Medio se señala explícitamente que la diversidad puede causar conflicto, y que una vía en que este se expresa es la discriminación.

En efecto, el concepto de discriminación aparece mencionado seis veces. En tres ocasiones se le emplea para especificar el objetivo de evitar la discriminación por "raza, etnia o nacionalidad". Sin embargo, y de una manera similar a lo que sucede con el objetivo enfocado en los migrantes, este objetivo no explicita las razones por las cuales las personas de ciertas etnias o nacionalidades podrían verse enfrentadas a discriminación. En este punto es relevante detenerse en el concepto de "raza", que en el objetivo aparece presentado junto a etnia o nacionalidad, como si fueran categorías igualmente válidas o legítimas. Lo cierto es que no existe consenso acerca de que existan razas entre los seres humanos y, más bien, la investigación sobre genética indica que no es adecuado hacer distinciones entre los seres humanos en base a dicho concepto. Su uso acrítico puede leerse entonces como un micro-racismo, dado que no cuestiona este concepto que emergió en relación a los seres humanos a fines del siglo XV, en Europa, y que en ese tiempo se estableció como válido porque fue funcional a los intereses de las potencias europeas en sus empresas de colonización y explotación en América.

Finalmente, la expectativa de que los estudiantes reconozcan la diversidad como un elemento inherente a las sociedades, tal como plantea este objetivo, es pertinente a la realidad de muchos países del mundo, incluido Chile. Sin embargo, no considera que complementariamente puede ser también efecto de procesos históricos, como el de la migración intrarregional a Chile en las últimas tres décadas, que ha implicado una significativa diversificación y complejización de la diversidad.

En resumen, de un total de 61 objetivos, uno hace referencia explícita a los migrantes, y dos tematizan un tipo de diversidad cultural que puede leerse como vinculada a la migración. Si bien el currículo no se actualiza todos los años, y en cambio los procesos migratorios en Chile han estado marcados por un dinamismo tal que cada año han estado presentando situaciones nuevas, de todas formas es posible concluir que el currículo chileno en formación ciudadana refleja en muy baja medida el debate acerca de cómo la migración y la diversidad cultural están desafiando la comprensión tradicional de ciudadanía y la de formación ciudadana.

Se plantea que el abordaje de la temática de la migración podría potenciarse en al menos cinco aspectos:

1. Actualmente el currículo se refiere exclusivamente a las personas migrantes; podría avanzar hacia el abordaje, de manera más comprensiva y global, del fenómeno de la migración[19];

2. Solamente un objetivo, de un total de 61, hace referencia explícita a los migrantes; dada la importancia que el fenómeno de la migración ha adquirido para la sociedad chilena, parece razonable ampliar los objetivos que se refieren a este tema, en diferentes niveles de la trayectoria escolar, y con una complejidad creciente;

3. El currículo presenta a los migrantes principalmente como carentes de algo, desconociendo que la literatura ha mostrado que las personas que emprenden proyectos migratorios cuentan, en general, con gran iniciativa y otras habilidades que les permiten imaginar, diseñar y llevar a cabo una migración;

4. El currículo omite de qué manera la política migratoria en Chile ha contribuido a la irregularidad migratoria; y

5. No se refiere al hecho de que un conjunto de creencias, por parte de algunos sectores de la sociedad chilena, ha llevado a que un número importante de migrantes declare haber sufrido experiencias de racismo en Chile.

Por su parte, el abordaje de la temática de la diversidad cultural podría potenciarse en al menos los siguientes aspectos:

1. Explicitar que el relato construido sobre la nación en Chile ha representado a la diversidad como una anomalía, que ese es uno de los factores por los que hasta el día de hoy lo diverso es asociado

---

[19] Tal como se adelantó, el foco exclusivo en la figura de los migrantes representa una fuerte simplificación del complejo fenómeno de la migración. Es importante que se comprenda, entre otros aspectos, que la migración es un fenómeno inherente a la historia de la humanidad, que la formación de los Estados-nación estuvo directamente relacionada con las definiciones que se han elaborado acerca de qué es ser parte de un Estado (nacional) y qué no (extranjero), que son relevantes las decisiones que tomen los Estados en términos de facilitar u obstaculizar la integración de los migrantes en las sociedades de acogida, y que las sociedades actuales están marcadas por un alto dinamismo y cambio.

a diferente (en el sentido de diferir de lo que es considerado "normal" en la sociedad chilena), y que posiblemente de esta asociación entre diferencia y anomalía provienen las actitudes de discriminación. Esta explicitación conduce también a cuestionar expresamente la asociación unívoca entre Estado y nación, y a visibilizar la diversidad de naciones y configuraciones culturales que se alojan en los confines de los límites geopolíticos del Estado, incluyendo aquellas que llegan con la población migrante.

2.   Más que tolerancia (que implica una cierta distancia) y empatía (que alude a una carencia), los objetivos sobre la diversidad cultural debieran apuntar, en primer lugar, a fortalecer conocimientos y, en segundo lugar, a iniciar o profundizar procesos de reflexión entre los estudiantes. Respecto del fortalecimiento de conocimientos son relevantes preguntas tales como: ¿Por qué existe la diversidad? ¿Por qué, para algunos, diversidad es sinónimo de algo negativo o problemático? ¿Cómo han abordado la diversidad otras sociedades, en otros lugares y otros tiempos? ¿Qué se puede aprender de esas experiencias? Por otra parte, en relación a los procesos de reflexión, emergen preguntas del siguiente tipo: ¿Cómo actúo frente a la diversidad? ¿Es correcta la manera en que mi entorno se vincula con personas de otras nacionalidades, etnias, colores de piel? ¿Estoy de acuerdo con las maneras en que la política chilena aborda los derechos ciudadanos de las personas migrantes?

4. REFLEXIONES FINALES: HACIA UNA FORMACIÓN CIUDADANA QUE DÉ CUENTA DE LAS INEQUIDADES ESTRUCTURALES, LA PLURINACIONALIDAD Y LA MULTICULTURALIDAD DEL MUNDO ACTUAL

De mantenerse la tendencia observada en los últimos años, será evidente que Chile podrá pasar a denominarse como un país de inmigrantes (y con esto quedará atrás la afirmación, aún correcta hace algunos años, de que habría más chilenos en el exterior que migrantes en Chile). Sería pertinente que esta nueva realidad encontrara un correlato en la nueva Constitución: ya no solo la histórica presencia de los pueblos indígenas, sino ahora también la de los migrantes, implica que Chile es un país plurinacional y multicultural. Observamos con optimismo que en la elección de convencionales constituyentes, en mayo de 2021, hayan sido elegidas mujeres y hombres — entre ellos, representantes de pueblos indígenas —que tradicionalmente no han sido considerados en las tomas de decisiones de los asuntos políticos del país. Como autores esperamos que la nueva Constitución ponga a la persona en el centro: que sin importar el país de origen, chilenos y migrantes seamos considerados como sujetos legítimos de Derecho. De realizarse esto, la nueva Constitución reflejaría adecuadamente este "nuevo Chile", con todos quienes habitan dentro de este territorio. En ese sentido, a la política chilena se le presenta el desafío de resguardar que ser migrante no signifique —tal como hasta la fecha sí lo ha sido para cientos de ellos- encontrarse al margen de ejercer en plenitud sus derechos como ciudadano u otras formas de exclusión. Tal como fue mencionado anteriormente, a la fecha en la teoría política existe una gama considerable de propuestas alternativas a la idea de ciudadanía nacional. Mientras esa discusión pueda comenzar a darse con más fuerza en Chile, en el marco del proceso constituyente, lo mínimo es que los derechos y deberes asociados a la idea de ciudadanía correspondan no por la pertenencia a un Estado—nación, sino por residir en el territorio.

Luego, a la formación ciudadana se le presenta el desafío de incorporar en sus objetivos de aprendizaje lo que significan migración y diversidad cultural, para contribuir, de este modo, a una adecuada comprensión de esta realidad desde el sistema escolar. Otro desafío constituye hacer un giro hacia una educación ciudadana cuestionadora de las inequidades estructurales a nivel mundial. Esto apunta a abandonar el énfasis que los objetivos del currículo asociados a diversidad y migración colocan en la responsabilidad individual de cada estudiante respecto de la existencia o no de discriminación o tolerancia, dado que ello guarda silencio de un problema que es estructural. La migración internacional, en ese sentido, puede ser una ventana concreta para abrir la lógica de ciudadanía y localizar o apropiarse de los fenómenos de la globalización desde las experiencias y sabiduría que cada NNA y sus familias portan. Contrario a lógicas de Estado-nación asociadas con la teoría de democracia liberal, la cohesión social se logra no por medio de omitir/ignorar las diferencias, disputas y conflictos sociales, sino por medio de la justicia y derribando estructuras de poder desiguales que llevan a la marginalización de diferentes poblaciones a lo largo del mundo (Nieto y Bickmore, 2017). Tal vez viendo las migraciones como un fenómeno de carácter global, asociado con la división desigual de las riquezas en el mundo, y no desde la mera elección individual y las diferencias culturales, pueden, solo tal vez, reducirse la violencia, el racismo y la xenofobia entre pares.

REFERENCIAS

ACE (Agencia de Calidad de la Educación), SJM (Servicio Jesuita a Migrantes) y Focus (Consultora Focus) (2019). Interculturalidad en la Escuela. Orientaciones para la inclusión de estudiantes migrantes. Santiago, Chile: Agencia de Calidad de la Educación. Recuperado de: http://archivos.agenciaeducacion.cl/Interculturalidad_en_la_escuela_vf.pdf

Arendt, H. (1987) [1951]. *Los orígenes del totalitarismo.* Madrid: Alianza.

Bauböck, R. (2006). Citizenship and migration – concepts and controversies. En R. Bauböck (Ed.), *Migration and Citizenship Legal: Legal Status, Rights and Political Participation* (p. 129). IMISCOE Reports. Amsterdam University Press.

Beniscelli, L., Riedemann, A. y Stang, F. (2019). Multicultural y, sin embargo, asimilacionista. Paradojas provocadas por el currículo oculto en una escuela con alto porcentaje de alumnos migrantes. *Calidad en la educación,* 50, 393-423.

Bourdieu, P. (1990). *Sociología y cultura.* México: Grijalbo.

Bourdieu, P. (1997). *Razones prácticas sobre la teoría de la acción.* Barcelona: Anagrama.

Cabrera, F. (2000). Hacia una nueva concepción de la ciudadanía en una sociedad multicultural. En: M. Bartolomé (coord.) *Identidad y Ciudadanía: un reto a la Educación Intercultural.* Madrid: Narcea.

Castles, S. (2010). Understanding Global Migration: A Social Transformation Persepctive. *Journal of Ethnic and Migration Studies,* 36(10), 1565–1586. https://doi.org/10.1080/1369183X.2010.489381

de Lucas, J. (2009). Inmigración, diversidad cultural, reconocimiento político. *Revista de Sociologia,* 94, 11–27.

Despagne, C. y Manzano-Munguía, M. C. (2020). Youth return migration (US-Mexico): Students' citizenship in Mexican schools. *Children and Youth Services Review,* 110, 104652. https://doi.org/10.1016/j.childyouth.2019.104652

Diez, M. L. (2004). Reflexiones en torno a la interculturalidad. *Cuadernos de Antropología Social,* 19, 191-213.

Durán, C. y Thayer, L.E. (2020). Ciudadanía precaria: hacia una definición conceptual para la caracterización de los procesos migratorios contemporáneos, *Revista Republicana,* 28, 97-117.

Expósito, F., Lobos, C. y Roessler, P. (2019). Educación, formación y trabajo: barreras para la inclusión en migrantes. En N. Rojas Pedemonte y J. T. Vicuña (Eds.), *Migración en Chile: Evidencias y mitos de una nueva realidad* (pp. 107–142). LOM ediciones.

García, C. y Córdoba, C. (2018). Educación ciudadana y segregación socioeconómica: reflexiones en torno a los límites del sistema escolar chileno. En C. Berríos y C. García (Eds,) *Ciudadanía en Conflicto: enfoques, experiencias y propuestas* (pp. 181-205). Ariadna Ediciones.

Gonzales, R. G. y Chavez, L. R. (2012). "Awakening to a nightmare": Abjectivity and illegality in the lives of undocumented 1.5-generation latino immigrants in the United States. *Current Anthropology, 53*(3), 255–281. https://doi.org/10.1086/665414

Kaztman (2001). Seducidos y Abandonados: El aislamiento social de los pobres urbanos. *Revista de La CEPAL,* 75, 171–189.

Kymlicka, W. (1996). *Ciudadanía multicultural.* Barcelona: Paidós.

Mansouri, F. y Mikola, M. (2014). Crossing boundaries: Acts of citizenship among migrant youth in Melbourne. *Social Inclusion,* 2(2), 28–37. https://doi.org/10.17645/si.v2i2.164

Mardones, R. (2020). The politics of citizenship education in Chile. En Petersen, A., Stahl, G. y Soong, H. (eds), *The Palgrave Handbook of Citizenship and Education,* Palgrave MacMillan, Springer.

Mardones, R. (2015). El paradigma de la educación ciudadana en Chile: una política pública inconclusa. En Cox, C. y Castillo, J.C. (eds.), *Aprendizaje de la ciudadanía: contextos, experiencias y resultados* (pp. 145-173). Santiago, Ediciones Universidad Católica de Chile.

Mardones, R. (2012). "Educación democrática liberal: una lectura desde el principio de la fraternidad". En R. Mardones (Ed.), Fraternidad y Educación. Un Principio para la Formación Ciudadana y la Convivencia Democrática (pp. 243-79). Buenos Aires: Ciudad Nueva.

Marshall, T. H. (1997) [1949], "Ciudadanía y clase social". *Reis, Revista Española de Investigaciones Sociológicas,* 79, 297-344.

Mezzadra, S. (2012). Capitalismo, migraciones y luchas sociales. La mirada de la autonomía. *Nueva Sociedad,* (237), 159-178.

Mineduc (Ministerio de Educación) (2016). *Orientaciones curriculares para el desarrollo del Plan de Formación Ciudadana.* Santiago: Mineduc.

Mineduc (Ministerio de Educación) (2018). Mapa del estudiantado extranjero en el sistema escolar chileno (2015-2017). Santiago, Chile. Recuperado de: https://www.mineduc.cl/wp-content/uploads/sites/19/2018/05/MAPA_ESTUDIANTES_EXTRANJEROS_SISTEMA_ESCOLAR_CHILENO_2015_2017.pdfNieto, D. y Bickmore, K. (2017). Immigration and emigration: Canadian and Mexican youth making sense of a globalized conflict. *Currículo Inquiry,* 47(1), 36–49. https://doi.org/10.1080/03626784.2016.1255934

Pardo, N. (2013). *Cómo hacer análisis crítico del discurso. Una perspectiva latinoamericana.* Bogotá: Universidad Nacional de Colombia.

Pereira, A. (2016). La relación entre seguridad e inmigración durante las primeras décadas del siglo XX en Argentina. Polis, *Revista Latinoamericana,* 15(44), 39-56.

PNUD (Programa de las Naciones Unidas para el Desarrollo) (2019). *Diez años de auditoría a la democracia: Antes del estallido.* Santiago: PNUD.

Quijano, A. (2000). Colonialidad del poder y clasificación social. *Journal of World-System Research,* XI (2), 342–386.

Roessler, P. (2018). Pensamiento nacionalista-territorializado y percepción de "des-ubicamiento" del inmigrante: el camino hostil de las construcciones de identidades chilenas en la convivencia escolar. *Calidad En La Educación,* 49, 50–81. https://doi.org/10.31619/caledu.n49.576

Rojas, M.T. (2016). Qué es la inclusión escolar: distintas perspectivas en debate. *Cuaderno de Educación Nº 75.* Santiago: UAH. https://repositorio.uahurtado.cl/bitstream/handle/11242/10192/txt1464.pdf?sequence=1&isA

Sayad, A. (2010). Migración y pensamiento de Estado. En La doble ausencia. *De las ilusiones del emigrado a los padecimientos del inmigrado* (pp. 385–404). Barcelona: Anthropos.

SJM (Servicio Jesuita a Migrantes) (2018) Migración y Escuela: Guía de acciones prácticas hacia la interculturalidad, Santiago, Chile: Ediciones SM. Recuperado de: https://www.migracionenchile.cl/wp-content/uploads/2020/06/Gu%C3%ADa-Migraci%C3%B3n-y-Escuela-2018.pdf

SJM (Servicio Jesuita a Migrantes) (2020a). Migración en Chile. Anuario 2019, un análisis multisectorial. Santiago, Chile. Recuperado de: https://www.migracionenchile.cl/publicaciones

SJM (Servicio Jesuita a Migrantes) (2020b). Acceso a la educación estudiantes migrantes. Santiago, Chile. Recuperado de: https://www.migracionenchile.cl/recursos-pedagogicos-y-reflexivos/

SJM (Servicio Jesuita a Migrantes), HdC (Hogar de Cristo) y Centro de Ética y Reflexión Social Fernando Vives SJ (CFV) (2020). Acceso e inclusión de personas migrantes en el ámbito educativo (Informe N°2). Santiago, Chile. Recuperado de: https://www.migracionenchile.cl/publicaciones

Sirriyeh, A. (2019). 'Felons are also our family': citizenship and solidarity in the undocumented youth movement in the United States. *Journal of Ethnic and Migration Studies,* 45(1), 133–150. https://doi.org/10.1080/1369183X.2018.1456324

Soria, S. (2014). El "lado oscuro" del proyecto de interculturalidad-decolonialidad: notas críticas para una discusión. *Tabula Rasa,* 20, 41-64. Recuperado de: http://www.scielo.org.co/pdf/tara/n20/n20a03.pdf

Stang, F., Riedemann, A., Stefoni, C. y Corvalán, J. (2021). Narrativas sobre diversidad cultural y migración en escuelas de Chile. *Magis, Revista Internacional de Investigación en Educación,* 28, 171-201.

Stang, F., Roessler, P. y Riedemann, A. (2019). Re-producción de fronteras en el espacio escolar. Discursos y prácticas de distinción nacional(ista) en escuelas con alumnado migrante en la Región Metropolitana de Chile. *Estudios Pedagógicos* XLV (3), 313-331.

Stefoni, C., Stang, F., Riedemann, A. y Aguirre, T. (2020). Prácticas docentes en escuelas multiculturales: entre la continuidad y la superación del modelo monocultural. *Temas de Antropología y Migración,* 11, 226-250.

Tubino, F. (2005). La interculturalidad crítica como proyecto ético-político. Ponencia presentada en el Encuentro Continental de Educadores Agustinos, Lima, 24-28 de enero.

Van Dijk, T. (2003). La multidisciplinaridad del análisis crítico del discurso: un alegato en favor de la diversidad. En: R. Wodak y M. Meyer. *Métodos de análisis crítico del discurso* (pp.143-177). Barcelona: Gedisa.

Velasco, J. C. (2016). *El azar de las fronteras. Políticas migratorias, ciudadanía y justicia.* México: FCE.

Villalobos, C., Ramírez, P., Infante, I. y Wyman, I. (2020). Composición del alumnado en escuelas chilenas. Un análisis multidimensional sobre la diversidad del sistema escolar. *Educação & Sociedade*, 41(1), 1-18.

Villalobos, C., Treviño, E., Wyman, I. y Béjares, C. (2018). School segregation of immigrant students. En Sandoval-Hernández, A., Isac, M.M. y Miranda, D. (eds.). *Teaching tolerance in a globalized world* (pp. 67-86). Netherlands: Springer-IEA.

Walsh, C. (2002). (De) Construir la interculturalidad. Consideraciones críticas desde la política, la colonialidad y los movimientos indígenas y negros en el Ecuador. En N. Fuller, *Interculturalidad y política. Desafíos y posibilidades* (pp. 115-142). Lima: Red para el Desarrollo de las Ciencias Sociales en el Perú.

Walsh, C. (2011). Etnoeducación e interculturalidad en perspectiva decolonial. En Centro de Desarrollo Étnico (Cedet), *Desde adentro. Etnoeducación e Interculturalidad en el Perú y América Latina*. Lima: Bellido.

Wimmer, A. y Glick Schiller, N. (2002). Methodological nationalism and beyond: nation-state building, migration and the social sciences. *Global Networks*, 2(4), 301–334. https://doi.org/10.1111/1471-0374.00043

CAPÍTULO 02

FORMACIÓN CIUDADANA, RACISMO Y COLONIALISMO DE ASENTAMIENTO: EL CASO MAPUCHE

ÁLVARO HOFFLINGER
Núcleo de Ciencias Sociales y Humanidades,
Facultad de Educación, Ciencias Sociales y Humanidades,
Universidad de la Frontera

HÉCTOR NAHUELPÁN
Comunidad de Historia Mapuche,
Departamento de Ciencias Sociales,
Universidad de Los Lagos

Este capítulo presenta parte de los resultados de investigación del proyecto Fondecyt No 11200415 "Segregación Escolar Indígena en Chile: Explorando sus Orígenes y Evolución"

Álvaro Hofflinger

Es oriundo de Huillinlebu (sector Selva Oscura), localidad rural de la comuna de Victoria (Región de la Araucanía). Obtuvo su licenciatura en psicología en la Universidad de la Frontera (2002), máster en estudios latinoamericanos y doctorado en políticas públicas en la Universidad de Texas en Austin (2015). Actualmente, es académico e investigador del Núcleo de Cs. Sociales y Humanidades de la Universidad de la Frontera (Temuco). Sus áreas de investigación están asociadas a tres líneas temáticas: 1) política educativa 2) política medioambiental y 3) desigualdad, segregación y pueblos indígenas. Actualmente ejecuta el proyecto Fondecyt de Iniciación "Segregación Escolar Indígena en Chile: Explorando sus Orígenes y Evolución".

Contacto: alvaro.hofflinger@ufrontera.cl

Héctor Nahuelpán

Es integrante de la Comunidad Rewe Lafken de Mehuin (región de Los Ríos) y miembro fundador de la Comunidad de Historia Mapuche. Profesor de Historia y Geografía (2005) y Magíster en Ciencias Sociales por la Universidad de La Frontera (2007), Doctor en Antropología por el Centro de Investigaciones y Estudios Superiores en Antropología Social-CIESAS (2013). Actualmente es profesor asociado del Departamento de Ciencias Sociales de la Universidad de Los Lagos (Osorno). Sus líneas de investigación incluyen: colonización, raza y etnicidad; Historia de los pueblos indígenas en América Latina y Chile.

Contacto: hector.nahuelpan@ulagos.cl

1. INTRODUCCIÓN

En una sociedad que asume los principios de la democracia, se espera que el rol principal del estado sea promover y reproducir ciertos valores compartidos entre sus ciudadanos, para lo cual la educación sería una de las herramientas claves para reforzar los valores y las tradiciones colectivas (Dewey, 1916). Sin embargo, en contextos históricos y territoriales donde el estado y la educación formal surgieron y se han construido a partir de la negación de la soberanía de los pueblos indígenas, despojando y colonizando sus territorios y sistemas de vida, la promoción y ejercicio de principios como la democracia, la ciudadanía o la formación ciudadana, se encuentran fuertemente tensionados.

Con el propósito de indagar en esta controversia, este capítulo se enfoca en las tensiones entre formación ciudadana, racismo y colonialismo de asentamiento en el contexto mapuche. Si bien esta problemática tiene diversas aristas y complejidades, nuestra aproximación se acota en explorar la siguiente pregunta: ¿cuál es el efecto de la discriminación en el nivel de participación y formación ciudadana de los estudiantes indígenas en Chile? Nuestro argumento principal es que, en el contexto mapuche, la construcción de la ciudadanía ha operado en el marco de una relación y estructura de colonialismo de asentamiento. Esta estructura ha girado históricamente en torno al despojo-posesión de la tierra y el objetivo (no cumplido) de reemplazar a la población mapuche por una sociedad de colonos (no indígenas), generando una formación social altamente segregada en términos de líneas étnico-raciales[1]. Los resultados de este capítulo, proponemos, son el reflejo de este proceso sociohistórico en curso.

---

[1]   Si bien en Chile y América Latina los estudios sobre pueblos indígenas se basan preferentemente en enfoques sobre etnicidad, en esta investigación se emplea la noción "étnico-racial" porque históricamente las identificaciones étnicas y raciales se superponen. Las formas de discriminación, subordinación y segregación que han vivido y viven los pueblos indígenas no sólo remiten a ideologías, imaginarios y prácticas que se fundamentan en presuntas diferencias culturales (étnicas); sino

Para dar cuenta de la relación entre racismo vivido por familias indígenas y la formación democrática que los estudiantes reciben en la escuela, analizamos los cuestionarios de padres y apoderados de SIMCE de 4to básico 2018, que incluyen información de 126 mil familias aproximadamente[2]. En particular, utilizamos los indicadores de Desarrollo Personal y Social (IDPS) presentes en los cuestionarios de padres/apoderados y estudiantes del SIMCE de 4to básico del año 2018. Los IDPS son un conjunto de índices que entregan información complementaria a los resultados de la prueba SIMCE y al logro de los Estándares de Aprendizaje (Agencia de la Calidad de la Educación, 2017)[3]. Específicamente, se utilizó el indicador "participación y formación ciudadana", el cual está conformado por tres dimensiones: participación, vida democrática y sentido de pertenencia. La primera dimensión, participación, incluye las percepciones de los padres/apoderados y estudiantes sobre espacios de colaboración e involucramiento al interior del establecimiento. Además, evalúa el nivel de comunicación entre los docentes y equipo directivo con los padres/apoderados y estudiantes. El segundo indicador, vida democrática, recoge información sobre las percepciones del estudiante sobre el grado en que la escuela incentiva y desarrolla habilidades y actitudes para la vida en democracia. Y finalmente, el sentido de pertenencia considera el grado de identificación que el estudiante tiene con el establecimiento. En particular, si el estudiante se siente parte de la comunidad escolar y el vínculo que ha desarrollado hacia el establecimiento (Agencia de la Calidad de la Educación, 2017).

---

también fenotípicas y biológicas (raciales), a partir de las cuales se justifican y naturalizan desigualdades y jerarquías. Al respecto, existe una amplia bibliografía, véase: Wade (1997, 2002), Appelbaum, Macpherson and Rosenblatt (2003), De la Cadena (2007), Hale (2006), Restrepo y Arias (2010).

[2] La muestra agrupa a un total de 209.285 estudiantes de 4to básico del año 2018, de los cuales 50.2 % son mujeres. El 90% de los estudiantes asisten a escuelas urbanas y un 54% se encuentra matriculado en escuelas particulares subvencionadas, un 37% de los estudiantes asisten a establecimientos municipales y 9% a escuelas privadas. Un 20% de los estudiantes reporta que al menos uno de sus padres es indígena y los años de escolaridad de la madre (12.59) es escasamente superior a la reportada por los padres (12.27).

[3] Los IDPS presentes en los cuestionarios están conformado por cuatro indicadores: autoestima y motivación escolar; clima de convivencia escolar; hábitos de vida saludable y participación y formación ciudadana.

Para analizar los datos se utilizaron tres modelos de regresión múltiple, cuyas variables dependientes fueron las dimensiones anteriormente mencionadas: participación, vida democrática y sentido de pertenencia. La principal variable de interés (independiente) mide si el estudiante ha vivenciado situaciones de discriminación por ser indígena, para esto utilizamos la respuesta (dicotómica) de los padres/apoderados a la pregunta *"Pensando en este año 2018, ¿ha sentido que su hijo(a) ha sido discriminado en el establecimiento por pertenecer a un pueblo originario?"* De este modo, podemos cuantificar la relación existente entre la discriminación que sufren las familias indígenas y la participación/formación ciudadana que reciben sus hijos (as) en la escuela. Además, el modelo utiliza diversas variables de control, si la familia del estudiante se autoidentifica como indígena, el nivel de educación de los padres, el ingreso familiar, el nivel socioeconómico del establecimiento, la dependencia y la ubicación geográfica de la escuela (urbana o rural). Además, se incorpora la región como variable de control, así el modelo sólo compara escuelas que se encuentren dentro de una misma región, controlando, de este modo, por diferencias geográficas y culturales.

Los resultados de este capítulo son relevantes no sólo porque se estudia la exclusión y marginación de los pueblos indígenas, sino también porque los estudiantes indígenas representan un porcentaje importante de la población escolar. De hecho, y de acuerdo con el censo de población y vivienda (2017), los estudiantes indígenas representan el 14.8% de la matrícula total en enseñanza básica y media. Lo que equivale, aproximadamente, a 455 mil estudiantes (INE, 2017). Conocer cómo los procesos de discriminación afectan la vida escolar de los estudiantes indígenas es un área poco explorada en Chile, y este trabajo es una contribución en este ámbito.

El capítulo se organiza en seis secciones. La segunda parte expone una revisión de literatura sobre las relaciones entre políticas educativas, ciudadanía y pueblos indígenas. Luego, en una tercera sección, se analiza el proceso de ciudadanización forzada de la población mapuche en el contexto de la ocupación y desposesión colonial de su territorio en los siglos XIX y XX. Se presta particular atención al rol de la educación formal como dispositivo de integración y asimilación de la población indígena como ciudadanos de la república; pero también como uno de los principales espacios agenciados para escalar jerarquías socioraciales y organizar la defensa mapuche de su sociedad, territorio y cultura. Una cuarta sección presenta los principales resultados y se desarrollan dos hipótesis explicativas que permiten entender los principales hallazgos de esta sección. Y finalmente, en la sección discusión y conclusiones, a la luz de los resultados obtenidos, se discuten las contradicciones, tensiones históricas y sociopolíticas de la formación ciudadana en territorios y población indígena que han sido sometidos a una relación de "colonialismo de asentamiento". Es decir, contextos cuya historia pasada y presente está marcada por el despojo territorial, el racismo y la violencia estructural.

2. POLÍTICAS EDUCATIVAS, FORMACIÓN CIUDADANA Y PUEBLOS INDÍGENAS

En Chile se han implementado distintas políticas educativas orientadas a mejorar la inclusión y regular un sistema educativo heredado de la dictadura cívico-militar. Un paso importante se dio con la puesta en marcha de la Ley General de Educación (LGE), la cual norma el servicio público de la educación y fija los roles de cada actor del sistema. Entre sus lineamientos, la LGE realza la interculturalidad y diversidad fomentando el encuentro entre estudiantes de distintas condiciones (ya sea étnicas, socioeconómicas, culturales, género y otras), promoviendo políticas que reconozcan y fortalezcan las culturas indígenas, así como la promoción de la formación ciudadana de los estudiantes para el fomento de su participación en la sociedad (Biblioteca del Congreso Nacional de Chile (BCN), 2019; Ministerio de Educación, 2021).

Un segundo hito se produce con la implementación de la Ley de Inclusión Escolar (2015). La ley tiene como objetivo principal otorgar mayor libertad de elección a las familias para decidir la escuela de sus hijos (as), eliminando progresivamente los obstáculos para ello: disponibilidad de recursos económicos, rendimiento académico u otros mecanismos de selección (Ministerio de Educación, 2018). La ley de inclusión se refiere explícitamente a la integración entre estudiantes indígenas y no indígenas, afirmando que "... el sistema propiciará que los establecimientos educativos sean un lugar de encuentro entre los y las estudiantes de distintas condiciones socioeconómicas, culturales, étnicas, de género, de nacionalidad o de religión" (Art. 1°, numeral 1, letra e). Aunque la ley no es específica sobre cómo la eliminación del lucro, la selección, el copago o la implementación del sistema de admisión escolar, son mecanismos que conlleven a reducir la segregación étnico-racial. Finalmente, también es importante señalar las modificaciones en la educación pública el 2017, con la creación de los Servicios Locales de Educación (SLE) y la Dirección de Educación Pública (DEP), de modo que la gestión de la educación en los territorios del país dejó de estar a cargo de las municipalidades, para focalizar la gestión educativa local en una unidad determinada para ello (Bellei et al., 2018).

Ahora bien, en relación con la población indígena, la política educativa se ha desarrollado principalmente a través de dos programas: la Educación Intercultural Bilingüe y la Interculturalidad para Todos y Todas. La primera consiste en un programa de enseñanza en lengua y cultura obligatorio para escuelas cuya composición de estudiantes indígenas alcanza un 20% o más, y la segunda iniciativa consiste en la aplicación de planes y programas propios de los establecimientos que deseen incorporar la interculturalidad. Para ambos casos, el Mineduc pone a disposición recursos de gestión, técnicos y pedagógicos, contribuyendo a la gestión institucional, la adecuación curricular y la vinculación con la comunidad. Estas iniciativas se articulan y fundamentan en la Ley General de Educación, la Ley Indígena y el convenio 169 de la OIT, y desde el 2008 se inició un trabajo activo para incorporar planes y programas de estudio para resguardar y promover la interculturalidad, reconocimiento de la pluriculturalidad, así como también para desarrollar una ciudadanía con competencias y prácticas interculturales (Ministerio de Educación, 2020).

Las políticas y programas recalcan la necesidad de generar un sistema educativo más inclusivo que incorpore, entre otros, la participación de los pueblos indígenas. Además, enfatizan la necesidad de repensar la formación ciudadana en un sistema educacional más diverso. La formación ciudadana se inició como instrucción cívica para el fortalecimiento del estado-nación, para luego fomentarse junto a la expansión de la educación en la acción del Estado Docente y la promoción de espacios específicos dentro de las escuelas (como la creación del "consejo de clase") para potenciar la organización estudiantil y compromiso político. Posteriormente, se incorpora la educación cívica a la asignatura de Ciencias Sociales e Historia;

e iniciativas de formación integral, como el proyecto de Escuela Nacional Unificada que fue implementada por la dictadura cívico-militar. Desde el retorno a la democracia se realizaron sugerencias y proyectos sobre formación ciudadana, se eliminó la asignatura de Educación Cívica y se plantearon estos contenidos como un objetivo fundamental transversal a los planes y programas educativos. Se realizaron sugerencias de ajuste curricular y modificaciones a las bases curriculares (Mardones, 2020). Actualmente, y desde el año 2017, existe un plan de formación ciudadana que las escuelas deben aplicar (Zúñiga et al., 2020).

El interés en implementar planes y programas sobre formación ciudadana se basa en evidencia empírica que evalúa positivamente este tipo de iniciativas. Sabemos que la formación ciudadana influye positivamente en el mejoramiento del rendimiento académico, en la disposición a aprender e incide en la reducción de las tasas de deserción escolar y el ausentismo (Fredricks et al., 2004; Fullarton, 2002; National Research Council & Institute of Medicine, 2004). Además, la experiencia cotidiana de estudiantes en ambientes escolares participativos influye en su percepción del establecimiento como un ambiente democrático, fortaleciendo también la identificación y el compromiso con éste (Cohen y Geier, 2010; Cornejo y Redondo, 2001; Deal y Peterson, 2009). El ambiente participativo permite el desarrollo de actitudes propias de la vida democrática como, por ejemplo, la escucha efectiva, la resolución de conflictos, la reflexión y expresión fundamentada de opiniones, así como el respeto por las opiniones de otros (Amadeo et al., 2004; Brown y Evans, 2002; Qualifications and Curriculum Authority, 1998; Torney-Purta et al., 2001).

En relación con los pueblos indígenas, la construcción del concepto de ciudadanía ha sido controversial. Los estados que comenzaron a conformarse a partir del siglo XIX impulsaron, particularmente a través del sistema educativo, iniciativas tendientes a integrar forzadamente a los pueblos indígenas haciendo tábula rasa y buscando homogenizar la diversidad sociocultural, lingüística y política (Iño, 2017; Martínez Buenabad, 2015; Sabzalian, 2019). Por otro lado, y en contraposición al sistema educativo tradicional, distintos movimientos indígenas en la región han apuntado a desarrollar modelos educativos propios y autónomos, que den cuenta y releven su propia identidad cultural y política (De la Peña, 1995; Gasché, 2005; López, 2009), lo cual ha tenido como correlato la tensión del concepto de ciudadanía, tradicionalmente abordado en el sistema educativo formal (Martínez Buenabad, 2015).

Durante las últimas tres décadas en América Latina, los estados han intentado conciliar el proyecto de homogeneidad nacional, con las demandas políticas y educativas de los pueblos indígenas, a través de políticas públicas o programas gubernamentales que incorporan enfoques interculturales o multiculturales, donde el acento ha estado puesto en el reconocimiento cultural de los pueblos indígenas. En el ámbito educativo, estos enfoques se han materializado a través de la implementación de programas de educación bilingüe o intercultural. Sin embargo, estas iniciativas han sido objeto de críticas y cuestionamientos, ya sea porque los estudiantes indígenas no sólo deben aprender su lengua, sino también los códigos de la cultura dominante (Pozo, 2014), porque excluyen e invisibilizan aspectos centrales como el racismo y la discriminación (Riedemann, 2008) e intentan incorporar a los pueblos indígenas bajo un paradigma que pretende asimilarles a una idea más diversa de ciudadanía, pero sin incorporarlos a la toma de decisiones políticas y desmantelar las relaciones de poder y jerarquía (Calderón, 2009; Castro y Knowles, 2017; Kauanui, 2008). En esta misma línea, también se ha puesto en tela de juicio la formación pedagógica, en particular los déficits de la enseñanza de aspectos político-históricos vinculados a las desigualdades raciales que reciben los futuros docentes (Iño, 2017; Martínez Buenabad, 2015).

En Latinoamérica se han desarrollado diversas estrategias en la implementación de programas de educación bilingüe o intercultural con resultados diversos. Las evaluaciones de aprendizaje muestran que, en promedio, los estudiantes indígenas tienen menor niveles de logro en pruebas estandarizadas que sus pares no indígenas (McEwan, 2004; Valenzuela et al., 2017). En México, Lourdes et al. (2011) estudiaron los textos escolares y concluyeron que la visión de los pueblos indígenas se plantea desde una noción de patria homogeneizadora. Ruiz y Quiroz (2014) analizan el enfoque de educación comunitaria implementado en el estado de Oaxaca (México), y cuyo objetivo es la formación de estudiantes para convivir desde la diversidad cultural y lingüística. Los investigadores concluyen que la formación de los profesores no es coherente con las habilidades y conocimientos que el enfoque requiere.

Por otro lado, en Ecuador, donde la noción de interculturalidad se ha implementado a través de la educación intercultural bilingüe, Higuera y Castillo (2015) plantean las limitaciones de este abordaje al enfocarse exclusivamente en la población indígena, excluyendo a la población no indígena. En el caso de Paraguay, donde si bien se otorga el derecho a la educación bilingüe, el problema radicaría en que la población indígena tendría un acceso limitado al sistema educativo. En el caso chileno, entre otros aspectos, investigadores han planteado la ausencia de contenidos y métodos educativos indígenas no sólo en los programas escolares, sino también en la formación inicial docente (Quilaqueo, 2019). Además, se ha criticado la educación intercultural bilingüe por excluir elementos centrales como la discriminación hacia la población indígena en el proceso de la formación de la sociedad chilena (Riedemann, 2008).

En relación con la segregación escolar y el rendimiento académico, Webb, Canales y Becerra (2017) muestran que, si bien la segregación escolar socioeconómica e indígena están relacionadas, son fenómenos independientes. Además, en las comunas con mayores niveles de segregación, la brecha de logros en SIMCE aumenta entre estudiantes indígenas y no indígenas (Webb et al., 2017). Treviño et al., (2019) profundizan la relación entre segregación escolar socioeconómica e indígena, utilizando datos longitudinales (1999-2011) y en distintos niveles (4to, 8vo básico y 2do medio). Los hallazgos de este estudio complementan resultados previos, y señalan que la segregación escolar socioeconómica e indígena son fenómenos diferentes, y la segregación escolar indígena no tiene la misma magnitud que la segregación académica. Además, los hallazgos apuntan que la segregación escolar indígena ha aumentado en enseñanza básica (4to y 8vo básico), pero ha disminuido en enseñanza media (2do medio).

Ahora bien, el racismo y la discriminación son centrales para entender la construcción de la ciudadanía en pueblos indígenas, pues la participación y el sentido de pertenencia de los estudiantes están condicionados por el nivel de aceptación que experimentan en su vida escolar. La paradoja ocurre, sin embargo, porque los estudiantes indígenas han sido sistemáticamente negados, excluidos y rechazados por el grupo que intenta integrarlos. Por ejemplo, investigaciones han mostrado que existe una desvalorización de las capacidades y el trabajo realizado por personas indígenas (Quilaqueo et al., 2005). Además, su imagen es representada como un sujeto atrasado, degradado y decadente (Radovich y Balazote, 2009). El racismo ha resultado, entre otros aspectos, en la naturalización de estas imágenes estereotipadas, vivenciando la inferioridad ante segmentos dominantes y experimentando el ser indígena como vergüenza, llevando, en algunos casos, a la negación de identidad y la aceptación de la inferioridad (Mellor et. al., 2009). La discriminación étnico-racial tensiona constantemente la imagen y valoración que la población indígena construye sobre sí misma (Alfaro, 2007; Oteíza y Merino, 2012).

El racismo se expresa de forma sistémica y multidimensional en el sistema escolar, incluyendo múltiples mecanismos y actores. Por ejemplo, en comunidades de mayor nivel educacional formal, la discriminación se expresa de forma más encubierta. En estos casos, el racismo es vivenciado a través del trato verbal humillante y el maltrato físico, que va configurando sentimientos de inferioridad y temor a participar en la sociedad (Tripailaf, 1969). Asimismo, en zonas rurales —con mayor porcentaje de población indígena— la discriminación es ejercida preferentemente por los docentes, mientras que en zonas urbanas —con mayor número y diversidad de estudiantes indígenas y no indígenas— las prácticas racistas serían ejercidas no sólo por los docentes sino también por parte de los compañeros (as) de aula (Poblete, 2003). Por otro lado, Webb y Radcliffe (2015) argumentan que el sistema educativo posee mecanismos de categorización étnico-racial que genera la distinción entre ser chileno y ser indígena, lo que, sumado a los discursos y prácticas dominantes, construye el sentido de ciudadanía y pertenencia a partir de jerarquías raciales. Además, las prácticas no solo afectan a los estudiantes, sino también a los profesores indígenas, quienes refieren sentirse discriminados por sus pares o padres no indígenas (Rojas y Sepúlveda, 2002).

2.1. Colonialismo de asentamiento, educación y ciudadanización forzada mapuche

En el caso del pueblo mapuche, la controversia en torno a la educación y la ciudadanización forzada bajo un modelo estato-nacional fundado en la homogeneidad, o recientemente en el marco de lógicas de reconocimiento multicultural neoliberal que promueven la diferencia cultural y la participación dejando intactas las jerarquías socioraciales y de poder estructural, se ha producido en el contexto de una relación de colonialismo que se gestó con los procesos de incorporación y sometimiento mapuche al estado y la economía política capitalista (Nahuelpan, 2012). Hasta el siglo XIX los mapuche eran uno de los pocos pueblos indígenas en las Américas que, en pleno proceso de conquista y colonización hispana, habían logrado controlar un extenso territorio (*Wallmapu*) que abarcaba el sur de los actuales estados de Chile y Argentina (Marimán, 2007), con soberanía e independencia reconocida en diversos tratados y parlamentos con representantes de la corona española (Zavala et al., 2015).

En ese contexto, los procesos de socialización y formación de niños y jóvenes —exceptuando algunos hijos de *lonkos* (líderes) enviados a adquirir conocimientos de la otredad colonizadora en instituciones religiosas jesuitas y franciscanas— se desarrollaba en el ámbito familiar y comunitario donde adquirían los conocimientos, saberes y habilidades que contribuían a la reproducción cultural, política y territorial de su sociedad. Sin embargo, esto sufrió un cambio drástico desde mediados del siglo XIX, a consecuencia de las campañas de ocupación militar y civil denominadas como "Conquista del Desierto" en el caso argentino, y como "Pacificación de la Araucanía" y "Colonización de las Provincias de Valdivia y Llanquihue" para el caso chileno. Ahora bien, la ocupación colonial del territorio y la subordinación de la población mapuche durante los siglos XIX y XX se enmarcaron en un ciclo de colonización global donde capitales internacionales y estados modernos en formación se expandieron sobre vastos territorios controlados por pueblos indígenas, generando impactos cuya magnitud sólo es comparable a la conquista y colonización europea en los siglos XVI y XVII (Larson, 2002). Es por ello que la dinámica colonizadora en territorio mapuche debiera comprenderse como una modalidad específica de colonialismo, concretamente como *settler colonialism*, es decir, colonialismo de asentamiento o de colonos (Veracini, 2011, 2015; Wolfe, 2006).

El colonialismo de asentamiento en territorio mapuche estuvo guiado por el interés de acceder a la tierra para ejercer soberanía estatal, sobre la base de la negación de la soberanía indígena mediante la doctrina de la terra nullius (tierras de nadie), para así articular el territorio despojado y ocupado a mercados nacionales y al capitalismo internacional. También es posible caracterizar el proceso colonial en territorio mapuche como una modalidad de colonialismo de asentamiento porque el despojo y apropiación territorial se materializó en una práctica de eliminación física, cultural y política de la vida indígena, a través de la violencia sistemática, el racismo y la segregación promovida por agentes e instituciones civiles, gubernamentales, religiosas y educativas. De esta forma, el deseo de posesión territorial y la lógica de la eliminación, dos rasgos característicos del colonialismo de asentamiento (Wolfe, 2006), modelaron una estructura desde la cual se buscaba destruir para reemplazar o integrar a los mapuche en un nuevo orden social, económico, cultural y político.

El surgimiento de la escuela —primero misional y luego pública—, así como los procesos de ciudadanización de los niños y jóvenes mapuche, se han desarrollado en el marco de esta estructura de colonialismo de asentamiento. Como en otros países del continente, la escolarización fue parte de un proyecto histórico criollo-mestizo, orientado a construir una nación homogénea de ciudadanos, para lo cual se buscaba eliminar y suprimir la diferencia cultural, lingüística y política, pero reproduciendo la desigualdad étnico-racial. En este contexto, la escuela monocultural y monolingüe se constituyó en uno de los principales dispositivos de integración, asimilación de los mapuche como ciudadanos de la república, pero también de reproducción del racismo. Este hecho determinó que las trayectorias educativas y formativas de las identidades de distintas generaciones durante el siglo XX y la actualidad, así como los patrones de residencia en reducciones o bien de migración desde el campo a la ciudad, estuvieran marcados por la discriminación y segregación étnico-racial (Nahuelpan y Antimil, 2019).

No obstante lo anterior, en el transcurso del siglo XX, desde la sociedad mapuche emergieron distintas tendencias frente a la educación oficial y los procesos de ciudadanización que promovían: el rechazo e indiferencia, al observarse que la educación oficial constituía uno de los principales agentes de desestructuración sociocultural; la educación formal como vía para escalar socialmente y contrarrestar los efectos del empobrecimiento producidos por el despojo territorial y la precarización de la vida; la educación como espacio para acceder a los códigos de la sociedades dominantes, organizar la defensa y reconstitución de lo propio (Marimán, 1997; Nahuelpan y Marimán, 2009). Aunque estas tendencias no se desplegaron de manera rígida, de alguna forma u otra, y principalmente las dos últimas, en el transcurso del siglo XX y XXI marcaron las trayectorias educativas de los jóvenes mapuche y las relaciones que sus familias y comunidades fueron generando con la educación oficial en el marco de una estructura de colonialismo de asentamiento que está a la base de la formación del estado, sus instituciones y del conflicto territorial-político actual.

3. DISCRIMINACIÓN ÉTNICO-RACIAL Y FORMACIÓN CIUDADANA

La figura 1 muestra el porcentaje de padres/apoderados que reportan que sus hijos(as) han sido discriminados por pertenecer a un pueblo indígena. Las regiones con mayor nivel de discriminación son Tarapacá, Arica & Parinacota y Araucanía, las cuales, a su vez, son las áreas geográficas con mayor concentración de población indígena. Así, por ejemplo, y de acuerdo al censo de población y vivienda 2017 (INE, 2017), la región de Arica y Parinacota es la región con mayor porcentaje de población indígena en el país (35.7%), la región de la Araucanía es la segunda (34.3%) y Tarapacá es la sexta (24.9%). Por otro lado, las regiones con menor proporción de población indígena presentan menores nivel de discriminación. Por ejemplo, la región del Ñuble, que presenta el porcentaje más bajo de población indígena en el país (4.8%), es a su vez la región con la proporción más baja de padres/apoderados que reportan sufrir discriminación por pertenecer a un pueblo indígena. En síntesis, la tendencia sugiere que, al menos a nivel regional, existe una relación positiva entre la concentración de población indígena en las regiones y el nivel de discriminación que las familias indígenas experimentan en las escuelas.

Estas diferencias regionales podrían estar explicadas, al menos en parte, por los niveles de segregación escolar que los estudiantes indígenas experimentan. De hecho, existe evidencia de la relación entre segregación escolar y discriminación étnico-racial (Oakes, 1995). La evidencia muestra que dentro de la sala de clases la segregación entre estudiantes indígenas y no indígenas tiene un efecto negativo sobre la motivaciones de los estudiantes (Levinson y Levinson, 2003) o el clima escolar (Hanushek et al., 2004). Además, la integración escolar provee beneficios para todos los estudiantes no sólo en el ámbito académico, sino también en aspectos no-académicos, por ejemplo reduce la predisposición a estereotipos y produce mayor compromiso cívico en los estudiantes (Benjamin et al., 2000).

En Chile, existen claras diferencias regionales con respecto a los niveles de segregación escolar. Por ejemplo, la región Metropolitana muestra que existen mayores niveles de segregación en aquellas comunas con menor porcentaje de estudiantes indígenas. Las Condes, por ejemplo, tiene solamente un 1% de estudiantes indígenas, pero presenta un alto nivel de segregación escolar indígena (índice de Duncan 0.79), situación similar se repite en los municipios de Lo Barnechea y Providencia. En cambio, la región de la Araucanía muestra el patrón inverso, es decir, las comunas con mayor porcentaje de estudiantes indígenas presentan mayores niveles de segregación étnico-racial en sus escuelas (Treviño et al., 2019). Además, la segregación escolar de las familias indígenas podría ser explicada por la segregación residencial, patrones que también se encuentran diferenciados geográficamente. Por ejemplo, Sabatini y Rasse (2017), comparan la segregación residencial étnica y socioeconómica en Iquique, Santiago y Temuco. Los resultados muestran que, en general, la segregación étnico-racial es menor que la segregación socioeconómica, aunque existen diferencias geográficas. Por ejemplo, Temuco y Padre Las Casas, a diferencia de Iquique o el gran Santiago, la población indígena está concentrada en ciertas áreas de la ciudad, presentando la segregación étnico-racial niveles similares a la segregación socioeconómica. Además, los índices de aislamiento de los mapuche en la capital de la Araucanía son más altos que los indígenas que viven en Iquique o Santiago.

FIGURA 1:
NIVELES DE DISCRIMINACIÓN POR PERTENECER A UN
PUEBLO INDÍGENA Y REGIÓN DE PROCEDENCIA

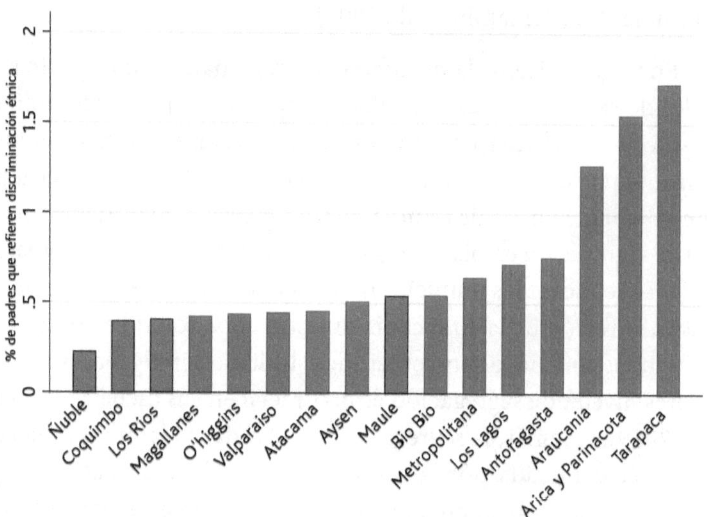

Fuente: Elaboración propia basada en datos SIMCE 4to básico, 2018.

Para explorar en mayor profundidad estos resultados, estimamos la correlación existente entre el porcentaje de población indígena en cada comuna del país y la proporción de padres/apoderados que señalan que sus hijos(as) son discriminados por pertenecer a un pueblo indígena. La figura 2 muestra la relación entre ambas variables. El coeficiente de correlación es igual a 0.6, lo cual sugiere que a medida que aumenta la población indígena en los municipios, mayores serán los niveles de discriminación que sufren las familias indígenas en las escuelas y esta relación es "moderada alta" (0.6). Por ejemplo, entre las 20 comunas con mayores niveles de discriminación en el país, 12 de estos municipios pertenecen a las regiones del Bio-Bio y la Araucanía. En la región del Bio-Bio destacan las comunas de Alto Bio-Bio, Tirúa, Negrete, Quilaco, Los Álamos, y en la Araucanía, los municipios de Lumaco, Galvarino, Lonquimay, Collipulli, Teodoro Schmidt, Perquenco y Pitrufquén.

FIGURA 2:
RELACIÓN ENTRE LA PROPORCIÓN DE POBLACIÓN
INDÍGENA EN LA COMUNA Y EL NIVEL DE DISCRIMINACIÓN
QUE SUFREN LOS ESTUDIANTES INDÍGENAS EN LAS
ESCUELAS

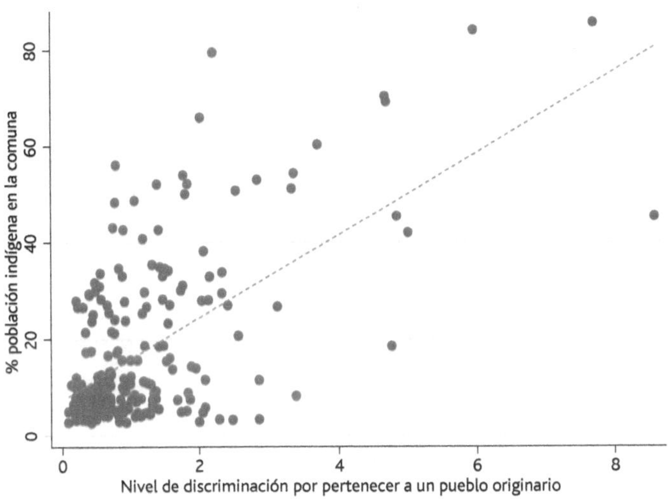

Fuente: Elaboración propia basada en datos SIMCE 4to básico, 2018 y Censo de población, 2017.

Para responder la pregunta de investigación ¿cuál es el efecto de la discriminación en el nivel de participación y formación ciudadana de los estudiantes indígenas? Utilizamos tres modelos de regresión, la Tabla 1 muestra los principales resultados de estos análisis.

El primer modelo (participación) mide el nivel de participación de los estudiantes en eventos organizados por la escuela e incluye actividades de entretención, deportivas, culturales, de ayuda, actividades comunales, regionales, o nacionales. Los resultados muestran que las experiencias de discriminación que sufren las familias indígenas en la escuela tienen un impacto negativo en el nivel de participación de los estudiantes. En otras palabras, las familias que reportan haber sido discriminadas por pertenecer a un pueblo indígena, presentan menores niveles de participación que aquellas familias que no experimentan discriminación. Además, y en contraste con las escuelas particulares subvencionadas, los establecimientos municipales presentan mayores niveles de participación, así también las escuelas urbanas. Todos estos coeficientes son estadísticamente significativos (p<0.05).

El segundo modelo (sentido de pertenencia) evalúa el vínculo que tiene los estudiantes con su escuela, por ejemplo, si les gusta la escuela, las clases y la forma en que se enseña, si sienten orgullosos (as) de estudiar en su actual establecimiento y si le agradan sus profesores. Además, si los profesores (as) y director(a) los hacen sentir parte importante del establecimiento. Los resultados muestran que los estudiantes que reportan sufrir discriminación por pertenecer a un pueblo indígena presentan un menor sentido de pertenencia, en comparación con aquellas estudiantes que no sufren discriminación (p<0.05). Además, a medida que aumenta el nivel socioeconómico de la escuela, el sentido de pertenencia también aumenta. Y los estudiantes de escuelas urbanas presentan un mayor sentido de pertenencia, en comparación con las escuelas urbanas. Todos estos coeficientes son estadísticamente significativos (p<0.05).

Finalmente, el tercer modelo (formación democrática) evalúa si los estudiantes que han sufrido discriminación por pertenecer a un pueblo indígena participan activamente en la organización y desarrollo de actividades de curso (por ejemplo, paseos, celebración de cumpleaños, actos, etc.) o actividades de ayuda en la escuela (por ejemplo, colectas de dinero o alimentos, plantar árboles, limpiar la escuela, etc.). Los resultados muestran que, en promedio, los estudiantes que han experimentado racismo están menos involucrados en la organización de estas actividades en su escuela. Además, las escuelas públicas, en comparación con las escuelas privadas o particulares subvencionadas, presentan mayores niveles de formación democrática, así también las escuelas urbanas. Todos estos coeficientes son estadísticamente significativos (p<0.05).

TABLA 1:
EFECTO DE LA DISCRIMINACIÓN ÉTNICA EN LA PARTICIPACIÓN, SENTIDO DE PERTENENCIA Y FORMACIÓN DEMOCRÁTICA DE ESTUDIANTES DE 4TO BÁSICO EN CHILE (2018)

	Participación	Sentido de Pertenencia	Formación democrática
Discriminación por pertenecer a un pueblo indígena	-0.07*	-0.15***	-0.10**
Padres indígenas	-0.02*	0.01	-0.02**
Años de escolaridad			
Padre	-0.001+	0.003	-0.001
Madre	-0.001*	0.002+	-0.004
Ingreso familiar (cuartiles)			
Cuartil 2	-0.01	0.01+	0.01
Cuartil 3	-0.01	0.02*	0.01
Cuartil 4	-0.02**	0.02*	0.01
Nivel socioeconómico de la escuela			
Medio bajo	0.01	0.05***	0.02*
Medio	-0.04***	0.09***	0.00
Medio alto	-0.04*	0.10***	0.02
Alto	0.09*	0.11**	0.03
Dependencia del establecimiento			
Municipal	0.04***	0.002	0.02**
Privada	-0.04	0.04	0.04
Ubicación geográfica			
Establecimientos urbanos	0.06***	0.03**	0.08***
Regiones			
Región de Antofagasta	0.02	-0.00	0.01
Región de Atacama	0.01	0.03	0.09**
Región de Coquimbo	-0.02	0.00	0.03
Región de Valparaíso	-0.01	-0.05*	0.04+
Región de O'Higgins	-0.02	0.02	0.09***
Región del Maule	-0.00	0.06*	0.08***
Región del Biobío	-0.07**	0.02	0.03
Región de La Araucanía	-0.05*	-0.02	-0.01
Región de Los Lagos	-0.12***	-0.05*	-0.08***
Región de Aysén	-0.09*	-0.21***	-0.14***
Región de Magallanes	-0.14***	-0.07+	-0.09*
Región Metropolitana	-0.11***	-0.08***	-0.00
Región de Los Ríos	-0.08**	-0.06*	-0.04
Región de Arica y Parinacota	0.10**	0.08*	0.13***
Región de Ñuble	0.05*	0.13***	0.13***
Número de Observaciones	126,119	127,393	126,772

*** p<0.001, ** p<0.01, * p<0.05

En síntesis, los tres modelos muestran resultados consistentes, esto es, los hijos (as) de las familias que reportan haber sufrido discriminación por pertenecer a un pueblo indígena, presentan menores niveles de participación en la escuela, un menor sentido de pertenencia hacia su establecimiento y una formación ciudadana más débil que sus pares que no han sufrido discriminación. El primer (participación) y segundo modelo (sentido de pertenencia) evalúan el grado de conexión o vínculo que los estudiantes generan a partir de acciones/actividades que las escuelas desarrollan hacia ellos (as). En cambio, el tercer modelo (formación ciudadana) analiza el grado en que los estudiantes organizan y desarrollan actividades para la comunidad escolar, es decir, no son receptores sino actores directos de estas acciones. Sin embargo, y a pesar de las diferencias, la discriminación actúa bloqueando todas estas dimensiones de la formación ciudadana.

Nuestra hipótesis es que el racismo, el cual puede ser ejercido por pares o por los propios docentes, fuerza a los estudiantes indígenas a protegerse. Estos mecanismos de protección pueden ser directos o indirectos, por ejemplo, los estudiantes podrían enfrentar o denunciar a los compañeros (as) o docentes que han tenido conductas racistas. Una segunda opción sería desarrollar acciones indirectas que permitan evitar exponerse a situaciones de discriminación. En este caso, los estudiantes podrían evadir cualquier interacción extra aula con sus compañeros(as) o docentes. En consecuencia. la no participación, el no involucramiento en actividades vinculadas a la participación y la formación democrática, puede ser entendido como un mecanismo de defensa ante la discriminación.

La Tabla 2 explora el efecto de la discriminación en establecimientos educacionales de la región de la Araucanía. Los resultados, a diferencia de los modelos anteriores donde las experiencias de discriminación étnico-racial eran claves para entender los niveles de participación, pertenencia y formación ciudadana, no es relevante (p>0.05). En cambio, en la región de la Araucanía, los bajos niveles de participación y formación ciudadana son explicados por el sólo hecho de que los estudiantes sean indígenas (p<0.05). Es decir, los estudiantes indígenas, en promedio, tienen menores niveles de participación, sentido de pertenencia y formación ciudadana que los estudiantes no indígenas, independiente de los niveles de discriminación que enfrenten.

TABLA 2:
EFECTO DE LA DISCRIMINACIÓN ÉTNICA EN LA PARTICIPACIÓN, SENTIDO DE PERTENENCIA Y FORMACIÓN DEMOCRÁTICA DE ESTUDIANTES DE 4TO BÁSICO EN LA REGIÓN ARAUCANÍA (2018)

	Participación	Sentido de Pertenencia	Formación democrática
Discriminación por pertenecer a un pueblo originario	-0.09	-0.18+	-0.19+
Padres indígenas	-0.05*	-0.07**	-0.07**
Años de escolaridad			
Padre	-0.01+	-0.001	-0.01
Madre	0.002	-0.003	0.003
Ingreso familiar (cuartiles)			
Cuartil 2	0.06+	-0.03	0.01
Cuartil 3	0.00	-0.02	-0.07*
Cuartil 4	0.01	-0.00	-0.01
Nivel socioeconómico de la escuela			
Medio bajo	0.01	0.02	-0.05
Medio	-0.08*	0.06	-0.05
Medio alto	-0.09	0.02	-0.04
Alto	0.15	0.34+	0.23
Dependencia del establecimiento			
Municipal	0.05*	-0.01	-0.00
Privada	-0.09	-0.23	-0.24
Ubicación geográfica			
Establecimientos urbanos	-0.02	0.02	-0.01
Número de Observaciones	8,044	8,130	8,082

*** p<0.001, ** p<0.01, * p<0.05

Dos posibles explicaciones podrían dar cuenta de estas diferencias. La primera hace referencia al tipo de instrumento utilizado, es decir, al uso de encuestas para determinar el nivel de discriminación al que están expuestos los estudiantes. Investigaciones previas han mostrado que las encuestas o cuestionarios pueden subestimar los niveles de discriminación, dado que, en general, las personas tienden a negar o minimizar las experiencias de discriminación porque les permite tener una imagen positiva de sí mismos y percibir que tienen control sobre su ambiente (Dumont et al., 2006). Sin embargo, el uso de encuestas que sean autoadministradas y anónimas —como es el caso de este trabajo— ayudan a que las personas reporten situaciones de discriminación (D'Ancona, 2017). En este sentido, podría ocurrir que el instrumento (encuesta) no esté pesquisando adecuadamente las situaciones de discriminación en las escuelas, en particular en la región de la Araucanía, y ello se vea reflejado en los resultados. El uso de técnicas cualitativas, tales como una entrevista semiestructurada, por ejemplo, pudieran ser una buena alternativa para complementar la información recopilada por los cuestionarios, evitando la subestimación de las experiencias de discriminación que enfrentan los estudiantes indígenas en las escuelas.

Nuestra segunda hipótesis, y que es el argumento central de este capítulo, es que la región de la Araucanía, tiene un origen altamente racializado a raíz de la modalidad específica de colonización desarrollada por el estado chileno en la ocupación de este territorio y que corresponde a una forma de colonialismo de asentamiento (*settler colonianism*). Este tipo particular de colonialismo, al girar en torno a la desposesión-posesión sobre el territorio, tuvo como objetivo central (aunque no cumplido) el reemplazo de la población mapuche por una sociedad de colonos (no indígenas). Nuestro argumento es que los resultados de este capítulo son el reflejo de este proceso histórico, es decir, la población mapuche que resistió y sobrevivió a este proceso de colonialismo, construyeron sus relaciones con estado chileno desde la desconfianza hacia su institucionalidad, incluida la escuela. Por tanto, es esperable que los estudiantes de familias indígenas en la región de la Araucanía, como grupo, eviten participar o interactuar con sus pares no indígenas en espacio ajenos al trabajo en aula. Desarrollando de esta forma un mecanismo de protección, de defensa ante el racismo que enfrentan en las escuelas, históricamente aprendido e intensificado en los recientes años como resultado de la agudización del "conflicto" que el estado chileno y la etno-clase dominante mantiene con el pueblo mapuche.

4. FORMACIÓN CIUDADANA, RACISMO Y COLONIALISMO DE ASENTAMIENTO: PRINCIPALES CONCLUSIONES

En este capítulo planteamos como pregunta de investigación ¿cuál es el efecto de la discriminación en el nivel de participación y formación ciudadana de los estudiantes indígenas? Para responder esta pregunta utilizamos información contenida en los cuestionarios de padres y apoderados del SIMCE 2018 en 4to básico. En particular, la respuesta de los padres/apoderados a la pregunta "*Pensando en este año 2018, ¿ha sentido que su hijo(a) ha sido discriminado en el establecimiento por pertenecer a un pueblo originario?*" Este ítem nos permitió cuantificar el nivel de discriminación al que están expuestos los estudiantes de familias indígenas en el sistema escolar chileno.

A nivel descriptivo nuestros resultados muestran que, a nivel regional, existe una relación positiva entre el porcentaje de población indígena y el nivel de discriminación que sufren las familias indígenas en las escuelas. Es decir, aquellas regiones con mayor porcentaje de población indígena, los padres reportan que sus hijos(as) experimentan mayores niveles de discriminación (ver figura 1). Además, al estimar la correlación entre discriminación vivida y el porcentaje de población indígena a nivel comunal, los resultados muestran una relación moderada alta (0.6). Lo que indica que, similar al resultado anterior, en las comunas con mayor proporción de población indígena, los estudiantes sufren mayores niveles de discriminación étnico-racial (ver figura 2).

A nivel inferencial, los resultados de los modelos de regresión muestran que, a nivel nacional, los estudiantes que han sufrido discriminación por pertenecer a un pueblo indígena, presentan menores niveles de participación, menor sentido de pertenencia y una menor formación ciudadana que sus pares que no han sufrido discriminación. Sin embargo, en la región de la Araucanía, independiente del nivel de discriminación que experimenten, los estudiantes mapuche por el sólo hecho de ser indígenas presentan menores niveles de participación, sentido de pertenencia y formación ciudadana que sus pares no mapuche.

Estos hallazgos son coherentes con la literatura. La discriminación que sufre la población indígena genera no sólo sentimientos de inferioridad, sino también, y ante el temor a ser discriminados, limitan sus espacios de interacción con la población no indígena. Nuestros resultados muestran este efecto, los estudiantes que sufren discriminación presentan menores niveles de participación en actividades vinculadas a la formación ciudadana.

Un caso particular es la región de la Araucanía, nuestro argumento es que la región ha tenido un proceso histórico diferente al resto del país, particularmente porque el colonialismo de asentamiento sentó las bases para la formación de una zona altamente racializada, segregada, donde la discriminación hacia la población mapuche ha sido constitutiva de la formación histórica y el lugar social que cada quien ocupa en esta región.

De hecho, durante el siglo XX las personas mapuche crecieron despojadas y reducidas en sus tierras, precarizadas material y económicamente, segregadas en las ciudades y marginalizadas en las escuelas. Las relaciones étnico-raciales estuvieron marcadas por distinciones basadas en el fenotipo, el idioma, los apellidos o las prácticas culturales, a través de las cuales se reprodujo la discriminación de los estudiantes mapuche y sus familias al interior de las escuelas, en las interacciones sociales con los docentes, sus pares estudiantes y a través del currículum educativo. La dimensión estructural de la discriminación, condujo a su naturalización y, consiguientemente, a una cultura educativa fundada no sólo sobre la base de la negación de la diversidad lingüística, sociocultural, territorial y política; sino también de la segregación étnico-racial, sobre la cual se produjeron procesos de ciudadanización basados en la integración declarativa, pero en la exclusión de facto. La transmisión intergeneracional y la continuidad de la experiencia de discriminación en la escuela, contribuyó a la generación de una desconfianza hacia la institución escolar dentro de las familias y estudiantes. De esta forma, aún cuando actualmente la educación formal, en sus distintos niveles, forma parte de una trayectoria de vida de las nuevas generaciones mapuche, la historia de la discriminación racial, una cultura educativa reproductora de la segregación, negacionista y temerosa de afrontar las principales contradicciones con los pueblos indígenas, reducen no sólo las posibilidades de participación, sino también demuestran los límites de la educación para la ciudadanía cuando ésta última se ha fundado en y reproducido el colonialismo de asentamiento. Estructura, ésta última, que se haya a la base de los conflictos y tensiones entre el estado, la sociedad civil, el capital y el pueblo mapuche.

De esta forma, y a partir de una aproximación específica que buscó conocer cuál es el relación entre la discriminación y la formación ciudadana de los estudiantes indígenas, proponemos cambiar o al menos tensionar los términos del debate en cuanto a la problematización de las relaciones entre ciudadanía y racismo en contexto mapuche. En concreto, como lo sugieren otras investigaciones (Rouhana y Sabbagh-Khury, 2015; Tatour, 2019), argumentamos que la construcción de ciudadanía a través de las instituciones educativas, debiera ser conceptualizada y analizada en el marco de relaciones de colonialismo de asentamiento. Desde esta perspectiva, las contradicciones más sustantivas no pasan necesariamente por cómo construir formas de ciudadanía más incluyentes hacia los pueblos indígenas y que reconozcan la diferencia cultural o lingüística, sino por cómo la propia ciudadanía y las formas de participación y reconocimiento que promueve, operan como modos explícitos o solapados de construcción de dominación o segregación en una estructura de colonialismo de asentamiento en la cual la educación ha tenido y continúa teniendo un rol crucial.

REFERENCIAS

Agencia de la Calidad de la Educación. (2017). *Informe Técnico 2017: Indicadores de Desarrollo Personal y Social.*

Amadeo, J., Torney-purta, J., y Barber, C. H. (2004). Amadeo, J., Torney-Purta, J., y Barber, C. (2004). Attention to Media and Trust in Media Sources Analysis of Data from the IEA Civic Education Study. Center For Information And Research.pdf. *Center for Information & Research on Civic Learning & Engagement*, 1–8.

Bellei, C., Muñoz, G., Rubio, X., Alcaíno, M., Donoso, M. P., Martínez, J., de la Fuente, L., del Pozo, F., y Díaz, R. (2018). *Nueva Educación Pública. Contexto, contenidos y perspectivas de la desmunicipalización* (Santiago: LOM).

Benjamin, R. W., McDonnell, L., y Timpane, P. M. (2000). *Rediscovering the democratic purposes of education.* University Press of Kansas.

Biblioteca del Congreso Nacional de Chile (BCN). (2019). *Guía legal sobre Ley General de Educación.* Biblioteca Del Congreso Nacional de Chile (BCN).

Brown, R., y Evans, W. P. (2002). Extracurricular activity and ethnicity: Creating greater school connection among diverse student populations. *Urban Education*, 37(1), 41–58.

Calderón, D. (2009). Making explicit the jurisprudential foundations of multiculturalism: The continuing challenges of colonial education in US schooling for Indigenous education. In *Breaching the Colonial Contract: Anti colonialism in the U.S. and Canadá* (pp. 53–78). Springer.

Castro, A. J., y Knowles, R. T. (2017). Democratic Citizenship Education. In *The Wiley handbook of social studies research* (pp. 287–318). Wiley Online Library.

Cohen, J., y Geier. (2010). *School Climate Research Summar, Juanary 2010.*

Cornejo, R., y Redondo, J. M. (2001). El clima escolar percibido por los alumnos de enseñanza media. Una investigación en algunos liceos de la Región Metropolitana. *Ultima Década*, 9(15), 11–52.

D'Ancona, M. Á. C. (2017). Measuring multiple discrimination through a survey-based methodology. *Social Science Research*, 67, 239–251.

De la Peña, G. (1995). La ciudadanía étnica y la construcción de los indios en el México contemporáneo. *Revista Internacional de Filosofía Política*, 6, 116–140.

Deal, T. E., y Peterson, K. D. (2009). *Shaping school culture: Pitfalls, Paradoxes and Promises* (2nd ed.). Jossey-Bass.

Dewey, J. (1916). *Democracy and Education: An Introduction To The Philosophy Of Education.* NuVision Publications.

Dumont, M., Seron, E., y Yzerbyt, V. (2006). 10 Social comparison and the personal-group discrimination discrepancy. *Social Comparison and Social Psychology: Understanding Cognition, Intergroup Relations, and Culture,* 228.

Fredricks, J. A., Blumenfeld, P. C., y Paris, A. H. (2004). School Engagement: Potential of the Concept, State of the Evidence. *Review of Education Research, 79(1),* 59–109.

Fullarton, S. (2002). Student engagement with school: Individual and school-level influences. *Longitudinal Surveys of Australian Youth* (LSAY), July.

Gasché, J. (2005). Hacia una propuesta curricular intercultural en un mundo global. *Revista Interamericana de Educación de Adultos, 27(1),* 177–200.

Hanushek, E., Kain, J., y Rivkin, S. (2004). Why public schools lose teachers. *Journal of Human Resources, 39(2),* 326–354.

Higuera, É., y Castillo, N. (2015). La interculturalidad como desafío para la educación ecuatoriana. *Sophia, Colección de Filosofía de La Educación,* 18, 147–162. https://doi.org/10.17163/soph.n18.2015.08

INE. (2017). *Censo de población y vivienda.* Microdatos Censo 2017. http://www.censo2017.cl/microdatos/

Iño, W. (2017). Una mirada a las reformas educativas y la formación de la ciudadanía en Bolivia (Siglo XX y XXI). *Alteridad, Revista de Educación., 12(2),* 144–154. https://doi.org/10.17163/alt.v12n2.2017.01

Kauanui, J. K. (2008). Colonialism in equality: Hawaiian sovereignty and the question of US civil rights. *South Atlantic Quarterly,* 107(4), 635–650.

Larson, B. (2002). *Indígenas, elites y Estado en la formación de las repúblicas andinas, 1850-1910* (Vol. 32). Instituto de Estudios Peruanos.

Levinson, M., y Levinson, S. (2003). *Getting Religion': Religion, Diversity, and Community in Public and Private Schools. School Choice: The Moral Debate. A. Wolfe.* Princeton, Princeton University Press.

López, L. E. (2009). Interculturalidad, educación y política en América Latina: perspectivas desde el Sur. Pistas para una investigación comprometida y dialogal. En *Interculturalidad, educación y ciudadanía. Perspectivas latinoamericanas* (pp. 129–218). FUNPROEIB AndesPlural Editores La Paz.

Lourdes, P., Navarro, M., y Cayeros, L. (2011). Los pueblos indios en los libros de texto gratuitos. *Revista Mexicana de Investigación Educativa, 16*(49), 525–544.

Mardones, R. (2020). The Politics of Citizenship Education in Chile. In *The Palgrave Handbook of Citizenship and Education* (pp. 343–357). https://doi.org/10.1007/978-3-319-67905-1_35-1

Marimán, P. (1997). Demanda por educación en el movimiento Mapuche en Chile, 1910-1995. In *Pueblos indígenas, educación y desarrollo.* Centro de Estudios para el Desarrollo de la Mujer, Instituto de Estudios Indígenas.

Marimán, P. (2007). Los mapuche antes de la conquista militar chileno-argentina. En *¡... Escucha Winka...! Cuatro Ensayos de Historia Nacional Mapuche y un epílogo sobre el futuro* (pp. 53–127). LOM Ediciones.

Martínez Buenabad, E. (2015). La educación intercultural y bilingüe (EIB) en México. ¿El camino hacia la construcción de una ciudadanía democrática? *Relaciones Estudios de Historia y Sociedad, 36*(141), 103–131. https://doi.org/10.24901/rehs.v36i141.92

McEwan, P. J. (2004). The indigenous test score gap in Bolivia and Chile. *Economic Development and Cultural Change, 53*(1), 157–190.

Ministerio de Educación. (2020). *Educación Intercultural. Lenguas y culturas de los pueblos originarios.*

Ministerio de Educación del Gobierno de Chile. (2021). *LGE - Ley General de Educación.* Ayuda Mineduc, Atención Ciudadana.

Nahuelpan, H. (2012). Formación colonial del estado y desposesión en Ngulumapu. En *Ta iñ fijke xipa rakizuameluwün. Historia, colonialismo y resistencia desde el País Mapuche* (pp. 123–156). Ediciones Comunidad de Historia mapuche.

Nahuelpan, H., y Antimil, J. (2019). Colonialismo republicano, violencia y subordinación racial mapuche en Chile durante el siglo XX. *Historelo. Revista de Historia Regional y Local, 11*(21), 211–248.

Nahuelpan, H., y Marimán, P. (2009). Pueblo Mapuche y educación, interculturalidad y/o autonomía. *ISEES: Inclusión Social y Equidad En La Educación Superior, 4*, 83–102.

National Research Council, I., & Institute of Medicine, i. (2004). *Engaging schools: Fodtering high school student's motivation to learn.* Committee on Increasing High School Students' Engagement and Motivation to Learn. Board on Children, Youth, and Families, Division of Behavioral and Social Sciences and Education.

Oakes, J. (1995). Two cities' tracking and within-school segregation. *Teachers College Record, 96*, 681.

Poblete, M. P. (2003). Discriminacion Etnica En Relatos De La Experiencia Escolar Mapuche En Panguipulli (Chile). *Estudios Pedagógicos (*Valdivia), 29, 55–64. https://doi.org/10.4067/s0718-07052003000100004

Pozo, G. (2014). ¿Cómo descolonizar el saber?: El problema del concepto de interculturalidad. Reflexiones para el caso mapuche. *Polis, Revista Latinoamericana,* 13(38), 205–223. https://doi.org/10.4067/s0718-65682014000200010

Qualifications and Curriculum Authority. (1998). Education for Citizenship and the Teaching of Democracy in Schools. En *Qualifications and Curriculum Authority on behalf of the Citizenship Advisory Group.* https://doi.org/10.1177/014473949901900204

Quilaqueo, D. (2019). Intervención educativa intercultural para un diálogo de saberes indígena y escolar. *Educar Em Revista*, 35(76), 219–237.

Quilaqueo, D., Quintriqueo, S., y Cárdenas, P. (2005). *Educación, currículum e interculturalidad: Elementos sobre formación de profesores en contexto mapuche.* Universidad Católica de Temuco, Facultad de Educación.

Radovich, J. C., y Balazote, A. (2009). El pueblo mapuche contra la discriminación y el etnocidio. In *Historias de las Familias Mapuche Lof Paichil Antriao y Lof Quintriqueo.* https://www.researchgate.net/publication/263542592_EL_PUEBLO_MAPUCHE_CONTRA_LA_DISCRIMINACION_Y_EL_ETNOCIDIO

Riedemann, A. (2008). La Educación Intercultural Bilingüe en Chile: ¿ampliación de oportunidades para alumnos indígenas? *Indiana,* 25(25), 169–193. https://doi.org/10.18441/ind.v25i0.169-193

Ruiz, A., y Quiroz, E. (2014). Educación comunitaria: una propuesta alternativa para los pueblos indígenas de Oaxaca - México. *Polis, Revista Latinoamericana*, 13(38), 1–14. https://doi.org/10.4067/s0718-65682014000200011

Sabatini, F., y Rasse, A. (2017). Segregación espacial de hogares indígenas en ciudades chilenas. *Andamios*, 14(35), 309–333.

Sabzalian, L. (2019). The tensions between Indigenous sovereignty and multicultural citizenship education: Toward an anticolonial approach to civic education. *Theory and Research in Social Education*, 47(3), 311–346. https://doi.org/10.1080/00933104.2019.1639572

Torney-Purta, J., Lehmann, R., Oswald, H., y Schuiz, W. (2001). *Citizenship and Education in Twenty-eigth Countries: Civic Knowledge and Engagement at Age Fourteen* (P. Wagemaker (ed.); Editorial). The International Association for the Evaluation of Educational Achievement (IEA).

Treviño, E., Valenzuela, J. P., y Villalobos, C. (2019). Segregation of indigenous studesnts in the Chilean educational system and its relation to socioeconomic segregation. En A. Gaete & V. Gómez (Eds.), *Education and Poverty* (p. 321). Cambridge Scholars Publishing.

Valenzuela, J. P., Allende, C., Fuenzalida, D., y Villalobos, C. (2017). *Inequidad en los logros de aprendizaje entre los estudiantes indígenas de América Latina:¿ Qué nos dice TERCE?* UNESCO. http://www.unesco.org/new/es/media-services/single-view-tv-release/news/inequidad_en_los_logros_de_aprendizaje_entre_estudiantes_ind/

Veracini, L. (2011). Introducing: Settler colonial studies. Settler Colonial Studies, 1(1), 1–12.

Veracini, L. (2015). *The settler colonial present*. Springer.

Webb, A., Canales, A., y Becerra, R. (2017). Las desigualdades invisibilizadas: población indígena y segregación escolar. En I. Irarrázaval, E. Piña, & M. Letelier (Eds.), *Propuestas para Chile* (pp. 279–305). PUC.

Wolfe, P. (2006). Settler Colonialism and the Elimination of the Native. *Journal of Genocide Research*, 8(4), 387–409.

Zavala, J., Lineros, C., Payàs, G., Hillock, L., Cardemil, A., Luza, A., y Salgado, I. (2015). *Los parlamentos hispano-mapuches, 1593-1803: Textos fundamentales*. Ediciones Universidad Católica de Temuco.

Zúñiga, C. G., Ojeda, P., Neira, P., Cortés, T., y Morel, M. J. (2020). Entre la imposición y la necesidad: implementación del Plan de Formación Ciudadana en escuelas chilenas. *Calidad En La Educación, 52,* 135–169. https://doi.org/10.31619/caledu.n52.767

PRODUCCIÓN DE MUJERES COMO SUJETOS DE SEGUNDA CATEGORÍA EN EL ESPACIO ESCOLAR: MÁS ALLÁ DE LAS IDEAS NORMATIVAS DE GÉNERO Y CIUDADANÍA

CLAUDIA MATUS
Centro Justicia Educacional,
Facultad de Educación,
Pontificia Universidad Católica de Chile

VALENTINA ERRÁZURIZ
Centro Justicia Educacional,
Facultad de Educación,
Pontificia Universidad Católica de Chile

LUNA FOLLEGATI
Facultad de Filosofía y Educación,
Universidad Metropolitana de Ciencias de la Educación

Claudia Matus

Profesora Asociada de la Facultad de Educación de la Pontificia Universidad Católica de Chile, Investigadora Principal del Centro Justicia Educacional, Directora de la Plataforma de Investigación Interdisciplinaria Normalidad Diferencia Educación (NDE) e Investigadora Principal del proyecto Anillos en Ciencias Sociales y Humanidades, "La Producción de la Norma de Género". Master en Ciencias de la Educación por la UC y PhD en Educación, Universidad de Illinois en Urbana-Champaign. Sus intereses de investigación incluyen teorías post-representacionales, teorías contemporáneas de espacio/tiempo, perspectivas bisocioculturales para producir diferenciación y desigualdad. También investiga y problematiza las operaciones de la norma de género en la investigación científica, espacios institucionalizados y públicos.

Contacto: cmatusc@uc.cl

Valentina Errázuriz

Investigadora Asociada del Centro Justicia Educacional, Facultad de Educación UC. Master y PhD en Educación por Teachers College, Columbia University y Profesora de Historia de Educación Media. Investiga sobre educación de género y educación política formal e informal, feminismos juveniles y diversas formas de participación política.

Contacto: verrazu1@uc.cl

Luna Follegati

Investigadora Postdoctoral Fondecyt N°3210610, Universidad Metropolitana de Ciencias de la Educación (UMCE) e Investigadora Pasante del proyecto Anillos en Ciencias Sociales y Humanidades, La Producción de la Norma de Género. Doctora en Filosofía, Magíster en Comunicación Política, Historiadora. Sus temas de investigación exploran sobre feminismos contemporáneos e historia del movimiento feminista en Chile, además de atender a los cruces entre feminismo, educación y democracia.

Contacto: lfollegati@gmail.com

1. INTRODUCCIÓN

La ciudadanía —en su versión tradicional democrática— se entiende como un concepto teórico político que supone el ejercicio pleno de los derechos civiles. Para que la ciudadanía como principio sea efectiva, requiere la vigencia de derechos universales asociados, como lo son la igualdad y participación. En este contexto, el género—en su versión normativa—entendido como la producción de diferencia entre hombres y mujeres, debe ser problematizado para que se transforme en un concepto y práctica ciudadana que responda a los contextos de desigualdad actuales. Es así como durante la última década, pensadoras feministas de diversas corrientes teóricas han elaborado críticas claves a la conceptualización dominante de la ciudadanía (Amorós y De Miguel, 2018; Berlant, 2011; Brandzel, 2016; Brown, 2005; De Gouges, 2019; Pateman, 1995; Scott, 2012) que se sostiene en el proyecto moderno de sociedad. Dentro de las críticas más significativas se plantea que la idea de ciudadano modelo o ideal que subyace al concepto dominante de ciudadanía, representa o está intencionadamente alineado con aquellos valores que están a la base de la imagen hegemónica de un hombre adulto, heterosexual, blanco y dueño de propiedad (Scott, 2012). Otra crítica ampliamente discutida sobre esta idea de ciudadanía tiene que ver con los usos que se ha hecho de la división y separación entre la esfera privada y pública, división que impacta negativamente a las mujeres. Dicho de otra manera, el asociar el ideal de feminidad hegemónica con la maternidad, el cuidado y la domesticidad inmediatamente elimina a las mujeres de ejercer una ciudadanía plena, pues desde esta lógica, las mujeres, dadas sus condiciones "naturales", no tendrían las capacidades ni la posibilidad de participar libremente en la esfera pública. Así, las mujeres al no exhibir cualidades alineadas con la idea masculina de ciudadanía también quedan exentas de la participación en la esfera de lo político. Aun cuando esta exclusión logró ser expuesta y, de alguna manera, fracturarse a partir de la conquista de los derechos civiles y políticos por parte del movimiento sufragista a mediados del siglo XX, esto no ha estado aparejado de prácticas efectivas de igualdad para las mujeres en el plano público-político.

Por lo anterior, problematizar el concepto de ciudadanía desde una perspectiva de género contemporánea (Ahmed, 2010; Butler, 1999, 2004; Barad, 2007; Messerschidt et al., 2018; Enloe, 2013; Puar, 2007; Rasmussen, 2006; Samuels, 2014; Willey, 2016) —es decir, entender género más allá de las diferencias esencializadas entre hombres y mujeres— nos permite salir de la abstracción y neutralidad (también entendido como masculino) del concepto de ciudadanía y nos localiza en un lugar altamente productivo para volver a hablar de diferencia e igualdad.

Partiendo de esta discusión, en este capítulo nosotras planteamos que lo que se documenta y reporta como "diferencias de género", no son más que el producto de pensar género como un orden binario —hombre/mujer— que posiciona, tanto a hombres y mujeres en lugares particulares con roles, cualidades y atributos distintivos y complementarios. Como resultado, la ideología de géneros opuestos presiona a hombres y mujeres a conformar normas sociales que sostienen el orden de género tal como lo conocemos. Ahora bien, el problema de esto no está en la diferencia en sí misma, sino que en el para qué se ha usado esta diferencia. En otras palabras, esta diferencia se ha usado para mantener y justificar a las mujeres en posiciones de desventaja en el ámbito del trabajo, económico, educación, salud, etc. Específicamente, en este capítulo argumentamos que la producción de niñas y de lo femenino en el espacio escolar—sin cuestionamiento ni problematización de los efectos discriminatorios del concepto normativo de género—produce a la mujer como un sujeto de segunda categoría, lo que funda y sostiene la ciudadanía que se alinea con la figura del ciudadano como un hombre adulto, blanco, heterosexual, dueño de propiedad, como indicamos más arriba. En otras palabras, cuando hablamos de ciudadanía sin hacer un análisis feminista del género, lo que estamos indicando como ciudadanía, en realidad es una ciudadanía que favorece valores masculinos.

Para ejemplificar nuestro argumento, usaremos información producida en una investigación etnográfica durante los años 2016 y 2019 en dos establecimientos educacionales de la Región Metropolitana, siendo una escuela privada y la otra de dependencia estatal (pública). El objetivo principal de esta investigación estuvo centrado en comprender cómo se producen y circulan sistemas para razonar la normalidad y la diferencia en relación a las categorías de género, sexualidad, raza y clase social, con particular atención a lo que ocurría en las clases de Historia y Ciencias Sociales y Ciencias Naturales del currículum oficial. A medida que revisamos la información etnográfica de manera transversal (desde Educación Parvularia hasta III° medio) fue posible construir una trayectoria escolar que explica cómo las mujeres "aprenden" posiciones normativas en relación a sus cuerpos, habilidades y futuros roles. Esto sin duda es un aprendizaje que no solo afecta a las niñas, sino que mientras ellas aprenden estas formas generizadas de estar en el mundo, los niños también aprenden a ocupar espacios con otras atribuciones. Al mismo tiempo, ambos aprenden los tipos de relaciones que son deseables entre géneros. Es así como el género, es una forma de conocer que aprendemos todas y todos. Ahora, es importante recordar que las posiciones y roles que hombres y mujeres aprenden a propósito de la norma de género no están en el mismo estatus: las mujeres deben ser sumisas, recatadas, dependientes, orientadas al cuidado de otros, mientras que a los hombres se les inculca la competitividad, autonomía, agresividad, entre otros. El género es un orden jerárquico, por lo tanto, las características, atribuciones y roles para las que hombres y mujeres están pensados, no pueden tener las mismas valoraciones. De ser así, no tendría sentido hacer la diferencia de género.

Es así como en el recorrido escolar documentado en las etnografías, que compartimos en este capítulo, consistentemente muestra cómo se confinan las subjetividades y experiencias de las niñas dentro del problemático binario hombre/mujer, en donde las mujeres aprenden a ejercer las disposiciones, atributos y características demandadas por este ordenamiento binario de género. Nuestro argumento es que estas disposiciones, atributos y características asociadas a lo "naturalmente" femenino, como lo son la hipersexualización, el futuro reproductivo asociado a la maternidad, la disponibilidad natural a la limpieza y al cuidado de otros, la disposición positiva para asumir trabajos no remunerados, entre otros, son definiciones que posicionan a las mujeres en roles, profesiones y tareas que consecuentemente serán menos remuneradas, menos valoradas y socialmente sancionadas. Del mismo modo, las mujeres son sujetos de segunda categoría, por ejemplo, cuando por la misma labor o trabajo realizado ganan menos que un hombre (Foro Económico Mundial, 2019); o bien, al no considerarlas como habilitadas para tomar decisiones sobre sus propios cuerpos[1]. Por este motivo, revisar cómo se aprende a ser mujer en el espacio escolar junto con la problematización de las nociones de ciudadanía que tenemos disponibles para los tiempos de hoy, nos parece de extrema importancia más aún en un contexto donde las demandas sociales y feministas se hacen aún más sensibles. Por lo tanto, mirar cómo estas diferencias entre hombres y mujeres se construyen y sostienen en el espacio escolar es vital para poder formular ideas de ciudadanía justas para mujeres y hombres.

Si bien este aprendizaje no es evidente dado que no existe un contenido específico en el curriculum que enseñe sobre como las mujeres deben aprender a tener esta posición de subordinación, la experiencia escolar está llena de interpelaciones que indican las trayectorias que debieran seguir tanto mujeres como hombres. Esto ocurre muchas veces de manera sutil y espontánea a través de múltiples y siempre cambiantes dinámicas, lo que hace más difícil el poder singularizar el origen del problema. He aquí la fuerza que tiene el concepto normativo de género para definir las vidas presentes y futuras de las niñas.

Con nuestra propuesta de documentar cómo las mujeres son educadas en los espacios escolares para ser sujetos de segunda categoría, la invitación es a considerar este planteamiento como significativo para la conversación sobre desigualdades de género. En otras palabras, para nosotras esta es una forma de responder a la pregunta: ¿cómo es posible que, a pesar de décadas de investigación sobre desigualdades de género y proliferación de perspectivas teóricas para entender las operaciones de estas desigualdades, no hayamos podido transformar estas desigualdades? Más aún, ¿cómo es que se han profundizado? Basta con mirar los datos del Foro Económico Mundial para entender cómo año a año las diferencias

---

[1] La idea de las mujeres como sujetos de segunda categoría también se ejemplifica en la no habilitación de la mujer para decidir sobre el aborto. Esta noción de la mujer como no habilitada para tomar decisiones autónomas sobre su cuerpo, sin ser vigilada por el Estado, es sin duda un elemento a considerar en la noción de ciudadanía para las mujeres que se aprende en el espacio escolar. Esto no solo tiene que ver con la discusión del aborto en si mismo, sino que con la educación sexual sesgada que es entregada en los espacios escolares en donde se fomenta el lugar de la mujer sin autonomía, conocimiento y capacidad de decisión sobre la maternidad responsable.

económicas entre hombres y mujeres solo aumentan. Por ejemplo, el Índice Global de Brecha de Género que desarrolla el Foro Económico Internacional y que reporta, anualmente, en áreas de salud, educación, economía y política, en el año 2017 confirmaba que cerrar la brecha de género económica tomaría 100 años. Este mismo índice en el año 2018 hablaba de que alivianar esta brecha tomaría 217 años: en un año la brecha aumentó en 117 años (dato para reír un rato). Ahora bien, que todavía en el siglo XXI tengamos que decirles a las mujeres que les faltan 217 años para ganar lo mismo que un hombre por el mismo trabajo realizado, evidentemente sugiere preguntarse ¿de qué igualdad estamos hablando?

Con esto volvemos a nuestro punto inicial: para hablar de ciudadanía en serio, debemos considerar como la desigualdad entre hombres y mujeres debe ser puesta en cuestión. Nuestro punto es que al neutralizar el género (entendido como diferencias entre hombres y mujeres) para hablar de ciudadanía, seguimos perpetuando estas diferencias y desigualdades.

Para avanzar en nuestro argumento y propuesta primero presentamos dos perspectivas analíticas de ciudadanía y describimos sus efectos para la producción de mujeres ciudadanas. Estas dos perspectivas son la tradicional y neoliberal. Aun cuando son versiones de ciudadanía que se distinguen entre sí, queremos resaltar que ambas se fundan en la idea normativa de género. Junto al desarrollo de estas perspectivas, incluimos y analizamos datos etnográficos con el fin de documentar la producción de las mujeres como sujetos de segunda categoría en las trayectorias escolares chilenas. Finalmente, concluimos con algunas reflexiones sobre las implicancias de las conceptualizaciones de género que se tienen al momento de educar para la ciudadanía y también proponemos algunas recomendaciones sobre cómo avanzar en una educación ciudadana anti-sexista.

2. PERSPECTIVAS ANALÍTICAS DE GÉNERO Y CIUDADANÍA Y LA PRODUCCIÓN DE CIUDADANAS EN LA ESCUELA

2.1 Producción de Feminidad Normativa en la Perspectiva Tradicional de Ciudadanía

Distintas teóricas feministas, a través de la historia, han argumentado que la concepción de ciudadanía individual universal se sustenta en el prototipo del terrateniente blanco, figura que se ha conservado desde las revoluciones de finales del siglo XVIII (Somogyi, 2016). Estos argumentos también critican la separación entre la esfera privada y pública que impactaría negativamente en aquellos sujetos identificados como mujeres:

> Los análisis feministas de la ciudadanía en general sostienen que las mujeres fueron excluidas de ella en la medida en que simbolizaban una alteridad ligada a lo corporal y lo doméstico, considerándose incompatibles con la autonomía, independencia y libertad que se asociaba con lo masculino en el espacio público (Somogyi, 2016, p. 36).

Estos procesos de diferenciación y subalternidad tienen raíces no sólo en procesos políticos sino también con la incipiente educación para la ciudadanía que algunos importantes pensadores comienzan a imaginar. Así, en el marco de la instauración de los nacientes Estados Soberanos, la educación jugó un papel primordial en la organización de la sociedad bajo los preceptos normativos modernos. De esta forma, la institucionalización de la educación dialogó con postulados ilustrados de la época, sirviendo de referencia para las propuestas pedagógicas de comienzos de siglo XX. En *"Emilio, o de la Educación"* (1762) de Rousseau se plantean principios totalmente diferenciados para la educación de niños y niñas, donde se privilegia una educación para los varones basada en el fomento de la racionalidad, la libertad y autonomía de los sujetos. Al final de su obra dedica un apartado para la educación de las mujeres titulada *Educación para Sofía* (Rousseau, 2011), donde caracteriza la educación femenina de carácter servicial y asociada a labores maternas: cuidado, acompañamiento y consuelo. Este filósofo político establece claramente que las labores de Sofía son las de cuidado de Emile: una educación cuyo objetivo es el atender a otros. Mientras que Emile tiene una educación esmerada para poder participar políticamente en el espacio público, Sofía debe cuidar de la vida doméstica. Rousseau indica que esta labor femenina es "natural" o parte de las "obligaciones de las mujeres en todos los tiempos". Rousseau implica así que la subordinación de la mujer es un efecto natural del orden binario de género. Por lo tanto, lo único que nos queda es asumirlo como algo natural. Este ejemplo, aun cuando de muchos años atrás, nos muestra lo atemporal del género como norma. Esta forma de pensar de Rousseau no es distinta de cómo se habla y justifica las posiciones que le otorgamos a las mujeres hoy en día, como veremos en los extractos etnográficos.

La idea esencializada de mujer va aparejada de otras ideas normativas que se sostienen mutuamente. La mujer al ser producida naturalmente como dependiente o subsirviente a un hombre, refuerza la institucionalidad de la heteronormatividad compulsiva como parte fundante del proyecto de ciudadanía moderna. En la actualidad la compulsión heteronormativa y la producción de las mujeres como naturalmente inclinadas a las labores domésticas y de cuidado sostienen y justifican prácticas discriminatorias y de desigualdad en espacios educativos. Durante las observaciones en el establecimiento 2, en un curso de niños y niñas de 13 a 14 años de octavo básico la etnógrafa reportó cómo una profesora amonestó a una estudiante que tenía los pies apoyados en una silla. Luego de esta interacción la profesora le dijo a la niña en cuestión: "*mira tú pelo y la ropa toda desordenada, así no vas a encontrar pololo nunca*". Luego de este llamado de atención, la estudiante se sentó en su silla mientras algunos de sus compañeros y compañeras se reían de la observación de la docente (Establecimiento 2, 2018). La profesora protagonista de la situación establece dos elementos importantes en la producción de normas de la feminidad hegemónica y por lo tanto de la ciudadanía normativa para aquellos sujetos que se identifican o son identificados como mujeres. En primer lugar, pareciera ser que la corporalidad femenina está abierta al escrutinio público. En otras palabras, en esta escena tanto la niña, como los niños y niñas que observan, comprenden que es posible e incluso aceptable vigilar y comentar sobre el cuerpo femenino. La segunda norma que se desprende de esta interacción es que el destino y objetivo femenino es "encontrar" y retener una pareja masculina, reforzando la lógica heteronormativa y también implicando que la responsabilidad de la construcción de una pareja recae en la mujer. Tal como a Sofía, la profesora le asigna a la estudiante de octavo básico la responsabilidad de encontrar a un "pololo" y se reproduce el mandato femenino establecido por el filósofo: "Toda la educación de las mujeres debe ser relativa a los hombres. Agradarles, serles útiles, hacerse amar y honrar por ellos" (Rousseau, 2011, p.545). Las risas de los compañeros de curso parecen reforzar esta idea, indicando que efectivamente una estudiante que no cuida su "pelo y ropa" no logrará serle "agradable" a ningún futuro Emile.

Por otra parte, el rol de las mujeres, tal como ya habíamos mencionado, aparece aparejado a labores domésticas de cuidado en la génesis de la educación cívica-política. Este elemento proveniente de la fundación de los estados modernos continúa reproduciéndose en las escuelas de la actualidad. Así, por ejemplo, en un curso de cuarto básico del establecimiento 1, mientras la etnógrafa observaba una clase de Ciencias Sociales notó que el estudiante Luis se había levantado para ir a botar basura al basurero. Luis pronto se da cuenta que el basurero no tiene bolsa, entonces saca una bolsa e intenta ponerla sin éxito. Mientras sigue tratando de lograrlo llega la estudiante Rosa a botar un papel y Luis le pide que espere que él ponga la bolsa. Luis sigue luchando con la tarea mientras llega una segunda estudiante a botar basura, Clara. Esta estudiante espera que Luis complete la tarea y le dice "*¿no puedes poner la bolsa?*" a lo que Luis responde "*es que no es algo que hago habitualmente*". A esto Rosa, que todavía esperaba para poder botar basura dice "*pero todas las niñas si sabemos*". Finalmente, ambas niñas ayudan a Luis a completar la tarea. Cuando la bolsa ya está puesta en el basurero Clara le dice a Luis "*vas a tener que hacerlo más seguido* [poner la bolsa en el basurero]". Luis sólo ríe y se va a sentar (Establecimiento 1, 2017). Esta viñeta permite evidenciar cómo, a pesar de que ciertos elementos de la educación planteada por Rousseau han cambiado, hay algunos que aún tienen consecuencias visibles en la escuela de hoy. Si bien Luis intenta realizar una labor que es más bien doméstica en su sala de clases —poner la bolsa de basura en el basurero— esta interacción nos da luces de cómo las estudiantes Rosa y Clara se identifican como "niñas," y que cómo niñas si saben cómo realizar la tarea. Finalmente, si bien Rosa y Clara son críticas de Luis por no saber realizar esta sencilla tarea y lo instan a practicarla, sea por cansancio o por otros motivos terminan personificando a la Sofía de Rousseau en el que son "*útiles*" y le hacen "*grata y suave*" la vida a Luis al socorrerlo.

Un segundo punto a relevar es la problematización del concepto de individuo en la construcción de ciudadanía, como también de argumentos biologicistas (raciales, étnicos o de género) que funcionaron como fundamentos para la exclusión de grupos y comunidades del goce de derechos universales. La socialización de valores y percepciones republicanas del siglo XIX fueron de la mano con los objetivos y mecanismos de acción de los incipientes nacionalismos de la época, situación que se desarrolló tanto en Europa como en la América independentista. La filósofa feminista Seyla Benhabid, en un texto que problematiza los Estados Nacionales, se refiere a dicha situación que se apoya tanto en la anulación de la diferencia interna a la comunidad, como en la consolidación de un 'nosotros' imperativo que se sustenta en la perspectiva de derecho desarrollada. Ella señala:

> "El nacionalismo se constituye a través de una serie de demarcaciones imaginarias tanto como muy reales entre nosotros y ellos, nosotros y los otros. A través de prácticas de membrecía el Estado controla la identidad sincrónica y diacrónica de la nación" (2005, p. 25).

Esta situación ha configurado el establecimiento de individuos 'plenos', en comparación con aquellos denominados de segunda categoría como inmigrantes, homosexuales, y personas de creencias diversas. La democracia, desde esta perspectiva, no se ha constituido en una real soberanía popular, cuya voz política se expanda a todos/as los sujetos que a dicho régimen se circunscriben. Para Alejandra Castillo, tanto la argumentación por el derecho a la educación, como el rol que la mujer debiese ocupar en lo social, se constituyeron en relación a la reproducción del rol de madre en la esfera pública contribuyendo a la consolidación de un paradigma moderno de inclusión romántica, hermanado las nociones de mujer, política y cuidado:

> "Así, con un peculiar discurso cruzado por las retóricas de la política y por las retóricas de la maternidad, se abogará por los derechos cívicos y políticos de las mujeres. Desde esta perspectiva, las mujeres al entrar en el espacio de lo social –espacio de la lucha por el reconocimiento por excelencia– desplazarán las virtudes cívicas de la participación y el debate político por las de la abnegación, el sacrificio, la renuncia del propio ser y la caridad" (2006, p. 57).

Esta asociación de la feminidad con la corporalidad y la domesticidad significa entonces que las mujeres no son capaces de una ciudadanía ideal al no tener la libertad de participar plenamente en la esfera pública, aspectos que se han mantenido vigentes desde comienzos del siglo XX. En un marco de categorías binarias en constante oposición, el imaginario de la mujer ciudadana se asocia a lo corporal, que a su vez se encadena a la capacidad biológica del sexo femenino de gestar. La mujer es en este proceso de diferenciación el cuerpo maternal, mientras que lo masculino se asocia a lo ideal, racional, filosófico, habilitado para el debate y la participación política. Se configura entonces una participación ciudadana femenina marcada por el cuerpo y la maternidad.

Los procesos de biologización de las diferencias de género siguen impactando la escuela del Chile actual. En la escuela 1 la etnógrafa tuvo múltiples oportunidades de observar estos procesos de diferenciación de los géneros unido a justificaciones biológicas. En una ocasión en que la etnógrafa observaba clases de I medio en la clase de educación física los estudiantes estaban jugando fútbol mientras las estudiantes se cambiaban de ropa en los camarines. El profesor le comentó a la investigadora: *"acá a las mujeres no les gusta hacer educación física."* Al preguntarle por qué pensaba eso el profesor explicó: *"porque a las mujeres no les gusta sentir cansancio muscular, biológicamente no están preparadas (…). Tampoco les gusta hacer educación física cuando están con la menstruación o el periodo, porque sienten pudor y no se quieren bañar junto con otras compañeras"* (Establecimiento 1, 2017). Así, la corporalidad femenina es reproducida por el profesor como un elemento que marca la vida de las estudiantes y su desempeño educativo. El proceso de biologización de esta corporalidad y los problemas educativos asociados a ésta justifican discursos sobre la debilidad femenina y al mismo tiempo se reproduce la idea de fuerza y superioridad del cuerpo masculino.

Otro ejemplo de estos procesos de diferenciación y producción del cuerpo femenino y maternidad se encuentran usualmente en las clases de biología de las escuelas chilenas. En la escuela 1 durante una clase de séptimo básico de biología la etnógrafa registró una clase sobre los caracteres principales y secundarios sexuales de hombres y mujeres. En la clase la profesora explicó: *"el cuerpo de la mujer y el varón es totalmente diferente, a las mujeres les crecen las caderas y a los hombres el tórax".* Luego la profesora continuó comentando otros cambios como la menstruación, ovulación y el ensanchamiento de caderas. Al llegar a este punto la profesora destacó: *"las mujeres ensanchamos las caderas para que cuando nos convirtamos en madres podamos llevar a cabo esta gran tarea*". Respecto al cambio en los hombres, la profesora continuó explicando que a los hombres se les ensanchan el tórax y los hombros para poder desarrollar fuerza (Establecimiento 1, 2018). La corporalidad femenina está necesariamente asociada a la maternidad, mientras que la corporalidad masculina se asocia al desarrollo de la fuerza física. La maternidad naturalizada se convierte en un ideal deseable, una *"gran tarea"* a cumplir de manera inescapable. Así es como se reproduce la diferenciación de "las virtudes cívicas de la participación y el debate político por las de la abnegación, el sacrificio, la renuncia del propio ser y la caridad" (Castillo, 2006) para el ideal ciudadano femenino.

Otro aspecto a relevar es la construcción de una relación jerárquica y dicotómica que subordina lo femenino a través de una serie de cualidades que terminan produciendo a las mujeres como sujetos inferiores, débiles o vulnerables, en contraposición de lo masculino como lo superior, fuerte y protector. Estos aspectos —lejos de ser actuales— presentan sus raíces en el seno de la modernidad occidental, aspecto que ya denunciaron las primeras feministas modernas evidenciando la contradicción entre la promesa igualitaria de la Revolución Francesa y la exclusión de las mujeres de la concepción de derechos. Escritos feministas de la época fueron parte del nuevo reclamo democrático, destacando la "Vindicación de los derechos de la mujer" escrita en 1792 por Mary Wollenstonecraft y la "Declaración de los derechos de la mujer y la ciudadana" en 1791 de Olympia de Gouges. Ambas producciones cuestionaron la asociación de lo femenino a las tareas asociadas al espacio privado, como también la noción de una supremacía masculina construida a partir de atributos asociados a la idea de un varón, blanco, propietario y heterosexual. Estas primeras voces disidentes del canon tradicional y hegemónico de la época contribuyeron al inicio de un movimiento donde la demanda de la igualdad se transformará en una comprensión de la democracia que exige una práctica política y ciudadana efectiva para las mujeres.

En este sentido, los aportes desde el feminismo del siglo XX y actual, han sido importantes al contextualizar críticamente la noción de derechos humanos que se afincó en el nuevo espacio público. Las perspectivas sobre las diferencias de las mujeres fueron abordadas prístinamente desde los postulados de la filósofa Simone de Beauvoir, al señalar que las mujeres son construidas y representadas desde el lugar de la diferencia, para así excluirlas de la vida cívica. Rosi Braidotti es clara al enfatizar que "la diferencia u otredad que las mujeres corporizan resulta necesaria para sostener el prestigio del 'uno', del sexo masculino en cuanto único poseedor de subjetividad" (2004, p. 13). En este sentido, los derechos del hombre construidos desde la concepción revolucionaria francesa, requirió de nociones hegemónicas y universales sobre el actuar político-social, elementos que van a desplegarse en las futuras directrices de las sociedades democráticas occidentales, que por cierto el feminismo criticará con indudable veracidad. Braidotti señala:

> "Desde el siglo XVIII, la posición feminista consistió siempre en atacar los supuestos naturalistas acerca de la inferioridad intelectual de las mujeres, desplazando las bases del debate hacia la construcción social y cultural de las mujeres como seres diferentes. Al efectuar tal desplazamiento, las feministas enfatizaron el reclamo de la igualdad educativa como un factor capaz de disminuir las diferencias entre los sexos, por cuanto estas diferencias son la fuente de la desigualdad social" (2004, p. 13).

Así, la ciudadanía, en su conceptualización tradicional, necesita diferenciar a hombres de mujeres, para poder sostenerse. Y no solo es diferenciar sino que además es someter a ambas categorías a una posición jerárquica en la que lo masculino es lo superior/fuerte/protector y lo femenino es lo inferior/débil/vulnerable.

La producción de lo femenino como lo inferior/débil/vulnerable también está asociado a la condición de cuerpo expuesto al escrutinio de los sujetos femeninos, la intervención externa y el ser vulnerables y susceptibles de pudor. Durante una clase de Historia de octavo básico en la escuela 2 mientras la profesora mostraba una presentación sobre la Toma de la Bastilla, las imágenes mostraron la alegoría de la libertad guiando al pueblo representada por una mujer con un seno al desnudo. Esto causó risa general en el curso que la profesora dejó pasar sin decir nada, ni explicar quién era ese personaje femenino (Establecimiento 2, 2017). En esta situación podemos ver cómo, incluso en una imagen que es mundialmente reconocida por su simbología política, la corporalidad expuesta femenina es constituida como graciosa no cívica, digna de pudor, no de análisis político. El silencio de la profesora y su rápido cambio de diapositiva para no referirse a la risa colectiva constituye un momento importante en la producción del binario de género antes mencionado.

Esta producción binaria y jerarquizada tiene consecuencias importantes para las vidas de las y los estudiantes que no se hacen esperar. En la escuela 1 en un curso de cuarto básico, con estudiantes de entre 9 y 10 años durante un consejo de curso la profesora estaba informando a los y las estudiantes que habían sido invitados a una inauguración en la comuna y que para asistir debían ir con su uniforme completo. La profesora enfatizó que en el caso de las mujeres debían asistir con falda y polera. La profesora llamó a la estudiante Consuelo adelante, y anunció en voz alta: "*la Consu viene con pantalones, no quiere venir con falda, porque dice que los niños andan a manotazos con las niñas... ya lo hemos conversado varias veces y también lo hablé en reunión con sus apoderados, aquí no se viene a pololear, están muy chicos todavía... acá vengo a aprender, mi vida la hago afuera*" (Establecimiento 1, 2017). Esta viñeta no sólo muestra cómo las acciones e interacciones en la escuela continúan reproduciendo el cuerpo de las mujeres como abierto y accesible para cualquiera, sino también ejemplifica qué tipos de consecuencias implica la producción de género normativo y jerarquizado tiene para niños y niñas. Las niñas experimentan de primera mano y aprenden a temprana edad que sus cuerpos pueden ser tocados por sus compañeros, y que los adultos no penalizan estas acciones en sí mismas sino sólo porque son supuestamente muy jóvenes para "*andar pololeando*".

Esta condición corporal de sobre exposición, debilidad y vulnerabilidad son rápidamente aprendidas por las estudiantes que asimilan el vivir con miedo. Durante un almuerzo en la escuela 1 la etnógrafa fue abordada por tres estudiantes de 6° básico. Una de las estudiantes, Fernanda, le pregunta: "*¿tía, usted sabe que las mujeres somos las que estamos más en riesgo, más que los hombres?*". Las otras dos estudiantes, Francisca y Carmen le explicaron a la etnógrafa que las mujeres están más en riesgo. Fernanda comenta: "*la otra vez mi prima me contó que su vecina que es negrita, un hombre en un auto la engañó, se la llevó en el auto y le hizo eso que le hacen los hombres*" (Establecimiento 1, 2018). La masculinidad para estas estudiantes es entendida como activa, fuerte, la que hace "cosas" a las mujeres. La feminidad sufre y es vulnerable a la violencia.

Considerando esto, en el siguiente apartado discutiremos otra arista de la producción de las mujeres en el espacio escolar: la perspectiva neoliberal de ciudadanía. De esta forma, buscaremos mostrar la persistencia de ideas normativas de género para hablar de los ciudadanos del siglo XXI, y cómo los preceptos tradicionales de lo femenino —recién expuestos— se ven tensionados por las nuevas formas de economización de la vida.

2.2 Producción de Feminidad Normativa desde una Perspectiva Neoliberal de Ciudadanía

Dentro de un modelo neoliberal, las coordenadas de la ciudadanía ideal han cambiado, sin embargo, el género se sostiene como norma manteniendo la diferencia naturalizada de hombres y mujeres. El neoliberalismo asume que la mano invisible del mercado se traduce en una distribución justa de bienes y recursos, y que "la ciudadanía se entiende principalmente como la integración de los individuos en el mercado" (Dagnino 2007, p. 549). Según algunas autoras, el feminismo liberal (Fraser, 2009; Gill y Favaro, 2019; Ramos, 2016; Schild, 2012) y el multiculturalismo liberal (García, 2005; Gustafson, 2009; Hale, 2002) han sido utilizados en las democracias neoliberales para promover el acceso de las mujeres y las minorías étnicas al mercado laboral y de consumo. Esta frenética "inclusión" de sujetos generalmente excluidos no aborda los problemas de redistribución que aún afectan a las mujeres y las minorías. Tanto Fraser (2009) como Schild (2012) argumentan que los Estados usan la equidad de género para impulsar el reconocimiento de derechos y otorgar la responsabilidad exclusiva de mejorar su condición a las mujeres, las minorías y las clases trabajadoras, al tiempo que borran los problemas de redistribución material y las consecuencias de siglos de desigualdad económica (véase también Budgeon, 2001). Como explican Álvarez, Dagnino y Escobar (1998), en el actual clima neoliberal los ciudadanos "deberían levantarse a sí mismos por sus propios medios" (p.1).

En las sociedades neoliberales actuales se produce un relato de progresión histórica en el que se insiste que la humanidad ha llegado a superar la discriminación arbitraria, resaltando cómo los procesos históricos nos han llevado necesariamente a una sociedad más justa e igualitaria. Esta idea de progreso —y de que 'todo tiempo pasado fue peor'—, se reafirma en el currículum escolar de Historia, en el que se resalta cómo las mujeres en el pasado no podían lograr nada y en la actualidad lo pueden hacer todo:

"La narrativa de los textos y programas escolares (...) determina que la "mujer" disfruta de los mismos derechos políticos y sociales que los hombres de hoy, lo que le permite la "libertad" de individualmente elegir su propio destino. (...) La noción de "Mujer" es enmarcada en una concepción progresiva de la historia. La lección de la fábula es clara: las cosas para la "Mujer" han cambiado; hoy puede hacer casi cualquier cosa, e incluso puede trabajar fuera de su casa e ir a la universidad si tiene dinero. Se crea la sensación de libertad de acción y de elección tan relevante para la gubernamentalidad democrática neoliberal. En esta fábula se ha alcanzado un consenso, se ha logrado la igualdad y el orden debe prevalecer" (Errázuriz Besa, 2018, pp.79-80).

Durante las etnografías y la observación de clases de Historia este tipo de "fábulas" históricas se vieron confirmadas múltiples veces. En una ocasión la etnógrafa observaba una de las clases de Historia de octavo básico cuando la profesora explicó: "*la emancipación jamás se habría logrado sin los sujetos populares que participaron en la guerra, sin embargo, en las nacientes repúblicas su participación fue disminuida y el sufragio estaba reducido a una pequeña parte de la población (...). las mujeres tampoco pudieron votar debido al analfabetismo (...) y las mujeres indígenas no obtuvieron poder y visibilidad*". Mientras la profesora hacía énfasis en que en el pasado las mujeres no podían votar ni participar a diferencia del día de hoy, la etnógrafa escuchó a una estudiante murmurar: "*eso tampoco ha cambiado*" (Establecimiento 1, 2017). El relato de progreso de la profesora destaca cómo las cosas en el pasado estaban mal para las mujeres, en particular de clases populares e indígenas. Además de que esta afirmación tiene matices desde una perspectiva puramente historiográfica, la profesora facilitaba una narrativa de progreso necesario muy presente en el currículum nacional. Sin embargo, la presunción de que esto era un problema solamente en el pasado precolonial, es cortada por un murmullo de una estudiante que duda por un momento de la fábula del progreso actual.

La idea de que las mujeres en la actualidad "pueden hacerlo todo" sin desmantelar realmente la producción de mujeres en asociación con la corporalidad, maternidad y la domesticidad ha tenido un impacto en la producción de ciudadanas generizadas (ciudadanías diferenciadas para hombres y mujeres). La literatura sobre género y educación política identifica a las niñas como las nuevas ciudadanas y futuras consumidoras/trabajadoras flexibles, equipadas individualmente para salir adelante. Al mismo tiempo, las niñas se construyen como seres pasivos que necesitan recibir educación que considere su "condición" de mujeres para poder transformarse en ciudadanos exitosos del mundo. Las niñas se convierten en futuras ciudadanas exitosas y simultáneamente en sujetos "en riesgo" que necesitan ser rescatados. Se les asigna individualmente la responsabilidad de mejorar su posición en la sociedad y también de mejorar la sociedad en general, mientras que se ignoran todas las condiciones estructurales y los problemas redistributivos (Harris, 2004). Al desplegar discursos que invocan el "girl power" o empoderadas, las niñas son (re)producidas como la promesa del ciudadano consumidor/trabajador flexible en el mercado global (2004).

Esta doble condición de promesa y riesgo se ve reflejada en la manera en que en la actualidad nos referimos a las estudiantes en las escuelas chilenas. En el establecimiento 2 durante una conversación entre la etnógrafa y una profesora, ésta última le explicó a la investigadora por qué ella era tan exigente y dura con las estudiantes: *"Siempre he pensado que la única forma de evitar que estas cabras se embaracen a los 15 años es exigirle más que a los compañeros, estos siempre se van a salvar de una u otra manera, todo está hecho para ellos y nosotras tenemos que ser fuertes para hacerlas todas, estudiar, trabajar, ser buenas mamás... suma y sigue"* (Establecimiento 2, 2018). Si bien la profesora toma en consideración las dificultades extras que las mujeres pueden tener para desarrollarse en la sociedad actual, su relato le asigna la responsabilidad de lidiar con estas dificultades a las mismas estudiantes mujeres, las que según ella deben necesariamente exigirse más para poder salir adelante. El riesgo, en este fragmento representado por el embarazo no deseado (distinto del *"ser buena mamá"*), está presente como un espectro que amenaza el potencial "girl power" o empoderamiento femenino, sin cuestionar las condiciones de este riesgo.

Ringrose (2007) señala que este discurso de "ciudadana modelo" afecta a las escuelas e impacta la producción de la estudiante exitosa. La producción de la categoría niña en las escuelas contiene contradicciones y un abrumador número de características positivas que deben ser logradas individualmente. La autora explica que "las niñas deben ser a la vez 'brillantes y hermosas', 'hetero-femeninas/deseables y aprendices exitosas', 'agresoras y cuidadoras', entre otras subjetividades altamente contradictorias animadas a través de los discursos de niñas exitosas" (p. 485). En estas características destacadas por Ringrose (2007) perviven los principios normativos propios del modelo de ciudadanía más tradicional, al que se le suman otras normas propias del discurso neoliberal, como el éxito académico y laboral/profesional.

Esta sumatoria de múltiples atributos necesarios para poder performar la ciudadanía generizada femenina ideal, se insertan en la escuela nuevamente en relatos de progreso histórico. En la escuela 1, durante una clase de Historia de cuarto básico, mientras explicaba los roles de las mujeres aztecas la profesora destacó: *"las mujeres nos sentimos a veces responsables de quedarnos en la casa, pero hay algunas más valientes que van a la universidad y se desarrollan en otras cosas profesionales. Por naturaleza se ve que es nuestro rol cuidar a los hijos, especialmente cuando nace y por la leche hasta los dos años"* (Establecimiento 1, 2017). De manera similar y durante una clase de Ciencias Naturales de séptimo básico en la escuela 2, la profesora comentó que en la actualidad la gente no tiene doce hijos como los tenían antes explicando *"no había control de natalidad. Es importante tener una planificación familiar (...) la mujer puede estar estudiando y decide esperar para tener hijos, entonces se acude a la planificación familiar para eso existen distintos métodos de control de natalidad o anticonceptivos."* (Establecimiento 2, 2018). En ambas ocasiones, las profesoras producen una serie de normas para la mujer de la actualidad que continúan naturalizando lo corporal y maternal como esencial de lo femenino a la vez que introducen la figura de la mujer profesional, que estudia en la universidad y trabaja para autosustentarse. Ninguna de las docentes cuestiona ni la narrativa de progreso histórico, ni tampoco la producción de las mujeres como seres que deben combinar una serie de características positivas sin modificar las condiciones sociales estructurales.

La literatura sobre el neoliberalismo y su intersección con cuestiones de género y educación revela que el ciudadano generizado, ideal para muchos países neoliberales, es individualmente agente y autosuficiente independientemente de su contexto. Este sujeto generalmente se construye como una niña empoderada, cuyo compromiso político se reduce a convertirse en una trabajadora flexible, consumidora informada y crear posibilidades para su propio avance y éxito en la vida. El discurso del nuevo ciudadano ideal, encarnado en niñas, se ha afianzado en los espacios educativos, que trabajan para (re)producir estas normas. En la escuela se vigila el cumplimiento del abrumador número de características positivas que deben ser logradas individualmente por las ciudadanas mujeres en la sociedad. En la escuela 2, la inspectora, profesional de más de doce años de ejercicio en el cargo refleja estos procesos de vigilancia y duro juicio del incumplimiento de las normas de género. En una entrevista con la etnógrafa esta profesional explicaba que las estudiantes que presentaban problemas en el colegio eran estudiantes que les faltaba cariño y contención de sus madres:

> *(...) son chicas sin normas, sin límites, sin contención, mm... yo incluso podría hasta aventurar, que son niñas que les falta mucho cariño, mamás o matrimonios que no se llevan bien, mamás que trabajan ¿ya? Que trabajan y que... yo no encuentro que el trabajo sea una excusa para no atender un niño ni menos un hijo ¿ya? Yo soy hija de madre viuda con tres hijos, y mi mamá llegaba a las siete de la tarde y había que tener todo listo (...) Pero yo veo también que de repente gente muy joven, privilegian otras cosas... plantean a veces "es mi vida, yo quiero vivir, yo soy mujer" [se ríe] Entonces esas posiciones así son medias egoístas ¿ya? Porque si yo tengo un hijo, yo tengo que cuidarlo, contenerlo, enseñarle... el hijo no pidió venir ¿no cierto? Yo tengo que hacer que ese hijo venga al tiempo que le toca estar acá, que sea feliz, que esté contento, eso (Establecimiento 2, 2018).*

Aun en un mundo de "girl power" la producción de la mujer en la escuela refuerza su lugar como ciudadana de segunda categoría. El modelo neoliberal con su lógica de progreso mantiene elementos normativos tradicionales, a los cuales suma aún mayores exigencias sin promover cambios estructurales, aspecto que termina por reelaborar una ciudadanía femenina históricamente construida como un sujeto carente de la práctica y efectividad de ciertos derechos, donde su participación en el espacio público continúa mediada por la biología, cuerpo, habilidades y futuros roles.

3. DISCUSIÓN: REPENSAR GÉNERO Y CIUDADANÍA PARA UN FUTURO JUSTO

Los últimos años han sido clave para el desarrollo y fortalecimiento de una crítica feminista en nuestro país, reflexión que ha tenido como lugar predilecto el cuestionamiento a la institucionalidad educativa en tanto espacio donde se manifiestan de forma explícita situaciones de violencia, desigualdad y discriminación (De Fina y Figueroa, 2019; Lamadrid, 2020; Follegati, 2020). En esto, las niñas y estudiantes han planteado —en espacios de movilización pero también en la cotidianeidad escolar— la tensión entre un sistema que muchas veces se resiste a las nuevas formas de construcción de subjetividad de las mujeres, disidencias, migrantes, etc., que conviven en el entramado escolar.

Como hemos visto, las etnografías dan cuenta de la persistencia en la producción de una feminidad normativa que condiciona la conceptualización y práctica de la ciudadanía. Desde un enfoque crítico y feminista, es posible señalar que las nociones de ciudadanía trasuntan los espacios formales de educación, conformando modelos o tipos ideales de ciudadanía que se transmiten en una diversidad de formatos y lenguajes al interior de la escuela: desde la enseñanza de las asignaturas de Historia y Ciencias Naturales hasta las pautas de crianza que transmiten las y los docentes. En este entramado, se confecciona una conceptualización de ciudadanía para las mujeres que las redirige hacia una producción de sujetos que, bajo una promesa de igualdad, terminan reasignando una condición secundaria a sus derechos. La construcción de ciudadanía se enmarca así en un contexto donde las acciones de prefiguramiento se dan en una multiplicidad de dimensiones, traspasando la rúbrica curricular y disciplinar de la Educación Cívica, a la elaboración compleja de una red de significaciones que terminan construyendo un imperativo femenino hegemónico.

Así, la práctica y goce ciudadano para las niñas y estudiantes secundarias se encuentra en tensión. Por un lado, persisten nociones históricas que vinculan el rol público de las mujeres en tareas derivadas de la reproducción y maternidad, normando este ideal mediante un control permanente de sus comportamientos, cuerpos y deseo. Las etnografías identifican esto último en situaciones que reiteran una y otra vez el cuerpo femenino como un espacio común, de disputa, violencia, risas y opinión desde los distintos actores escolares, toda vez que dicho cuerpo osa traspasar la barrera asignada de lo tradicional. Esto último es gravitante para una reflexión sobre la ciudadanía para las mujeres: el transitar en el espacio público —aun cuando se aventure desde la promesa de igualdad— tiene ciertos presupuestos donde la biología, maternidad, y el trabajo remunerado se encapsulan en imperativos que reiteran dicha subordinación por el hecho de ser mujeres, pero que se resisten por parte de niñas y jóvenes que cuestionan el canon históricamente establecido, transformándose en una tensión al interior del campo educativo. Así, la propia noción de ciudadanía se encuentra en disputa por parte de niñas y estudiantes que cuestionan el orden tradicional de la asignación social de lo político, señalando su disconformidad sobre un orden tradicional. Los recientes procesos de politización de niñas desde el feminismo, como también la activación del movimiento en espacios escolares se conforman como elementos y factores claves que deben incorporar las nuevas conceptualizaciones sobre ciudadanía.

3.1 Desde el movimiento a la propuesta: hacia una nueva conceptualización de ciudadanías críticas feministas

Un primer punto a relevar es la necesidad de que niñas y estudiantes se consideren como actoras en la construcción de nuevas posibilidades y visiones de ciudadanía. En este sentido, la relevancia del movimiento feminista ha sido omitida permanentemente, obviando las propuestas y potencialidad de las estudiantes para la construcción de sus propios procesos deliberativos y políticos. En este sentido, Taft (2006, 2010, 2011, 2014) investiga el compromiso y activismo político de niñas en las Américas. Sostiene que las "niñas" políticamente activas se construyen como ciudadanas bajo la "conciencia política entendida como una conciencia de las relaciones de poder presentes en la vida y la comunidad, que implican la creación de conexiones entre las esferas pública y privada" (2006, p. 332). Para ello, muestra cómo las "chicas activistas" disputan los discursos de "girl power", proponiendo "soluciones [que] están orientadas principalmente a mejorar la capacidad individual de las niñas para hacer frente a los problemas, en lugar de eliminar o cambiar los problemas en sí mismas" (2011, p. 29). Por el contrario, las niñas activistas van más allá, buscando un cambio sistémico a través de la acción colectiva en el presente. De forma similar las académicas Retallack, Ringrose y Lawrence (2016) estudian "la compleja dinámica a través de la cual las niñas están asumiendo, negociando el feminismo y actuando dentro y fuera de la escuela" (p.85). Las autoras concluyen que las estudiantes producen sus subjetividades de género/políticas en oposición al ambiente escolar neoliberal mercantilizado.

En Chile, Follegati Montenegro (2016) sostiene que durante el Movimiento Estudiantil en escuelas y universidades, los colectivos feministas y de género-sexualidad comenzaron a surgir y ganar tracción motivados por la violencia y opresión de género que experimentan los y las estudiantes dentro de las instituciones educativas y también en su trabajo de organización política. El resurgimiento del feminismo es también un fenómeno global relacionado con el impulso internacional ganado por los feminismos latinoamericanos (por ejemplo, NI UNA MENOS) y los feminismos del mundo (por ejemplo, Me Too), (Valdés, en Zerán, p.178). Por otra parte Errázuriz (2019) estudia la organización feminista de estudiantes secundarias online y concluye que en el contexto de un movimiento social estudiantil feminista emergente en Chile, los sitios digitales administrados por estudiantes feministas de secundaria permiten una construcción dialógica de sus subjetividades políticas y de género como transformadoras pero controvertidas. Las redes sociales digitales como espacio con reglas particulares, permiten el tejido colectivo de estas subjetividades a través de la inmortalización de momentos efímeros y la viralización de testimonios a través de imágenes y textos.

Pensar una noción de ciudadanía crítica desde las teorías contemporáneas de género implica cuestionar el orden normativo en donde hombres y mujeres deben responder a esta norma sin dejar de lado las múltiples intersecciones con otros sistemas de diferenciación como lo son la nacionalidad, identidad sexual o biología. Ciudadanía, más que un abstracto universal, debe considerar las narrativas de desigualdad a las cuales parecemos estar acostumbradas para pensar la ciudadanía del siglo XXI. Así como hemos evidenciado con los datos etnográficos, el cuestionamiento entre estudiantes en espacios escolares hasta en los modelos de feminidad que se evidencian en los materiales educativos y formación docente, son necesarios considerarlos como insumos para avanzar en nociones de ciudadanía que se hagan cargo de estas narrativas de desigualdad. En este sentido, las propuestas de nuevas políticas educativas que emergen de las propias niñas y estudiantes —enmarcadas en el contexto feminista— se vuelven sustantivas para considerar nuevas conceptualizaciones que incorporen demandas y cuestionamientos que evidencian la persistente desigualdad en el espacio educativo, aspecto que particularmente se produce a partir de la consideración de las niñas como sujetos de segunda categoría mediante posiciones normativas en relación a sus cuerpos, habilidades, y futuros roles. Como hemos visto, lo anterior se manifiesta de manera sutil y a través de múltiples y cambiantes dinámicas pero no por ello carentes de potencialidad para definir y producir experiencias que terminarán por segmentar las posibilidades de las futuras mujeres.

Apostar por una educación anti-sexista se presenta así como una posibilidad y perspectiva crítica y transformadora. Crítica, en la medida que apunta a visibilizar y denunciar las prácticas sexistas y discriminatorias fundadas en la producción normativa de sujetos diversos, de una heterosexualidad obligatoria y donde persisten modelos de masculinidad y feminidad hegemónica. Por el contrario, apelamos a una educación transformadora, donde conceptos como el de ciudadanía puedan efectivamente reconocerse como un goce efectivo de derechos, sin binarios excluyentes, jerarquías o dicotomías que posicionan estructuras de subordinación.

REFERENCIAS

Álvarez, S. E., Dagnino, E., y Escobar, A. (Eds.). (1998). *Cultures of politics/ politics of cultures: Re-visioning Latin American social movements.* Westview Press.

Amorós, C. y De Miguel, A. (2018) *Teoría Feminista. De la Ilustración al segundo Sexo.* Madrid: Biblioteca Nueva.

Ahmed, S. (2010). *The promise of happiness.* Duke University Press.

Barad, K. (2007). *Meeting the universe halfway: Quantum physics and the entanglement of matter and meaning.* Duke University Press.

Berlant, L. (2011). *Cruel Optimism.* Duke University Press.

Brandzel, A. L. (2016). *Against citizenship: The violence of the normative.* University of Illinois Press.

Budgeon, S. (2001). Emergent Feminist(?) Identities: Young Women and the Practice of Micropolitics. *European Journal of Women's Studies,* 8(1), 7–28. https://doi.org/10.1177/135050680100800102

Brown, W. (2009). *Edgework: Critical essays on knowledge and politics.* Princeton University Press.

Butler, J. (2011). *Gender trouble: Feminism and the subversion of identity.* Routledge.

Butler, J. (2004). *Undoing gender.* Psychology Press.

Benhabid, S. (2005) *Los derechos de los otros. Extranjeros, residentes y ciudadanos.* Ed.

Braidotti, R. (2004). *Feminismo, Diferencia Sexual y Subjetividad Nómade.* Ed. Gedisa. Barcelona.

Castillo, A. (2006). *La república masculina y la promesa igualitaria.* Tesis para optar al grado de Doctor en Filosofía Política. Universidad de Chile, 2006.

Dagnino, E. (2007). Citizenship: A Perverse Confluence. *Development in Practice,* 17(4/5), 549–556.

De Fina D. y Figueroa F. (2019) "Nuevos "campos de acción política" feminista: Una mirada a las recientes movilizaciones en Chile". En Revista Punto Género Nº 11, P.p 51 - 72.

Enloe, C. (2013). *Seriously!: Investigating crashes and crises as if women mattered.* University of California Press.

Errázuriz, V. (2019). A digital room of their own: Chilean students struggling against patriarchy in digital sites. *Feminist Media Studies,* 0(0), 1–17. https://doi.org/10.1080/14680777.2019.1668451

Errázuriz Besa, V. (2018). Guiones de Género en los Textos y Programas Escolares Chilenos de Historia. In S. Palestro Contreras (Ed.), *Nunca más mujeres sin historia; Conversaciones feministas* (pp. 73–82). Red Chilena contra la Violencia hacia las Mujeres.

Follegati, L. (2020). "Nos quitaron hasta el miedo": Los feminismos en la revuelta social chilena". En LASA FORUM, 51:4.

Follegati Montenegro, L. (2016). El Feminismo se ha vuelto una necesidad: Movimiento estudiantil y organización feminista (2000-2016). In A. Niria Albo, C. Valdés León, y I. Cano (Eds.), *Juventud y espacio público en las Américas* (pp. 111–135). Fondo Editorial Casa de las Américas.

Fraser, N. (2009). Feminism, capitalism and the cunning of history. *New Left Review,* 56(2), 97–117.

García, M. E. (2005). *Making Indigenous Citizens: Identities, Education, and Multicultural Development in Peru* (1 edition). Stanford University Press.

Harris, A. (2004). *Future Girl: Young Women in the Twenty-first Century.* Psychology Press.

Gill, R., y Favaro, L. (2019). Pump up the positivity: Neoliberalism, affective entrepreneurship and the victim-agency debate. *In Rewriting Women as Victims: From theory to practice.*

Gustafson, B. (2009). *New Languages of the State: Indigenous Resurgence and the Politics of Knowledge in Bolivia.* Duke University Press Books.

Hale, C. R. (2002). Does multiculturalism menace? Governance, cultural rights and the politics of identity in Guatemala. *Journal of Latin American Studies,* 34(3), 485–524. https://doi.org/10.1017/S0022216X02006521

Lamadrid, S. (2020) "Todas somos feministas: Desafíos a una sociedad neoliberal y conservadora". En Revista Análisis del Año 2019, 2020. Departamento de Sociología, Universidad de Chile. Pp. 83-106.

Messerschmidt, J. W., Messner, M. A., Connell, R., y Martin, P. Y. (Eds.). (2018). *Gender reckonings: New social theory and research. New York University Press.*

Puar, J. K. (2018). *Terrorist assemblages: Homonationalism in queer times.* Duke University Press.

Pateman, C. *El contrato sexual.* Barcelona, Antrhopos.

Ramos, C. G. G. (2016). "No somos feministas". Género, igualdad y neoliberalismo en Chile. *Revista Estudos Feministas,* 24(3), 871–889. https://doi.org/10.1590/1806-9584-2016v24n3p871

Rasmussen, M. L. (2012). *Becoming subjects: Sexualities and secondary schooling.* Routledge.

Retallack, H., Ringrose, J., y Lawrence, E. (2016). "Fuck Your Body Image": Teen Girls' Twitter and Instagram Feminism in and Around School. *In Learning Bodies* (pp. 85–103). Springer, Singapore. https://doi.org/10.1007/978-981-10-0306-6_6

Ringrose, J. (2007). Successful girls? Complicating post-feminist, neoliberal discourses of educational achievement and gender equality. *Gender & Education,* 19(4), 471–489. https://doi.org/10.1080/09540250701442666

Rousseau, J. J. (2011) *Emilio o de la Educación.* Madrid, Alianza.

Samuels, E. (2014). *Fantasies of identification: disability, gender, race,* New York University Press.

Schild, V. (2013). Care and punishment in Latin America, the gendered neoliberalization of the Chilean state. In M. Goodale & N. Postero (Eds.), *Neoliberalism, Interrupted: Social Change and Contested Governance in Contemporary Latin America* (pp. 195–224). Stanford University Press.

Scott, J. (2012). *Las mujeres y los derechos del hombre. Feminismo y sufragio en Francia,* 1789-1944. Buenos Aires: Siglo XXI.

Somogyi, M. V. (2016). The Epistemological Foundations of the Feminist Citizenship Concept. *Revista Estudos Feministas,* 24(1), 31–43. https://doi.org/10.1590/1805-9584-2016v24n1p31

Taft, J. K. (2006). "I'm Not a Politics Person": Teenage Girls, Oppositional Consciousness, and the Meaning of Politics. *Politics & Gender,* 2(3), 329–352.

Taft, J. K. (2010). Girlhood in Action: Contemporary U.S. Girls' Organizations and the Public Sphere. *Girlhood Studies,* 3(2). https://doi.org/10.3167/ghs.2010.030202

Taft, J. K. (2011). *Rebel Girls: Youth Activism and Social Change Across the Americas.* NYU Press.

Taft, J. K. (2014). The Political Lives of Girls. *Sociology Compass, 8*(3), 259–267. https://doi.org/10.1111/soc4.12135

Willey, A. (2016). *Undoing monogamy: The politics of science and the possibilities of biology.* Duke University Press.

Zerán, F. (Ed.). (2018). *Mayo feminista, La rebelión contra el patriarcado.* LOM.

DISCURSOS CIUDADANOS EN TORNO A LA DIVERSIDAD SEXUAL EN LAS ESCUELAS

MARÍA TERESA ROJAS
Facultad de Educación,
Programa de Investigación de Género y Diversidad Sexual
(GEDIS),
Universidad Alberto Hurtado

PABLO ASTUDILLO
Facultad de Educación,
Programa de Investigación de Géneroy Diversidad Sexual
(GEDIS),
Universidad Alberto Hurtado

MARIO CATALÁN
Facultad de Educación,
Programa de Investigación de Género y Diversidad Sexual
(GEDIS),
Universidad Alberto Hurtado

María Teresa Rojas

Profesora Asociada del Departamento de Política Educativa y Desarrollo Escolar, Universidad Alberto Hurtado. Licenciada en Historia y Profesora de Historia y Geografía, de la Pontificia Universidad Católica; Doctora en Educación de la Pontificia Universidad Católica y Université Paris 5. Se especializa en temas de políticas educativas e inclusión social en las escuelas desde diferentes perspectivas, entre ellas la mixtura social en las escuelas, la inclusión LGTBI en contextos educativos, y la inclusión de estudiantes migrantes.

Contacto: mtrojas@uahurtado.cl

Pablo Astudillo

Profesor Asistente del Departamento de Política Educativa y Desarrollo Escolar, Universidad Alberto Hurtado. Sociólogo de la Pontificia Universidad Católica; Master en Ciencias Sociales, mención Género, Política y Sexualidad de la Ecole des Hautes Études en Sciences Sociales; Doctor en sociología de la Université Paris Descartes. Se especializa en género, diversidad sexual e inclusión.

Contacto: pastudil@uahurtado.cl

Mario Catalán

Estudiante de Doctorado en Educación de las Universidades Alberto Hurtado y Diego Portales. Profesor de Historia y Geografía de la Universidad de Concepción y Magister en Estudios de Género y Cultura, mención Ciencias Sociales de la Universidad de Chile. Se especializa en temas de pedagogías queer, inclusión LGTBIQ+ en el sistema escolar y enseñanza de la diversidad social en la escuela.

Contacto: mcatalan@uahurtado.cl

1. INTRODUCCIÓN

El sistema escolar chileno comenzó hace pocos años un proceso de apertura en materia de políticas públicas referidas al género y las identidades sexuales. Entre los años 2015 y 2017, el Ministerio de Educación divulgó una serie de normativas y orientaciones pedagógicas con la finalidad de ampliar la noción de género en educación, no solo referida a las brechas de aprendizaje entre hombres y mujeres, sino que también vinculada al reconocimiento a la pluralidad de expresiones de género y orientaciones sexuales no heterosexuales. De este modo, el Estado por primera vez incorporó en sus políticas educativas lineamientos de organismos internacionales, entre ellos UNESCO (2017), que abogan por una educación inclusiva que reconoce los derechos de las y los estudiantes LGTBI+ en el sistema escolar y, al mismo tiempo, recoge las demandas de organizaciones de la sociedad civil y de familias que denunciaban las múltiples discriminaciones de las que eran víctimas niños LGTBI+ en las escuelas (Rojas, Fernández, Stefoni, Astudillo, Salinas y Valdebenito, 2019). Estas regulaciones fueron precedidas por la Ley de Inclusión Escolar (N° 20.845, 2015), normativa que regula la selección escolar y, además, incorpora la noción de "no discriminación arbitraria" para subrayar que en el espacio escolar está prohibido discriminar a las y los estudiantes por motivos culturales, sociales, étnicos, sexuales, etc.

Estas nuevas políticas educativas se relacionan también con la formación ciudadana de los sujetos, ya que demandan una acción concertada de profesores y directivos para promover una convivencia democrática y respetuosa al interior de las escuelas (Mineduc, 2017). Así, estas políticas ligan la construcción de la sexualidad y el género con cuestiones de identidad social, vida pública y reconocimiento de los sujetos en respuesta a la desigualdad social y sexual existente en el país (Mardones, Apablaza y Vaccari, 2020). Además, al concebir a las personas LGTBI+ como sujetos vulnerados en el espacio educativo, promueven la visibilización de sus trayectorias, la creación de condiciones de seguridad y reconocimiento y el desarrollo de un discurso escolar que fomente el respeto a los derechos sexuales de las y los estudiantes (Valderrama y Melis, 2019). La experiencia internacional al respecto muestra que los derechos de personas LGTBI+ se han incluido en las agendas de formación ciudadana en las escuelas como parte de un registro fundamental de la educación democrática (Kjaran y Lehtonen, 2017).

Ahora bien, tal como señalan Gerard Coll-Planas (2010) y Leticia Sabsay (2011), estos derechos progresivamente se han ido construyendo a partir de una lógica más bien individual, pues la sexualidad es concebida como un atributo más bien personal y donde el sujeto debe hacerse cargo por sí mismo de la visibilidad y reconocimiento de su orientación sexual, identidad y expresión de género. Sin embargo, este acento en el individuo no logra cuestionar las normas que fundamentan la comprensión de la sexualidad contemporánea. Por la misma razón, solo algunas identidades logran hacerse visibles, dejando otras todavía en el espacio de la invisibilidad. Es el caso del reconocimiento de la homosexualidad en décadas recientes, que se logró a costa de mantener en el margen las demandas de la comunidad trans (Coll-Planas, 2010). Si se mira de esta forma, las políticas educativas ya identificadas no pueden entenderse fuera de ese marco de reivindicaciones y la desigual visibilidad que, en este caso, tendrán distintos sujetos dentro de la escuela.

Por esta misma razón, es necesario examinar cómo se articulan estas identidades colectivas para desde allí entender el ejercicio de la ciudadanía. Tal como lo señalan Kymlicka y Norman (1996) la ciudadanía no es simplemente un estatus legal definido por un conjunto de derechos y responsabilidades, sino que es también la expresión de la pertenencia a una comunidad política. Dicha pertenencia no puede existir si no se producen procesos de socialización que permitan que los individuos reivindiquen el valor de integrar dicho colectivo, toda vez que en las sociedades contemporáneas las formas de buscar igualdad van acompañadas también de una permanente valorización de la diferencia y su reconocimiento (Singly, 2010). De allí que sea posible decir que las escuelas son un terreno interesante de observación de los procesos de construcción de ciudadanía, porque, por una parte, tienen el mandato curricular de "educarla", pero por otro lado son espacios públicos donde se reproducen lógicas sociales de convivencia que van dando o no visibilidad a determinados grupos, pues a través de sus prácticas van otorgando legitimidad a ciertas formas de la "diferencia" en desmedro de otras. Por lo tanto, observar los discursos que emergen en las escuelas en torno a la diversidad sexual y el género permite entender cómo se configuran nuevas relaciones sociales entre distintos grupos: adultos, niñas, niños y jóvenes; individuos heterosexuales y aquellos que se identifican con la diversidad propia del acrónimo LGBTI; o personas cisgénero con aquellos que se presentan como trans. En cualquiera de estos casos, las ideas sobre participación social y las críticas hacia formas tradicionales de entender la sexualidad, permiten comprender las tensiones y oportunidades vinculadas al ejercicio de la ciudadanía.

Sin embargo, dadas las condiciones del sistema escolar chileno, las escuelas poseen recursos sociales y culturales muy disímiles para implementar este tipo de políticas y traducirlas -en sus contextos particulares- en discursos sobre la formación de la ciudadanía de niñas y niños (Rojas y Astudillo, 2020). Así, aunque la demanda por mayores niveles de reconocimiento de la diversidad sexual es transversal al sistema escolar (especialmente en los establecimientos que cuentan con estudiantes de enseñanza media), la escasa investigación que se ha levantado al respecto ha evidenciado que existen condiciones de información, capacitación y voluntad política de los actores escolares que varían fuertemente según las posiciones que las escuelas poseen en el mercado educativo, sus capitales sociales y culturales (Rojas et al., 2019).

Las y los estudiantes, por su parte, articulan nuevos discursos sobre el derecho de las personas a vivir sus orientaciones sexuales y sus identidades de género de forma abierta, opiniones que suelen desafiar las creencias de muchos adultos de la escuela (Bragg, Renold, Ringrose y Jackson, 2018). En este sentido, es posible afirmar que existe una brecha generacional que es común al sistema escolar en relación a los modos de valorar la diversidad sexual, a la crítica hacia un orden heteronormado en las relaciones sociales y a la reivindicación de la legitimidad de las vidas, cuerpos y subjetividades trans y queer (Rojas et al., 2019). Sin embargo, esta brecha generacional debe ser comprendida a la luz de los contextos socioculturales de las escuelas. Las y los estudiantes movilizan informaciones, conceptos y referentes sobre la diversidad sexual que provienen de fuentes variadas y expresan, por lo mismo, capitales sociales y culturales específicos. Tal como afirma Bourdieu (2002, p. 163), la noción de juventud "no es más que una palabra", pues esta se define en virtud de las relaciones y límites de poder que detentan los adultos y los más jóvenes en campos sociales específicos. No existe, por tanto, un solo discurso estudiantil sobre la diversidad sexual. Los discursos en las escuelas sobre el reconocimiento de las identidades sexuales se asientan en construcciones ciudadanas cuyos propósitos y objetivos pueden diferir.

En este capítulo, se analizan dos dimensiones de este fenómeno. Por una parte, se presentan las respuestas institucionales que surgen desde las escuelas en relación a los espacios que se abren en sus establecimientos para el reconocimiento de las diversidades sexuales y de género. Por otra, se ilustran las voces de estudiantes que refieren a la diversidad sexual y construyen un discurso sobre el reconocimiento de las identidades diversas, denunciando al mismo tiempo las discriminaciones permanentes del sistema escolar en materia de sexualidades.

Sobre la base de tres establecimientos escolares, estudiados entre el año 2017 y 2019[1], se recogieron en cada uno opiniones a partir de entrevistas grupales e individuales a estudiantes de enseñanza media, a docentes y directivos. Estos tres establecimientos fueron seleccionados en atención a que contaran con algún tipo de práctica o experiencia de inclusión de estudiantes LGTBI+ y resguardando que fueran de distintas dependencias administrativas para reflejar la diversidad del sistema escolar chileno. Se revisaron los reglamentos de convivencia y los proyectos formativos de cada institución, con especial atención en los cambios que estas escuelas han realizado a partir de las regulaciones sobre inclusión y diversidad sexual. Cada escuela es representativa de posiciones emblemáticas en el mercado escolar chileno: una escuela de elite católica, muy selectiva económicamente; un liceo público laico que no selecciona a sus estudiantes y que atiende a una población de bajo nivel socioeconómico; y una escuela particular subvencionada, de

---

[1] Los datos usados en este capítulo forman parte del estudio "Identidad sexual (LGTB+) e inclusión escolar en Chile" patrocinado por SUMMA y UNESCO, Santiago 2019. A partir de un enfoque cualitativo, se seleccionaron tres escuelas de la Región Metropolitana y se realizaron entrevistas individuales y grupales a directivos, docentes y estudiantes. Conjuntamente se revisaron los protocolos de convivencia de cada centro.

orientación católica, recién acogida a la Ley de Inclusión Escolar, asentada en un barrio que atiende a grupos de nivel socioeconómico medio y bajo.

Los resultados de estas indagaciones permiten proponer que las escuelas han configurado nuevos discursos sobre el reconocimiento de las personas LGTBI+. Esta configuración ocurre en contextos en que irrumpe el tema trans, generando que las comunidades escolares delimiten posiciones al respecto. Se aprecia que los capitales culturales y sociales de los actores escolares son claves al respecto e inciden en las formas en que este discurso de reconocimiento promueve formas más amplias de comprensión de la formación ciudadana en las escuelas. Por otra parte, las opiniones de estudiantes expresan miradas críticas sobre las formas en que la comunidad de adultos reordena sus creencias, o al menos, sus disposiciones hacia la diversidad. Al mismo tiempo, son indicativas de sus demandas de identidad y de la relevancia atribuida al respeto a una pluralidad que se expresa en un plano primordialmente cultural (Reguillo, 2000). La ciudadanía, de esta forma, se organiza en torno a prácticas de aceptación y reconocimiento culturales que ponen en tela de juicio, especialmente, a un orden normativo basado en la hegemonía de la heterosexualidad (Rubin, 1989), la comprensión binaria de los cuerpos (Butler, 2016), y, a la base de estos cuestionamientos, reside la crítica a las distintas formas de sexismos presentes en la vida social y escolar (Guerrero, Provoste y Valdés, 2006).

2. RECONFIGURANDO DISCURSOS SOBRE CIUDADANÍA EN LAS ESCUELAS A PARTIR DE LA TRADUCCIÓN DE LAS POLÍTICAS DE GÉNERO Y DIVERSIDAD SEXUAL

El año 2017 se divulgan las primeras regulaciones en la historia de Chile destinadas a fomentar la inclusión de población LGTBI+ en las escuelas: Circular de la Superintendencia de Educación para la inclusión de estudiantes trans al sistema escolar (2017) y Orientaciones para la inclusión de personas lesbianas, gays, bisexuales, trans e intersex en el sistema educativo chileno, del Mineduc (2017). Respecto a la *Circular de la Superintendencia de Educación* -0768- se trata de una iniciativa creada específicamente para promover la inclusión de niños LGBTI+ en el sistema escolar. Su foco está en niñes trans y su creación responde a las demandas de familias de niñes trans y organizaciones de la sociedad civil que buscaban mayor protección y apoyo del Ministerio de Educación frente a las escuelas que transgredían el derecho a expresar la identidad de género de sus estudiantes (Rojas, Astudillo y Catalán, 2020). Esta normativa comunica a las comunidades escolares qué se entenderá por las nociones de género, identidad de género, expresión de género y orientación sexual. Luego, las mandata a respetar la identidad social de niños y niñas. Las *Orientaciones para la inclusión de personas lesbianas, gays, bisexuales, trans e intersex en el sistema educativo chileno* (2017), tal como lo indica su nombre, orientan a las comunidades escolares en la inclusión de personas LGTBI+. El texto contiene los principios en materia de inclusión de la diversidad sexual; remite también a los tratados internacionales que protegen los derechos de personas LGTBI+ y entrega un listado de las normativas vigentes que protegen a las y los estudiantes de discriminaciones arbitrarias que se deriven de la sexualidad o género de las personas.

Estas políticas de género y diversidad sexual en el ámbito escolar forman parte de una demanda por justicia social que se ha profundizado en el último tiempo (UNESCO, 2017). En primer lugar, porque expresan las luchas de organizaciones de la sociedad civil en materia de feminismo, diversidad sexual y derechos sociales en Chile (Barrientos y Lovera, 2020; Acuña y Montecino, 2014; Rojas et al., 2019), así como de la adhesión a tratados y documentos internacionales que comprometen el respeto a los derechos humanos de las personas lesbianas, gays, bisexuales y transgénero (LGBTI+) (Yogyakarta, 2007; UNESCO, 2016). Al mismo tiempo, porque estas políticas intentan abordar problemas de discriminación que el propio Estado chileno ha divulgado en reportes sobre violencia escolar y cuya fuente es el sexismo y la homofobia (INDH, 2017). En este último sentido, la noción de ciudadanía movilizada apunta a la promoción de una cultura de respeto a los derechos humanos y de reconocimiento activo de las orientaciones, expresiones e identidades de género (Rojas et al., 2020).

La traducción que los actores escolares realizan de estas políticas de reconocimiento identitario varía según los contextos estudiados. En los tres establecimientos, los hitos que obligan a visibilizar los derechos de personas LGBTI+ y, por lo mismo, a elaborar nuevos discursos sobre los derechos y deberes de la comunidad, son los inicios de procesos de transición de niñes trans. El término traducción es usado con el fin de ilustrar que los actores del sistema escolar *traducen* las políticas en prácticas y acciones dependiendo de las posiciones que poseen en el campo educativo y de los recursos simbólicos y materiales que manejan, lo cual redunda también en movilización de recursos, estrategias y toma de decisiones de enseñanza. Molla y Gale (2018) proponen una matriz analítica, basada en la teoría crítica de Pierre Bourdieu y la noción de *policy enactment* de Stephen Ball, para comprender las maneras en que los actores escolares se apropian de las agendas de justicia social en educación. En el caso de las escuelas citadas en este capítulo, se trataría de entender cómo los actores escolares se apropian de una agenda de reconocimiento cultural y la traducen en acciones que tengan impacto en la convivencia y en la formación ciudadana de las y los estudiantes. Molla y Gale, además, consideran las nociones de *habitus* y campo de Bourdieu (Bourdieu y Wacquant, 1992), para explicar que las *disposiciones* (habitus) de los actores escolares están condicionadas por la *posición* que ocupan en el campo de la práctica (Molla y Gale, 2018, p.3). Es decir, la lectura que realizan los actores de una escuela sobre una política educativa depende de disposiciones subjetivas, así como de condiciones objetivas en las que están insertos.

3. RESULTADOS: ACTORES ESCOLARES CONSTRUYENDO DISCURSOS EN TORNO A LA DIVERSIDAD SEXUAL

3.1 Las políticas educativas de reconocimiento de la diversidad sexual: las voces de los adultos en la escuela

En consideración de estas premisas teóricas, se aprecia que las tres escuelas analizadas en este capítulo reconfiguran discursos acerca de la ciudadanía desde posiciones diversas en el mercado educativo y, también, con disposiciones culturales diferenciadas de parte de adultos y estudiantes.

En el liceo *público*, en primer lugar, las autoridades tanto a nivel del sostenedor como del equipo directivo habían llevado a cabo acciones desde el año 2015 para asegurar el respeto y no discriminación a niñes trans. Por tanto, la Circular 0768 (Mineduc, 2017) de inclusión de estudiantes trans fue leída desde el principio como una confirmación de que las decisiones emprendidas eran acertadas. Entre otras, el proyecto educativo de este establecimiento reafirma el valor de la educación pública inclusiva y sin exclusiones de ninguna naturaleza. El manual de convivencia tipifica la discriminación como una falta grave y ofrece mecanismos de mediación y reparación para trabajar la convivencia social. Explicita que existen distintas formas de violencia, entre ellas la de género o la étnica. Pero no especifica la violencia homo, lesbo o transfóbica. El liceo se reconoce como abierto a la comunidad, transmitiendo un ethos de educación pública que sería parte de su sello identitario. En este escenario, el liceo cuenta con la asesoría de una fundación de la sociedad civil que aboga por los derechos de las personas trans. Esta ha realizado talleres de capacitación a toda la comunidad y presta asesoría en temas de diversidad sexual y de género a la dirección.

Este liceo expresa los avances en materia de inclusión LGBTI+ en Chile. No obstante, también contiene las contradicciones y persistencia de discriminaciones a la diversidad sexual que, a pesar del empeño de sus autoridades, subsisten en las prácticas culturales de parte de la comunidad, especialmente los adultos. Entre ellas, están las creencias homofóbicas y transfóbicas que se expresaron a la luz de la inclusión de varios niñes trans al establecimiento y al surgimiento de un colectivo de estudiantes LGTBI+.

> *"Teníamos grandes discusiones en el consejo de profesores porque había profesores que trataban a los niños de mariquitas, a las niñas de 'María tres cocos' porque jugaban con los niños y sin ningún motivo, entonces eran apelativos que se aceptaban incluso por los padres y no había ninguna discusión en torno a si era bueno o malo hacer eso, entonces cuando se mezclan generaciones de profesores dentro de un consejo uno va viendo la vida de otra manera o ve el desarrollo social de otra manera, se provocan las discusiones que son ricas, que antes no se daban, las escuelas eran cajas negras donde pasaban cosas incluso peores de lo que uno veía afuera" (Director, liceo público).*

La política educativa es traducida en este contexto como un apoyo a una agenda de justicia y promoción de los derechos humanos promovida por el sostenedor y el equipo directivo. Se trata de equipos pedagógicos con una trayectoria política previa, que han cimentado un discurso profesional sobre el rol de la educación pública en la formación de la ciudadanía y la democracia (O'Malley, 2015). Por tanto, las nuevas regulaciones respaldan discursivamente esos objetivos. Además, la inclusión escolar, expresada como la no selección de estudiantes y el trabajo con sectores socioeconómicamente vulnerados y excluidos del resto del sistema privado de educación, contribuye a fortalecer la construcción de un discurso de vanguardia cultural basado en un llamado propio de la educación pública a reconocer que las identidades de género de niños, niñas y niñes son plurales y que requieren visibilización y reconocimiento en el espacio escolar. El equipo directivo, en virtud de su capital cultural, expresa información relevante sobre las discusiones académicas y políticas de género y, además, sostiene una red de relaciones con fundaciones y académicas que apoyan al liceo en el empeño de fomentar una cultura del respeto a la diversidad sexual. Sus directivos y sostenedor comunican un ethos de educación pública, ligada a una tradición laica, tolerante y no discriminadora. De aquí que la consolidación de un discurso sobre formación ciudadana que acoge los temas de diversidad sexual, converja con los propósitos sobre inclusión de estudiantes migrantes, indígenas, vulnerables económicamente, etc. Lo anterior se expresa en el proyecto educativo escrito de la escuela y también en las opiniones de sus directivos. Estos comprenden que el foco formativo está en la formación ciudadana y la justicia social de sus estudiantes. La difusión de la política educativa sobre diversidad sexual sirve para reforzar los propósitos de este liceo público y marcar su distinción en un mercado educativo subvencionado que, según la mirada de sus directivos, excluye y margina a las y los estudiantes que no responden a los cánones tradicionales.

El segundo caso corresponde al *colegio confesional de elite,* que se encuentra dentro de los cinco colegios de los cuales proviene el 90% de los gerentes de grandes empresas locales (Madrid, 2013). El proyecto educativo declara como misión: educar a niños y niñas desde una perspectiva cristiana: formar personas cristianas, formar la conciencia social, formar a la persona integralmente y formar una comunidad educadora. Tal como en el caso anterior, este establecimiento comenzó a reflexionar en torno a la diversidad sexual a propósito del acompañamiento de una estudiante trans. Este proceso, iniciado en 2017, implicó una toma de postura institucional, que según expresa su rector delimitó una suerte de "criterio de pertenencia a la comunidad": quienes estuvieran en contra de la medida que la estudiante fuera reconocida con su nuevo nombre social e identidad de género femenina, fueron invitados a reconsiderar su interés de seguir en el colegio. Este hito es reconocido como un punto de inflexión, pues supuso la apertura a dialogar en torno al tema, buscar fuentes de información y comenzar un proceso transversal de capacitación en temáticas LGBTI+ para toda la comunidad escolar. Conjuntamente se acordó sancionar cualquier acción de discriminación en razón de la orientación sexual o identidad de género estableciendo un protocolo en el manual de convivencia. En paralelo, las y los docentes coinciden en que el colegio ha vivido un proceso de apertura hacia la diversidad sexual en su conjunto, pues las y los estudiantes LGBTI+ pueden declarar abiertamente su orientación sexual sin que eso implique una sanción social. Ahora bien, esta posibilidad de ser visible todavía no se extiende hacia el profesorado del colegio; por ejemplo, los entrevistados coinciden en que todavía existen ciertos límites y resistencias como para que un profesor o profesora pueda visibilizarse abiertamente como gay o lesbiana.

Para el rector del colegio, la comunidad escolar es un grupo social que está dispuesto a aceptar las políticas de inclusión de la diversidad sexual, pues comprenden que la orientación católica del establecimiento -que sostiene que todos los sujetos son amados por Dios- impone de suyo una aceptación radical de todas las vivencias de una persona, incluida su sexualidad. En palabras del rector, *"nos toca acompañar todo lo que a los estudiantes les toca vivir. No tengo idea qué es lo que esto implica (ríe), pero hay que acompañarlos"*.

Dentro de los procesos que han facilitado el asentamiento de los discursos de la diversidad sexual y de género, en este caso, se encuentra también el acceso a información. Por una parte, es el mismo rector quien decide autoformarse recurriendo a publicaciones norteamericanas sobre identidades trans, esto declarando además que no resultaba fácil acceder a información sobre inclusión educativa LGBTI+ en la página del Ministerio de Educación. Por otra parte, el colegio tiene acceso a otras organizaciones y profesionales que pueden prestar asesoría, como ocurrió en 2018. Para el rector esto es importante, porque así como la estudiante y su familia hicieron un proceso personal con relación a la transición de género, el colegio debía también hacer un proceso colectivo de aceptación.

Estas facilidades contrastan en todo caso con la resistencia que determinados apoderados presentan a las medidas de inclusión. Para este grupo —considerado minoritario— las decisiones tomadas irían en contra de un ideal educativo católico, y no forman parte de los acuerdos que se suscribieron al momento de matricular a los hijos en el colegio. Destaca, en este sentido, una charla de especialistas externos al colegio que tuvo que ser interrumpida por el conflicto que generó. La capacidad de presión de este grupo es importante y ha implicado invertir muchas horas del personal en conversaciones individuales con padres y madres. Si bien esto no revierte las decisiones institucionales, sí vuelve pesada su gestión. En palabras del rector: *"uno lo pasa mal por los que hacen más ruido".*

La emergencia de un discurso ciudadano que reconoce la diversidad sexual y de género se inscribe en una tradición católica más abierta que, de manera incipiente e inestable, no sanciona lo que institucionalmente la Iglesia ha considerado comportamientos anómalos (Astudillo, 2016). En este caso, los adultos también despliegan sus redes sociales académicas para informarse del tema trans, cuentan con recursos para activar capacitaciones y, muy especialmente, acogen a una comunidad de nivel socioeconómico alto que se distingue de otros grupos por un discurso educativo y confesional más abierto, tolerante y dialogante con las corrientes culturales globales. En el mercado educativo de las elites, este colegio construye su ethos distintivo justamente aludiendo a una educación más abierta a los temas del mundo actual y, especialmente, desde una lectura del catolicismo más crítica y reflexiva. No obstante, ello no significa que la comunidad reorganice todas sus creencias sobre la sexualidad. Por el contrario, a pesar de que la mayor parte de las familias reconocen que la vida en comunidad requiere la aceptación de las personas con orientaciones sexuales e identidades de género diversas, existe una comprensión tácita de que los comportamientos sexuados forman parte de la esfera privada y no de la pública. El discurso ciudadano se funda en la tolerancia y en la aceptación, pero no alude a la sexualidad como parte fundante de la vida pública. Así lo ilustra una profesora en una entrevista grupal:

"En este colegio la apertura gira en torno a la aceptación de una niña trans, pero el sexismo y la heteronormatividad se viven a diario. En una clase, le dije a un grupo de niñas que era normal tener pololo o polola. Al otro día, una apoderada llegó a alegarle al Rector. Su alegato fue escuchado y me invitaron a no plantear esos temas en clases" (Profesora, colegio privado confesional).

El carácter selectivo del establecimiento se traduce en la potestad que adquieren las familias en el proyecto educativo, lo cual resiente los avances que directivos y docentes aparentemente intentan promover. Los actores escolares actualizan sus discursos sobre diversidad sexual a la luz de redes de información amplias, que incluyen referentes internacionales, las políticas educativas y un horizonte ciudadano más liberal. De esta forma, se expresan tránsitos entre concepciones moralistas y disciplinarias de comprender la sexualidad en las escuelas, a concebirla como modos de vida legítimos y que forman parte de las atribuciones y decisiones de los individuos (Catalán, 2021). Estas posiciones les permiten distinguirse en el mercado educativo de las elites como un colegio que concilia la formación confesional con el progresismo cultural.

El tercer establecimiento corresponde a un *colegio particular subvencionado* de una fundación educacional de larga data en el país. Atiende solo a niñas de sectores económicos medios y bajos. En la actualidad es gratuito y está adscrito a la Ley de Inclusión Escolar. La institución se define por su laicidad con orientación católica y una promesa de educación integral. Tal como en los dos casos anteriores, el hecho que permite que se activen nuevos discursos en torno a la diversidad sexual es la irrupción, a partir del año 2018, de dos estudiantes de enseñanza media que exigen ser reconocidos con otra identidad de género. Este hito es altamente disruptivo para la comunidad. Los actores escolares reconocen que la presencia de dos estudiantes trans provocó muchas tensiones al interior de docentes y apoderados. Por una parte, era primera vez que dos estudiantes no usaban el uniforme tradicional del establecimiento y se vestían con pantalones, cuestión prohibida en el reglamento interno del establecimiento. Por otra, el colegio, asesorado por el departamento jurídico del sostenedor, aplicó lo estipulado en la Circular de inclusión de estudiantes trans de la Superintendencia de Educación. Los directivos reconocen que este cuerpo legal fue clave en la decisión:

*"Vino la apoderada de Michel[2] y nos dijo que debíamos aceptar
que su hijo cambiara su nombre social y el uso de uniforme.
Realmente nosotros no sabíamos bien qué significaba todo eso.
Lo primero que hicimos fue llamar al abogado de la fundación.
Él fue claro en decirnos que debíamos usar su nombre social y
dejar que usara el uniforme que el estudiante eligiera" (Directora,
colegio particular subvencionado).*

El colegio comienza un proceso de búsqueda de información
sobre los temas de diversidad sexual y de género. El primer contacto es
con una fundación de la sociedad civil que trabaja por el derecho de las
personas trans, que se activa por iniciativa de uno de los niños trans que
asiste a esta. La fundación ofrece una charla a docentes y directivos del
establecimiento. Sin embargo, lo que distingue a este establecimiento es
que no posee las mismas redes ni capitales culturales que desplegaron los
adultos en las otras dos escuelas analizadas. Existen visiones encontradas,
creencias religiosas en juego y mucho desconocimiento para enfrentar los
temas de diversidad sexual y de género. Al mismo tiempo, un grupo de
profesores, auxiliares y apoderados manifiesta su desacuerdo y tensión
con el proceso de inclusión de niñes trans. Este debate evidencia que las
representaciones sobre la diversidad sexual están en tensión, que existen
miedos, de parte de varios adultos, respecto al carácter "contagioso" de la
homosexualidad y las identidades trans y que las prácticas discriminadoras
coexisten con el proceso de reconocimiento de jóvenes trans.

La política educativa es traducida en este caso, por tanto, como una
amenaza a un orden sexo genérico que dotaba de identidad a este colegio
de niñas. El reglamento de convivencia contiene un set de protocolos
disciplinarios que norma comportamientos y expectativas sobre el
género. Las directrices de la educación sexual las entrega el sostenedor y
su foco es la enseñanza de la reproducción, la prevención del embarazo
y la vida afectiva. No hay alusiones a la diversidad sexual y de género en
los documentos oficiales. Sin embargo, a pesar de que el reglamento de
convivencia expresa una visión del género tradicional, sexista y centrada
en cánones heteronormativos, en las opiniones del equipo directivo se
aprecia un giro discursivo, en relación a reconocer que las y los jóvenes

---

[2]   El nombre utilizado es un seudónimo para resguardar la confidencialidad de los
sujetos entrevistados en el estudio.

entienden la sexualidad de forma diferente a las convenciones establecidas en este reglamento, y que ello interpela a que directivos y docentes piensen la formación ciudadana de forma más flexible.

> *"Yo creo que las niñas piensan bien distinto a los adultos. Estamos tratando de adaptarnos y de capacitarnos, pero estos temas no son de la noche a la mañana, toman tiempo. No voy a convencer, así como así, a la señora del aseo de que Michel cambió su identidad, ella lo mira con los ojos de su religión; lo que sí sabemos es que no podemos tolerar que Michel sea molestado o que se burlen de él. Eso es claro en la Circular"* (Directora, colegio particular subvencionado).

Los adultos, directivos y docentes, aprecian que la temática trans es una señal del cambio de los tiempos y del surgimiento de corrientes culturales juveniles. Las y los docentes jóvenes movilizan ideas sobre el reconocimiento a la diversidad sexual, la legitimidad de todas las orientaciones sexuales y la importancia de formar a las estudiantes en una cultura del respeto. Sin embargo, reconocen que se trata de temas que no han sido reflexionados al interior de la comunidad. Desde la perspectiva de la directora, el colegio vive un proceso de apertura a una realidad que es nueva y desconocida. Los niñes trans rompen la homogeneidad del uniforme escolar de las mujeres y, además, fuerzan al colegio a reorganizar el uso de los baños.

> *"La ley obliga ahora a tener baños para niños trans, pero en el colegio hemos optado por darles a los dos una llave para que entren a los baños de los profesores. No hemos podido invertir en nuevos camarines, pero por ahora eso no ha sido tema. Lo de los baños lo resolvimos con lo que teníamos"* (Directora, colegio particular subvencionado).

A pesar de que los adultos de la escuela identifican que las estudiantes tienen concepciones más abiertas del género y la sexualidad, ello no es suficiente para que directivos y docentes asuman que el reconocimiento de la diversidad sexual supone nuevas formas de comprender la acción pública y la vida en comunidad (Mouffe, 1993; Butler, 2016). Por ejemplo, respecto a las sexualidades lesbianas, la directora asume que existen niñas con orientación sexual lésbica, pero que ello no debería ser conflictivo si su afectividad no es pública. Es decir, se reconoce tácitamente que las estudiantes poseen orientaciones sexuales diversas, pero que la expresión de estas orientaciones debe ser privada. La acción pública de las y los estudiantes LGTBI+, según estas opiniones, se limita al reconocimiento de su existencia, pero está lejos de ser concebida como un ejercicio ciudadano participativo que propone nuevas formas de organización social en la comunidad. Docentes y directivos entrevistados ignoran que los temas de sexualidad ponen en jaque las distinciones entre las esferas públicas y privadas de la vida, pues asumir la existencia de identidades sexuales y de género "fuera de la norma", supone de suyo reconocer experiencias donde un orden heteronormado, rígido y hegemónico impide la actuación abierta y visible de todos los cuerpos (De Lauretis, 2000). Este desconocimiento contribuye a reproducir una visión en que a lo privado se le restringe todo tipo de interferencia estatal y por tanto escolar.

Este colegio particular subvencionado acogió el proceso de transición de género de dos estudiantes porque la Circular 0768 lo obliga desde 2017. Las políticas contribuyen a corregir asimetrías y fuerzan a las comunidades a respetar los derechos humanos y las convenciones internacionales. No obstante, en los discursos identificados se aprecia confusión, ambigüedades y una comprensión más bien formal de estas políticas, centradas en lo que prohíben, más que en el sentido y propósito de las mismas. Por lo mismo, el reconocimiento a la diversidad sexual no deviene en una reflexión acerca de la formación ciudadana en la escuela y su rol en la reproducción de las desigualdades sexuales, sino más bien en un imperativo burocrático que cuenta con la simpatía de algunos profesores y la resistencia de otros. Las redes de información con las que cuenta el colegio son escasas, lo que posibilita que prevalezca una tradición sexista y conservadora en materia de educación sexual, que lo ha llevado a mantenerse hasta hoy como un colegio solo de mujeres. La formación ciudadana de las estudiantes refiere a sus logros académicos, su formación valórica y su inserción en la sociedad, manteniendo distancia con las temáticas sobre el cuerpo, las identidades y la sexualidad.

Las tres escuelas estudiadas dejan en evidencia que la agenda de políticas educativas referidas al género y la diversidad sexual ha dejado huellas en los discursos directivos y docentes. Las y los adultos reorganizan sus discursos sobre la formación valórica y ciudadana de sus estudiantes, aprecian la importancia de la diversidad sexual y, en algunos casos, intentan abrir nuevos canales de reflexión sobre la sexualidad y el género. Pero, tal como se señaló, este proceso está mediado por la posición social de cada escuela y los recursos culturales que puede desplegar para traducir las políticas de reconocimiento en sus relaciones cotidianas (Rojas y Astudillo, 2020).

Es posible identificar procesos de apertura cultural y crítica, en el sentido de otorgar espacios para hablar e informarse de temas relativos a la diversidad sexual y género. Lo anterior no significa que en estas tres escuelas se encuentren transformaciones tangibles en las formas de enseñanza o en los propósitos formativos a nivel académico, sino más bien el proceso refiere a temas de convivencia escolar, adaptación de protocolos y reglamentos, según mandatan las políticas educativas al respecto, y además a la consolidación de un clima escolar más receptivo a estas temáticas. Las políticas de reconocimiento a las identidades de género y sexuales favorecen que se activen conversaciones y definiciones que ponen en el centro de la formación moral y ciudadana la cuestión del respeto, la tolerancia, la diversidad y la pluralidad. Existe una disposición a la "aceptación" de un "otro" cuya identidad sexual no responde a los cánones convencionales (Kumashiro, 2000; Matus, 2020). Sin embargo, estas conversaciones iniciales no incluyen una revisión de prácticas culturales sexistas y heteronormadas que se encuentran institucionalizadas en las escuelas (Ferfolja, 2007; Youdell, 2005). Siguiendo las reflexiones de Sabsay (2011), los nuevos discursos ciudadanos establecen clasificaciones en torno a las identidades sexuales, sin que ello suponga necesariamente cuestionar el orden patriarcal y heteronormado de la sociedad.

3.2 Voces de estudiantes en torno a la diversidad sexual: participación política, compromiso cívico y malestar individual

En las tres escuelas analizadas, se consultaron las opiniones de estudiantes de enseñanza media. En cada caso, a partir de entrevistas grupales, se aprecian discursos sobre la diversidad sexual que expresan formas de participación ciudadana diferenciadas. Tal como se mostró en el análisis de las traducciones que docentes y directivos realizan de la política educativa, las distinciones discursivas entre estudiantes respecto a estos temas también se vinculan con sus distintos orígenes socioeconómicos, por una parte, y con los capitales culturales, por otra.

Ambas categorías relacionadas entre sí (Bourdieu, 2011). Las brechas generacionales entre jóvenes y adultos, por tanto, no son las mismas en los tres contextos, dado que las posiciones de poder de unos y otros varían según las reglas y dinámicas específicas de las relaciones sociales al interior de cada escuela (Bourdieu, 2002; 2011).

De esta forma, usando una tipología propuesta por Ekman y Amna (2012), se identifican tres lógicas de discursos ciudadanos entre las y los jóvenes entrevistados: una vinculada a la participación política, otra al compromiso cívico y una tercera al malestar individual. Se propone una relectura de las categorías usadas por Ekman y Amna para entender cómo las y los estudiantes se posicionan frente a la diversidad sexual, qué connotación ciudadana le confieren y cuáles son los temas en disputa con los adultos de sus escuelas.

En primer lugar, se reconoce un discurso ciudadano sobre la diversidad sexual que se expresa en una participación política de corte más tradicional, como grupos, movimientos o colectivos organizados (Ekman y Amna, 2012). Los discursos se articulan en torno al cuestionamiento abierto al régimen patriarcal, el sexismo, la heteronormatividad y una lógica cisgénero de las relaciones sociales. Esta ciudadanía escolar es movilizada por grupos estudiantiles que se han organizado en torno a unidades de género y colectivos LGTBI+ desde el año 2011 a la fecha. Estas unidades y grupos no reconocen jerarquías, se organizan horizontalmente y responden a un tipo de objetivo en el que la expresión de la identidad es parte del foco central (Lillo, 2020). Sus opiniones también expresan una "forma de vivir", es decir, una lucha por garantizar el reconocimiento a la legitimidad de las diversas identidades sexuales. Pero al mismo tiempo, estos discursos tienen ciertos niveles de hibridez, pues se entrecruzan con temas ambientales, estilos de alimentación y, desde una perspectiva de política más tradicional, una reivindicación del liceo público como vanguardia política y social del movimiento estudiantil.

Es el caso de las y los jóvenes del liceo público, herederos de una historia de movimientos estudiantiles desde el año 2006 en adelante y cuyos capitales culturales se asientan en redes sociales generacionales, en algunos referentes feministas y en sus familias, la mayoría jóvenes padres y madres de clases medias bajas que son la primera generación de profesionales de sus grupos familiares. En el liceo existe un colectivo

LGTBI+ y una Unidad de Género formada por estudiantes. Desde esa organización, las y los estudiantes cuestionan la heteronormatividad como un régimen hegemónico e intolerante y reivindican el uso de sus cuerpos como medio de expresión político e identitario (Wittig, 1992; Warner y Berlant, 2002).

> *"Cada vez que hemos salido a la calle, a marchar o en las tomas, el tema del feminismo y el no sexismo es súper importante. Nuestro liceo debería definirse como no binario, entender que hay muchas personas lesbianas, trans, etc., y que existen muchas formas de vivir. Eso lo hemos ganado como estudiantes, pero igual cuesta que todos te entiendan... Todos me refiero a los papás y algunos profes"* (Estudiante, entrevista grupal, liceo público).

Las y los estudiantes entrevistados reconocen que el establecimiento se distingue frente a otros por el respeto a la diversidad sexual y de género y por la libre expresión de colectivos organizados al respecto. Sin embargo, también dan cuenta de discriminaciones que viven a diario que resultan imperceptibles para las y los docentes. Entre ellas, las bromas y sarcasmos homofóbicos y sexistas.

> *"En el liceo existe más organización y las personas trans o gay o lesbianas pueden vivir sin problemas. Pero igual te encuentras en la sala con situaciones que a veces son humillantes, como lo típico... y los profes no hacen mucho. Algunos sí, otros no. El director la tiene más clara, pero no en todos los casos es igual"* (Estudiante, entrevista grupal, liceo público).

Existe una denuncia hacia "algunos adultos" que no logran reconocer las discriminaciones sexistas al interior del liceo, pero al mismo tiempo las y los estudiantes establecen una complicidad con directivos y docentes que sí han dado legitimidad a estos temas. No hay, por lo mismo, una disputa generacional entre jóvenes y adultos en términos generales, sino más bien estudiantes que han logrado una posición de empoderamiento para denunciar abiertamente a las y los docentes que no respetan las diversidades sexuales. Es clave, en este sentido, que las autoridades del liceo otorguen espacios concretos para abordar las temáticas promovidas por el movimiento de estudiantes y se visibilice la dimensión política de la formación ciudadana de estos (Peña y Sembler, 2019).

En segundo lugar, se distinguen discursos estudiantiles asociados al compromiso cívico en torno a la diversidad sexual. Este compromiso se relaciona con una actitud de interés y motivación por opinar y marcar posiciones éticas sobre el respeto y la tolerancia. Ello no supone manifestarse públicamente en el espacio escolar o formar un movimiento o un grupo político (Ekman y Amna, 2012). La participación, según estos estudiantes, se expresa en opiniones en la sala de clases, participación en foros y especialmente un reclamo por mayor apertura en la sociedad hacia las demandas de la población LGTBI+.

Los discursos asociados al compromiso cívico son más reconocibles en el colegio privado católico de elite. Las y los estudiantes valoran que la comunidad escolar es inclusiva hacia los estudiantes LGBTI+ porque ha habido hitos de inclusión (el apoyo a la transición de una estudiante) y porque se acepta que las y los estudiantes homosexuales puedan estar fuera del clóset. En paralelo, reconocen que existen protocolos conocidos como para conversar y denunciar eventuales discriminaciones, al punto que podría accederse incluso al rector vía conducto regular. El principal obstáculo para la inclusión LGBTI+ estaría dado más bien por la insistencia del colegio en no igualar hombres y mujeres en determinados espacios formativos. Las estudiantes refieren a que existe cierto sexismo implícito que todavía no se puede cambiar. El siguiente diálogo es explícito a este respecto:

> "E1: *(En referencia a una estudiante trans) No tiene por qué importar porque es una alumna más de este colegio.*
>
> E2: *Pero igual yo me pregunto, qué va a pasar cuando empiece a ir a fiestas, onda igual todavía es chica. Porque ahí son todas como mujeres [hace énfasis], y se visten todas iguales y la que se viste diferente es como uyyyy, o la que tiene el pelo corto, igual como que todas miran a la que tiene el pelo corto, no me digan que no, fiesta de colegio de séptimo básico. Me da angustia, qué va a hacer (…) no sé qué podría hacer el colegio frente a la fiesta. Un adulto no puede decir cómo te vas a vestir, porque no le haces caso al adulto.*
>
> E3: *Sí, igual acá sería más complicado que use el pelo corto a que sea trans, sería el tema de conversación"* (Estudiantes, entrevista grupal, colegio privado confesional).

Las reflexiones de estos estudiantes aluden a la fuerza de los estereotipos sexistas y de clase social, pero en relación a la presión entre pares, más que a una disputa con las y los adultos. Reconocen que las familias ejercen presiones a la escuela en torno a los temas vinculados a la educación sexual, pero confían en sus propias capacidades para informarse y construir opiniones al respecto.

"Por Instagram y redes en general podemos buscar información, así vamos informándonos. Lo que enseña el colegio siempre es limitado, salvo algunos profes que nos encantan (...) pero sabemos cómo buscar información. Yo, por ejemplo, la otra vez encontré un libro sobre sexualidad súper rancio que definía la homosexualidad como enfermedad. Lo tomé y le exigí al bibliotecario que lo sacara de inmediato..." (Estudiante, entrevista grupal, colegio privado confesional)

Estos jóvenes expresan sus deseos de opinar acerca del país en su conjunto, de otorgar un punto de vista, de demostrar que aceptan la diversidad sexual, incluso sincerando sus propias orientaciones sexuales. Sus disposiciones (*habitus*) son similares a las de los adultos: tienen opinión o expresan empoderamiento para llamarle la atención a un funcionario que transgrede las normas de respeto a la diversidad del alumnado. No se perciben intimidados por los adultos, sino que se presentan como actores activos de los procesos de cambio cultural que vive el país. Este compromiso cívico se distingue de la participación política clásica, dado que sus reflexiones se realizan en espacios privados y no suponen activismo público, pues para este grupo la expresión de la afectividad y el deseo es dominio más bien del ámbito privado. Coinciden en este último punto con las opiniones de las y los adultos de la escuela. Convergen en estas voces, un *habitus* de clase social alta que reconoce el uso de ciertos espacios exclusivos en la ciudad, la relevancia de ciertas estéticas corporales y una red social asociada a los lazos de la escuela, con un discurso cívico que aboga por una sociedad más abierta y pluralista en materia cultural.

Finalmente, al interior del colegio particular subvencionado se distinguen voces de estudiantes que viven la ciudadanía como expresión de un malestar individual referido a la experiencia propia y cotidiana de las y los compañeros de la escuela. No existen colectivos ni unidades de género, tampoco se expresan opiniones que miren la situación de la comunidad o del país en su conjunto (Ekman y Amna, 2012). Más bien se observan discursos privados que expresan experiencias discriminatorias y disgusto con la rigidez y conservadurismo de la institución. Esta denuncia coexiste con una solidaridad profunda con estudiantes trans y lesbianas que se constituyen como referentes de resistencia y diversidad en sus espacios cotidianos. Las fuentes de información son fundamentalmente las redes sociales y la conversación entre pares, situación que grafica cómo las normas de sociabilidad se vuelven fluctuantes entre el comportamiento *offline* y la información y relaciones que se producen *online* (Dijck, 2016). También se expresa una crítica a los estereotipos sexistas, aunque ello no resulta suficiente para resistir la práctica del uniforme tradicional de niñas ni los sesgos de género en las actividades curriculares. Las opiniones de las estudiantes se construyen con capitales sociales más restringidos y pocas oportunidades para invertir tiempo y recursos en alterar el capital cultural de sus entornos. La segregación escolar se expresa de manera latente en este caso.

En este colegio, las estudiantes sí dan cuenta de una brecha generacional con las y los adultos respecto a las formas de comprender la sexualidad y la diversidad sexual. Comunican una visión muy crítica del establecimiento. Consideran que no existe educación sexual pertinente y que las orientaciones sexuales y las identidades de género son sancionadas de formas explícitas e implícitas. Relatan burlas cotidianas que deben enfrentar los estudiantes trans, especialmente de parte de algunos profesores y asistentes de la educación; mientras que las estudiantes lesbianas denuncian prejuicios, maltrato de algunos adultos y un permanente estado de vigilancia hacia sus acciones públicas.

> *"Desde que anuncié que soy lesbiana, tengo una inspectora que no deja de mirarme, seguirme en los recreos, está pendiente dónde ando, si estoy cerca del patio de las niñas chicas, o si estoy abrazándome con una compañera…. Realmente me siento perseguida y todas se dan cuenta. El colegio se hace el inclusivo, pero si acá te salí de la norma, te persigues y no te dejan en paz"* (Estudiante, entrevista grupal, colegio particular subvencionado).

Las estudiantes reconocen que existen profesores más abiertos con los que se puede hablar de sexualidad de manera más desprejuiciada, pero siempre en espacios informales. Resulta muy difícil hacerlo en el aula. Pero al tiempo que identifican "profesores aliados", también denuncian la existencia de profesores y asistentes que denostan públicamente, y que a través de burlas discriminan a estudiantes lesbianas y trans.

> *"El profesor Luis cada vez que entra a la sala de Michel, dice, 'buenos días niñas', ay, perdón, verdad que ahora hay que decir niñas y niños. Siempre usa un tono de burla y nadie le dice nada. Eso es discriminar y él lo puede hacer abiertamente en este colegio" (Estudiante, entrevista grupal, colegio particular subvencionado).*

Las estudiantes lesbianas que participaron de la entrevista comunican que existe una penalización permanente a su orientación sexual, vigilancia extrema de sus conductas sociales y miradas de desagrado de muchos adultos hacia ellas. El colegio, para ellas, no es un espacio seguro y solo tienen consuelo en la solidaridad de las compañeras. Insisten que los procesos de inclusión son formales, pues no perciben respeto de la comunidad de adultos hacia la diversidad sexual y menos aún una transformación al orden y prácticas heteronormadas de la escuela.

Los estudiantes trans perciben que se encuentran muy solos. Su red de apoyo se reduce a sus compañeras de curso, pero no sienten acogida real de parte de las autoridades escolares. Relatan que sus procesos de transición han sido complejos, con escaso apoyo familiar y mucho temor por su integridad física cuando están en las calles. Por razones económicas, sus familias no pueden recurrir a acompañamientos más especializados. Perciben más cercanía con ciertos profesores del colegio, pero ello es insuficiente frente a la complejidad que revisten sus procesos y a la permanente agresividad que reciben del medio. En este contexto hostil, el colegio a pesar de todo es un espacio de protección, pues allí encuentran el cariño y contención de sus compañeras.

El malestar individual de las jóvenes trasunta opiniones ciudadanas en torno a las formas de vivir la sexualidad públicamente, una clara denuncia a los cánones homofóbicos y heteronormados de las y los adultos, y a las asimetrías de poder en relación a la fragilidad de la posición de las y los estudiantes para revertir los prejuicios y discriminaciones al interior del colegio. Las estudiantes desconocen la legitimidad del colegio para formarlas en temas de sexualidad y género y, en ese proceso, se nutren solo entre pares, prescindiendo de la comunidad de adultos y desconociendo en estas materias su autoridad.

Estas tres formas de expresión de ciudadanía -participación política, compromiso cívico y malestar individual-, ponen al centro la reivindicación de las identidades sexuales y el derecho a vivir estilos de vida que rompan con las convenciones binarias y heteronormadas de la sociedad tradicional. El grado de elaboración política, sus vínculos con otros problemas sociales nacionales y globales, así como la emergencia de micro organizaciones, está profundamente mediada por los contextos escolares y el soporte de los capitales sociales y culturales de las y los jóvenes.

4. PENSAR LA CIUDADANÍA Y LA SEXUALIDAD EN LA ESCUELA MÁS ALLÁ DEL INDIVIDUO "DIVERSO"

Las exigencias institucionales y sociales respecto al reconocimiento de la diversidad sexual y de género han tenido impacto en las escuelas, obligando a que los actores escolares asuman posiciones y elaboren discursos que se adecuen a los actuales contextos sociales. Hoy, el silenciamiento y naturalización de las violencias sexistas y heteronormativas son objeto de tensión. En este proceso, la política educativa referida a la inclusión de estudiantes LGTBI+ cumple un rol performativo e introduce nuevos lenguajes, temas y condiciones en el plano de la convivencia escolar. Las y los adultos consultados en este estudio movilizan recursos diferenciados para leer los objetivos de la política, situarlos en sus propios proyectos educativos, generar protocolos para normarlos y, en mayor o menor medida, vincularlos con los sentidos pedagógicos de la institución. En todos los casos, se aprecia una reelaboración de los discursos sobre formación ciudadana, de parte de las autoridades y algunos docentes, en virtud de reconocer que las formas de vivir y experimentar la sexualidad son fundamentales en las dinámicas de relación social de las y los estudiantes.

Lo anterior es particularmente evidente con la centralidad que adquiere la irrupción de los cuerpos trans en las escuelas. En estos distintos contextos escolares, el hito que permite que la comunidad resignifique la relación entre formación y sexualidad, es la presencia de niñes en proceso de transición identitaria. Sin embargo, esta resignificación no produce necesariamente una reflexión respecto a cómo las identidades producen diferentes experiencias y asimetrías en el ejercicio de derechos y responsabilidades sociales. Es en este punto en que la traducción de la política queda al arbitrio de las posiciones de los actores educativos, tanto por las consecuencias de una lógica de un mercado educativo altamente segmentado, como por la dificultad para establecer estrategias de reconocimiento estables en el tiempo. En el primer caso, los actores escolares con menos capitales sociales y culturales tienen fragilidades evidentes para conectarse con un discurso actualizado académica y políticamente de la sexualidad y, de esta forma, proteger a sus estudiantes de vulneraciones graves. En el segundo caso, el Estado promueve una política pública relevante, pero sin el soporte ni la gobernanza suficiente para que esta se proyecte en el currículo escolar y forme parte de un ideario más robusto en torno a la formación ciudadana (Rojas et al., 2020). Volviendo sobre Coll-Planas (2010) y Sabsay (2011), la emergencia de las identidades trans ha supuesto una comprensión de los derechos asociados al género y la sexualidad que son distintos a los de años anteriores y que, de algún modo, supedita la comprensión de la diversidad sexual y de género a "casos" de niñes que hay que "resolver". Si bien esta operación subvierte en parte la hegemonía que las identidades gays y lésbicas tuvieron al "representar" la diversidad sexual en años anteriores, todavía genera una diferenciación entre sujetos que hace "competir" a las distintas formas de reconocimiento. Se puede ser reconocido, visible, sin que eso origine una discusión sobre derechos y responsabilidades comunes. Pese a los intentos por generar inclusión, las y los estudiantes "al otro lado" no logran despertar una interrogante sobre cómo cada identidad es políticamente construida y cómo las eventuales asimetrías entre ellas se mantienen. Los estudiantes LGBTI+ quedan permanentemente etiquetados dentro de una categoría sobre la cual no pueden decidir mucho.

En las tres escuelas observadas en este capítulo, se aprecian distintas formas de comprensión política de la sexualidad. La tensión principal que se releva en estos casos es acerca de la visibilidad de lo que históricamente se ha entendido como dimensión privada de la sexualidad (Zuñiga, 2009). A nivel de los discursos, existe una disputa entre la visibilidad de lo público versus el ocultamiento de lo privado (Rabotnikof, 1998). Las y los estudiantes, especialmente del liceo público, movilizan una noción de participación ciudadana que redefine esta tensión entre lo público y lo privado, dando legitimidad a la importancia de pensar la participación y lo político como un acto de subversión hacia la hegemonía de las prácticas heteronormativas. Ello en concordancia con el aporte de autoras feministas que subrayan la politización de la experiencia individual. Entre ellas, De Lauretis (2000) al proponer que "lo político es personal", lo que implicaría entender la heterosexualidad como un régimen de dominación política sobre los cuerpos y que, por tanto, se la considere como un campo de lucha de carácter personal para los sujetos. Las y los del colegio privado de elite, por otra parte, no se agrupan en torno a un colectivo que dispute políticamente un orden hetero normado, sino que buscan, más bien, mecanismos de integración con el poder. Expresan comprensión con un discurso global y alineado con los tratados internacionales sobre derechos de la diversidad sexual y despliegan una posición muy clara sobre la importancia política de estos temas. No obstante, frente a la tensión entre lo público y lo privado, el *habitus* que comunican es concordante entre adultos y jóvenes, relegando a los cuerpos sexuados al ámbito de lo privado. Finalmente, las estudiantes de la escuela particular subvencionada ocupan la posición más frágil respecto al despliegue de algún tipo de participación ciudadana. El debate en torno a lo público y lo privado refiere solo a los "casos" de niñes trans y privatiza aún más la actuación de las identidades sexuales de todos las y los estudiantes.

Por lo anterior, se insiste en que las y los estudiantes no son un actor unitario. Sus opiniones se construyen al alero de posiciones sociales y culturales que incluyen la relación de poder que establecen con las y los adultos de sus escuelas en contextos particularmente situados. Ello permite que identifiquen y denuncien discriminaciones sexistas u homofóbicas con mayor o menor determinación, o que se sientan parte de un relato común respecto a la justicia social en el país o, por el contrario, perciban que los problemas de discriminación que viven en sus entornos no tienen mayor solución mientras estén sometidos a la autoridad de las y los adultos. Estas diferentes posiciones en campos específicos de acción, tal como proponía Bourdieu (2011), condicionan en buena medida la experiencia ciudadana de las y los estudiantes y, lamentablemente, expone a aquellos más frágiles a vivir vulneraciones de forma reiterada.

En este sentido, una de las tareas pendientes en el fortalecimiento de una formación ciudadana que acoja la dimensión sexual de la vida pública, es orientar a través del currículo escolar la incorporación de una perspectiva de la diversidad sexual y de género en la enseñanza, al mismo tiempo que fomente la participación real de las y los estudiantes LGBTI+ en las decisiones de enseñanza que les competen. Es relevante discutir que los temas de inclusión LGTBI+ no atañen solo a problemas de convivencia en el sistema escolar, sino que también a la transmisión de una cultura escolar que se asienta en ideologías sexistas y hetero normadas. El anhelo de reconocimiento a la diversidad sexual que comunican las y los estudiantes, tendrá más soportes en la medida que estos temas puedan hablarse y enseñarse en la sala de clases como parte de un ideario de formación integral.

Finalmente, cabe destacar que este estudio se llevó a cabo antes de la pandemia que afecta al planeta y en especial a la población escolar. A la fecha, la población de jóvenes LGTBI+ se ha visto más vulnerada en el contexto de confinamiento, ya sea expuesta a la violencia como al aislamiento y la soledad (Barrientos et al., 2020). Esto lleva a pensar que, en el contexto actual, las escuelas son potencialmente espacios de seguridad y, por lo mismo, también de despliegue de la participación ciudadana, en la medida que las y los estudiantes se constituyan como actores que interpelen crecientemente a las instituciones escolares por mayores niveles de reconocimiento y visibilización de la diversidad sexual. A pesar de las dificultades de avanzar en registros ciudadanos que involucren a las identidades LGTBI+ como actores públicos, no solo como "casos" de inclusión escolar, es de esperar que la participación ciudadana resulte más porosa a cuestionar al lugar tradicional que se le ha atribuido a la sexualidad en la conformación de lo público. La emergencia de nuevos discursos ciudadanos en torno a la diversidad sexual es expresiva de la transformación que ha experimentado la sociedad chilena al respecto y, esperamos, prometedora de un horizonte más democrático y justo en el futuro.

REFERENCIAS

Acuña Moenne, M. E. y Montecino Aguirre, S. (2015). La otra reforma: el «no sexismo» como clave cultural del cambio en el sistema educacional. *Anales de la Universidad de Chile*, 0(7), 107-120. https://doi.org/10.5354/0717-8883.2014.35890

Astudillo, P. (2016). La Inestable Aceptación de la Homosexualidad: El Caso de las Escuelas Católicas de Elite en Santiago de Chile. *Revista Latinoamericana de Educación Inclusiva*, 10(2), 21–37. https://doi.org/10.4067/s0718-73782016000200003

Barrientos, J. y Lovera, L. (2020). *Diversidad sexual y educación en América Latina y el Caribe, Panorama regional: jóvenes LGTB+ e inclusión escolar en América Latina y el Caribe*. Documento de referencia preparado para el Informe GEM 2020 América Latina y el Caribe Inclusión y educación: Todos y todas sin excepción. United Nation, Educational, Scientific and Cultural Organization. Recuperado de: https://unesdoc.unesco.org/ark:/48223/pf0000374763/PDF/374763spa.pdf.multi

Barrientos, J., Guzmán, M., Urzúa, A. y Ulloa, F. (2020). *Redes de Apoyo Social y Salud Psicológica en personas Lesbianas, Gays, Bisexuales, Transgénero u otras identidades sexuales y de género no normativas (LGBT+) durante la pandemia del COVID-19 en Chile*. Reporte. Recuperado de: http://www.mums.cl/wp-content/uploads/2020/07/Reporte-Salud-Mental-LGBT-COVID-19-Chile-v1.1.pdf

Bragg, S., Renold, E., Ringrose, J., y Jackson, C. (2018). 'More than boy, girl, male, female': exploring young people's views on gender diversity within and beyond school contexts. Sex Education, 18 (4), 420-434. https://doi.org/10.1080/14681811.2018.1439373

Bourdieu, P. y Wacquant, L. (1992). *An Invitation to Reflexive Sociology*. University of Chicago Press.

Bourdieu, P. (2002). La juventud no es más que una palabra. En P. Bourdieu (Eds.). *Sociología y cultura* (pp. 163-173). Grijalbo.

Bourdieu, P. (2011). *Las estrategias de la reproducción social*. Siglo XXI.

Butler, J. (2016). *El género en disputa: El feminismo y la subversión de la identidad*. Paidós.

Butler, J. (2016). Las "mujeres" como sujeto del feminismo. En J. Butler (Eds.). El *género en disputa: El feminismo y la subversión de la identidad* (pp. 45-53). Paidós.

Catalán Marshall, M. (2021). *Prácticas escolares LGTBI+ inclusivas: una mirada crítica al campo de investigaciones desde el sur global.* [Manuscrito no publicado]. Doctorado en Educación, Universidad Alberto Hurtado-Universidad Diego Portales.

Coll-Planas, G. (2010). *La voluntad y el deseo. La construcción social del género y la sexualidad: el caso de lesbianas, gays y trans.* Egales.

De Lauretis, T. (2000). *Diferencias. Etapas de un camino a través del feminismo.* Ed. horas y horas.

Dijck, J. Van (2016). *La cultura de la conectividad. Una historia crítica de las redes sociales.* Siglo XXI.

Ekman, J. y Amma, E. (2012). Political participation and civic engagement: Towards a new typology. *Human Affairs,* 22(3), 283-300. https://doi.org/10.2478/s13374-012-0024-1

Ferfolja, T. (2007). Schooling cultures: institutionalizing heteronormativity and heterosexism. *International Journal of Inclusive Education,* 11(2), 147-162. DOI: 10.1080/13603110500296596

Ferfolja, T. y Ullman J. (2017). Gender and sexuality diversity and schooling: progressive mothers speak out. *Sex Education,* 17(3), 348–362. https://doi.org/10.1080/14681811.2017.1285761

Galaz Valderrama, C., Sepúlveda Galeas, M., Poblete Melis, R., Troncoso Pérez, L., Morrison Jara, R. (2018). Derechos LGTBI en Chile: Tensiones en la constitución de otredades sexualizadas. *Psicoperspectivas,* 17(1). https://doi.org/10.5027/psicoperspectivas-vol17-issue1-fulltext1165

Guerrero, E., Provoste, P. y Valdés, A. (2006). La Desigualdad Olvidada: Género y Educación en Chile. En Provoste, P. (Eds.). *Equidad de Género y Reformas Educativas/ Argentina, Chile,* Colombia, Perú. Hexagrama-FLACSO-IESCO.

Instituto Nacional de Derechos Humanos (INDH) (2017). *Informe Anual: Situación de los Derechos Humanos en Chile.* Recuperado de: https://www.indh.cl/bb/wp-content/uploads/2017/12/01_Informe-Anual-2017.pdf

Kjaran, J. y Lehtonen, J. (2017). Windows of opportunities: Nordic perspectives on sexual diversity in education. *International Journal of Inclusive Education,* 22(10), 1035-1047. https://doi.org/10.1080/13603116.2017.1414319

Kumashiro, K. (2000). Toward a Theory of Anti-Oppressive Education. *Review of Educational Research*, 70(1), 25 – 53. https://doi.org/10.3102/00346543070001025

Kymlicka W. y Norman, W. (1996) El retorno del ciudadano. Una revisión de la producción reciente en teoría de la ciudadanía. *Cuadernos del CLAEH*, 75, 81-112.

Ley N° 20.609 (2012). Establece Medidas contra la Discriminación. *Diario Oficial de la República de Chile*, Santiago de Chile, 24 de julio de 2012.

Ley N° 21.120 (2018). Reconoce y da Protección al Derecho a la Identidad de Género. *Diario Oficial de la República de Chile*, Santiago, Chile, 10 de noviembre de 2018.

Ley N° 20.845 (2015). De inclusión Escolar que Regula la Admisión de los y las estudiantes, Elimina el Financiamiento Compartido y Prohíbe el Lucro en Establecimientos Educacionales que Reciben Aportes del Estado. *Diario Oficial de la República de Chile*, Santiago, Chile, 8 de junio de 2015.

Lillo, D. (2020). Política, cuerpo y escuela: expresiones feministas en el marco del Movimiento Estudiantil Secundario 2011-2016 en Chile. *Debate Feminista* 59, 72-93. https://doi.org/10.22201/cieg.2594066xe.2020.59.04.

Mardones Leiva, K., Apablaza Santia, M. y Vaccari Jiménez, P. (2020). Discursividades binarias en las políticas educativas de género y sexualidad en Chile. *Estudios pedagógicos* (Valdivia), 46(1), 399-411. https://doi.org/10.4067/S0718-07052020000100399

Madrid, S. (2013). *The formation of ruling class men: private schooling, class and gender relations in contemporary Chile* (Tesis doctoral). University of Sydney.

Mackinnon, K. (1995). *Hacia una teoría feminista del estado*. Universitat de Valencia.

Matus, C. (2020). *Ethnography and Education Policy: A Critical Analysis of Normalcy and Difference in Schools*. Springer.

Ministerio de Educación (2018). *Oportunidades curriculares para la educación en sexualidad, afectividad y género*. Recuperado de: http://convivenciaescolar.mineduc.cl/wp-content/uploads/2018/10/Oportunidades-Curriculares-Educacion-sexualidad-afectividad-y-g%C3%A9nero.pdf

Millet, K. (1995). *Política sexual*. Cátedra.

Molla, T. y Gale, T. (2018) Positional matters: school leaders engaging with national equity agendas. *Journal of Educational Policy*, 34 (6), 858-876. https://doi.org/10.1080/02680939.2018.1556811

Mouffe, C. (1993). Feminismo, ciudadanía y política democrática radical. *Debate Feminista*, 7. https://doi.org/10.22201/cieg.2594066xe.1993.7.1636

O'Malley, M. P. y Capper, C. A. (2015). A Measure of the Quality of Educational Leadership Programs for Social Justice: Integrating LGBTIQ Identities Into Principal Preparation. *Educational Administration Quarterly*, 51(2), 290 330. https://doi.org/10.1177/0013161X14532468

Peña, J. y Sembler, M. (2019). Movilizaciones estudiantiles y liderazgo directivo: un estudio exploratorio en tres liceos de la Región Metropolitana. *Calidad en la Educación*, 51, 315-349. doi:https://doi.org/10.31619/caledu.n51.488

Principios de Yogyakarta (2007). *Principios sobre la aplicación de la legislación internacional de derechos humanos en relación con la orientación sexual y la identidad de género*. Recuperado de: https://www.refworld.org/cgi-bin/texis/vtx/rwmain/opendocpdf.pdf?reldoc=y&docid=48244e9f2

Rabornikof, N. (1998). Público-Privado. *Debate Feminista*, 9(18). https://doi.org/https://doi.org/10.22201/cieg.2594066xe.1998.18.467

Reguillo, R. (2000). *Emergencia de las culturas juveniles*. Estrategias del desencanto. Editorial Norma.

Rojas, M. T., Fernández, M. B., Astudillo, P., Stefoni, C., Salinas, P. y Valdebenito, J. (2019). La inclusión de estudiantes LGTBI en las escuelas chilenas: entre invisibilización y reconocimiento social. Pensamiento Educativo: *Revista de Investigación Educacional Latinoamericana*, 56(1), 14. https://doi.org/10.7764/pel.56.1.2019.3

Rojas, M.T. y Astudillo, P. (2020). Pensar la justicia de reconocimiento en torno a las diversidades sexuales en la escuela. En C. Moyano (ed.), *Justicia Educacional: Desafíos para las Ideas, las Instituciones y las Prácticas en la Educación Chilena* (pp. 81-104). Santiago, Ediciones Universidad Alberto Hurtado.

Rojas, M. T., Astudillo, P. y Catalán, M. (2020). *Educación en Chile: identidad sexual (LGBT+) e inclusión escolar en Chile*. Documento de referencia preparado para el Informe GEM 2020 América Latina y el Caribe Inclusión y educación: Todos y todas sin excepción. United Nation,

Educational, Scientific and Cultural Organization. Recuperado de: https://unesdoc.unesco.org/ark:/48223/pf0000374762

Rubin, G. (1989). Reflexionando sobre el sexo: notas para una teoría radical de la sexualidad. En C. Vance (Eds.). *Placer y peligro: explorando la sexualidad femenina.* Talasa Ediciones.

Sabsay, L. (2011). *Fronteras sexuales. Espacio urbano, cuerpos y ciudadanía.* Paidós.

Singly, F. (2010). *Les uns avec les autres. Quand l'individualisme crée du lien.* Armand Colin.

Superintendencia de Educación de Chile (2017). *Circular N° 0768. Derechos de niños, niñas y estudiantes trans en el ámbito de la educación.* Recuperado de: https://www.supereduc.cl/wp-content/uploads/2017/04/ORD-N%C2%BA0768-DERECHOS-DE-NI%C3%91AS-NI%C3%91OS-Y-ESTUDIANTES-TRANS-EN-EL-%C3%81MBITO-DE-LA-EDUCACI%C3%93N-A-SOSTENEDORES.pdf

UNESCO (2016). *Abiertamente: Respuestas del sector educación a la violencia basada en la orientación sexual e identidad/expresión de género.* Recuperado de: http://www.unesco.org/new/fileadmin/MULTIMEDIA/FIELD/Santiago/pdf/Abierta-mente.pdf

UNESCO (2017). *Abiertamente: Respuestas del sector educación a la violencia basada en la orientación sexual e identidad/expresión de género.* Recuperado de: https://unesdoc.unesco.org/ark:/48223/pf0000244652_spa

Valderrama, C. G. y Melis, R. P. (2019). Políticas públicas educativas y las sexualidades en Chile post-dictadura: opacidades e hiper-visibilidades de sujetos LGTBI. *Educar Em Revista,* 35(74), 251–269. https://doi.org/10.1590/0104-4060.62610

Warner, M. y Berlant, L. (2002). Sexo en público. En R. Merida (Eds.). *Sexualidades transgresoras. Una antología de estudios queer.* Icaria.

Wittig, M. (1992). *El pensamiento heterosexual y otros ensayos.* Egales.

Youdell, D. (2005). Sex-gender-sexuality: How sex, gender and sexuality constellations are constituted in secondary schools. *Gender and Education,* 17(3), 249-270. https://doi.org/10.1080/09540250500145148

Zuñiga, Y. (2009). La generación de la ciudadanía. Apuntes sobre el rol de la diferencia sexual en el pensamiento feminista. *Revista de Derecho,* 22(2), 39-64. https://dx.doi.org/10.4067/S0718-09502009000200003

CREENCIAS ANTIDEMOCRÁTICAS ENTRE NUESTROS ESTUDIANTES

DIEGO CARRASCO
Centro de Medición MIDE UC,
Facultad de Ciencias Sociales,
Pontificia Universidad Católica

ANDRÉS SANDOVAL-HERNÁNDEZ
Department of Education,
University of Bath

NATALIA LÓPEZ-HORNICKEL
Centro Justicia Educacional,
Facultad de Educación,
Pontificia Universidad Católica

JAVIERA MATURANA
Escuela de Psicología,
Pontificia Universidad Católica

Diego Carrasco

Es académico (Investigador Adjunto) del Centro de Medición MIDE UC, de la Pontificia Universidad Católica de Chile. PhD en Psicología, Master of Research in Psychological Methods por la University of Sussex, y Psicólogo de la Pontificia Universidad Católica de Chile. Sus intereses de investigación son el estudio de efectos contextuales, incluyendo problemas de medición e inferencia, empleando estudios de gran escala (large-scale assessments). Sus focos sustantivos son la educación cívica, la comparación de ambientes escolares, y la rotación de profesores.

Contacto: dacarras@uc.cl

Andrés Sandoval-Hernández

Reader (Profesor Asociado) en Investigación Educativa, University of Bath, Reino Unido. PhD en Educación por la University of Bath, Maestría en Investigación y Desarrollo de la Educación por la Universidad Iberoamericana Ciudad de México, Licenciado en Contaduría Pública y Administración por la Universidad Nacional Autónoma de México (UNAM). Sus intereses de investigación se centran en la comparación de sistemas educativos a través de análisis de datos de evaluación a gran escala (large-scale assessments) con foco en equidad educativa y educación cívica y ciudadana.

Contacto: a.sandoval@bath.ac.uk

Natalia López Hornickel

Asistente de investigación en la Línea de Inclusión Pedagógica del Centro Justicia Educacional. Estudiante en MRes Advanced Quantitative Methods in Social Sciences, University of Bath, Reino Unido. Magíster en Sociología y Socióloga por la Pontificia Universidad Católica de Chile. Su trabajo de investigación incluye educación cívica y ciudadana, equidad de género, trayectorias laborales y metodologías de investigación social. Actualmente, investiga actitudes ciudadanas con perspectiva de género utilizando datos de evaluación a gran escala (large-scale assessment).

Contacto: nvlopez@uc.cl

Javiera Maturana

Magíster (c) en Psicología Educacional de la Universidad Católica de Chile y Psicóloga de la Universidad Central. Se ha desempeñado como Psicóloga en colegios públicos, asistente de investigación en temas relacionados a primera infancia y ayudante de docencia en educación superior. Sus principales áreas de interés son la medición a gran escala, educación cívica y la evaluación de programas educativos.

Contacto: jomaturana@uc.cl

1. INTRODUCCIÓN

Las creencias antidemocráticas son ideas contrarias a las características centrales de los sistemas democráticos. Debilitan aspectos críticos para la sostenibilidad de los sistemas democráticos, como el apoyo a la democracia (Miklikowska, 2012), el resguardo de la equidad (B. E. Peterson et al., 1993), el apoyo a los derechos humanos (McFarland, 2010) y la adhesión a normas de anticorrupción (Carrasco et al., 2020). La adhesión al autoritarismo es un ejemplo de estas creencias y consiste en la tendencia a apoyar autoridades fuertes (Altemeyer, 1981) y líderes dominantes (Smith, 2019). Las personas que adhieren al autoritarismo expresan sumisión a autoridades establecidas y agresión hacia otros señalados como contrarios por estas autoridades (Altemeyer, 2003).

Esta creencia se distribuye de forma desigual en la población. Grupos con menor escolaridad tienden a presentar mayores niveles de apoyo al autoritarismo (Napier y Jost, 2008). Adicionalmente, la investigación intergeneracional ha mostrado que el autoritarismo se transmite de las familias a los hijos (Dhont et al., 2013). De este modo, se espera que aquellos jóvenes hijos de padres con menor escolaridad presenten mayores niveles de adhesión al autoritarismo, que los jóvenes de familias con mayor escolaridad. En este escenario, las escuelas pueden jugar un rol compensatorio, proveyendo oportunidades de socialización política a los estudiantes que no tienen acceso a ellas en sus hogares (Hoskins et al., 2017). Considerando los antecedentes anteriores, este capítulo plantea la siguiente pregunta: ¿Qué tan efectivas son las escuelas para disminuir el autoritarismo de las y los estudiantes?

Comprender este fenómeno en Chile es de particular interés, considerando la historia curricular de la educación cívica del país. Países que han sufrido una historia de interrupciones al sistema democrático, como la dictadura cívico-militar de Chile entre 1973-1990, incurren en cambios curriculares para promover creencias, actitudes y comportamientos sobre los estudiantes consistentes con el sistema político (Quaynor, 2012). Durante los 80, el currículo escolar del país atribuía un rol virtuoso al autoritarismo conservador de gobierno, y enfatizaba la enseñanza del libre mercado y el libre comercio (Mardones, 2020). Si bien las primeras propuestas curriculares post-dictadura incluían contenidos acerca de los derechos humanos, la equidad de género y el cuidado del medio ambiente, estas fueron rechazadas públicamente por la oposición al gobierno de ese entonces, retirándose tales propuestas en 1992 (Cox, 2006). Posteriormente, en los últimos años de los 90, se lograría establecer un consenso, donde los contenidos centrales de la educación cívica serían la enseñanza del funcionamiento de la sociedad y las instituciones del estado, para promover la transición de los estudiantes en la vida adulta (Mardones, 2020), omitiéndose la discusión acerca del clivaje dictadura-democracia. Análisis curriculares comparados, de Chile y Latinoamérica, indican que el currículo chileno prioriza la enseñanza de valores y principios; recibiendo menor atención la dimensión institucional, es decir la relación de la ciudadanía con el estado y sus instituciones (Bascopé et al., 2015). Y como consecuencia, recibiendo menor atención la enseñanza de temáticas relacionadas con las amenazas para la democracia, como la corrupción, el nepotismo y el control de medios de prensa (Torney-Purta, 2004).

Otro antecedente para considerar, son los niveles de conocimiento cívico de los estudiantes. Chile ha presentado resultados bajo el promedio internacional en el estudio Internacional Educación Cívica y Formación Ciudadana en 2009 y 2016 (Schulz et al., 2011; Schulz et al., 2018). Estos resultados significan que, en promedio, los estudiantes pueden comprender la separación de poderes del estado, pero presentan dificultades para comprender por qué en una democracia el ejecutivo no debe influir sobre las decisiones del poder judicial, o sobre la libertad de prensa. Solo un 48% de los estudiantes chilenos es capaz de indicar métodos adecuados para limitar el mal uso del poder por parte de líderes políticos, en contraste al 66% del mismo resultado entre todos los países que participan en el Estudio Internacional Educación Cívica y Formación Ciudadana (ICCS, por sus siglas en inglés) 2016 (Schulz et al., 2018, ver p. 54). Preguntarse por el rol de las escuelas, respecto a la adhesión de creencias antidemocráticas, es relevante en Chile, donde el énfasis curricular posee un vacío en este aspecto. Asimismo, es relevante esta pregunta en el contexto presente de restricciones civiles, represión policial y violaciones a los derechos humanos (Amnesty International, 2021; HRW, 2019), dado que el escrutinio de las autoridades requiere de lo contrario al autoritarismo por parte de los ciudadanos.

Estudios anteriores han identificado que la discusión abierta en clases sobre temas políticos y sociales es un predictor negativo de la adhesión al autoritarismo por parte los estudiantes (Carrasco et al., 2020; Hahn y Tocci, 1990). Esta práctica escolar consiste en la discusión de temas políticos y sociales en la sala de clases, guiada por el profesor, promoviendo la evaluación crítica de diferentes posturas (Claes et al., 2017). Sin embargo, la discusión de temas controversiales en la sala de clases corre el riesgo de ser censurada por parte de apoderados y autoridades, limitado su ejercicio (eventos documentados en Chile por la prensa escrita (e.g., Mennickent, 2021; Said, 2021)). Adicionalmente, esta práctica escolar no se distribuye de forma equitativa entre todas las escuelas. Aquellas escuelas con un cuerpo de estudiantes provenientes de familias con un mayor nivel socioeconómico, tienden a presentar esta práctica en mayor medida (Carrasco et al., 2019). En otras palabras, los estudiantes de familias con mayores niveles de educación tienden a tener una mayor exposición a esta práctica escolar. Debido a esta condición, es difícil evaluar la efectividad de la discusión abierta en clases ya que la composición de las escuelas, en términos de la escolaridad de los padres, se solapa con la distribución de esta práctica escolar, impidiendo que estos efectos puedan ser estimados de forma directa. Este problema, recibe el nombre de endogeneidad de nivel dos (Castellano et al., 2014)

Considerando todo esto, en el presente trabajo se estudió la relación entre la discusión abierta en la sala de clases y la adhesión al autoritarismo, utilizando el método propuesto por Castellano y colegas (Castellano et al., 2014), el cual es un método de evaluación, aplicable en escenarios con endogeneidad de nivel dos. Para ello se analizaron datos del ICCS que corresponden a muestras representativas de los estudiantes que en 2009 y 2016 cursaban el 8° básico en Chile[1].

---

[1]   El diseño muestral de ICCS es de dos etapas: en la primera etapa se seleccionan escuelas bajo un esquema estratificado con probabilidades de selección proporcionales al número de estudiantes en cada escuela. En la segunda etapa se seleccionan todos los estudiantes de una sala de clases seleccionada aleatoriamente en cada escuela seleccionada en la primera etapa (Schulz, Carstens, et al., 2018). Nominalmente, este

Los resultados sugieren que el nivel de aprobación de prácticas autoritarias por parte de los estudiantes se explica en un 13% por diferencias entre escuelas y en el 87% restante por diferencias entre estudiantes. Adicionalmente, se encontró que, entre las prácticas escolares, la discusión abierta sobre temas políticos y sociales en la sala de clases reduce las chances de que los estudiantes acepten prácticas autoritarias. En la parte final del capítulo se discuten las posibilidades y limitaciones que posee esta práctica escolar como factor de efectividad para la formación ciudadana de los estudiantes chilenos.

2. AUTORITARISMO Y LA APERTURA A LA DISCUSIÓN EN LA SALA DE CLASES

2.1 Adhesión al autoritarismo

La adhesión al autoritarismo consiste en una creencia ideológica (Duckitt y Sibley, 2009), la cual es de un orden lógico distinto a las actitudes. Las creencias ideológicas son empleadas para explicar actitudes, valores y conductas políticas que las personas despliegan (Jost, 2006). Quienes presentan una alta adherencia al autoritarismo suelen tener opiniones políticas rígidas y fuertemente arraigadas (B. E. Peterson et al., 2002). Además, la adhesión al autoritarismo es un predictor positivo de la restricción de las libertades civiles (Carriere et al., 2019) y un predictor negativo del apoyo a los derechos humanos (McFarland, 2010). Ambas acciones son opuestas a la limitación del poder político, aspecto crítico de una democracia "sana" (Bogaards, 2009). En este sentido, la adhesión al autoritarismo es considerada una creencia fundamentalmente antidemocrática (Smith, 2019).

Existen diferentes medidas de autoritarismo (Bizumic y Duckitt, 2018), y aunque las escalas generales incluyen tres facetas: agresión,

---

estudio incluye 355 escuelas (177 provenientes del ciclo 2009 y 178 del ciclo 2016), y 10.273 estudiantes (5.192 del ciclo 2009 y 5.081 del ciclo 2016). De esta manera, el diseño muestral del estudio permite producir resultados generalizables a la población de estudiantes chilenos que cursaban el 8° grado en 2009 y 2016 (Schulz, Carstens, et al., 2018). Del total de las observaciones seleccionadas, 97,3% presentan valores analizables, mientras que un 2,7% de las observaciones presentan valores faltantes para las variables seleccionadas para el estudio.

sumisión y convencionalismo (Dunwoody y Funke, 2016), la medida "Actitudes de los estudiantes hacia el autoritarismo en el gobierno" (Schulz et al., 2011) presenta ítems de sumisión y agresión autoritaria. Esta escala se encuentra incluida en la encuesta ICCS y es interpretada en este capítulo como una medida de adhesión al autoritarismo. Ítems como "La opinión más importante del país debe ser la del presidente" y "Es mejor que los líderes del gobierno tomen decisiones sin consultar a nadie", son ejemplos de sumisión autoritaria; mientras que "El gobierno debería cerrar los medios de comunicación que lo critiquen" y "Las personas que tengan opiniones diferentes al gobierno deben ser consideradas como sus enemigos", son, en este sentido, ejemplos de agresión autoritaria.

La adhesión al autoritarismo es problemática, en particular, para las formas complejas de democracia, las cuales no solo contemplan la participación en elecciones (versión minimalista), sino que incluyen la igualdad política y la deliberación como dimensiones fundamentales (versión compleja) (Boese, 2019; Quaranta, 2019). Conferir excesivas licencias a la autoridad gubernamental es problemático porque las democracias requieren figuras de balance, contestación y limitación del poder del gobierno (Coppedge et al., 2008). Adherir al autoritarismo en su extremo, implica conferir a la autoridad gubernamental plena acción, acallar y apoyar el castigo a sus opositores, contraviniendo procesos de *accountability* sobre las autoridades elegidas. En resumen, la adhesión al autoritarismo es una disposición incompatible con el aspecto deliberativo del sistema democrático, donde las autoridades están sujetas a discrepancia y discusión de sus acciones frente a otros (Thompson, 2008).

2.2 El rol de la apertura a la discusión en la sala de clases

El rol principal de la educación cívica es el fomento de las disposiciones democráticas, a través de la promoción del conocimiento cívico y la adhesión a diferentes actitudes democráticas (Lenzi et al., 2014). En la literatura de socialización política y de educación cívica, la discusión en la sala clases de temas políticos y sociales es un reconocido factor de promoción de habilidades cívicas (Knowles et al., 2018). Además esta práctica escolar presenta relaciones positivas con el conocimiento cívico de los estudiantes (Isac et al., 2014), con la adhesión a la equidad y la tolerancia (Caro y Schulz, 2012; Carrasco y Torres Irribarra, 2018), y con las intenciones de participación política (Castillo et al., 2014).

La discusión en la sala de clases, en particular la apertura a la discusión de temas políticos y sociales es una práctica escolar que presenta diferentes retornos positivos para los objetivos de la formación ciudadana. Esta consiste en una práctica escolar donde los profesores guían las discusiones entre estudiantes, y diferentes puntos de vista son contrapuestos (Ehman, 1969). Pero, no es la mera exposición a la discusión, sino que incluye el grado en que los estudiantes pueden discutir con sus pares y profesores, garantizando un ambiente donde pueden realizar preguntas, articular ideas, promoviendo que los hechos y las controversias puedan ser recordadas y comprendidas (Harris, 1996).

La apertura a la discusión en la sala de clases es un predictor negativo de la adhesión al autoritarismo (Hahn, 2011). Carrasco y colegas (Carrasco et al., 2020; Carrasco y Pavón, 2021) plantean que existe al menos una explicación conceptual para el vínculo entre estas dos dimensiones. Basándose en literatura de psicología política, plantean que la adhesión al autoritarismo posee un precursor epistémico, que es la "necesidad de cierre". Esta consiste en una tendencia de las personas a pensar los hechos en estructuras simples, con una respuesta clara frente a las cosas, aun si esta es una sobre-simplificación (De keersmaecker et al., 2017).

La investigación intergeneracional indica que la adhesión al autoritarismo se transmite de padres a hijos, directa e indirectamente a través de la necesidad de cierre. Por tanto, se espera que aquellos programas escolares dirigidos a reducir la necesidad de cierre, posean retornos en otros *outcomes* cívicos explicados por la adhesión al autoritarismo (Van Hiel et al., 2004). La apertura a la discusión sobre temas políticos y sociales en la sala de clases es un candidato apto para estos propósitos, ya que fomenta la tolerancia al disenso, promueve la evaluación de diferentes posturas de modo crítico (Claes et al., 2017), y ayuda a la articulación de controversias (Harris, 1996). Todos estos son aspectos que se contraponen a la necesidad de cierre. Por tanto, se espera que estudiantes en escuelas donde haya mayor apertura a la discusión de temas políticos y sociales presenten menor adhesión al autoritarismo.

2.3 Problemas para evaluar el rol de las escuelas

La pregunta de investigación que guía este capitulo es cuán efectivas son las escuelas chilenas para contravenir el desarrollo del autoritarismo entre sus estudiantes. Se provee de un conjunto de evidencias a favor de que las escuelas del país pueden ser efectivas para mitigar la adhesión al autoritarismo por parte de los estudiantes. Para ello, lo primero es responder a la pregunta de ¿cuánta variabilidad hay entre escuelas en los puntajes de adhesión al autoritarismo de sus estudiantes? En otras palabras, se espera que los estudiantes aprueben prácticas autoritarias en diferente medida (algunos consentirán estas prácticas más que otros); y se espera también que estas diferencias en la adhesión al autoritarismo se expliquen en parte porque los estudiantes son diferentes entre sí (e.g., edad, sexo, características de sus familias, etc.) y en parte porque asisten a escuelas con diferentes características (e.g., diferentes prácticas escolares, diferente composición del alumnado, diferentes entornos escolares). Entonces, encontrar evidencia a favor de la variabilidad entre escuelas, por sobre la variabilidad entre estudiantes, es consistente con la idea de que las escuelas poseen algún grado de influencia sobre la variabilidad de la adhesión al autoritarismo entre sus estudiantes. No obstante, un resultado en esta dirección no es suficiente para concluir que las escuelas son efectivas para mitigar la adhesión al autoritarismo, sino que pueden serlo.

Una vez establecido que la escuela puede, potencialmente, mitigar la adhesión al autoritarismo de sus estudiantes, el siguiente paso sería identificar cómo. En el presente capítulo se plantea que la apertura a la discusión en la sala de clase es una práctica escolar que puede aminorar la adhesión al autoritarismo entre los estudiantes. Sin embargo, no es posible estimar de forma directa el efecto de esta práctica escolar. Como se indica anteriormente, los grados de exposición de los estudiantes a la apertura a la discusión de la sala de clases, se encuentran relacionados positivamente con el nivel socioeconómico de las familias de los estudiantes (un compuesto de educación de los padres, la ocupación de los padres y la cantidad de libros en el hogar) (Carrasco et al., 2019). Debido a que la práctica escolar de interés y las características de los estudiantes no son independientes, es necesario aislar esta relación para acercarse a un estimado razonable del efecto de la práctica escolar, el efecto de la apertura a la discusión en la sala de clases. En el presente capítulo, se emplea la propuesta de Castellano y colegas (Castellano et al., 2014), método que permite obtener un estimado del rango de efectividad posible de la práctica escolar de interés, a pesar de la presencia de "endogeneidad" entre la composición de las escuelas y la práctica escolar.

Un desafío adicional, enfrentado en este capítulo, consiste en la comunicación de los tamaños de efectos encontrados. En el presente trabajo, se recurre al uso de mapas de ítems-persona (Torres-Irribarra et al., 2015; Wilson, 2005). Estos son generados por los modelos de medición que producen los puntajes de adhesión al autoritarismo y apertura a la discusión en la sala de clases. Así, se vinculan los puntajes y efectos observados con el patrón de respuesta que presentan los estudiantes. De esta manera, harto y poco, puede ser interpretado no solo en términos de la proporción de desviación estándar, sino también con respecto al grado de autoritarismo al cual adhieren los estudiantes, y al grado de apertura a la discusión al que son expuestos en cada caso. En otras palabras, esta herramienta nos permite brindar una interpretación sustantiva a los resultados encontrados.

Finalmente, es importante mencionar que los modelos propuestos en este capítulo se encuentran "sub-especificados", es decir, que incluyen pocos predictores. Esto es a propósito, pues se busca enfatizar la interpretación de los resultados encontrados, por sobre la saturación de los modelos empleados. Entonces, se condicionan los puntajes de la adhesión al autoritarismo de los estudiantes con solo dos variables de características de los estudiantes y que se encuentran fuera del campo de influencia de las escuelas: educación de los padres y sexo de los estudiantes. Se emplean estas dos variables codificadas como categóricas, para facilitar la comunicación de los resultados encontrados. Esto permite mostrar resultados esperados distinguiendo entre estudiantes hombres o mujeres, hijos de padres con educación o sin educación universitaria. Modelos alternativos donde se reemplaza educación de los padres, por nivel socioeconómico permiten llegar a las mismas conclusiones (Carrasco et al., 2020; Carrasco y Treviño, 2019). Sin embargo, limita la interpretación respecto a qué significa tener "alto" o "bajo" nivel socioeconómico. Por tanto, se optó por esta selección de variables para facilitar la interpretación de los resultados.

2.4 Cómo se produjeron los resultados del siguiente capitulo

Todos los estimados del presente capitulo, emplean el diseño complejo del estudio[2], para producir inferencias a la población de estudiantes de 8° grado de Chile. Primero, se estimó el potencial grado de influencia de la escuela sobre la adhesión al autoritarismo de sus estudiantes. En otras palabras, cuánta variabilidad hay entre escuelas con respecto a los puntajes de adhesión al autoritarismo de sus estudiantes. Para estimar esta variabilidad, se recurrió al índice de correlación Intra-clase (ICC, por sus siglas en inglés). El ICC consiste en la proporción de varianza explicada por la membresía de los estudiantes a diferentes escuelas, por sobre la varianza total de la variable dependiente (i.e., adhesión al autoritarismo). Para facilitar la interpretación de este indicador como una medida de separación de medias entre escuelas, se complementa la presentación de resultados con un *caterpillar plot* (Rabe-Hesketh y Skrondal, 2012). Una vez establecido el grado en el que la escuela puede, potencialmente, influenciar la adhesión al autoritarismo de sus estudiantes, la siguiente etapa consistió en estimar la efectividad de la apertura a la discusión en la sala de clases. Para ello, se siguió el método de Castellano y colegas (Castellano et al., 2014).

El primer paso de este método consiste en estimar la banda inferior del efecto de la práctica escolar. Para este paso, se empleó un modelo multinivel (con estudiantes en el nivel 1 y escuelas en el nivel 2), en particular un modelo completamente desagregado (Rights et al., 2019). En este modelo, la variable dependiente son los puntajes de adhesión al autoritarismo por parte de los estudiantes. Cada variable independiente de nivel 1 es centrada a la media de cada escuela, y las medias de escuelas son centradas a la gran media. De esta forma, todas las variables que describen atributos de los estudiantes son representadas en el modelo por dos tipos de coeficientes: aquellos que describen las diferencias entre estudiantes al interior de las escuelas, y aquellos que caracterizan a las diferencias entre escuelas.

---

[2] En los modelos multinivel, los pesos muestrales del estudio fueron particionados entre los pesos muestrales de los estudiantes al interior de las escuelas, y el peso de las escuelas. Estos pesos fueron escalados a la muestra efectiva, y en el proceso de estimación se incluye a los pseudo-estratos como indicadores de estratificación (Stapleton, 2013). Todas las estimaciones fueron producidas con el software Mplus 8.5 (Muthén y Muthén, 2017).

El siguiente paso, en la propuesta de Castellano y colegas (Castellano et al., 2014), consiste en obtener un estimado de límite superior de la práctica escolar de interés, donde el efecto de las características de los estudiantes haya sido aislado. Esto se logra al ajustar un modelo similar al utilizado en el primer paso, con la diferencia de que la variable dependiente corresponde a los cuasi-residuales de los puntajes de adhesión al autoritarismo por parte de los estudiantes, los cuales son independientes de las características de los estudiantes. Estos cuasi-residuales se obtienen al restarle a la variable dependiente (adhesión al autoritarismo) el efecto de las características de los estudiantes obtenido en el primer paso.

Los puntajes generados por los modelos de respuesta se encuentran en una escala de *logits*. En el presente estudio, los puntajes asignados a los estudiantes, como los estimados de locación de las respuestas a los ítems, han sido estandarizados (media 0 y desviación estándar 1) para facilitar la interpretación de lo que significa una unidad en la variable dependiente, y en la escala en que se mide la práctica escolar de interés. Por su parte, las variables dicotómicas fueron codificadas como -1 y +1, de esta manera, los coeficientes se expresan como distancias sobre el intercepto del modelo ajustado. Con este tipo de figuras se muestra la interpretación de los puntajes generados, y el tamaño del efecto de la apertura a la discusión en la sala de clase sobre la adhesión al autoritarismo por parte de los estudiantes.

3. RESULTADOS ENCONTRADOS: ADHESIÓN AL AUTORITARISMO ENTRE ESTUDIANTES Y ESCUELAS

A nivel poblacional, los estadísticos descriptivos del presente estudio indican dos aspectos de interés (Tabla 1). El primero es que existe una disminución de 0,26% de desviación estándar entre los puntajes de adhesión al autoritarismo por parte de los estudiantes entre 2009 (0,13, CI95% [0,07, 0,018]) y 2016 (-0,13, CI95% [-0,19, -0,06]). El segundo punto, es que la proporción de estudiantes con al menos un padre con estudios universitario ha aumentado en un 9% entre 2009 (0,15, CI95% [0,14, 0,17]) y 2016 (0,24, CI95% [0,21, 0,27]). Por su parte, el sexo de los estudiantes, y el reporte de la apertura a la discusión en la sala de clases por parte de los estudiantes, no varía de forma significativa entre 2009 y 2016.

TABLA 1:
MEDIAS POBLACIONALES
[INTERVALO DE CONFIANZA AL 95%]
Y MUESTRA NOMINAL DE CADA AÑO

	2009	2016	Ambos
Adhesión al autoritarismo	0,13	-0,13	0,00
	[0,07; 0,18]	[-0,19; -0,06]	[-0,04; 0,04]
Educación universitaria de los padres	0,15	0,24	0,20
	[0,14; 0,17]	[0,21; 0,27]	[0,18; 0,22]
Sexo de los estudiantes	0,51	0,49	0,50
	[0,48; 0,54]	[0,47; 0,52]	[0,48; 0,52]
Apertura a la discusión	0,00	0,00	0,00
	[-0,05; 0,05]	[-0,06; 0,06]	[-0,04; 0,04]
Estudiantes	5192	5081	10273
Escuelas	177	178	355

Nota: Medias poblacionales e intervalos de confianza de los puntos estimados. Muestras nominales son incluidas en las últimas dos filas de la tabla. Adhesión al autoritarismo y apertura a la discusión son variables continúas generadas con un modelo de crédito parcial, y sus puntajes se encuentran estandarizados. Educación universitaria de los padres y sexo de los estudiantes son variables dicotómicas que expresan proporciones de la población.

Fuente: Elaboración propia.

3.1 Variabilidad entre escuelas

Los puntajes de adhesión al autoritarismo entre estudiantes varían de forma considerable según la escuela a la que asisten. Agrupando a ambas muestras[3], y controlando por el año del estudio, se obtiene que la variabilidad conjunta de todas las escuelas es de 13%[4] (ICC = 0,13, CI95[0,11, 0,15]). Se emplean los resultados de este último modelo para ilustrar la variabilidad entre escuelas, utilizando un *caterpillar plot* (Figura 1). Esta Figura despliega puntos para el puntaje promedio de adhesión al autoritarismo de cada escuela en promedio entre 2009 y 2016, y las líneas que expresan intervalos

---

[3]   Para obtener medidas de variabilidad de las escuelas sobre los puntajes de adhesión al autoritarismo, se ajustaron modelos multinivel nulos, para 2009 y para 2016 por separado. En 2009, la proporción de varianza atribuible a las escuelas es de 12% (ICC = 0,12, CI95[0,09, 0,15]). De forma similar, las escuelas en 2016 presentan una variabilidad de 14% (ICC = 0,14, CI95[0,11, 0,17]).

[4]   Una distribución de escuelas, con un ICC de 0,13, implica que 13% de las diferencias entre estudiantes en el grado de adhesión al autoritarismo puede ser explicado por las diferencias en las características de las escuelas a las que asisten.

de confianza de 95% sobre los promedios esperados para cada escuela. La longitud de estas líneas puede interpretarse como la incertidumbre de los puntajes de adhesión al autoritarismo de cada escuela.

FIGURA 1:
PUNTAJE PROMEDIO DE ADHESIÓN AL AUTORITARISMO
PARA CADA ESCUELA
(CONTROLANDO POR AÑO DEL ESTUDIO)

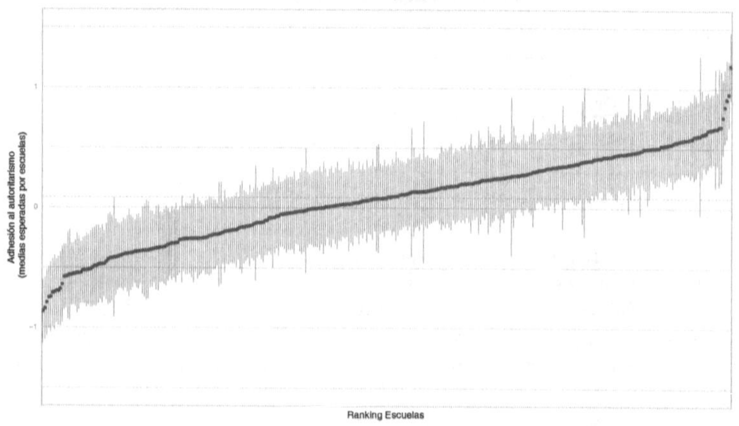

Notas: La línea punteada indica el promedio de adhesión al autoritarismo para todas las escuelas (.085). Las escuelas de la muestra se encuentran ordenadas de menor a mayor respecto a su puntaje promedio de adhesión al autoritarismo, y cada punto estimado va acompañado de su intervalo de confianza al 95%. En esta figura se observa que cerca de 20% de las escuelas presenta promedios de adhesión al autoritarismo mayores al promedio poblacional observado entre los estudiantes.

Fuente: Elaboración propia.

¿Qué significa que una escuela presente una alta o baja apertura a la discusión en la sala de clases? Se emplea el mapa de ítems-persona de apertura a la discusión en la sala de clases para describir las respuestas de los estudiantes (ver Figura 2). Un 50% de los estudiantes de 8° grado en una escuela típica de Chile, indican que "Los(as) profesores(as) estimulan a los(as) estudiantes a expresar sus opiniones a menudo" (op3), por sobre otras categorías de respuesta. Por su parte, las escuelas con muy baja apertura a la discusión (menos una unidad), son escuelas donde 50% de los estudiantes indican que rara vez "Los(as) profesores(as) exponen los temas desde distintos enfoques al explicarlos en clase" (op7); y donde cerca del 50% de los estudiantes indica que rara vez "Los(as) estudiantes expresan sus opiniones en clase, aun cuando sean distintas a las de los demás" (op5). En el contraste máximo, en escuelas que presentan un alto nivel de apertura a la discusión en la sala de clase (una unidad), la mitad de los estudiantes indican estar de acuerdo con señalar que "Los(as) profesores(as) estimulan a los(as) estudiantes a conversar los temas con gente que opina distinto" (op6); y simultáneamente indica que, a veces, "Los(as) estudiantes plantean hechos políticos de actualidad para ser discutidos en clases" (op4). Este último evento, es distintivo de las escuelas de alta apertura a la discusión en la sala de clases de temas políticos y sociales.

FIGURA 2:
MAPA DE ÍTEMS-PERSONA DE APERTURA A LA DISCUSIÓN
EN LA SALA DE CLASES

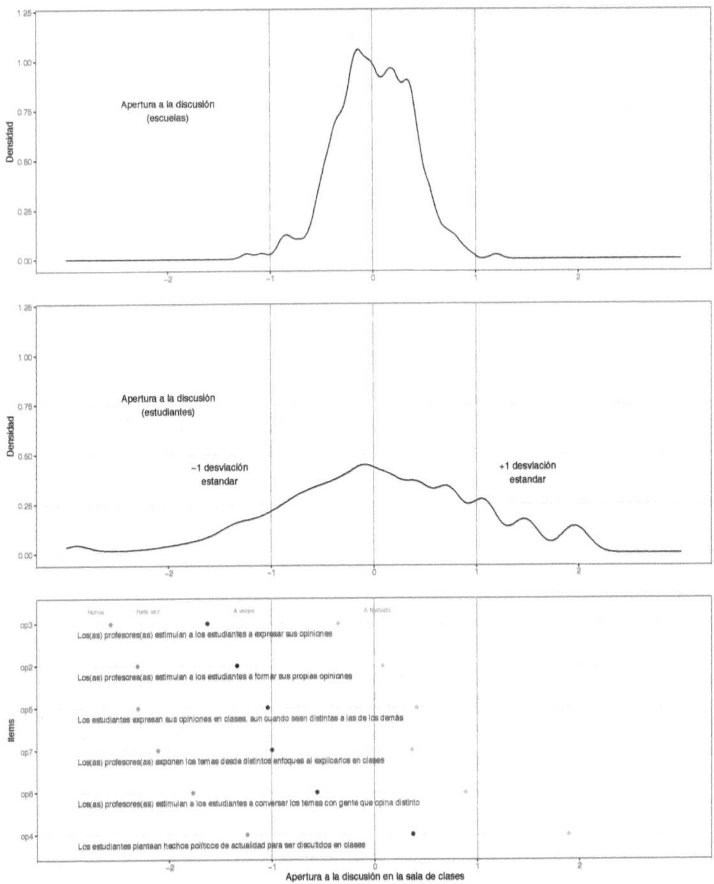

Nota: Mapa de ítems-persona, generado sobre las respuestas de los estudiantes a los ítems de la escala de Apertura a la discusión de la sala de clases.

Fuente: Elaboración propia.

3.2 La efectividad de la apertura de la sala de clases

La Tabla 2 muestra los resultados de la aplicación del método propuesto por Castellano y colegas (Castellano et al., 2014) a los datos de este estudio. En la primera columna se muestran los resultados del modelo ajustado para estimar la banda inferior del efecto de la apertura para la discusión de la sala de clases sobre la adhesión al autoritarismo (primer paso). En la siguiente columna se muestran los resultados correspondientes al modelo ajustado para obtener el estimado de límite superior, donde el efecto de las características de los estudiantes ha sido aislado (segundo paso). Ambos modelos controlan por las características de los estudiantes (i.e., educación universitaria de los padres y sexo de los estudiantes).

TABLA 2:
ESTIMACIONES DE MODELOS MULTINIVEL AJUSTADOS
SOBRE ADHESIÓN AL AUTORITARISMO

	Primer paso			Segundo paso		
	E	ES	p <	E	ES	p <
Estimados entre estudiantes						
Educación universitaria	-0,07	0,02	***	-0,07	0,02	***
Sexo de los estudiantes	-0,07	0,01	***	-0,07	0,01	***
Apertura a la discusión	-0,06	0,01	***	-0,06	0,01	***
Estimados entre escuelas						
Intercepto	0,01	0,03	**	0,03	0,01	***
Educación universitaria	-0,54	0,05	***			
Sexo de los estudiantes	-0,22	0,07	**			
Apertura a la discusión	-0,32	0,06	***	-0,40	0,06	***
Año del estudio	-0,06	0,02	**	-0,09	0,02	**
Componentes aleatorios						
Varianza entre-escuelas	0,07	0,01	***	0,10	0,01	***
Varianza intra-escuelas	0,84	0,02	***	0,84	0,02	***

Notas: E = estimados no estandarizados, ES = error estándar de los estimados. La educación universitaria se encuentra codificada como contraste (Sí = 1, No = -1). La variable sexo de los estudiantes, también se encuentra codificada como contraste (mujer = 1, hombre = -1).

*** p < 0,001, ** p < 0,01, * p < 0,05

Fuente: Elaboración propia.

Debido a que las características de los estudiantes fueron codificadas como -1 y 1, los coeficientes mostrados en la Tabla 2 son multiplicados por dos, de modo que es posible expresar los resultados como la diferencia entre grupos de contraste. Empleando los resultados del primer paso, y los estimados entre los estudiantes (Var Tabla 2, primer paso), es posible decir que los estudiantes de familias donde al menos uno de los padres posee estudios universitarios presenta 14% menos de una desviación estándar de adhesión al autoritarismo en comparación a un estudiante de una familia donde ninguno de los padres posee estudios universitarios (-0,7 * 2 = -0,14). De forma similar, las estudiantes mujeres presentan 14% menos de una desviación estándar de adhesión al autoritarismo en comparación a sus compañeros hombres (-0,7 * 2 = -0,14). Ambas diferencias son de tamaño pequeño.

A nivel de las escuelas, la escolaridad de los padres presenta una alta relación con los niveles de adhesión al autoritarismo. Si las escuelas tuvieran un 100% de estudiantes que provienen de familias con padres con estudios universitarios, se esperaría que los niveles de adhesión al autoritarismo a nivel escolar fueran menores en 108% de una desviación estándar en comparación con una escuela donde ninguno de los apoderados tuviera estudios universitarios (-0,54 * 2 = -1,08, ver Tabla 2, primera columna). En la población de escuelas incluidas en el análisis, tanto en 2009 como en 2016, este escenario corresponde a solo 1% de las escuelas. De acuerdo con los datos de este estudio, en la escuela chilena promedio uno de cada cinco estudiantes tiene padres con estudios universitarios. Si se compara la escuela donde el 100% de los estudiantes tiene al menos un padre con estudios universitarios con la escuela chilena promedio, se esperaría que la primera tuviera 22% de desviación estándar menos de adhesión al autoritarismo. De forma similar, las escuelas que son solo de mujeres presentarían menores niveles de adhesión al autoritarismo que las escuelas de solo hombres (-0,22 * 2 = -0,44, ver Tabla 2, primera columna) [5]. En la población de escuelas de estudiantes de 8° grado, estas representan a un 3% del total.

---

[5]   Tanto la educación de los padres como la proporción de estudiantes de sexo femenino poseen un efecto contextual (Willms, 2010). Esto quiere decir que, independiente de la escolaridad de los padres de un estudiante, se espera que la proporción de estudiantes de familias con estudios universitarios tenga un efecto negativo sobre los puntajes de adhesión al autoritarismo. En otras palabras, si se quisiera conocer el efecto contextual neto de la proporción de estudiantes de familias con estudios universitarios, se debería restar el efecto de la variable de primer nivel al efecto de

La medida de apertura a la discusión en la sala de clases, corresponde a una medida reflectiva (Stapleton et al., 2016). Es decir, que las respuestas de los estudiantes se refieren a un atributo de la sala de clases, donde los estudiantes actúan como informantes de su entorno escolar. En este escenario, el coeficiente de interés se produce con los promedios de apertura a la discusión de cada escuela, y no con los puntajes individuales de los estudiantes (Lüdtke et al., 2009). Los estimados individuales o intra-escuela corresponden a diferencias entre informantes, las cuales no son relevantes para el constructo de interés. Considerando lo anterior, se interpretaron los resultados de "Apertura a la discusión" referidos a los estimados entre escuelas (Tabla 2, séptima fila de coeficientes). Para estudiantes expuestos a una desviación estándar más de apertura a la discusión en la sala de clases, en contraste con una escuela con niveles promedio de apertura a la discusión, se esperarían menores niveles de adhesión al autoritarismo. El límite inferior de este estimado es de menos 32% de desviación estándar (ver Tabla 2, primera columna), y es de 40% menos en su límite superior (ver Tabla 2, segunda columna). En términos relativos, el efecto esperado de la apertura de la sala de clases para la discusión es 2,3 veces el efecto estimado que tiene la escolaridad de los padres (familias con estudios universitarios) sobre cada uno de los estudiantes a través de todas las escuelas (-0,32/ (-0,07*2) = 2,3, ver Tabla 2, primera columna).

Para ilustrar el efecto esperado de la práctica escolar, se proyectaron los coeficientes obtenidos sobre el mapa de ítems-persona de adhesión al autoritarismo (ver Figura 3).

---

la variable de segundo nivel, lo que resulta en un 47% menos de desviación estándar sobre los puntajes de adhesión al autoritarismo (-0,54 - -0,07 = -0,47).

FIGURA 3:
MAPA DE ÍTEMS-PERSONA DE ADHESIÓN AL AUTORITARISMO CON EFECTOS ESPERADOS DEL MODELO AJUSTADO

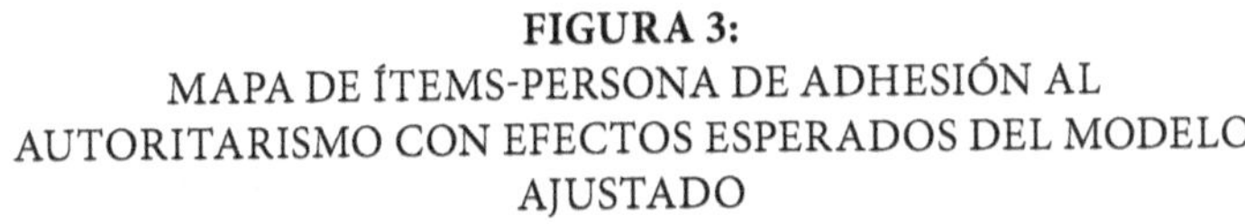

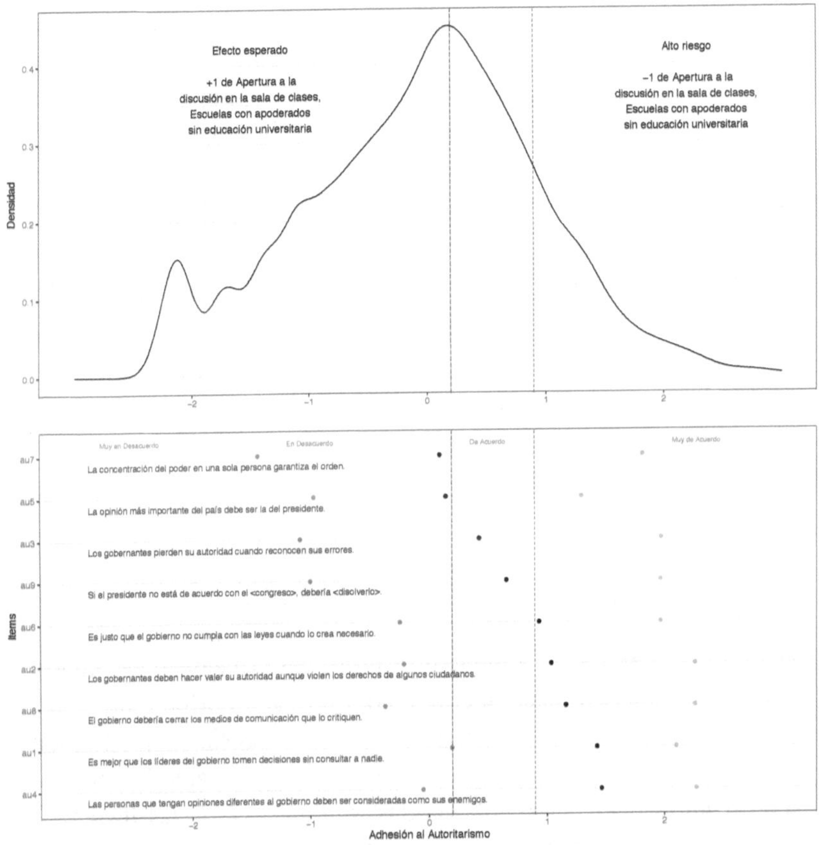

Nota: Se demarca una línea de "Alto riesgo", que indica los resultados esperados para los estudiantes en escuelas donde todos los estudiantes tienen padres sin estudios universitarios, y presentan una baja exposición a la apertura a la discusión en la sala de clases.

Fuente: Elaboración propia.

Como efecto esperado, se empleó el punto medio entre el límite inferior y superior de los efectos de la apertura a la discusión ((-0,32+-0,40) /2 = -0,35). La Figura 3 muestra de forma simultánea la distribución de estudiantes en el puntaje de adhesión al autoritarismo (en la parte superior), junto a la ubicación de las respuestas esperadas sobre cada uno de los ítems de la escala respectiva (en la parte inferior). Así, es posible observar que un estudiante en una escuela de alto riesgo de adhesión al autoritarismo (en escuelas en donde todos los estudiantes provienen de familias sin estudios universitarios[6], y con bajos niveles de apertura a la discusión en la sala de clases, de menos de una unidad), tendría el 50% de probabilidad de estar de acuerdo con el ítem "Es justo que el gobierno no cumpla con las leyes cuando lo crea necesario" (au6). Potencialmente, si un estudiante de estas escuelas estuviera expuesto a niveles mayores de apertura a la discusión en la sala de clases (1 unidad de apertura a la discusión), entonces se esperaría que tuviera el 50% de probabilidades de estar en desacuerdo con "Es mejor que los líderes del gobierno tomen decisiones sin consultar a nadie" (au1).

En términos generales, se esperaría que los estudiantes, expuestos a 1 unidad de apertura a la discusión en la sala de clases, tuvieran un 50% de probabilidad de estar muy en desacuerdo con el ítem "El gobierno debería cerrar los medios de comunicación que lo critiquen" (au8).

4. CONCLUSIONES Y DISCUSIÓN: CREENCIAS ANTIDEMOCRÁTICAS Y EL ROL DE LA ESCUELA

El estudio presentado en este capítulo lleva a dos principales resultados. En primer lugar, en relación con la adhesión al autoritarismo de los estudiantes, se observa que la variabilidad entre escuelas de la adhesión al autoritarismo por parte de los estudiantes es considerable. Los análisis revelan que las diferencias entre escuelas explican el 13% de las diferencias observables en la propensión de los estudiantes a apoyar el autoritarismo. Este resultado es importante porque, en general, la variabilidad entre escuelas respecto a variables no académicas suele ser de mucho menor tamaño, en comparación con variables académicas. Por ejemplo, en Chile en 2016 la variabilidad entre escuelas explica el 30% de las diferencias en Conocimiento Cívico, mientras que para otros *outcomes* como Confianza en las Instituciones, Interés Político o Intenciones de Participación Política, esta cifra va del 3 al 5% (Miranda y Carrasco, 2020).

---

[6]   Nótese que cerca de 18% de las escuelas con 8° grado, posee composiciones donde el 100% de los estudiantes proviene de familias sin educación universitaria.

En segundo lugar, sobre cuán efectivas son las escuelas para contravenir la adhesión al autoritarismo, los resultados indican que la apertura de la sala de clases para la discusión de temas políticos y sociales potencialmente disminuye la adhesión al autoritarismo entre los estudiantes. El tamaño de efecto de esta práctica es, en promedio, de 32% menos de una desviación estándar poblacional en su rango inferior, y de hasta 40% menos de una desviación estándar poblacional en su rango máximo. En síntesis, la discusión en la sala de clases de temas políticos y sociales es una práctica efectiva para disminuir la adhesión al autoritarismo por parte de los estudiantes.

¿Qué explica esta variabilidad entre escuelas? La variabilidad entre escuelas, evaluada por la correlación intra-clase, es un reflejo del efecto de las escuelas. Sin embargo, la variabilidad entre escuelas, no solo es producto de las prácticas de las escuelas y las oportunidades de aprendizaje que estas brindan (Miranda y Carrasco, 2020), sino también de las características de los estudiantes que componen a las escuelas (Castellano et al., 2014). Chile es un caso extremo, donde la escuela a la que asisten los estudiantes se relaciona en gran medida con las características socioeconómicas de las familias (Mizala y Torche, 2012). Esta segregación no es solo evidente en estudios que involucran resultados de matemáticas, lenguaje o ciencias, sino también en estudios que involucran resultados cívicos (Collado et al., 2014). Para poder estimar la efectividad de las escuelas, es necesario un procedimiento que permita separar, de forma razonable, la composición de las escuelas de las prácticas que estas realizan. En el presente capítulo, se recurrió a la estimación de rangos inferior y superior de la práctica escolar de interés, para obtener una medida de efectividad de inferencia causal; encontrando que en Chile la apertura a la discusión en la sala de clases presenta un rol fundamental.

La apertura a la discusión en la sala de clases es un reconocido factor de efectividad escolar en la literatura de educación cívica. Sin embargo, su despliegue posee diferentes limitaciones. El ejercicio de la discusión en clases de temas controversiales por parte de los profesores tiende a ser evitado, especialmente en países con una historia de conflicto político previo (e.g., violencia, guerra civil, dictaduras) (Quaynor, 2012). Por tanto, requiere de respaldo institucional para los profesores por parte de las autoridades escolares (Carrasco y Torres Irribarra, 2018), de modo que se presente como una práctica legítima y protegida de la censura por parte de terceros. Adicionalmente, la participación de los estudiantes en este tipo de prácticas no es homogénea. Algunos estudiantes se sienten más cómodos que otros para discutir temas políticos y sociales, indicando que el involucramiento en estas actividades debiera ser una alternativa y no una exigencia (Hess y Posselt, 2002). Como tal, la implementación de este tipo de prácticas requiere de soportes adicionales como las relaciones positivas profesor-estudiante, y valoración de la participación por parte de los estudiantes (Maurissen et al., 2018). Otra limitación por considerar es que la discusión de temas políticos también opera como un mecanismo de transmisión de posturas. En familias donde hay más discusión política hay una mayor semejanza entre las disposiciones de los padres y los hijos, por ejemplo, en términos de adhesión al autoritarismo (Meeusen y Kristof, 2015). Por consiguiente, la apertura a la discusión en la sala de clases podría ser un promotor de disposiciones democráticas, solo en cuanto el currículo implementado se encuentre alineado con los principios democráticos.

En resumen, para maximizar los efectos esperados de la apertura a la discusión en la sala de clases sobre la mitigación de las creencias antidemocráticas, se requiere garantizar el acceso a estas oportunidades de aprendizaje, de respaldo institucional para que estas prácticas pueden ser desplegadas sin censura, del desarrollo de lazos de confianza profesor-estudiante para discutir temas políticos y de alineación curricular. Este último aspecto, refiere a que los tópicos a discutir requieren de un marco conceptual con el cual puedan ser interpretados. En este sentido, los principios generales referidos a las democracias deliberativas son un marco provechoso para dirigir la formación ciudadana de los estudiantes (Maurissen et al., 2018), donde el énfasis no se restringe a la participación política a través del voto, sino que incluye la formación de ciudadanos para elegir, auditar y ejercer cargos en instituciones democráticas.

REFERENCIAS

Adams, R. J. (2005). Reliability as a measurement design effect. *Studies in Educational Evaluation,* 31(2–3), 162–172. https://doi.org/10.1016/j.stueduc.2005.05.008

Altemeyer, B. (1981). *Right-wing authoritarianism.* University of Manitoba Press.

Altemeyer, B. (2003). What Happens When Authoritarians Inherit the Earth? A Simulation. *Analyses of Social Issues and Public Policy,* 3(1), 161–169. https://doi.org/10.1111/j.1530-2415.2003.00020.x

Amnesty International (2021). *Amnesty International Report* 2020/21. Amnesty International Ltd. Recuperado de: www.amnesty.org

Bascopé, M., Bonhomme, M., Cox, C., Castillo, J. C. y Miranda, D. (2015). Curricular guidelines and citizenship attitudes in Latin American students: a comparative analysis. *Revista Latinoamericana de Ciencias Sociales, Niñez y Juventud,* 13(2), 1169–1190. https://doi.org/10.11600/1692715x.13243280814

Bizumic, B. y Duckitt, J. (2018). Investigating right wing authoritarianism with a very short authoritarianism scale. *Journal of Social and Political Psychology,* 6(1), 129–150. https://doi.org/10.5964/JSPP.V6I1.835

Boese, V. A. (2019). How (not) to measure democracy. International *Area Studies Review,* 22(2), 95–127. https://doi.org/10.1177/2233865918815571

Bogaards, M. (2009). How to classify hybrid regimes? Defective democracy and electoral authoritarianism. *Democratization,* 16(2), 399–423. https://doi.org/10.1080/13510340902777800

Caro, D. H. y Schulz, W. (2012). Ten Hypotheses about Tolerance toward Minorities among Latin American Adolescents. *Citizenship, Social and Economics Education,* 11(3), 213–234. https://doi.org/10.2304/csee.2012.11.3.213

Carrasco, D., Banerjee, R., Treviño, E. y Villalobos, C. (2020). Civic knowledge and open classroom discussion: explaining tolerance of corruption among 8th-grade students in Latin America. *Educational Psychology,* 40(2), 186–206. https://doi.org/10.1080/01443410.2019.1699907

Carrasco, D., López Hornickel, N., Torres Irribarra, P. y Treviño, E. (2019). Not everyone's has the chance: unequal access to open classroom discussion. *INVALSI Data: A Research and Educational Teaching Tool* (Nov. 29th - Dic. 1st).

Carrasco, D. y Pavón, A. (2021). Tolerance of corruption among students in Latin America. En E. Trevino, E. Claes, K.J. Kennedy y D. Carrasco (Eds.), *Good Citizenship for the Next Generation. A Global Perspective Using IEA ICCS 2016 Data.* Springer International.

Carrasco, D. y Torres Irribarra, D. (2018). The Role of Classroom Discussion. En A. Sandoval-Hernández, M. M. Isac y D. Miranda (Eds.), *Teaching Tolerance in a Globalized World* (Vol. 4, pp. 87–101). Springer International Publishing. https://doi.org/10.1007/978-3-319-78692-6

Carrasco, D. y Treviño, E. (2019). Student as raters. A Multilevel partial credit model to compare classrooms. *International Meeting of the Psychometric Society.*

Carriere, K. R., Hendricks, M. J. y Moghaddam, F. M. (2019). Sophisticated but Scared: The Effects of Political Sophistication, Right-Wing Authoritarianism, and Threat on Civil Liberty Restrictions. *Analyses of Social Issues and Public Policy,* 19(1), 256–281. https://doi.org/10.1111/asap.12186

Castellano, K. E., Rabe-Hesketh, S. y Skrondal, A. (2014). Composition, Context, and Endogeneity in School and Teacher Comparisons. *Journal of Educational and Behavioral Statistics,* 39(5), 333–367. https://doi.org/10.3102/1076998614547576

Castillo, J. C., Miranda, D., Bonhomme, M., Cox, C. y Bascopé, M. (2014). Mitigating the political participation gap from the school: the roles of civic knowledge and classroom climate. *Journal of Youth Studies,* July, 1–20. https://doi.org/10.1080/13676261.2014.933199

Claes, E., Maurissen, L. y Havermans, N. (2017). Let's Talk Politics: Which Individual and Classroom Compositional Characteristics Matter in Classroom Discussions? *Young,* 25(4_suppl), 18S-35S. https://doi.org/10.1177/1103308816673264

Collado, D., Lomos, C. y Nicaise, I. (2014). The effects of classroom socioeconomic composition on student's civic knowledge in Chile. *School Effectiveness and School Improvement, January 2015,* 1–26. https://doi.org/10.1080/09243453.2014.966725

Coppedge, M., Álvarez, A. y Maldonado, C. (2008). Two persistent dimensions of democracy: Contestation and inclusiveness. *Journal of Politics,* 70(3), 632–647. https://doi.org/10.1017/S0022381608080663

Cox, C. (2006). Construcción política de las reformas curriculares: el caso de Chile en los noventa. *Profesorado: Revista de Curriculum y Formación Del Profesorado,* 10(1), 5.

De Boeck, P. y Wilson, M. (2004). Explanatory Item Response Models. Springer New York. https://doi.org/10.1007/978-1-4757-3990-9

De keersmaecker, J., Roets, A., Dhont, K., Van Assche, J., Onraet, E. y Van Hiel, A. (2017). Need for Closure and Perceived Threat As Bases of Right-Wing Authoritarianism: A Longitudinal Moderation Approach. *Social Cognition,* 35(4), 433–449.

Dhont, K., Roets, A. y Van Hiel, A. (2013). The intergenerational transmission of need for closure underlies the transmission of authoritarianism and anti-immigrant prejudice. *Personality and Individual Differences,* 54(6), 779–784. https://doi.org/10.1016/j.paid.2012.12.016

Duckitt, J. y Sibley, C. G. (2009). A Dual Process Motivational Model of Ideological Attitudes and System Justification. En J. T. Jost, A. C. Kay y H. Thorisdottir (Eds.), *Social and psychological bases of ideology and system justification* (pp. 292–313). Oxford University Press, USA.

Dunwoody, P. T. y Funke, F. (2016). The aggression-submission-conventionalism scale: Testing a new three factor measure of authoritarianism. *Journal of Social and Political Psychology,* 4(2), 571–600. https://doi.org/10.5964/jspp.v4i2.168

Ehman, L. H. (1969). An Analysis of the Relationships of Selected Educational Variables with the Political Socialization of High School Students. *American Educational Research Journal,* 6(4), 559–580. https://doi.org/10.3102/00028312006004559

Hahn, C. L. (2011). Issues-Centred Pedagogy and Classroom Climate for Discussion: A View from the United States. En K.J. Kennedy, W.O. Lee, D. Grossman (Eds.), *Citizenship Pedagogies in Asia and the Pacific* (pp. 315–331). Springer Netherlands. https://doi.org/10.1007/978-94-007-0744-3_15

Hahn, C. L. y Tocci, C. M. (1990). Classroom Climate and Controversial Issues Discussions: A Five Nation Study. *Theory and Research in Social Education,* 18(4), 344–362. https://doi.org/10.1080/00933104.1990.10505621

Harris, D. (1996). Assessing Discussion of Public Issues: Performance Criteria. En R. Evans y D. W. Saxe (Eds.), *Handbook on teaching social issues* (pp. 289–297). National Council for the Social Studies. Recuperado de: https://files.eric.ed.gov/fulltext/ED410141.pdf

Hess, D. E. y Posselt, J. (2002). How High School Students Experience and Learn from the Discussion of Controversial Public Issues. *Journal of Curriculum and Supervision*, 17(4), 283–314.

Hoskins, B., Janmaat, J. G. y Melis, G. (2017). Tackling inequalities in political socialisation: A systematic analysis of access to and mitigation effects of learning citizenship at school. *Social Science Research*, 68, 88–101. https://doi.org/10.1016/j.ssresearch.2017.09.001

HRW (2019). *Chile: Police Reforms Needed in the Wake of Protests*. Recuperado de: https://www.hrw.org/node/335971/

Isac, M. M., Maslowski, R., Creemers, B. y van der Werf, G. (2014). The contribution of schooling to secondary-school students' citizenship outcomes across countries. *School Effectiveness & School Improvement*, 25(January 2015), 29–63. https://doi.org/10.1080/09243453.2012.751035

Jost, J. T. (2006). The end of the end of ideology. *American Psychologist*, 61(7), 651–670. https://doi.org/10.1037/0003-066X.61.7.651

Knowles, R. T., Torney-Purta, J. y Barber, C. (2018). Enhancing citizenship learning with international comparative research: Analyses of IEA civic education datasets. *Citizenship Teaching and Learning*, 13(1), 7–30. https://doi.org/10.1386/ctl.13.1.7

Lenzi, M., Vieno, A., Sharkey, J., Mayworm, A., Scacchi, L., Pastore, M. y Santinello, M. (2014). How School can Teach Civic Engagement Besides Civic Education: The Role of Democratic School Climate. *American Journal of Community Psychology*, 54(3–4), 251–261. https://doi.org/10.1007/s10464-014-9669-8

Lüdtke, O., Robitzsch, A., Trautwein, U. y Kunter, M. (2009). Assessing the impact of learning environments: How to use student ratings of classroom or school characteristics in multilevel modeling. *Contemporary Educational Psychology*, 34(2), 120–131. https://doi.org/10.1016/j.cedpsych.2008.12.001

Mardones, R. (2020). The Politics of Citizenship Education in Chile. En A. Peterson, G. Stahl y H. Soong (Eds.), *The Palgrave Handbook of*

Citizenship and Education (pp. 343–357). Springer Nature Switzerland. https://doi.org/10.1007/978-3-319-67828-3_35

Masters, G. N. (2016). Partial Credit Model. En W. J. van der Linden (Ed.), *Handbook of Item Response Theory*. Volume One. Models (pp. 109–126). CRC Press.

Maurissen, L., Claes, E. y Barber, C. (2018). Deliberation in citizenship education: how the school context contributes to the development of an open classroom climate. *Social Psychology of Education*, 21(4), 951–972. https://doi.org/10.1007/s11218-018-9449-7

McFarland, S. (2010). Personality and support for universal human rights: a review and test of a structural model. *Journal of Personality*, 78(6), 1735–1763. https://doi.org/10.1111/j.1467-6494.2010.00668.x

Meeusen, C. y Kristof, D. (2015). Parent–Child Similarity in Common and Specific Components of Prejudice: The Role of Ideological Attitudes and Political Discussion. *European Journal of Personality*, 29(6), 585–598. https://www.degruyter.com/view/IBZ/ID_IBZ2016-197728

Mennickent, C. (2021). Colegio de Concón apoya a profesora que abordó Caso Catrillanca en clases: niegan "adoctrinamiento". Biobiochile. cl, 1–5. Recuperado de: https://www.biobiochile.cl/noticias/nacional/region-de-valparaiso/2021/04/10/colegio-de-concon-apoya-a-profesora-que-abordo-caso-catrillanca-en-clases-niegan-adoctrinamiento.shtml

Miklikowska, M. (2012). Psychological underpinnings of democracy: Empathy, authoritarianism, self-esteem, interpersonal trust, normative identity style, and openness to experience as predictors of support for democratic values. *Personality and Individual Differences*, 53(5), 603–608. https://doi.org/10.1016/j.paid.2012.04.032

Miranda, D. y Carrasco, D. (2020). ¿Cuánto aportan las escuelas en diversos aspectos de la formación ciudadana?: evidencias desde ICCS. *Midevidencias*, 21, 1–6. Recuperado de: https://www.mideuc.cl/wp-content/uploads/2020/01/MIDevidencias-N21.pdf

Mizala, A. y Torche, F. (2012). Bringing the schools back in: The stratification of educational achievement in the Chilean voucher system. *International Journal of Educational Development*, 32(1), 132–144. https://doi.org/10.1016/j.ijedudev.2010.09.004

Muthén, L. K. y Muthén, B. O. (2017). *Mplus User's Guide* (8th ed.). Muthén & Muthén.

Napier, J. L. y Jost, J. T. (2008). The "Antidemocratic Personality" Revisited: A Cross-National Investigation of Working-Class Authoritarianism. *Journal of Social Issues,* 64(3), 595–617. https://doi.org/10.1111/j.1540-4560.2008.00579.x

Peterson, B. E., Doty, R. M. y Winter, D. G. (1993). Authoritarianism and Attitudes toward Contemporary Social Issues. *Personality and Social Psychology Bulletin,* 19(2), 174–184. https://doi.org/10.1177/0146167293192006

Peterson, B. E., Duncan, L. E. y Pang, J. S. (2002). Authoritarianism and political impoverishment: Deficits in knowledge and civic disinterest. *Political Psychology,* 23(1), 97–112. https://doi.org/10.1111/0162-895X.00272

Quaranta, M. (2019). What makes up democracy? Meanings of democracy and their correlates among adolescents in 38 countries. *Acta Politica,* 55, 515–537. https://doi.org/10.1057/s41269-019-00129-4

Quaynor, L. J. (2012). Citizenship education in Post-conflict contexts: A review of the literature. Education, *Citizenship and Social Justice,* 7(1), 33–57. https://doi.org/10.1177/1746197911432593

Rabe-Hesketh, S. y Skrondal, A. (2012). *Multilevel and Longitudinal Modeling Using Stata, Volumes I and II, Third Edition* (3rd ed.). Stata Press.

Rights, J. D., Preacher, K. J. y Cole, D. A. (2019). The danger of conflating level-specific effects of control variables when primary interest lies in level-2 effects. *British Journal of Mathematical and Statistical Psychology,* 73, 194-211. https://doi.org/10.1111/bmsp.12194

Said, C. (2021). "Adoctrinamiento" en los colegios: de 50 denuncias recibidas, la mayoría fue descartada y en solo cuatro casos hubo sanción. *La Tercera PM.* Recuperado de: https://www.latercera.com/la-tercera-pm/noticia/adoctrinamiento-en-los-colegios-de-50-denuncias-recibidas-la-mayoria-fue-descartada-y-en-solo-cuatro-casos-hubo-sancion/1006282/

Schulz, W., Ainley, J., Fraillon, J., Losito, B., Agrusti, G. y Friedman, T. (2018). *Becoming Citizens in a Changing* World. Springer International Publishing. https://doi.org/10.1007/978-3-319-73963-2

Schulz, W., Ainley, J. y Friedman, T. (2011). *Informe Latinoamericano del ICCS 2009.* International Association for the Evaluation of Educational Achievement (IEA).

Schulz, W., Carstens, R., Losito, B. y Fraillon, J. (2018). *ICCS 2016 Technical Report*. International Association for the Evaluation of Educational Achievement (IEA).

Smith, D. N. (2019). Authoritarianism Reimagined: The Riddle of Trump's Base. *Sociological Quarterly, 60*(2), 210–223. https://doi.org/10.10 80/00380253.2019.1593061

Stapleton, L. M. (2013). Incorporating Sampling Weights into Single- and Multilevel Analyses. En L. Rutkowski, M. von Davier y D. Rutkowski (Eds.), *Handbook of International Large scale Assessment: background, technical issues, and methods of data analysis* (pp. 363–388). Chapman and Hall/CRC.

Stapleton, L. M., Yang, J. S. y Hancock, G. R. (2016). Construct Meaning in Multilevel Settings. *Journal of Educational and Behavioral Statistics, 41*(5), 481–520. https://doi.org/10.3102/1076998616646200

Thompson, D. F. (2008). Deliberative democratic theory and empirical political science. *Annual Review of Political Science, 11*, 497–520. https://doi.org/10.1146/annurev.polisci.11.081306.070555

Torney-Purta, J. (2004). An overview of secondary analysis of the IEA Civic Education Study, its impact and directions for the future. *First IEA International Research Conference*, Nikosia, Cyprus.

Torres-Irribarra, D., Diakow, R., Freund, R. y Wilson, M. (2015). Modeling for Directly Setting Theory- Based Performance Levels. *Psychological Test and Assessment Modelling, 57*(3), 396–422. Recuperado de: http://www.psychologie-aktuell.com/fileadmin/download/ptam/3-2015_20150925/06_Torres.pdf

Van Hiel, A., Pandelaere, M. y Duriez, B. (2004). The Impact of Need for Closure on Conservative Beliefs and Racism: Differential Mediation by Authoritarian Submission and Authoritarian Dominance. *Personality and Social Psychology Bulletin, 30*(7), 824–837. https://doi.org/10.1177/0146167204264333

Willms, J. D. (2010). School Composition and Contextual Effects on Student Outcomes. *Teachers College Record, 112*(4), 1008–1037. https://www.tcrecord.org/Content.asp?ContentID=15658

Wilson, M. (2005). Construct Maps. En *Constructing Measures: An Item Response Modeling Approach* (pp. 25–40). Lawrence Erlbaum Associates, Publishers.

PARTE II

CONOCIMIENTO CÍVICO Y FORMACIÓN CIUDADANA: EL APRENDIZAJE DE LA CIUDADANÍA

UNA RED DE JÓVENES MUJERES
QUE BUSCAN DEMOSTRAR QUE
SU OPINIÓN ES TAN VÁLIDA
COMO LA DEL RESTO

UNA RED DE JÓVENES MUJERES QUE BUSCAN DEMOSTRAR QUE SU OPINIÓN ES TAN VÁLIDA COMO LA DEL RESTO

A finales de 2019, la fundadora de Tremendas, Julieta Martínez, que en ese entonces tenía 15 años, dejaba en claro uno de los ejes principales de la plataforma: Tremendas iba a ser un espacio para que mujeres jóvenes se empoderaran, se desafíen a sí mismas y no se pusieran límites[1]. Hoy continúan en la misma línea. En apenas dos años han conseguido burlar todas las barreras que les han impuesto y van por más. "Durante el año pasado crecimos infinito. Pasamos de ser 40 mujeres a ser sobre 700 en más de 7 países en menos de un año" afirma Milagros Mir (20), estudiante de psicología que desde principios del 2020 forma parte del equipo y hoy asume como una de las coordinadoras generales

El crecimiento exponencial de Tremendas se explica en los objetivos y en el argumento que tiene esta organización. El fin de esta red consiste en agrupar adolescentes y mujeres jóvenes a lo largo del país, conectarlas, potenciarlas y darle visibilidad a sus logros, proyectos e ideas. A su vez visibilizan diferentes causas sociales, siempre desde la perspectiva de género, como la situación de mujeres privadas de libertad, información respecto a diversas causas medioambientales, recomendaciones para la salud mental, entre otras cosas. En esta línea forman proyectos colectivos, tienen talleres enfocados en las diversas áreas en las que trabajan, y difunden información de estas causas.

De acuerdo a lo que nos comentó Francisca Cofré (20) estudiante de periodismo y coordinadora de la organización, otro de los focos principales en los que trabajan es en la lucha contra el adultocentrismo y la falta de oportunidades que se le dan a los y las jóvenes en general. "A

---

[1]   Pousta, "Julieta Martinez: 'La crisis es necesaria para romper el sistema de distribución de riqueza'", Santiago, diciembre 2019. https://pousta.com/julieta-martinez-tremendas-entrevista/

Julieta (Martínez) le cerraron muchas puertas por ser pequeña. Su voz no tenía alcance por eso. Hay una lucha muy importante en la plataforma contra el adultocentrismo que es una de las barreras principales para que nuestra voz sea escuchada" mencionó la estudiante.

La plataforma tiene diferentes ramas en la que cada "tremenda" se puede sumar en su punto de interés. Estas áreas se dividen entre medio ambiente, equidad de género, salud, cultura, ciencias. Las integrantes se distribuyen en estas temáticas, siendo Medio Ambiente y Equidad de Género las ramas con mayor convocatoria. Desde aquí se reúnen semana tras semana, en la modalidad que se permita, discuten ideas, se comparten entre ellas información, y se dan apoyo entre sus integrantes para sacar adelante diversos proyectos, tanto a nivel personal como a nivel grupal. En total son cerca de 700 mujeres las que forman parte del proyecto, que se contabilizan tanto las que asumen cargos formales como las simpatizantes activas.

Dado el crecimiento inesperado que tuvieron en tan poco tiempo, se vieron forzadas a vivir un proceso de reorganización pero que las llevó a darse cuenta de lo más importante de la plataforma. "Tuvimos que reestructurar todo esto y decir ¿quiénes son tremendas? ¿quién no es? Bueno, al final todas somos tremendas" afirma Milagros Mir. Por su parte, Catalina Taccone (20), estudiante de periodismo, coordinadora general e integrante de Tremendas desde sus inicios, añade "en nuestra comunidad las chicas son tremendas porque son tremendas. Por el solo hecho de querer postular quedan como tremendas y pueden recibir invitaciones a nuestras actividades y apoyar en la difusión".

Emilia Salinas (17), la integrante más joven de la mesa coordinadora, quien aún está en el colegio y que a su corta edad puede presumir que es autora de un libro (Libro X, editorial Loba Ediciones, 2019.), se adhiere a las palabras de sus compañeras y menciona que "todas las chicas que se inscribieron son voluntarias, ellas están aquí por que quieren, y la gracia es que se van a su área de interés (…) todas tienen una motivación que las llevó a estar ahí. Lo bonito es cuando esa motivación es compartida" a lo que agrega.

Gran parte del activismo de Tremendas se lleva a cabo a través de Instagram, donde cuentan con más de 40 mil seguidores. A pesar de que se vieron afectadas por la pandemia y que no han podido llevar a cabo eventos presenciales, han logrado conllevar este contexto de muy buena forma, lo que se demuestra en el acelerado crecimiento que vivieron durante el 2020. Paralelo a esto, aprovecharon el encierro para instalar dentro de su repertorio el proyecto Tremendas Live donde cada semana realizan un programa en vivo en el que tratan los principales temas de interés de su audiencia. Además, cuentan con otros ocho programas y proyectos donde acatan estos puntos, e incluso en uno trabajan junto a la ONU. Su sitio web de muy fácil accesibilidad, tiene una sección de programas, de los diferentes equipos y de columnas de opinión de sus integrantes y colaboradoras.

A pesar de que la postura en contra del adultocentrismo es fundamental para las cuatro integrantes de la coordinación general, esto no implica que quieran eliminar la visión de los adultos del debate. Todo lo contrario, buscan contar con ella, pero complementarla con la suya y trabajar en conjunto. "Más que nada es poner a las jóvenes en el centro de la discusión, que no sean adultos escribiendo sobre juventudes y que se tome en cuenta nuestra opinión como válida" menciona "Mili". Por su parte, "Cata" agrega "lo principal es abrazar la diversidad, darle valor a espacios que son diversos. Es muy importante considerarnos a todos, y que no solamente esté la opinión de las juventudes, sino que también sea con perspectiva de género". A su vez, "Fran" dice que "también esperamos que los distintos sectores de la sociedad podamos unirnos y participar todos de la misma lucha. Que podamos unirnos para hacer una sociedad más justa y más humana. Eso se rescata del discurso del estallido social de ser 'un solo Chile'".

Esta última postura que adoptan en el grupo ha sido clave para seguir creciendo. Su énfasis está en darle visibilidad a los, y en especial a las jóvenes que apuntan a formar parte de la opinión pública, pero también colaborar en conjunto de todas y todos quienes quieran trabajar en el bien del país en base a las principales demandas actuales de la sociedad como son el cuidado del medio ambiente, la inclusión y la equidad de género. Dentro de sus últimos logros está el hecho de haber sido invitadas por el ministerio de Ciencias a formar parte de la mesa creadora de la primera política de género de ciencias en Chile. Este logro es fundamental para las pretensiones de la organización hacia el futuro, y demuestra que de momento van en el camino correcto. Se expandieron hacia otros países y en poco tiempo comenzaron a pavimentar un futuro esperanzador.

Querida sociedad:

Sociedad adultocentrista, sociedad diversa, pero tan poco inclusiva; sociedad con sueños y también con miedos. Una sociedad pasiva, en donde criticar es más fácil que accionar. A ustedes les queremos pedir que se quiten la venda de los ojos y vean que los jóvenes no somos "solo el futuro", nuestras acciones también impactan el presente. Más que considerarnos un problema debemos considerarnos parte de la solución. Por favor, no trabajen por nosotros, sino que con nosotros, ya que se sorprenderán de los talentos que cultivan las juventudes esperando a ser descubiertos.

Los jóvenes tenemos el potencial, las ganas, la energía de querer hacer cambios, y nuestras opiniones merecen ser respetadas. Trabajemos en conjunto, intergeneracionalmente, para lograr cambios que beneficien a todas y todos hoy y a largo plazo. Les pedimos y ofrecemos una oportunidad. A los jóvenes y sus variados sueños, ideas y proyectos... crean en ustedes mismos, porque les aseguramos que tienen el potencial y pueden lograrlo. No están solos. ¡Atrévanse a intentarlo! Hagámonos cargo de nuestro futuro, así también como de nuestro presente. Practiquemos la escucha activa, respetemos y acojamos las diferencias porque nos enriquecen. Demos el ejemplo y demostremos que teniendo la edad que tengamos, tenemos el poder de hacer cambios, sean grandes o chicos ¡depende de nosotros!

Que esta no sea una carta más. Que luego de leerla, sea La Carta. Queremos que te haga reflexionar sobre cómo puedes aportar tú. ¿Qué hace falta en la sociedad, en mi hogar, en mi barrio? Hay puede ser tu punto de partida. Decídete, activa y conecta con otras personas, sal de tu zona de confort y hazte parte, porque tus ideas, tus valores y la persona que eres te hacen un aporte único. Chile necesita que opines, comentes, votes... necesitamos que participes y te des cuenta que incluso si aún no te ceden el "sombrero de ciudadano", ya eres parte del tejido social.

Ya te pasamos la pelota.

Ahora, ¿qué harás tú con ella?

TREMENDAS

Querida sociedad,

Sociedad adultocentrista, sociedad diversa, pero tan poco inclusiva; sociedad con sueños y también con miedos. Una sociedad pasiva, en donde criticar es más fácil que accionar. A ustedes les queremos pedir que se quiten la venda de los ojos y vean que los jóvenes no somos "sólo el futuro", nuestras acciones también impactan el presente. Más que considerarnos un problema debemos considerarnos parte de la solución. Por favor, no trabajen por nosotros, sino que con nosotros, ya que se sorprenderán de los talentos que cultivan las juventudes esperando ser descubiertos.

Los jóvenes tenemos el potencial, las ganas, la energía de querer hacer cambios, y nuestras opiniones merecen ser respetadas. Trabajemos en conjunto, intergeneracionalmente, para lograr cambios que beneficien a todas y todos hoy y a largo plazo. Les pedimos y ofrecemos una oportunidad. A los jóvenes y sus variados sueños, ideas y proyectos... crean en ustedes mismos, porque les aseguramos que tienen el potencial y pueden lograrlo. No están solos, ¡Atrévanse a intentarlo! hagámonos cargo de nuestro futuro, así también como de nuestro presente. Practiquemos la escucha activa, respetemos y acojamos las diferencias porque nos enriquecen. Demos el ejemplo y demostremos que teniendo la edad que tengamos, tenemos el poder de hacer cambios, sean grandes o chicos, ¡depende de nosotros!

Que esta no sea una carta más. Que luego de leerla, sea La Carta. Queremos que te haga reflexionar sobre cómo puedes aportar tú! ¿Qué hace falta en la sociedad, en mi hogar, en mi barrio? Hoy puede ser tu punto de partida. Decídete, actúa y conecta con otras personas, sal de tu zona de confort y hazte parte, porque tus ideas, tus valores y la persona que eres te hacen un aporte único. Chile necesita que opines, comentes, votes... necesitamos que participes y te des cuenta que incluso si aún no te ceden el "sombrero de ciudadano", ya eres parte del tejido social.

Ya te pasamos la pelota.

Ahora, ¿qué harás tú con ella?

TREMENDAS

SER ESCUCHADOS Y TOMAR DECISIONES: NUEVOS PARADIGMAS DE LA PARTICIPACIÓN DE NIÑOS Y NIÑAS EN LA CIUDADANÍA

SER ESCUCHADOS Y TOMAR DECISIONES: NUEVOS PARADIGMAS DE LA PARTICIPACIÓN DE NIÑOS Y NIÑAS EN LA CIUDADANÍA

La participación de niños y niñas dentro de las políticas públicas como base fundamental para el desarrollo de la sociedad ha tomado mucha relevancia en los últimos años, siendo un tema de interés transversal a nivel nacional y local. En este sentido, se han promovido diferentes métodos que buscan otorgarle mayor protagonismo a los niños, niñas y jóvenes dentro de las comunidades.

Un ejemplo interesante de esto ha sido la experiencia de Lanco. Ubicada en la Región de Los Ríos, en el Sur de Chile, la municipalidad de Lanco ha implementado el programa "Lanco, un lugar para crecer", donde ha desplegado diferentes espacios para que niños, niñas y jóvenes de la comunidad puedan formar parte e incidir en la opinión pública y en la toma de decisiones comunales. Un pilar clave de este plan es el "Consejo de Niñas y Niños de Lanco", integrado por niños y niñas de 8 y 9 años de los 15 establecimientos estudiantiles de toda la comuna.

Las motivaciones que tienen estos futuros jóvenes de participar en el Consejo varían, sin embargo, los intereses por la comuna son similares. Pazcal Cares, integrante del Consejo, menciona que "me gusta que los niños participen y no se sientan solos", a lo que su par Arantza Garrido agrega que "compartimos opiniones en cada reunión donde nos sentimos escuchados y podemos ayudar con ideas y tener un mejor lugar para vivir".

Considerar la opinión y escuchar a las infancias es uno de los principales fines de esta instancia, lo cual a su vez es lo que más destacan quienes lo integran. En esta línea, Giorgio Cuvertino, que también forma parte del Consejo, menciona que "me gusta porque puedo expresar lo que quiero decir". En la misma línea Pazcal agrega que "me gusta compartir experiencias. Lo pasamos bien y sobre todo nos sentimos escuchados".

Además de actividades de recreación, en el Consejo se abordan temas para discutir, dan su opinión y desarrollan distintas actividades sociales. Actualmente, hay distintos temas que se están abordando en el Consejo, pero los y las presentes destacan aspectos como la seguridad y el cuidado del medio ambiente. Al menos así lo ve Giorgio que pone el acento en la seguridad vial. Al respecto, declara "que le gustaría ver más semáforos y lomos de toro en la ciudad ya que los autos no respetan". En una línea similar, su par Antonella Roa, también integrante del Consejo, indica que "cada vez que sale a pasear con su hermano se topa con mucha basura por lo que sugiere que pongan más basureros en su comuna".

Una de las actividades recientes más interesantes que han desarrollado los niños y niñas de Lanco fue la participación en un espacio internacional, donde Antonella y Arantza pudieron compartir con niños de México, Perú, Argentina y Chile. Sobre este encuentro Arantza destacó que "a mi llamó la atención que todos los niños opinaban igual, por ejemplo, que querían un mundo sin discriminación, con más naturaleza, cosas así".

Con la crisis sanitaria el Consejo ha tenido que restringirse a funcionar principalmente vía online, aunque de a poco han vuelto a organizarse. De todas formas, los integrantes del Consejo indican que esto no ha sido muy problemático "es entretenido, aunque sea online, y me gusta porque yo vivo en el campo entonces es difícil tener un vecino. De esta forma nos hemos conocido más" concluye Pazcal.

Así, a través de este espacio futuros jóvenes de diferentes colegios y sectores de la municipalidad han logrado conocerse, desarrollarse y demostrar que, indiferente de la edad que tengan, sus inquietudes son igual de válidas que las de los adultos, buscando de esta forma construir nuevos paradigmas de la participación y nuevas formas de ejercicio de la ciudadanía en la infancia y la juventud.

Hola, somos un grupo de 30
niños integrantes del Consejo
de los niños y niñas de la
Comuna de lanco región de
los rios.
Es el primer Consejo de niños en
chile donde Compartimos opiniones
queremos compartir algo que
para nosotros es muy importante
para seguir mejorando el lugar
donde vivimos.

Mi nombre es Dhantza Garrido
Cuadros yo quiero un mundo
sin discriminación, tambien un

un lugar con más inclusion
por ejemplo si se construye
juegos que todos los niños puedan
disfrutar esos juegos que ninguno
se quede mirando como otro niño
juego_, ya que todos tenemos
derecho a jugar y ser feliz

Mi nombre es Antonella Roa como
crear mayor conciencia en la
ciudadania de malalhue y lanco
sobre el cuidado del medio
ambiente y la natureleza
para cuidar nuestra comuna

Mi nombre es Pazcal Cares Moraga necesitamos más lomos de toros en malalhue, la velocidad que pasan los vehiculos es demaciado Cuidemos a los niños.

Mi nombre es Giorgio Cupertino Benavente, estudio en el colegio austral de lonco, escribo esto corto, para pedir que hagan ciclovia en Cudico camino a Huipel.
Para nosotros los niños es muy importante que nos

Consideren en estos proyectos
ya que a veces no somos
escuchados, esperamos esta
idea se replique en más
lugares, muchas gracias.

Arantza Garrido

Hola, somos un grupo de 30 niños integrantes del Consejo de los niños y niñas de la Comuna de Lanco, región de Los Ríos.

Es el primer Consejo de niños en Chile donde compartimos opiniones. Queremos compartir algo que para nosotros es muy importante para seguir mejorando el lugar donde vivimos.

Mi nombre es Arantza Garrido Cuadros. Yo quiero un mundo sin discriminación, también un lugar con más inclusión, por ejemplo, si se construyen juegos, que todos los niños puedan disfrutar los juegos y que ninguno se quede mirando como otro niño juega, ya que todos tenemos derecho a jugar y ser feliz.

Mi nombre es Antonella Roa Cano. Crear mayor conciencia en la ciudadanía de Malalhue y Lanco sobre el cuidado del medio ambiente y la naturaleza para cuidar nuestra comuna.

Mi nombre es Pazcal Cares Moraga. Necesitamos más lomos de toros en Malalhue, la velocidad que pasan los vehículos es demasiado, cuidemos a los niños.

Mi nombre es Giorgio Cuvertino Benavente, estudio en el Colegio Austral de Lanco, escribo esto corto, para pedir que hagan ciclovía en Cudico camino a Huipel.

Para nosotros los niños es muy importante que nos consideren en estos proyectos ya que a veces no somos escuchados, esperamos esta idea se replique en más lugares, muchas gracias.

CAPÍTULO 06

LA FORMACIÓN CIUDADANA EN LAS ESCUELAS CHILENAS: LEYES VACÍAS

PATRICIA OJEDA
Centro de Justicia Educacional,
Pontificia Universidad Católica de Chile

PAULA NEIRA
Centro de Justicia Educacional,
Pontificia Universidad Católica de Chile

AMARANTA CARTES
Facultad de Educación,
Pontificia Universidad Católica de Chile

MARÍA TERESA CORTÉS
Centro de Estudios de Políticas y Prácticas en Educación,
Pontificia Universidad Católica de Chile

MARÍA JESÚS MOREL
Centro de Estudios de Políticas y Prácticas en Educación,
Pontificia Universidad Católica de Chile

CARMEN GLORIA ZÚÑIGA
Facultad de Educación,
Pontificia Universidad Católica de Chile

Patricia Ojeda Millahueque

Profesora de Educación Media en Historia y Geografía de la Universidad de Chile y Magíster en Educación mención Evaluación de Aprendizajes de la Pontificia Universidad Católica de Chile. Sus intereses se han centrado en la investigación de la Formación Ciudadana en Chile y la Educación con enfoque en Derechos Humanos. Actualmente participa del Estudio "Inclusión y efectividad en Pensamiento Histórico y Ciudadanía" del Centro Justicia Educacional de la Pontificia Universidad Católica.
Contacto: piojeda@uc.cl

Paula Neira Magliocchetti

Profesora de Educación Media en Historia y Candidata a Doctora en Educación de la Pontificia Universidad Católica de Chile y Máster en Investigación en Educación con mención en Didáctica de las Ciencias Sociales de la Universidad Autónoma de Barcelona. Co-Investigadora en el Estudio "Inclusión y efectividad en Pensamiento Histórico y Ciudadanía" del Centro Justicia Educacional de la Pontificia Universidad Católica. Docente en el campo de la enseñanza y el aprendizaje de la Historia y la Educación Ciudadana.
Contacto: pjneira@uc.cl

Amaranta Cartes Miranda

Profesora de Educación Media en Historia y estudiante de Magíster en Educación con mención en Evaluación de Aprendizajes de la Pontificia Universidad Católica de Chile. Sus intereses de investigación se centran en la Evaluación de habilidades de Pensamiento Histórico y ha trabajado en estudios sobre Formación Ciudadana para la Defensoría de la Niñez. Es profesora supervisora de práctica profesional en la carrera de Pedagogía Básica y en el Programa de Formación Pedagógica de la Pontificia Universidad Católica de Chile.
Contacto: afcartes@uc.cl

Teresa Cortés Almarza

Licenciada en Historia y Magíster en Sociología de la Pontificia Universidad Católica de Chile; Investigadora adjunta del Centro de Estudios de Políticas y Prácticas de la Educación (CEPPE UC). Ha participado en Estudios de Formación Ciudadana para la Agencia de Calidad de la Educación, el Consejo Nacional de Educación y la Defensoría de la Niñez. Se interesa en temas de formación para la ciudadanía, evaluación de programas educacionales y políticas educativas.
Contacto: mtcorte2@uc.cl

María Jesús Morel

Socióloga de la Pontificia Universidad Católica de Chile. Investigadora Adjunta del Centro de Estudios de Políticas y Prácticas en Educación (CEPPE UC). Se ha centrado en la investigación de temas educativos, como el financiamiento escolar, la formación ciudadana y el desarrollo de resultados cívicos, y la educación para la ciudadanía global.
Contacto: mjmorel@uc.cl

Carmen Gloria Zúñiga González

Profesora Asistente de la Facultad de Educación UC. Profesora de Historia, Geografía y Ciencias Sociales de la Pontificia Universidad Católica de Valparaíso y Doctora en Educación de la Universidad de Western Australia. Su experiencia en docencia e investigación incluye Planificación Curricular, Evaluación Pedagógica, Metodología de la Investigación Educativa, Formación Ciudadana y Didáctica de la Historia y Ciencias Sociales.
Contacto: carmen.zuniga@uc.cl

1. INTRODUCCIÓN

La baja participación electoral de los jóvenes desde la década del 90 (incrementada desde la aprobación del voto voluntario) ha sido un signo de alarma para la estabilidad de nuestra democracia. Al respecto, los datos demuestran que entre los jóvenes existe una insatisfacción cada vez mayor con la democracia como forma de gobierno (PNUD, 2017), una creciente deslegitimación de los partidos políticos (Gamboa y Segovia, 2016) y un sesgo de clase en la votación juvenil, ya que los estudiantes de sectores acomodados votan más que los pobres (Corvalán y Cox, 2013).

Al mismo tiempo, entre los jóvenes existe un creciente interés por diversas problemáticas de carácter público y participación en manifestaciones y protestas, tales como el "Mochilazo" de 2001, la "Revolución Pingüina" de 2006, los liceos autogestionados de 2008 y las movilizaciones estudiantiles de 2011 (Reyes, Campos, Osandón y Muñoz, 2013). Este proceso ha estado acompañado por la fundación y crecimiento de organizaciones de estudiantes secundarios, como la Asamblea Coordinadora de Estudiantes Secundarios (ACES) y la Coordinadora Nacional de Estudiantes Secundarios (CONES), a través de las cuales los estudiantes se han organizado para defender sus intereses (Donoso, 2013; INJUV, 2017; PNUD, 2015, 2017; OPECH, 2009; Villalobos y Ortiz-Inostroza, 2019). Esta idea se ha reforzado en los últimos años, lo que es evidente por el impacto que ha tenido la oleada feminista de 2018, como también por la participación de los jóvenes en el "Estallido Social" de 2019, que se inició al son del llamado "evadir no pagar, otra forma de luchar", proclamado por cientos de estudiantes secundarios desde el lunes 14 de octubre.

En medio de este contexto, durante el año 2015, el gobierno de turno publica el llamado *Informe Engel*, que propone un nuevo marco de normas éticas, de integridad y transparencia para combatir el tráfico de influencias, la corrupción y los conflictos de interés en los ámbitos de los negocios, la política y el servicio público (Decreto N°002, 2015). Este reporte también considera temas educativos, sugiriendo que en los establecimientos educacionales se incorpore la formación ciudadana y ética de forma transversal, incluyéndose dentro de los Proyectos Institucionales de los establecimientos.

Las recomendaciones establecidas en este Informe influencian la promulgación de la Ley 20.911 (2016), que exige a todos los establecimientos educacionales implementar un Plan de Formación Ciudadana e impulsa la creación de una asignatura obligatoria de Educación Ciudadana para 3° y 4° de Enseñanza Media, con el objetivo de visibilizar las acciones relacionadas con la educación cívica que se realizan en las escuelas y promover la participación democrática dentro de los establecimientos educacionales, a través de la apertura de los centros a la comunidad, la implementación de actividades programáticas y una planificación curricular que visibilice la educación ciudadana.

Esta Ley también ha canalizado las preocupaciones del Estado con respecto a los resultados de la participación de estudiantes chilenos en el estudio ICCS (Estudio Internacional de Educación Cívica y Formación Ciudadana) en los años 2009 y 2016. Estos resultados evidenciaron que el conocimiento cívico de los estudiantes de 8° Básico, los niveles de confianza en el gobierno, parlamento y tribunales de justicia, la participación en actividades políticas fuera de la escuela y las expectativas de participación electoral futura están bajo el promedio internacional (Agencia de Calidad de la Educación, 2017). La Ley también se ha hecho cargo de la idea de que la ausencia de una asignatura de educación ciudadana en el currículo escolar ha tenido como consecuencia una baja participación electoral de los jóvenes (PNUD, 2017). Tales rasgos la han convertido en la política pública vinculada con la educación ciudadana más relevante de los últimos años.

De esta manera, la Ley 20.911, a través de los objetivos que se propone, declara la necesidad de que las escuelas preparen a los estudiantes para asumir una vida responsable en la sociedad a través del ejercicio de una ciudadanía activa, promoviendo una conexión explícita entre la escuela, la juventud y la ciudadanía. Sin embargo, esta reforma al sistema escolar y las disposiciones curriculares se han gestado sin una participación activa de las comunidades educativas, ni de los agentes directamente involucrados en los procesos de enseñanza y aprendizaje (Mardones, 2018). Por ello, distintos investigadores han indicado que el desarrollo y elaboración de los Planes de Formación Ciudadana (en adelante PFC) se ha llevado a cabo sin un proceso reflexivo, y se han creado solo con el fin de responder con premura a los mandatos gubernamentales. Así, la elaboración del Plan no ha sido una prioridad para las comunidades educativas y su diseño se ha basado en contener acciones preexistentes a la implementación de la Ley 20.911 (PNUD, 2018; Jara et al., 2019; Gazmuri y Toledo, 2020; Zúñiga et al., 2020). Esto facilita el cumplimiento de la normativa, creando un plan de manera rápida, pero merma el potencial de acción que podría contener el PFC.

Asimismo, los estudios anteriores también han mostrado que la elaboración del PFC no se desarrolla colaborativamente, sino que recae generalmente en el equipo directivo, dejando posteriormente como responsable del Plan al Encargado de Convivencia o, como ocurre en la mayoría de los casos, al docente de Historia, asignatura a la que exclusivamente aún se asocia con el contenido relacionado a la formación ciudadana, dejando de lado las demás asignaturas y contradiciendo el carácter transversal que tiene la educación ciudadana en el currículo escolar (PNUD, 2018; Jara et al., 2019; Gazmuri y Toledo, 2020; Zúñiga et al., 2020).

Considerando estos antecedentes, el siguiente capítulo tiene como propósito discutir los desafíos para la formación ciudadana en el sistema escolar[1] a partir del análisis de datos recolectados en ocho escuelas del país a través de una metodología cualitativa[2]. Específicamente, el capítulo

---

[1]   Los datos presentados en este capítulo forman parte de la fase cualitativa del proyecto FONDECYT 1180667: "Sistema escolar chileno y el desarrollo de resultados cívicos", llevado a cabo en 2019.

[2]   La muestra consideró ocho escuelas en las regiones de Valparaíso, Metropolitana, Araucanía y Los Ríos. Se buscó obtener heterogeneidad en cuanto a las características de las escuelas, considerando variables como el nivel socioeconómico, tamaño, composición de género entre los estudiantes y zona geográfica, utilizando para ello un muestreo de variación máxima (Litchman, 2010). En cada escuela participaron dos directivos, cuatro docentes y un grupo de estudiantes de 8° Básico que fueron entrevistados. Además, se realizó la observación de aula en las asignaturas de Lenguaje y Comunicación, Historia, Geografía y Ciencias Sociales, Ciencias Naturales y Orientación en 8° básico y se realizó un análisis documental de los Planes de Formación Ciudadana presentados por las escuelas. Una vez concluido el análisis por cada etapa, se llevó a cabo una triangulación de métodos, considerando cada escuela un caso. Asimismo, el equipo de investigación registró comentarios, observaciones

busca analizar los modos en que la Ley 20.911 se ha materializado en la escuela, la juventud y la ciudadanía juvenil. De esta manera, se examinan las formas de concreción de la política pública de formación ciudadana en las escuelas, a través de tres ejes relacionados con la promoción de una ciudadanía activa: la concepción de ciudadanía de distintos miembros de la comunidad escolar; las prácticas docentes observadas en las asignaturas de Lengua y Literatura, Ciencias Naturales e Historia, Geografía y Ciencias Sociales ligadas con la formación ciudadana y; la percepción de los estudiantes de 8° Básico con respecto a su rol como ciudadanos. Por último, se destacan algunas oportunidades que entrega la implementación del Plan de Formación Ciudadana en las escuelas en distintos niveles.

2. LA PROMOCIÓN DE LA FORMACIÓN CIUDADANA EN LAS ESCUELAS

2.1 Desde la obligación hacia el interés por la Formación Ciudadana

Múltiples dificultades han surgido en la puesta en práctica de las disposiciones de la Ley 20.911. Como se recalcó anteriormente, estudios previos (Mardones, 2018; PNUD, 2018; Jara et al., 2019; Zúñiga, Ojeda, Neira, Cortés y Morel, 2020; Gazmuri y Toledo, 2020) han centrado su atención en la implementación y desarrollo del PFC en las escuelas y las conclusiones año tras año han sido similares: la elaboración del PFC responde a una normativa elaborada por equipos técnicos y expertos desde el Ministerio, que los establecimientos deben cumplir con escasa asesoría y acompañamiento. Asimismo, el mandato del resurgimiento de la asignatura de Educación Ciudadana en Tercero y Cuarto de Enseñanza Media delegó la responsabilidad de impartir la asignatura a docentes de Historia, Geografía y Ciencias Sociales (en adelante HGCS) (PNUD, 2018, Gazmuri y Toledo, 2020).

Las características de la elaboración de los PFC en las escuelas del estudio se ven reflejadas en las entrevistas realizadas a docentes, directivos y encargados del PFC. En primer lugar, según lo relatado por

---

y preguntas en un diario de investigación (Corbin y Strauss, 2008) y a medida que se recopilaba más información, esta fue constantemente comparada en cuanto a similitudes, diferencias y particularidades.

los participantes, en la mayoría de los casos la prioridad al momento de elaborar el Plan fue cumplir con la exigencia ministerial, como declaran algunos Encargados del PFC: *"Me acuerdo por la primera reunión que tuvimos antes de comenzar el año. Y fue como 'ah, el gobierno nos pide esto, esto, esto, esto y esto'. Y hay que hacerlo, y hay que cumplir"* (P30)[3]. O el siguiente comentario: *"Lo implementamos no más, y lo implementamos como pa' cumplir, pa' cumplir principalmente con lo que casa central de la [red de colegios] nos decía, y una vez que ya vimos que era ley y que había que tenerlo"* (P40). Afirmaciones como estas se repiten a lo largo de las entrevistas y, a su vez, describen el proceso de diseño del Plan como la creación de un documento donde se incorporan actividades preexistentes a la Ley 20.911 y que se hacían con anterioridad en el colegio:

> *"Entonces yo creo que muchas de las cosas que existen en el Plan de Formación Ciudadana yo las puse, consensuadas con un equipo, y conversadas con este, pero tomando algo que ya existía. Yo tomé un programa, que es el Programa de Salidas Educativas, y lo crucé, lo crucé con acciones que se realizan en el colegio constantemente: elección de centros de estudiantes; debates, que tenemos los nuestros y los de fuera; acciones sociales, que culminan con una visita a un hogar de ancianos, que siempre las hemos hecho; y que todas estas acciones que se hacen, metámoslas aquí po'."* (P22)

De estas acciones preexistentes, la mayoría ocurre fuera de la sala de clases, son de carácter extracurricular o de participación de toda la comunidad escolar, y no existen acciones explícitas que apunten al trabajo en el aula. Asimismo, son acciones en su mayoría tradicionales, como la elección del Centro de Estudiantes, que está regulada desde 1990 (Decreto 524, 1990). Por otra parte, en la mayoría de los casos, los objetivos propuestos por la Ley 20.911 no logran ser cubiertos en su totalidad por las acciones contenidas en los Planes que elaboran los establecimientos y presentan incoherencias entre las acciones propuestas y el objetivo de la Ley al que declaran responder.

---

[3]   Para identificar a cada uno de los entrevistados y poder citarles resguardando el anonimato, se les asignó un número. De esta manera, cada vez que se cite a un participante, la referencia será el número antecedido de una P, que alude a su calidad de participante.

A su vez, se pudo evidenciar cómo la confección del PFC en los colegios se enmarca dentro un proceso poco participativo. Es decir, usualmente se elabora por algún miembro del equipo directivo en conjunto con el docente de HGCS, sin un proceso previo de reflexión o participación de los docentes de los establecimientos, mucho menos del resto de los actores de la comunidad educativa, como apoderados o estudiantes, lo que es mencionado por los participantes: *"no ha sido bien trabajado con el resto de los profesores, ha sido muy poco participativo"* (P12).

Finalmente, el proceso de apoyo y acompañamiento desde el Ministerio en la creación e implementación del PFC fue descrito como inexistente o a cargo de agentes e instituciones muy diversas entre las distintas escuelas. Entre ellas se encontraron capacitaciones realizadas por autoridades locales, pasando por el apoyo de universidades o capacitaciones dentro de la misma institución escolar.

A pesar de lo anterior, al interior de las comunidades educativas en las que se realizó este estudio, se declara un profundo interés por desarrollar esta temática. Sin embargo, desde la perspectiva de los participantes, este interés no está siendo cubierto por las orientaciones que entrega el Ministerio de Educación para implementar el Plan.

Todas las características mencionadas anteriormente, han configurado una situación en que los participantes de todos los establecimientos indican que los PFC son concebidos como un requerimiento más que deben cumplir dentro del ámbito burocrático de las escuelas, en lugar de una oportunidad para promover los procesos de formación ciudadana (Zúñiga et al., 2020).

2.2. Desde la visión individual hacia la discusión de las ciudadanías en la escuela

Si bien la Ley 20.911 prescribe que los objetivos del PFC deben incluir la formación de estudiantes en una ciudadanía activa, crítica, responsable, respetuosa, abierta y creativa (Ley 20.911, 2016), la normativa no define qué se entiende por ciudadanía. Considerando la naturaleza polisémica del concepto, definir en cada escuela qué se entiende por ciudadanía y qué tipo de ciudadano quieren formar al elaborar el PFC, es una tarea de suma relevancia. Esto porque de lo contrario no se tendrá claridad sobre qué se promoverá ni con qué objetivo.

La educación cívica propone un concepto tradicional de ciudadanía, cuyo foco es la transmisión de conocimientos respecto a la institucionalidad política, y a derechos y deberes cívicos, que es reemplazado por una noción más compleja y multidimensional de ciudadanía que, se espera, enseñe la formación ciudadana. Esta noción incluye el compromiso a vivir democráticamente y a desarrollar una participación activa en la sociedad, tomando conciencia de las responsabilidades de un ciudadano o ciudadana (Folgueiras, Massot y Sabariego, 2008). De esta forma, la formación ciudadana promueve que los estudiantes sean ciudadanos capaces de formar sus propias ideas y de expresar sus opiniones, aprendiendo a lidiar con las múltiples perspectivas morales que existen en la sociedad (Alivernini y Manganelli, 2011; McAvoy y Hess, 2013; Geboers, Geijsel, Admiraal y ten Dam, 2013). Al mismo tiempo, la ciudadanía también puede ser comprendida desde la adhesión a normas cívicas, distinguiendo entre una ciudadanía donde hay mayor adhesión a normas cívicas que expresan lealtad hacia el Estado y la institucionalidad y que enfatiza el respeto a la ley; una ciudadanía más comunitaria, que adhiere a aquellas normas que expresan lealtad hacia el grupo más próximo, y donde la solidaridad es el deber central de los ciudadanos; y una ciudadanía de principios críticos y deliberativos, donde prima formar una opinión propia y utilizar la retórica y el análisis para responder a los problemas sociales (Dalton, 2008; Westheimer y Kahne, 2004; Denters et al., 2007).

Las orientaciones del Ministerio de Educación para la elaboración del PFC se basan en la Ley General de Educación para indicar que el o la ciudadana activa debe ser capaz de involucrarse y participar de manera responsable, tolerante, solidaria, democrática y activa en la comunidad, y trabajar para el desarrollo del país (MINEDUC, 2016). Además, en este mismo documento, se define la formación ciudadana como la promoción de espacios y oportunidades de aprendizaje que permitan formar "personas integrales, con autonomía y pensamiento crítico, principios éticos, interesadas en lo público, capaces de construir una sociedad basada en el respeto, la transparencia, la cooperación y *la libertad*" (MINEDUC, 2016). Adicionalmente, se establece que la formación ciudadana implica el desarrollo de un conjunto de conocimientos, valores, actitudes sociales y cívicas, que impulsan a las y los actores a participar en la construcción, preservación y cuidado de su entorno y al desarrollo del país.

Si bien dicha Ley no define específicamente qué concepto de ciudadanía persigue, sí entrega ciertos lineamientos sobre la formación ciudadana que permiten formar una idea de las características que componen a un ciudadano. A su vez, otorga gran importancia a los derechos y responsabilidades, sin embargo, no determina cuáles son. Las orientaciones del Ministerio de Educación vinculan el proceso de elaboración del PFC con aspectos como: la construcción de una identidad local, nacional y global; la valoración del patrimonio; la inclusión, la diversidad y la multiculturalidad; la defensa de los derechos humanos y la memoria; la participación en el espacio público; la probidad y la transparencia.

Tal como se señaló anteriormente, no existe en la ley una visión única de ciudadanía, lo cual podría considerarse como una oportunidad, puesto que permitiría a los establecimientos discutir y determinar la visión de ciudadanía que quieren desarrollar en sus estudiantes. Sin embargo, la inexistencia de definiciones claras no entrega insumos para la discusión de los establecimientos, discusión que es fundamental para la elaboración de un PFC representativo de la comunidad escolar a la que pertenece. Esta situación deriva en la implementación de acciones sin un lineamiento institucional y con objetivos poco claros para la comunidad.

A raíz de la inexistencia de definiciones claras en la ley, las escuelas y docentes generan sus propias concepciones de ciudadanía. Fue posible evidenciar, a partir de este estudio, el hecho de que no existe una noción común y compartida entre los actores sobre qué es la ciudadanía, qué es la formación ciudadana y qué tipo de ciudadanas y ciudadanos se pretende formar en cada establecimiento, tal como se expone a continuación.

En las entrevistas con directivos y con docentes de las asignaturas de HGCS, Lenguaje y Ciencias Naturales, se observó que los participantes declararon no estar seguros de lo que involucra el concepto de ciudadanía y tendían a relacionarlo con creencias, vivencias personales o motivaciones docentes. Al preguntarles por el significado que tenía para ellos la formación ciudadana, inmediatamente lo relacionaban con la asignatura de HGCS. Esta situación representa un gran desafío, porque no se generarán cambios en las escuelas mientras no se promueva intencionadamente la formación ciudadana de forma transversal, en todas las asignaturas y niveles, por lo que es necesario, primero que todo, definir sus alcances considerando el contexto y necesidades de cada escuela. Lo relevante de esta situación es que no se promueven espacios, formas ni mecanismos que permitan a cada comunidad educativa repensar o definir su idea de ciudadanía, independiente de la inexistencia de una definición oficial por parte de la política pública.

Si bien no existe una noción de ciudadanía a nivel institucional en cada establecimiento, sí aparecen ideas generales entre los entrevistados sobre lo que significa ser ciudadano. Entre los directivos la noción que más se repite es una asociada a los derechos y deberes, es decir una ciudadanía vinculada a una mayor adhesión a normas cívicas, al estado y las instituciones, sin ahondar en el tipo de derechos, tal como fue declarado por un directivo: *"la ciudadanía es como todo, como todo. Es como ejercer los deberes, los derechos, las responsabilidades"* (P11). Esta idea también aparece entre docentes, sin embargo, estos agregan una concepción de ciudadanía comunitaria, donde el sentido de pertenencia emerge como central, materializado en el ser parte de una comunidad y participar en el lugar al que se pertenece, lo cual se puede hacer a través de la docencia. Tal como es señalado por un docente:

> *"Yo creo que tiene que ver más bien como de integrarse a la comunidad a la que pertenezco. Tener conciencia de la comunidad a la que pertenezco e involucrarme en la comunidad a la que pertenezco. Ya sea a mi barrio, ya sea a mi edificio, ya sea a mi colegio... En el fondo en las comunidades en las que me muevo, ¿cachái? Es el colegio, es el lugar donde vivo, es el lugar donde estudio, es el lugar, no sé po'; donde voy a hacer yoga, es el lugar donde... Son diferentes las comunidades en las que me involucro"* (P19).

Además, la falta de discusión genera que los miembros de la comunidad educativa muchas veces tengan ideas personales acerca de lo que significa ser ciudadano, sin discutir colectivamente formas de plantear nuevas concepciones de ciudadanía, cuestionar las nociones de derechos y deberes, generar espacios de participación para la comunidad escolar, desarrollar espacios democráticos en la escuela, etc. En síntesis, desde las creencias personales que están arraigadas en directivos, docentes y estudiantes, no se pasa a una mirada colectiva, ni a la discusión de un concepto de ciudadanía común.

La principal consecuencia de que no exista una noción de ciudadanía común en la escuela es que no existe una hoja de ruta que oriente el trabajo de la comunidad educativa de manera intencionada, y no se coordina efectivamente la transversalidad que pretende la educación ciudadana en las distintas asignaturas. A raíz de lo anterior, la ciudadanía se desarrolla individualmente, por defecto y de manera reactiva a su práctica formativa. Asimismo, la formación de ciudadanos en la escuela, y en particular la decisión de qué ciudadanos educar, está ligada a las concepciones particulares que tiene cada miembro de la comunidad educativa, de manera aislada y sin tener una puesta en común.

En ese sentido, el desafío desde la óptica de las políticas públicas es acompañar la implementación del PFC y entregar directrices claras de cómo hacer un proceso de construcción participativa. Por otra parte, el desafío para las escuelas es poder aunar las distintas concepciones de ciudadanía en una noción que integre e incluya a todos los actores de la comunidad educativa, y lograr plasmar en sus PFC este concepto integrador con el fin de planificar su promoción en la escuela. Frente a esta situación, en los últimos años, se ha propuesto implementar espacios de participación y colaboración entre los distintos actores escolares, por ejemplo, desde la utilización del Diagnóstico Participativo (Ojeda y Zúñiga, 2020), que sigue las orientaciones de la elaboración participativa del PFC que sugiere el MINEDUC (2016) y que podrían replicarse en la escuela, con el fin de promover más espacios de participación democrática en los establecimientos escolares.

2.3 Desde la intuición hacia la planificación de la enseñanza de la ciudadanía

La literatura sobre enseñanza de la educación ciudadana menciona que las prácticas docentes necesarias para fomentarla en el aula de manera efectiva incluyen un clima abierto a la discusión y al debate, considerar las identidades de los estudiantes, promover una adherencia explícita a valores basados en ideales democráticos y entregar oportunidades de aprendizaje activo basado en temas sociales y políticos de real importancia (Espínola, 2005; Knowles, Torney-Purta y Barber, 2018). Por otro lado, tratar durante clases temáticas como los derechos humanos, institucionalidad política y problemas globales resulta relevante para la promoción de la ciudadanía (Hahn, 2015).

Bajo estos supuestos, los hallazgos del estudio permitieron evidenciar que, en los establecimientos educacionales observados, las prácticas docentes ligadas a la promoción de la formación ciudadana de manera intencionada son escasas. En los Planes analizados no se integraron las prácticas pedagógicas como acciones en el documento, sin embargo, fue posible identificar que algunas escuelas, a partir de prácticas intuitivas que muchas veces no eran incluidas en el PFC, lograban promover la formación ciudadana desde la escuela. Entre las acciones que mencionaron los participantes se encuentran la vinculación con instituciones pertenecientes a su territorio, como visitas de bomberos o a consultorios de salud, la pertenencia a redes de instituciones escolares en las que se realizaban actividades deportivas o culturales extracurriculares, el desarrollo de un ambiente abierto a la participación en clases, la promoción del trabajo grupal y colaborativo y la inclusión de temáticas sobre derechos humanos en el aula, entre otros temas.

Respecto a esto, la Ley 20.911 plantea la transversalidad de la formación ciudadana a partir de su promoción en los distintos niveles educativos, a través de todas las asignaturas y en instancias tanto dentro como fuera del aula. En contraste a lo que impulsa la política pública, los hallazgos del proyecto mostraron, por un lado, que en los establecimientos existe una idea general de que el fomento de la formación ciudadana corresponde fundamentalmente a la asignatura de HGCS, y, por otro lado, que hay un desconocimiento del concepto de ciudadanía, que tal como se mencionó en el apartado anterior, se traduce en escasas prácticas docentes ligadas a la promoción de la ciudadanía de manera intencionada.

A partir de las entrevistas realizadas a directivos, encargados del Plan de Formación Ciudadana y docentes, se evidenció que la suposición de que la formación ciudadana es un tema que concierne a la asignatura de HGCS significó que, en la mayoría de las escuelas, los directivos indicaron que estos docentes se hicieran cargo de la creación del PFC:

"Se dio la directriz desde casa central, de que los profesores de historia o los encargados de historia de los colegios, los jefes de departamento estuvieran a cargo o de la elaboración o de la supervisión o de la evaluación del Plan" (P40).

De las ocho escuelas participantes en solo dos no existía una relación directa de los docentes de Historia en la creación del Plan de Formación Ciudadana. Sin embargo, en todas las escuelas fue posible evidenciar la idea de que es al docente de HGCS a quien le corresponde llevar a cabo la formación ciudadana, ya sea por su conocimiento en lo relativo a temas cívicos y ciudadanos o por su interés personal en el tema:

"A quién le pedí ayuda [para realizar el Plan de Formación Ciudadana] fue a la profesora de historia, ella se maneja mucho en este tema y le gusta, además. Y, como te digo, yo siempre lo asocié [la formación ciudadana] a la educación cívica, clase de historia" (P1).

A pesar de que en la mayoría de los casos fueron docentes de HGCS los encargados del PFC, en la observación de prácticas de aula no fue posible evidenciar que en dicha asignatura hubiese una promoción particular ni intencionada de la formación ciudadana en comparación con el resto de las asignaturas. Algunas de las características de las prácticas observadas fueron que se desaprovecharon oportunidades para incluir conceptos de institucionalidad política, temas ciudadanos o problemas socialmente relevantes, y que no relacionaron las problemáticas estudiadas con el contexto de los estudiantes. Por lo general, las clases se desarrollaban centradas en la exposición de los docentes, dando poco espacio a la participación y agencia de los estudiantes en ellas.

Estas características se repitieron en la mayoría de las clases observadas, aunque vale la pena mencionar que en general las escuelas se destacaron por tener un buen clima de aula que se evidenciaba en una cercanía física y emocional de los docentes con los estudiantes, una participación constante y diversa de alumnos y alumnas durante las clases y una buena acogida de los docentes hacia sus comentarios. Características que aun no siendo suficientes son necesarias para promover ciudadanía en el aula (Espínola, 2005; Knowles, Torney-Purta y Barber, 2018).

Ahora bien, a pesar del desconocimiento sobre formación ciudadana evidenciado por los docentes y aunque sus prácticas no estuvieran intencionadas hacia la promoción de ciudadanía en las salas de clases, fue posible identificar algunos docentes que a partir de sus prácticas en el aula sí lograban promover la ciudadanía. Estas prácticas fueron particularidades del estudio que vale la pena destacar, dado que es necesario evidenciar lo que sí se está haciendo para promover la ciudadanía y así lograr incorporarlo de manera planificada e intencionada en las escuelas.

Así, por ejemplo, algunos docentes incorporaron temáticas o conceptos como la responsabilidad y el respeto a los DD.HH. Por ejemplo, durante una clase de Ciencias Naturales se evidenció la reflexión en torno a las consecuencias de la Bomba Atómica a partir de ensayos escritos por los estudiantes. Otro elemento para destacar fue el abordaje de temas de interés público, contingentes o controversiales a partir del uso de noticias actuales. Además, se identificaron prácticas docentes en donde se vincularon las actividades de aprendizaje con temas de diversidad social y cultural, como el cuidado del medio ambiente y las consecuencias de una mala alimentación. Asimismo, se destaca en algunas prácticas la promoción de decisiones tomadas democráticamente por parte de los estudiantes, tales como la elección de representantes dentro de un grupo, la decisión sobre temáticas a investigar, el lugar dónde sentarse o de los tiempos destinados para completar sus actividades de aprendizaje. Estos hallazgos coinciden con algunos ejemplos de prácticas democráticas docentes evidenciadas en Inglaterra, Escocia y Dinamarca (Hahn, 2015) que incluyen la enseñanza en derechos humanos y el énfasis de la participación democrática en grupos.

Otro elemento destacado en las observaciones de aula fue la descripción de distintas posturas sobre un tema en clases, que ocurrió particularmente en una clase de HGCS, en donde se trató la temática del "Encuentro de Dos Mundos" v/s "Descubrimiento de América". Esto permitió generar un clima de aula que evidenció la justicia, libertad, equidad y la atención a la diversidad de aprendizaje y las particularidades de los estudiantes, así como otorgó oportunidades de participación a todas y todos los estudiantes. Por último, un rasgo destacado fue la importancia que le otorgaban los docentes a la promoción de una convivencia democrática en la escuela, como mencionó un profesor: *"El aprendizaje del contenido lo pueden hacer en la casa, pero el aprendizaje del colegio es aprender a convivir con el otro, es a tolerar, es a empatizar: esa es la importancia que tiene el colegio"* (P9).

Si bien estas particularidades son algo positivo, al no existir una planificación intencionada como plantea la Ley 20.911, se corre el riesgo de perder estas prácticas ya que no poseen relevancia institucional. Esto último sería perjudicial, debido a que se podrían desaprovechar oportunidades que se generan al existir un buen clima de aula. De esta manera, el desafío es visibilizar las iniciativas que las escuelas ya realizan de manera intuitiva para promover la ciudadanía, con el fin de que se planteen de manera consciente y sistemática. Algunas sugerencias para lograr esta visibilidad son: generar colaboraciones entre docentes, sociabilizar buenas prácticas entre los actores y crear instancias para promover la autorreflexión de los docentes sobre su rol como formadores en ciudadanía (Cohen, 2020).

2.4 Desde la segregación hacia la pertenencia de los jóvenes a una comunidad

A pesar de los esfuerzos de las políticas públicas de los últimos años y en particular de la Ley 20.911 (2016), este estudio ha evidenciado que los estudiantes a quienes van dirigidos todos estos esfuerzos no se sienten ciudadanos. Así, mientras en la mayoría de las ocho escuelas del estudio se relacionó la idea de ciudadanía con pertenecer o construir una comunidad, no todos los estudiantes entrevistados se sentían parte de una.

Para los estudiantes, la primera limitación para ser ciudadanos es la edad. Así, los jóvenes entrevistados de tres escuelas fueron claros al mencionar que solo son ciudadanos quienes cumplen 18 años. Al respecto, un estudiante mencionó que antes de esa edad, solo pueden ser ciudadanos en la escuela, pero no en el país. Otros estimaron que su participación electoral es lo que define su ciudadanía, por lo tanto, cuando voten se convertirán en ciudadanos, e incluso, un estudiante manifestó abiertamente que en la asignatura de Historia les enseñaron que solo son ciudadanos los mayores de 18 años.

Esta situación es preocupante, porque evidencia que la educación en derechos humanos no ha sido exitosa en las escuelas. Es más, durante las entrevistas grupales no queda claro si es que los jóvenes reconocen que tienen derechos de manera independiente a otros miembros de su familia o que, incluso, poseen derechos que derivan de su especificidad como menores de edad. No se observan a sí mismos como sujetos activos de cambio en sus espacios de acción, dando cuenta de que existen sujetos de primera y segunda categoría, fundamentados en una relación asimétrica entre adultos y niños (Figueroa, 2016) características propias de una sociedad adultocéntrica (Duarte, 2012).

Ahora bien, desde la perspectiva de los estudiantes, no solo la edad es un impedimento para ser ciudadanos. Existe también dentro de los jóvenes la idea de una comunidad oclusiva, donde solo algunos podrán formar parte de la sociedad, mientras otros seguirán viviendo al margen. Esto lo manifiestan a través de ejemplos que apuntan a la segregación social, a la desigualdad de género y a la discriminación de las minorías sexuales. Así, los jóvenes entrevistados observan estas diferencias dentro de la sociedad y algunos viven esta discriminación, como mencionan algunos estudiantes de una escuela ubicada en la comuna de San Joaquín: *"Ellos creen que aquí toda la gente es mala, que toda la gente es como ¡ay, no sé!, te van a pedir como el carnet y es como que no sé..." (Esc8, est2)*; *"Sí, te tratan mal" (Esc8, est3)*.

Esta idea la refuerzan, desde la otra vereda, estudiantes de un establecimiento ubicado en Las Condes, que se reconocen como parte de otra clase social, que posee otro estilo de vida y que estigmatizan y discriminan a los demás: *"Uno tiene esa imagen de la gente que, (...) uno cree que, como son más pobres son las peores personas" (Esc4, est4)*. A través de estos testimonios se diluye la idea de pertenencia a una comunidad nacional como derecho fundamental y se destaca la desigualdad y la segregación social como experiencia vital de los adolescentes. Valenzuela, Bellei y De los Ríos (2010) dan cuenta de que esta situación empobrece la experiencia formativa relacionada con aspectos cívicos y de integración social. La segregación socioeconómica que se vive en las escuelas reduce las posibilidades que tienen los estudiantes para comprender las complejidades de la vida social, convivir con personas de diferentes grupos socioeconómicos, promover la integración social y el sentido de pertenencia a una comunidad (Valenzuela, Bellei y De Los Ríos, 2010; Villalobos y Valenzuela, 2012).

En general, los estudiantes participantes reconocieron las abrumadoras diferencias sociales que existen en Chile y las condenaron. Creen que debe haber un cambio y que las personas tienen que aprender a vivir considerando la diversidad de la sociedad y la igualdad de derechos. A partir de estas experiencias aflora entre los estudiantes el sentido de justicia social, puesto que no solo mencionan la idea de vivir en igualdad, sino que también la idea de vivir dignamente. Así lo declara una estudiante que vive en el sur de Chile:

> *"Mi mamá ahora gana como $200.000 pesos al mes, y no solo ella, sino que todos los que trabajan ahí. Entonces, no es como que la mujer solo necesite que su sueldo sea igual a todo el resto porque, que cualquiera, hombre o mujer, esté ganando $200.000 pesos, igual es injusto"* (Esc2, est5).

En definitiva, enseñar sobre ciudadanía se convierte en un gran desafío cuando las comunidades educativas se encuentran en medio de la segregación social. Es difícil enseñar una visión de mundo centrada en el ser humano, como pretende la Ley 20.911, cuando existe para los estudiantes dos categorías de ciudadanos. Es así como, en un establecimiento del estudio, los estudiantes diferenciaron entre los ciudadanos de primera categoría, que poseen recursos económicos y que, por tanto, tienen privilegios y son más escuchados y favorecidos, y, por otra parte, los ciudadanos de segunda categoría, los invisibles, los menos escuchados, que no poseen los mismos derechos que el resto de la sociedad. En esta última categoría, en donde no existen los privilegios, es a la que los estudiantes de esta escuela sienten que pertenecen.

Lo preocupante de esta perspectiva es que, si las personas no logran integrarse materialmente a la sociedad, comprender los derechos individuales se transforma en una dificultad enorme. Por ello, se seguirá enfrentando este desafío mientras haya estudiantes que indiquen que *"nosotros no somos nada, no somos nada básicamente (...) somos cucarachas"* (Esc8, est7). Esto está en línea con evidencias de estudios anteriores que dan cuenta de los altos niveles de polarización que ha provocado el sistema escolar, existiendo grandes diferencias sociales entre los establecimientos escolares (Valenzuela, Bellei y De Los Ríos, 2010; Villalobos y Valenzuela, 2012).

A pesar de este contexto, los estudiantes coinciden tanto en que la escuela es una oportunidad para aprender a ser ciudadanos como en apreciar la posibilidad que tienen de elegir a sus representantes de curso y al Centro de Estudiantes, aunque consideran que estas organizaciones no influyen en la toma de decisiones de la escuela. De esta forma, la escuela es un espacio en donde aprenden a respetar a los demás, a dar opiniones con fundamentos, a escoger representantes y donde son escuchados y apoyados. Así, los estudiantes reconocen que en la sala de clases es donde pueden conversar sobre temas que no pueden compartir con sus familias, lo que fomenta que conozcan nuevas perspectivas sobre distintos temas. Un hallazgo que destaca de este estudio es el valor que le dan los estudiantes al esfuerzo que hacen sus profesores para lograr este espacio en las salas de clases y cómo son conscientes de las intenciones que tienen los docentes para conseguir que así sea. Así lo indica una estudiante:

> *"La tía siempre nos dice que tenemos que levantar la voz, que quiere que seamos mujeres independientes (...) por eso nos hace hacer hartos proyectos, para que nosotras podamos dar nuestra opinión, de si nos parece bien, nos parece mal, por qué y por qué no" (Esc2, est4).*

De esta manera la escuela se convierte en el espacio en que son valorados, en donde toman en cuenta su opinión y se preocupan de ellos. Es donde se sienten parte de una comunidad y donde les enseñan a reflexionar sobre cómo convivir de una mejor manera. Esto coincide con la relevancia de las prácticas docentes vinculadas al clima democrático y abierto a la discusión relevadas por las investigaciones anteriores (Treviño, Béjares, Villalobos y Naranjo, 2016; Treviño, Villalobos, Béjares y Naranjo, 2018).

En definitiva, en medio del sistema excluyente que viven los jóvenes, donde se ponen de manifiesto las injusticias y las diferencias económicas, enseñar la ciudadanía solo desde la óptica del conocimiento de los derechos y libertades individuales es insuficiente, y es necesario avanzar hacia una ciudadanía que se viva desde la integración social, con énfasis en la creación de identidades comunitarias.

3. OPORTUNIDADES PARA LA IMPLEMENTACIÓN DE LA LEY 20.911

A pesar de todas las dificultades evidenciadas a través de este capítulo en la implementación de la Ley 20.911 y de la formación ciudadana en las escuelas, es posible encontrar espacios para la construcción de oportunidades de mejora. A continuación, se destacan algunos ámbitos de acción concretos para las escuelas y la política pública para llevar a cabo estos desafíos.

3.1 Resignificar las acciones del Plan de Formación Ciudadana

En general, la Ley 20.911 es entendida en las escuelas como una imposición, debido a que no fue generada en conjunto con las comunidades educativas, y se ha convertido en un mero requerimiento burocrático para la mayoría de los directivos y encargados del PFC entrevistados, teniendo esta implementación escasa profundidad pedagógica. Esto le resta relevancia al PFC como punto de partida para que las escuelas puedan construir su visión de la formación ciudadana, ya que si bien existe conciencia sobre su relevancia entre los distintos actores, se manifiestan individualmente distintas definiciones, descripciones y alcances de la educación ciudadana.

Siguiendo estos resultados, es posible dar un nuevo sentido a las acciones incluidas en los Planes. Esto es, considerarlas como promotoras de formación ciudadana tanto dentro de la sala de clases como a nivel de toda la escuela de forma intencionada. También se podrían vincular las acciones con otros programas de las escuelas, por ejemplo, con el Plan de Convivencia Escolar (PCE), dando cuenta de una visión transversal de las actividades que realizan y disminuyendo la cantidad de acciones que deben cumplir las escuelas. De esta manera, se podrían integrar metodologías de diseño, discusión y evaluación para cumplir objetivos de distintos planes, procurando ambientes democráticos de toma de decisiones, lo que fortalecería el PFC y podría darle utilidad, sentido y realidad a la política pública, para dejar de entenderla como una imposición y convertirla en una herramienta para hacerse parte de la necesidad de formar ciudadanos críticos y comprometidos en un país en transformación.

De esta forma, sería muy positivo que las escuelas lograran resignificar las actividades existentes en los planes vigentes para apropiarse de la política pública. Además, es posible evidenciar que los docentes y directivos consideran que la escuela juega un papel fundamental en la promoción de la ciudadanía en los jóvenes. Si bien este es un escenario favorable para la implementación de la Ley 20.911 en la escuela, aún falta apoyo en la formación inicial y continua docente en temas de educación ciudadana, lo que es una deuda de la política pública que se debe enmendar para una implementación real de la Ley. Pese a estas dificultades, las escuelas pueden organizarse para realizar actividades de formación entre pares, que permitan conocer y reconocer que están haciendo las distintas asignaturas, compartiendo metodologías o contenidos con el fin de colaborar en la formación ciudadana de los estudiantes.

Por ello, es importante relevar la responsabilidad de la política pública y de los formadores de formadores de las falencias observadas en el estudio. No es coincidencia que aun cuando se evidenciaron prácticas que fomentaban la ciudadanía, estas no eran conscientes ni sistemáticas. El campo de una didáctica de la educación ciudadana en Chile es aún incipiente y no ha sido incorporado de forma suficiente ni conceptual ni metodológicamente en las mallas curriculares de la mayoría de las carreras de pedagogía en Historia de Chile, programas que históricamente se han hecho cargo de esta disciplina. Además, cuando se ha incorporado, ha sido con énfasis en la institucionalidad y derechos políticos, bajo una óptica más parecida a la Educación Cívica que a la Formación Ciudadana (García, 2018). De esta manera, si bien las prácticas observadas fueron intuitivas, las oportunidades en relación a la escuela son la visibilidad y sistematización de ellas.

En síntesis, en relación a la política pública, la oportunidad radica en exigir y fiscalizar a las instituciones de formación docente que se hagan cargo de estas falencias, así como fomentar y entregar mayor apoyo en la formación docente inicial y continua en formación ciudadana para una implementación en aula que realmente incida en la construcción de ciudadanía de los y las jóvenes. Además, se hace necesario revisar la puesta en práctica de la política pública, puesto que existe una página web de formación ciudadana (www.ciudadaniayescuela.cl) vinculada con el sitio web del Ministerio de Educación, que contiene orientaciones y actividades, pero que está desactualizada. En este sentido, es una tremenda oportunidad para que las escuelas sean las que muestren sus acciones formativas y para que realicen un trabajo colaborativo a nivel nacional, donde puedan difundir sus buenas prácticas, dando cuenta de las distintas realidades educativas y creando un repositorio que ha sido generado desde las escuelas.

3.2 Definir comunitariamente el concepto de ciudadanía

La mayoría de los directivos y docentes entrevistados en este estudio, declaran que la escuela tiene una gran responsabilidad en formar a los estudiantes como ciudadanos para los tiempos actuales. Esta declaración es una oportunidad única para la formación ciudadana, ya que muestra que los directivos y docentes están dispuestos a capacitarse para enseñar ciudadanía, lo que da a entender que existe un interés genuino en los establecimientos por saber cómo hacerlo bien.

Es necesario aprovechar esta oportunidad y generar espacios de formación continua para profesores y directivos en ejercicio, y también fortalecer la formación inicial con respecto a la educación ciudadana para los futuros docentes. A la vez, no se debe perder la oportunidad de acompañar a los establecimientos en la creación, implementación y evaluación de los PFC. Ese acompañamiento puede ser promovido desde los servicios locales de educación, a partir del trabajo en red de los distintos encargados de formación ciudadana de las escuelas, creándose un boletín informativo de buenas prácticas y dando la posibilidad de que las escuelas se apoyen entre sí, compartiendo testimonios y experiencias.

De la misma manera, se debe aprovechar la elaboración o reevaluación del PFC como una oportunidad para que las escuelas discutan sobre qué entienden por ciudadanía y qué ciudadano es el que buscan formar. Para esto, es necesario ofrecer a los establecimientos mayores lineamientos, ya sean nuevos documentos o guías que presenten a las escuelas distintos tipos de ciudadanía o las diferentes características de un ciudadano. Esto puede vincularse con las Ciencias Políticas, por ejemplo, explicando las tendencias (republicana, liberal, comunitaria, cosmopolita, mundial, entre otras) que orientan ciertos tipos de ciudadanía (ciudadano orientado a derechos políticos, ciudadano orientado a derechos sociales, ciudadano orientado a participación, ciudadano orientado a la transformación social, etc.). Actualmente, la Ley no pide que los colegios definan este aspecto para la elaboración del Plan, pero es necesario que exista este ejercicio reflexivo respecto a la ciudadanía, para una mejor cohesión tanto del PFC en sí mismo, como del Plan con los otros planes de los establecimientos.

Asimismo, se deben reconocer a las escuelas como espacios donde se pueden discutir distintos temas desde diferentes posturas, dando cuenta que es un espacio privilegiado para crear un clima abierto a la discusión de temas controversiales y a la participación democrática de los distintos actores de la escuela. Es necesario que los estudiantes se vinculen con una identidad democrática, cuestión que no es exclusiva de la clase de Historia, Geografía y Ciencias Sociales, sino que pueden realizarse en diversas asignaturas. Lo relevante es promover una conciencia crítica y social, donde los estudiantes aprendan a cuestionar los elementos que afectan a la democracia y adquieran las habilidades ciudadanas necesarias para promover el cambio social (Castro, 2010).

3.3 Adoptar un enfoque de derechos en la formación de jóvenes

Los PFC analizados no dan luces de cómo se trabaja la educación ciudadana en las escuelas, mientras que los docentes individualmente generan intuitivamente prácticas que promueven la formación de ciudadanos en sus aulas. Frente a esta situación, es imperioso que se promueva la educación con enfoque de derechos, de manera explícita e intencionada y que se convierta en una acción del Plan con el fin de que sea conocido y socializado por todos los miembros de la comunidad educativa. Esto, pues el enfoque de derechos garantiza que los estudiantes dejen de sentirse excluidos de una ciudadanía limitada y segregadora.

El enfoque de derechos humanos abarca a todas las personas, sin importar su condición social, sexual, de raza o de etnia. No distingue entre nacionalidad, creencia religiosa, edad o capacidades individuales. Esta perspectiva permitiría que los jóvenes que hoy en día se sienten discriminados, se sientan incluidos en su comunidad y sean capaces de creer en la equidad social. De esta manera dejarían de percibir que su rol es recibir beneficios asistenciales o préstamos desde el Estado y estarían conscientes de que son sujetos de derechos, con poder jurídico y social, capaces de exigir al Estado la protección de sus derechos humanos y el cumplimiento de sus obligaciones (Rodino, 2015).

Asimismo, el enfoque de derechos sería capaz de transformar la visión sobre su comunidad, convirtiéndola en una sociedad diversa, inclusiva, que es capaz de comunicarse entre distintas culturas y que respeta el medioambiente, por encima de las barreras socioeconómicas, vivenciando la tolerancia, el respeto y la no discriminación. Para lograrlo no basta con conocer los derechos humanos, sino más bien, es imperioso discutir y problematizar sus alcances, establecer espacios de participación y diálogo en las escuelas, con una visión crítica, problematizadora y constructiva (Madgenzo y Pavez, 2018). Es decir, hay que ir más allá de la conciencia de que se poseen derechos, avanzando hacia el ejercicio de los propios derechos y el respeto hacia los de los demás.

El Chile convulsionado por extensas protestas hacia la institucionalidad política, ha provocado una apertura a la discusión política cotidiana y un ambiente abierto a las problemáticas sociales y a los temas controversiales. Este aumento en la participación política debe ser aprovechado por las escuelas, con el fin de incluir temáticas contingentes y vinculando explícitamente las instancias de participación de los establecimientos con la construcción de un nuevo pacto social.

El proceso constituyente que ya ha comenzado en nuestro país está íntimamente ligado a los derechos electorales y a las votaciones populares y, por tanto, excluye a los menores de edad. Esta situación se puede utilizar como una oportunidad para que las escuelas acompañen a sus estudiantes y generen mecanismos de discusión e integración con respecto a la creación de una nueva constitución, puesto que desde la institucionalidad no están incluidos, aunque fueron parte de la demanda de una renovación en la forma de hacer política. Además, aunque los estudiantes no fueron parte del Plebiscito de entrada en 2020, algunos podrán participar del Plebiscito de salida, adquiriendo la mayoría de edad y el derecho a sufragar. En definitiva, el proceso constituyente requiere que la ciudadanía completa sea partícipe y los establecimientos educativos no son la excepción. Para esto se sugiere ampliar las posibilidades de la escuela y observar otras instituciones que están realizando acciones para que niños, niñas y adolescentes puedan incluirse en la discusión constituyente, como por ejemplo la Defensoría de la Niñez, Unicef Chile y distintas ONGs. Es necesario incluir a las comunidades educativas y a la juventud en este nuevo Chile que tenemos la oportunidad de crear.

3.4. Los desafíos de educar a los jóvenes ciudadanos

La intención principal de este capítulo es evidenciar la materialización de la más reciente política pública de formación ciudadana en las escuelas desde un enfoque cualitativo. Por lo mismo, la principal limitación de los resultados presentados aquí, concuerdan con la naturaleza de la investigación cualitativa, es decir, no son generalizables a todo el sistema educacional chileno. No obstante lo anterior, las metodologías sí son replicables y los resultados pueden extrapolarse a otros contextos.

Al igual que otras leyes, el PFC tuvo un origen reactivo. Surgió siguiendo las recomendaciones de una comisión que no incluía entre sus miembros especialistas en educación ciudadana ni grandes conocedores del sistema educativo, evidenciando la construcción de una política con enfoque top-down que debe ser implementada por miembros del sistema escolar que no tuvieron incidencia en su creación. Este carácter reactivo ha condicionado la implementación de la Ley, porque pareciera ser que los jóvenes que poseen compromiso social son capaces de ejercer una ciudadanía activa y participativa a pesar del enfoque predominante de derechos políticos impartido por docentes de HGCS. Estos jóvenes llevan casi dos décadas organizándose, desde el "mochilazo" hasta la consigna "evadir, no pagar, otra forma de luchar". Entonces, ¿qué está haciendo la escuela para formar a estos jóvenes como ciudadanos? Los resultados aquí presentados muestran que no existe mayor conexión entre el comportamiento juvenil comprometido y lo realizado por los PFC. El desafío ahora, desde la política pública, es vincularlos. En este contexto de pandemia e inseguridad social, donde cuidarse y usar mascarilla es un acto de respeto hacia los demás, urge recordar que la escuela puede y debe formar a los ciudadanos de hoy y del mañana.

4. REFERENCIAS

Agencia de Calidad de la Educación (2017). *ICCS 2016. Estudio Internacional de Educación Cívica y Formación Ciudadana. Presentación Nacional de Resultados.* Recuperado de: http://archivos.agenciaeducacion. cl/PRESENTACION_EDUCACION_CIVICA.pdf

Alivernini y Manganelli (2011). Is there a relationship between openness in classroom discusión and students' knowledge in civic and citizenship education? *Procedia Social and Behavioral Sciences, 15,* 3441-3445.

Bellei, Valenzuela y De los Ríos (2010). Segregación Escolar en Chile. En Martinic y Elacqua (Ed.), *Fin de Ciclo* (pp. 209-229). Chile: Unesco y Pontificia Universidad Católica de Chile.

Carrasco, D. y Irribarra, D. (2018). The Role of Classroom Discussion. En Sandoval- Hernández, Isac y Miranda (Ed.), *Teaching Tolerance in a Globalized World* (pp. 87-101). IEA.

Castro, A. J. (2010). Challenges in teaching for critical multicultural citizenship: Student teaching in an accountability driven context. *Action in Teacher Education, 32,* 97–109. doi:10.1080/01626620 .2010.10463553

Charmaz, K. (2006). *Constructing grounded theory: A practical guide through qualitative analysis.* London: SAGE.

Cohen, A. (2020). Teaching to teach civics in fragile times: a conceptual framework. *European Journal of Teacher Education.* doi:10.108 0/02619768.2020.1748880

Corbin, J. y Strauss, A. (2008). *Basics of qualitative research: Techniques and procedures for developing grounded theory.* Los Angeles: SAGE.

Corvalán, A. y Cox, P. (2013). Class-Biased Electoral Participation: The Youth Vote in Chile. *Latin American Politics and Society, 55*(03), 47–68.

Decreto N°2 (2015). *Crea consejo asesor presidencial contra los conflictos de interés, el tráfico de influencias y la corrupción.* Recuperado de: www.leychile.cl

Decreto N°524 (1990). *Aprueba el Reglamento General de organización y funcionamiento de los Centros de Alumnos de los establecimientos educacionales segundo ciclo de enseñanza Básica y enseñanza Media, reconocidos oficialmente por el Ministerio de Educación.* Recuperado de:_http://bcn.cl/1v0e7

Donoso, D. (2013). Dynamics of Change in Chile: Explaining the Emergence of the 2006 Pingüino Movement. *Journal of Latin American Studies, 45,* 129.

Duarte, C. (2012). Sociedades adultocéntricas: sobre sus orígenes y reproducción. *Última Década, 20*(36), 99-125.

Espínola, V., Osler, A., Starkey, H., Reimers, F., Villegas Reimers, E., Cox, C., Jaramillo, R. y Gómez-Morin, L. (2005). *Education for Citizenship and Democracy in a Globalized World: A Comparative Perspectiv.* Inter American Development Bank.

Figueroa, C. (2016). ¿Ciudadanía de la niñez? Hallazgos de investigación sobre el movimiento por una cultura de derechos de la niñez y adolescencia en Chile. *Última Década, 45,* 118-139.

Flick, U. (2014). *La gestión de la calidad en investigación cualitativa.* Barcelona: Morata.

Gamboa, R. y Segovia C. (2016). Chile 2015: Falla política, desconfianza y reforma. *Revista de Ciencia Política, 36*(1), 123-144.

García, C. (2018). La educación ciudadana en la formación inicial del profesorado de Historia y Ciencias Sociales en Chile. Una tarea pendiente. En M. A. Jara, G. Funes, F. Ertola y M.C. Nin (Coords.), *Los aportes de la didáctica de las ciencias sociales, de la historia y de la geografía a la formación de la ciudadanía en los contextos iberoamericanos. Serie Actas Parte II* (pp. 65–78). Argentina: APEHUN.

Gazmuri, R. y Toledo, M. (2020). La urgencia de la educación de la ciudadanía en tiempos del Estado evaluador: propuestas a la política educativa para democratizar las escuelas. En *Horizontes y propuestas para transformar el sistema educativo chileno* (pp.116-139). Ediciones Biblioteca del Congreso Nacional de Chile.

Gubrium, J. y Holstein, J. (2005). Interpretive practice and social action. In N. Denzin y Y. Lincoln (Eds.), *The SAGE Handbook of Qualitative Research* (pp. 483-505). London: Sage.

Hahn, C. L. (2015). Teachers' perceptions of education for democratic citizenship in schools with transnational youth: A comparative study in the UK and Denmark. *Research in Comparative and International Education, 10*(1), 95–119. doi:10.1177/1745499914567821

Hahn, C. L. (2016). Pedagogy in citizenship education research: A comparative perspective. *Citizenship Teaching & Learning, 11*(2), 121-137.

Hahn, C. L. (2020). Educating citizens in an age of globalization, migration, and transnationalism: A study in four European democracies. *Theory & Research in Social Education*.

Hess, D. E. (2009). *Controversy in the classroom: The democratic power of discussion*. Routledge.

Instituto Nacional de la Juventud (2017). *Percepciones generales sobre política, candidatos y procesos eleccionarios*. Ministerios de Desarrollo Social. Gobierno de Chile.

Jara, C., Sánchez, M. y Cox, C. (2019). Liderazgo educativo y formación ciudadana: visión y prácticas de los actores. *Calidad en la Educación*, (51), 350-381.

Keating-Chetwynd, S. (2009). *How all teachers can support citizenship and human rights education: a framework for the development of competences*. Belgium: Council of Europe Publishing.

Knowles, R. T., Torney-Purta, J. y Barber, C. (2018). Enhancing citizenship learning with international comparative research: Analyses of IEA civic education datasets. *Citizenship Teaching & Learning, 13*(1), 7–30.

Ley 20.911 (2016). Crea el Plan de formación Ciudadana para los establecimientos educacionales reconocidos por el Estado. Diario Oficial de la República de Chile, Santiago.

Litchman, M. (2010). *Qualitative research in education: A user's guide*. Thousand Oaks, CA: Sage.

Magendzo, A., Pávez, J. (2018). Educando en la Declaración Universal desde una mirada controversial. En A. Magendzo y P. Morales (Eds.), *Pedagogía y didáctica de la declaración de los derechos humanos a setenta años de su promulgación (1948 – 2018)* (pp. 144 - 155). Santiago, Chile: Ediciones Universidad Academia Humanismo Cristiano.

Mardones, R. (2018). The Politics of Citizenship Education in Chile. In: Peterson A., Stahl G. y Soong H. (Eds.), *The Palgrave Handbook of Citizenship and Education*. Palgrave Macmillan, Cham.

Merriam, S. B. (2009). *Qualitative research: A guide to design and implementation*. San Francisco: Jossey-Bass.

Ministerio de Educación [MINEDUC] (2016). *Orientaciones para la elaboración del Plan de Formación Ciudadana*. Santiago de Chile: Ministerio de Educación.

Ojeda, P. y Zúñiga, C.G. (2020). El diagnóstico participativo para la elaboración del plan de formación ciudadana. *Sophia Austral, 26*, 259-285.

OPECH (2009) *De actores secundarios a estudiantes protagonistas: Movimiento estudiantil desde la reflexión.* Santiago de Chile: Observatorio Chileno de Políticas Educativas (OPECH).

Programa de las Naciones Unidas para el Desarrollo (PNUD) (2015). *Desarrollo Humano en Chile* 2015: Los tiempos de la politización. Santiago de Chile.

Programa de las Naciones Unidas para el Desarrollo (PNUD) (2017). *Diagnóstico sobre la participación electoral en Chile. Proyecto Fomentando la Participación Electoral en Chile.* Santiago, Chile: Autor.

Reyes, L., Campos, J., Osandón L. y Muñoz C. (2013). El profesorado y su rol en la formación de los nuevos ciudadanos: desfases entre las comprensiones, las actuaciones y las expectativas. *Estudios Pedagógicos*, XXI, (1), 217-237.

Rodino, A. (2015). La educación con enfoque de derechos humanos como práctica constructora de inclusión social. *Revista IIDH,* (61), 201-224.

Schulz, W., Ainley, J., Friedman, T. y Lietz, P. (2011). Informe Latinoamericano del ICCS 2009. *Actitudes y conocimientos cívicos de estudiantes de secundaria en seis países de América Latina.* Amsterdam, Países bajos: Asociación Internacional para le Evaluación del Logro Educativo (IEA).

Treviño, E., Béjares, C., Villalobos, C. y Naranjo, E. (2016). Influence of teachers and schools on students' civic outcomes in Latin America. *The Journal of Educational Research, 110*(6), 604-618.

Treviño, E., Villalobos, C., Béjares, C. y Naranjo, E. (2018). Forms of youth political participation and educational system. *The role of the school for 8th grade in Chile. Young, 27*(3), 1-25.

Villalobos, C. y Ortiz-Inostroza (2019). Continuidades y rupturas de la protesta universitaria en el Chile de la posdictadura (1990-2014). *Temas Sociológicos,* 24, 89-120.

Villalobos, C. y Valenzuela, J. (2012). Polarización y cohesión del sistema escolar chileno. *Revista de análisis económico,* 27(2), 145-172.

Zúñiga, C., Ojeda, P., Neira, P., Cortés, T. y Morel, M. (2020). Entre la imposición y la necesidad: implementación del Plan de Formación Ciudadana en escuelas chilenas. *Calidad en la Educación,* (52), 135-169.

CAPÍTULO 07

LA EDUCACIÓN PARA LA CIUDADANÍA EN LAS VOCES DEL PROFESORADO

SILVIA REDÓN
Centro de Investigación para la Educación Inclusiva, Facultad de Filosofía y Educación, Pontificia Universidad Católica de Valparaíso

NATALIA VALLEJOS
Centro de Investigación para la Educación Inclusiva, Facultad de Filosofía y Educación, Pontificia Universidad Católica de Valparaíso

CAMILA BELÁUSTEGUI
Centro de Investigación para la Educación Inclusiva, Facultad de Filosofía y Educación, Pontificia Universidad Católica de Valparaíso

Silvia Redón Pantoja

Doctora En Educación, Profesora Titular de la Escuela de Pedagogía, Facultad de Filosofía y Educación de la Pontificia Universidad Católica de Valparaíso, Directora Programa Magíster en Educación . Investigadora del Centro de Investigación para la Educación Inclusiva. Investigadora Responsable de la línea Ciudadanía y Educación CIE 160009-ANID. Investigadora responsable además de los proyectos FONDECYT: "El Sentido de lo común: de las redes sociales a las redes virtuales en Educación" (1160391); "El sentido de lo común como experiencia de construcción democrática: estudio de casos en escuelas en contextos de pobreza" (1121037); y "La escuela como espacio de formación ciudadana: las representaciones simbólicas de la infancia" (11070100).

Contacto: silvia.redon@pucv.cl

Natalia Vallejos Silva

Profesora de Historia, Geografía y Cs. Sociales, Pontificia Universidad Católica de Valparaíso (PUCV). Magíster en Historia y Magíster en Educación mención Evaluación Educativa, Pontificia Universidad Católica de Valparaíso. Doctora en Equidad e Innovación en Educación, Universidad de La Coruña. Profesora Agregada de la Pontificia Universidad Católica de Valparaíso de Investigación Educativa y Pedagógica. Profesional de Investigación Línea Ciudadanía y Educación del Centro de Investigación para la Educación Inclusiva.

Contacto: natalia.vallejos@pucv.cl

Camila Belaustegui Irribarra

Profesora de Historia, Geografía y Ciencias Sociales, Pontificia Universidad Católica de Valparaíso. Licenciada en Historia mención Ciencias Políticas, Pontificia Universidad Católica de Valparaíso. Magíster en Educación mención Evaluación Educativa, Pontificia Universidad Católica de Valparaíso. Profesora Agregada de Investigación Educativa y Pedagógica, Escuela de Pedagogía, Facultad de Filosofía y Educación, Pontificia Universidad Católica de Valparaíso. Asistente técnico Línea Evaluación y Currículum para la Inclusión del Centro de Investigación para la Educación Inclusiva.

Contacto: camila.belaustegui@pucv.cl

1. INTRODUCCIÓN

La constante reformulación de las identidades y realidades sociales, económicas y políticas de los actuales Estados democráticos, así como el complejo sistema de equilibrios y relaciones internacionales (Fernández, 2020) que condicionan y gestionan nuestras vidas, llevan a la necesidad de que las juventudes se sientan, desde edades tempranas, identificadas y partícipes de una ciudadanía que no es estable, ni posee una única definición (Favinha y Navarro, 2012), y que, por lo tanto, en su dinamismo se aleja de las nociones normativas de membresía estructural (Redón, 2020).

En este sentido, este capítulo parte de la afirmación de Cellier (2003), por la cual la ciudadanía "no viene dada, sino que se construye, se adquiere a través de la educación familiar y escolar" (como se citó en Pagès y Santisteban, 2008, p.4), con lo que se entiende que la escuela (con su conjunto de prácticas educativas) cobra particular relevancia en el desarrollo de la ciudadanía en las y los jóvenes. Esto contribuye a explicar por qué, sobre todo en los últimos 15 años, frente a la imperante necesidad de fomentar la convivencia democrática, en muchos países de Latinoamérica y de Europa, se ha ido fortaleciendo la atención hacia la educación para la ciudadanía (Cárcamo-Vásquez, 2015), desarrollando políticas nacionales, generando estatutos, leyes o códigos administrativos y reformas o cambios curriculares, para establecer o restablecer la formación ciudadana en los planes que imparten las escuelas (Mardones, 2018), con el propósito de que las y los jóvenes no solo adquieran conocimientos cívicos, sino más aún, aprendan actitudes y habilidades de convivencia democrática al interior de la sociedad (Kymlicka y Norman, 1997).

De este modo, los Estados democráticos han concebido las escuelas como lugares de crecimiento personal y social y con la capacidad suficiente, desde un enfoque multidisciplinar, de proporcionar a las y los alumnos las habilidades necesarias para dirigir, organizar y promover debates en torno a cuestiones socialmente relevantes (Favinha y Navarro, 2012). Sin embargo, para que aquello ocurra, es necesario que las escuelas "se conviertan en verdaderos laboratorios de participación ciudadana y doten a su alumnado de las herramientas necesarias para convivir, compartir, cooperar, disentir, discrepar, discutir, confrontar, negociar, consensuar y decidir juntos, sobre aquellas decisiones que les afectan" (Martín, 2006, pp. 80-81). Al mismo tiempo, para que las escuelas sean lugares de formación ciudadana han de promover la participación y el debate como mecanismos activos y transformadores de la realidad social, donde las y los jóvenes (ciudadanos/as) como sujetos políticos, se sientan capaces de influir directamente en la gestión de lo público, "incluso desde la propia transformación de las estructuras sociopolíticas vigentes" (De Alba, 2007, p. 348).

En Chile, el Plan de Formación Ciudadana (PFC, Ley 20.911), vigente desde el año 2016, constituye una herramienta que forma parte de una política educativa en torno a la educación para la ciudadanía, cuyo propósito específico es, precisamente, que las comunidades educativas "registren de manera explícita las acciones con las cuales abordan la formación ciudadana de sus estudiantes, visibilizando este tema y posicionándolo como un eje de acción prioritario (…)" (PNUD, 2018, p. 9). En ese sentido, el PFC pone de relieve la importancia de desarrollar un proyecto de educación para la ciudadanía, a través de un plan que obedezca a las características, necesidades y/o problemáticas que afectan a cada escuela, con la participación y aporte de todos sus miembros (Ramis y Peña, 2019). De esta forma, el Plan se relaciona con la idea de que si faltan ciudadanos que posean estas cualidades, las democracias se vuelven difíciles de gobernar e incluso inestables. Como observa Habermas, "las instituciones de la libertad constitucional no son más valiosas que lo que la ciudadanía haga de ellas" (Habermas, 1992, p. 7, como se citó en Kimlicka y Norman, 1997).

Ahora bien, es claro que la vida no cambia por decreto o normativa. Al contrario, requiere de configuraciones subjetivas, voluntades y actitudes ancladas en sujetos particulares que se concreten en la cultura escolar, es decir, la vivencia de los valores que subyacen a dichas normas. Esta afirmación lleva a preguntarse si, a cinco años de la promulgación de la Ley 20.911, se han creado las condiciones para que las escuelas en Chile se transformen y generen las "disposiciones y oportunidades que darán vida a la democracia" (Apple, 2008, p. 24). Para responder a esta interrogante, el capítulo da cuenta de las voces del profesorado en este mandato gubernamental, interpelando a maestros y maestras para conocer sus creencias, saberes, valoraciones y prácticas, desde su experiencia como formadores en ciudadanía. Enmarcado en un proyecto desarrollado entre 2018 y 2020[1], los resultados presentados en este capítulo se basan en 99 entrevistas etnográficas y 2 grupos focales, lo que permitió profundizar en las subjetividades docentes, sus experiencias y prácticas de educación para la ciudadanía, complementando con hallazgos de estudios anteriores (PNUD, 2018). Los hallazgos principales visibilizan y acentúan una comprensión de la educación para la ciudadanía como una labor dinámica, abierta y flexible, construida desde las formas de convivencia que los sujetos establecen en un territorio en común; así como también dan cuenta de las marcas y el contexto en el que la escuela y el profesorado están envueltos: la lógica del sistema capitalista y neoliberal en la institución educativa como principio rector y razón normativa, que vacía de contenido lo político entendido como la potencia del común.

2. EL PFC Y LA FORMACIÓN CIUDADANA EN CHILE

La llegada al poder de gobiernos elegidos democráticamente, una vez concluida la dictadura, planteó en Chile nuevos desafíos al sistema educativo en general y al currículo prescrito sobre ciudadanía en particular. La visibilización de valores de índole democrática en los documentos curriculares que enmarcan la política pública educativa y el restablecimiento de una educación orientada hacia la formación ciudadana, se transforman en tareas fundamentales.

Es así como, a partir de la década de los 90 se desarrollan, en nuestro país, sucesivos cambios curriculares, resultantes de procesos de reforma y la promulgación de una Ley General de Educación -LGE- (Ley 20.370), que originan nuevos instrumentos curriculares

---

[1]   Proyecto "Valoraciones, conocimientos y prácticas pedagógicas del Profesorado en Educación para la Ciudadanía"

comprometidos con la educación para la ciudadanía en la escuela (Bases Curriculares de Enseñanza Básica 2012, Enseñanza Media 2013 y Educación Parvularia, 2018). A ellos se suma la promulgación de la Ley 20.911 en 2016, que crea el PFC para todos los establecimientos educacionales reconocidos por el Estado y la asignatura de Educación Ciudadana, de carácter obligatorio para 3° y 4° Medio (a partir de 2020).

La creación del PFC, junto con la decisión de reinstalar en el currículo prescrito la asignatura de Educación Ciudadana, obedece a diversas razones. En primer lugar, en ambos se pone de relieve la responsabilidad que posee la escuela en la formación de sujetos ciudadanos y en el fortalecimiento de la democracia desde una perspectiva transversal, que involucre a todos los actores de la comunidad educativa en su quehacer cotidiano al interior de la escuela. En segundo lugar, ambas medidas apuntarían a cubrir una carencia formativa referida al aprendizaje de actitudes y habilidades ciudadanas (Ávila, 2016). En tercer lugar, el PFC emerge como respuesta al comportamiento de los y las jóvenes respecto de la política. Si bien por una parte se valora el interés de aquellos por temáticas ciudadanas, el que se ha visto reflejado en continuas movilizaciones estudiantiles ocurridas desde 2006 a la fecha, al mismo tiempo, se plantea como una crítica su desafección electoral y los medios que utilizan para manifestarse (García, 2016). Desde esta óptica, la implementación del PFC y la asignatura de Educación Ciudadana son elementos necesarios, puesto que "(…) el conocimiento acerca de la política y sus instituciones y procesos constituye el núcleo distintivo y necesario de la EC" (Mardones, Cox, Farías y García, 2014, p. 218).

En cuarto lugar, deben mencionarse como antecedentes los bajos puntajes consecutivos que nuestro país ha obtenido en las evaluaciones estandarizadas internacionales de educación cívica CIVED 1999 y 2000 e ICCS 2009 y 2016. En este sentido, los cambios curriculares, tendientes a aumentar la presencia de la educación ciudadana, buscarían subsanar y revertir los deficientes resultados de aprendizaje en torno a dicha temática que evidencia el alumnado chileno, en comparación a sus pares en el resto del mundo (Castro y Holz, 2016). Por último, el PFC emerge como respuesta a situaciones de corrupción debido a financiamiento ilegal de la política por algunas empresas. Así, en 2015 el Consejo Asesor Presidencial Contra los Conflictos de Interés, el Tráfico de Influencias y la Corrupción emite un informe en el cual señala explícitamente la necesidad de aumentar la formación ciudadana en las escuelas para "prevenir y disminuir la incidencia de actos de corrupción y de faltas a la probidad" (2015, p. 91).

Si bien el PFC es una plataforma normativa importante para exigir a las escuelas trabajar con un plan de educación ciudadana, la educación en sí misma, por su condición ética y valórica requiere de una idea de sujeto y de sociedad y, por tanto, tiene un carácter político. La educación formal debe hacerse cargo de la formación para la ciudadanía, no solamente por la Ley 20.911, sino porque el proceso educativo es un hecho político (Redon, 2018). Ello supone para la escuela y sus actores, entre otros aspectos, visibilizar, dialogar y problematizar en común la dimensión teleológica y valórica que sustenta al hecho educativo y, por ende, a la educación para la ciudadanía. En otras palabras, la dimensión teleológica de la educación no debiese constituir un orden impuesto externamente a quienes participan del acto de enseñar y aprender, "[…] porque, aunque así se presenta, el sentido será siempre de alguna manera reconstituido, reinterpretado, reubicado, por los sujetos que en ella participan" (Monarca, 2009, p. 14). En síntesis, el PFC y la asignatura de Educación Ciudadana constituyen valiosas oportunidades para que las comunidades educativas asuman la educación para la ciudadanía como una praxis instituyente, un asunto de práctica continua (nunca acabada), revisión y reflexión crítica (Gimeno, 2003).

3. PROFESORADO Y EDUCACIÓN PARA LA CIUDADANÍA

Para quienes trabajan en el mundo de la educación y la investigación, pensar y reflexionar sobre ella, mirar lo que ocurre cotidianamente al interior de las escuelas, atender las voces de los estudiantes, sus silencios y sus actitudes, así como a los discursos, creencias y actuación de los y las docentes, constituye una tarea indispensable. Sin embargo, el hecho de constituir una práctica común y corriente (a veces, incluso, como respuesta a la normativa y las exigencias formales que establece la propia escuela o la institucionalidad educativa del país) de crear espacios de reflexión al interior de las comunidades educativas, nada dice sobre el contenido de esa reflexión y pensamiento. Y hoy -más que nunca- el contenido que acompaña dichas reflexiones es vital para pensar y discutir el sentido de la educación, la misión de la escuela y el profesorado en la educación para la ciudadanía, en contextos en que la importancia de esta es relativizada o, por lo menos, instrumentalizada al servicio de imperativos económicos que se operacionalizan a través de un conjunto de ideas y valores de índole neoliberal que se autodefinen como exclusivos y hegemónicos (Silva, 1998; Torres, 2007).

La injerencia de la ideología neoliberal en la construcción del sujeto y en la concepción y gestión del sistema educativo, inevitablemente condiciona o se impone en la (re)configuración constante del rol docente y, por ende, en las creencias y concepciones del profesorado acerca de la formación ciudadana. No debe olvidarse que el actual proceso de promoción política y de implementación de la formación ciudadana en Chile se enmarca en las políticas neoliberales, introducidas en el país durante la dictadura cívico-militar (1973-1990), y reforzadas a lo largo de los gobiernos democráticos vigentes. El ingreso de la doctrina neoliberal en el campo educativo ha sido posible, en buena medida, por el proceso estructural de la privatización y por la instalación de tecnologías de Nueva Gestión Pública (NGP) (Díaz, Kawada, Monzón y Stuardo, 2020), que han apuntado a aparejar, en términos de procesos internos, a las instituciones educativas con la gestión de las empresas, a través de la promoción de lógicas de (re)culturización institucional y de redefinición del trabajo educativo, "las cuales fomentan que sujetos e instituciones se modelen y orienten en términos de estándares, indicadores y sistemas de evaluación asociados a rendición de cuentas públicas" (Palacios, Hidalgo, Suárez y Saavedra, 2020, p.34).

En la lógica del capitalismo neoliberal, las escuelas representan otro engranaje más de la máquina estatal, y obedecen a la metáfora industrialista de la masividad y del control. Esto explicaría por qué los intentos de fundar pedagogías democráticas y centradas en el sujeto han tenido un impacto muy menor a nivel del sistema educativo chileno (Ossandón, Águila y Carrasco, 2016); por otro lado, el mismo sistema educativo ha reforzado y perpetuado la segregación social, produciendo una gran brecha en términos de desigualdades de ingresos y de calidad de vida (Cubillo, 2019). Las políticas neoliberales dejan de concebir, en definitiva, la educación como un derecho social y pasan a entenderla como un bien de consumo, y como instrumento al servicio de los intereses del mercado, apuntando a la formación de un sujeto eficaz y funcional, cuyo interés en el conocimiento radica fundamentalmente en la posibilidad que este le brinda de mejorar su bienestar económico personal (Brown, 2016; Laval y Dardot, 2015; Torres, 2017). La educación para la ciudadanía, por tanto, deviene en un proyecto embrollado y complejo, toda vez que las políticas educativas neoliberales no hacen sino otra cosa que "destruir la médula del proceso educativo", al vaciarlo de contenido humanista y académico, así como también vaciar de contenido "lo político por la pérdida del sentido de lo común" (Redón, 2018, pp. 16-17).

En tal sentido, analizar las creencias y concepciones docentes de educación para la ciudadanía en el contexto y marco que atraviesa la educación en Chile resulta sustancial, esto puesto que las y los profesores educan en ciudadanía y son sujetos ciudadanos, por tanto, sus creencias tendrán una relación directa en el abordaje de la ciudadanía en el aula, especialmente porque al educar hay una tensión entre lo que está instituido en el currículo oficial y en el individual (Reyes, Campos, Osandón y Muñoz, 2013). Estas creencias del profesorado sobre la educación ciudadana se pueden entender desde los enfoques maximalista y minimalista de Kerr (2002). El último, relacionado a la educación cívica, está centrado en la transmisión de conocimientos por parte de las y los docentes, con un foco en el contenido conceptual, especialmente lo relacionado a sistemas de gobierno, por tanto, asociado a la mantención del orden instituido. Por otro lado, el enfoque maximalista considera una visión más amplia de la educación en ciudadanía, que se relaciona con el desarrollo de habilidades y actitudes que trasciendan el contenido, para que este pueda ser utilizado como una herramienta para la participación y autonomía de los estudiantes. En Chile, se señala que "el profesorado tiende a entender la formación ciudadana como una instrucción cívica destinada a un ejercicio futuro" (Reyes et al., 2013, p. 221), es decir, desde una concepción minimalista de la ciudadanía (Kerr, 2002).

Es relevante también abordar las valoraciones y creencias del profesorado sobre formación ciudadana, puesto que la profundización en estas temáticas es precaria en la formación inicial docente (MINEDUC,

2004), por tanto, sus creencias y valoraciones sobre qué es la educación ciudadana operan en gran medida en el aula. Pese a lo anterior, el mismo informe de la Comisión de Formación Ciudadana (2004) señala que diversos investigadores e investigadoras en educación exponen que:

> En aquellos establecimientos donde existe una práctica de gestión institucional de mayor horizontalidad, y donde las instancias de participación de los docentes son claras y expeditas, se advierte un sentido de identidad y pertenencia claramente desarrollado, lo que facilita el logro de habilidades ciudadanas democráticas con los alumnos (p. 33).

Por tanto, el contexto y la lectura que hagan del mismo los y las docentes será relevante respecto a sus valoraciones y creencias, considerando que a la vez operan sobre ellos, como sujetos ciudadanos, estructuras sociales, políticas y culturales que influyen de distintas formas en cómo abordan estos contenidos.

El análisis que aquí se presenta expone parte de los resultados de la investigación que la línea Ciudadanía y Educación del Centro de Investigación para la Educación Inclusiva (ANID PIA CIE 160009), ha dirigido durante los años 2018 y 2020 para indagar en torno a las concepciones, valoraciones, prácticas y experiencias que presenta el profesorado sobre la educación para la ciudadanía. En este capítulo se expondrán los hallazgos obtenidos mediante entrevistas etnográficas y grupos focales, realizados a docentes de enseñanza básica y media que imparten distintas disciplinas en la región de Valparaíso (Chile).

El guion de la entrevista etnográfica abordó temáticas de identificación personal, procesos formativos, rol docente, deberes y prácticas pedagógicas de educación para la ciudadanía en la escuela, así como también conocimientos específicos en torno a la democracia, ciudadanía, participación, política pública y multiculturalismo. Por su parte, la realización de los grupos focales obedeció a la necesidad de resguardar el criterio de saturación por muestra razonada, permitiendo identificar las cadenas de consenso que construyen el discurso social como trama normativa u horizonte ideológico que se articula en esta temática.

El análisis de los discursos de las entrevistas permitió levantar seis categorías matrices: i) escuela; ii) autoritarismo; iii) lógica neoliberal; iv) currículo; v) rol docente; y vi) ciudadanía. En este capítulo se analizan las dimensiones de la escuela y la lógica neoliberal, con foco en: i) la formación ciudadana, que agrupa aquellas voces del profesorado que remiten a la importancia atribuida al proceso de educación para la ciudadanía en los centros educativos; ii) las creencias en formación ciudadana, que agrupa los discursos en que los y las docentes despliegan sus formas de ver y valorar la educación ciudadana como convivencia al interior de un espacio común; y iii) sistema escolar, el cual alude a las marcas neoliberales presentes en las políticas de gobierno y su fuerte influencia en el hecho educativo y la educación para la ciudadanía.

4. VISIONES DEL PROFESORADO SOBRE EDUCACIÓN EN CIUDADANÍA

A partir del análisis, se visibilizan siete ejes discursivos relevantes sobre sus creencias y valoraciones en torno a la educación para la ciudadanía, que articulan su imaginario sobre lo que debe ser este proceso en la escuela y cómo este se lleva a cabo. A continuación, se revisan cada uno de estos ejes.

4.1. Ciudadanía como convivencia en un territorio común

La primera dimensión que sobresale en los discursos docentes enfatiza la idea de ciudadanía desde una dimensión político-social que la asume como forma de convivir al interior de un espacio común (Redón, 2016, 2018); y, por tanto, pone el acento en el entendimiento de esta como praxis instituyente.

La ciudadanía entendida como "forma de vida" se aleja de concepciones normativas de lo político y la democracia, que apelan a la reproducción del orden instituido y, en cambio, enfatiza la vivencia de lo político desde la diferencia, el conflicto, el diálogo y la convivencia que desarrollan los sujetos al interior de un territorio (escuela, barrio, ciudad, etc.).

"Para mí tiene que ver con, eh, educar y orientar a personas que se sientan parte de una sociedad po', un rol ciudadano, con derechos, deberes, que salga de una lógica individual; sino que de una lógica

colectiva; soy un sujeto o una sujeta, que está dentro de un espacio, que se relaciona con otros y desde ahí tengo que aportar; venir, beneficiarme, pero también entregar, como en un rol de colectividad que muchas veces no es lo que se plantea" (Profesora, Lenguaje, Escuela Municipal).

"Sí, yo creo que transitamos hacia instalar una cultura ciudadana… Y así a modificar nuestros conceptos de qué es lo que es hacer ciudadanía. Transitamos te digo, porque está todavía muy enquistado el concepto de que ser ciudadano es ir a votar a las elecciones cada cuatro años, sin embargo, hay luces de algo distinto. Hay luces desde los profesores, generalmente los más jóvenes y desde alumnos también que han logrado entender que la participación no solo tiene que ver con ir a votar, con ir a elegir un alcalde o un presidente" (Profesora, Historia, Escuela Municipal).

"Bueno, para mí, la ciudadanía es el ejercicio de… de la vida en comunidad, de la vida juntos, eh, la ciudadanía es el conjunto de saberes, eh, y valores que nos permiten vivir en comunidad y poder, eh, aplicarlas, es decir, eh, para mí la ciudadanía incluye un componente conceptual, pero sí o sí debe ser capaz de ponerse en práctica en alguna praxis comunitaria en donde se implique participación de los agentes" (Profesora, Historia, Escuela Municipal).

De esta forma, la ciudadanía entendida como "forma de vida" se aleja de concepciones normativas de lo político y la democracia, que apelan a la reproducción del orden instituido y, en cambio, enfatiza la vivencia de lo político desde la red vincular que supone la diferencia, el conflicto, el diálogo y la convivencia que desarrollan los sujetos al interior de un territorio (escuela, barrio, ciudad, etc.).

4.2. Ciudadanía y pertenencia

Para el profesorado, la formación ciudadana debe concebirse desde la comunidad. Esto implica en segundo lugar que, para abordarla, las y los profesores consideran relevante la construcción de comunidad y el sentido de pertenencia, elementos que son parte del compromiso mismo de la ciudadanía y que, por tanto, no pueden ser invisibilizados.

"Formar ciudadanos tiene que ver con que mis alumnos puedan escuchar y comprender los argumentos o puntos de vista diferentes a sus propias narrativas, que pueda desarrollarse un dialogo. Eso falta, ya nadie habla en las calles, nadie se soporta, es más fácil bloquear o dejar de seguir, que intentar ver su punto de vista... Mira yo tengo seguridad -porque lo he preguntado- que los alumnos no saben quiénes son sus vecinos, ni la historia de su barrio, ni siquiera de la ciudad. Cómo, entonces, les puedo pedir que piensen en una mirada común, que se comprometan con el otro... si no pertenecen... Así que es fundamental la escuela, para volver a tejer esa unión de sentidos, necesaria para vivir este contexto actual" (Profesora, Lenguaje, Escuela Particular Pagada).

En el caso de la escuela, a juicio del profesorado, los y las estudiantes ejercen pertenencia en condiciones de igualdad frente a los demás miembros de la comunidad educativa cuando son reconocidos como sujetos participantes, y con voz para decidir sobre el devenir de su escuela (la comunidad) y de ellos mismos al interior de aquella.

"Entonces si en la escuela no participo, porque tengo una clase centrada en que yo escucho y el profesor es la autoridad y no hay nada más que yo haga que escuchar y asentir y decir que sí, obviamente ese modelo no lo voy a poder replicar después a futuro. En cambio, si tengo una sala o un colegio donde yo participo, donde yo me siento parte, donde yo tengo la oportunidad de desarrollarme como persona también es bueno eso" (Profesora, Historia, Escuela Municipal).

"Claro es otra forma de enseñar formación ciudadana, con voz, con opinión y que empiezan a entender que ellas también son parte de esta estructura ciudadana que no las abraza, cuando se empiezan a dar cuenta que son ciudadanas igual, desde otra estructura como son sus centros de alumnos, sus juntas de vecinos, otras micro-estructuras, se empiezan a dar cuenta que son parte de una sociedad macro en la que sí tienen voz, se empiezan a levantar a través de un petitorio o una necesidad" (Profesor, Enseñanza Básica, Escuela Municipal).

Los discursos sobre valoraciones y creencias de las y los docentes en formación ciudadana se oponen a una mirada minimalista de la ciudadanía y se relacionan más bien con elementos propios de una mirada comunitarista. En otras palabras, el profesorado significa la ciudadanía desde el vínculo y el sentido de pertenencia y, por lo tanto, desde el colectivo o la comunidad, en contraposición a una visión de ciudadanía donde priman los sujetos que pactan un contrato social con el Estado (Pérez-Luño, 2002), y cuya participación se ve reducida a procedimientos específicos. Ello confirma una aproximación teórica y de lógicas de sentido en el profesorado respecto a la enseñanza de la ciudadanía, que no necesariamente es valorada por los contextos sociales y políticos.

4.3. Praxis instituyente

Los discursos docentes enfatizan una concepción de ciudadanía social y vital, como forma de convivir al interior de la escuela y destacan la importancia de una praxis instituyente del "común" que debiera ser el cimiento de la comunidad y no impuesta o regulada externamente. A su vez, manifiestan una valoración de la educación para la ciudadanía como experiencia cotidiana, más que como enseñanza de conocimientos cívicos, centrado en la transmisión y memorización de contenidos y/o conceptos, es decir, con un enfoque minimalista de la ciudadanía. Ello no significa restar valor a la enseñanza teórica de conceptos densos y complejos tan relevantes para comprender lo político, la democracia y la ciudadanía, sólo relevar que, si estos conceptos no encuentran su correlato con la vida, se desmoronan como aprendizajes poco significativos.

> *"La educación ciudadana, debería promover su formación, principalmente, a través de su puesta en práctica en la escuela, en todos lugares y momentos... No en 45 minutos. Para mí eso es ciudadanía. Por eso es interesante observar cómo ellos interactúan en el patio, cómo logran acuerdos, se enfrentan en conflictos, y esas cosas, sin la presencia de nosotros" (Profesor, Enseñanza Básica, Escuela Municipal).*

> *"Bueno, personalmente yo lo veo y hay otras personas del colegio como... como un proceso de experiencias de aprendizaje donde el tema de la ciudadanía es algo que se tiene que vivir no a partir de los conceptos o las definiciones, sino que, al revés, a partir de la*

experiencia y de la participación y de la misma ciudadanía dentro del colegio, en el fondo (Profesor, Lenguaje, Escuela Municipal).

Insertar un plan, insertar un plan de ciudadanía para trabajar en las escuelas sí, completamente de acuerdo, lo apoyo al 100%, eh, tienen todo mi apoyo; pero yo creo que cada escuela debería enfocarlo a sus necesidades, a su contexto, a su realidad, ¿ya? Entonces ahí es donde tenemos que determinar qué es lo que necesitamos" (Profesor, Educación Física, Escuela Municipal).

De esta manera, la comprensión que se visibiliza a partir de los juicios del profesorado no hace sino poner de relieve que las virtudes, actitudes y saberes ciudadanos, etc., no se enseñan tan solo leyendo, escribiendo o discutiendo lo que escribe sobre aquellas un docente en la pizarra; se enseñan y aprenden -principalmente- cuando se las vivencia cotidianamente desde un saber ser, estar y hacer con otros.

4.4. Educar en ciudadanía es labor de todas y todos

En tal sentido y como un cuarto elemento a destacar, la educación para la ciudadanía es concebida como un proceso, no un suceso, dentro de las escuelas. De esta forma, se entiende que debe ser abordada de forma transversal desde los distintos miembros de la comunidad educativa, como también respecto a los diferentes espacios e instancias en la escuela. Junto a lo anterior, es relevante señalar que, para el profesorado, las responsabilidades sobre la formación ciudadana de las y los jóvenes no recaen solamente en la escuela y las familias, sino que consideran que es una labor de la sociedad en su conjunto, que trasciende a los centros educativos:

"Todos los profesores, incluso, aunque suene chistoso, el de matemáticas, el de física, todos los profesores del colegio, sin importar la asignatura, hasta el de educación física, sobre todo el de educación física -porque la teoría de los juegos en política propone que toda la relación política a grandes niveles, a gran escala, es un juego con reglas y un ganador y perdedores y competencia-, deberían saber en qué consiste ser buenos ciudadanos y transmitirles eso a sus estudiantes; porque no te podís desligar, yo encuentro que es

muy barsa[2] por parte de muchos docentes decir: "Es que no es mi área, es que no me compete". Es como si yo no me sintiera culpable porque los cabros no saben leer ni escribir" (Profesor, Historia, Escuela Particular Pagada).

"A todos, yo creo que a todos, todos, desde la casa, la escuela, obviamente el Estado como sostenedor, por así decirlo, de toda la sociedad, pero yo creo que todos somos responsables y a todos nos recae el deber de ser aporte para la formación de ciudadanos y ser ciudadanos también" (Profesora, Ciencias Naturales, Escuela Particular Pagada).

El profesorado sabe que la enseñanza de la ciudadanía en la escuela supone compromiso y responsabilidad de la comunidad educativa en su conjunto. Estos discursos reflejan que lo político es una idea de bien para la convivencia en un territorio común, por tanto, consustancial a toda la actividad humana, como seres políticos que somos. Especialmente la escuela que por definición es un espacio de lo político al constituirse como la institución que define y reproduce un modelo de sujeto y sociedad.

4.5. Educación para la ciudadanía y pertinencia curricular

A su vez, la idea de praxis instituyente y vivencia cotidiana de la educación para la ciudadanía conecta con una quinta dimensión que sobresale en los discursos analizados y que viene dada por la idea de pertinencia curricular. En otras palabras, para los y las docentes es sustancial que el profesorado vincule los contenidos, habilidades y/o actitudes de educación para la ciudadanía con las características, rasgos, sucesos e intereses propios de los alumnos, y con las problemáticas que afectan a sus localidades cercanas y al mundo que les rodea.

"Porque si tú preguntas, de repente hay niños que ni siquiera conocen Valparaíso, entonces tienen que partir conociendo su... su localidad, o sea, si no conocemos nuestra localidad, ¿cachái? Es algo que se esfuma en el aire, entonces yo creo que para hablar

---

[2] En el lenguaje coloquial chileno, una persona "barsa" es quien actúa de manera desvergonzada, aprovechándose de las situaciones.

de ciudadanía hay que empezar con lo local" (Profesor, Historia, Escuela Municipal).

En tal sentido, los y las docentes poseen una mirada crítica respecto de un proyecto curricular de educación para la ciudadanía centralizado, homogeneizante y que invisibiliza las múltiples realidades y contextos en que se desenvuelve el estudiantado.

"Y así como va a caer "aula segura" por su propio peso, el mismo proyecto de ciudadanía que hoy día se está implementando, lo más probable es que nunca va a tener los resultados que esperan; porque no están relacionados con la comunidad, sino que intentan imponer ciertos estándares o condicionamientos a las escuelas, de funcionamiento según una democracia que nos vienen a decir qué es, pero no de cómo funcionan las comunidades en realidad" (Profesor, Historia, Escuela Municipal).

" (…) Así como "si Juanito tiene tres peras y Carlitos le roba dos", ¿cachái? Eso es un problema imaginario, ¿cachái? Pero no es un problema real, que podríamos decir, por ejemplo, 'en el servicio, en una urgencia, atienden a cinco personas, en una clínica atienden a las mismas cinco personas, pero en menos tiempo', el mismo ejercicio matemático, pero desde una visión crítica hacia la política, hacia la sociedad porque lo que al fin y al cabo yo quiero crear son seres políticos y seres civiles, porque es un poco desde donde yo parto con las niñas" (Profesor, Enseñanza Básica, Escuela Municipal).

" (…) Cuando conviven, cuando coexisten, cuando se dan cuenta que su realidad existe, pero si yo las tengo mirando y estudiando desde la realidad ficticia las niñas nunca se van a dar cuenta de su propia realidad" (Profesor, Enseñanza Básica, Escuela Municipal).

4.6. Ciudadanía crítica y transformación social

La necesaria conexión de los saberes escolares que se aprenden en la escuela con la realidad de los sujetos que asisten a ella, con sus problemáticas y las problemáticas que afectan a sus localidades y al mundo que les rodea constituye una exigencia fundamental. Por el contrario, cuando dicho conocimiento no es provisto por el currículo y la escuela, cuando no hay educación para la vida en conexión con la vida misma, aquel -a juicio del profesorado- solo sirve para reproducir la realidad, privando a los y las estudiantes de las herramientas que les permitirían configurarse como ciudadanos y ciudadanas.

"La mayoría de nuestros alumnos y muchos de nuestros adultos, no somos la mayor parte del tiempo conscientes de cómo están modeladas nuestras decisiones y nuestras formas de vida, y eso es ser ciudadano también creo yo" (Profesor, Historia, Escuela Municipal).

"O sea, yo no quiero un ciudadano consumista, no quiero un ciudadano poco solidario, no quiero un ciudadano alienado y adiestrado, quiero un ciudadano crítico, ¿cachái? Quiero un niño crítico, un niño crítico de su realidad y que la quiera cambiar. No un ciudadano alienado a lo que te dicen que tenís que hacer, como te dicen que tenís que comportarte" (Profesora, Enseñanza Básica, Escuela Municipal).

"Entonces yo creo que la noción de ciudadanía va por ahí, de ver que como seres humanos podemos cuestionar los proyectos de vida, sobre qué estamos haciendo en nuestros trabajos, sobre si estamos ganando lo suficiente, sobre si es justo o no. ¿Es justo que ganemos eso por hacer tanto trabajo? ¿Es justo que los obreros se rompan la espalda? ¿Nos dan, nos alcanzan los bienes que tenemos? ¿Nos gustan? O la misma noción de democracia: ¿esta democracia nos gusta? ¿No nos gusta? Y toda esa reflexión creo yo, hay que entregársela primero a los profes y luego a los niños, los niños por muy chicos que sean, no es muy temprano para empezar creo yo, a construir una noción de democracia" (Profesor, Historia, Escuela Municipal).

Tal como se ha señalado, para los y las docentes la formación ciudadana debe estar enfocada en el empoderamiento del alumnado como ciudadano y ciudadana, y en la transformación de las estructuras sociales donde habitamos, lo que implica relevar su condición de sujeto político desde prácticas pedagógicas que desafíen lo instituido y lo interpelen.

"Lo que trato de hacer es rescatar ese sentido político del muchacho, del estudiante para que se note o se empodere como ciudadano, y eso es tener una relación con las instituciones, tener relaciones entre ellos mismos; es descubrir el concepto del derecho no como una idealización,

sino que como una práctica. ¡Y eso trae dificultades! Porque, en el fondo, es una noción re-básica acerca de un cuestionamiento que yo tengo como historiador; eh, la transición tuvo problemas en la aplicación de la democracia, y lo que yo tengo que hacer como docente es democratizar un aula, y para eso tengo que rescatar del estudiante una noción previa de que es ciudadano" (Profesor, Historia, Escuela Particular Pagada).

"Porque enseñar ciudadanía no es lo mismo que enseñar historia, enseñar ciudadanía no es lo mismo que enseñar política como ciencia política, porque cuando uno dice 'ciencia política' lo encasilla en el ámbito de estudio, es como estudiar fútbol o ser futbolista. Entonces, la ciudadanía es enseñarles a los niños a ser políticos constantemente, ¿ya? Y hay una visión súper negativa de eso también, asociado como muy, muy post dictadura: 'lo político es malo'" (Profesor, Historia, Escuela Particular Pagada).

No obstante, el profesorado reconoce dificultades a la hora de educar el empoderamiento de la ciudadanía, las que identifica con una problemática social que es parte de la herencia de la dictadura cívico-militar en el país.

"Mira, algunos pueden pensar que potenciar la ciudadanía o empoderarla, se puede transformar en una amenaza para la gobernabilidad del Estado... O sea, no creo que lo digan así, pero quizás trabajan una ciudadanía tradicional, participativa en elecciones democráticas, me entiendes, pero le temen a que sus alumnos o las personas en sí, como una diversidad de ciudadanos, se unan de manera colectiva, discutan y tomen decisiones en el ámbito público, en la escuela o fuera de las estructuras gubernamentales, sin la necesidad de un líder elegido democráticamente. Esa discusión o mirada se ve en los colegas. Nadie se las enseña, la viven, porque al final es un juego de poder... ¿Cuánto doy? ¿Cuánto pierdo? ¿Quiero que todo funcione normal o me interesa que mis cabros tengan opinión y, si les molesta algo, lo transformen, lo cambien ahora?" (Profesor, Historia, Escuela Municipal).

4.7. Ciudadanía y neoliberalismo

En los discursos docentes afloran recurrentemente las alusiones a un modelo educativo altamente segregado, mercantilizado y favorable a la estandarización. Bajo un sistema educativo de esas características, se encuentran sujetos estudiantes asistiendo juntos a la escuela, pero conviviendo distantes entre sí, pues el modelo al cual se hayan sometidos no les ofrece ejemplos contundentes acerca de la importancia de la construcción de lazos sociales; al contrario, les transmite un mensaje donde el éxito está asociado a la individualidad, la competitividad y la superación personal, donde no se necesita del otro para surgir (Laval y Dardot, 2015).

> *"Porque justamente po', el tema del tiempo libre para ellos es… Igual acá los chicos cuarto medio, por ejemplo, es una locura. Los consejos de curso están cooptados por las universidades y los preuniversitarios que vienen a ofrecer, mostrar. Y luego ellos salen de aquí, se van al preuniversitario, llegan a las 10 de la noche a la casa; al otro día llegan acá muertos de sueño, ¿en qué momento estudian? ¿En qué momento hacen otra cosa? ¡Además son adolescentes! ¡Tienen mucha energía! ¡Necesitan hacer cosas y no pueden! Están todo el día en la lógica de responder, responder, responder. Entonces, claro, de repente uno instala el discurso de que la competitividad no necesariamente es algo positivo, que esto, que esto. ¡Y cuando, en realidad, todo el sistema te dice, te fuerza a lo contrario! ¡Te fuerza a competir! ¡Te fuerza a auto-explotarte para rendir!" (Profesora, Filosofía, Escuela Municipal).*

El profesorado resalta la manera en que el actual sistema educativo mercantilizado tiende a la formación de un sujeto tipo, modelado desde los requerimientos de la economía y, en lo concreto, desde las demandas que le plantean a la escuela los sistemas de evaluación estandarizados nacionales (Prueba de Selección Universitaria, PSU y Sistema de Medición de la Calidad de la Educación, SIMCE).

> *"¡El neoliberalismo! Lo ha afectado tremendamente; porque en el fondo el neoliberalismo te lleva a la competencia. ¡Y no vamos a surgir todos juntos, sino que voy a surgir yo sola! ¡Y lo ideal es que yo surja sola, porque mejor entro en el mercado a competir!*

Entonces… y ahí lo tenemos con la PSU y etcétera. Entonces, claro, el neoliberalismo. Y por eso creo que me enfoco un poco en el sentido de la comunidad y como que lucho un poco con esa competitividad que se va dando en el sistema actual. Porque en el fondo el competir te obliga a ser un individuo solo; y a ti te sirve que al otro no le vaya bien, porque tú avanzas más" (Profesora, Enseñanza Básica, Escuela Municipal).

"Yo creo que el SIMCE le ha hecho muy mal a esta sociedad, pero también entiendo que es una forma de medir, pero esto hace que muchas veces en los colegios se vuelquen a trabajar única y exclusivamente por este tipo de enseñanzas y pruebas que generalmente te generan más competitividad, más clases de matemáticas, de lenguaje, pensando que con eso les va a ir estupendo en la vida y dejando de lado las otras cosas, que es por ejemplo lo que te decía, compromiso con mi aprendizaje y conmigo mismo, y de ahí mi compromiso con la sociedad" (Profesora, Historia, Escuela Municipal).

"Volver a la educación formativa en las escuelas básicas y no a adiestrar niños pa' un SIMCE. ¿Me hace un buen ciudadano adiestrar niños pal' SIMCE?, ¡no po'!, no estoy pensando en un buen ciudadano, ¿cachái?, en una buena convivencia" (Profesora, Enseñanza Básica, Escuela Municipal).

El profesorado está muy consciente y tiene claridad del contexto que rodea, sostiene y enmarca a la ciudadanía desde la lógica neoliberal. ¿Qué relación podría existir entre la estandarización y su consecuente escala de posiciones de los "exitosos" y los "fracasados"? ¿Qué relación podría existir entre la noción de sujeto empresario de sí, o estudiante emprendedor? ¿Qué relación podría tener el neoliberalismo con la segmentación social, el debilitamiento de la escuela pública y el fortalecimiento de la noción de administración, gerencialismo y el éxito del sector privado en educación (*new public managment*)? Siguiendo a Brown, 2015; Laval y Dardot, 2015; Sandel 2013, 2020, el neoliberalismo opera como principio rector en la sociedad capitalista, es una razón normativa que determina el orden establecido en el Estado, la sociedad y las instituciones, un sistema de valoración que configura las subjetividades y por tanto produce sujetos. El neoliberalismo como racionalidad rectora, se sustenta en afirmar y totalizar que el desarrollo es económico, como valor público de capital humano, que la competitividad supone que unos ganen y otros pierdan, que los éxitos van amalgamados con la meritocracia, meritocracia que no opera como una realidad posible[3], en tejidos sociales muy segmentados, con diferencias de posiciones abismales (Dubet 2010), y, por último, que la nueva gestión pública se basa en la transferencia de los métodos de administración del sector privado a los servicios públicos, utilizando técnicas económicas como: incentivación, *accountability*, empresarialismo y subcontratación, destruyendo los derechos sociales como responsabilidad del Estado y como un bien común o pro-común.

> *"Entonces, cuando está todo bajo la mirada capitalista de mercado, ¿cierto?, eh, no podemos pensar en un buen plan de formación ciudadana, ¿ya? La mirada tiene que ser distinta, tiene que ser de una sociedad afectiva, una sociedad integral, de niños que desarrollen todas las áreas; no solamente la parte lenguaje y matemáticas, eso no es un buen ciudadano. Entonces, si los planes y programas y el currículum están pensados, cierto, pa' seguir manteniendo una sociedad capitalista, no estoy de acuerdo con ese plan, con ese programa"* (Profesora, Enseñanza Básica, Escuela Municipal).

En síntesis, los discursos docentes evidencian las tensiones que se dan en Chile, entre las declaraciones de principios del gobierno sobre formación ciudadana y los propósitos reales que priman en las escuelas. Estas tensiones que atraviesan los espacios educativos y la praxis docente dificultan su percepción como espacios de formación ciudadana.

5. EDUCACIÓN PARA LA CIUDADANÍA: ALGUNOS DESAFÍOS PARA LA ESCUELA Y EL PROFESORADO

La vida escolar en su amplia complejidad, riqueza y densidad hoy se reduce fundamentalmente al adiestramiento de habilidades (que habitualmente no son conocimientos) de matemáticas y lenguaje. Paradójicamente este adiestramiento no se refleja en indicadores exitosos de países que pertenecen a la OCDE, y Chile sigue apareciendo con puntuaciones de fracaso al constatar que niños y jóvenes no comprenden lo que leen y menos comprenden lo que el lenguaje matemático es capaz de

---

[3]   Es importante aclarar que no opera como tendencia generalizada, sino solo como casos particulares.

representar. En definitiva, lo que se configura en el imaginario social y en las subjetividades, es que la mecánica de la escuela reproduce valor al sin sentido alimentado por un sistema de rendición de cuentas, gestión, métricas, estándares y rankings en el marco de una lógica neoliberal. "El neoliberalismo es la racionalidad con que el capitalismo finalmente devora a la humanidad, no solo con su maquinaria de mercantilización obligatoria y expansión con fines de lucro, sino por su forma de valoración" (Brown, 2016, p. 55).

> *"Ya, tú sabes matemáticas, todo esto te tienes que saber. Ya, usted sabe lenguaje, todo esto tiene que saber, nada más, y con eso va a ir a dar la PSU y con eso se va, porque eso es su vida, sin PSU no hay vida" (Discurso grupo focal, Escuelas Municipales).*

Las políticas educativas en educación para la ciudadanía (específicamente, el Plan de Formación Ciudadana y la Ley 20.911) en Chile, han realizado notorios cambios y esfuerzos por aumentar contenidos, estrategias didácticas y pedagógicas para desarrollar la educación para la ciudadanía en las escuelas (Vallejos, 2016). El discurso oficial del currículum prescrito contiene los ideales del mandato normativo para educar en ciudadanía, bastante coherentes con sus conceptualizaciones. Los discursos de casi cien docentes construyen otro currículo radicalmente opuesto a lo declarado, que refleja una aproximación al sentido profundo y vital de la ciudadanía en la escuela. Sin embargo, a la hora de diseñar y evaluar las políticas en educación, imperan los discursos técnicos de otras disciplinas y no la voz de los maestros y maestras que cultivan, viven y están configurados en la pedagogía.

La escuela chilena inmersa en sistemas capitalistas con políticas educativas que ponen el énfasis en la gestión y rendición de cuentas, provocan un abismo para concretar los ideales democráticos y republicanos de una ciudadanía de derechos sociales básicos. Es de vital importancia que docentes y demás miembros de las comunidades educativas reconozcan y valoren la praxis instituyente como fuente válida y en disputa frente a nociones y discursos instituidos, normativos y conservadores sobre democracia y ciudadanía, desde nociones univocas que tienen por objetivo reproducir el orden establecido. Es relevante propiciar formas de comportamiento, reflexión y actuación al interior de la juventud, que impugnen una apertura de los discursos sobre democracia, ciudadanía y educación para la ciudadanía democrática (Nicoll, Fejes, Olson, Dahlstedt y Biesta, 2013) que no emergen del currículo como prácticas pedagógicas recurrentes.

Los docentes atrapados en lógicas de gobierno escolar autoritarias, no cuentan con autonomía para abordar los temas de ciudadanía desde realidades vitales, con trayectorias reales que no se contemplan en el currículo escolar y menos en la formación docente del componente político en la educación. La escuela pública como único espacio de asociatividad obligatoria remanente para la educación para la ciudadanía y la construcción intersubjetiva de un "nosotros", que permita releer el mundo con categorías contra-hegemónicas al sistema capitalista neoliberal, se desmorona, se extingue en las fauces de la privatización y el mercado capitalista. Las y los docentes aluden a la lógica neoliberal como una razón instrumental cuyo eje está puesto en el individuo, la rendición de cuentas, la meritocracia, la homogeneización a través de mediciones estandarizadas como símbolos de calidad educativa, y a la pérdida gradual del sentido de lo común y la cohesión de la red vincular a la base de toda comunidad. El sujeto empresario de sí mismo, profundamente adentrado en el tejido social chileno, no es compatible con la comunidad y el fortalecimiento de lo común en las escuelas.

Para la escuela y el profesorado, la situación descrita demanda con urgencia reflexionar en torno a la ciudadanía y la democracia, para comprender cómo ambas categorías se transforman históricamente en prácticas cotidianas contradictorias y en disputa, como significantes vacíos o paraguas dispuestos a contener una diversidad de significados y concreciones a lo menos complejas. Al mismo tiempo, exige volver a mirar -de manera crítica y reflexiva- los fines y valores que cimientan la educación de las nuevas generaciones y -con mayor razón- todo proyecto que aspire -desde la escuela- a la educación para la ciudadanía. Por último, el trabajo aquí presentado nos interpela y exige volver la mirada al profesorado, escuchar sus voces, observar sus prácticas, pero por sobre todo valorar la profundidad que subyace a sus discursos. Gracias, profesores y profesoras de Chile que nos han permitido escribir estas líneas con la agudeza de sus miradas, y la sabiduría de sus palabras.

REFERENCIAS

Apple, M. (2008). *Ideología y currículo.* Madrid: Akal.

Ávila, M. (2016). Plan de Formación Ciudadana: Para que la ciudadanía se ejerza dentro de la escuela. *Revista de Educación.* Recuperado de: http://www.revistadeeducacion.cl/plan-formacion-ciudadana-la-ciudadania-se-ejerza-dentro-la-escuela/

Brown, W. (2016). *El pueblo sin atributos. La secreta revolución del neoliberalismo.* Barcelona: Malpaso Ediciones.

Cárcamo-Vásquez, H. (2015). Ciudadanía y formación ciudadana: ¿Qué ocurre en el aula donde se forma el futuro profesorado de educación primaria de una universidad pública de Madrid? *Revista Electrónica Educare,* 1-14.

Carrasco, A. (2013). Mecanismos performativos de la institucionalidad educativa en Chile: pasos hacia un nuevo sujeto cultural. *Observatorio Cultural,* 15(1), 1-12.

Castro, L. y Holz, M. (2016). BCN. Informe. *De la Educación Cívica a la Formación Ciudadana. Hitos, distinciones, desafíos y propuestas.* Recuperado de: https://www.bcn.cl/obtienearchivo?id=repositorio/10221/23548/1/BCN%20De%20la%20Educaci%C3%B3n%20C%C3%ADvica%20a%20la%20Formaci%C3%B3n%20Ciudadana.pdf

Cubillo, P. C. (2019). Neoliberalismo, focalización e infancia en Chile: 1973-2010. *Revista Mexicana de Sociología,* 81(3), 611-636.

De Alba Fernández, N. (2007). ¿Qué Ciudadanía? ¿Qué Educación para la Ciudadanía? En Ávila Ruiz, R.M.; LópezAtxurra, R. y Fernández de la Rea, E. *Las Competencias Profesionales para la Enseñanza-Aprendizaje de las Ciencias Sociales Ante el Reto Europeo y la Globalización* (pp. 345-352). Bilbao: Asociación Universitaria de Profesores de Didáctica de las Ciencias Sociales.

Díaz, D. P., Kawada, F. H., Monzón, N. S. y Stuardo, P. S. (2020). Leyendo críticamente políticas educativas en la era neoliberal: el caso chileno. Cadernos de Pesquisa, 50(175), 30-54.

Dubet F. (2010). *Repensar la Justicia Social.* Argentina: Siglo XXI.

Favinha, M. y Navarro, E. (2012). La importancia de la formación ciudadana en la educación vista desde el contexto europeo. En M. L. Chaleta (Ed.), Actas do II Congresso Internacional, *Interfaces da Psicologia: Qualidade de Vida-Vidas de Qualidade* (pp. 96-106). Évora: Universidade de Évora.

Fernández Abara, J. (2020). La noción de transferencia política en el marco de la historia transnacional: una propuesta de conceptualización. *Revista de Historia y Geografía*, 43, 163-199.

García, J. (2016). Plan de Formación Ciudadana: Para que la ciudadanía se ejerza dentro de la escuela. *Revista de Educación*. Recuperado de: http://www.revistadeeducacion.cl/plan-formacion-ciudadana-la-ciudadania-se-ejerza-dentro-la-escuela/

Gimeno, J. (2003). Volver a leer la educación desde la ciudadanía. En: J. Martínez (Coord.)

M. Cabello, J. Sacristán, F. Gutiérrez, M. Simón y J. Torres. *Ciudadanía, poder y educación* (pp. 11-34). Barcelona: GRAÓ.

Gobierno de Chile (2009). Ley 20.370. Establece la Ley General de Educación. Recuperado de https://www.leychile.cl/Navegar?idNorma=1006043

Gobierno de Chile-Consejo Asesor Presidencial contra los Conflictos de Interés, el Tráfico de Influencias y la Corrupción (2015). *Informe Final.* Recuperado de: http://archivospresidenciales.archivonacional.cl/uploads/r/archivo-presidencia-de-la-republica/4/8/4/484a37 351dd5c32a1b4edf19e851271a40e93c1cd1978ae54d0432148f4e ab35/DT49.pdf

Gobierno de Chile (2016). Ley 20.911. Crea el Plan de Formación Ciudadana para los establecimientos educacionales reconocidos por el Estado. Recuperado de: https://www.leychile.cl/Navegar?idNorma=1088963

Ministerio de Educación (2004). Informe Comisión Formación Ciudadana. Recuperado de: https://es.scribd.com/document/37268687/Informe-Comision-Formacion-Ciudadana

Kerr, D. (2002). An international review of citizenship in the curriculum. En Steiner-Khamsi, G., Torney-Purta, J. y J. Schwille (Ed.) *New Paradigms and Recurring Paradoxes in Education for Citizenship: An International Comparison* (pp. 207-239). Bingley: Emerald Group Publishing Limited. https://doi.org/10.1016/S1479-3679(02)80011-1

Kymlicka, W. y Norman, W. (1997). El retorno del ciudadano. Una revisión de la producción reciente en teoría de la ciudadanía. La Política: *Revista de estudios sobre el estado y la sociedad*, 3, 5-40.

Laval, C. y Dardot, P. (2015). *La nueva razón del mundo. Ensayo sobre la sociedad neoliberal.* Barcelona: Gedisa.

Martín, M. (2006). Conocer, manejar, valorar, participar: los fines de una educación para la ciudadanía. *Revista Iberoamericana de Educación,* (42), 69-83.

MINEDUC (2004). *Formación ciudadana en el currículo de la reforma.* Recuperado de: http://es.scribd.com/doc/37270503/TercerLibro-Formacion-Ciudadana-en-el-Curriculum-de-la-Reforma

Mardones, R., Cox, C., Farías, A. y García, C. (2014). Currículos comparados, percepciones docentes y formación de profesores para la formación ciudadana: tendencias y proposiciones de mejoramiento. En: *Propuestas para Chile 2014* (pp. 215-246). Recuperado de: https://politicaspublicas.uc.cl/publicacion/concurso-de-politicaspublicas-2/propuestas-para-chile-2014/

Mardones, R. (2018). Las controversias políticas de la educación ciudadana. En I. Sánchez (Ed.). *Ideas en Educación II. Definiciones en Tiempos de Cambio* (pp. 737-758). Santiago: Ediciones UC.

Monarca, H. (2009). Los fines en la Educación. *Sobre la necesidad de recuperar y revisar el debate teleológico.* Madrid: Narcea.

Mouffe, C. (2010). *Política Agonística en un Mundo Bipolar.* Barcelona: CIDOB.

Muñoz, C., Vásquez, N. y Reyes, L. (2010). Percepcion del estudiantado de enseñanza basica sobre el rol del estado, las instituciones publicas, la democracia, la ciudadania y los derechos de las mujeres y de los inmigrantes. *Estudios pedagógicos* (Valdivia), 36(2), 153-175. https://dx.doi.org/10.4067/S0718-07052010000200009

Nicoll, K., Fejes, A., Olson, M., Dahlstedt, M. y Biesta, G. (2013). Opening discourses of citizenship education: a theorization with Foucault. *Journal of education policy*, 28(6), 828-846.

Ossandón, L., Águila, E. y Carrasco, A. (2016). Desafíos y brechas en formación ciudadana: relato de una experiencia con profesores. *Docencia* 58, 60-71. Santiago de Chile.

Palacios, D; Kawada, Hidalgo, F; Suárez, N. y Saavedra, P. (2020). Leyendo críticamente políticas educativas en la era neoliberal: el caso chileno. *Cadernos de Pesquisa*, 50(175), 30-54. Epub May 11, 2020.https://doi.org/10.1590/198053146449

Pagès, J. y Santisteban, A. (2008). La Educación para la Ciudadanía hoy. En Pagès, J., Santisteban, A. (coord.). *Educación para la ciudadanía. Guías para Educación Secundaria Obligatoria*. Madrid: Wolters Kluwer.

Pérez-Luño, A.E. (2002). Ciudadanía y definiciones. Doxa, (25), 177-211.

PNUD (2018). *Estudio sobre la puesta en marcha del Plan de Formación Ciudadana*. Recuperado de: http://www.ciudadaniayescuela.cl/wp-content/uploads/2018/04/Estudio-puesta-en-marcha-del-Plan-de-Formaci%C3%B3n-Ciudadana.pdf

Ramis, A. y Peña, M. (2019). (Comp). *Educar para la ciudadanía: Fundamentos, metodologías y desarrollo profesional docente*. Santiago: Saberes Docentes, Centro de Estudios y Desarrollo de Educación Continua para el Magisterio de la Universidad de Chile.

Redón, S. (2016). Una reflexión sobre la escuela pública y la ciudadanía. *Revista Interuniversitaria de Formación del Profesorado*, 30(1), 25-35.

Redón, S. (2018). La pedagogía crítica como la pedagogía en sí misma. En: R. Vásquez (Coord.), *Reconocimiento y bien común en educación* (pp. 231-258). Madrid: Morata.

Redón, S. (2020). Ciudadanía y Educación. En: Espinoza, R. y Angulo, F. (Coords.), *Conceptos para disolver la educación capitalista* (pp. 59-80). Barcelona. TerraIgnota.

Reyes, L., Campos, M., Osandón, M. y Muñoz, L. (2013). El profesorado y su rol en la formación de los nuevos ciudadanos: desfase entre las comprensiones, las actuaciones y las expectativas. *Estudios Pedagógicos* XXXIX, (1), 217-237.

Ruiz, C. (2015). *De nuevo la Sociedad*. Santiago de Chile: LOM.

Sandel, M. (2020). *La tiranía del mérito*. Navarra: Debate.

Sandel, M. (2013). *Lo que el dinero no puede comprar. Los límites morales del mercado*. Barcelona: Debate.

Silva, T. (1998). Cultura y Currículum como prácticas de significación. *Revista de Estudios del Currículum*, 1(1), 59-76.

Torres, J. (2017). *Políticas educativas y construcción de personalidades neoliberales y neocolonialistas*. Madrid: Morata.

Vallejos, N. (2016). Supuestos y marcos conceptuales de Formación Ciudadana que subyacen en el Currículum Ministerial de Historia, Geografía y Cs. Sociales en la enseñanza básica chilena. *Archivos Analíticos de Políticas Educativas,* 24(1).

Zarzuri, R. (2016). Las transformaciones en la participación política de los jóvenes en el Chile actual. En: M. Garretón, (Ed.), *La gran ruptura. Institucionalidad política y actores sociales en el Chile del siglo XXI* (pp. 133-159). Santiago de Chile: LOM.

CAPÍTULO 08

CONOCIMIENTO CÍVICO: CONCEPTO, ANTECEDENTES Y CONSECUENCIAS

DANIEL MIRANDA
Centro de Medición MIDE UC,
Pontificia Universidad Católica de Chile

ANAÍS HERRERA-LEIGHTON
Facultad de Ciencias Sociales,
Universidad de Chile

Agradecimientos: Este trabajo fue apoyado por la Agencia Nacional de Investigación y Desarrollo a través del proyecto Fondecyt de Iniciación ANID/FONDECYT N°11190508, proyecto Fondecyt Regular ANID/FONDECYT N°1181239 y el Centro de Estudios de Conflicto y Cohesión Social – COES ANID/FONDAP N°15130009.

Daniel Miranda

Doctor en Sociología, Pontificia Universidad Católica, Magíster en Psicología Social-Comunitaria de la misma universidad y Psicólogo de la Universidad de Talca. Actualmente es investigador en el Centro de Medición MIDE UC e Investigador Adjunto en el Centro de Estudios de Cohesión y Conflictos Sociales (COES). También es Investigador Principal del proyecto Fondecyt de Iniciación N°11190508: "Participación ciudadana juvenil: entre la reproducción y la socialización política". Su investigación se centra en la educación para la ciudadanía, desigualdades políticas y su transmisión intergeneracional.

Contacto: damiran1@uc.cl

Anaís Herrera-Leighton

Anaís Herrera-Leighton es licenciada en Sociología de la Universidad de Chile y estudiante del Magíster en Ciencias Sociales de la misma casa de estudios. Actualmente es asistente de investigación del proyecto Fondecyt de Iniciación N°11190508 "Participación ciudadana juvenil: entre la reproducción social y la socialización política" y del proyecto Fondecyt Regular N°1181239 "Socialización política y educación para la ciudadanía: el rol de la familia y de la escuela". Sus intereses de investigación se ligan al área de la sociología de la educación, los procesos de socialización política y las actitudes hacia la igualdad de derechos.

Contacto: anais.herrera@ug.uchile.cl

1. INTRODUCCIÓN

Existe un amplio acuerdo acerca de la importancia que tiene el conocimiento cívico para la fortaleza y resiliencia de las democracias representativas (Delli Carpini y Keeter, 1996; Galston, 2001, 2007; Rapeli, 2013). El funcionamiento de estas se fundamenta idealmente en la existencia de una ciudadanía informada para la toma de decisiones y para la participación en la vida pública (McAllister, 1998). El conocimiento cívico es considerado un elemento central de la formación de los ciudadanos porque posibilita la mejor comprensión de los intereses individuales y grupales, aumenta la consistencia entre opiniones o creencias y la consistencia de estas creencias a través del tiempo, impacta en la formación de opinión acerca de los temas públicos, funciona como un antecedente de la confianza generalizada, se vincula al apoyo de valores democráticos y/o promueve la participación política. En contraste, la ausencia de conocimiento cívico dificulta la comprensión de eventos políticos o la integración de nueva información (Galston, 2001).

En Chile, los temas políticos y públicos presentan una creciente complejidad y, por tanto, es necesario contar con herramientas de conocimiento para su mejor comprensión. El denominado estallido social de octubre de 2019 inauguró un nuevo ciclo de cambios políticos relevantes. Por mencionar los más sobresalientes, en dos años habrá un gran número de eventos de votación: plebiscito constitucional de octubre de 2020, elecciones de alcalde, elecciones de concejales, elecciones de miembros del Órgano Constituyente, elecciones de Gobernadores en abril 2021, elecciones presidenciales y elecciones parlamentarias en noviembre de 2021, y un plebiscito ratificatorio de la nueva constitución durante el 2022. Es decir, son muchas y crecientes las situaciones en que los ciudadanos se verán enfrentados a múltiples tomas de decisiones en que los niveles de conocimiento podrán jugar un rol relevante.

A esto se suma el proceso de redactar una nueva constitución política que de algún modo anticipa, por un lado, la apertura de múltiples de espacios de participación, como son: asambleas, cabildos, posibles consultas ciudadanas u otras formas de participación que implicaran diversos espacios de participación con potencial de influenciar también la formación ciudadana. Por otro lado, la redacción de una nueva carta fundamental abre múltiples discusiones públicas en torno a temáticas centrales para la vida democrática, como: la definición del sistema político, la (re)definición de instituciones claves, la (re)definición del rol del estado y del mercado, la discusión de principios y valores en torno a los cuales se organiza la sociedad, entre otros. En resumen, el siguiente periodo tiene el potencial de redefinir la vida política del país, contexto que las generaciones más jóvenes estarán observando y experimentando.

Este ciclo de cambios políticos ocurre en medio de una crisis de legitimidad del sistema, particularmente entre las cohortes más jóvenes. Se observan hoy los peores niveles de confianza política en décadas (Latinobarometro, 2018). Desde los años 90 se ha observado una decreciente participación electoral en las cohortes más jóvenes, excepto en el plebiscito para una nueva constitución de octubre de 2020, en donde se pudo observar un aumento de participación electoral justamente en grupos más jóvenes (Bargsted y Delgado, 2021). A pesar de las bajas en votación y distanciamiento de las instituciones, en las últimas dos décadas se ha observado un aumento en el número y conflictividad de los movimientos sociales que demandan amplias reformas. Esto deja de manifiesto un tipo de involucramiento político usando canales extra-institucionales (PNUD, 2015). Prueba de ello ha sido el amplio involucramiento de jóvenes en diversas olas de movilización social, como el movimiento *"pingüino"* durante el 2006, las movilizaciones del 2008, del 2011, 2018 y también durante el *"estallido social"* de octubre 2019 en Chile. Es particularmente en esta última ola de movilizaciones en que los jóvenes mostraron una amplia participación a través de diversas formas de expresión durante este periodo de manifestaciones sociales (Alé, Duarte y Miranda, 2021). Todo esto ocurre además en un contexto de desarrollo institucional vinculado históricamente a regímenes autoritarios (Bargsted et al., 2017) con altos niveles de actitudes autoritarias en la población (Almond y Verba, 1989; Latinobarometro, 2018; Sandoval-Hernández et al., 2019; Schulz, et al., 2018). Es así que se hace innegable el protagonismo que han tomado las nuevas generaciones.

En este marco se presentan una serie de desafíos. Primero, a pesar de la centralidad del conocimiento cívico o conocimiento político como un pilar fundamental en la vida democrática, no existe consenso acerca de la definición del concepto y sobre la forma en que este debe ser medido (Lyons, 2017). Segundo, el protagonismo de los jóvenes y los crecientes cambios y demandas del contexto político alientan a la comprensión de este fenómeno en términos de entender las fuentes que posibilitan su adquisición. En este desafío, además, se requiere distinguir las posibles fuentes que se vinculan a la configuración del conocimiento cívico. En general, se consideran las dos agencias más relevantes para la formación ciudadana, por un lado, las condiciones familiares e individuales y, por otro lado, las características de la escuela. Tercero, entender las consecuencias que puede tener el conocimiento cívico para diversos aspectos de la vida política de los jóvenes.

Este capítulo propone, por un lado, discutir acerca del concepto de conocimiento cívico, conceptos relacionados y las formas en que se mide. Por otro lado, proveer evidencia acerca de los factores familiares/individuales y escolares que juegan un rol en su adquisición. Finalmente, proveer evidencias acerca de cuáles son las consecuencias de adquirir menores o mayores niveles de conocimiento.

Para abordar estos propósitos se utilizarán los datos del *Estudio Internacional de Formación Cívica y Ciudadana- ICCS 2016*. Este estudio, coordinado por la International Association for the Evaluation of Educational Achievement (IEA), evaluó una serie de actitudes, creencias, comportamientos políticos, además de una medición de conocimiento cívico. En Chile, participaron un total de 5.081 estudiantes de 8vo básico provenientes de más de 150 escuelas seleccionadas aleatoriamente (Köhler et al., 2018). Un aspecto importante de ICCS para este capítulo es que la aplicación se hizo durante el segundo semestre de 2015. Esto implica que los jóvenes que participaron en el estudio en 2015, durante el año 2019 y 2020 ya se convirtieron en ciudadanos adultos. Por lo tanto, analizar ICCS 2016 abre una ventana hacia una generación de jóvenes ciudadanos que están jugando un papel relevante en los tiempos políticos que corren.

2. DEFINICIÓN DEL CONOCIMIENTO CÍVICO

Es posible encontrar en la literatura diversos términos y definiciones para referirse a conceptos emparentados entre sí, aunque con diferentes límites y características particulares en cada caso (Rapeli, 2013). Uno de los más reconocidos es el de *conocimiento político*. Este refiere típicamente a "el rango de información factual sobre política que es almacenado en la memoria de largo plazo" (Delli Carpini y Keeter, 1996, p10). Esta definición, ampliamente aceptada y utilizada, destaca varios elementos. Por un lado, considera el rango de información que permitiría distinguir entre ciudadanos informados de cosas específicas o ciudadanos generalistas, informados ampliamente de los hechos evaluados. Por otro lado, propone centrarse en información almacenada en la memoria de largo plazo que los ciudadanos usan para su interpretación del mundo político de aquella información irrelevante o descartada inmediatamente. Además, se centra en aquellos aspectos considerados como hechos reconocibles, más allá de la opinión que se tenga sobre ellos. Para evaluar este tipo de conocimiento factual se utilizan típicamente preguntas con respuesta correcta/incorrecta acerca de hechos públicos. Por ejemplo, se solicita identificar personajes públicos o políticos, la posición política de un personaje público, el nombre del presidente de un país, hechos históricos, entre otros muchos temas o hechos (Barabas et al., 2014).

Otro utilizado con frecuencia es el concepto de *conciencia política* (political awareness), que refiere a la atención que los ciudadanos ponen sobre temas políticos y la medida en que comprenden lo que ahí encuentran (Zaller, 1992). Lo central es el compromiso cognitivo o intelectual con los hechos públicos. Para Zaller, el concepto se distingue de otros similares, como expertise política, complejidad cognitiva, involucramiento político, atención, sofisticación o agudeza política; porque captura mejor el proceso de recepción y comprensión de la comunicación desde el ambiente político. No obstante, aunque hay una distinción conceptual, típicamente este concepto se evalúa utilizando preguntas de conocimiento político como las presentadas anteriormente.

Adicionalmente es posible encontrar con frecuencia el concepto de *sofisticación política*. Este refiere a una comprensión amplia del pensamiento político, vinculado a estudios de estructura de creencias políticas, típicamente definido como complejidad de la cognición política o expertise política. Por tanto, la sofisticación sería algo más que ser políticamente informado, refiere más bien a la cantidad de información recibida, la motivación por aprender y la habilidad de organizar la información política (Luskin, 1990). Es más, es posible plantear que un ciudadano sofisticado puede ser conocedor de lo político, pero un ciudadano conocedor no necesariamente se considera sofisticado (Rapeli, 2013). En cuanto a su medición, diferentes indicadores han sido utilizados. Por ejemplo, indicadores de consistencia actitudinal o comprensión de las posiciones ideológicas (Highton, 2009; Luskin, 1987). Sin embargo, la medición más utilizada tiende a ser conocimiento político que se interpretan como sofisticación, al menos una parte de esta (Coffé y von Schoultz, 2020).

Un concepto adicional, más vinculado a la literatura relacionada a formación para la ciudadanía en población juvenil es el *conocimiento cívico*. Este refiere a la capacidad y competencia acerca de una serie de dominios referidos a lo cívico (Schulz, et al., 2018). Refiere a una serie de contenidos y procesos cognitivos, es decir, considera el nivel de conocimiento y también la capacidad para analizar y razonar sobre situaciones enmarcados en el ámbito de lo cívico. No sólo es manejo de información, sino que también organización de la información. En ese sentido, aunque no es exactamente lo mismo, el conocimiento cívico propuesto aquí está más cerca de la sofisticación política que de los otros conceptos presentados.

En términos de medición del conocimiento cívico, desde los años '70 se han realizado una serie de estudios que consideran la medición de conocimiento cívico por parte de niñas/os y jóvenes en edad escolar correspondientes al final del segundo ciclo (8vo básico), desarrollados principalmente por la IEA (International Association for the Evaluation of Educational Achievement). El primero de ellos se llevó a cabo el año 1971 con un grupo reducido de países (Baldi, et. al. 2001), el segundo es el Estudio de Educación Cívica (CIVED) implementado el año 1999 en 28 países (Schulz, et.al. 2008), el proyecto International Civic and Citizenship Study (ICCS) el 2009 en 38 países, y el International Civic and Citizenship Study (ICCS) el 2016 en el que participaron 24 países. Chile ha participado en los tres últimos CIVED 1999, ICCS 2009 e ICCS 2016.

En el marco de estos estudios, particularmente en sus versiones de ICCS 2009 y 2016, el conocimiento cívico considera la evaluación tanto de conocimientos como de razonamiento y análisis acerca de una serie de contenidos: Sistema y sociedad Cívica, Principios Cívicos, Participación Cívica, e Identidades Cívicas. Para evaluar estos estos documentos conceptuales y de contenidos se diseñaron 88 preguntas (80 en su versión 2009). Cada participante responde un cuadernillo que contiene un subset de estas preguntas. Para ilustrar el tipo de preguntas que se utilizan, a continuación se presentan dos de estas utilizadas en el estudio CIVED e ICCS 2009.

TABLA 1:
EJEMPLOS DE ÍTEMS QUE EVALÚAN CONOCIMIENTO CÍVICO
USADOS EN MEDICIONES PREVIAS

	La Constitución de un país contiene…	ICCS 2009	CIVED 1999
Una constitución de un país contiene…	A. Declaraciones de principios que establecen el sistema de gobierno y las leyes (*opción correcta*).	56,9	53,9
	B. Declaraciones hechas por los partidos políticos para su sostenimiento.	8,2	9,1
	C. Declaraciones hechas por el gobernante relativas a la legislatura del país.	24,6	27,8
	D. Declaraciones sobre la actual relación con los países vecinos.	10,3	9,2
¿Cuál es el propósito principal de un Sindicato? Su principal propósito es…	¿Cuál es principal propósito de un sindicato?	ICCS 2009	CIVED 1999
	A. Establecer el sistema de impuestos más justo.	25,9	21,6
	B. Mejorar las condiciones y sueldos de los trabajadores (opción correcta).	60,7	63,1
	C. Incrementar la producción de las industrias.	6,9	9,1
	D. Mejorar la calidad de los productos que se fabrican.	6,5	6,2

Fuente: Miranda et al. (2015).

Como se aprecia, las preguntas tienen tres distractores y una alternativa correcta que evalúa un aspecto de conocimiento u organización de información acerca de los dominios previamente descritos. Teniendo estos ejemplos en cuenta, es posible hacerse una idea más clara del procedimiento de medición aplicado en el estudio ICCS para conocimiento cívico.

Este diseño de prueba para evaluar conocimiento cívico permite obtener un puntaje de logro con una distribución conocida: Promedio = 500, Desviación estándar = 100. El diseño sigue la tradición de estudios educacionales tipo PISA o TIMMS. Esto quiere decir que permite evaluar una amplia gama de contenidos utilizando un diseño complejo planificado (para detalles ver: Schulz et al., 2016). Además, siguiendo la misma tradición, permite definir 5 niveles de logro en conocimiento cívico interpretables: Nivel A (sobre 562 puntos), Nivel B (entre 479 y 562), Nivel C (entre 395 y 478 puntos), nivel D (entre 311 y 394) y nivel bajo D (bajo los 311 puntos). A continuación, se presenta la interpretación de dichos niveles.

2.1 Niveles de conocimiento cívico en Chile

La evaluación de conocimiento cívico del año 2016 mostró que los jóvenes chilenos de 8vo básico obtuvieron en promedio 482 puntos. Considerando la distribución de la prueba, esto indica que Chile se ubica por debajo del promedio internacional. Los países con mayores puntajes (sobre 550 puntos) son Dinamarca, China Taipei, Suecia, Finlandia y Noruega, mientras que los países con menores puntajes (igual o menor a 482) son Chile, Colombia, México, Perú y República Dominicana (Schulz, et al., 2018). Al igual que en años anteriores, y similar a los que se puede observar en otras evaluaciones educacionales de gran escala, Chile obtiene los mejores resultados de América Latina, pero por debajo del promedio Internacional y muy lejos de las mejores evaluaciones.

Considerando que Chile ha participado en las versiones previas que evaluaron conocimiento cívico el año 1999 y 2009, es posible hacer algunas comparaciones con otras generaciones de estudiantes y el nivel alcanzado por estas. La evaluación 2009 y 2016 tienen un diseño que permite su comparación. El puntaje obtenido por los jóvenes chilenos el año 2009 fue 483 puntos. Esta diferencia de un punto no es estadísticamente significativa. Es decir, en ambas evaluaciones los jóvenes de 8vo básico obtuvieron el mismo nivel de conocimiento cívico

(Schulz, et al., 2018). Respecto de la evaluación de 1999, esta presenta un diseño diferente que sus versiones posteriores. Sin embargo, el año 2009 se estimó una escala que pudiera ser comparable con la versión 1999. El resultado fue que los jóvenes del año 1999 obtuvieron 89 puntos y los jóvenes del año 2009 obtuvieron los mismos 89 puntos (ICCS, 2009). Se puede ver entonces que tres generaciones de jóvenes han obtenido el mismo nivel de conocimiento cívico, aquellos jóvenes de 8vo de 1999 educados principalmente con el currículo de dictadura (pre-reforma curricular de 1998), jóvenes del año 2009 educados con las reformas curriculares del 98', y jóvenes del 2016 educados con las modificaciones curriculares del 2009 (Cox et al., 2015; Schulz, et al., 2018).

Respecto de los niveles de logro el año X, un 21% de los estudiantes obtienen altos niveles de conocimiento cívico, lo que indicaría que estos estudiantes logran comprender relaciones complejas de la vida política, social e institucional (nivel de desempeño A), mientras que en países como Suecia o Dinamarca un 60% o más lo hace. Es decir, uno de cada cinco jóvenes logra altos niveles de sofisticación política. En el otro extremo, un 20% de los estudiantes sólo reconocen las características básicas de la democracia o no poseen conocimientos cívicos mínimos (nivel de desempeño D o bajo D), en contraste con el 4% observado en países con alto puntaje.

La investigación acerca del conocimiento político, sofisticación política o el conocimiento cívico se ha centrado en dos grandes preguntas: ¿Cuáles son los antecedentes que explican las mayor o menor adquisición de este conocimiento?, y ¿con qué factores sociopolíticos se vinculan los niveles de conocimiento? El estudio ICCS 2016 permite abordar ambas preguntas.

3. ¿CUÁLES SON LOS ANTECEDENTES QUE EXPLICAN LAS MAYOR O MENOR ADQUISICIÓN DE ESTE CONOCIMIENTO?

En términos de antecedentes, la literatura plantea que el conocimiento político se adquiere en la vida adulta en función de factores como las habilidades que permiten desarrollar el nivel socioeconómico de los participantes (usando como proxy nivel educacional o nivel de ingresos) y/u oportunidades de adquirir estos conocimientos (que refiere principalmente a la exposición de los ciudadanos a fuentes de información, conversación sobre política, entre otras) (Grönlund y Milner, 2006; Segovia, 2016). En la etapa escolar es posible pensar factores similares, aunque es necesario hacer algunas precisiones y agregar elementos adicionales. Por un lado, las características socioeconómicas de un estudiante refieren por lo general a características de sus padres o cuidadores por lo que todos aquellos aspectos pueden ser pensados como oportunidades intergeneracionales. Es decir, pertenecer a una familia con más recursos familiares con mayores niveles educacionales, mayor estatus ocupacional, mayor ingreso, o más recursos literarios en casa son características del hogar que generan oportunidades de socialización política, y por tanto, de adquisición del conocimiento. Por otro lado, es necesario considerar la escuela como fuente relevante de aprendizaje de la ciudadanía (Cox y Castillo, 2015) y particularmente como fuente importante de adquisición de conocimiento cívico (Collado et al., 2015; Isac et al., 2011; Miranda et al., 2015; Schulz, et al., 2018).

A continuación, se presentan, una serie de factores asociados a la adquisición del conocimiento cívico.

3.1 Origen familiar y conocimiento cívico

Las condiciones socioeconómicas se configuran como un sospechoso de siempre al momento de abordar resultados sociopolíticos como actitudes, participación o conocimiento (Schlozman et al., 2012; Verba et al., 2003). Adicionalmente, diversos estudios en el campo educativo muestran que jóvenes con mayores recursos familiares (p.e. mayor educación de los padres o cuidadores) obtienen mejores resultados en evaluaciones de logro académico (Mizala y Torche, 2012; Sikora et al., 2019).

El estudio ICCS provee una serie de características de origen familiar como son: el mayor nivel educacional más alto logrado por alguno de los padres o cuidadores, el mayor estatus ocupacional de alguno de los padres o cuidadores y el número de libros presentes en el hogar, y a la vez vincularlos con los niveles de conocimiento obtenido por los jóvenes participantes del estudio.

Como se observa en la figura 1, los tres factores socioeconómicos presentan una importante asociación con la adquisición de este conocimiento. En un sentido general, y en línea con lo observado en múltiples estudios educacionales y en población adulta, jóvenes con mayores recursos obtienen mayores niveles de conocimiento cívico. Como se observa, las categorías superiores de educación[i], Educación Universitaria y Educación Superior no Universitaria hacen diferencias importantes. Es decir, se produce una marcada diferencia en el nivel de conocimiento cívico adquirido en jóvenes que provienen de familias con educación terciaria, principalmente. Respecto de estatus ocupacional[ii] se puede observar claramente que las jóvenes con padres en ocupaciones de bajo estatus exhiben peores niveles de conocimiento que jóvenes provenientes de familias con ocupaciones de mayor estatus. Finalmente, jóvenes con menores recursos literarios[iii] adquieren menores niveles de conocimientos que aquellos que viven en hogares con mayores recursos literarios. Esta evidencia plantea la relevancia de la transmisión intergeneracional de la desigualdad política, proceso que describe cómo los recursos de la familia se traducen en mayores habilidades cívicas que preparan mejor a esos jóvenes para ejercer su rol como ciudadanos (Hoskins et al., 2016; Hoskins y Janmaat, 2019; Miranda, 2018; Schlozman et al., 2012).

FIGURA 1:
CARACTERÍSTICAS DE ORIGEN FAMILIAR Y CONOCIMIENTO CÍVICO[1]

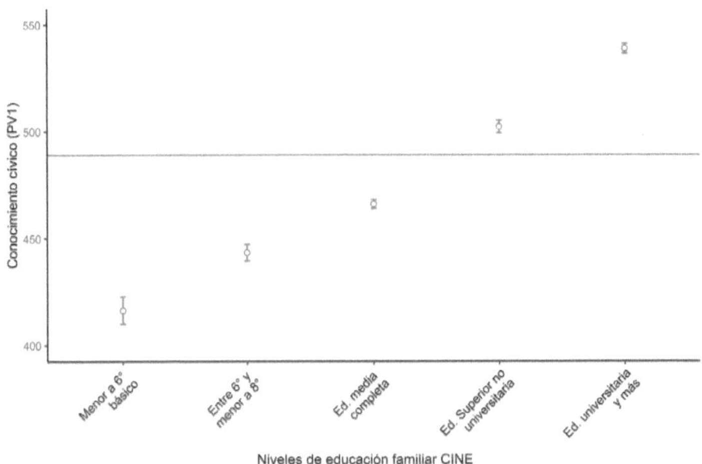

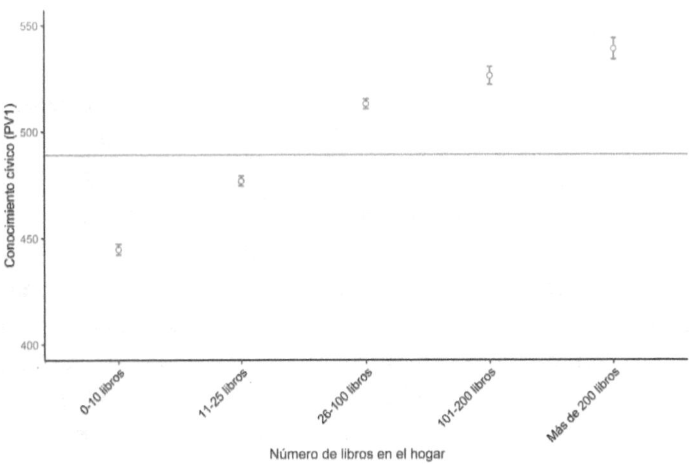

---

[1] Para leer correctamente las láminas en la figura 1 considere que en el eje Y se presenta el nivel de conocimiento cívico que varía según alguna de las variables presentadas en el eje X (Nivel educacional, número de libros en el hogar o el estatus ocupacional). Así, la primera lámina muestra las estimaciones de conocimiento cívico para cada nivel educacional de la familia.

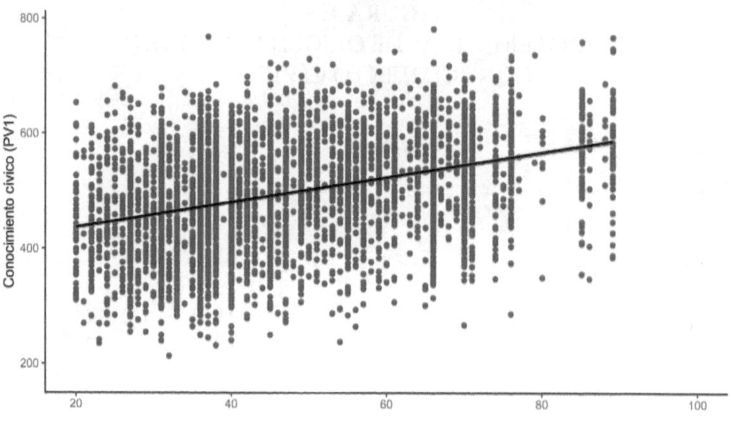

Fuente: Elaboración propia.

3.2 Oportunidades de aprendizaje y conocimiento cívico

Además de las oportunidades de adquisición de conocimiento cívico que proveen las condiciones socioeconómicas, también es posible observar que cierta exposición a información o prácticas de socialización suelen ser factores que inciden en los niveles de conocimiento adquirido. La evidencia meta-analítica muestra que el uso de internet tiende a mejorar los niveles de conocimiento (Lind y Boomgaarden, 2019). Adicionalmente, es conocido que la exposición a la discusión sobre temas sociales y políticos tiende a mejorar los niveles de conocimiento político (Amsalem y Nir, 2019). Otra oportunidad ampliamente conocida es crecer en hogares politizados también resultan ser oportunidades para el desarrollo de actitudes y conocimiento. Esto se traduce, por ejemplo, en que padres con mayores niveles de interés en política o mayores niveles de discusión sobre temas sociales y/o políticos se asocia con mayor adquisición de conocimiento cívico (Castillo et al., 2015; Treviño et al., 2017; Villalobos et al. 2020).

A partir del estudio ICCS, se observa en la figura 2 que mayores oportunidades de adquisición de conocimiento se asocia efectivamente con mayores niveles de conocimiento cívico. Mayor frecuencia en el uso de internet para búsqueda de información política se asocian con mayor logro en conocimiento. Esto es particularmente relevante para aquellos que no usan internet para buscar información sobre temas políticos o sociales, en donde el nivel de conocimiento es claramente más bajo. Por otro lado, mayor exposición a conversaciones sobre política y tener padres más interesados también se vinculan claramente con mayores niveles de sofisticación política.

FIGURA 2:
OPORTUNIDADES DE APRENDIZAJE Y CONOCIMIENTO CÍVICO[2]

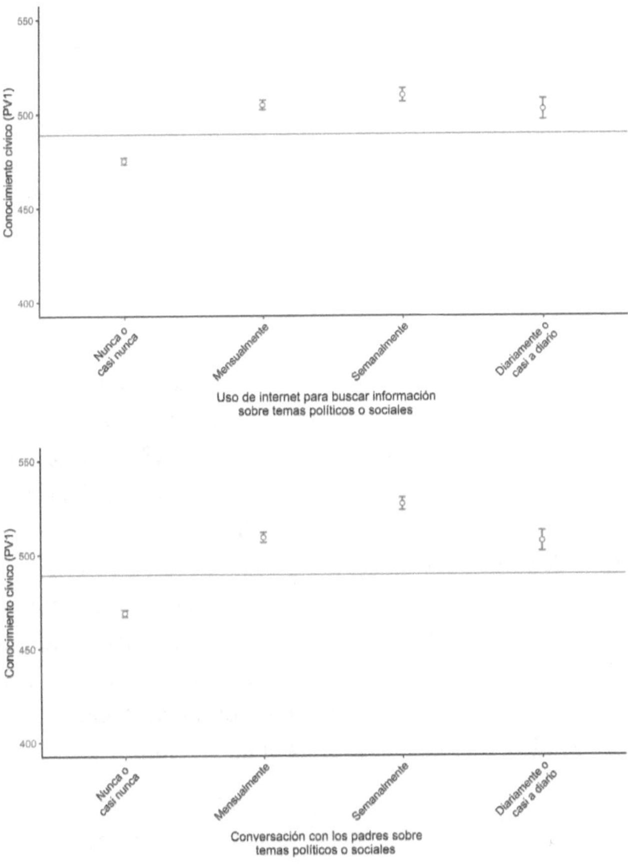

---

[2]   Para leer correctamente las láminas en la figura 2 considere que en el eje Y se presenta el nivel de conocimiento cívico que varía según alguna de las variables presentadas en el eje X (uso de internet, frecuencia de conversación política con los padres e interés político de la familia). Así, la primera lámina muestra las estimaciones de conocimiento cívico para cada nivel frecuencia de uso de internet.

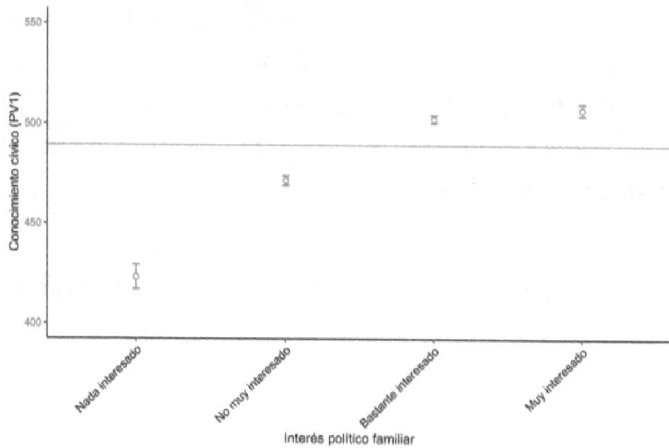

Fuente: Elaboración propia.

3.3 Características de la escuela y conocimiento cívico

La escuela es considerada la institución más relevante para el proceso de formación ciudadana, por la vía de entrega de conocimiento relevantes para el ejercicio de la ciudadanía democrática (Cox y Castillo, 2015; Sherrod et al., 2010). Esto en general se produce por medio de la generación de espacios abiertos a la discusión sobre temáticas controversiales (Castillo, Miranda, Bonhomme, et al., 2015; Fatou y Kubiszewski, 2018; Homana y Barber, 2006; Maurissen et al., 2018; Knowles et al. 2018) y también por la generación de espacios de formación ciudadana. Por otro lado, la escuela como institución orientada a toda la población tiene el potencial de ecualizar las diferencias de origen social y proveer opciones de movilidad social. Sin embargo, se ha observado que las características socioeconómicas a nivel escolar o el tipo de administración de estas también condicionan los resultados en evaluaciones educacionales en general (Campbell, 2012) y el desarrollo de habilidades relacionadas con la educación cívica en particular (Collado et al., 2015; Miranda et al., 2015).

Como se observa en la figura 3, es posible constatar que la percepción de salas de clases más abiertas a la discusión sobre temas sociales y políticos se asocia con mayores niveles de conocimiento cívico. Este vínculo ha sido observado ampliamente en diferentes generaciones y países (Alivernini y Manganelli, 2011; Campbell, 2008; Carrasco et al., 2019; Homana y Barber, 2006; Knowles y McCafferty-Wright, 2015;

Kudrnac, 2017; Lin, 2014; Manganelli et al., 2015; Quintelier y Hooghe, 2012; Vieno et al., 2005).

FIGURA 3:
NIVELES DE CONOCIMIENTO CÍVICO SEGÚN APERTURA A LA DISCUSIÓN EN EL AULA[3]

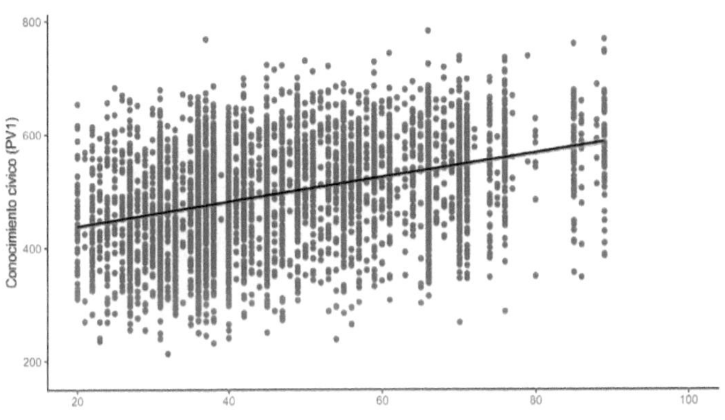

Fuente: Elaboración propia.

Por otro lado, en la figura 4 se aprecian claramente las diferencias de conocimiento cívico según la dependencia administrativa de la escuela. La distancia de conocimiento cívico entre los tres tipos de administración escolar es amplia. Este resultado es bien conocido en otras evaluaciones de logro. Diversas investigaciones han vinculado este resultado a la segregación socioeconómica que produce este diseño del sistema educativo (Mizala et al., 2007; Mizala y Torche, 2012). Esto indica que es la composición socioeconómica del alumnado que asiste a los distintos tipos de administración educacional lo que genera las diferencias de logro, concentrando principalmente jóvenes con menores recursos en los colegios públicos, grupos socioeconómicos medios en los colegios particulares-subvencionados y jóvenes provenientes de familias con altos ingresos en los colegios particulares pagados.

---

[3]   Para leer correctamente la lámina en la figura 3 considere que en el eje Y se presenta el nivel de conocimiento cívico que varía según la percepción del estudiante sobre apertura a la discusión en el aula.

FIGURA 4:
NIVELES DE CONOCIMIENTO CÍVICO SEGÚN DEPENDENCIA ADMINISTRATIVA[4]

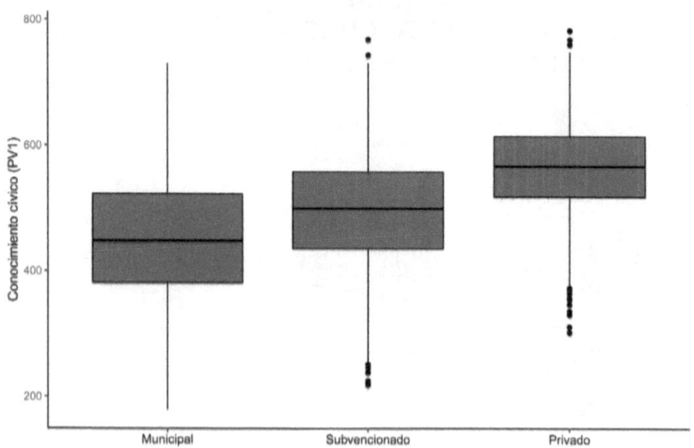

Fuente: elaboración propia.

Como muestra la figura 5, los colegios privados concentran en promedio padres con mayores niveles educacionales y los municipales concentran padres con niveles educacionales más bajos. Esto además tiene su correlato en los niveles de conocimiento cívico observado según cada tipo de colegio. Es interesante además notar que el panorama observado el 2009 y el 2016 son muy similares entre sí. Según se aprecia, poco ha cambiado la composición socioeconómica de los colegios según su dependencia administrativa y las diferencias de logro en conocimiento cívico.

---

[4] Para leer correctamente la lámina en la figura 4 considere que cada caja representa la distribución del conocimiento cívico para cada dependencia administrativa. En el centro se puede apreciar una caja que contiene la mediana (línea negra central) y representa el 50% de los jóvenes. En los bigotes (líneas extendidas y puntos) se muestran los puntajes que alejados del centro (25% en la cola superior y 25% en la cola inferior). Finalmente, los puntos en los bigotes representan casos extremos de puntaje (hacia o hacia abajo).

FIGURA 5:
CONOCIMIENTO CÍVICO SEGÚN PROMEDIO DE
EDUCACIÓN DE LOS PADRES, PARA CADA DEPENDENCIA
ADMINISTRATIVA[5]

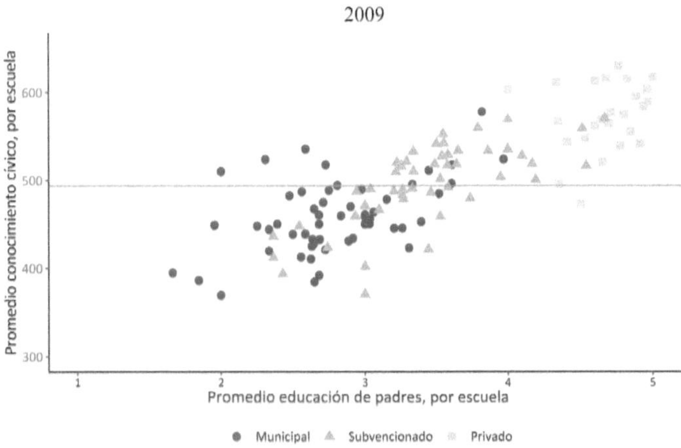

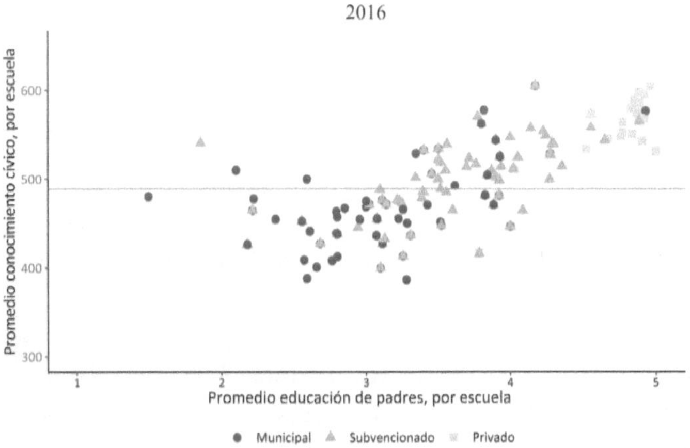

Fuente: elaboración propia.

---

[5]   La figura considera tres aspectos. En el eje X se ordenan los colegios según el promedio de educación de los padres. Este permite tener un proxy de concentración educacional. Un promedio más alto indica que los jóvenes provienen de familias con mayores niveles educativos, a su vez un promedio más bajo indica que los jóvenes provienen de familias con menores niveles educativos. En el eje Y representa el nivel de conocimiento cívico. Finalmente están las figuras que representan el tipo de administración del colegio. En círculo negro se representan los colegios municipales, en triangulo gris los colegios particulares-subvencionados y en cuadrado gris claro los colegios particulares-pagados.

4.CONSECUENCIAS DEL CONOCIMIENTO CÍVICO

En términos de consecuencia de los niveles de conocimiento cívico, es extensa la investigación que ha mostrado en población adulta y juvenil sus vínculos con la participación electoral (Castillo, Miranda, y Bonhomme, 2015; Johann, 2012; Lauglo, 2013; Manganelli et al., 2014), la toma de decisiones basadas en información (Carpini, 2000) y en la formación de opiniones y actitudes en el marco democrático (Galston, 2001). A continuación, se presentan, una serie de actitudes, creencias y comportamientos que políticos que pueden ser consecuencia de su desarrollo.

4.1 Conocimiento cívico y participación

El vínculo entre los niveles de conocimiento político y su impacto sobre la propensión a participar en elecciones, en la distinción de partidos y en la definición posiciones ideológicas para marcar sus preferencias ha sido ampliamente documentado (Gil de Zúñiga y Diehl, 2019; Jo et al., 2017; Stockemer y Rocher, 2017). Así mismo, en población adolescente se ha observado que mayores niveles de conocimiento cívico se asocia con mayor disposición a participar en elecciones y en manifestaciones pacíficas (Castillo et al., 2014; Castillo, 2015; Miranda, 2018; Solhaug, 2006).

En esa línea, la figura 6 relaciona los niveles de conocimiento cívico con tres formas de participación: participación formal, participación activista no disruptiva y participación activista disruptiva. Como se observa, los niveles de conocimiento se vinculan claramente con la participación ciudadana en sus distintas variantes. Estudiantes con mayores niveles de conocimiento cívico están más dispuestos a participar en procesos electorales[iv] y también estarán más dispuestos a involucrarse movilizaciones pacíficas[v].

FIGURA 6:
CONOCIMIENTOS CÍVICO Y TIPOS DE PARTICIPACIÓN[6]

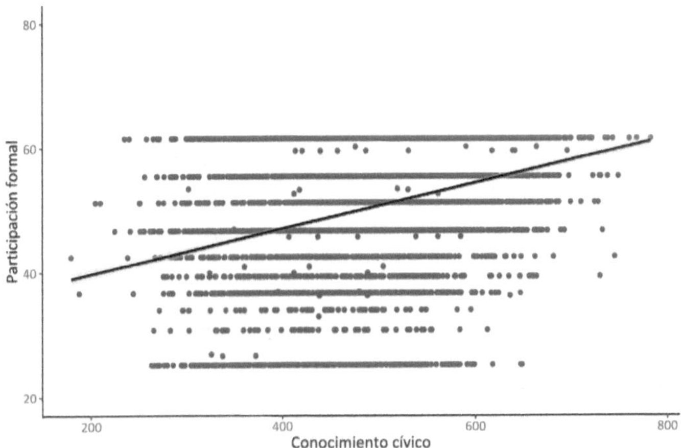

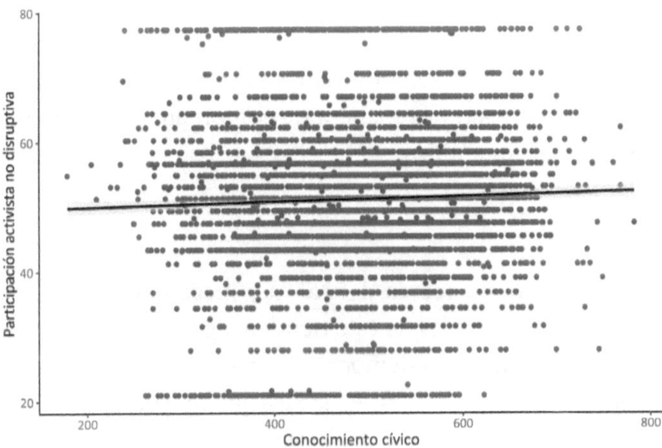

---

[6] Para leer correctamente las láminas en la figura 6, 7 y 8 considere que en el eje Y se presenta el nivel de algunas de las variables de interés que varía según los niveles de conocimiento cívico presentados en el eje X. La línea representa la asociación (positiva, negativa o neutral) estimada entre cada variable con el conocimiento cívico, Así, la primera lámina muestra una asociación positiva entre conocimiento cívico y la disposición a la participación electoral.

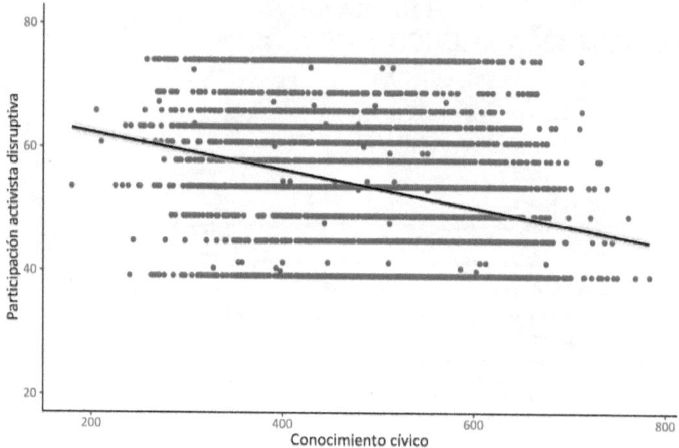

Fuente: Elaboración propia.

Por otro lado, estudiantes con menores niveles de conocimientos tienden a estar más dispuestos a involucrarse en actividades disruptivas[vi]. Este vínculo es particularmente intenso con participación formal y con participación disruptiva, aunque como se ve en diferentes direcciones (en línea con investigaciones previas (Treviño et al., 2017; Miranda y Castillo, 2021). En todos los casos, la disposición no implica necesariamente participación, pero estos resultados dan una buena idea del vínculo entre conocimiento cívico y la manera de comprender las formas de participar en el espacio público.

4.2 Conocimiento cívico y actitudes políticas

Un supuesto importante acerca del rol que juega el conocimiento cívico, es que mayores niveles de este tienden a generar mayor apego y valoración de los principios democráticos y de su institucionalidad (Galston, 2001, 2007). Esto se funda en la idea que aquellos que conocen mejor las reglas de la institucionalidad, sus límites y funcionamiento pueden discernir mejor aquello que es consistente con la democracia y aquello que no. En ese sentido actitudes reñidas con la vida democrática, como prácticas autoritarias o desobediencia de la ley, tendrían menor presencia en aquellos que desarrollan mayores niveles de conocimiento. Así mismo, Galston plantea que el conocimiento cívico "es la madre de la confianza" (2001), por lo que conocimiento cívico llevaría a mayor confianza en instituciones políticas. Sin embargo, estudios comparados muestran que en países con fortaleza institucional y menor corrupción efectivamente se produce este vínculo, pero en democracias con instituciones más débiles el conocimiento cívico puede llevar a criticar y confiar menos en esas instituciones políticas (Sandoval-Hernández et al., 2019; Torney-Purta et al., 2004).

La figura 7 muestra el vínculo entre conocimiento cívico y actitudes políticas en la muestra de jóvenes chilenos que participaron en ICCS 2016. En línea con literatura previa, aquellos jóvenes con mayores niveles de conocimiento cívico muestran claramente menores niveles de apoyo a prácticas autoritarias de los Gobiernos[vii] y menores niveles de justificación de comportamientos de desobediencia de la ley[viii]. Sin embargo, es importante recordar que para el caso de Chile y América Latina es bajo el porcentaje de estudiantes que logra altos niveles de conocimiento cívico por lo que estos escenarios serían poco frecuentes. En el otro extremo, jóvenes con bajos niveles de conocimiento cívico presentan altos niveles de apoyo al autoritarismo y alto apoyo a la desobediencia. Por otro lado, contrario el supuesto de Galston (2001), aquellos jóvenes con mayores niveles de conocimiento cívico tienden a confiar menos en instituciones cívicas[ix], aunque la asociación observada para Chile no es muy fuerte. Jóvenes con mayores niveles de conocimiento tienden entonces a ser más críticos de las instituciones.

FIGURA 7:
CONOCIMIENTO CÍVICO Y ACTITUDES POLÍTICAS

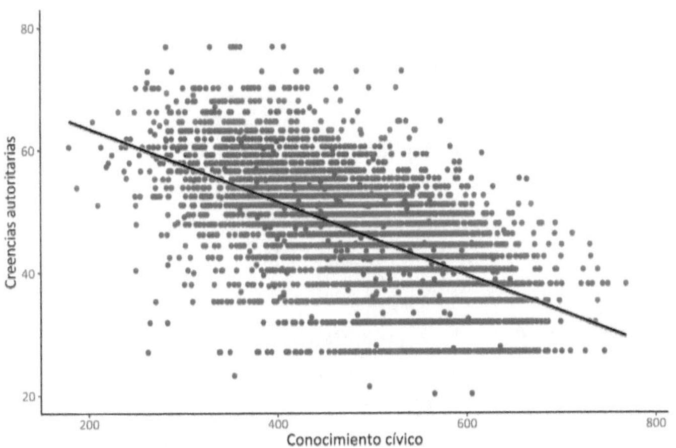

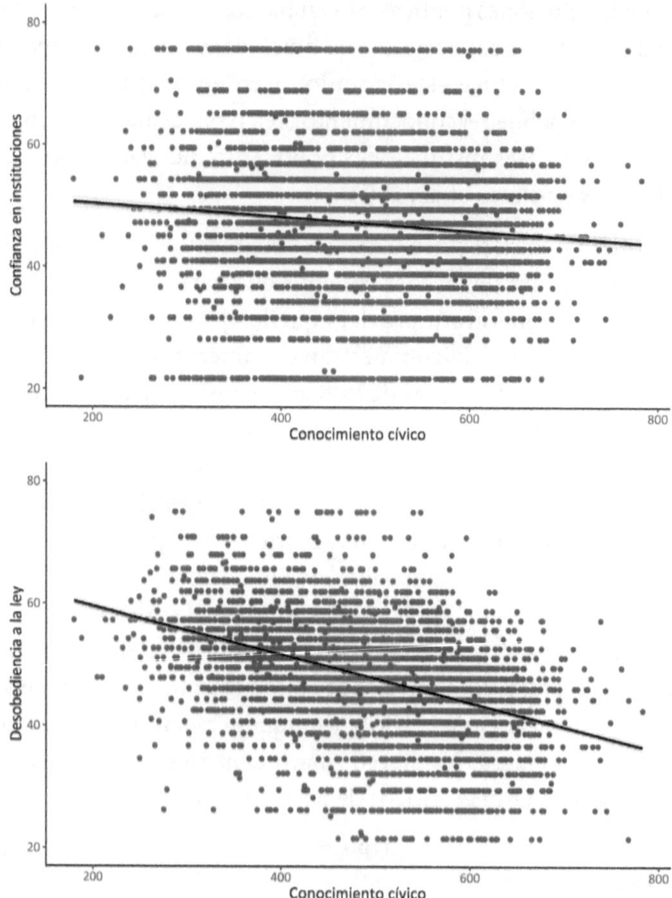

Fuente: Elaboración propia.

4.3 Conocimiento cívico y tolerancia

Ciudadanos más tolerantes hacia otros diferentes también es un desafío para el desarrollo de las democracias (Almond y Verba, 1989). En ese sentido, el desarrollo de actitudes tolerantes se considera como un aspecto deseable para el ejercicio de la buena ciudadanía (Hoskins et al., 2012; Hoskins y Mascherini, 2009). La creciente diversidad cultural en los distintos espacios públicos y las disposiciones con las que los ciudadanos se aproximan a esta también puede ser pensada desde su vínculo con la formación para la ciudadanía y la adquisición de conocimiento cívico (Caro y Schulz, 2012; Sandoval-Hernández et al., 2018). Amplia evidencia en población adulta muestra que personas con mayores niveles de conocimiento político tienden a mostrar mayores niveles de tolerancia política hacia minorías sexuales, aumenta la disposición a apoyar el matrimonio igualitario o aumenta el apoyo a la igualdad de género (Carrasco y Irribarra, 2018; Hall, 2018; Lyons, 2017).

La figura 8 viene a apoyar que mayores niveles de conocimiento cívico se asocian con una mayor afinidad con actitudes tolerantes. Jóvenes con altos niveles de conocimiento tienden a exhibir mucho mayor apoyo a la igualdad de género entre hombres y mujeres[x], mayor apoyo a la igualdad de derechos para todos los grupos étnicos[xi] y mayor apoyo a la igualdad de derechos para los homosexuales[xii], aunque esta última asociación es levemente más tenue. En resumen, la disposición a la tolerancia también puede ser una consecuencia de la adquisición de conocimiento cívico.

FIGURA 8:
CONOCIMIENTO CÍVICO Y TOLERANCIA

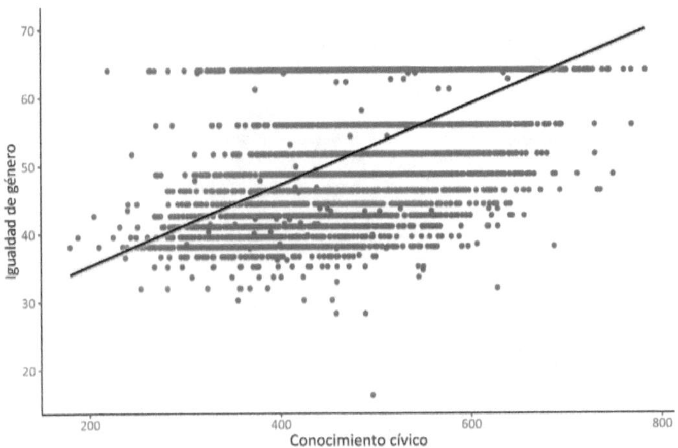

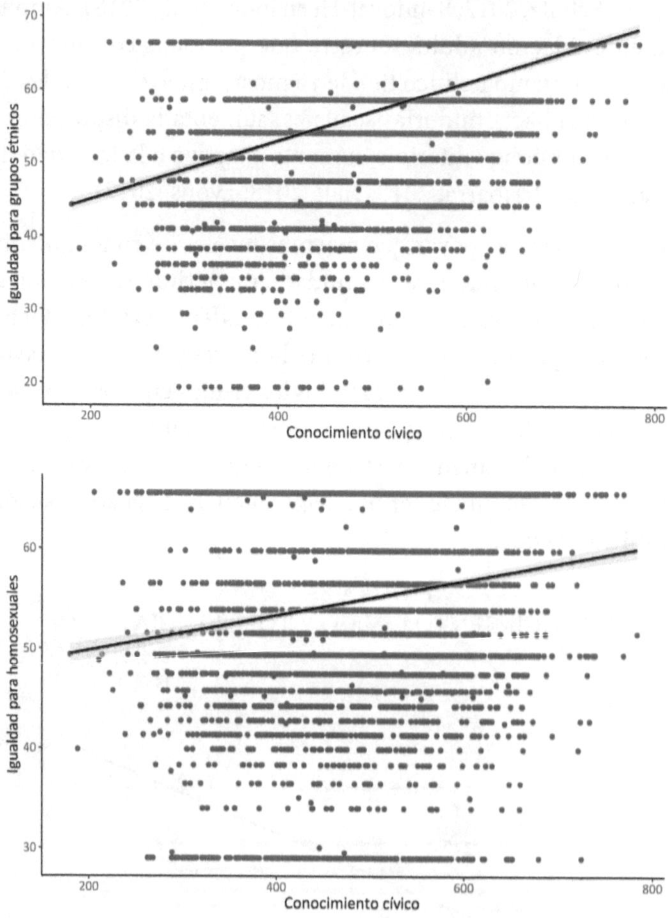

Fuente: Elaboración propia.

5. IMPLICANCIAS Y DESAFÍOS FUTURO

El presente capítulo se propuso abordar una serie de aspectos referidos a un aspecto central de la formación para la ciudadanía, el conocimiento cívico. Primero, se abordó la conceptualización del concepto, términos relacionados y las formas en que se mide. Luego se discutió y presentó evidencia acerca de los factores individuales y escolares que juegan un rol en su adquisición. Finalmente, se abordaron las consecuencias de adquirir menores o mayores niveles de conocimiento.

Primero, aunque existe una vasta literatura sobre la importancia que tiene el uso, organización y manejo de información política para la formación de juicios y la toma de decisiones en el ámbito público, también existen varios conceptos para referirse a este fenómeno que se usan de manera intercambiable. Por ejemplo, conocimiento político, información política, conciencia política, literacidad cívica, sofisticación política, expertise política o conocimiento cívico. Esto tiene dos consecuencias relevantes. No permite distinguir claramente las diferencias y similitudes de cada concepto, confundiendo su uso. Por otro lado, la medición de estos constructos no queda del todo clara, pues en algunos casos se proponen diferentes mediciones y en otros casos la misma medición para diferentes terminologías. Por lo tanto, resulta muy importante cuál es la definición del concepto y por tanto sus límites y alcances interpretativos. En este caso, el concepto de conocimiento cívico presenta importantes similitudes con el término sofisticación política, más que con conceptos como información o conocimiento político. La razón principal es que ambos van más allá de la mera información factual, y consideran aspectos como la capacidad de organizar, analizar y razonar sobre situaciones e información política. En ese sentido, la mayor complejidad del concepto tiene consistencia con la estrategia de medición utilizada para ello.

Segundo, en cuanto a la adquisición de este conocimiento se observan dos resultados relevantes. Por un lado, los resultados en las pruebas de conocimientos muestran que los jóvenes chilenos presentan niveles más altos de conocimientos que otros países de la región, pero menores y muy lejanos que países desarrollados. Adicionalmente, es posible observar que el porcentaje de estudiantes que adquieren altos niveles de sofisticación son relativamente muy pocos. Además, para Chile se produce este fenómeno de estancamiento. Tres generaciones de jóvenes de 8vo básico (1999, 2009 y 2016) obtienen el mismo nivel de conocimiento. Por otro lado, la exposición a oportunidades de aprendizaje sin duda juega un rol relevante. Crecer en familias con mayor interés en política, que discuten sobre temas públicos, utilizar internet para informarse o asistir a escuelas con mayor apertura a la discusión puede hacer una diferencia. Así mismo, las desigualdades socioeconómicas también aquí operan de manera muy importante. Los recursos familiares, como libros, educación o trabajos con mejor prestigio dan ventaja de conocimiento cívico a aquellos jóvenes que provienen de familias que más recursos han acumulado. Adicionalmente, la alta segregación socioeconómica observada a nivel escolar ayuda a reproducir estas desigualdades de origen, escenario que además no cambia mucho en el tiempo. Por tanto, el estudio de la transmisión intergeneracional de la desigualdad política y el potencial rol mitigador de estas desigualdades por parte de la escuela resulta de alta relevancia (Castillo, et al., 2015; Cristián Cox y Castillo, 2015; Miranda, 2018). Asimismo, resulta de gran relevancia profundizar en el rol de internet en el ejercicio de la ciudadanía. Comprender como las herramientas digitales pueden jugar un rol en la adquisición de conocimiento, así como su rol para en la participación ya son temas de amplia discusión (Kim et al., 2017; Theocharis, 2015; Theocharis y Van Deth, 2016), y que toman mayor relevancia aun pensando en la vida durante y post pandemia, considerando el protagonismo que las herramientas digitales están jugando hoy en los espacios de educacionales.

Tercero, tener mayores o menores niveles de conocimiento cívico tiene importantes consecuencias para diversos aspectos actitudinales, de creencias, y de involucramiento en el espacio público. Jóvenes con mayores niveles de conocimiento tendrían mayores probabilidades de interesarse en elecciones, movilizarse pacíficamente, apoyar la igualdad de género o la igualdad de derechos de minorías. Por otro lado, jóvenes con mayores niveles de conocimiento estarán menos dispuestos a involucrarse en actividades disruptivas o ilegales, exhibirán menor apoyo a prácticas autoritarias de los gobernantes o apoyarán en menor medida la desobediencia a la ley. Aunque también tenderían a confiar menos en instituciones cívicas. Los resultados indican que la adquisición de conocimiento cívico se vincula con actitudes, creencias y comportamientos más alineados con la vida en democracia. Es decir, la formación para la ciudadanía orientada a la adquisición de un pensamiento político más complejo, no sólo con información sino también con la habilidad de comprender y organizar la información política, tiene el potencial de mejorar la relación de los ciudadanos con la vida en democracia.

Estos resultados presentan un gran desafío para el sistema escolar y su potencial aporte en la adquisición de conocimiento cívico en los futuros ciudadanos. En esa línea, el año 2016 aprobó la ley 20.911 que establece el Plan de Formación Ciudadana a nivel parvulario, básico y de Enseñanza Media; que además repone la asignatura de Educación Ciudadana en 3° y 4° Medio desde este año 2020 (Ley N° 20911, 2016). Sin duda una gran apuesta, que va en la dirección de fortalecer la formación para la ciudadanía. Sin embargo, dos grandes problemas deben ser abordados. Primero, la forma en que la ley se implementa por parte de los colegios. Un estudio reciente concluye que la implementación de los planes se realiza principalmente para cumplir con la normativa (Zúñiga et al., 2020). Segundo, la pandemia ha traído consigo importantes alteraciones en el sistema escolar, por lo que es posible anticipar que la implementación de la asignatura se ha visto alterada de manera importante. Un aspecto adicional, es la pregunta sobre los niveles de segregación del sistema escolar chilenos y los impactos que esto tiene en la reproducción de las desigualdades en la adquisición de habilidades y conocimientos para el mejor ejercicio de la ciudadanía. Este desafío alude al sistema escolar en su conjunto, evidenciando que la formación para la ciudadanía no queda relegada a un sector educacional o solamente a los contenidos curriculares que se definan. Cumplir los ideales democráticos de igualdad de acceso a la voz política de todos los ciudadanos requiere entonces pensar también esta dimensión de las cosas.

Para terminar, es interesante pensar que los resultados presentados en este capítulo permiten describir un momento previo de aquellos jóvenes han cumplido su mayoría de edad en estos días. Aunque no implica necesariamente que la foto sea la misma, es una oportunidad única en el marco de la socialización política. Particularmente bajo el supuesto de la persistencia, el que indica que aquellas creencias, conocimientos, actitudes o comportamientos tienen un grado importante de persistencia en etapas posteriores de la vida (Hooghe, 2004). Entonces, es posible pensar que algo de la foto presentada por ICCS 2016 puede mantenerse hasta hoy, dando cuenta en parte de las características de aquellos jóvenes que están jugando un rol importante en el actual contexto político.

REFERENCIAS

Alé, S.; Duarte, K. y Miranda, D. (2021). Saltar el torniquete: reflexiones desde las juventudes de octubre. *Fondo de Cultura Económica*: Santiago, Chile.

Alivernini, F., y Manganelli, S. (2011). Is there a relationship between openness in classroom discussion and students' knowledge in civic and citizenship education? *Procedia - Social and Behavioral Sciences, 15*, 3441-3445. https://doi.org/10.1016/j.sbspro.2011.04.315

Almond, G. A.,y Verba, S. (1989). *The Civic Culture: Political Attitudes and Democracy in Five Nations*. SAGE.

Amsalem, E., y Nir, L. (2019). Does Interpersonal Discussion Increase Political Knowledge? A Meta-Analysis. *Communication Research*, 00936502198663557. https://doi.org/10.1177/0093650219866357

Barabas, J., Jerit, J., Pollock, W., y Rainey, C. (2014). The Question(s) of Political Knowledge. *The American Political Science Review, 108*(4), 840-855.

Bargsted, M., y Delgado, C. (2021). Cambios y continuidades en la participación electoral del plebiscito del 25 de octubre – CIPER Chile. CIPER. https://www.ciperchile.cl/2021/01/09/cambios-y-continuidades-en-la-participacion-electoral-del-plebiscito-del-25-de-octubre/

Bargsted, M., Somma, N., y Castillo, J. C. (2017). Dynamics of Political Trust in Latin AmericaDynamics of Political Trust in Latin America. En *Handbook on Political Trust* (Zmerli&van der Meer). Edward Elgar Pub.

Campbell, D. E. (2008). Voice in the Classroom: How an Open Classroom Climate Fosters Political Engagement Among Adolescents. *Political Behavior, 30*(4), 437-454. https://doi.org/10.1007/s11109-008-9063-z

Campbell, D. E. (2012). Civic Education in Traditional Public, Charter, and private Schools: Moving from Comparison to Explanation. En D. E. Campbell, M. Levinson, y F. M. Hess (Eds.), *Making Civics Count: Citizenship Education for a New Generation* (pp. 229-246). Harvard Education Press.

Caro, D. H., y Schulz, W. (2012). Ten Hypotheses about Tolerance toward Minorities among Latin American Adolescents. *Citizenship, Social and Economics Education, 11*(3), 213-234. https://doi.org/10.2304/csee.2012.11.3.213

Carpini, M. X. D. (2000). In search of the informed citizen: What Americans know about politics and why it matters. *The Communication Review, 4*(1), 129-164. https://doi.org/10.1080/10714420009359466

Carrasco, D., Banerjee, R., Treviño, E., y Villalobos, C. (2019). Civic knowledge and open classroom discussion: Explaining tolerance of corruption among 8th-grade students in Latin America. *Educational Psychology.* https://www.tandfonline.com/doi/abs/10.1080/01443 410.2019.1699907

Carrasco, D., y Irribarra, D. T. (2018). The Role of Classroom Discussion. En *Teaching Tolerance in a Globalized World* (pp. 87-101). Springer, Cham. https://doi.org/10.1007/978-3-319-78692-6_6

Castillo, J. C., Miranda, D., y Bonhomme, M. (2015). Desigualdad social y cambios en las expectativas de participación política de los estudiantes en Chile-. En *Aprendizaje de la Ciudadanía. Contextos, Experiencias y Resultados* (pp. 459-486). Ediciones Universidad Católica de Chile.

Castillo, J. C., Miranda, D., Bonhomme, M., Cox, C., y Bascopé, M. (2014). Social inequality and changes in students' expected political participation in Chile. *Education, Citizenship and Social Justice, 9*(2), 140–156.

Castillo, J. C., Miranda, D., Bonhomme, M., Cox, C., y Bascopé, M. (2015). Mitigating the political participation gap from the school: The roles of civic knowledge and classroom climate. *Journal of Youth Studies, 18*(1), 16-35. https://doi.org/10.1080/13676261.2014.933199

Coffé, H., y von Schoultz, \AAsa. (2020). How candidate characteristics matter: Candidate profiles, political sophistication, and vote choice. *Politics,* 0263395720922077.

Collado, D., Lomos, C., y Nicaise, I. (2015). The effects of classroom socioeconomic composition on student's civic knowledge in Chile. *School Effectiveness and School Improvement, 26*(3), 415-440. https://doi.org/10.1080/09243453.2014.966725

Cox, Cristian, Bascopé, M., Castillo, J. C., Miranda, D., y Bonhomme, M. (2015). Educación ciudadana en America Latina: Prioridades de los curriculos escolares. En *Aprendizaje de la Ciudadanía. Contextos, Experiencias y Resultados* (pp. 321-372). Ediciones Universidad Católica de Chile.

Cox, Cristián, y Castillo, J. C. (Eds.). (2015). *Aprendizaje de la ciudadanía: Contextos, experiencias y resultados* (1.a ed.). Ediciones UC. http://www.jstor.org/stable/j.ctt1bhkq64

Delli Carpini, M. X., y Keeter, S. (1996). *What Americans Know about Politics and Why It Matters.* Yale University Press.

Fatou, N., y Kubiszewski, V. (2018). Are perceived school climate dimensions predictive of students' engagement? *Social Psychology of Education, 21*(2), 427-446. https://doi.org/10.1007/s11218-017-9422-x

Galston, W. A. (2001). Political Knowledge, Political Engagement, and Civic Education. *Annual Review of Political Science, 4*(1), 217-234. https://doi.org/10.1146/annurev.polisci.4.1.217

Galston, W. A. (2007). Civic Knowledge, Civic Education, and Civic Engagement: A Summary of Recent Research. *International Journal of Public Administration, 30*(6-7), 623-642. https://doi.org/10.1080/01900690701215888

Gil de Zúñiga, H., y Diehl, T. (2019). News finds me perception and democracy: Effects on political knowledge, political interest, and voting. *New media & society, 21*(6), 1253–1271.

Grönlund, K., y Milner, H. (2006). The Determinants of Political Knowledge in Comparative Perspective. *Scandinavian Political Studies, 29*(4), 386-406. https://doi.org/10.1111/j.1467-9477.2006.00157.x

Hall, J. P. (2018). Effects of Political Knowledge on Political Tolerance. *Journal of Political Science Education, 14*(1), 104-122. https://doi.org/10.1080/15512169.2017.1366326

Highton, B. (2009). Revisiting the relationship between educational attainment and political sophistication. *The Journal of Politics, 71*(4), 1564–1576.

Homana, G., y Barber, C. (2006, noviembre 9). *School climate for citizenship education: A comparison of England and the United States.* 2nd IEA International Research Conference, Washington, DC.

Hooghe, M. (2004). Political Socialization and the Future of Politics. *Acta Politica, 39*(4), 331-341.

Hoskins, B., y Janmaat, J. G. (2019). *Education, Democracy and Inequality: Political Engagement and Citizenship Education in Europe* (Edición: 1). Palgrave Macmillan.

Hoskins, B., Janmaat, J. G., Han, C., y Muijs, D. (2016). Inequalities in the education system and the reproduction of socioeconomic disparities in voting in England, Denmark and Germany: The influence of country context, tracking and self-efficacy on voting intentions of students age 16–18. *Compare: A Journal of Comparative and International Education, 46*(1), 69-92. https://doi.org/10.1080/03 057925.2014.912796

Hoskins, B., y Mascherini, M. (2009). Measuring Active Citizenship through the Development of a Composite Indicator. *Social Indicators Research, 90*(3), 459-488. https://doi.org/10.1007/s11205-008-9271-2

Hoskins, B., Villalba, C., y Saisana, M. (2012, enero 13). *The 2011 civic competence composite indicator (CCCI-2): Measuring young people's civic competence across Europe based on the IEA international citizenship and civic education study* [Monograph]. http://eprints. soton.ac.uk/208115/

Isac, M. M., Maslowski, R., y Werf, G. van der. (2011). Effective civic education: An educational effectiveness model for explaining students' civic knowledge. *School Effectiveness and School Improvement, 22*(3), 313-333. https://doi.org/10.1080/09243453.2011.571542

Jo, J., Lee, J., y Kim, Y. (2017). Political Knowledge and Voter Turnout in South Korea. *Korea Observer, 48*(1), 1.

Johann, D. (2012). Specific political knowledge and citizens' participation: Evidence from Germany. *Acta Politica, 47*(1), 42-66. https://doi. org/10.1057/ap.2011.20

Kim, Y., Russo, S., y Amnå, E. (2017). The longitudinal relation between online and offline political participation among youth at two different developmental stages. New Media & Society, 19(6), 899-917. https://doi.org/10.1177/1461444815624181

Knowles, R. T., y McCafferty-Wright, J. (2015). Connecting an open classroom climate to social movement citizenship: A study of 8th graders in Europe using IEA ICCS data. *The Journal of Social Studies Research, 39*(4), 255-269. https://doi.org/10.1016/j.jssr.2015.03.002

Köhler, H., Weber, S., Brese, F., Schulz, W., y Cartens, R. (2018). ICCS 2016 *User Guide for the International Database.* International Association for the Evaluation of Educational Achievement (IEA. https://www. iea.nl/sites/default/files/2019-05/ICCS2016_IDB_User_Guide.pdf

Kudrnac, A. (2017). The Impact of Open Classroom Climate and Classroom Socio-economic Composition on Civic Knowledge and Attitudes towards Voting. *Sociologicky Casopis-Czech Sociological Review, 53*(2), 209-240. https://doi.org/10.13060/00380288.2017.53.2.314

Latinobarometro. (2018). *Informe* 2018. Corporación Latinobarometro.

Lauglo, J. (2013). Do more knowledgeable adolescents have more rationally based civic attitudes? Analysis of 38 countries. *Educational Psychology, 33*(3), 262-282. https://doi.org/10.1080/01443410.2013.772773

Ley N° 20911. (2016). *Ley que crea el plan de formación ciudadana para los establecimientos educacionales reconocidos por el Estado*. Ministerio de Educación.

Lin, A. R. (2014). Examining Students' Perception of Classroom Openness as a Predictor of Civic Knowledge: A Cross-National Analysis of 38 Countries. *Applied Developmental Science, 18*(1), 17-30. https://doi.org/10.1080/10888691.2014.864204

Lind, F., y Boomgaarden, H. G. (2019). What we do and don't know: A meta-analysis of the knowledge gap hypothesis. *Annals of the International Communication Association, 43*(3), 210-224. https://doi.org/10.1080/23808985.2019.1614475

Luskin, R. C. (1987). Measuring Political Sophistication. *American Journal of Political Science, 31*(4), 856-899. https://doi.org/10.2307/2111227

Luskin, R. C. (1990). Explaining Political Sophistication. *Political Behavior, 12*(4), 331-361.

Lyons, P. (2017). *Political Knowledge in the Czech Republic.*

Manganelli, S., Lucidi, F., y Alivernini, F. (2014). Adolescents' expected civic participation: The role of civic knowledge and efficacy beliefs. *Journal of Adolescence, 37*(5), 632-641. https://doi.org/10.1016/j.adolescence.2014.05.001

Manganelli, S., Lucidi, F., y Alivernini, F. (2015). Italian adolescents' civic engagement and open classroom climate: The mediating role of self-efficacy. *Journal of Applied Developmental Psychology,* 41, 8–18.

Maurissen, L., Claes, E., y Barber, C. (2018). Deliberation in citizenship education: How the school context contributes to the development of an open classroom climate. *Social Psychology of Education,* 21(4), 951-972. https://doi.org/10.1007/s11218-018-9449-7

McAllister, I. (1998). Civic education and political knowledge in Australia. *Australian Journal of Political Science, 33*(1), 7–23.

Miranda, D. (2018). *Desigualdad y ciudadanía: Una aproximación intergeneracional* [Doctorado, Pontificia Universidad Católica de Chile]. https://repositorio.uc.cl/handle/11534/22255

Miranda, D., Castillo, J. C., y Sandoval-Hernandez, A. (2015). Desigualdad y conocimiento cívico: Chile en comparación internacional. En *Aprendizaje de la Ciudadanía. Contextos, Experiencias y Resultados* (pp. 487-524). Ediciones Universidad Católica de Chile.

Mizala, A., Romaguera, P., y Urquiola, M. (2007). Socioeconomic status or noise? Tradeoffs in the generation of school quality information. *Journal of Development Economics, 84,* 61-75. https://doi.org/10.1016/j.jdeveco.2006.09.003

Mizala, A., y Torche, F. (2012). Bringing the schools back in: The stratification of educational achievement in the Chilean voucher system. *International Journal of Educational Development, 32*(1), 132-144. https://doi.org/10.1016/j.ijedudev.2010.09.004

PNUD. (2015). *Desarrollo humano en Chile. Los tiempos de la politización.* PNUD Santiago, Chile.

Quintelier, E., y Hooghe, M. (2012). *Discussing Politics at School. Does an open classroom climate contribute to the willingness to participate in political life?* 1-32.

Rapeli, L. (2013). *The Conception of Citizen Knowledge in Democratic Theory.* Springer.

Sandoval-Hernández, A., Isac, M. M., y Miranda, D. (Eds.). (2018). *Teaching Tolerance in a Globalized World.* Springer International Publishing. //www.springer.com/gp/book/9783319786919

Sandoval-Hernandez, A., Miranda, D., Treviño, E., y Schmelkes, S. (2019). *Is Democracy Overrated? Latin American Students' Support for Dictatorships. IEA Compass: Briefs in Education. Number 7.* International Association for the Evaluation of Educational Achievement. https://eric.ed.gov/?id=ED601301

Schlozman, K. L., Verba, S., Brady, H. E., y Burns, N. (2012). Unequal at the starting line: The intergenerational persistence of political inequality. En *The unheavenly chorus: Unequal political voice and the broken promise of American democracy* (pp. 177-198). Princeton University Press.

Schulz, W., Ainley, J., Cox, C., y Friedman, T. (2018). *Young People's Views of Government, Peaceful Coexistence, and Diversity in Five Latin American Countries: IEA International Civic and Citizenship Education Study 2016 Latin American Report.* Springer International Publishing. https://doi.org/10.1007/978-3-319-95393-9

Schulz, W., Ainley, J., Fraillon, J., Losito, B., y Agrusti, G. (2016). *IEA International Civic and Citizenship Education Study 2016.* Springer. http://www.springer.com/gp/book/9783319393568

Schulz, W., Ainley, J., Fraillon, J., Losito, B., Agrusti, G., y Friedman, T. (2018). *Becoming Citizens in a Changing World: IEA International Civic and Citizenship Education Study 2016 International Report.* Springer International Publishing. //www.springer.com/gp/book/9783319739625

Segovia, C. (2016). Desigualdad de Información: Una Exploración de los Antecedentes del Conocimiento Político en Chile. *Psykhe (Santiago),* 25(2), 1-16. https://doi.org/10.7764/psykhe.25.2.847

Sherrod, L. R., Torney-Purta, J., y Flanagan, C. A. (Eds.). (2010). *Handbook of Research on Civic Engagement in Youth.* Wiley.

Sikora, J., Evans, M. D. R., y Kelley, J. (2019). Scholarly culture: How books in adolescence enhance adult literacy, numeracy and technology skills in 31 societies. *Social science research,* 77, 1–15.

Solhaug, T. (2006). Knowledge and self-efficacy as predictors of political participation and civic attitudes: With relevance for educational practice. *Policy futures in education,* 4(3), 265–278.

Stockemer, D., y Rocher, F. (2017). Age, political knowledge and electoral turnout: A case study of Canada. *Commonwealth & Comparative Politics,* 55(1), 41–62.

Theocharis, Y. (2015). The Conceptualization of Digitally Networked Participation. Social Media + Society, 1(2), 2056305115610140. https://doi.org/10.1177/2056305115610140

Theocharis, Y., y Van Deth, J. (2016). The continuous expansion of citizen participation: A new taxonomy. European Political Science Review, 1-25. https://doi.org/10.1017/S1755773916000230

Torney-Purta, J., Richardson, W. K., y Barber, C. H. (2004). Trust in Government-Related Institutions and Civic Engagement among Adolescents: Analysis of Five Countries from the IEA Civic Education Study. CIRCLE Working Paper 17. *Center for Information and Research on Civic Learning and Engagement.*

Treviño, E., Béjares, C., Villalobos, C., y Naranjo, E. (2017). Influence of teachers and schools on students' civic outcomes in Latin America. The Journal of Educational Research, 110(6), 604-618. https://doi.org/10.1080/00220671.2016.1164114

Verba, S., Burns, N., y Schlozman, K. L. (2003). Unequal at the starting line: Creating participatory inequalities across generations and among groups. *The American Sociologist, 34*(1-2), 45-69. https://doi.org/10.1007/s12108-003-1005-y

Vieno, A., Perkins, D. D., Smith, T. M., y Santinello, M. (2005). Democratic School Climate and Sense of Community in School: A Multilevel Analysis. *American Journal of Community Psychology, 36*(3/4), 327-341. https://doi.org/10.1007/s10464-005-8629-8

Villalobos, C., Wyman, I., y Treviño, E. (2020). Evaluaciones internacionales a gran escala y ciudadanía. Explorando la relación entre políticas y ICCS en Chile (2009-2016). Revista Iberoamericana de Educación, 84(1), 15-35.

Zaller, J. R. (1992). *The Nature and Origins of Mass Opinion.* Cambridge University Press. https://doi.org/10.1017/CBO9780511818691

Zúñiga, C. G., Ojeda, P., Neira, P., Cortés, T., y Morel, M. J. (2020). Entre la imposición y la necesidad: Implementación del Plan de Formación Ciudadana en escuelas chilenas. *Calidad en la Educación, 0*(52), 135-169. https://doi.org/10.31619/caledu.n52.767

ENDNOTES

i   S_HISCED: El mayor nivel educacional de los padres, utilizando la Clasificación Internacional Normalizada de la Educación (CINE). Considera 5 categorías: 8vo no terminado, 8vo Terminado, E. Media Completa, Superior no universitaria y Universitaria completa o más.

ii   S_HISEI: El mayor estatus ocupacional de alguno de los padres. Escala construida a partir de los códigos ocupacionales internacionales ISCO (Köhler et al., 2018).

iii   S_HOMLIT: Item que captura el número de libros en el hogar a partir de 5 categorías (ver figura 1).

iv   Escala que mide expectativas de participación electoral en la adultez (S_ELECPART). Con una media de 50 y una desviación estándar de 10 puntos, mayores valores indican mayores expectativas de involucramiento en procesos electorales (Köhler et al., 2018).

v   Escala que mide las expectativas de participar en movilizaciones pacíficas o legales (S_LEGACT). Con una media de 50 y una desviación estándar de 10 puntos, mayores valores indican mayores expectativas de involucramiento en procesos electorales (Köhler et al., 2018).

vi   Escala que mide las expectativas de participación en actividades de protesta ilegal o disruptiva (S_ILLACT). Con una media de 50 y una desviación estándar de 10 puntos, mayores valores indican mayores expectativas de involucramiento en este tipo de actividades (Köhler et al., 2018).

vii   Escala que mide el apoyo a prácticas autoritarias de los gobiernos (L_AUTGOV). Con una media de 50 y una desviación estándar de 10 puntos, mayores valores indican una mayor apoyo o justificación de prácticas autoritarias por parte de los líderes políticos o gobernantes (Köhler et al., 2018).

viii Escala que mide el apoyo a la desobediencia de la ley (L_DISLAW). Con una media de 50 y una desviación estándar de 10 puntos, mayores valores indican una mayor apoyo o justificación de la desobediencia de la ley (Köhler et al., 2018).

ix   Escala que mide confianza en instituciones cívicas (S_INTRUST). Con una media de 50 y una desviación estándar de 10 puntos, mayores valores indican mayores niveles de confianza (Köhler et al., 2018).

x   Escala que mide el apoyo a la igualdad de género (S_GENEQL). Con una media de 50 y una desviación estándar de 10 puntos, mayores valores indican un mayor apoyo a la igualdad de derechos entre hombres y mujeres (Köhler et al., 2018).

xi   Escala que mide el apoyo a la igualdad de derechos entre todos los grupos étnicos (S_ETHRGHT). Con una media de 50 y una desviación estándar de 10 puntos, mayores valores indican una actitud más positiva a la igualdad de derechos de minorías étnicas (Köhler et al., 2018).

xii   Escala que mide el apoyo a la igualdad de derechos para los homosexuales (L_ATTHS). Con una media de 10 y una desviación estándar de 2 puntos, mayores valores indican una actitud más positiva a la igualdad de derechos de homosexuales(Köhler et al., 2018).

CAPÍTULO 09

EL DESAFÍO DE FORMAR JÓVENES CIUDADANOS EN LA ESCUELA CHILENA: UN ANÁLISIS EMPÍRICO

ERNESTO TREVIÑO
Centro Justicia Educacional,
Facultad de Educación,
Pontificia Universidad Católica de Chile

CATALINA MIRANDA
Centro de Estudios de Políticas y Prácticas en Educación,
Pontificia Universidad Católica de Chile

Ernesto Treviño agradece el apoyo del Centro de Estudios Avanzados sobre Justicia Educacional (ANID PIA CIE160007) por el financiamiento para la investigación y escritura de este capítulo.

Ernesto Treviño

Profesor Asociado de la Facultad de Educación de la Pontificia Universidad Católica de Chile y director del Centro UC para la Transformación Educativa (CENTRE UC). Doctor en Educación de la Universidad de Harvard (EE.UU). Además, es Investigador Principal del Centro de Estudios Avanzados sobre Justicia Educacional (CJE) e Investigador Asociado del Centro de Estudios de Políticas y Prácticas en Educación (CEPPE UC). Sus áreas de investigación son educación inicial, educación cívica y segregación e inclusión pedagógica. Ha liderado proyectos con financiamiento de ANID-Chile, UNESCO, UNICEF, PNUD, la Agencia de Calidad, el ICFES de Colombia y de los Ministerios de Educación de Chile, Colombia y Paraguay.

Contacto: ernesto.trevino@uc.cl

Catalina Miranda

Es investigadora adjunta del Centro de Estudios de Políticas y Prácticas en Educación (CEPPE UC) de la Pontificia Universidad Católica de Chile e integrante de la Red de Politólogas. Es Cientista Política y Magíster en Sociología de la Pontificia Universidad Católica de Chile. Sus temas de investigación se centran en género, participación política de jóvenes, socialización política, actitudes intergrupales y métodos cuantitativos.

Contacto: ccmiranda@uc.cl

1. INTRODUCCIÓN

La discusión sobre educación, civismo y ciudadanía suele atribuir a la escuela y al currículo oficial un rol preponderante en la formación ciudadana de los jóvenes (Villalobos, Morel y Treviño, 2021). Usualmente, sin embargo, este debate omite las complejidades del concepto de ciudadanía (Treviño, Carrasco, Claes y Kennedy, 2021), la baja cohesión social de muchas sociedades (Sánchez-Ancochea, 2021; Villalobos y Valenzuela, 2012) y las limitaciones de los sistemas escolares para promover conocimientos y habilidades ciudadanas (Carrasco, Banerjee, Treviño y Villalobos, 2020; Treviño, Villalobos, Béjares y Naranjo, 2019; Treviño, Béjares, Wyman y Villalobos, 2018; Treviño, Béjares, Villalobos y Naranjo, 2017a, 2017b).

En el contexto mundial de globalización —con olas migratorias, digitalización y nuevas formas de participación política— el sistema político enfrenta problemas complejos de comprender y resolver. Si a lo anterior se le suma el contexto de crisis sanitaria y sus desafíos para la democracia (Innerarity, 2020), es claro que el concepto tradicional de ciudadanía, limitado al voto y la participación en la política formal e informal es insuficiente. De ahí que se ha avanzado en sofisticar esta comprensión de la ciudadanía con un enfoque multidimensional (Haste, Bermúdez y Carretero, 2017) que contemple diversos valores, actitudes y conocimientos.

En este contexto, un aspecto que emerge como central es la idea de buena ciudadanía o lo que significa ser un "buen ciudadano" (Mcbeth, Lybecker y Garner, 2010). La buena ciudadanía se compone de normas, comportamientos e involucramiento en ciertas acciones en una comunidad o hacia una institución (Denters, Gabriel y Torcal, 2007). Por una parte, la ciudadanía puede definirse en términos de las obligaciones institucionales de los miembros de una comunidad política, como ir a votar u obeceder la ley. Por otra parte, la ciudadanía también puede vincularse al compromiso con actividades políticas

(Mcbeth et al., 2010; Dalton, 2008). Estos dos ámbitos ciudadanos, sin embargo, requieren de un trasfondo ético que pueda ayudar a construir coaliciones sociales amplias para avanzar en términos de justicia social, configurando un cierto "deber ser".

La construcción de la buena ciudadanía comienza a edad temprana en la vida de los individuos, cimentando las creencias o aversiones que persistirían en el tiempo (Roberts, 2018; Claes y Hooghe, 2016; Hooghe, 2004). En general, este proceso de socialización es definido como la forma en que las normas políticas y comportamientos deseables, para un sistema político, se transmiten entre generaciones (Sigel, 1965), entregando, por ello, una explicación sobre el desarrollo político de los sujetos frente a otros entornos, tales como la familia, escuela y amigos, quienes son las principales fuentes socializadoras y responsables de transmitir estas normas, comportamientos y actitudes políticas (Koshimaa y Rapeli, 2015).

La escuela apunta a cumplir, entre otros espacios, un rol de formación ciudadana, ya que permite preparar a los jóvenes para comprender el sistema político, fomentar la participación política y adherir a normas democráticas. Así, la escuela aspira a formar ciudadanos conscientes y con habilidades y conocimiento básico para enfrentarse a la sociedad (Kwok y Selman, 2017). Sin embargo, se debe evaluar empíricamente cómo la escuela permite formar ciudadanos políticamente conscientes, debido a que en cada país la importancia de la formación ciudadana varía (Koshimaa y Rapeli, 2015). Realizar esta evaluación para Chile y sobre el ámbito de la buena ciudadanía es el principal objetivo de este capítulo.

En este caso, se desarrolla este ejercicio desde el punto de vista del análisis centrado en la persona, es decir, usando las diversas respuestas de los estudiantes que configuran y relacionarían los perfiles de buena ciudadanía. Esta perspectiva permite entender la multidimensionalidad de lo cívico reconociendo que estas dimensiones pueden ser complementarias, pero también en algunos casos contradictorias (Treviño et al., 2021).

De esta forma, el capítulo busca resolver dos objetivos. En primer lugar, expresar la multidimensionalidad del concepto de buena ciudadanía a través de una tipología de normas cívicas. En segundo lugar, conocer el rol de la escuela en este proceso de configuración de perfiles cívicos para el caso chileno. Para desarrollar estos objetivos, se utilizan los datos de la encuesta *International Civic and Citizenship Education Study* (ICCS) 2016. Con estos datos, en un primer momento se construyen cinco perfiles, que resumen las respuestas de adolescentes de 8° Básico ante doce diferentes normas cívicas. Posteriormente, se realiza un análisis estadístico que permite incorporar características sociodemográficas y de la escuela como principales factores explicativos. De esta forma, el escrito busca conocer el rol de la escuela en la promoción y aprobación de las normas de buena ciudadanía en Chile, considerando los factores individuales (género, recursos económicos, interés en política y cuestiones sociales, discusión sobre política y uso de redes sociales) y atributos del establecimiento (discusión abierta en el aula, aprendizaje cívico, participación estudiantil, relaciones entre la comunidad educativa).

El capítulo se organiza en cuatro secciones, además de la presente introducción. La segunda sección define el concepto de buena ciudadanía y expone las principales características que influyen en su desarrollo. En la tercera sección, se plantean los datos, variables y estrategia analítica aplicada para responder a los objetivos planteados, y a su vez se describen los perfiles de buena ciudadanía. El cuarto apartado presenta los resultados del análisis. Finalmente, se genera una discusión de los hallazgos y se esbozan las principales conclusiones.

2. ANTECEDENTES TEÓRICOS

2.1 Buena ciudadanía

El concepto de buena ciudadanía engloba actitudes, valores, expectativas de participación, normas y comportamientos (Hooghe, Oser y Marien, 2016; Angell, 1990). Además, está relacionado con problemas contemporáneos, y contingentes en Chile, como la confianza en las instituciones, el involucramiento en participación política, las nociones de democracia y derechos humanos, el rol de la tecnología en la sociedad y la igualdad de derecho entre las personas (Noula, 2019; Hung, 2012; Bolzendahl y Coffé, 2009; Dalton, 2008). En otras palabras, la buena ciudadanía es un concepto multidimensional que refiere a la forma en que las personas comprenden la idea de ser un ciudadano dentro de una comunidad (su significado) y cómo creen que debería comportarse (perspectiva normativa) un ciudadano (Bolzendahl y Coffé, 2013; Dalton, 2008; Theiss-Morse, 1993). Es por ello que la noción de buena ciudadanía es relevante para entender el conjunto de resultados cívicos (actitudes, conocimiento y participación) en una nación.

Dicho lo anterior, el significado de un "buen ciudadano" puede ser moldeado de diversas maneras. No obstante, a través de la literatura se han establecido elementos comunes (deberes, comportamientos y participación) que configurarían, en su conjunto o separados, los perfiles de buena ciudadanía. En primer lugar, un buen ciudadano se entiende a través de una serie de deberes, tales como obedecer y respetar la ley, involucrarse en la sociedad regido por la norma o ser responsable con los deberes cívicos. En segundo lugar, un ciudadano participa en su comunidad, es comprometido y/o solidario. Finalmente, estos perfiles se delinean según el sentido de justicia y pensamiento crítico de los sujetos (Mcbeth et al., 2010; Dalton, 2008; Denters et al., 2007; Westheimer y Kahne, 2004). Es decir, la comprensión de un buen ciudadano se vincula con las perspectivas de ciudadanía tradicional, de movimientos sociales y ciudadanía responsable.

En esta línea, a partir de los datos de ICCS (2016) el concepto de buen ciudadano utilizado en el estudio integra estas ideas de ciudadanía. Desde una mirada tradicional se establecen normas cívicas como adherir a un partido político; votar en elecciones nacionales; obedecer a la ley y respetar a representantes gubernamentales. También alude a la ciudadanía de movimientos sociales mediante normas como participar en protestas pacíficas; involucrarse en actividades sobre demandas sociales; participar en actividades locales, o bien, discutir sobre temas políticos y sociales. Por último, considera elementos de la ciudadanía de responsabilidad personal a través de acciones como trabajar duro, conocer la historia de su nación e informarse sobre temas contingentes (Köhler, Weber, Brese, Schulz y Carstens, 2016).

En definitiva, establecer quién es un ciudadano es un debate que implica factores políticos, sociales y culturales (Stokke, 2017). Al igual que los comportamientos que deben promoverse y su base ético-política (ámbito normativo) dependen del contexto cultural e histórico (Park y Shin, 2006) en que se sitúa el sujeto. Así, fenómenos como la crisis de legitimidad política, desigualdad social, fortalecimiento de las plataformas digitales y valores democráticos se relacionan con el desarrollo y configuración de la concepción de buena ciudadanía.

2.2 Características y resultados cívicos

Considerando el concepto de buena ciudadanía, en este apartado se plantean las principales características (constructos cívicos) que influyen en el desarrollo individual de la noción de buen ciudadano. En primer lugar, se presenta el contexto nacional, relevando elementos estructurales como la desigualdad económica y de género, a la vez del desarrollo tecnológico. En segundo lugar, se detalla la importancia y desarrollo de la formación ciudadana en el sistema educativo. Por último, se aborda el interés político y rol de la familia en los significados y compresión que los y las estudiantes expresan en la sociedad.

Factores estructurales

Chile es un país altamente desigual desde diversos aspectos como ingreso, acceso a capital, empleo, educación, poder político y salud, entre otros (PNUD, 2017). Esta inequidad económica impacta en el ámbito educativo generando un sistema puramente de mercado que promueve la segregación escolar (Zancajo y Bonal, 2020) y expone al estudiante a entornos escolares desiguales marcados por el tipo de escuela a la que asiste (pública, particular subvencionada o particular pagada).

Esta división de jóvenes de distintas clases sociales ha sido señalada como uno de los obstáculos para generar amplias coaliciones sociales y políticas que empujen a los gobiernos de América Latina a crear políticas inclusivas para disminuir la desigualdad, la desconfianza en las instituciones y la violencia (Sánchez-Ancochea, 2021). La desigualdad en Chile está entre las más elevadas del mundo. Por una parte, el 1% de la población de mayores ingresos concentra cerca de un tercio de la producción nacional, siguiendo una lógica de "los ganadores toman todo", situación usual en Latinoamérica (Sánchez-Ancochea, 2021).

Dada esta alta segregación del sistema escolar chileno, el estatus socioeconómico promedio de la escuela a la que asisten los estudiantes tiene una importante incidencia en el desarrollo ciudadano de los jóvenes. Así, a mayor nivel socioeconómico de la escuela, los jóvenes alcanzan mayores niveles de conocimiento cívico y, al mismo tiempo, autocensuran sus formas de participación a aquellas enfocadas en deberes ciudadanos básicos (Treviño et al., 2017a, 2017b; Carrasco et al., 2020; Cox y Castillo, 2015). Esto sugiere que los jóvenes de élite tienen una perspectiva ciudadana restringida y poco interesada en los aspectos de desarrollo de la democracia y la justicia a nivel nacional y global.

En segundo lugar, cabe resaltar que, en el sistema escolar chileno, las mujeres tienen mejores actitudes, expectativas de participación y empatía con grupos diversos de la sociedad en comparación con los hombres (Torres-Irribarra y Carrasco, 2021; Treviño et al., 2017a, 2017b; Treviño et al., 2018). Estos hallazgos llaman profundamente la atención a nivel regional y específicamente en el contexto nacional, donde las mujeres han sido invisibilizadas, rezagadas y tienen poca representación en puestos políticos, sociales o empresariales de liderazgo (Miranda y Suárez, 2018), a pesar de contar con las mejores habilidades a temprana edad.

Un tercer elemento refiere a los medios de comunicación y redes sociales, las cuales son otra fuente de socialización para el desarrollo cívico de los jóvenes. En este sentido, es importante considerar que las informaciones difundidas son, en algunas ocasiones, ambiguas o erróneas, por lo que es importante que en la escuela se analicen desde una perspectiva de educación cívica (Gordon y Taft, 2011) y se promueva el diálogo entre pares (Habashi, 2017). En el año 2016, 80% de los jóvenes entre 9 y 17 años usaba el internet para navegar en redes sociales, siendo WhatsApp y Facebook las más utilizadas (CEPPE UC, 2016). En 2019, el estudio "Radiografía Digital 2019" (2020) muestra que el 33% de niños, niñas y adolescentes (10 a 13 años) utilizaban redes sociales, siendo Youtube, Instagram y Tiktok las redes favoritas.

Formación ciudadana en Chile

La formación ciudadana aborda lo cívico y las perspectivas de ciudadanía de manera multidimensional. Es un enfoque que fomenta el compromiso democrático e involucramiento de los estudiantes mediante un proceso formativo, activo y centrado en el pensamiento crítico (Folgueiras, Massot y Sabariego, 2008). En algunas democracias, los establecimientos educativos han revitalizado la enseñanza cívica impartiendo cursos de formación ciudadana debido a la baja participación electoral y política de los jóvenes. Esta enseñanza se genera a través de dos formas, una que estimula el aprendizaje de conocimiento cívico y otra que fomenta patrones de interacción orientados a actitudes democráticas dentro de la escuela (Claes y Hooghe, 2016).

Este escenario no es ajeno a Chile, ya que desde 1990 hasta 2014 ha persistido una baja constante en la identificación con los partidos políticos (Bargsted y Maldonado, 2018), con las particularidades de los años 2004 y 2008, en que hubo un leve aumento al ser años de elecciones (Somma y Bargsted, 2015). Además, las cifras de participación electoral van en caída (Corvalán y Cox, 2015) y, con la ola de movilizaciones sociales post 2011, la ciudadanía comienza a informarse, lo cual favorece el aumento de la desafección con los partidos y autoridades políticas (por ej., Dalton, 2007). Así se enmarca la actualización de la política educativa chilena, y en 2016 se promulga la Ley N° 20.911, que indica la creación del Plan de Formación Ciudadana para los establecimientos reconocidos por el Estado.

A pesar de esto, las escuelas tienen poca influencia en la formación ciudadana de los estudiantes. Así, entre adolescentes de la misma escuela se da el 90% de las desigualdades en expectativas de participación en protestas legales e ilegales, votaciones, actividades políticas futuras y participación en acciones sociales (Treviño et al., 2019; Treviño et al., 2017a, 2017b). Esto implica que los y las estudiantes de una misma escuela son muy distintos en cuanto a las expectativas de participación política, y se esperaría algo más de coincidencias entre ellos si las escuelas tuvieran influencia sobre estos aspectos cívicos. Además, los datos sugieren la inexistencia de proyectos formativos ciudadanos escolares y de una política que oriente la formación ciudadana en las escuelas.

Finalmente, la discusión abierta en la sala de clases y la participación de los estudiantes en consejos escolares u otras actividades participativas son clave para la formación ciudadana. Por ello, en las escuelas donde los docentes y estudiantes comparten diferentes puntos de vista sobre un tema, con el propósito de comprender los fundamentos de los argumentos de los otros, así como en las que promueven la participación estudiantil, se dan mayores niveles de conocimiento cívico que alienta el involucramiento, la aceptación de la diversidad y el rechazo a la corrupción, aún más cuando esta discusión está acompañada de la promoción del conocimiento sobre el sistema político del país (Treviño et al., 2017a, 2017b; Treviño et al., 2018; Carrasco et al.,2020). En este sentido, las escuelas podrían tener un rol aún más relevante si se promocionaran estos aspectos de la mano de políticas orientadoras sobre el valor de la democracia, la participación política, el respeto a los otros y el sentido de comunidad.

El rol de la familia e interés político en la ciudadanía

El estatus socioeconómico de la familia incide en la socialización cívica de los jóvenes. Las familias reproducen ciertas dinámicas que repercuten en los niveles de conocimiento cívico, participación ciudadana, disposiciones y habilidades de los jóvenes (Castillo, Miranda, Bonhomme, Cox y Bascopé, 2015; Collado, Lomos y Nicaise, 2015; Thapa, Cohen, Guffey y Higgins-D'Alessandro, 2013). Las familias con mayor interés en informarse sobre temas políticos y sociales generan un ambiente abierto y favorable de comunicación (Brady, Schlozman y Verba, 2015). En ese sentido, en Chile, los jóvenes de familias con mayor interés en temas sociales y políticos suelen mostrar mayores niveles de conocimiento y expectativas de participación política (Treviño et al., 2017a, 2017b).

En segundo lugar, Chile experimenta altos niveles de desafección política, lo cual se vincula con la abstención electoral, siendo constantes las creencias y opiniones negativas respecto a las instituciones y autoridades por parte de la ciudadanía (Heiss, 2017). Bajo este escenario la noción de interés político (grupal e individual) de los individuos cobra relevancia, dado que a través de este se desarrollan e identifican actitudes políticas. Por ejemplo, cómo se percibe una política (beneficiosa, perjudicial, justa o injusta) incide en la actitud que tendrá un grupo o una persona ante esta, o bien, la ideología política de una persona actúa como moderador sobre las actitudes o interés político sobre una temática (Scarborough y Holbrook, 2020).

El Estudio Longitudinal Social de Chile (ELSOC) reporta que, durante 2019, la población transversalmente indicaba bajo interés político, siendo las personas de grupos conservadores quienes presentan el mayor desinterés (55,1%) en comparación a los individuos clasificados como progresistas (32,4%). Estos resultados son consistentes con aquellos obtenidos en investigaciones sobre educación y ciudadanía en Chile (Treviño et al., 2019;

Cox y Castillo, 2015). Además, la discusión respecto a temas políticos y sociales involucra a los adolescentes, generando un compromiso cívico sostenido en el tiempo (McLeod, Shah, Hess y Lee, 2010) o interés político que motive una participación activa (Koshimaa y Rapeli, 2015).

3. ASPECTOS METODOLÓGICOS

Para responder la pregunta de investigación, se usaron datos secundarios de la encuesta International Civic and Citizenship Education Study (ICCS) 2016. Este estudio llevado a cabo en 24 países en el mundo presenta un muestreo de dos etapas, donde las escuelas son escogidas aleatoriamente a nivel de país, usando un diseño probabilístico estratificado. Es aplicada a estudiantes de octavo año en cada país participante. La muestra total está conformada por 94.000 estudiantes y 3800 escuelas. Para el presente análisis se utilizaron los datos de Chile, con 5.081 estudiantes y 178 escuelas (Schulz, Carstens, Losito, y Fraillon, 2018).

3.1 Variables

Variable dependiente

Como variable dependiente se usó la adhesión a normas cívicas, de tipo nominal, que representa cómo los estudiantes adscriben a normas ciudadanas diferentes (Torres-Irribarra y Carrasco, 2021). Para desarrollar esta variable se aplicó un modelo de clase latente multigrupo homogéneo en base a la pregunta 23 de la encuesta, que considera distintas normas ciudadanas (Torres-Irribarra y Carrasco, 2021). A partir de aquello, resulta la tipología de buena ciudadanía que se compone de 5 perfiles: a) Comprehensivo (*Comprehensive*), b) Socialmente comprometido (*Socially-engaged*), c) Orientado al deber (*Duty-based*), d) Observador (*Monitorial*), y e) Anómico (*Anomic*).

Los estudiantes del perfil comprehensivo son aquellos que consideran todas las normas cívicas como importantes. Los anómicos son aquellos que piensan a todas las normas cívicas como poco relevantes, de manera simultánea. Los del perfil observador tienden a valorar formas no convencionales de participación política, teniendo en cuenta en menor medida la adhesión a formas más tradicionales de involucramiento como adherir a partidos políticos o ser parte de discusiones políticas. Los estudiantes socialmente comprometidos muestran un alto nivel de adhesión a normas de protección relativas al medio ambiente, la promoción de derechos humanos y participar en actividades comunitarias. Los estudiantes orientados al deber se presentan como dispuestos a obedecer las leyes, trabajar duro y votar en cada elección, mirando con menos apego la participación en protestas pacíficas o involucrarse en discusiones políticas.

Variables independientes

Como variables independientes se consideraron características de los estudiantes y las escuelas. La Tabla 1 presenta la descripción de cada una de ellas. Así se refiere a características sociodemográficas, sobre antecedentes cívicos, de prácticas escolares y experiencias interpersonales de los estudiantes.

TABLA 1:

VARIABLES DE ESTUDIANTES QUE EXPLICAN ADHESIÓN A NORMAS CÍVICAS

Variable	Descripción
ses_{ij}	Nivel socioeconómico de las/los estudiantes (variable continua). Es una variable estandarizada, con media cero y desviación estándar de 1. Valores más altos indican un mayor nivel socioeconómico de las familias de los alumnos.
sex_{ij}	Sexo de las/los estudiantes (dicotómica). Autoreportada por las/los alumnos encuestados. Se asignó 1 a niñas y 0 a niños.
int_{ij}	Interés político y en cuestiones sociales de las/los estudiantes (dicotómica). Autoreporte de interés usando una respuesta ordinal que va de muy interesada(o) a nada interesada(o). Se dicotomizó esta variable: 1 "muy interesada(o)", 0 "no muy interesada(o) o nada interesada(o)".
pol_{ij}	Discusión política de cuestiones sociales fuera de la escuela (IRT). Los/las alumnas responden cuatro ítems ordinales sobre cuán frecuentemente hablan con su padre, madre y amigas(os) sobre cuestiones políticas y sociales. Puntaje mayor indica mayor frecuencia de discusión política.
soc_{ij}	Uso político de medios sociales (IRT). Las y los estudiantes responden qué tan frecuentemente usan internet para encontrar información sobre cuestiones políticas y sociales, y compartir en torno a estos temas. Mayor puntaje indica mayor uso de medios sociales con este fin.
par_{ij}	Participación de las/los estudiantes (IRT). Las y los estudiantes responden seis ítems para expresar cuánto han participado en actividades políticas en la escuela (como votar por representantes, discutir en asambleas, volverse un candidato). Puntaje más alto indica mayor nivel de participación.

opd_{ij}	Discusión abierta en clases (IRT). Las y los estudiantes responden seis ítems ordinales referidos a la discusión abierta en sus clases. Mayor puntaje indica mayor nivel de discusión abierta, es decir, los y las docentes motivan a sus alumnas/os a expresar sus opiniones e intercambiarlas con otros que piensan distinto.
cln_{ij}	Aprendizaje cívico (IRT). Las y los estudiantes responden siete ítems ordinales sobre su aprendizaje en temas cívicos diversos. Esto incluye, por ejemplo, aprendizaje sobre votar en elecciones locales y nacionales, sobre cómo las leyes son generadas en su país, y cómo los derechos ciudadanos son asegurados. Mayor puntaje, indica mayor nivel de aprendizaje.
rel_{ij}	Relaciones docente-estudiante (IRT). Las y los estudiantes responden cinco ítems ordinales sobre las relaciones con sus profesores y profesoras. Mayor puntaje indica una relación más positiva, donde los y las profesoras los tratan de manera justa y se muestran interesados en su bienestar.
srl_{ij}	Relaciones interpersonales de las/los estudiantes (IRT). Las y los alumnos responden tres ítems ordinales sobre las relaciones entre estudiantes. Mayor puntaje indica relaciones más positivas, donde las/os estudiantes se tratan con respeto y se sienten seguras(os).

Notas: IRT refiere a teoría de respuesta al ítem por su abreviación en inglés. Estas son medidas continuas con una media de 50 y desviación estándar de 10 puntos (Schulz et al., 2018).

Fuente: ICCS 2016 User Guide (Köhler et al., 2018).

3.2 Estrategia analítica

Para investigar si las escuelas promueven la adhesión a normas ciudadanas de acuerdo con los perfiles de ciudadanía, se especificó un modelo logit con intercepto aleatorio para las escuelas (Rabe-Hesketh y Skrondal, 2012). El modelo a nivel estudiante es representado por el perfil comprehensivo (categoría de referencia) y por los demás perfiles de normas de ciudadanía. El resultado de las variables de estudiantes es condicionado, agregando las variables de escuela como medias centradas al país. Además, se ajusta un modelo donde la varianza se divide en tres partes y se usan subíndices: estudiantes anidados en escuela y escuelas dentro del país (Chile). En el modelo el intercepto depende del perfil comprehensivo y esta variable latente es usada para estructurar el intercepto aleatorio de las escuelas. Tal especificación corrige la estimación del modelo (Asparouhov y Muthén, 2008; Vermunt, 2003).

A nivel general, las variables continuas fueron estandarizadas. Así, una unidad expresa una desviación estándar de un atributo sobre la media conjunta del país. Por otro lado, los predictores seleccionados están centrados en la escuela y los valores fueron centrados a la gran media del país. Este proceso sigue la lógica del ajuste del modelo, separando en tres partes la varianza (Brincks et al., 2017; Rights, Preacher y Cole, 2019). A nivel estudiante, el modelo ajustado produce que el cambio promedio está en log odd ratio entre el perfil de referencia y los demás a través de las escuelas. A nivel escuela, las estimaciones expresadas en el modelo son cambios específicos en log odd en el intercepto de la escuela para cada comparación entre el perfil de referencia y los demás perfiles (McNeish, Stapleton y Silverman, 2017).

Para estudiar los factores relacionados al estudiante y su influencia a nivel escuela, se calculan efectos contextuales, tales como nivel socioeconómico, interés político, discusión fuera de la escuela sobre cuestiones sociales, uso político de medios sociales, participación de los y las estudiantes en la escuela y relaciones interpersonales entre docente-estudiante. Estos refieren a diferencias entre escuelas que se explican por la composición de sus estudiantes (Castellano, Rabe-Hesketh y Skrondal, 2014)[1].

Todas las estimaciones se realizan usando el Mplus 6.4 (Muthén y Muthén, 2017). Para evaluar el ajuste general del modelo se realiza un test de verosimilitud, acompañado de un estimador MLR en Mplus (Masyn, 2014), que evalúa si la reducción de la devianza es estadísticamente significativa. Para testear la variabilidad escolar se usa la Median Odds Ratio (MOR) (Merlo et al., 2006). Con esta medida se conoce cuánto cambian las odds entre la categoría de referencia y aquella bajo análisis para estudiantes similares que provienen de distintas escuelas[2]. Los resultados del modelo ajustado son descritos en términos de odds, es decir, el ratio entre la probabilidad de cada perfil en comparación al perfil comprehensivo, condicionado al aumento de una unidad de cualquier covariable.

---

[1] Las respuestas de los y las estudiantes están dadas de acuerdo con su experiencia escolar, que en este estudio incluye la discusión abierta en clases, aprendizaje cívico, relaciones docente-estudiante y relaciones interpersonales entre estudiantes. Las primeras dos medidas reflejan al entorno escolar (Stapleton, Yang y Hancock, 2016), es decir, los y las estudiantes de una misma escuela responderán de forma similar debido a su entorno de aprendizaje (Lüdtke, Robitzsch, Trautwein y Kunter, 2009). Mientras que las medidas referidas a relaciones entre estudiantes-docentes y relaciones interpersonales entre estudiantes pueden ser interpretadas como una experiencia personal de los y las estudiantes y la experiencia colectiva en una misma escuela.

[2] Si MOR=1 entonces es poco probable que la escuela explique los perfiles de ciudadanía. Si MOR>1 entonces el entorno escolar está relacionado con la forma en que los y las estudiantes aprueban la normas de ciudadanía.

4. RESULTADOS

A partir del modelo estadístico empleado, se puede identificar la relación entre los atributos de los y las estudiantes y la adhesión a normas cívicas de buena ciudadanía. A la vez, evaluar la relación entre los atributos de la escuela y la presencia de los perfiles cívicos. Esta sección presenta el modelo en general, considerando la estimación entre el nivel escolar y estudiante, y reportando los hallazgos significativos según el perfil de buena ciudadanía. A continuación, la Figura 1 muestra la distribución de los perfiles de normas cívicas de buena ciudadanía para los 24 países que participan en el estudio ICCS (2016).

En Chile, la proporción de estudiantes en el perfil comprehensivo (37%) es parecida a la del perfil socialmente comprometido (35%). Tal distribución es similar en los demás países. No obstante, Chile es el país con mayor porcentaje de estudiantes anómicos (8%), seguidos por Hong Kong (7%) y Corea (5%). En menor medida los y las estudiantes están en el perfil orientado al deber (2%), mientras que otros países presentan una alta proporción de estudiantes en tal perfil (por ej., Dinamarca, Lituania o Países Bajos). Finalmente, Chile presenta una proporción moderada en el perfil observador (17%) y parecida a Colombia (16%). En definitiva, hay una distribución equilibrada de los perfiles de buena ciudadanía para Chile, en contraste con el resto de los países, lo que es favorable al análisis estadístico.

FIGURA 1:
PROPORCIÓN DE LOS PERFILES DE BUENA CIUDADANÍA ENTRE LOS PAÍSES PARTICIPANTES EN ICCS 2016

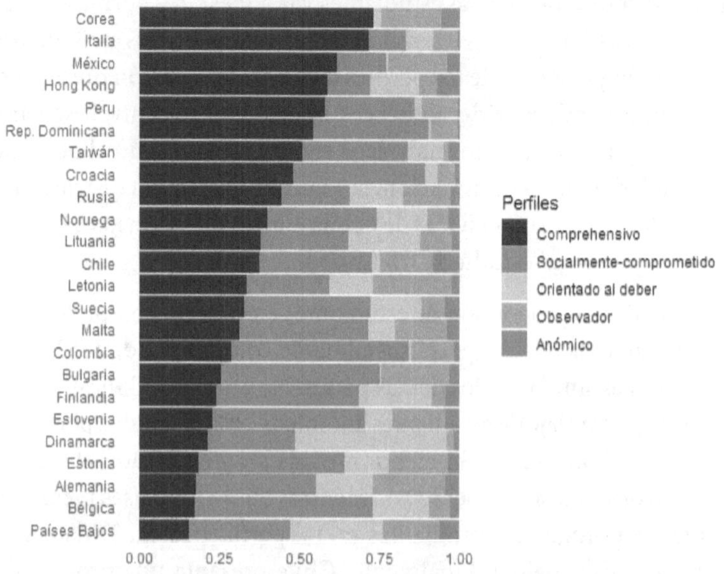

Nota: Los estimados de ICCS 2016 corresponden a los estimados esperados a la población de estudiantes de 8° grado. Estas son proyecciones basadas en el diseño muestral de ICCS 2016. Las proporciones estimadas para la muestra del estudio fueron estimadas empleando la corrección por linearización de series de Taylor, especificando a las escuelas como unidad primaria de observación (p.e. cluster).

Fuente: Elaboración propia en base al estudio ICCS 2016.

Las características de los estudiantes se dividen en variables sociodemográficas y de antecedentes cívicos. Entre el primer grupo de características, como es posible observar en la Tabla 2, las estudiantes mujeres tienen más probabilidades de pertenecer al perfil socialmente comprometido, en comparación al perfil de los comprehensivos (OR=1,73, p < 0,001). Es decir, las niñas adhieren más a normas de protección del medioambiente, promoción de derechos humanos o involucramiento en actividades comunitarias. Con respecto al nivel socioeconómico de los y las estudiantes, no se encuentran hallazgos significativos.

TABLA 2:

PERTENENCIA A PERFILES NORMATIVOS DE CIUDADANÍA RESPECTO DEL PERFIL COMPREHENSIVO, EXPLICADA POR LOGIT DE CARACTERÍSTICAS DE NIVEL DE ESTUDIANTE (PROBABILIDADES EXPLICADAS EN ODDS RATIO)

Parám.	Covariables	Socialmente comprometido			Orientado al deber			Observador			Anómico		
		E	OR	p<	E	OR	p<	E	OR	p<	E	OR	p<
$\pi_{1j}^{[s]}$	SES	0,01	1,01		0,15	1,16		-0,12	0,89		-0,08	0,92	
$\pi_{2j}^{[s]}$	Mujer	0,55	1,73	***	0,01	1,01		-0,13	0,88		-0,02	0,98	
$\pi_{3j}^{[s]}$	Interés político	-0,40	0,67	**	0,07	1,07		-0,45	0,64	**	-0,78	0,46	**
$\pi_{4j}^{[s]}$	Discusión política	0,00	1,00		-0,24	0,79		-0,12	0,88		-0,16	0,85	
$\pi_{5j}^{[s]}$	Uso político de redes sociales	-0,22	0,80	***	-0,30	0,74		-0,05	0,95		-0,21	0,81	*
$\pi_{6j}^{[s]}$	Discusión abierta en el aula	0,05	1,05		-0,13	0,88		-0,18	0,84	**	-0,13	0,88	
$\pi_{7j}^{[s]}$	Aprendizaje cívico	-0,11	0,90	**	-0,32	0,72	**	-0,16	0,85	***	-0,36	0,70	***
$\pi_{8j}^{[s]}$	Participación estudiantil	-0,15	0,86	**	-0,10	0,91		-0,03	0,97		-0,42	0,66	***
$\pi_{9j}^{[s]}$	Relación docente-estudiante	-0,01	0,99		0,08	1,08		-0,22	0,81	**	-0,24	0,79	*
$\pi_{10j}^{[s]}$	Relación interpersonal estudiantes	-0,20	0,82	***	-0,45	0,64	**	-0,15	0,86	*	-0,27	0,77	**

Notas: E = estimación multinomial logits para los odds ratio entre la categoría de análisis y la categoría de referencia (comprehensivo). OR = estimaciones expresadas como odds ratio. *** p < 0,001, ** p < 0,01, * p < 0,05

Fuente: Elaboración propia usando los datos de ICCS 2016.

En cuanto a los antecedentes cívicos de los y las estudiantes, vemos que aquellos con un mayor interés político tienen menos probabilidades de pertenecer a los perfiles socialmente comprometido (OR=0,67, p < 0,01), observador (OR=0,64, p < 0,01) y anómico (OR=0,46, p < 0,01), que a los comprehensivos. Este hallazgo se condice con la literatura, dado que a mayor interés político se desarrollarían actitudes que dan cuenta de la importancia a la adhesión de normas cívicas desde distintos ámbitos (ciudadanía tradicional, de movimientos sociales y ciudadanía responsable).

Asimismo, los y las estudiantes que frecuentan en mayor medida el uso de redes sociales para compartir contenido político tienen menos probabilidades de pertenecer a los perfiles socialmente comprometido (OR=0,80, p < 0,001) y anómico (OR=0,81, p < 0,05) en contraste con el perfil comprehensivo. Este resultado sigue la hipótesis que la exposición de sujetos a medios de comunicación genera ciudadanos informados y políticamente activos (Torcal y Maldonado, 2014). Para Chile, se obtendría que las redes sociales, usadas para fines de difusión política y social, favorecerían a la adhesión transversal a las normas de buena ciudadanía.

Respecto a las prácticas escolares, estudiantes que dicen discutir más en clases tienen menos probabilidades de pertenecer al perfil observador (OR=0,84, p < 0,01) que al perfil comprehensivos. Es decir, al permitir un ambiente de discusión entre pares dentro del aula, los estudiantes otorgan mayor importancia a formas tradicionales de participación política. De igual forma, estudiantes que reportan un mayor aprendizaje cívico, presentan menos probabilidades de pertenecer al perfil socialmente comprometido (OR=0,90, p < 0,01), orientado al deber (OR=0,72, p < 0,01), observador (OR=0,85, p < 0,001) y anómico (OR=0,70, p < 0,001) que al perfil comprehensivo. Este último hallazgo es crucial al pensar en la implementación del Plan de Formación Ciudadana en Chile, dado que a mayor conocimiento cívico hay mayor adherencia a todas las normas cívicas de buena ciudadanía.

Las experiencias personales de los y las estudiantes en sus escuelas se relacionan también con su adhesión a normas cívicas de buena ciudadanía. Aquellos estudiantes que reportan participar más en el colegio presentan menos probabilidades de pertenecer al perfil socialmente comprometido (OR=0,86, p < 0,01) y anómico (OR=0,66, p < 0,001), en contraste con la categoría de referencia (comprehensivo). En otras palabras, participar frecuentemente en actividades políticas, tales como votar por candidatos, discutir en asambleas o ser un representante social o político dentro de la institución escolar sería positivo para la adhesión a las diversas normas cívicas.

Por otra parte, aquellos estudiantes que perciben una mejor relación con los y las profesoras tienen menos probabilidades de pertenecer al perfil observador (OR=0,81, p < 0,01) y al perfil anómico (OR=0,79, p<0,05) en referencia al perfil comprehensivo. De esta forma, la experiencia escolar de interactuar con docentes produce un mayor interés en las distintas normas cívicas. Asimismo, aquellos estudiantes que señalan tener mejores relaciones interpersonales presentan menos probabilidades de pertenecer a los perfiles socialmente comprometido (OR=0,82, p < 0,001), orientado al deber (OR=0,64, p < 0,01), observador (OR=0,86, p < 0,05) y anómico (OR=0,77, p < 0,01), en contraste con los de perfil comprehensivo. A nivel general, estos resultados dan cuenta de la importancia de generar un ambiente participativo y fraterno dentro de la escuela, ya que las interacciones entre docentes-estudiantes y pares ayudarían a configurar una concepción de buen ciudadano amplia y multidimensional.

TABLA 3:
ADHESIÓN A PERFILES NORMATIVOS CIUDADANOS
SEGÚN CARACTERÍSTICAS DE NIVEL ESCUELA

Parám.	Covariables	Socialmente comprometido			Orientado al deber			Observador			Anómico		
		E	OR	p<	E	OR	p<	E	OR	p<	E	OR	p<
$\beta_{01}^{[s]}$	SES Escuela	0,42	1,52	***	0,68	1,97	**	0,05	1,05		-0,27	0,76	*
$\beta_{02}^{[s]}$	Prop de mujeres en la escuela	0,16	1,18		1,24	3,47	*	0,59	1,80		0,42	1,52	
$\beta_{03}^{[s]}$	Interés politico	-1,84	0,16	**	-0,29	0,75		-0,75	0,47		-0,68	0,51	
$\beta_{04}^{[s]}$	Discusión política	0,13	1,14		0,20	1,23		-0,08	0,92		0,36	1,43	
$\beta_{05}^{[s]}$	Uso político de redes sociales	-0,58	0,56		-0,69	0,50		-0,48	0,62		-0,28	0,76	
$\beta_{06}^{[s]}$	Discusión abierta en el aula	-0,06	0,95		-0,49	0,61		-0,52	0,59	**	-0,74	0,48	*
$\beta_{07}^{[s]}$	Aprendizaje cívico	0,05	1,06		-0,20	0,82		-0,54	0,58	**	-1,10	0,33	**
$\beta_{08}^{[s]}$	Participación estudiantil	0,08	1,08		-0,43	0,65		0,27	1,32		-0,03	0,98	
$\beta_{09}^{[s]}$	Relación docente-estudiante	-0,23	0,80		1,14	3,14	*	0,22	1,24		0,32	1,38	
$\beta_{10}^{[s]}$	Relación interpersonal estudiantes	0,14	1,15		-0,32	0,73		-0,32	0,73		-0,37	0,69	
$\beta_{00}^{[s]}$	Intercepto	-0,05	0,96		-2,84	0,06	***	-0,83	0,44	***	-1,92	0,15	***

Notas: E = Estimación multinomial logits para los odds ratio entre la categoría de análisis y la categoría de referencia (comprehensivo). OR = estimación expresada como odds ratio. El intercepto de la varianza es = 0,12, SE = 0,02, p <0,001, p < 0,001, *** p < 0,001, ** p < 0,01, * p < 0,05

Fuente: Elaboración propia usando los datos ICCS 2016.

Sobre los hallazgos a nivel de escuela, la Tabla 3 muestra resultados para cada perfil de normas cívicas de buena ciudadanía. Sobre las variables de composición de escuela, se encuentra que aquellas con mayor nivel socioeconómico presentan una asociación positiva con adherir a los perfiles socialmente comprometido (OR=1,52, p < 0,001) y orientado al deber (OR=1,97, p < 0,01), y negativa con adherir al perfil anómico (OR=0,76, p<0,05), en contraste con el perfil comprehensivo. Estos efectos son independientes del nivel socioeconómico de los estudiantes para el caso de los perfiles socialmente comprometido y orientado al deber ($\beta_{01}^{[s]}$-$\pi_{1j}^{[s]}$ =0,409, OR=1,51, p < 0,001; $\beta_{01}^{[s]}$-$\pi_{1j}^{[s]}$ =0,528, OR=1,70, p < 0,05, respectivamente). Entonces, una escuela con alto nivel socioeconómico genera adhesión a ciertas normas cívicas, tales como la protección del medio ambiente, la promoción de derechos humanos y participar en actividades comunitarias, o bien, obediencia a la ley, votar en elecciones nacionales o trabajar duro.

Por otro lado, escuelas con mayor proporción de mujeres presentan más probabilidades de tener mayor proporción de estudiantes del perfil orientado al deber (OR=3,47, p < 0,05) en contraste con el perfil comprehensivos (este efecto no es independiente respecto del género de los y las estudiantes). Es decir, estas niñas tenderían a obedecer la ley, trabajar duro y participar en elecciones políticas, no obstante, no se involucrarían en protestas pacíficas o discusiones políticas. Esto podría responder a la transmisión de valores y normas determinadas (qué se espera de una mujer, niña o adolescente) desde la escuela, como fuente socializadora.

Mientras que las escuelas que presentan un mayor nivel de estudiantes con interés político tienen menos probabilidades de presentar normas ciudadanas del perfil socialmente comprometido (OR=0,16, p < 0,01) en contraste con las normas del perfil comprehensivo. Esto, independiente del interés político individual de los estudiantes ($\beta_{03}^{[s]}$ -$\beta_{03}^{[s]}$ = -1,432, OR= 0,24, p < 0,05). Asimismo, escuelas donde existe un mayor reporte de discusión abierta en clases por los y las estudiantes, tienen menos probabilidades de pertenecer al perfil observador (OR=0,59, p < 0,01) y anómico (OR=0,48, p<0,05) en contraste con la categoría de referencia. Este efecto no es independiente del nivel individual de discusión reportada por los y las estudiantes. Es decir, a medida que existe un involucramiento (grupal o individual) y diálogo entre pares se observan actitudes favorables a las distintas normas cívicas, en contraste con relevar solo ciertas normas y acciones.

Por último, aquellas escuelas que reportan mayor aprendizaje cívico presentan menos probabilidades de tener estudiantes del perfil observador (OR=0,58, p < 0,01) y anómico (OR=0,33, p < 0,01). Efecto que solo es independiente del nivel individual de aprendizaje reportado por los estudiantes, en el caso de los de perfil observador $(\beta_{07}^{[s]} - \pi_{7j}^{[s]} = -0{,}747$, OR=0,47, p<0,05). Este hallazgo resalta la importancia de promover el aprendizaje cívico desde las escuelas, ya que este permite a los adolescentes ampliar su repertorio de participación política y aumenta las posibilidades de involucrarse en la sociedad.

5. CONCLUSIONES

La adhesión a normas cívicas no es homogénea, existiendo diferentes perfiles de ciudadanía según su desarrollo cívico y experiencia educativa. En este sentido, la concepción de normas de buena ciudadanía no genera un constructo unidimensional, sino que requiere una comprensión compleja y multidimensional. En este capítulo se utiliza una tipología de adhesión a normas cívicas creada mediante un modelo de clases latentes multigrupo homogéneo, que da como resultado cinco perfiles: a) comprehensivo, b) socialmente comprometido, c) orientado al deber, d) observador, y, e) anómico (Torres-Irribarra y Carrasco, 2021).

Este capítulo buscó conocer la influencia de la escuela en la adhesión a normas cívicas, según los perfiles de buena ciudadanía en Chile. Estas normas están vinculadas a la votación de elecciones nacionales, trabajar duro, involucrase en discusiones políticas, obedecer a la ley, respetar a las autoridades, participar en la comunidad para beneficio de otros, manifestarse contra leyes injustas y promover los derechos humanos. A partir del análisis realizado se logra responder que las instituciones escolares impactan de manera positiva en los y las estudiantes. A medida que las escuelas proporcionan más oportunidades de discusión abierta y diálogo sobre temas políticos y sociales, junto a interacciones entre estudiantes-docentes y pares, hay más probabilidad de adhesión a las distintas normas ciudadanas (perfil comprehensivo). A través de los resultados y en miras al fortalecimiento de la educación cívica y ciudadana, se resaltan tres elementos que suponen un desafío a futuro: i) conocimiento cívico, ii) desigualdad de género, y iii) uso de redes sociales.

El primer desafío refiere al conocimiento cívico, el cual se enmarca en un contexto de alta segregación educativa, que se explica en gran medida por el nivel socioeconómico promedio de la escuela. Así, los resultados reafirman que el aprendizaje cívico no es independiente al estudiante y juega un rol crucial en la legitimidad de la democracia (Miranda, Miranda y Muñoz, 2021; Carrasco et al., 2020; Treviño, et al., 2017a, 2017b). Dado que aquellos estudiantes que presentan mayor conocimiento cívico expresan una adhesión favorable a las normas ciudadanas, siendo bajas las probabilidades de configurarse en un perfil anómico.

A su vez, el aprendizaje cívico engloba otros factores, por ejemplo, los y las estudiantes de escuelas con alto SES obtendrían mayor aprendizaje cívico, pero podrían tender a autocensurarse en cuanto a su nivel y temas de participación, lo que se traduce en una baja adhesión a formas de participación no convencionales (perfil observador) adhiriendo a deberes, como obedecer las leyes, trabajar duro y formas de participación tradicionales (perfil orientado al deber), o bien transversales, tales como promover los derechos humanos, protección al medioambiente o apoyo comunitario (perfil socialmente comprometido). Por otro lado, con el fin de mejorar el conocimiento cívico se podría priorizar una buena relación dentro de la comunidad educativa, ya que esta característica favorece el diálogo abierto y respetuoso de temas políticos contingentes. En el caso de Chile, existen regulaciones dentro del Sistema de Aseguramiento de la Calidad de la Educación que desalientan y coartan la posibilidad de las escuelas de desarrollar actividades de diálogo genuino sobre temas relevantes para los estudiantes y el país.

En segundo lugar, en Chile existen altos niveles de desafección política, lo que se traduce en baja confianza en autoridades e instituciones a la vez de una disminución de la participación electoral (Heiss, 2017). Al controlar las elecciones políticas por género, las mujeres son las que más participan al mismo tiempo que son el grupo que mayor desinterés electoral presenta en el último tiempo (PNUD, 2017). Tal desinterés se condice con la baja representatividad de las mujeres a nivel institucional, perpetuando una política masculinizada (Caul, 2019; Ferrín, Fraile y García-Albacete, 2019). Bajo este escenario, no sorprende que las niñas adhieran a normas cívicas transversales, tales como promover los derechos humanos, protección al medioambiente o apoyo comunitario (perfil socialmente comprometido), más que a normas vinculadas a formas de participación no convencional o a todas las normas cívicas.

En ese sentido, se plantea el segundo desafío en educación ciudadana, la desigualdad de género. Esta desigualdad es evidente cuando se habla de brechas salariales, representación política, temas de cuidado e incluso los niveles de aprendizaje, sin embargo, la discriminación, segregación o estereotipos para mujeres en edad temprana son menos visibles y más implícitos que en otros contextos (Luengo y Jiménez-Moya, 2019). Por lo que, pensando en el rol de la escuela, es clave fomentar la formación y concientización de los roles y estereotipos de género en la comunidad escolar para aportar en el desarrollo de una sociedad equitativa.

Por último, como se menciona, los medios digitales son una fuente de socialización política, además de ser un elemento de configuración normativa en la conceptualización de buena ciudadanía. En esta línea, se establece el tercer desafío en educación ciudadana, las redes sociales. A partir del uso de medios de comunicación para dialogar y difundir contenido político y social, se genera un efecto positivo en los(as) estudiantes y su visión de las normas cívicas. Sin embargo, es necesario también considerar los efectos de sesgo de confirmación y desinformación que pueden aparecer en las redes sociales (Naranjo-Zolotov, Turel, Oliveira, y Lascano, 2021), y que representan un desafío para desarrollar habilidades de distinguir y procesar información que vaya incluso en contra de los sesgos de los miembros de la comunidad educativa. Es por ello que la escuela debe analizar las redes sociales desde una perspectiva de educación cívica (Gordon y Taft, 2011). En el contexto de ebullición social que experimenta Chile post 2011 y con mayor intensidad en los últimos años (específicamente el movimiento feminista y estallido social), las escuelas deben aportar en el conocimiento y formación de los y las estudiantes frente a estos temas, para así promover el diálogo entre pares (Habashi, 2017) y fortalecer la discusión abierta en el establecimiento que, como se observa, tiene un buen impacto en el desarrollo de perfiles ciudadanos.

En síntesis, este capítulo busca relevar la importancia de la escuela en la configuración de perfiles de buena ciudadanía que, de acuerdo con los resultados, las instituciones educativas impactan de manera favorable. No obstante, este efecto se mide esperando que los centros educativos ofrezcan oportunidades de desarrollo cívico a los distintos estudiantes, acción que se debe reforzar. Este estudio entrega evidencia que robustece la premisa de que las escuelas deben elaborar proyectos formativos de ciudadanía escolar acorde a los aspectos cívicos y ciudadanos contemporáneos. Este es un primer paso para buscar horizontes de igualdad educativa en un país altamente desigual.

REFERENCIAS

Angell, A. V. (1990). Civic Attitudes of Japanese Middle School Students: Results of a Pilot Study. En *Paper presented at the Annual Meeting of the National Council for the Social Studies* (Anaheim, CA, November 1990).

Asparouhov, T. y Muthén, B. (2008). Multilevel Mixture Models. En G. R. Hancock y K. M. Samuelsen (Eds.), *Advances in latent variable mixture models* (pp. 27–51). Charlotte, NC: Information Age Publishing, Inc.

Bargsted, M. A. y Maldonado, L. (2018). Party Identification in an Encapsulated Party System: The Case of Postauthoritarian Chile. *Journal of Politics in Latin America,* 10(1), 29-68.

Bolzendahl, C. y Coffé, H. (2013). Are "Good" Citizens "Good" Participants? Testing Citizenship Norms and Political Participation across 25 Nations. *Political Studies,* 61(SUPPL.1), 63–83. https://doi.org/10.1111/1467-9248.12010

Brady, H., Schlozman, K. y Verba, S. (2015). Political Mobility and Political Reproduction from Generation to Generation. *The Annals of the American Academy of Political and Social Science,* 657, 149 – 173. https://doi.org/10.1177/0002716214550587

Brincks, A. M., Enders, C. K., Llabre, M. M., Bulotsky-Shearer, R. J., Prado, G. y Feaster, D. J. (2017). Centering Predictor Variables in Three-Level Contextual Models. *Multivariate Behavioral Research,* 52(2), 149–163. https://doi.org/10.1080/00273171.2016.1256753

Caul. (2019). The Political Representation of Women over Time. En S. Franceschet, M. Krook, N. Tan (eds), *The Palgrave Handbook of Women's Political Rights. Gender and Politics.* Palgrave Macmillan, London. DOI:10.1057/978-1-137-59074-9_3

Carrasco, D., Banerjee, R., Treviño, E. y Villalobos, C. (2020). Civic knowledge and open classroom discussion: explaining tolerance of corruption among 8th-grade students in Latin America. *Educational Psychology,* 40(2), 186–206. https://doi.org/10.1080/01443410.2019.1699907

Castellano, K. E., Rabe-Hesketh, S. y Skrondal, A. (2014). Composition, Context, and Endogeneity in School and Teacher Comparisons. *Journal of Educational and Behavioral Statistics,* 39(5), 333–367. https://doi.org/10.3102/1076998614547576

Castillo, J. C., Miranda, D., Bonhomme, M., Cox, C. y Bascopé, M. (2015). Mitigating the political participation gap from the school: the roles of civic knowledge and classroom climate. *Journal of Youth Studies,* 18(1), 16–35. https://doi.org/10.1080/13676261.2014.933199

Centro de Estudios de Políticas y Prácticas en Educación (CEPPE-UC) (2016). *Estudio revela alta dependencia de los adolescentes chilenos con internet y las redes sociales.* Pontifica Universidad Católica de Chile. Recuperado de: https://www.uc.cl/noticias/estudio-revela-alta-dependencia-de-los-adolescentes-chilenos-con-internet-y-las-redes-sociales/

Claes, E. y Hooghe, M. (2016). The Effect of Political Science Education on Political Trust and Interest: Results from a 5-year Panel Study, *Journal of Political Science Education.* 1–13. https://doi.org/10.10 80/15512169.2016.1171153

Collado, D., Lomos, C. y Nicaise, I. (2015). The effects of classroom socioeconomic composition on student's civic knowledge in Chile. *School Effectiveness and School Improvement,* 26(3), 415–440. https://doi.org/10.1080/09243453.2014.966725

Corvalán, A. y Cox, P. (2015). Participación y desigualdad electoral en Chile. En C. Cox, J.C. Castillo (Eds.), *Aprendizaje de la ciudadanía: contexto, experiencias y resultados.* (pp. 177 – 204). Santiago, Chile: Ediciones UC.

Cox, C. y Castillo, J. C. (2015). *Aprendizaje de la ciudadanía: Contextos, experiencias y resultados.* Santiago, Chile: Ediciones Universidad Católica de Chile.

Dalton, R. J. (2008). Citizenship norms and the expansion of political participation. *Political Studies,* 56(1), 76–98. https://doi.org/10.11 11/j.1467-9248.2007.00718.

Dalton, R.J. (2007). Partisan mobilization, cognitive mobilization, and the changing American electorate. *Electoral Studies* 26(2). 274–286. DOI: https://doi.org/10.1016/j.electstud.2006.04.009

Denters, S. A. H., Gabriel, O. y Torcal, M. (2007). Norms of good citizenship. En J. W. Van Deth, J. R. Montero, y A. Westholm (eds.), *Citizenship and Involvement in European Democracies: A Comparative Analysis* (pp. 87–108). Nueva York: Routledge. https://doi.org/10.4324/9780203965757-12

Estudio Longitudinal Social de Chile (ELSOC) (2020). *Radiografía del cambio social.* Centro de Estudios de Conflicto y Cohesión Social (COES). Recuperado de: https://drive.google.com/file/d/1wTDZ WOQLt2zMueVnvENAdFMPEv9Y8VDk/view

Ferrín, M., Fraile, M. y García-Albacete, G.M. (2019). Adult roles and the gender gap in political knowledge: a comparative study. *West European Politics,* 1 – 22. https://doi.org/10.1080/01402382.2019.1577069

Folgueiras, P., Massot, I. y Sabariego, M. (2008). La ciudadanía activa e intercultural en alumnado de la ESO. *Revista Electrónica Interuniversitaria de Formación Del Profesorado,* 11(3), 10-22.

Gordon, H.R. y Taft, J. (2011). Rethinking Youth Political Socialization: Teenage Activists Talk Back. *Youth and Society,* 43(4), 1499–1527.

Habashi. J. (2017). *Political socialization of youth: a palestinian case study.* Palgrave macmillan. Nueva York: Springer Nature. https://doi.org/10.1057/978-1-137-47523-7

Haste, H., Bermudez, A. y Carretero, M. (2017). Culture and Civic Competence. Widening the Scope of the Civic Domain. En B. García-Cabrero, A. Sandoval-Hernández, E. Treviño, y S. Diazgranados (eds.), *Civics and Citizenship. Theoretical Models and Experiences in Latin America.* (pp. 3–16). Boston: Sense Publisher. https://doi.org/10.1007/978-94-6351-068-4

Heiss, C. (2017). Legitimacy crisis and the constitutional problem in Chile: A legacy of authoritarianism. *Constellations,* 24(3), 470–479. https://doi.org/10.1111/1467-8675.12309

Hung, R. (2012). Being human or being a citizen? Rethinking human rights and citizenship education in the light of Agamben and Merleau-Ponty. *Cambridge Journal of Education,* 42(1), 37–51. https://doi.org/10.1080/0305764X.2011.651202

Hooghe, M. (2004). Political Socialization and the Future of Politics. *Acta Politica* 39(4), 331–341. https://doi.org/10.1057/palgrave.ap.5500082

Hooghe, M., Oser, J. y Marien, S. (2016). A comparative analysis of 'good citizenship': A latent class analysis of adolescents' citizenship norms in 38 countries. *International Political Science Review,* 37(1), 115–129. https://doi.org/10.1177/0192512114541562

Innerarity, D. (2020). *Una teoría de la democracia compleja.* Galaxia Gutenberg, Barcelona.

Köhler, H., Weber, S., Brese, F., Schulz, W. y Carstens, R. (2016). *ICCS 2016 User Guide for the International Database.* The International Association for the Evaluation of Educational Achievement (IEA).

Kwok, J. y Selman, R. (2017). From Informed Social Reflection to Civic Engagement: How to Interpret What Youth Say and Do. En B. García-

Cabrero, A. Sandoval-Hernández, E. Treviño y S. Diazgranados (eds.), *Civics and Citizenship. Theoretical Models and Experiences in Latin America.* (pp. 17–38). Boston: Sense Publisher. https://doi.org/10.1007/978-94-6351-068-4

Koskimaa, V. y Rapeli, L. (2015). Political Socialization and Political Interest: The Role of School Reassessed. *Journal of Political Science Education,* 11(2), 141–156. doi:10.1080/15512169.2015.1016033

Lüdtke, O., Robitzsch, A., Trautwein, U. y Kunter, M. (2009). Assessing the impact of learning environments: How to use student ratings of classroom or school characteristics in multilevel modeling. *Contemporary Educational Psychology,* 34(2), 120–131. https://doi.org/10.1016/j.cedpsych.2008.12.001

Luengo Kanacri, B. P. y Jiménez-Moya, G. (2019). Estereotipos de género en la mirada a la infancia chilena: Desafios desde una profecía autocumplida. En *Niños y niñas adolescentes en medios de comunicación: Construcción de estereotipos en prensa escrita y television en Chile* (pp. 115-125). Santiago de Chile: UNICEF.

Masyn, K. E. (2014). Discrete-Time Survival Analysis In prevention Science. En Z. Sloboda y H. Petras (Eds.), *Defining Prevention Science* (pp. 513–535). https://doi.org/10.1007/978-1-4899-7424-2

Mcbeth, M. K., Lybecker, D. L. y Garner, K. A. (2010). The story of good citizenship: Framing public policy in the context of duty-based versus engaged citizenship. *Politics and Policy,* 38(1), 1–23. https://doi.org/10.1111/j.1747-1346.2009.00226.x

McLeod, J. M., Shah, D. V., Hess, D. E. y Lee, N. (2010). Communication and education: Creating communication competence for socialization into public life. En L. R. Sherrod, C. A. Flanagan y J. TorneyPurta (Eds.), *Handbook of research on civic engagement in youth* (pp. 363-391). New York, NY: Wiley

McNeish, D., Stapleton, L. M. y Silverman, R. D. (2017). On the unnecessary ubiquity of hierarchical linear modeling. *Psychological Methods,* 22(1), 114–140. https://doi.org/10.1037/met0000078

Merlo, J., Chaix, B., Ohlsson, H., Beckman, A., Johnell, K., Hjerpe, P., Råstam, L, Larsen, K. (2006). A brief conceptual tutorial of multilevel analysis in social epidemiology: using measures of clustering in multilevel logistic regression to investigate contextual phenomena. *Journal of Epidemiology and Community Health,* 60(4), 290–297. https://doi.org/10.1136/jech.2004.029454

Miranda, D., Miranda, C. y Muñoz, L. (2021). Latin American political culture and citizenship norms. En E. Treviño, D. Carrasco, E. Claes y K. Kennedy (Eds.), *Good citizenship around the World. Using IEA ICCS data to understand the next generation of citizens* (pp. 87-103). IEA - Springer Open.

Miranda, L. y Suárez-Cao, J. (2018). *La política siempre ha sido cosa de mujeres: elecciones y protagonistas en Chile y la region.* Flacso, Chile.

Muthén, L. K. y Muthén, B. (2017). *Mplus User's Guide* (8th ed.). Los Angeles, CA: Muthén & Muthén.

Naranjo-Zolotov, M., Turel, O., Oliveira, T., y Lascano, J. E. (2021). Drivers of online social media addiction in the context of public unrest: A sense of virtual community perspective. *Computers in Human Behavior,* 121, 106784. https://doi.org/10.1016/J.CHB.2021.106784

Noula, I. (2019). *Digital Citizenship: Citizenship with A Twist ? London School of Economics and Political Science.*

Park, C.M. y Shin, D. C. (2006). Do Asian Values Deter Popular Support for Democracy in South Corea? *Asian Survey,* 46(3), 341–361.

PNUD (2017). *Desiguales: Orígenes, cambios y desafíos de la brecha social en Chile.* Santiago de Chile: Uqbar Editores.

Rabe-Hesketh, S. y Skrondal, A. (2012). *Multilevel and Longitudinal Modeling Using Stata, Volumes I and II, Third Edition* (3rd ed.). College Station, TX: Stata Press.

Rights, J. D., Preacher, K. J. y Cole, D. A. (2019). The danger of conflating level-specific effects of control variables when primary interest lies in level-2 effects. *British Journal of Mathematical and Statistical Psychology,* 4. https://doi.org/10.1111/bmsp.12194

Roberts, K. (2018). Youth, Political Socialisation and Political Generations. En A. Lange, H. Reiter, S. Schutter y S. Steiner (eds.), *Handbuch Kindheits- und Jugendsoziologie* (pp. 773–784).Wiesbaden: Springer VS. https://doi.org/10.1007/978-3-658-04207-3

Sánchez-Ancochea, D. (2021). *The Costs of Inequality in Latin America: Lessons and Warnings for the Rest of the World.* London: I.B. Tauris

Scarborough, W.J y Holbrook, A. (2020). The Complexity of Policy Preferences: Examining Selfinterest, GroupInterest, and Race Consciousness Across Race and Political Ideology. *Social Justice Research,* 33(1). 110 – 135. https://doi.org/10.1007/s11211-019-00345-5

Schulz, W., Carstens, R., Losito, B. y Fraillon, J. (2018). ICCS 2016 *Technical Report*. Amsterdam, the Netherlands: International Association for the Evaluation of Educational Achievement (IEA).

Sigel, R. (1965). Assumptions About the Learning of Political Values. *The ANNALS of the American Academy of Political and Social Science,* 361(1), 1–9. https://doi.org/10.1177/000271626536100101

Somma, N. y Bargsted, M. (2015). La autonomización de la protesta en Chile. En C. Cox y J.C. Castillo (Eds.), *Aprendizaje de la ciudadanía: contexto, experiencias y resultados* (pp. 209 – 73). Santiago, Chile: Ediciones UC.

Stapleton, L. M., Yang, J. S. y Hancock, G. R. (2016). Construct Meaning in Multilevel Settings. *Journal of Educational and Behavioral Statistics,* 41(5), 481–520. https://doi.org/10.3102/1076998616646200

Stokke, K. (2017). Politics of citizenship: Towards an analytical framework. *Norsk Geografisk Tidsskrift,* 71(4), 193–207.

Thapa, A., Cohen, J., Guffey, S. y Higgins-D'Alessandro, A. (2013). A review of school climate research. *Review of Educational Research,* 83(3), 357–385. https://doi.org/10.3102/0034654313483907

Theiss-morse, E. (1993). Conceptualizations of Good Citizenship and Political Participation. *Political Behavior,* 15(4), 355–380.

Torcal, M. y Maldonado, G. (2014). Revisiting the Dark Side of Political Deliberation: The Effects of Media and Political Discussion on Political Interest. *Public Opinion Quarterly,* 78(3), 679–706. https://doi.org/doi:10.1093/poq/nfu035

Torres-Irribarra, D. y Carrasco, D. (2021). Profiles of good citizenship. En E. Treviño, D. Carrasco, E. Claes y K. Kennedy (Eds.), *Good citizenship around the World. Using IEA ICCS data to understand the next generation of citizens* (pp. 31-48). IEA - Springer Open.

Treviño, E., Carrasco, D., Claes, E. y Kennedy, K. (2021). *Good citizenship around the world. Using IEA ICCS data to understand the next generation of citizens.* IEA - Springer Open.

Treviño, E., Villalobos, C., Béjares, C. y Naranjo, E. (2019). Forms of Youth Political Participation and Educational System: The Role of the School for 8th Grade Students in Chile. *Young,* 27(3). https://doi.org/10.1177/1103308818787691

Treviño, E., Béjares, C., Villalobos, C. y Naranjo, E. (2017a). Influence of teachers and schools on students' civic outcomes in Latin America. *Journal of Educational Research,* 110(6). https://doi.org/10.1080/00220671.2016.1164114

Treviño, E., Béjares, C., Villalobos, C. y Naranjo, E. (2017b). Building citizenship in the schools of Chile, Colombia and Mexico. The role of teacher´s practices and attitudes. En B. García-Cabrero, A. Sandoval-Hernandez, E. Treviño, S. Diazgrandos-Ferrand y G. Perez (Eds.), *Civics and Citizenship. Theoretical Models and Experiences in Latin America* (pp. 105–125). Rotterdam/Boston/Taipei: Sense Publisher.

Treviño, E., Béjares, C., Wyman, I. y Villalobos, C. (2018). Influence of Teacher, Student and School Characteristics on Students' Attitudes Toward Diversity. En A. Sandoval-Hernández, M. M. Isac y D. Miranda (Eds.), *Teaching Tolerance in a Globalized World* (pp. 33–65). IEA - Springer Open. https://doi.org/10.1007/978-3-319-78692-6_4

Vermunt, J. K. (2003). Multilevel Latent Class Models. *Sociological Methodology,* 33(1), 213–239. https://doi.org/10.1111/j.0081-1750.2003.t01-1-00131.x

Villalobos, C., Morel, M.J. y Treviño, E. (2021). What is "good citizenship". A systematic review. En E. Treviño, D. Carrasco, E. Claes y K. Kennedy (Eds.), *Good citizenship around the World. Using IEA ICCS data to understand the next generation of citizens* (pp. 15-30). IEA - Springer Open.

Villalobos, C. y Valenzuela, J.P. (2012). Polarización y cohesion social del sistema escolar chileno. *Revista de Analisis Económico.* 27(2). 145-172. https://doi.org/10.4067/S0718-88702012000200005

VTR (2020). *Radiografía Digital 2019.* Recuperado de: https://vtrconvivedigital.com/radiografia_digital_vtr.html

Westheimer, J. y Kahne, J. (2004). What Kind of Citizen? The Politics of Educating for Democracy. *American Educational Research Journal,* 41(2), 237–269. https://doi.org/10.3102/00028312041002237

Zancajo, A. y Bonal, X. (2020). Education markets and school segregation: a mechanism-based explanation. *Compare: A Journal of Comparative and International Education.* https://doi.org/10.1080/03057925.2020.1858272

MEDIOS, TELEVISIÓN Y FORMACIÓN CIUDADANA: JÓVENES FRENTE A NUEVAS Y VIEJAS PANTALLAS

CRISTIÁN CABALÍN
Instituto de la Comunicación e Imagen,
Instituto de Estudios Avanzados en Educación,
Universidad de Chile
Escuela de Gobierno y Comunicaciones,
Universidad Central de Chile

LORENA ANTEZANA
Instituto de la Comunicación e Imagen,
Universidad de Chile

PABLO ANDRADA
Departamento de Ciencias Sociales,
Universidad de La Serena

Capítulo asociado a los proyectos FONDECYT N° 1200108 y PLU190001 de ANID. También se agradece al Proyecto Basal FB0003 del Programa de Investigación Asociativa de ANID.

Cristián Cabalín

Profesor Asociado del Instituto de la Comunicación e Imagen (ICEI) y del Instituto de Estudios Avanzados en Educación (iE), ambos de la Universidad de Chile. También es investigador asociado de la Escuela de Gobierno y Comunicaciones de la Universidad Central de Chile. Doctor en Estudios de Políticas Educacionales de la Universidad de Illinois en Urbana-Champaign (EEUU); Periodista y Magíster en Antropología de la Universidad de Chile. Sus líneas de investigación se relacionan con los estudios culturales en educación, medios y políticas educacionales y comunicación política.

Contacto: ccabalin@uchile.cl

Lorena Antezana

Profesora Asociada del Instituto de la Comunicación e Imagen (ICEI) de la Universidad de Chile. Doctora en Información y Comunicación de la Universidad Católica de Lovaina (Bélgica); Periodista y Magíster en Comunicación Social de la Universidad de Chile. Entre sus principales líneas de investigación destacan los estudios en televisión, memoria y género.

Contacto: lantezana@uchile.cl

Pablo Andrada

Profesor del Departamento de Ciencias Sociales de la Universidad de La Serena. Es Doctor en Comunicación por la Universidad Pompeu Fabra, de Barcelona, España. También Magíster en Ciencias Sociales, mención Sociología de la Comunicación, Periodista y Licenciado en Comunicación Social por la Universidad de Chile. Sus líneas de investigación son la educación mediática, los estudios culturales y los estudios de medios y audiencias.

Contacto: pablo.andrada@userena.cl

1. INTRODUCCIÓN

Ver televisión por más de dos horas al día repercute negativamente en las habilidades escolares tempranas, especialmente entre los niños de familias de bajos ingresos. Así lo concluyó un estudio en 807 menores que llevó a cabo la Universidad de Nueva York (NYU) y la Universidad Sainte-Anne (Canadá) y que fue publicado en el Journal of Developmental & Behavioral Pediatrics [...] Los investigadores descubrieron que el número de horas de exposición a la televisión está relacionado con la disminución de su preparación escolar, particularmente sus habilidades matemáticas y su función ejecutiva. Además, esta relación crecía en la medida que los ingresos familiares eran más bajos (El Mercurio, 13 de marzo de 2017).

La cita precedente sintetiza la crítica más recurrente y de sentido común hacia la televisión desde el campo educativo. Desde esta visión, la "tele" dañaría el aprendizaje de niños, niñas y adolescentes. Esta aprensión se extiende hoy a todas las pantallas (smartphones, tablets, notebooks), sin embargo, el mundo de muchos estudiantes es multipantalla y está lleno de contenido mediático (Buckingham, 2019). Dado esto, la escuela como sitio de educación formal debe interactuar con otros espacios no institucionalizados de aprendizaje, como la televisión.

Entonces, ¿cómo es posible compatibilizar el vínculo entre educación y televisión? En este capítulo se discuten las potencialidades educativas de la televisión, basando este argumento en las nociones de la educación mediática y recepción activa de uno de los géneros más vistos en televisión abierta por los adolescentes: las telenovelas (Consejo Nacional de Televisión, 2019). Estas producciones, atendiendo al nuevo contexto social, han adaptado sus temáticas centrales, incorporando discursos sobre el género, la inmigración, la diversidad sexual, entre otros temas, que han ampliado su impacto en la formación ciudadana de niños, niñas y adolescentes, ya que la recepción televisiva activa instancias de aprendizaje donde los sujetos son capaces de completar las visiones de mundo propuestas por los productos televisivos, en lo que Fuenzalida (2011) denomina "resignificación educativa". La construcción narrativa de estas producciones es política al incorporar temas y problemas sociales, indicando a la audiencia cómo pensar, actuar y, sobre todo, sentir y sentirse ante fenómenos específicos[1] (Franco, 2012).

En las siguientes secciones, se presentan estas ideas para proponer una lectura educativa de la ficción televisiva. Específicamente, se abordan las características de este género, que lo hacen tan atractivo para las audiencias más jóvenes y también se describen las cualidades esenciales de la educación mediática para promover un visionado crítico de estas producciones. Finalmente, se incorporan reflexiones sobre el consumo mediático, especialmente las telenovelas, y el desarrollo de actitudes ciudadanas.

2. APUNTES INICIALES: VER TELE, APRENDER Y ENTRETENERSE

La televisión es uno de los actores socioculturales más relevantes de la sociedad contemporánea al construir discursos sociales sobre la realidad que representa (Santa Cruz, 2003). Estos discursos sociales transportan ideas, normas, estereotipos y marcos de interpretación, produciendo efectos en la sociedad y en los individuos. Por eso, una de las primeras preocupaciones de la investigación en medios fue entender el impacto de la televisión en las percepciones de las personas. Este enfoque, asociado a la psicología, fue complementado rápidamente por un enfoque más antropológico, relacionado con los procesos de significación de la recepción televisiva (Cassano, 2010). Este vínculo

---

[1] Este capítulo rescata un esquema teórico de análisis desarrollado en el marco de las investigaciones en curso FONDECYT Nº 1200108 "Formación de audiencias ciudadanas: adolescentes y telenovelas en tiempos de intolerancia" y PLU190001 "Consumo informativo juvenil en la era digital. Implicancias para el pluralismo y la democracia", para estudiar la relación entre el consumo mediático, específicamente de telenovelas, y la formación de actitudes ciudadanas en estudiantes de sectores populares y medios.

interdisciplinario ha nutrido los estudios en comunicación, que es el campo académico desde donde se propone esta lectura de la televisión.

Para reconocer el potencial educativo de este medio, es necesario entender cómo las personas, especialmente las más jóvenes, consumen productos mediáticos. "Ver tele" es una práctica cultural situada que se asocia a una experiencia lúdica y a la exploración cognitiva (Fuenzalida, 2011). La recepción televisiva está lejos de ser una actividad meramente pasiva, donde los telespectadores reciben el contenido sin ninguna mediación, aunque tampoco están inmunes a los efectos de los contenidos. De todos modos, las motivaciones para "ver tele" podrían moderar esos efectos. Lo anterior es lo que ha intentado explicar la teoría de los usos y gratificaciones, al señalar qué necesidades sociales y psicológicas predicen el consumo mediático. En la visión más clásica de esta teoría, las personas se exponen a los medios por razones de información, educación, diversión, relaciones personales, búsquedas identitarias o vigilancia, entre otras (Katz, Blumler y Gurevitch, 1974).

Tradicionalmente, se ha concebido que las principales funciones que cumplen los medios son informar, educar y entretener, pero desde hace unas décadas se ha enfatizado con cierto desdén que, en el caso de la televisión, solo prima el entretenimiento (Nabi y Krcmar, 2004). La hegemonía de este género ha generado múltiples críticas contra este medio, al punto que un estudio sobre la televisión italiana concluyó que las personas expuestas a programas de entretención (matinales) tenderían a confiar más en políticos populistas y presentarían "menor sofisticación" cognitiva (Durante, Pinotti y Tesei, 2019).

Sin embargo, el entretenimiento no puede ser simplemente asociado a un tipo de programa, ya que se trata de una experiencia de visionado que puede enriquecer la formación de las personas. La entretención a través de la recepción televisiva no es necesariamente una oposición a la educación. De hecho, existe evidencia sobre el aporte educativo de programas de canales infantiles especializados, que son fundamentalmente "entretenidos". Por ejemplo, los niños y niñas más pequeños aprenden a seguir instrucciones y refuerzan hábitos a través del visionado de estas producciones especialmente realizadas para ellos y ellas (Fuenzalida, 2013). Sin embargo, el acceso a este tipo de programas en la televisión abierta chilena es casi imposible. Solo la pandemia del

Covid-19 permitió el desarrollo de la señal *TV Educa Chile*. En tiempos normales, la programación para niños y niñas prácticamente no existe. De hecho, los programas más vistos por niños, niñas y adolescentes son los noticieros y las telenovelas. Es decir, ven "tele" en horarios y formatos para adultos. Por eso, analizar la ficción melodramática es relevante para asumir el potencial educativo de la televisión desde un punto de vista de lo que realmente ocurre con el visionado de niños, niñas y adolescentes, y no desde lo normativamente esperado.

2.1. Telenovelas: género, audiencia joven y recepción

Como se señaló, niños, niñas y adolescentes ven televisión abierta en el horario considerado para todo espectador, que durante los días de semana se concentra entre las 18:00 y las 21:59 horas (CNTV, 2015). Los tres géneros que se transmiten en esta franja son las telenovelas (donde niños, niñas y adolescentes constituyen un 25,9% del público), informativos (con un 21,9%) y misceláneos (con un 19.8%) (CNTV, 2019). Ninguno de estos programas está dirigido exclusivamente a ellos, ya que se trata de producciones para adultos y, en algunos casos, familias. Consumen este tipo de productos televisivos, entre otras razones, porque la programación infantil, según informes del Consejo Nacional de Televisión (CNTV, 2011), ha ido decreciendo en el tiempo. Si en 2007 constituía el 12,5% de la oferta general en televisión abierta (CNTV, 2007), en 2019 solo llegó al 0,9% (CNTV, 2019).

Lo anterior se podría explicar por el modelo de autofinanciamiento de la televisión en Chile, donde estas audiencias no serían tan rentables en términos de conseguir anunciantes, y por el surgimiento y consolidación creciente de los canales por cable y las ofertas de plataformas *streaming*, donde es posible acceder a contenidos infantiles diferenciados por edad. Sin embargo, los mismos canales y productoras independientes intentan mantener a esta audiencia cautiva con otros tipos de contenidos[2].

Este es el caso de la telenovela, género muy popular en América Latina, que a partir de la acción desarrollada por personajes protagónicos

---

2   Primero, porque se trata de una inversión a futuro al considerar que los jóvenes de hoy serán sus audiencias adultas mañana y, segundo, porque se consolida así un *star system* criollo, lo que permite explorar otros formatos y contenidos.

cuenta una historia de ficción (Jost, 2007), fundamentalmente de amor, que se desarrolla en varios capítulos y que en general tiene un final feliz. Su extensión y la duración de cada capítulo varían de acuerdo con el país de origen, las condiciones de producción (financiamiento, entre otras) y la recepción (*rating*).

En Chile, las telenovelas nacionales se han asentado en tres bloques: diurno, en el horario que va después de almuerzo; vespertino, horario *prime* antes de los noticieros centrales, y nocturnos, después de las 22:30 horas. Es en el horario vespertino en el que se ha consolidado la oferta considerada familiar. Para su creación se han tomado en consideración experiencias previas de series televisivas juveniles. El primer caso en Chile fue la telenovela juvenil *16*, producida y transmitida por Televisión Nacional de Chile (TVN), en 2003[3] . A partir de la historia de Magdalena Arias -nueva estudiante del colegio Antumapu —quien enfrenta a su padre y director de la escuela— se representan las problemáticas de los adolescentes de la época. Entre 2005 y 2012, los canales de televisión abierta en Chile realizaron otras series dirigidas a este segmento como *Amango* de Canal 13, *Karkú* de TVN, BKN de Mega y *Don diablo* de Chilevisión.

Las series televisivas juveniles adaptan el formato de telenovela clásica a un formato más liviano, enfocándose en los niños, niñas y jóvenes. Abordan tópicos recurrentes de las *teen series* como el amor, la amistad y las relaciones sociales; además, "pueden tener un único personaje o un grupo que se constituye como protagonista y se centran en la época de la *high school*" (Fedele y García, 2011, p. 133). Se seleccionan para su producción contextos ya habituales en otras ficciones de interés juvenil, como son la familia y la escuela. Los escenarios representados son el hogar de uno o varios protagonistas y los espacios de colegios y liceos principalmente. Más que tramas familiares, estas series enfatizan en las relaciones sociales generadas por el grupo de iguales, los amigos (Fedele y García, 2011). Estas series juveniles pueden ser consideradas formativas o educativas, puesto que entregan "un capital cultural indispensable para comprender una realidad cada vez más compleja, que exige un ciudadano más informado, sensible,

---

[3]   En la década anterior se emitieron *Ámame* (TVN, 1993) y *Adrenalina* (UC13, 1996), consideradas juveniles por la presencia de actores jóvenes en roles protagónicos.

reflexivo y con una visión amplia de un mundo que ya no es tan ancho y ajeno" (Morduchowicz, 2008, p. 3).

En las telenovelas familiares, y para incluir a las audiencias infantiles y juveniles, los canales de televisión y las productoras independientes incorporan dentro de sus producciones a niños, niñas y adolescentes, otorgándoles muchas veces roles protagónicos. Desde 2006 en adelante se produjo un explosivo aumento en la participación de niños y niñas en telenovelas como *Floribella*, transmitida por TVN. A esto se sumaron otras producciones como *Papi Ricky* (Canal 13, 2007), *Aquí mando yo* (TVN, 2011), *Pobre rico* (TVN, 2012), *Papá a la deriva* (MEGA, 2015) y *Tranquilo papá* (MEGA, 2017). Estos programas cuentan con diversas ramas argumentativas, tocando temas de interés y popularidad, como es el amor, los problemas socioeconómicos, la infidelidad, la tristeza, entre otras, pero además la relación entre padre e hijo o hija menor de edad, es un argumento importante del tratamiento narrativo de la historia.

Si bien en estas telenovelas familiares, son los padres quienes se mantienen en un rol protagónico a lo largo de todo el relato, los hijos e hijas (niños, niñas y adolescentes), durante los primeros capítulos, cumplen roles como coprotagonistas. Con el desarrollo de las historias van adquiriendo papeles cada vez menos relevantes. Sin embargo, su rol no deja de ser importante para la trama debido a que es a través de ellos que se generan muchos de los vínculos sentimentales de las telenovelas. Por lo que, a pesar de ser personajes secundarios, articulan gran parte de la historia dramática.

La participación de niños, niñas y adolescentes en la ficción televisiva sirve como gancho para convocar a estas audiencias y, al hacerlo, construye tipos ideales de representación o modelos a seguir, porque en el proceso de resignificación y en la búsqueda de identificación del telespectador, la ficción utiliza estereotipos de los personajes ya conocidos por el público. Esto produce también la atribución de características a los contextos históricos-sociales en los que está inserta la telenovela. Por lo anterior, se puede plantear que estas producciones influyen en la forma en que se ven representados los niños y niñas y la sociedad en la que se desenvuelven, pues los personajes son creados desde la concepción que los adultos poseen sobre cómo son, cómo deben comportarse y cuál es la participación que deben tener en las diferentes situaciones de la vida cotidiana.

Las telenovelas chilenas vespertinas actuales, aunque no siempre buscan incidir formativamente en sus audiencias (como las series juveniles o las telenovelas que realizan *marketing* social), sí pueden considerarse como una forma de discurso sobre la sociedad o como un espacio para mostrar el mundo de una manera diferente (Erlick, 2018). Esto se expresa en sus tramas, que ponen en discusión los roles de género, las clases sociales, los conflictos familiares, embarazos no deseados, drogadicción, y también refuerzan la construcción del sentido de nación (Vasallo de López, 2003), al incluir dentro de sus narrativas el debate sobre la cultura y las identidades colectivas, al hablar sobre historia, sobre regiones y sus características, sobre política y democracia, entre otros temas.

Además, estas telenovelas incluyen en sus historias temas de actualidad que preocupan a la sociedad o que son un reflejo de esta (Galán, 2007) por varias razones: porque sus creadores son parte de esa misma cultura y comparten sus vivencias y preocupaciones, las que plasman, intencionalmente o no, en el relato de la telenovela; porque el desfase temporal entre la escritura de los guiones y su producción es bastante corto (un mes aproximadamente) (Acosta-Alzurú, 2007) y porque para que el producto mediático tenga rating debe conectarse con sus telespectadores, es decir permitir su identificación.

Las historias contadas por las telenovelas chilenas "nos hablan a y de nosotros" (Santa Cruz, 2003, p. 6) y permiten mantener un sentido de comunidad, enfatizando precisamente "lo propio" que es lo que genera una mayor identificación con los telespectadores al mostrar espacios, preocupaciones y modos de vida mucho más cercanos a un grupo de personas en particular. Según Vergara, Vergara y Chávez (2014), un tema central en las telenovelas nacionales es la incorporación de temáticas relativas a la vida cotidiana de las familias chilenas, con el objeto de buscar una mayor proximidad a las audiencias locales (Antezana y Cabalín, 2016), y al hablar de proximidad nos referimos al acercamiento, a la identificación del televidente con lo que está visionando (Antezana, 2018).

La recepción de estos productos audiovisuales es una articulación compleja entre los procesos perceptivos, interpretativos e identitarios de los niños, niñas y adolescentes. Por tanto, involucra una serie de elementos y mediaciones determinadas por edad, clase social, recursos culturales, género y necesidades específicas (Wolton, 2001) y también por afectos, puesto que el telespectador participa de manera vicaria en diversas emociones gracias a la identificación y proyección que realiza (Labrador y Rebeil, 2013). Por ello se habla del concepto de "televidencia" (López, 2014), que se refiere a un constante proceso de negociación de significados que se produce no solo en el momento del visionado, sino también después, en nuestra vida cotidiana, y que trascienden más allá del acto de mirar televisión (Orozco y Franco, 2014) o, como ocurre en la actualidad, a través de las redes sociales.

La televisión ha intentado capturar este ecosistema mediático, promoviendo una recepción más activa y enfatizando la agencia personal. Ya no es solo el consumo instrumental y ritualizado de los años 80, sino también un consumo más contextual e individualmente centrado, donde las audiencias no pueden ser confundidas con simples datos de una encuesta de uso, sino que deben ser consideradas como activos protagonistas del proceso de comunicación propuesto por los medios (Livingstone, 2019). En el caso particular de la recepción televisiva de las y los adolescentes, que se encuentran en un periodo caracterizado por la búsqueda de modelos identitarios y la reproducción de modelos discursivos y de comportamiento estereotipados difundidos por los medios de comunicación (principalmente, por la televisión), la relación entre las telenovelas y los telespectadores puede observarse como una experiencia de aprendizaje y apropiación de modelos de conducta de vida (Pasquier, 1998; López, 2014), y también como un proceso para establecer la interacción entre lo individual y lo social en la construcción de comunidades imaginadas (Anderson, 1993).

De acuerdo con una investigación previa (Antezana y Andrada, 2018), las y los adolescentes prefieren la programación de ficción para entretenerse. Si bien este es el principal objetivo de su visionado, también lo hacen para compartir con los demás integrantes de su familia y tener un pretexto para estar con ellos. Aunque no es el objetivo de estos programas, las telenovelas son también para ellos generadores de conocimiento y les ayudan a entender las situaciones que atraviesan en el espacio de su propia experiencia vital. Lo que buscan en ellas está relacionado con su ciclo de vida, con la construcción y declaración de sí mismos, es decir, con el reconocimiento de su identidad; también con el sentido y proyección de su vida; con el valor que les otorga la sociedad y el grupo de pares —búsqueda del aceptación—; con el reconocimiento de las reglas de la vida adulta; con el sentido del riesgo y el reconocimiento de límites, pero también con la necesidad de certezas que les dan seguridad.

En síntesis, el alto consumo de estas producciones por parte de las audiencias adolescentes se explica principalmente por: (1) la baja presencia de programas en televisión abierta dedicados a un público infantil y adolescente (Fuenzalida, 2013, CNTV, 2019); (2) el atractivo que la ficción ejerce sobre estas audiencias (Antezana y Andrada, 2018); (3) la emisión diaria de los capítulos en el mismo horario, que permite afianzar rutinas de visionado que se convierten en hábitos (Antezana y Cabalín, 2016) que posibilitan su vínculo con otras personas de su familia; (4) el número de capítulos de una telenovela (generalmente más de 100) que los familiariza con los personajes y situaciones exhibidas, generando una sensación de comodidad por lo ya conocido; (5) las características de la ficción y el lenguaje audiovisual (imágenes, música, escenografía) que facilitan su involucramiento emocional y afectivo (Labrador y Rebeil, 2013); y (6) las temáticas desarrolladas, los paisajes urbanos, las situaciones familiares, la caracterización de los personajes, entre otras, que permiten el reconocimiento y la identificación (Santa Cruz, 2003; Martín-Barbero, 1987).

Así, la telenovela, al estar vinculada a su contexto de producción, es un espacio de intervención cultural fundamental para la introducción de hábitos y valores ciudadanos, ya que estos relatos televisivos se configuran como modelos y patrones de conducta y dialogan con proyectos identitarios individuales y/o colectivos (Cassano, 2010). Por otro lado, el formato posibilita la realización de una lectura valórica al simplificar la realidad en categorías de oposición binarias: bueno/malo; héroe/villano; luz/oscuridad; entre otras, donde los personajes protagónicos buenos son los héroes con los que los telespectadores suelen identificarse. Las moralejas, ejemplos y recomendaciones finales refuerzan estos contenidos y potencialmente podrían utilizarse para formar a las audiencias como sujetos sociales y ciudadanos activos.

2.2. Formación ciudadana desde la educación mediática

La relación entre la educación y los medios de comunicación ha sido estudiada desde diversos enfoques, donde se ubican la alfabetización en medios o la formación para la recepción, que han derivado en lo que hoy se conoce como la educación mediática. Esta se define como la educación que busca generar personas con la capacidad de evaluar críticamente los mensajes que reciben y expresarse a través de mensajes propios por los medios de comunicación (Ferrés y Piscitelli, 2012). En una sociedad donde el conocimiento es principalmente adquirido a través de la comunicación mediada, cobra importancia tener esta capacidad para ejercer la ciudadanía.

La IX Encuesta Nacional de Televisión confirma la tendencia de que los hogares chilenos se encuentran cada vez más equipados de bienes tecnológicos y que las personas ven contenidos audiovisuales en diferentes plataformas (CNTV, 2014b). En el caso del grupo de niños, niñas y jóvenes menores de 18 años, "la media es de 1 dispositivo por niño/niña, donde destaca el celular con internet. En total, 67% de las niñas, niños y adolescentes tiene algún dispositivo propio" (CNTV, 2018, p. 36). El mayor consumo individual a tempranas edades implica una menor posibilidad de control parental sobre el consumo mediático de los adolescentes, quienes se encuentran en una etapa donde inician el tránsito hacia la adultez y la madurez (Bronstein, Pennycook, Bear, Rand y Cannon, 2018). En la configuración de su ciclo vital, los adolescentes se encuentran en una tensión donde buscan creer en algo y se aferran a ello, definiendo una cosmovisión de mundo (Bordignon, 2005; Le Breton, 2012).

La educación mediática no debe confundirse con la educación que utiliza medios de comunicación o tecnologías para entregar sus conocimientos. Ahí los medios son herramientas pedagógicas, no protagonistas del proceso educativo. Se trata de evaluar críticamente la forma en cómo se entrega y recibe la comunicación. Así lo establece, por ejemplo, la Unesco (1984):

> Cabe entender el estudio, la enseñanza y el aprendizaje de los medios modernos de comunicación y de expresión, a los que se considera parte integrante de una esfera de conocimientos específica y autónoma en la teoría y en la práctica pedagógica,

a diferencia de su utilización como medios auxiliares para la enseñanza y el aprendizaje en otras esferas del conocimiento, como las Matemáticas, la Ciencia y la Geografía (p. 8).

En América Latina, la educación mediática se desarrolló en la década de 1980 con el nombre de *educomunicación*, teniendo como bases la teoría de la dependencia y los desarrollos pedagógicos de Paulo Freire. Sus planteamientos exceden el campo comunicacional y se instalan también en la cultura. Desde ahí se comprenden los aportes provenientes de los estudios de audiencias, como la noción de las mediaciones (Martín-Barbero, 1991) o el consumo cultural con sus hibridaciones (García Canclini, 1995). La *educomunicación* latinoamericana se planteó como una forma de intervención social que buscaba suplir la falta de acceso a la educación de la población con menos recursos e impulsar los aprendizajes a partir de lo que recibían a través de la televisión. En su vertiente más crítica, liderada por Mario Kaplún (2002), buscó crear medios alternativos que contrarrestaran la dominación proveniente de la industria cultural estadounidense, mientras en la versión de la recepción activa, liderada por María Elena Hermosilla y Valerio Fuenzalida (1989), se quiso enseñar a la población a partir de la validación de sus propios consumos televisivos.

En el caso de Chile, la educación mediática distingue cinco etapas. Una primera donde se instala la reflexión sobre la relación entre comunicación y educación, basándose en la ideas de Paulo Freire de liberación del oprimido, la crítica y el diálogo (Freire, 2005); una segunda etapa marcada por la recepción crítica de los medios, cuyo hito será la publicación del libro "Para leer al Pato Donald" (Dorfmann y Mattelard, 2012); un tercer momento donde emerge el concepto de recepción activa, reconociendo la capacidad de las audiencias de resignificar los contenidos (Hermosilla y Fuenzalida, 1989); una cuarta etapa donde el Estado apuesta por el salto digital y las TIC, en detrimento de la educación mediática; y un quinto momento donde la búsqueda por la calidad educativa ha cuestionado la mirada tecno utópica de la etapa anterior y comienza a instalar la importancia cultural y social de los medios de comunicación y sus consumos por parte de la población (Andrada y Cabalín 2020; Andrada, Cabalín y Condeza, 2020).

A lo largo de este desarrollo, se ha logrado un cierto consenso en cuanto a algunas preguntas clave para evaluar la relación que tienen las personas con los medios (Masterman, 1983; CML, 2005; CNTV, 2014). Las preguntas a responder serían:

1. *¿Quién creó el mensaje?* Esta pregunta plantea la duda inicial que hace desnaturalizar lo que se recibe. Propone salir del contrato implícito que se establece con los medios y sus lenguajes y aceptar que los mensajes que se reciben fueron creados por alguien, con elecciones que pudieron ser distintas.

2. *¿Qué técnicas creativas se usan para llamar la atención?* Se refiere al conocimiento de que existe un lenguaje mediático que busca persuadir a las audiencias.

3. *¿Cómo pueden diferentes personas entender este mensaje de forma distinta a como lo hago yo?* Se interroga sobre la conciencia de que diferentes personas experimentan el mismo mensaje mediático de distintas maneras.

4. *¿Qué estilos de vida, valores y puntos de vista están representados u omitidos en este mensaje?* Hay ciertas ideas dominantes que se instalan en la sociedad, transmitiendo valores que son aceptados acríticamente. Son ideas poderosas, porque vencieron a otras ideas, y son relevantes para la forma en que funciona la sociedad.

5. *¿Por qué se envió este mensaje?* Apunta a la noción de que la mayoría de los mensajes de los medios se construyen para obtener ganancia económica o poder.

Se trata de preguntas esenciales para las competencias mediáticas, que permiten contar con una ciudadanía preparada para la era digital, debido a que el consumo y el autoaprendizaje con los medios de comunicación no bastan para desarrollar conocimientos y destrezas ante los medios de comunicación, es decir, ser competentes mediáticos. La escuela aparece como el ámbito idóneo para reflexionar sobre la relación que establecen los adolescentes con los medios en el marco de sus aprendizajes para vivir en sociedad. Pero no es el único espacio. Tal como se ha sostenido, la cultura popular y, en especial, la televisión también se constituye en una esfera de aprendizaje de actitudes ciudadanas.

Esta formación está incorporada de manera formal en el ciclo de la enseñanza media chilena, donde se abordan específicamente los temas referidos a la ciudadanía. De hecho, en su artículo 20, la Ley General de Educación (Ley 2.030, 2009) se refiere a la formación y conocimientos para que los estudiantes ejerzan una ciudadanía activa que les permita integrarse a la sociedad, los cuales son definidos por las bases curriculares que se determinen en conformidad a la propia Ley (p. 7). En la introducción de las bases aparecen los objetivos de aprendizajes transversales que contienen nueve dimensiones. Una de ellas es la dimensión social y ciudadana, que "sitúan a la persona como un ciudadano en un escenario democrático, comprometido con su entorno y con sentido de responsabilidad social" (Mineduc, 2015, p. 26). Actualmente el Ministerio de Educación entrega recursos a docentes y estudiantes para la formación ciudadana en su sitio web dedicado a la educación media[4] , allí se encuentran orientaciones y materiales para la formación ciudadana para ser trabajados en las escuelas.

Uno de los fundamentos de estos materiales es el cambio de paradigma de una educación cívica a una formación ciudadana, lo que es presentado como una respuesta a las necesidades de la sociedad de la información. Este paradigma se concibe a la par del enfoque constructivista de las prácticas docentes y en un enfoque denominado "la educación para la ciudadanía" (Mineduc, 2013). Este enfoque se refiere a que los y las estudiantes participen de forma activa y sensible en la sociedad. Contempla cuatro dominios para lograr una apropiación compleja del concepto de ciudadanía: la convivencia escolar democrática, fomentar los derechos humanos en un contexto en que existen o existieron gobiernos autoritarios (dictaduras), trabajar los conceptos de ciudadanía y democracia más allá de la adquisición de conocimientos y que el aprendizaje debe ser multidisciplinario (Mineduc, 2013). Lo anterior también se constata en cómo las telenovelas se adaptan a esta noción de una ciudadanía más compleja.

2.3. Telenovelas y audiencias ciudadanas

Como se ha revisado, las telenovelas han adaptado las temáticas a los debates actuales de la sociedad, viendo en pantalla en años recientes

---

[4]   https://media.mineduc.cl/

representaciones melodramáticas sobre la inmigración (*La Colombiana*), la violencia de género (*Volver a Amar*) y el abuso de menores (*¿Dónde está Elisa?*), entre otros temas. Esto implica que la relación que establecen los niños, niñas y adolescentes con este producto televisivo se complejiza y se abren espacios para la generación de actitudes ciudadanas.

En la investigación en comunicación se ha empleado el conocimiento de la neurociencia y de la sicología para indagar en la formación de actitudes y asociaciones afectivas que establecen los niños, niñas y adolescentes al consumir productos mediáticos (Nairn y Fine, 2008). En el caso de la exposición a mensajes persuasivos, se ha concluido que entre las etapas del desarrollo cognitivo asociadas a la percepción (4-5 años) y el análisis (7-11 años) los niños y niñas son capaces de distinguir mensajes televisivos y entender los intentos de venta de un producto (Nairn y Fine, 2008). Esta capacidad para procesar los mensajes mediáticos permite además observar cómo los niños y niñas van modelando sus actitudes. Las actitudes son una evaluación psicológica que realizan las personas sobre un objeto, persona o fenómeno, mostrando aprobación o rechazo (Nabi y Krcmar, 2004). Los mensajes del entorno son muy importantes en la formación de las actitudes, ya que son mediadores entre la actitud y el comportamiento. Por ejemplo, la exposición a mensajes mediáticos críticos de la inmigración aumenta las actitudes racistas en las personas (Saldaña, Cueva Chacón y García-Perdomo, 2018). Por lo tanto, la pregunta sobre los efectos de la televisión en niños, niñas y adolescentes se debe desplazar desde una mirada mediocéntrica (el medio en sí mismo) hacia el mensaje y su apropiación (contenido y recepción).

En este sentido, el contenido de la telenovela (su trama, personajes, lenguaje audiovisual, entre otros elementos) se relaciona con las características de su recepción, pues la telenovela es generalmente de consumo familiar y alimenta una conversación presencial o virtual con otras personas (televidencia de segundo orden), propiciando un intercambio intergeneracional y generacional que también contribuye a la socialización de los niños, niñas y adolescentes (Chicharro, 2011). Las imágenes son una fuente inagotable de significados (Antezana y Andrada, 2018), por lo que la "experiencia" de ver televisión puede cumplir funciones catárticas, compensatorias o complementarias, pero también contribuye a construir la mirada del telespectador y a reforzar valores y modelos de vida (Morduchowicz, 2012).

La recepción televisiva se acercaría entonces a la experiencia de aprender, ya que se activan instancias de aprendizaje donde los sujetos son capaces de completar las visiones de mundo propuestas en los discursos sociales de los productos televisivos. Es lo que Fuenzalida (2011) denomina "resignificación educativa" al referirse concretamente a lo que realizan los telespectadores con la telenovela. Por consiguiente, si los valores que las telenovelas ponen en circulación están asociados con la vida en común en base al respeto cívico, la tolerancia o el aprecio por la diversidad, las audiencias más jóvenes pueden re-significar estos mensajes en clave ciudadana.

3. APUNTES FINALES: TELENOVELAS Y CIUDADANÍA

Con esas consideraciones educativas y comunicacionales, el interés ha sido indagar cómo los adolescentes de sectores populares y medios en su fase inicial (entre 12 y 16 años) construyen sus actitudes ciudadanas en un mundo digital, que no solo implica un cambio tecnológico, sino también en la forma de pensar y relacionarse socialmente (Urresti, Linne y Basile, 2015). Esto, asumiendo que los adolescentes ya tienen una experiencia de mundo relevante y que esas visiones dialogan con las propuestas narrativas y discursos sociales propuestos por los medios de comunicación. Este capítulo expuso los principales supuestos teóricos y enfoques que permiten sostener que el visionado de telenovelas puede ser una experiencia de aprendizaje ciudadano, donde la educación mediática juega un rol fundamental. Para ejemplificar lo anterior, se cierra este texto con el análisis inicial de tres telenovelas que pueden tener un impacto en la formación ciudadana de las audiencias más jóvenes.

3.1. Yo soy Lorenzo

La primera telenovela es *Yo soy Lorenzo*, emitida por MEGA en 2019, pero que está ambientada en la década de 1960. Cuenta la historia de un joven de clase alta que decide intercambiar roles con su chofer y así evitar un obligado noviazgo por conveniencia que podría poner en jaque su verdadera identidad sexual. Esta producción puede ser leída desde el presente, puesto que apela a la vida cotidiana actual reiterando algunos ejes considerados fundamentales para la organización de la vida social, como la importancia de la familia y, en términos contemporáneos, la diversidad de familias existentes -dos mujeres a cargo de un niño, una madre soltera y su hija, un viudo y su hija, una familia extendida de abuelos y nietos y familias clásicas tradicionales.

En cuanto a las cualidades ciudadanas resaltadas, además del respeto a las diversidades sexuales —al aceptar a una pareja homosexual y elegir a uno de ellos como alcalde—, en esta telenovela se aborda y desarrolla una línea argumental acerca de la adopción —uno de los personajes infantiles importantes es adoptado por una pareja de jóvenes que se casa para poder realizar el trámite— y también se abordan las necesidades y aporte a la sociedad de las personas de la tercera edad. Así, la identificación de las y los telespectadores jóvenes con el relato presentado podría generarse a partir del reconocimiento de los dos protagonistas —niño y niña— que son parte de la articulación de distintas sub-tramas en la telenovela siempre intentando mantener unidas a las parejas y las familias, y de los personajes más jóvenes, cuyas motivaciones principales son el amor romántico —encontrar una pareja— pero también la realización personal —desarrollar una carrera, en este caso artística y política.

3.2. Esperanza

La segunda telenovela es *Esperanza*, emitida por TVN en 2012, que cuenta la historia de una inmigrante peruana que llega a Chile a trabajar como empleada doméstica. En la telenovela se abordan dimensiones sociopolíticas como el derecho a la educación y la protección de los niños y niñas por parte de los adultos responsables y el aborto por causal de violación. Además, en la historia se trata la xenofobia y el racismo hacia la comunidad migrante, en este caso, las personas peruanas que llegan a Chile en búsqueda de oportunidades laborales y de vida. Se hace referencia a la ilegalidad, la deportación y la discriminación. También se observan temas como la discriminación por el nivel socioeconómico de las personas y el *bullying* escolar.

Esta presencia de temas ciudadanos y que afectan la convivencia social están cruzados por las moralejas que la trama sostiene: (1) hacer cosas buenas provoca cosas buenas al final; (2) se debe conocer a las personas antes de juzgarlas, en este caso, discriminar a alguien por su nacionalidad o estrato social es negativo; y (3) sin importar el nivel socioeconómico, todos pueden padecer enfermedades y enfrentar problemas similares.

3.3. Juegos de poder

La tercera telenovela es *Juegos de poder*. Esta producción tiene características de las series policiacas y algunos elementos del melodrama, principalmente en el desarrollo amoroso de los personajes. Fue emitida en horario nocturno por MEGA en 2019. Su principal referencia es el caso del fatal atropello protagonizado por Martín Larraín, hijo del ex presidente de Renovación Nacional, Carlos Larraín. La telenovela relata la historia de un empresario que llega a ser Presidente de la República con la promesa de que acabará con los privilegios y asegurará la igualdad ante la ley. Sin embargo, para proteger su imagen como figura pública y su aspiración política, el candidato usará sus influencias y su poder para obstaculizar la investigación del fatal atropello.

Las dimensiones ciudadanas se relacionan con la desigualdad de acceso a la justicia según el poder y nivel socioeconómico de las personas. Se hace referencia a que una posición de poder incide en la forma en que se trata a las personas. La historia también profundiza en temas sociales como la sexualidad adolescente, el embarazo juvenil y los conflictos asociados a la bisexualidad. Además de referirse a la pedofilia, el abuso sexual y el maltrato infantil. Uno de los protagonistas es un psicópata con traumas en su infancia producto de abusos y rechazos. A pesar de su visión negativa del poder, la telenovela plantea que, aunque toma tiempo, la justicia llega, incluso para las personas poderosas.

En resumen, en estas tres telenovelas se producen discursos sociales que pueden impactar en la formación ciudadana de las audiencias más jóvenes. La televisión brinda las pautas que los "nuevos ciudadanos" necesitan para operar en los nuevos escenarios públicos, abordando tres problemas cruciales en la vida cotidiana de las personas: su experiencia con el gobierno, sus condiciones de vida y diversos asuntos ligados al ámbito emotivo-privado (Winocur, 2002).

En este sentido, los personajes de las telenovelas con los cuales se identifican las y los jóvenes hacen, dicen y actúan como ellos lo harían en las situaciones que enfrentan, y esto se vincula con una concepción más amplia de ciudadanía, puesto que, como sostiene Reguillo (2003):

> Los jóvenes se sienten ciudadanos al hacer cosas; al decidir cuáles son las causas en las que quieren involucrarse; al expresarse con libertad a través de distintos lenguajes; al juntarse con otros en una lógica de redes y de flujos cambiantes más que a través de organizaciones (p. 34).

Esto implica trabajar con una noción de ciudadanía más amplia, policéntrica, lo que sugiere no solo la posibilidad sino que la necesidad de mirar a los y las jóvenes en la relación entre sus pertenencias y el proyecto sociopolítico.

Justamente, la educación mediática sobre las telenovelas debe desarrollar competencias en los y las estudiantes que les permitan reflexionar sobre sus gustos y preferencias al relacionarse con las pantallas. Se propone un trabajo en el aula donde se desnaturalice el producto mediático, comprendiendo su funcionamiento, así como también las maneras que tenemos de interaccionar con él (Ferrés y Piscitelli, 2012). De esta forma, se apuesta por la formación de un ciudadanía activa y preparada para un ecosistema mediático complejo (Scolari, 2008). Siguiendo un trabajo previo de cartillas pedagógicas para *realities, docurrealities* y series (Antezana y Cabalín, 2016; Andrada, 2016), se considera relevante realizar una guía para docentes, estructurada en tres etapas.

La primera etapa considera un material de apoyo que comienza con el debate sobre qué son las telenovelas. Se ven sus orígenes, límites y evoluciones, mostrando las funciones que tiene este formato. Para ello, se realizan contrastes con otros formatos televisivos que abordan la realidad como, por ejemplo, los noticieros. Las cartillas facilitarán ejemplos de telenovelas, buscando responder a la pregunta de ¿por qué algunas telenovelas han sido exitosas? Para documentar el éxito de las producciones se entregarán cifras de rating y cobertura de prensa con temas ciudadanos que generó la telenovela. Ante esto, resulta relevante que los y las estudiantes investiguen cuál es el público objetivo, contexto social y reacciones en redes sociales que tuvo la telenovela, por ejemplo, los memes que se produjeron a partir de ella. Con esto, se situará la telenovela en el contexto y discusiones ciudadanas del país.

La segunda etapa se debe centrar en las oportunidades y riesgos que tiene el consumo de la telenovela. En las primeras, se reconocen valores ciudadanos que nos constituyen como una sociedad y nos permiten superar el individualismo. También, en continuidad con la primera etapa, se abordan temas que se discuten en la opinión pública. Además, se examina cómo las telenovelas generan emociones en la audiencia, especialmente a través de la identificación de situaciones cotidianas. Estas emociones son en su mayoría inconscientes y afectan nuestra forma de pensar el mundo. Por ello, el develarlas será una oportunidad para la comprensión de nuestras preferencias. Respecto de los riesgos, se debe comenzar separando lo que es ficción de la realidad, comprendiendo los mecanismos de proyección e identificación que se dan en la interacción con las pantallas. Es decir, es necesario tomar una distancia crítica con lo que se consume. Algunos de los peligros que se deben identificar son las visiones estereotipadas y simplistas de la realidad, que establecen buenos y malos. Estas visiones suelen tener ecos en las redes sociales digitales y en la prensa, generando visiones parciales de la realidad.

Finalmente, en una tercera etapa, se propone que los y las estudiantes tengan la posibilidad de expresarse, creando una escena que permita modificar una telenovela. Se deberá cambiar una parte de la trama, incorporando nuevos personajes si es necesario, con el objetivo de incluir temas ciudadanos de su interés. La propuesta debe exponerse con la actuación de una escena que muestre la nueva trama creada.

Luego de esto, se realiza un cierre integrador donde se repasa lo aprendido. Para ello, se revisan las características de la telenovela como formato televisivo, la justificación del éxito de algunas de ellas, los riesgos y oportunidades que conllevan y su relación con temáticas ciudadanas. Así, se espera que los y las estudiantes se aproximen a la telenovela como un formato televisivo, desarrollen competencias para una mejor interacción con las pantallas y complejicen la recepción de estas producciones televisivas, tal como se ha propuesto en este capítulo.

REFERENCIAS

Acosta-Alzuru, C. (2007). *Venezuela es una telenovela*. Caracas: Editorial Alfa.

Anderson, B. (1993). *Comunidades imaginadas. Reflexiones sobre el origen y la difusión del nacionalismo*. México: Fondo de Cultura Económica.

Andrada, P. (2016). Aproximaciones a las competencias mediáticas de los telespectadores. En L. Antezana y C. Cabalin. *Audiencias volátiles. Televisión, ficción y educación*. Santiago: ICEI. 123-139.

Andrada, P. y Cabalín, C. (2021). A brief history of media education in Chile. En Divina Frau-Meigs, D., Kotilainen, S., Pathak-Shelat, M., Hoechsmann, M. y Poyntz, S. *The Handbook of Media Education Research*. London: Routledge. 253-258.

Andrada, P., Cabalín, C. y Condeza, R. (2020). Media education in Chile. A digital leap that abandoned the study of media. En Mateus, J-C., Andrada, P., Quiroz, M-T. *Media Education in Latin America*. London: Routledge. 64-78.

Antezana, L. (2018). Entre lo exótico y lo cotidiano: las nuevas apuestas de las telenovelas de mayor éxito en Chile. En Moukouti, G. (Coord.) *Télénovelas latinoamericaines: Aproche Hermeneútique et interculturelle* (pp. 127-142). Turquía: Dirimber y Larimber.

Antezana, L. y Andrada, P. (Eds.) (2018). *En clave adolescente. Referentes, prácticas y hábitos de consumo audiovisual*. Santiago: ICEI.

Antezana, L. y Cabalín, C. (2016). *Audiencias volátiles. Televisión, ficción y educación*. Santiago: ICEI.

Bordignon, N. A. (2005). El Desarrollo psicosocial de Erick Erickson. El diagrama epigenético del adulto. *Revista Lasallista de Investigación*, 2(2), pp. 50-63.

Bronstein, M., Pennycook, G., Bear, A., Rand, D. y Cannon, T. (2018). Belief in fake news is associated with delusionality, dogmatism, religious fundamentalism, and reduced analytic thinking. *Journal of Applied Research in Memory and Cognition*. https://doi.org/10.1016/j.jarmac.2018.09.005

Buckingham, D. (2019). Teaching media in a 'post-truth' age: fake news, media bias and the challenge for media/digital literacy education / La enseñanza mediática en la era de la posverdad: fake news, sesgo mediático y el reto para la educación en materia de alfabetización mediática y digital. Cultura y Educación / *Culture and Education,* 31(2), 213-231.

Cassano, G. (2010). *Televisión: 14 formas de mirarla.* Lima: Universidad Católica del Perú.

Center Media Literacy (CML) (2005). *5 preguntas claves que pueden cambiar el mundo. Actividades de clase para alfabetismo en medios.* Recuperado de: http://eduteka.icesi.edu.co/articulos/MediaLit

Chicharro, M. (2011). Aprendiendo de la ficción televisiva: La recepción y los efectos socializadores de "Amar en tiempos revueltos". *Comunicar,* 18(36), 181-189.

Consejo Nacional de Televisión, CNTV (2007). *Análisis de Audiencias Programas del Fondo CNTV 2007.* Santiago: CNTV.

Consejo Nacional de Televisión, CNTV. (2011). *Estudio Estadístico de Televisión Abierta 2000-2007.* Santiago: CNTV.

Consejo Nacional de Televisión de Chile (CNTV) (2014). *Guía de Educación Educativa. Público Juvenil: 13 a 18 años.* Santiago: CNTV.

Consejo Nacional de Televisión de Chile (CNTV) (2014b). *VIII Encuesta nacional de televisión.* Santiago de Chile: CNTV. Recuperado de https://www.cntv.cl/wp-content/uploads/2020/10/viii_encuesta_nacional_de_televisi__n.pdf

Consejo Nacional de Televisión, CNTV. (2015). *Efecto de la TV en las emociones de los niños.* Santiago: CNTV.

Consejo Nacional de Televisión, CNTV. (2018). *IX Encuesta nacional de televisión. Informe Final.* Santiago de Chile: Consejo Nacional de Televisión. Recuperado de https://www.cntv.cl/estudios-y-estadisticas/encuesta-nacional-de-television/

Consejo Nacional de Televisión, CNTV. (2019). *Anuario estadístico consumo y oferta de televisión 2018.* Recuperado de: https://www.cntv.cl/wp-content/uploads/2020/10/anuario_estadistico_de_oferta_y_consumo_2018.pdf

Dorfman, A. y Mattelard, A. (2012). *Para leer al pato Donald.* México: Siglo XXI.

Durante, R., Pinotti y Tesei, A. (2019). The political legacy of entertainment TV. *American Economic Review,* 109(7), 2497-2530.

Erlick, J. (2018). *Telenovelas in pan-latino context.* Nueva York: Routledge.

Fedele, M. y García, N. (2011). Las series televisivas dirigidas juveniles: tramas y conflictos en una «teen series». *Comunicar,* 37(XIX). 133-140.

Ferrés, J. y Piscitelli, A. (2012). La competencia mediática: propuesta articulada de dimensiones e indicadores. *Comunicar* (38), 75-82.

Freire, P. (2005). *Pedagogía del oprimido*. México: Siglo XXI.

Fuenzalida, V. (2011). Melodrama y reflexividad. Complejización del melodrama en la telenovela. *Mediálogo* (1), 22-45.

Fuenzalida, V. (2013). *La nueva televisión infantil*. Santiago: Fondo de Cultura Económica.

Galán, E. (2007). Construcción de género y ficción televisiva en España. *Comunicar* (28), 229-236.

García Canclini, N. (1995). *Culturas híbridas: estrategias para entrar y salir de la modernidad*. Buenos Aires: Editorial Sudamericana.

Gutiérrez, A.F. (2014). Development and effectiveness of an educational card game as supplementary material in understanding selected topics in biology. *CBE LifeSciencesEducation*, (13), 76-82.

Hermosilla, M. H. y Fuenzalida, V. (1989). *Evaluación de la experiencia de Ceneca en recepción activa de la televisión: programa de educación para la recepción activa*. Santiago: Ceneca-Unesco.

Jost, F. (2007). *Introduction á l'analyse de la télévision*. Paris: Ellipses.

Kaplún, M. (2002). *Una pedagogía de la comunicación*. La Habana: Caminos.

Katz, E., Blumler, J. y Gurevitch, M. (1974). Utilization of mass communication by the individual. En J. Blumler y E. Katz, *The uses of mass communications: current perspectives on gratifications research* (pp. 19-32). Beverly Hills, CA: Sage.

Labrador, M.J. y Rebeil, M.A. (2013). *La dimensión emocional en el discurso televisivo*. México: Universidad de Los Andes/Universidad Anáhuac/Tirant Humanidades.

Le Breton, D. (2012) *La edad solitaria. Adolescencia y sufrimiento*. Santiago: LOM.

Ley 2030 (2009). *Ley General de Educación (LGE) de Chile*. Diario Oficial de la República de Chile, Santiago, Chile, 12 de septiembre de 2009.

Livingstone, S. (2019). Audiences in an age of datafication: Critical questions for media research. *Television & New Media*, 20(2). https://doi.org/10.1177/1527476418811118.

López, J. (2014). Adolescentes y telenovelas. Apropiaciones del género en la televidencia de segundo orden. *Caleidoscopio* (30), 113-137.

Martin Barbero, J. (1991). *De los medios a las mediaciones: comunicación, cultura y hegemonía.* Gustavo Gil: Barcelona.

Martín- Barbero, J. (1987). La telenovela en Colombia: Televisión, melodrama y vida cotidiana. *Diálogos de la Comunicación, 17,* 1-12.

Masteman, L. (1983). La educación en materia de comunicación: problemas teóricos y posibilidades concretas. *Perspectivas,* 191-200.

Mineduc (2013). *Orientaciones técnicas y guiones didácticos para fortalecer la formación ciudadana. 7° Básico a 4° Medio.* Santiago: Mineduc. Recuperado de: https://media.mineduc.cl/formacion-ciudadana-2/ guiones-didacticos-formacion-ciudadana/

Mineduc (2015). *Bases curriculares 7° básico a 2° medio.* Santiago: Mineduc. Recuperado de: https://media.mineduc.cl/wp-content/uploads/ sites/28/2017/07/Bases-Curriculares-7%C2%BA-b%C3%A1sico- a-2%C2%BA-medio.pdf

Morduchowicz, R. (2008). *Los jóvenes y las pantallas. Nuevas formas de sociabilidad.* Barcelona: Gedisa.

Morduchowicz, R. (2012). *Los adolescentes y las redes sociales. La construcción de la identidad juvenil en Internet.* Buenos Aires: Fondo de Cultura Económica.

Nabi, R. L. y Krcmar, M. (2004). Conceptualizing media enjoyment as attitude: Implications for mass media effects research. *Communication Theory,* 14(4), 288-310.

Nairn, A. y Fine, C. (2008). Who's messing with my mind? The implications of dual-process models for the ethics of advertising to children. *International Journal of Advertising,* 27(3), 447-470.

Orozco, G. y Franco, D. (2014). *Al filo de las pantallas: Guía didáctica para padres y maestros.* Buenos Aires: La Crujía.

Pasquier, D. (1998). Identification au héros et communautés de téléspectateurs: La réception d'"Hélène et les Garçons". *Hermès,* 22, 101-109.

Reguillo, R. (2003). Ciudadanía cultural. Una categoría para pensar en los jóvenes. Renglones, *revista del ITESO,* 55, 27-37.

Saldaña, M., Cueva Chacón, L. M. y García-Perdomo, V. (2018). When gaps become huuuuge: Donald Trump and beliefs about immigration. *Mass Communication and Society,* 21(6), 785-813.

Santa Cruz, E. (2003). *Las telenovelas puertas adentro. El discurso social de la telenovela chilena.* Santiago: LOM.

Scolari, C. (2008). *Hipermediaciones. Elementos para una Teoría de la Comunicación Digital Interactiva*. Barcelona: Gedisa.

Unesco (1984). *La educación en materia de comunicación*. París: Unesco.

Urresti, M., Linne, J. y Basile, D. (2015). *Conexión total. Los jóvenes y la experiencia social en la era de la comunicación digital*. Buenos Aires: Grupo editor universitario.

Vassallo de López, M.I. (2003). Telenovela brasileira: uma narrativa sobre a nação. *Comunicação & Educação*, (26), 17-34.

Vergara, E., Vergara, A. y Chávez, P. (2014). Televisión e infancia. Una aproximación comparativa y etnográfica al consumo televisivo en niños chilenos de estratos socioeconómicos medio-alto y bajo. *Cuadernos*.info, 35, 177-187. doi: 10.7764/cdi.35.654

Winocur, R. (2002). *Ciudadanos mediáticos, la construcción de lo público en la radio*. Barcelona: Gedisa.

Wolton, D. (Ed.). (2001). *A la recherche du public. Réception, télévision, médias*. Paris: CNRS Editions.

PARTE III

PARTICIPACIÓN CIUDADANA JUVENIL: VISIONES MULTIDIMENSIONALES

RELATO 5

OPINAR, REPRESENTAR Y SER PARTE DE LA TOMA DE DECISIONES: LAS PRINCIPALES MOTIVACIONES DE ESTUDIANTES DE UN CENTRO DE ALUMNOS

OPINAR, REPRESENTAR Y SER PARTE DE LA TOMA DE DECISIONES: LAS PRINCIPALES MOTIVACIONES DE ESTUDIANTES DE UN CENTRO DE ALUMNOS

En 1990, los Centros de Estudiantes fueron reconocidos en la Constitución de Chile a través del Decreto de Ley 524. Aunque a partir de ese momento las funciones de estos comenzaron a variar dependiendo de las pretensiones de cada establecimiento y los intereses de los propios jóvenes, los Centros de Alumnos son una pieza fundamental en la participación juvenil.

Así, mientras en algunos colegios la exposición pública, la organización de eventos o la política nacional tiene un papel relevante, en otros lugares lo primordial está por dentro, en las salas de clases y los pasillos. Al menos así lo sienten Aroha, Santiago y Elio, tres estudiantes de la Escuela Gladys Valenzuela de Lo Prado, que son o fueron parte del Centro de Alumnos de su colegio.

Aunque son varias las razones que llevaron a estos tres alumnos -de diferentes edades y cursos- a postular al Centro de Alumnos o a Consejos Estudiantiles de su colegio, hay un motivo que se repite en los tres casos: la necesidad de que su opinión y la de sus compañeros sea escuchada por los docentes y directivos.

Aroha Durán, estudiante que actualmente cursa 2° Medio, cuenta que una de sus principales motivaciones para unirse a un consejo estudiantil fue la necesidad de "representar a aquellos que no se atreven tanto a hablar o a expresarse. En mi clase había muchas quejas de gente que decían que les molestaba algo pero no se atrevían a decirlo" a lo que agrega humildemente que lo que le acercó al consejo fue "más que nada resolver situaciones".

Santiago Ordoñez, por su parte, comenta que siempre le ha importado que su opinión sea escuchada independiente de si tiene ideas buenas o malas. "Siempre me interesó dar la opinión y aportar en un conjunto de ideas porque puedo aportar al colegio" agrega el estudiante que en la actualidad cursa 3° Medio.

Crear puentes entre las autoridades y los estudiantes siempre ha sido una de las funciones indispensables de los centros de estudiantes. Sin embargo, a estos tres alumnos no solo les interesa que escuchen su opinión y la de sus pares, sino que además creen que es importante que los estudiantes formen parte de la toma de decisiones del colegio. "Es de suma importancia que le pregunten a quienes están siendo educados cómo quieren ser educados, porque si no lo hacen ¿adónde van a llegar?", menciona convencida Aroha. De forma complementaria, Elio Alvino, estudiante que se encuentra en su último año, menciona "que nos tengan en las reuniones es sumamente importante porque si un compañero se queja de algo, ellos no lo saben. Es importante no solo por nuestras opiniones, sino por la de todos".

En tiempos de pandemia, las funciones de los consejos y del Centro de Alumnos en el colegio ha variado. Sin embargo, su rol no ha dejado de ser relevante. Así, hace unos años, los estudiantes participaban en la toma de decisiones que se hacía sobre arreglos en la infraestructura de la escuela e incluso los mantenían al tanto de presupuestos y gastos, según menciona Santiago. Hoy, sus funciones responden a necesidades de urgencia, en un clima marcado por la dificultad generalizada de aplicar clases online. Por ello, Aroha aclara que, en este último tiempo, ellos han asumido un rol de intermediario, donde escuchan las inquietudes de sus compañeros para transmitirlas a sus profesores y así trabajar en conjunto para crear un ambiente en la clase agradable de manera que no se vea afectada la participación y la motivación de los estudiantes en la clase por la no presencialidad.

A pesar de que muchos estudiantes se desentienden de las funciones de los consejos y del Centro de Alumnos, para Aroha, Elio y Santiago es fundamental que existan y se mantengan estas instancias. La menor de los tres menciona que la idea de que asuman un papel relevante es lo que acerca a sus compañeros a formar parte de la toma de decisiones. "Lo que los motiva es tener una instancia en la que los puedan escuchar. Si el consejo no da el espacio ¿cómo se van a expresar? Por eso tiene que estar ese espacio para que sepan que puedan ser escuchados" sentencia Durán.

De esta forma, los estudiantes no han cesado sus intenciones de mantener los puentes entre docentes y estudiantes. Si bien sus funciones han tenido que adaptarse al contexto actual, se preocupan de que su rol siga siendo fundamental. Hoy, los tres estudiantes sueñan con un escenario en que no solo actúen de intermediarios, sino que además sus opiniones puedan tomar un rol importante en la construcción de los programas escolares.

Estimados lectores, padres y miembros de la comunidad educativa

Somos jóvenes, estudiantes en representación de nuestros compañeros y compañeras le escribimos para hablar por el bien común, nuestro futuro como estudiantes y como jóvenes ciudadanos. Primeramente queremos hablar de cómo estamos siendo educados.

¿Por que no trabajar sobre lo que queremos ser?, sobre nuestras aspiraciones, por que no remodelar la educación. El crear estudiantes y ciudadanos mas humanizados, y que no solo pensemos en estudiar esa carrera que nos va a garantizar un sueldo y posición social que agrade a esta sociedad, si no porque no hacer florecer la creatividad. Dar base tambien a las carreras que estan mas abandonadas (arte, cine, musica arquitectura). Darle pie y desarrollar en los primeros años de enseñanza básica hasta los ultimos de enseñanza medio aquellos intereses y propositos distintos a los de esas 4 o 5 asignaturas que tienen tanta importancia, traer de vuelta la filosofia y aprenderla desde una edad temprana, integrar actividades que den a florecer una madurez en nosotros como gupos de debates, tienen que darnos bases.

Dirijo esta parte a las generaciones que estuvieron antes de nosotros, a nuestros padres, abuelos, profesores y sobre todo a quien le haga sentido, ¿Como ven nuestra juventud? estamos hoy aqui para un cambio, porque los tiempos ya cambiaron, siguen haciendolo y nosotros tenemos que seguirle el paso, no podemos quedarnos de brazos cruzados y ver como nos estancamos, luchemos por hoy y por un presente mas creativo, mas humanizado y consciente, en el que todos aportemos y vivamos en paz, así que los invito a llenarse de nuestra juventud a despertar

el pequeño revolucionario que llevamos dentro y unirse a nuestro cambio

Atte: Los jovenes

Estimados lectores,

padres y miembros de la comunidad educativa

Somos jóvenes, estudiantes en representación de nuestros compañeras y compañeros, y le escribimos para hablar por el bien común, nuestro futuro como estudiantes y como jóvenes ciudadanos. Primeramente, queremos hablar de cómo estamos siendo educados.

¿Por qué no trabajar sobre lo que queremos ser? Sobre nuestras aspiraciones, por qué no remodelar la educación. El crear estudiantes y ciudadanos más humanizados, y que no solo pensemos en estudiar esa carrera que nos va a garantizar un sueldo y posición social que agrade a esta sociedad, si no porque no hacer florecer la creatividad. Dar base también a las carreras que están más abandonadas (arte, cine, música, arquitectura). Darle pie y desarrollar en los primeros años de enseñanza básica hasta los últimos de enseñanza media aquellos intereses y propósitos distintos a los de esas 4 o 5 asignaturas que tienen tanta importancia, traer de vuelta la filosofía y aprenderla desde una edad temprana, integrar actividades que den a florecer una madurez en nosotros como grupos de debates, tienen que darnos bases.

Dirijo esta parte a las generaciones que estuvieron antes de nosotros, a nuestros padres, abuelos, profesores, y sobre todo a quien enserio le haga sentido, ¿cómo ven ustedes a nuestra juventud?, estamos hoy aquí para un cambio, porque los tiempos ya cambiaron, siguen haciéndolo y nosotros tenemos que seguirle el paso, no podemos quedarnos de brazos cruzados y ver cómo nos estancamos, luchemos hoy por un presente más creativo, más humanizado y consciente, en el que todos aportemos y vivamos en paz , así que los invito a llenarse de nuestra juventud a despertar el pequeño revolucionario que llevamos dentro y unirse a nuestro cambio.

Atte: Los jóvenes.

RELATO 6

¿POR QUÉ NO PROTESTAR?: LA ORGANIZACIÓN TERRITORIAL Y LA PROTESTA COMO RESPUESTA A LA INDIFERENCIA INSTITUCIONAL

¿POR QUÉ NO PROTESTAR? LA ORGANIZACIÓN TERRITORIAL Y LA PROTESTA COMO RESPUESTA A LA INDIFERENCIA INSTITUCIONAL

Para muchos jóvenes, la protesta y la organización territorial son la única forma en que pueden ser escuchados. Así lo ven Aelin Díaz, Martín González Cortés y Tomás Opazo, tres estudiantes de 18 años que viniendo de diferentes contextos sociales, se enfrentaron a la indiferencia institucional a la hora de intentar resolver problemas y optaron por participar de distintas organizaciones y movimientos que incluyeron protestas juveniles escolares.

Aelin, por una parte, fue vocera de Orgánica Maipú entre 2019 y 2020, una coordinadora de estudiantes secundarios que visibiliza diferentes problemáticas territoriales y donde realizan actividades dentro de la comuna para resolver conflictos que no son tomados en cuenta por las autoridades. Según Aelin, la Orgánica tomó gran protagonismo en el estallido social de Octubre de 2019, donde organizaban actividades de propaganda y "marcaba la pauta de qué hacer cada día". A pesar de que muchas personas criticaban el hecho de que los estudiantes secundarios estuvieran constantemente en protestas, Aelin aclara que "no era estar en la calle por estar en la calle, sino por entregar un mensaje y que ojalá se diera a entender entre la población".

Posterior al estallido, y durante la pandemia, en la Orgánica pusieron sus esfuerzos en mejorar las situaciones precarias que viven muchas niñas y niños en las clases online, instaurando diálogos con autoridades municipales, pero muchas veces no fueron escuchados. "Las cosas se trataron de hacer por la vía políticamente correcta, siguiendo la institucionalidad, los protocolos, se presentaron proyectos, pero siempre respondían 'estamos trabajando en eso, estamos trabajando para usted'" menciona Aelin al respecto, a lo que agrega también que "hubo muchas gestiones municipales que no hicieron nada por mejorar la calidad de educación".

Una situación similar le tocó a Martín, ex estudiante del Instituto Nacional que formó parte del Centro de Alumnos del colegio en el 2019. González cuenta que, de los diferentes episodios en que se han visto envuelto estudiantes de este establecimiento, uno de los más recientes fue cuando encapuchados lanzaron artefactos incendiarios y piedras desde el techo del recinto en 2019. Desde su punto de vista, "cuando año tras año tienes exactamente las mismas demandas que se le hacen a una autoridad (que va cambiando) y la institucionalidad no te responde, cuando lo haces de manera correcta, con reunión y diálogo, entonces ¿Qué te queda? Obviamente que se va construyendo rabia. Si no te pescan con diálogo no te queda más que manifestar esa rabia sea como sea" explica Martín.

Tomás, por su parte, vivió una situación similar a Aelin desde el punto de vista de la organización territorial pero desde el otro extremo de la ciudad. Como habitante de Las Condes, junto a compañeros y amigos de sectores populares de la comuna sentían una gran necesidad de dar a conocer situaciones precarias e injusticias que se veían dentro de estos sectores. Frente a esto intentaron crear una coordinación efectiva de organización dentro de la comuna. En este sentido, Tomás explica que muchas personas del sector sí estaban interesados en movilizarse para exigir cambios, sin embargo, no estaban los espacios para ello. Pero, a partir del 18 de Octubre, pudieron levantar el Movimiento Secundario Independiente y la Coordinadora de Estudiantes Secundarios del sector Nor Oriente, que trabajaban con liceos y personas que nunca se habían movilizado y lograron "salir a la calle". "La necesidad viene siendo poder reactivar la movilización territorial en lugares donde hay sectores populares, pero que estos no tienen la conciencia de la necesidad de la movilización más efectiva como en otros sectores aún más precarizados, y poder justamente cambiar ese estigma en los sectores más acomodados" menciona Tomás.

Desde trayectorias e historias distintas, estos tres estudiantes están de acuerdo en que, cuando los jóvenes exigen cosas, independiente de la vía que elijan, sus pretensiones son frenadas por la sociedad adultocentrista. "No importa cuántas veces un estudiante diga que algo está mal, y que podría hacerse de esta forma, pero como es un estudiante, como tienen menos 18 años y ni la legalidad ni la institucionalidad ni las personas que lo rodean le van a hacer caso de ninguna forma solo porque es menor" destaca Tomás, a lo que Aelin coincide y agrega "a un profesional con títulos no le gusta aceptar que un estudiante tiene razón en algo y que realmente puede ser un aporte".

A pesar de las adversidades que les ha tocado enfrentar, los tres también mantienen sus ideales y buscan seguir siendo agentes de cambio. Para Aelin, esto se hace "conociendo el contexto de quiénes nos rodean empezamos la discusión sobre qué cosas nos falta, qué podemos mejorar y qué le podemos exigir a la autoridad. Es importante conocer a las personas con las que pretendemos realizar algo porque si no sabemos quiénes son es súper difícil lograr algo".

Finalmente, y respecto a la necesidad de protestar, Aelin responde con claridad: "La pregunta no es por qué protestar, la pregunta es ¿por qué NO protestar? Las razones y los motivos están ahí". En esta misma línea, Tomás concluye que "la movilización surge de la necesidad de generar incomodidad, de plasmar realidades y decir estas cosas pasan, y poder avanzar en resolverlas. Pero el punto de partida siempre tiene que surgir del reconocimiento de que existe un problema. No podemos avanzar en la solución si no reconocemos el problema".

Al pueblo organizado, clasista y combativo:

Como ha sido posible observar, el proceso constituyente que hoy se vive en Chile, entendido como aquellas ansias transformadoras desbordantes de la convención misma, nace desde la más profunda movilización popular, la cual es netamente posible gracias a los esfuerzos de una juventud que ha tenido que crecer viendo cómo su entorno es devorado ferozmente por las falencias del sistema mercantil basado en una sociedad de consumo.

Ante esto, como jóvenes respondemos que no toleraremos nunca más ver cómo nuestra sociedad es brutalmente ultrajada, pues si la historia es capaz de enseñarnos algo, precisamente hace referencia a las ansias que tenemos de cambiarlo todo. Somos audaces, valientes, con la sangre roja y el corazón a la izquierda; no por nada todos los días se alza en plaza dignidad un cartel que dice "gracias valiente juventud".

Nosotros lo empezamos, sin embargo es tarea de todos terminar aquello que ya estalló. Las cosas no volverán nunca a ser como antes, pues los lazos ya se han roto y ante ello urge forjar nuevos vínculos. Aquí es donde nosotros - la juventud organizada- hacemos un llamado al mea culpa colectivo, pues ya hemos visto en el pasado cómo movilizaciones han declinado debido a la falta de unión entre sectores de la población. Claro es que tenemos tantas capacidades como el mundo adulto para percibir el mundo y el estado en el que está, aunque por tanto tiempo se haya preferido creer que no. Esto responde principalmente a una consigna: "divide y vencerás" pues desde los sectores minoritarios que ostentan hegemónicamente el poder y que, con tal de mantenerlo, han acostumbrado minimizar y atacar públicamente a los peques que no tienen traumas ni responsabilidades que les impiden alzarse en su contra y convocar al resto a sumarse.
Ante ello, respondemos y llamamos a: sin dejar de poner los pies en la tierra y ver el mundo con aquellos ojos que no soportan ver tanta injusticia, organizarse por aquello que les conmueve, pues el pueblo unido jamás será vencido. La lucha es ardua, pero venceremos. Se despiden:
— Aelin Díaz Jara, Matín González Cortés, Tomás Opazo Rodríguez

Al pueblo organizado, clasista y combativo:

Como ha sido posible observar, el proceso constituyente que hoy se vive en Chile, entendido como aquellas ansias transformadoras y desbordantes de la convención misma, nace desde la más profunda movilización popular, la cual es netamente posible gracias a los esfuerzos de una juventud que ha tenido que crecer viendo cómo su entorno es devorado ferozmente por las falencias del sistema mercantil basado en una sociedad de consumo.

Ante esto, como jóvenes respondemos que no toleraremos nunca más ver cómo nuestra sociedad es brutalmente ultrajada, pues si la historia es capaz de enseñarnos algo, precisamente hace referencia a las ansias que tenemos de cambiarlo todo. Somos audaces, valientes, con la sangre roja y el corazón a la izquierda; no por nada todos los días se alza en la plaza dignidad un cartel que dice "gracias valiente juventud".

Nosotres lo empezamos, sin embargo, es tarea de todes terminar aquello que ya estalló. Las cosas no volverán nunca a ser como antes, pues los lazos ya se han roto y ante ello urge forjar nuevos vínculos. Aquí es donde nosotres --la juventud organizada-- hacemos un llamado al mea culpa colectivo, pues ya hemos visto en el pasado cómo las movilizaciones han declinado debido a la falta de unión entre sectores de la población. Claro es que tenemos tantas capacidades como el mundo adulto para percibir el mundo y el estado en el que está, aunque por tanto tiempo se haya preferido creer que no. Esto responde principalmente a una consigna: "divide y vencerás", pues desde los sectores minoritarios que ostentan hegemónicamente el poder y que, con tal de mantenerlo, han acostumbrado a minimizar y atacar públicamente a les poques que no tienen traumas ni responsabilidades que les impiden alzarse en su contra y convocar al resto a sumarse.

Ante ello, respondemos y llamamos a: sin dejar de poner los pies en la tierra y ver el mundo con aquellos ojos que no soportan ver tanta injusticia, organizarse por aquello que les conmueve, pues *el pueblo unido jamás será vencido*. La lucha es ardua, pero venceremos.

Se despiden:

Aelin Díaz Jara, Martín González Cortés, Tomás Opazo Rodríguez.

CAPÍTULO 11

AUTORIDAD, VIOLENCIA Y PARTICIPACIÓN: CONFLICTOS DESDE LA PERSPECTIVA DE LOS DIRIGENTES ESTUDIANTILES. "ASÍ ES LA ESCUELA, AUNQUE PAREZCA MENTIRA"

ROMINA DÍAZ
Departamento de Formación Pedagógica,
Facultad de Filosofía y Educación,
Universidad Metropolitana de las Ciencias de la Educación

PATRICIA GUERRERO
Departamento de Aprendizaje y Desarrollo,
Facultad de Educación,
Pontificia Universidad Católica de Chile

MARIANELA ARAVENA
Departamento de Postgrado,
Universidad Católica del Maule

MANUEL CUEVAS
Facultad de Psicología,
Universidad Alberto Hurtado

Este estudio fue financiado por el proyecto FONDECYT N° 11180638 "Cartografías de la función directiva en escuelas públicas estatales". Agradecimientos a Agencia Nacional de Investigación y Desarrollo (ANID).

Romina Díaz Meza

Profesora Instructor del Departamento de Formación Pedagógica de la Facultad de Filosofía y Educación de la Universidad Metropolitana de las Ciencias de la Educación. Psicóloga de la Universidad Católica Raúl Silva Henríquez, Magister y Diplomada en Psicología Educacional de la Universidad de Chile. Sus áreas de interés son el trabajo docente, convivencia escolar, educación feminista y salud mental docente.

Contacto: romina.diaz_m@umce.cl

Patricia Guerrero Morales

Profesora Asistente del Departamento de Aprendizaje y Desarrollo de la Facultad de Educación de la Pontificia Universidad Católica de Chile. Psicóloga y Máster en Psicología social comunitaria de la Pontificia Universidad Católica de Chile. Máster y Doctora en Sociología de la Universidad Paris VII. Denis DIDEROT, Francia. Sus áreas de interés son la clínica del trabajo, salud mental y trabajo docente, diversidad e inclusión.

Contacto: pguerrem@uc.cl

Marianela Aravena

Profesora del Departamento de Postgrado de la Universidad Católica del Maule. Licenciada y Profesora en Historia de la Pontificia Universidad Católica de Chile. Magister en Historia y Magister en Ciencias Sociales ©, de la Universidad de Chile. Sus áreas de Interés son movimientos sociales (pobladores, juveniles y estudiantiles) y gestión cultural.

Contacto: marianelaaravena@gmail.com

Manuel Cuevas

Profesor Colaborador de la Facultad de Psicología de la Universidad Alberto Hurtado. Consultor Independiente en Educación y Salud Mental. Psicólogo y Diplomado en Psicología Social de la Universidad de Santiago de Chile. Coordinador de Grupos Operativos en la Escuela de Psicología Social y Análisis Institucional Enrique Pichón-Riviére. Sus áreas de interés son educación, trabajo docente, riesgos psicosociales del trabajo, y salud mental.

Contacto: manuelcuevasmail@gmail.com

1. INTRODUCCIÓN

La participación de los estudiantes y otros actores en procesos educativos ha sido una discusión en educación a nivel mundial. Desde acuerdos internacionales como el reporte Delors a principios de los años 90 hasta la elaboración de estándares de UNICEF (2019), ponen énfasis en la necesidad de garantizar la participación en los establecimientos educativos porque genera aprendizajes para la democracia y la vida cívica.

Chile ha dedicado esfuerzos sostenidos durante los últimos 30 años en construir y potenciar la política de participación de las comunidades educativas, aunque, hasta la fecha, no se han producido los resultados esperados. En este sentido, diversos estudios señalan que las comunidades educativas cumplen con el mínimo exigido por la ley, generando espacios para la participación en los establecimientos, pero se estaría en deuda con la práctica de la democracia y la ciudadanía (Aravena et al., 2019; CEPPE UC y DESUC, 2018). Un ejemplo de esto es que nuestro país ha quedado excluido de estudios de ciudadanía y democracia en América Latina justamente por tener pocas experiencias efectivas de participación con características vinculantes y deliberativas (Shneider y Welp, 2015). De esta forma, si bien Chile ha realizado esfuerzos en las etapas escolares, las experiencias de participación que se desarrollan no se traducen en un aprendizaje para toda la vida, que permita que los jóvenes participen activamente en sus comunidades ni se involucren en dispositivos de fiscalización ciudadana.

Sumado a lo anterior, la participación en el sistema escolar está tensionada por mandatos entregados desde distintas perspectivas, como los paradigmas del New Public Management, de la escuela republicana y las escuelas para una convivencia no violenta. Así, mientras la primera perspectiva produce contextos educativos centrados en la rendición de cuentas, el autocontrol y ajustes e incentivos salariales sujetos al desempeño en evaluaciones y la responsabilización individual por el logro de resultados académicos, promoviendo liderazgos con características funcionalistas, positivistas y utilitaristas (Guerrero y Gaujelac, 2017; Sisto, 2011), la escuela republicana busca la igualdad y la promoción de la meritocracia con formas de relación autoritarias donde el docente tiene la función de instruir a sus estudiantes en las conductas básicas para insertarse en la sociedad (Ruiz, 2010). Por último, durante los últimos años han aparecido corrientes internacionales que promueven ambientes educativos donde prime la cultura de paz, en la cual la participación es una herramienta formativa y ciudadana para la construcción de la no violencia (UNESCO, 2012). Estas múltiples perspectivas tensionan a la escuela, porque en vez de abrir posibilidades para la participación, terminan transformándose en prescripciones sobre cómo hacer la participación, sin dejar espacio para que esta se desarrolle.

Aun cuando se está en deuda en el tema de la participación escolar, las últimas grandes legislaciones educativas de los años 2014 y 2015 crean condiciones, orientaciones y prácticas para potenciar la formación en participación estudiantil y fomentar la cultura cívica. Así, además de la creación de la Nueva Educación Pública y el establecimiento de los Servicios Locales de Educación (SLE)[1] aparece una nueva política de convivencia escolar (2015), articulada con la política de participación de la familia y la comunidad educativa[2]. Además, la ley de Inclusión Escolar (aprobada en 2015), genera condiciones para el acceso y permanencia de los estudiantes en un ambiente que regule y sancione las discriminaciones arbitrarias. Este nuevo ordenamiento está permitiendo fortalecer y dar espacio a políticas previamente existentes para la generación de condiciones para la vida democrática a través del Marco para la Buena Enseñanza (2008)

---

[1] Con la Ley 21.040 (2017), se crea el Nuevo Sistema de Educación Pública, a través de los Servicios Locales (SLEP). Es el traspaso de la administración municipal (Jardines infantiles, escuelas y liceos) a constituirse 70 SLEP en todo el país. Como organismo público y territorialmente descentralizado posee diversos organismos deliberativos. Aquel que compete la participación de la comunidad es el Consejo Local de Educación, conformado por representantes de todos los estamentos de las comunidades educativas, universidades y centros de formación técnica ligados al territorio. Cada miembro representa los intereses de las comunidades ante el Servicio Local. Sus facultades son consultivas y propositivas respecto a la estrategia y decisión del Director del Servicio Local (máxima autoridad).

[2] Esta política busca generar y fortalecer espacios de participación para la toma de decisiones sobre el funcionamiento de sus establecimientos, como Centros de Padres, Madres y Apoderados, Centros de Estudiantes, entre otros.

y del Marco para la Buena Dirección y Liderazgo Escolar (2015). En ese sentido, es posible afirmar que el sistema de educación pública avanza hacia la formación de estudiantes como dirigentes estudiantiles para que puedan participar también de las nuevas estructuras democráticas.

En este contexto, el presente capítulo analiza las experiencias de niñas, niños y jóvenes[3], pertenecientes a un SLE de la Región Metropolitana, por medio de los conflictos que expresan para la formación de dirigentes estudiantiles. La apuesta que pensamos es que el liderazgo no son competencias solamente, sino que es la posibilidad de analizar la propia realidad, una mirada crítica, compleja individual, social y organizacional del devenir de sus escuelas, sus problemáticas y sus dificultades. Para eso, se esperaba que pudieran mirar sus organizaciones desde sus propias vivencias.

En las experiencias analizadas los estudiantes reflexionaron sobre la autoridad de los docentes y la propia como dirigentes frente a la violencia que viven a diario en la escuela, revisando cuál es el rol de la participación para mejorar sus escuelas y su vivencia escolar. Para ello se realizaron dos talleres de liderazgo con los niños, niñas y jóvenes participantes, bajo el dispositivo de seminarios de implicación e investigación en sociología clínica (Guerrero y Gaulejac, 2017). Partiendo desde las propias vivencias estudiantiles para aprender habilidades y teorías sobre ser dirigente, se empleó la técnica del "Organidrama" (Gastal de Castro y Guerrero, 2015), la cual permitió teatralizar—es decir, construir escenas—conflictos que los estudiantes tienen en sus escuelas. Dado que estas escenas se ubican en un espacio en que no es ni real ni ficticio, permiten que se vayan integrando algunas personas del público para proponer otras miradas a la situación. Los conflictos expresados en las escenas teatralizadas fueron variados, pero en todos se presentó violencia (entre pares, docente-profesor, etc.), un cuestionamiento a la autoridad pedagógica y la necesidad de revisar el rol del dirigente estudiantil, aspectos que se revisan en el capítulo. Así, este capítulo parte de dos posicionamientos: por una parte, nos posicionarnos desde el conflicto, lo que nos permite analizar aquellas experiencias que son negadas y obviadas y que actúan

---

[3]   Respecto a la selección de los participantes del estudio, se empleó una estrategia de muestreo intencional (Ruiz, 2012), utilizando como criterios muestrales: ser dirigente estudiantil y estar entre quinto básico a cuarto medio. Así, se contó con la cobertura total de niños, niñas y jóvenes dirigentes estudiantiles de uno de los Servicios Locales de la Región Metropolitana, contando con 196 estudiantes.

como barreras invisibles para la participación. Por otra parte, estudiamos estos conflictos desde el teatro, lo que genera una nueva perspectiva para los involucrados, que les permite buscar oportunidades de resolución de los mismos y modificar sus prácticas.

Para comprender los procesos de participación escolar y las conflictualidades estudiantiles, el capítulo presenta, en primer lugar, una revisión teórica de las nociones de participación, vínculo, autoridad y violencia. Luego, se presentan el análisis de las notas de campo tomadas en los talleres mediante el Análisis Temático Reflexivo (ATM)[4], buscando responder la pregunta sobre ¿Qué es lo que tienen en común las escenas sobre conflictos en los distintos grupos de dirigentes estudiantiles? Finalmente, el capítulo termina con algunas conclusiones sobre la sistematización realizada.

2. HACIA LA COMPRENSIÓN DE LOS CONFLICTOS EN LA PARTICIPACIÓN ESTUDIANTIL

2.1 La participación como un proceso necesario para la democracia escolar

Existen múltiples aproximaciones teóricas para definir participación (Aguirre y Schugurensky, 2017). Un punto de partida en común tiene que ver con que la participación es la garantía concreta para la democracia (Aravena et al., 2019). Desde esta perspectiva, ser sujetos participantes, es el reconocimiento que somos sujetos de derecho (Aravena et al., 2019; Dewey, 1998). Por ello, la participación democrática en la escuela "significa que a través de este involucramiento, se puede aprender a vivir con otros en comunidad, enfatizando en la importancia de conformar comunidades democráticas compuestas por actores que avanzan en conjunto" (Aravena et al., 2019, p.6). De esta manera, la participación democrática en la escuela está inserta en un dilema, puesto que está atravesada por dinámicas de poder que no generan condiciones efectivas para la participación de los

---

[4] El Análisis Temático Reflexivo (ATR) (Braun y Clarke, 2013), el cual es un tipo de análisis flexible que permite identificar patrones de significado en un conjunto de datos con el propósito de dar respuesta a la pregunta realizada en el estudio (Braune y Clarke, 2006).

estudiantes. Uno de los elementos de este dilema pasa porque existen espacios para la participación, y que, además, estos son pensados por la autoridad y no por los estudiantes, lo cual tensiona la apropiación y sentido de pertenencia de los mismos (Aravena et al., 2019).

Hart (1992) elabora una escalera de participación estudiantil, donde cada peldaño representa un nivel de participación específico. Es una propuesta teórica progresiva que va desde la no participación hacia niveles de participación efectiva. En los escalones de la no participación, encontramos conceptos como la manipulación, la decoración y la participación simbólica. La *manipulación* ocurre cuando los adultos utilizan a los estudiantes para apoyar causas que responden en exclusiva a sus intereses. Por otro lado, la *decoración* es la inclusión de estudiantes como un accesorio, es decir, para animar una acción específica. Finalmente, la participación *simbólica*, es el juego del "como sí" es decir, pareciera que los niños, niñas y jóvenes tienen voz en la actividad, pero en lo real no poseen poder de decisión sobre el espacio en el que participan y sobre las acciones que realizarán en dicho espacio (Hart,1992).

En los escalones donde se observa progresivamente niveles de participación, podemos encontrar la participación *asignada, pero no informados,* vale decir, actividades o iniciativas donde se incluye a estudiantes y sólo son informados al respecto. También están los procesos de participación *consultados e informados*. Este es un peldaño con características similares al anterior, sin embargo, en base a esa información los estudiantes deciden si participar o no. El peldaño siguiente es la *iniciativa de adultos con decisiones compartidas con estudiantes*. Este es un nivel de participación en que, si bien la idea inicial proviene de un adulto, los estudiantes participan para pensar y ejecutar la actividad (Hart,1992).

Finalmente, es en los dos últimos niveles de participación donde se ve con mayor claridad el involucramiento efectivo de los estudiantes, donde en el peldaño siete incluye las acciones son *iniciadas y dirigidas por estudiantes, sin consulta de adultos* (Hart,1992), mientras que en el peldaño ocho está *la participación de los estudiantes que es compartida con adultos*. Lo interesante de este nivel es que los estudiantes se sienten competentes y confiados y el rol de los adultos es de apoyar y confiar en lo realizado.

De acuerdo con la propuesta de Hart (1992) para garantizar la participación democrática en los estudiantes, no basta con invitar a niños, niñas y jóvenes a espacios deliberativos, sino que es necesario generar condiciones que permitan la expresión de sus ideas y opiniones tanto en espacios creados por adultos como por los mismos estudiantes. En este sentido, invitamos a mirar los modos de relación entre adultos, niños y jóvenes, la forma en que se configuran sus roles en el espacio escolar y desde ahí pensar en salidas que permitan mejorar la participación de los estudiantes y más aún, favorecer la formación de dirigentes estudiantiles.

2.2 Repensar el vínculo y la autoridad para la participación democrática escolar

La participación se da dentro de una relación profesor-alumno cuya importancia ha sido abordada desde diversos enfoques y autores (Albornoz y Cornejo, 2017), siendo interesante revisar posiciones disímiles como la de la eficacia escolar y corrientes psicodinámicas.

Por una parte, desde el enfoque de la eficacia escolar la relación profesor-alumno es definida como una interacción visible de las conductas entre ambos (Flores, 2015). En esa díada, la conducta del docente es uno de los indicadores que favorece el aprendizaje, construyendo ambientes socioafectivos y climas emocionales en el aula (Brekelmans et al., 2005; Casassus, 2009; Coll y Sánchez, 2008; Naranjo, 2007). De esta manera, la dimensión afectiva de la relación profesor-alumno es entendida como una competencia objetivable, medible y perfeccionable. En este enfoque el liderazgo aparece como un conjunto de características de los docentes efectivos asociadas al emprendimiento, las neurociencias y la educación emocional, relevando el entrenamiento del cuerpo, las emociones y los procesos de comunicación de los profesores en el aula (Brekelmans et al., 2005; Newberry, 2010; Wubbels y Brekelmans, 2005). De esta forma, el liderazgo docente es un rasgo personal, que antepone las características personales antes que el saber específico vinculado a la enseñanza, donde el trabajo del docente queda reducido a ayudar a procesar la información, a transmitir habilidades instrumentales y socioemocionales que contribuyen a controlar y regular las emociones. El principal problema de este enfoque es que sostiene la ilusión de la relación docente-estudiante como un proceso individual y entrega técnicas —"tips"— para hacer manejable la heterogeneidad y complejidad social existente en la clase.

De los enfoques alternativos para pensar el vínculo profesor-alumno, se ha elegido el enfoque psicodinámico con perspectiva social. Este enfoque propone una noción de vínculo y de autoridad pedagógica que reconoce la complejidad de la relación en un devenir que es histórico y político de la sociedad, sin "sentimentalizar" la relación profesor-alumno. Según Martínez (2007) el vínculo pedagógico es un entramado afectivo reconocido por el profesor y los estudiantes por un periodo prolongado y finito de tiempo que da sustento a la tarea de generar conocimientos. A través de la inclusión de lo psíquico, es posible incorporar elementos inconscientes aprendidos por los sujetos en los primeros modelos vinculares en el núcleo familiar y que luego se replican en espacios educativos, laborales y sociales en general. En esta línea, el psicólogo social argentino Pichón-Riviére (1985a, 1985b) señala que el vínculo es pensado como un concepto operativo que permite intervenir en el plano social, pensado como interacción bidireccional, constituida por dos personas físicas (dimensión intersubjetiva) y un tercero fantaseado y proyectado sobre el otro (dimensión intrasubjetiva) en una estructura triangular. Por ello, la relación profesor alumno está siempre la fantasía proyectada de lo que es el otro (profesor o estudiante), imagen que es construida a partir de las elaboraciones políticas y sociales sobre el rol de maestro o estudiante. Para este autor, el vínculo de aprendizaje, implica siempre ejercer la autoridad pedagógica, estableciendo modos de convivencia armónicos por una vía directa sobre los sujetos centrado establecer reglamentos, poner límites o sanciones (Pichón-Riviére, 1985b). Así, el vínculo profesor-alumno opera en un vínculo con el grupo, del cual el docente no forma parte, aunque lo crea o lo desee. El docente va interactuando por medio de la asunción y la adjudicación mutua de roles, discursos, actitudes, sentimientos y atribuciones respecto de quien enseña y aprende. Nada es estático, sino alternantes, funciones que circulan en un vínculo donde los estudiantes mediante sus preguntas y/o comportamientos, movilizan los conocimientos y afectos del docente que se muestra sensible al acontecer del sujeto a quién enseña (Quiroga, 2001).

Desde esta mirada, para poder pensar el vínculo y la autoridad pedagógica, se renuncia a la riesgosa "ficción" de simetría entre profesor y alumno confundiendo que la escuela es una democracia dirigida por la mayoría, con la idea de una escuela al servicio de la democracia (Etcheverry, 2001). Cuando esto se asume, se olvida que la escuela es lugar de transmisión y trabajo que implica obediencia y respeto. En ese sentido, la relación entre profesor y alumno no es entre iguales, y la igualdad estaría sostenida en la idea de que ninguno de los miembros es más importante que el otro. El vínculo pedagógico, entonces, reconoce la igualdad como principio en tanto todos tenemos las mismas posibilidades de desplegar la inteligencia (Ranciére, 2003). Tal como advierte Bleichmanr (2008), no hay que confundir la igualdad con la idea de lugares equivalentes, pues se pone en riesgo el lugar de la existencia y el conocimiento de los docentes, es decir, cuando esto ocurre el conocimiento no se distingue de una opinión, por tanto, se desprofesionaliza.

De manera complementaria, Allidiéri (2004, 2001) señala que la asimetría del vínculo entre un adulto y un niño, niña o joven se sienta sobre la base de que ambos actores (profesor y alumno) asumen y esperan del otro roles diferenciados, ya sea a partir de los recursos afectivos y la responsabilidad del cuidado del adulto, que lo caracteriza como tal. En ese sentido, el primer derecho del niño es el derecho a una asimetría protectora (Bleichmar, 2008). Esta asimetría es constitutiva del vínculo pedagógico en tanto se trata de una diferencia generacional, que preexiste a los actores particulares, dada la naturaleza de la tarea educativa: un proceso de transmisión. La asimetría así es responsabilidad en el vínculo pedagógico, no es la autoridad aun cuando sí su condición. Siguiendo a Arendt (1996), quien se sitúa a favor de la autoridad en el campo educativo, repensar la idea de asimetría, favorecería la irrupción de lo nuevo, ligado al acto de participar, por lo que autoridad y autoritarismo se contraponen, ya que esta última inhabilita a los sujetos, convirtiéndose en la negación de la primera (Arendt, 1996), pues no es un resultado de una deliberación concordada entre las partes, negando así la participación. Siguiendo a María Zambrano (2007), la autoridad y su condición de asimetría, se sostiene en pensar su ejercicio como una ley simbólica por parte de los adultos, a modo de garantía, frente a las nuevas generaciones, como modo de constituir un lugar para vivir juntos. Es tarea del adulto el pautar e instalar normas; discutir su arbitrariedad o si la norma lo incluye, deliberar por su cumplimiento o no implementación. La lógica de discutir y construir normas de manera acordada entre las partes sirve para la construcción de un mundo en común (Bleichmar, 2008), a fin de establecer lugares, no en el vacío, entre el que prohíbe o habilita: no tomas decisiones en lugar del adulto, tu tiempo es otro, es el de conocer y armar el mundo que te toca (Zambrano, 2007).

Por consiguiente, la autoridad reconoce la dimensión institucional con vistas a la generación que sigue, trabaja con la comunidad, a pesar del contexto. Se trata a la vez de un rol, de un oficio y un estilo (Dubet, 2006): un rol que el estudiante asigna; un oficio que se construye colectivamente, y tiene un estilo propio de personalidad en el modo de vincularse de cada uno, con el conocimiento y con el otro.

2.3 Comprendiendo la dinámica de la violencia para avanzar hacia la participación democrática

Finalmente, consideramos el concepto de violencia para analizar los conflictos en la formación de dirigentes estudiantiles. De acuerdo con sus relatos, la violencia aparece constantemente como una forma de respuesta rápida ante la resolución de problemas entre personas. Este fenómeno va más allá de la propia dinámica que genera la escuela. Esto no impide que la institución escolar genere modos de relación que se caractericen por causar algún tipo de daño entre quienes lo experimentan, se sustente en el abuso de poder y sea sistemático en el tiempo (Valdivieso, 2009).

De acuerdo con Valdivieso (2009), las manifestaciones de la violencia escolar pueden ser llamativas o sutiles, pero lo interesante aquí es que toda expresión posible está relacionada entre sí, en un entramado de relaciones que configuran los modos de ser y convivir al interior de las escuelas. Ahora bien, para la teoría de la reproducción cultural de Pierre Bourdieu (1999) las escuelas son parte de un universo de instituciones simbólicas superiores, donde se reproducen las relaciones de forma sutil permitiendo así la distribución de una cultura dominante que impone una definición del mundo social que es coherente con sus intereses. En este sentido, toda dinámica al interior de la escuela es posible de ser reproducida, tanto las que propenden a la cultura de paz como a las que perpetúan la violencia. Fernández (2005) advierte que la violencia simbólica es un elemento de cuidado, ya que la escuela desempeña un rol especialmente particular en legitimar y reproducir el orden de la vida, por ejemplo, instruyendo sobre ciertos conocimientos, formas de hablar y relacionarse versus otras.

Convivir dentro de la escuela es un proceso dinámico y complejo en sí mismo, que no está exento de conflictos. La participación y la democracia aparecen como alternativas a la resolución de estos sin la necesidad de la violencia, sin embargo, para hacer uso de ellas es necesario que las comunidades cuenten con formación que les permita desplegarlas para mediar el surgimiento constante de la diferencia (Villalobos et al., 2017). La evidencia nacional indica que uno de los principales problemas que tienen nuestros centros educativos a la hora de abordar conflictos es que, ante la toma de decisiones, éstas se realizan en un grupo minoritario de actorías donde se priorizan aquellas que históricamente han tenido el poder. Esto es porque las comunidades escolares no cuentan con la formación necesaria en ciudadanía y deliberación (Peña, 2019; Villalobos et al., 2017). Desde la perspectiva de los estudiantes, los estudios de Aravena (2014) y Giordano (2015) refuerzan la idea que la estructura escolar y el desequilibrio de atribuciones que tienen algunos cargos por sobre otros, impiden la participación escolar y fomentan la violencia. Ante el ejemplo del paro estudiantil, los y las jóvenes son los responsables de las decisiones que toman durante la movilización. Existe un respeto y reconocimiento del acuerdo tomado colectivamente, donde la autoridad escolar no es parte de ese proceso.

Lo interesante de los estudios, es que apuntan a que la violencia escolar existe y se practica porque hay una configuración de relaciones humanas que lo permite, lo fomenta o lo reproduce. En ese sentido, es urgente la necesidad de formar a la comunidad escolar en su conjunto en participación y democracia y que esta no solo sea un fin, sino un medio para el ejercicio de dinámicas escolares donde la violencia no sea la respuesta automática ante la presencia de conflictos.

3. ANÁLISIS DE CONFLICTOS EN LA PARTICIPACIÓN ESTUDIANTIL

Los resultados que se entregan responden a la pregunta ¿Qué es lo que tienen en común las escenas sobre conflictos en los distintos grupos de dirigentes estudiantiles? En un primer momento se expondrán los conflictos que son comunes entre estudiantes. En un segundo momento se desarrollarán tres escenas que permiten analizar las dinámicas escolares y conocer las oportunidades de resolución a los conflictos desde los mismos participantes.

3.1 Los conflictos comunes entre estudiantes

En los conflictos señalados por estudiantes participantes se relacionan con la autoridad frente a situaciones de distinto nivel de violencia. Queda claro que la violencia es vivida y normalizada por los estudiantes. Así, en uno de los talleres aparece el testimonio de un estudiante que mientras mira la escena de sus compañeros le dice a la persona que está tomando notas: *"Señorita, así es la escuela, aunque parezca mentira".*

Los estudiantes revelan que en las escenas de violencia están relacionadas con la autoridad que tienen los profesores, por un lado, y por otro la relación que tiene con sus mismos compañeros que tienen algún cargo de representación.

Respecto a la relación docente-estudiante, los estudiantes manifiestan que cuando hay conflictos en las escuelas la relación con el o la docente es lejana, ausente, poco dialogante y en algunos casos violenta. Así, retratan más de una situación donde se expresa la resolución de conflictos a partir de la violencia física. Por ejemplo, en uno de los liceos participantes señalan una escena en que *"no podían usar el pelo largo, por lo que el alumno y el profesor discuten hasta un grado de violencia casi llega a la agresión física, se agreden verbalmente"* (Notas de campo, Grupo 6).

Otro de los elementos destacados es que los profesores generan iniciativas para la participación de los estudiantes, sin embargo, estas son insuficientes, ya que no cuentan con herramientas de mediación, saliéndose de control la situación. En este caso, es porque tienen que decidir qué baile realizarán para fiestas patrias, el docente propone que el grupo decida, sin embargo, no hay acuerdo, el grupo curso se divide y se resuelve con violencia verbal *(Notas de campo, Grupo 4).*

Sobre la representación entre pares estudiantes, los participantes manifiestan diferentes ejemplos donde la relación está en conflicto. Existe un diagnóstico común y es que el tipo de liderazgo que desarrollan sus pares representantes no les acomodan, ya que pueden ser poco transparentes, no saben mediar y que, en ese sentido, se devela una distancia entre sus compañeros y los dirigentes porque estos últimos "*se sienten como héroes, justicieros, que tienen autoridad*" (*Notas de campo, Grupo 6*). Desde la perspectiva de los dirigentes, se percibe como una posición que tiene "*mucha carga y responsabilidad*" (*Notas de campo, Grupo 6*). En contrapunto, al responder sobre el dirigente que necesitan, el alumnado responde:

> "*[aquel que tenga] ganas, motivación, paciencia; saber liderar; saber escuchar a los demás; que esté conectado; saber hacer proyectos; confianza en sí mismo y en los demás; acompañamiento (consejo); alegre; sociable; tener control; visionario; consciente de las consecuencias de sus decisiones; optimismo*" (*Notas de campo, Grupo 2*).

Este punto es interesante, porque identifican la carencia de liderazgos que sean diferentes a los que tienen en la actualidad. Existe un deseo de ser tratado de otra forma, que se establezca entonces un vínculo entre pares que sea distinto. Es un tipo de dirigencia que no deja espacio a la violencia como mecanismo de resolución de conflictos, es una autoridad que no es autoritaria, sino que es dialogante. Sin embargo, no se profundiza si este tipo de dirigencia deja espacio para la participación de la comunidad, una participación además que sea democrática, que permita que niños, niñas y jóvenes se eduquen en ambientes participativos y comprendan el valor de la democracia para la construcción y producción de ciudadanía, tal como se aspira en los diferentes programas educativos.

3.2 Los conflictos que tensionan la autoridad, participación y violencia

En el presente apartado, se desarrollarán tres escenas teatralizadas destacadas que muestran la tensión entre autoridad, participación y violencia en las escuelas. Este ejercicio nos permite aproximarnos a entender las dinámicas escolares cotidianas para los participantes que son entendidas por los estudiantes como situaciones conflictivas recurrentes, necesarias de analizar para la formación de dirigentes estudiantiles. Cada escena tiene un nombre, un desarrollo y una reflexión deliberativa propia del ejercicio de teatralización de los conflictos, de igual modo, cada escena propone soluciones y alternativas para la resolución de sus conflictos.

Escena 1:

Esta primera escena refleja la forma de relación o vínculo entre el docente y los alumnos, mostrando que el conflicto aparece cuando el profesorado toma decisiones que son arbitrarias o que no salen de la lógica academicista. Es interesante también que la crítica que se realiza es que no existen procesos consultivos ni inscripciones, es decir, la elección se da sin vínculo. Si miramos esta relación de acuerdo con los niveles de participación de Hart, estaría en el peldaño cuatro, donde los estudiantes son asignados, pero no consultados. La solución es interesante, porque va en la línea de generar mayores niveles de transparencia, pero también democracia participativa.

Por otra parte, el docente como autoridad, a los ojos de los estudiantes, genera un vínculo de indiferencia con un grupo importante de alumnos, los llamados "alumnos estatuas" son aquellos de los que no se puede dar cuenta de un vínculo con historicidad, ya que son parte de la nebulosa que no califica para ser seleccionado. Aquí aparece una violencia simbólica que perpetúa privilegios para algunos estudiantes por sobre otros.

> Nombre de la escena: *"El elegido", "El Especial", "El sobrado" … "un mundo sin oportunidad".*
>
> La escena trata de que solo algunos alumnos son seleccionados para participar en una actividad de intercambio estudiantil. Consiste en un viaje pagado al extranjero con lengua natal, el inglés, donde los países de destino son Nueva Zelanda o Canadá.
>
> El conflicto se origina porque, según los alumnos, siempre eligen a las mismas personas. Sienten que la forma de escoger es arbitraria. Los niños no pueden concursar para obtener este premio, ya que son profesores quienes eligen a los participantes.
>
> Cuando se pregunta a los personajes (en escena) ¿cómo se sienten? Quien interpreta al profesor señala: está autoritario, de idea fija. Soy recto, seguro. Según yo me llevo bien con los alumnos. El personaje que representa al alumno postergado (el que no viaja) dice: estoy molesto, incluso me da lata poner atención en la clase. Me dan ganas de cambiar al profe. Otra alumna postergada dice: siento impotencia, no me dan oportunidades. El alumno "elegido" en cambio dice: bacán, orgulloso, me lo merezco. Soy sociable y mateo a la vez.
>
> Luego, se pregunta cómo se sienten aquellos estudiantes que tuvieron roles a realizar en la escena. A quién le tocó el rol de profesor dice: me gustó la autoridad ¿a quién no le gusta? El estudiante que personificó al "elegido" dice: no me sentí bien con el personaje, porque yo elijo hablar por todos, yo le doy apoyo a los alumnos. No me gusta que el profesor tenga un elegido.
>
> Posterior a esta ronda, la moderadora pregunta si faltó alguien en la escena. Los niños mencionaron a "los alumnos estatuas", que son aquellos que no hacen nada. Se conversa sobre esto, uno de los dirigentes comenta que está tratando de velar por el bien de todos, pero que hay poca compañía desde sus propios compañeros a lo que realiza el dirigente. Indica también que no por nada, a estos compañeros les tienen un apodo, que es indiferente.
>
> Se interpela al grupo con la siguiente pregunta ¿si uno es muy desordenado, puede portarse mal y de igual manera ir al viaje? Dos estudiantes de octavo básico responden que los desordenados o muy desordenados no pueden ir porque corren peligro, básicamente de ellos mismos y de la posibilidad que ocurra algún accidente. También que los profesores dicen que no saben comportarse. Al comentar esto surge el conflicto, los alumnos analizan que los profesores no hacen consultas ni inscripciones. Los alumnos son elegidos por los profesores sin concurso alguno. Los estudiantes se enteran del beneficio con los nombres de los alumnos favorecidos. En ese sentido, lamentan que no hubiera espacio ni siquiera para soñar con poder optar al beneficio.
>
> Luego, la conversación avanza hacia la solución. ¿Cómo se podría solucionar? pregunta la moderadora. Por concurso público responden los estudiantes, hablar directamente con el profesor/a. A partir de esta solución los alumnos analizan la opción de contar con dirigentes estudiantiles para representar a los alumnos postergados. Uno de los alumnos comenta que el centro de alumnos de su colegio no funciona.
>
> Notas de campo, grupo 2.

Escena 2:

Esta segunda escena muestra tres elementos respecto a cómo se construyen las dirigencias y las tensiones que ello produce: la autoridad del profesor, las consecuencias negativas de la autoorganización y los motivos que estarían detrás de la elección de los y las dirigentes.

Nombre de la escena: *¡¡¡Paro!!! Indecisos, bipolares, miedosos… crisis existencial*

La escena trata donde los alumnos están decidiendo si participarán de un paro o no. El profesor al enterarse de esto trata de que no lo hagan. Las razones que esgrime son: hará un examen y los que falten tendrán mala nota y quedarán con inasistencia. Ante esta arremetida del profesor, la mayoría de los alumnos desisten de participar en el paro, salvo un niño quien intenta convencer al resto que vayan a paro de igual forma.

La moderadora abre la discusión. Los estudiantes comienzan a decir que el profesor era muy metido y entregaba poco apoyo. Indican también que para tomar la decisión de ir a paro no se le debe preguntar al profesor. También comentan la situación que hace un par de años despidieron a los profesores y orientadores que ayudaron (incentivaron) a hacer la toma. Profundizan en esto comentando que conocieron a un profesor que ayudó a hacer un paro, pero de manera interna, es decir, sin que se enteraran los profesores, director y apoderados. Era el profesor de historia de la época que les hablaba de sus derechos y les relataba sobre la revolución pingüina del 2006. A partir de esas experiencias y aprendizajes rescatan que estas actividades deben ser bajo el prisma del respeto y sin dañar a los demás.

Se pregunta ¿cómo se sienten? A los personajes (en escena). El profesor responde: no los voy a dejar que hagan el paro, puede afectar mi sueldo. El alumno pro-paro que enfrenta al profesor dice: el profesor es muy metido, a pesar de que en algunos momentos lo voy a necesitar, ahora siento rabia. La alumna que desiste de ir a paro dice: sentí miedo porque también mis papás son estrictos. Sentí miedo en ese momento y sentiría miedo cuando me enseñe. Yo en general me quedo callada porque puedo salir perjudicada. Además, me complica lo que puedan pensar mis compañeros de mí. Otro alumno que desiste del paro dice: tuve miedo de fallar, de perder la gratuidad en enseñanza superior. Luego a este estudiante se le pregunta personalmente que haría en esa situación, él indica que no le gustó el personaje, porque las tomas son beneficios para todos. Dice que el personaje puede retomar después el estudio, es un personaje que solo piensa en sí mismo y eso no le agrada.

Después se abre la palabra a la audiencia para expresar su opinión frente a la escena. La audiencia dice: (i) que cada persona tiene derecho a opinar, (ii) no deben ser ni prejuiciosos ni ignorantes, (iii) algunos son líderes y motivan a otros, pero deben ser respetuosos. Esas personas en general participan en los centros de alumnos. Desde aquí se profundiza en las actitudes de los líderes y se plantea la pregunta ¿por qué eligen, por ejemplo, a sus presidentes de curso? Las opiniones que emergen de la discusión son: (i) el que habla más con todos, no es egoísta, trata de estar bien con todos. A partir de este comentario, se discute en torno al presidente de curso buena onda. (ii) el presidente se elige por las notas… este presidente no necesariamente es el que alza la voz por los demás. (iii) el presidente que le cae bien a todos, el popular… también es simpático, pero no siempre hace la pega.

Finalmente, se trabaja en torno a la pregunta ¿Qué opinan cuando hay un profesor que baja la moral? (que pone restricciones) Los miembros del grupo señalan a que es un profesor llevado a sus ideas. Profesor que quiere meter miedo. Puede ser bueno enseñando.

Notas de campo, grupo 8.

En primera instancia, cuando se trata de generar autoorganización por medio del paro, lo interesante es que la opción de participación efectiva se ve imposibilitada por la autoridad del profesor. Así, el profesor despliega su autoritarismo, pudiendo ser un espacio para dialogar con los estudiantes sobre su posición contraria al paro. De esta forma, sienten temor por pares que no validan el paro como un mecanismo de resolución de conflictos y un posible ejercicio para aprender a ser democráticos en la acción, situación que se refuerza cuando en la escuela tampoco tienen docentes que los acompañen en dichas actividades, ya sea porque no les hace sentido o porque su involucramiento también acarrea consecuencias negativas a la continuidad de su trabajo. Esto es interesante, porque lo que muestra de alguna forma es que los conocimientos que son posibles de aprender se encuentran divididos de aquellos del ejercicio democrático real, como lo es el derecho a la protesta, de aquellos en que la escuela sólo se espera ensayos de ejercicio democrático, pero no el ejercicio como tal.

En segunda instancia, existe una concepción que la autoorganización conlleva altas consecuencias negativas a sus procesos educativos que incluso pueden afectar su proyecto de vida. Lo anterior muestra cómo opera la autoridad en términos autoritarios porque difumina los límites de acción que tiene la autoridad del momento con la que se relacionan haciéndoles pensar que la autoridad es gigante y omnipotente.

Finalmente, en tercera instancia, cuando responden los motivos por los cuales eligen a sus dirigencias, los estudiantes atribuyen a que son personas que generan buenas relaciones con todos, ya sea porque le habla a todo el curso, porque es carismático, porque "trata de estar bien con todos". Esto es independiente de si cumple con sus tareas como presidente, ya que se resalta sus habilidades sociales, su respeto por los otros y que no es egoísta. Por otra parte, cuando prima el componente academicista, es un presidente electo por sus notas, señalan que es un presidente que no necesariamente defiende los intereses del grupo. En un último elemento, respecto al ejercicio de dar su opinión y expresar lo que piensa, los estudiantes reconocen el derecho que tiene cada persona de decir su opinión, pero que no es de cualquier forma, sino que para decirla no hay que ser ni prejuicioso, ni ignorante, por tanto, hay que tener conocimiento sobre lo que se dice. Mencionan también que aquellos que dan su opinión en alguna medida son reconocidos como líderes y motivan a otros, marcando siempre la línea del respeto. Las personas que presentan estas características son aquellas que por lo general tienen mayores ejercicios democráticos a través de su participación en los centros de alumnos. En ese sentido, el centro de alumnos es un espacio para el aprendizaje y ejercicio democrático al interior de la escuela.

Escena 3:

Nombre de la escena: *"Bullying y machismo" "Clase normal" "Lo que pasa diariamente" "Séptimo y Octavo básico".*

La escena trata sobre una sala de clases, en la parte de atrás hay dos alumnos tirando papeles hacia sus compañeras que están sentadas adelante, las molestan, les lanzan cosas. Además, dificultan hacer la clase. Luego uno de los alumnos se para a enfrentar a sus compañeros que están molestando y les dice que detengan esto y defiende a las compañeras.

Se abre la discusión en torno a la pregunta ¿por qué tiran papeles? Los estudiantes comentan que es para llamar la atención, porque están aburridos, de "mensos", porque en vez de ponerse a estudiar se ponen a "tontear". Comentan que estas actitudes dependen de ciertos factores como (i) el profesor, en el sentido de cómo hace su clase y la relación que tiene con los alumnos. (ii) cuando hay problemas familiares, (iii) consumo de drogas o problemas emocionales. Dan el ejemplo al decir: si uno tiene un problema no va a estar contento en el colegio y va a reaccionar mal, se pueden dar casos de depresión, etc. (iv) de atención, por ejemplo, desconectarse por el celular. También se discute sobre la función de ir a la escuela. Los estudiantes dicen: ahora todos van, pero varios van a "calentar la silla", pero realmente uno debe ir para hacer cosas e ir formando su propio proyecto.

Con todo lo anterior, los estudiantes dan respuestas en torno a lo que le pedirían al profesor frente a la situación actuada, indicando que controle la situación, que se preocupe más por los alumnos, que esté más atento a la clase. Por otro lado, poner mano dura, no ser tan blando. Que sus clases sean más entretenidas, que se conecte con los alumnos, que interactúe. En ese sentido que exista apoyo emocional, por si alguien tiene que decir algo. Que recalcan el prestar atención porque suceden cosas. Que su rol sea diferente, de amigo, consejero, papá, ya que los alumnos pasan más tiempo en los colegios o liceos que en las propias casas. Enfatizan en el cómo realizan la clase, al decir que no solo escriba en el pizarrón, que se conecte. Que tenga mayor comunicación con los alumnos y que escuche a los estudiantes.

Frente a los estudiantes que molestan, tanto los participantes como la audiencia les pediría que no lo hagan, que piensen en la reciprocidad, es decir, si no te gustaría que te lo hagan, no se los hagas a los demás. Que tengan conciencia de que tienen estudios, que están en un colegio y no en un SENAME o en la cárcel, así que aprovechen lo que tienen. Que sean auto disciplinados. Que se realice un taller o charla de empatía y que se podría llamar "ponte en mi lugar". Se refuerza la idea de pensar antes de actuar y que se pongan en los zapatos del otro.

Notas de campo grupo 3.

Esta tercera escena trabaja con mayor profundidad los conflictos que se desarrollan en el cotidiano. De esta forma, la escena expresa la complejidad de las relaciones humanas, sus significados multicausales que se desarrollan en acciones similares y concretas por medio de la violencia. El desarrollar un ambiente disruptivo en clases, los participantes indican que puede ser desde aburrimiento, llamar la atención. Los estudiantes identifican que es una decisión el "tontear", porque la persona puede no hacerlo. Así también está condicionado a la metodología de la clase y el vínculo profesor-alumnos, problemas familiares que no se saben comunicar de otra forma y perder la atención por la clase. Manifiestan lo complejo que es estar en la escuela, es una obligación sobre la cual no todos cumplen con el propósito del ambiente educativo, es desde ahí que se verbaliza la expresión "calentar la silla", como un estar, pero no necesariamente se vincula con aprender. También la escena permite dar cuenta de la dinámica de agresores y agredidos. Los participantes refieren a que los agresores molestan en grupo y los agredidos se sienten inseguros de sí mismos, es una consecuencia que no se despliega en el otro, sino que va hacia uno mismo, en el cuestionamiento interior que puede provocar depresión y autoagresiones.

Con una situación de esta índole se devela la necesidad de recibir apoyo de los demás, sobre todo que el rol de los profesores como autoridad sea replanteado, por ejemplo, desde sus habilidades interpersonales: que sea capaz de controlar la situación, se sea más atento a la clase, como grupo, que interactúe, que comprenda esta situación como un fenómeno multicausal, que se comunique con los estudiantes. Que su rol sea más allá de la transmisión de contenidos, puesto que también está en cuestionamiento su metodología. Los estudiantes proponen que su clase sea más entretenida, que permita conectarse profesor-alumno, como personas, pero también con el contenido. Se espera igualmente que el profesor tenga otro rol, uno multifacético, pues desean que sea amigo, consejero, padre, dado por las largas jornadas en el colegio versus el tiempo que pasan en sus casas. Es en ese sentido entonces, la expresión de una carencia de una autoridad que acompañe, que acoja, que proteja al estudiante ya que el deseo de esa autoridad no la encuentran ni en el espacio escolar ni en el hogar.

Es interesante a su vez que el grupo también expone las soluciones al conflicto teatralizado, por una parte, se espera que los adultos tomen decisiones, que se investigue, se analice la situación, que se pongan reglas, que de alguna manera exista una red que apoye y contenga a aquellos estudiantes que agreden al resto, que sea conversado con las familias. Por otro lado, se plantea que las relaciones humanas al interior del curso sean construidas de otra forma, los estudiantes utilizan la metáfora de la familia para referirse al curso, y que debe haber espacio y aceptación para todos. A nivel individual, manifiestan la necesidad de generar espacios de conversación y reflexión para los agresores, que les permita aprender a comunicarse de formas más asertivas que no impliquen el uso de la violencia.

Finalmente, es importante mencionar que los participantes plantean una propuesta sobre los compañeros agresores, en el sentido que es necesario que cambien su forma de ser. Molestar y agredir a sus pares no puede ser solo entretención o falta de comunicación, sino que es necesario pensar en que las relaciones entre pares son recíprocas, es decir, "si no te gustaría que te lo hagan, no se lo hagas a los demás". Mencionan como necesario el desarrollo de consciencia de lugar, es decir, la escuela no es lo mismo que el SENAME o la cárcel. Asistir a un establecimiento educativo es un espacio para aprender, desde conocimientos hasta habilidades.

4. APRENDIZAJES Y DESAFÍOS PARA LA FORMACIÓN DE DIRIGENTES ESTUDIANTILES

A modo de conclusión, podemos señalar que existe una interrelación entre violencia simbólica y la forma en que se ejerce la autoridad en las escuelas hacia los estudiantes participantes. Por una parte, la configuración de la relación profesor-alumno está marcada por la imposición de decisiones arbitrarias que dejan fuera al conjunto del alumnado. El tener "estudiantes muebles", o "los elegidos", son formas sutiles y poderosas de imponer lo deseado por sobre lo no deseado. El principal problema que aglutina los conflictos es que muestra con claridad que los estudiantes necesitan otros modelos de autoridad, pero no encuentran referentes en el espacio educativo. Es decir, existen ciertas nociones sobre relaciones humanas configuradas desde los límites, las normas y el respeto, sin embargo, desconocen cómo implementarlas en el cotidiano escolar. Ello explica, por ejemplo, la falta de herramientas para la resolución de diferencias y la creación de acuerdos y/o consensos.

Con el diagnóstico sobre la autoridad que se tiene, la necesidad de autoridad pedagógica que requieren los estudiantes al parecer hace más sentido desde los planteamientos de Zambrano (2007), una autoridad que es capaz de sostener la ley simbólica que implica, pautar, instalar normas y deliberar por su cumplimiento. Cuando los estudiantes solicitan que los "docentes se hagan cargo" o "tomen medidas" es justamente velar por el cumplimiento de la norma. Que en el espacio escolar exista un mínimo de orden para los aprendizajes. Desde aquí entonces, para la formación de dirigentes estudiantiles se necesita en primer lugar, autoridades pedagógicas que establezcan el motor de convivencia armónica, donde los aprendizajes están al centro.

Como la participación estudiantil también es considerada un aprendizaje dentro de la formación de niños, niñas y jóvenes, vemos con dificultad el ejercicio de la misma con ciertos marcos de respeto. Encontramos que no existe una autoridad pedagógica que acompañe y conduzca la formación cívica desde el respeto y el diálogo, ya que el vínculo profesor-alumno se encuentra parcelado, dando relevancia solo a la entrega de contenidos. Desde esta perspectiva, el modelo de eficacia para conceptualizar y vivir en el cotidiano el vínculo profesor-alumno es insuficiente, puesto que da por hecho que la relación posee características como objetivable y posible de entrenar. Sin embargo, de acuerdo con los conflictos expresados por los estudiantes en los talleres, el vínculo no es algo fácil de establecer, requiere de una tarea colectiva, tal como dice Dubet (2006), la relación en tanto autoridad pedagógica es un trabajo, un oficio que se construye con el tiempo y no es algo dado.

Con todo lo anterior, podemos concluir que la participación es un mandato que obliga a reconfigurar las prácticas establecidas en la escuela. La participación tensiona las dinámicas, genera expectativas y deseos de vivirla en el cotidiano. Los conflictos aparecen cuando algo falla en la estructura de autoridad de las escuelas. En las escuelas desfavorecidas y periféricas, como las del servicio local estudiado, no cuentan con condiciones basales para la formación democrática. En ese sentido la participación es un ejercicio de clase, porque las escuelas públicas emblemáticas y algunas privadas, por ejemplo, poseen una tradición (Rojas, 2004), y, por tanto, condiciones basales para la formación cívica. La escuela pública pobre (que no es emblemática) ha sido abandonada por la democracia y en cambio ha recibido la supervigilancia del NPM que produce prácticas paradojantes. La asamblea y la deliberación colectiva en las escuelas emblemáticas es parte de su cotidiano (Aravena, 2014), sobre todo, porque poseen un capital cultural de formación de iniciativas que provengan de los mismos estudiantes, por tanto, es posible tener participación en niveles superiores tal como los propone Hart (1992).

La nueva educación pública es un nuevo sistema educativo que propone la participación de todos los actores en la constitución de un consejo escolar, democrático que debe dar las guías para la acción política del director ejecutivo y sus equipos. La pregunta que nos hacemos es si es posible construir esa participación sin cambiar la estructura de la escuela anclada en una lógica neoliberal. Para la lógica neoliberal funcionalista el conflicto es un problema, algo que tiene que arreglarse rápido o algo que debe evitarse o esconderse. La experiencia de trabajar con los estudiantes el conflicto y que pudieran verse reflejados en las escenas de sus escuelas nos muestra que esta institución "hace como que enseña" escondiendo las problemáticas y los conflictos.

En esa frase "Así es la escuela, aunque parezca mentira" muestra el asombro de los estudiantes ante la crudeza de la violencia, de su rabia porque se les pasa a llevar y porque su voz en realidad pareciera no importar. Con eso, no se quiere culpar a un profesorado o a directivos que "no hace bien su trabajo" si no una estructura de escuela que permite que el proceso pedagógico no exista porque está preocupada de controlar burocráticamente la asistencia de los estudiantes a las clases y los resultados de las pruebas estandarizadas. Por otro lado, los profesores están sometidos a evaluaciones de desempeño que son teatralizaciones y máximos desempeños que pueden alejarse de la experiencia real del trabajo educativo. Asimismo, la convivencia escolar también se ha burocratizado mediante la aplicación de protocolos y el llenado de formularios para comprobar que las acciones violentas se han abordado dejando evidencia para la protección ante las multas de la superintendencia. Así, sin una transformación de las prioridades educativas, que a nuestro juicio pasa por la renuncia a las políticas del nuevo management público no será posible transformar los conflictos asociados a la participación, el vínculo y la violencia en la escuela. Esta transformación no es posible con la actual constitución chilena que permite la existencia de una escuela al servicio de la libertad de elección de las familias donde el control de la calidad es una exigencia para que los padres estén informados. Una nueva constitución debe volver a pensar el derecho a la educación en que las instituciones educativas no estén demandadas de una rendición de cuentas vacía, sino que al servicio de las necesidades de la comunidad escolar. Ahí, los niños, niñas y jóvenes podrán participar de la vida escolar y ser escuchados en los consejos escolares porque no está prescrito burocráticamente qué es una buena escuela, sino que podrán soñar con una que sea pertinente para ellos, sus comunidades y territorios.

REFERENCIAS

Aguirre, A. y Schugurensky, D. (2017). La participación como elemento clave en las escuelas democráticas. *Revista Reflexão e Ação*. 25(2), 46-83. http://dx.doi.org/10.17058/rea.v25i2.9884

Albornoz, N. y Cornejo, R. (2017). Discursos docentes sobre el vínculo con sus estudiantes: tensiones, enfrentamiento y distancia. *Estudios Pedagógicos*, 43(2), 7-25. doi:10.4067/S0718-07052017000200001

Allidiére, N. (2004). *El vínculo profesor-alumno: una lectura psicológica.* Ed. Biblos.

Allidiére, N. (2001). Zapping a la infancia. En N. Allidiére, G. Álvarez, R.M. Bascheira, A. Fontán, M. Mafei, M.M. Martorell, D Martínez, V. Muga, S. Quevedo, M. Santore, M.E. Stringhini, D. Suaya. *Crónicas del malestar docente. Ensayos y Experiencias* (Tomo 42). Noveduc.

Aravena, F., Escare, K. y Ramírez, J. (2019). *La participación democrática y la voz de los estudiantes: ¿Qué pueden hacer los líderes escolares?* Nota Técnica N°2. Líderes Educativos. Centro de Liderazgo para la Mejora Escolar.

Aravena, G. (2014). *La Influencia del Pasado en la Construcción de la Identidad y las Motivaciones del Movimiento Estudiantil Secundario de los Liceos Públicos Tradicionales de Santiago, 1998—2005.* (Tesis para optar al grado de Magíster en Historia). Universidad de Chile.

Arendt, H. (1996). *¿Qué es la autoridad?, entre el pasado y futuro.* Ed. Península.

Bleichmar, S. (2008). *Violencia social - Violencia escolar.* Noveduc.

Bourdieu, P. (1999). *Meditaciones Pascalianas.* Anagrama.

Braun, V. y Clarke, V. (2013). Successful Qualitative Research: A Practical Guide for Beginners. Sage. London.

Braun, V. y Clark, V. (2006). Using thematic analysis in psychology. Qualitative research. *Psychology*, 3(2), 77-101. Http://DOI. ORG/10.1191/1478088706QP063OA

Brekelmans, M., Wubbels, T. y van Tartwijk, J, (2005) Teacher-student relationships across the teaching career. *International Journal of Educational Research*, 43(1-2), 55.71. https://doi.org/10.1016/j. ijer.2006.03.006

Casassus, J. (2009). *La educación del ser emocional.* Santiago de Chile: editorial Cuarto Propio.

CEPPE UC y DESUC (2018). *Diseño del Modelo de Evaluación de la Nueva Educación Pública y Levantamiento de Línea Base.* Informe Final, CEPPE UC. Santiago, Chile.

Colegio de Psicólogos de Chile (1990). *Código de ética profesional.* Santiago, Chile.

Coll, C. y Sánchez, E. (2008). El análisis de la interacción alumno-profesor: líneas de investigación. *Revista de Educación,* 346, 15- 32.

Delors, J. (1996). Los cuatro pilares de la educación. En La educación encierra un tesoro. *Informe a la UNESCO de la Comisión Internacional sobre la educación para el siglo XXI.* Santillana/UNESCO.

Dewey, J. (1998). *Democracia y Educación. Una introducción a la filosofía de la educación.* Tercera Edición. Ediciones Morata, S.L.

Dubet, F. (2006). *El declive de la institución, profesiones, sujetos e individuos ante la reforma del Estado.* Gedisa.

Etcheverry, J.G. (2001). *La tragedia Educativa.* Fondo de Cultura Económica.

Fernández, J. M. (2005). La noción de violencia simbólica en la obra de Pierre Bourdieu: Una aproximación crítica. *Cuadernos de Trabajo Social,* 18, 7-31.

Flores, A. (2015). *Vínculo entre profesor y estudiantes en el marco del trabajo docente. Un análisis desde los discursos docentes pertenecientes a un liceo de la Región Metropolitana.* (Tesis para optar al grado de Magíster en Psicología Educacional). Universidad de Chile.

Gastal de Castro y Guerrero (2013). L'organidrama. Un dispositif d'intervention et recherche en Sociologie clinique. En Gaulejac, V., Giust-Desprairies, F. y Massa, A. (2013). La *recherche clinique en sciences sociales.* Toulouse: Erès.

Gaulejac, V. y Guerrero, P. (2017) La sociedad parajoxante: un sistema que vuelve loco al sistema educativo. En Foladori, H. y Guerrero, P. (Comp.) Malestar en el trabajo. *Desarrollo e intervenciones.* LOM Ediciones.

Giordano, F. (2015). *Autogestión y violencia en el Movimiento Estudiantil Secundario, ¿Respuesta o propuestas de autonomía?* (Tesis para optar al grado de Magíster en Historia). Universidad de Chile.

Hart, R. (1992). *Children's participation from tokenism to citizenship.* UNICEF.

Ley N° 19.628 (1999). Sobre protección a la vida privada. Diario Oficial de la República de Chile, Santiago, Chile, 28 de agosto de 1999.

Ley N° 21.040 (2017). Crea el sistema de educación pública. Diario Oficial de la República de Chile, Santiago, Chile, 24 de noviembre de 2017.

Ley N° 20.845 (2015). De inclusión escolar que regula la admisión de los y las estudiantes, elimina el financiamiento compartido y prohíbe el lucro en establecimientos educacionales que reciben aportes del Estado. Diario Oficial de la República de Chile, Santiago, Chile, 8 de junio de 2015.

Martínez, D. (2007). Nuevas regulaciones, ¿nuevos sujetos? En M. Feldfeber y D. Oliveira (Comps.), *Políticas educativas y trabajo docente, nuevas regulaciones, ¿nuevos sujetos?* (pp. 33-52). Buenos Aires: NOVEDUC.

Martínez, D., Collazo, M. y Liss, M. (2009). Dimensiones del trabajo docente: Una propuesta de abordaje del malestar y el sufrimiento psíquico de los docentes en la Argentina. *Educación y Sociedad,* 30(107), 389-408.

MINEDUC (2008). Marco para la Buena Enseñanza. Santiago de Chile.

MINEDUC (2015). Marco para la buena dirección y el liderazgo escolar. Santiago de Chile.

MINEDUC (2015). Política de convivencia escolar. Santiago de Chile.

MINEDUC (2017). Política de Participación de las Familias y la Comunidad en Instituciones educativas. Santiago de Chile.

Naranjo, C. (2007). *Cambiar la educación para cambiar el mundo.* Editorial Cuarto Propio.

Newberry, M. (2010). Identified phases in the building and maintaining of positive teacher-student relationships. *Teaching and Teacher Education,* 26 (8), 1695-1703. https://doi.org/10.1016/j.tate.2010.06.022

Pampliega de Quiroga, A. (Comp.). (2001). El proceso educativo según Paulo Freire y Enrique Pichón-Riviere. Ediciones Cinco.

Peña, J. y Sembler, M. (2019). Movilizaciones estudiantiles y liderazgo directivo: Un estudio exploratorio en tres de la Región Metropolitana. *Calidad de la Educación* (51), 315-349. http://dx.doi.org/10.31619/caledu.n51.488

Pichon-Rivière, E. (1985b). *El Proceso Grupal: Del psicoanálisis a la psicología social* I. Argentina: Ediciones Nueva Visión.

Pichon-Rivière, E. (1985a). *Teoría del Vínculo.* Argentina: Ediciones Nueva Visión.

Rancière J. (2003.) *El maestro ignorante. Cinco lecciones de emancipación intelectual.* Ed. Laertes.

Rojas, J. (2004). *Moral y Prácticas Cívicas en los Niños Chilenos, 1880—1950*. Primera Edición. Editorial Ariadna.

Ruiz, C. (2010). *De la República al Mercado. Ideas educacionales y política en Chile*. LOM Ediciones.

Ruiz, J. (2012). *Metodología de la investigación cualitativa*. Bilbao: Deusto.

Ruiz Olabuénaga, J. (1996). *Metodología de Investigación cualitativa*. Universidad Deusto: Bilbao.

Salgado, A. (2007). Investigación cualitativa: diseños, evaluación del rigor metodológico y retos. *Liberabit,* 13(13), 71-78.

Schneider, C. y Welp, Y. (2015). Diseños institucionales y (des)equilibrios de poder: las instituciones de participación ciudadana en disputa. *Revista Mexicana de Ciencias Políticas y Sociales, 60* (224), 14-44.

Sisto, V. (2011). Nuevo profesionalismo y profesores: una reflexión a partir del análisis de las actuales políticas de 'profesionalización' para la educación en Chile. *Signo y pensamiento, 31*(59), 178-192.

Valdivieso, P. (2009). *Violencia escolar y relaciones intergrupales. Sus prácticas y significados en las escuelas secundarias públicas de la comuna de Peñalolén en Santiago de Chile.* (Tesis para optar al grado de Doctor en Psicología). Universidad de Granada. Recuperada de: https://www.ugr.es/~erivera/PaginaDocencia/Posgrado/Documentos/ValdiviesoPablo.pdf

Villalobos, C., Peña, J., Aguirre, E. y Guerrero, M. (2017). Liderazgo escolar y conflictos socioeducativos. Un estudio exploratorio en Liceos Públicos Chilenos. *Calidad en la Educación* (47), 81 – 111. http://dx.doi.org/10.31619/caledu.n47.31

Wubbels, T. y Brekelmans, M. (2005). Two decades of research on teacher-student relationships in class. *International Journal of Educational Research,* 43 (1-2), 6-24. https://doi.org/10.1016/j.ijer.2006.03.003

Zambrano, M. (2007) *Filosofía y educación. Manuscritos.* Ed. de A. Casado y J. Sánchez-Gey. Ed. Ágora.

UNESCO (2012). *Programa mundial para la educación en Derechos Humanos.* Segunda etapa.

UNICEF (2019). *Comentarios de UNICEF a la estrategia nacional de educación pública 2019-2027 desde el enfoque de derechos de la niñez y los estándares del derecho a la educación.*

CAPÍTULO 12

CIUDADANÍA, PROTESTAS Y JUVENTUD: UN ANÁLISIS SOCIOHISTÓRICO DEL CICLO DE PROTESTAS EDUCATIVAS EN LA POST-DICTADURA CHILENA (1990-2014)

CRISTÓBAL VILLALOBOS
Centro de Estudios de Políticas y Prácticas en Educación,
Pontifica Universidad Católica de Chile

CRISTIÁN BELLEI
Centro de Investigación Avanzada en Educación,
Universidad de Chile
Facultad de Fillosofía y Humanidades,
Universidad Austral de Chile

SEBASTIÁN PEREIRA
Centro de Estudios de Políticas y Prácticas en Educación,
Pontifica Universidad Católica de Chile

Este artículo se desarrolla en el marco del Proyecto Fondecyt Iniciación N° 11190198: "Estudiando el funcionamiento, organización y dinámicas del campo educativo. Un análisis de la trayectoria, características, relaciones e influencias en el Chile post-dictadura (1990-2020)".

Cristóbal Villalobos

Sociólogo y Trabajador Social, Pontificia Universidad Católica de Chile. Magíster en Economía Aplicada por la Universidad Alberto Hurtado y la Georgetown University. Doctor en Ciencias Sociales de la Universidad de Chile. Actualmente, es Investigador Asociado del Centro de Estudios de Políticas y Prácticas en Educación (CEPPE UC) de la Pontificia Universidad Católica de Chile. Sus líneas de investigación incluyen la desigualdad educativa, la educación ciudadana, los movimientos sociales en educación y la educación superior.

Contacto: clvillal@uc.cl

Cristián Bellei

Cristián Bellei es Sociólogo de la Universidad de Chile, Máster en Política Educacional y Doctor en Educación de la Universidad de Harvard; trabaja como investigador asociado en el Centro de Investigación Avanzada en Educación (CIAE) de la Universidad de Chile y como docente de la Facultad de Fillosofía y Humanidades de la Universidad Austral de Chile. Ha investigado y publicado extensamente sobre política educacional; equidad, mejoramiento y cambio escolar; mercado, elección de escuela y segregación en educación. Sus últimos libros son "Comprendiendo la segregación escolar" (Bloomsbury, 2019, coeditado con X. Bonal) y "El liceo en tiempos turbulentos" (LOM, 2020, coeditado con M. Contreras, X. Vanni y J.P. Valenzuela).

Contacto: cbellei@ciae.uchile.cl

Sebastián Pereira Mardones

Sociólogo, Pontificia Universidad Católica de Chile. Actualmente se desempeña como asistente de investigación en el Centro de Políticas y Prácticas en Educación (CEPPE UC) de la Pontificia Universidad Católica de Chile. Como investigador de CEPPE UC ha participado en proyectos de investigación aplicada cualitativos y cuantitativos relacionados a políticas educativas y al desarrollo profesional docente.

Contacto: sapereira@uc.cl

1. INTRODUCCIÓN

Durante el siglo XX, la idea de lo que implica ser niño, niña o joven experimentó una importante transición, desde una concepción tradicional que entendía la niñez y la juventud como un periodo pasivo y de "seres humanos en potencia" a una visión donde los niños, niñas y jóvenes son reconocidos como sujetos de derechos y como actores sociales competentes (Duarte, 2012; Rojas, 2010). La masificación de la educación escolar (que expandió y democratizó dramáticamente el tiempo vital fuera del mercado laboral y de las labores domésticas), la migración campo-ciudad, los procesos de industrialización, los cambios en las concepciones del ser humano enfatizadas por la modernización capitalista y la expansión de la democracia son algunos de los factores que influyeron en esta transformación. Este cambio cultural ha sido reforzado por nuevas legislaciones que dan sustento a la idea de la juventud como un periodo vital en el desarrollo humano, coronadas en 1989 por la Convención de los Derechos de la Niñez (Abregu y Curtis, 1997), e implicaron un paulatino reconocimiento de las nuevas posibilidades de estar y de actuar en el mundo de los y las jóvenes (García-Cabrero, Sandoval-Hernández y Pérez, 2017). En Chile, este proceso viene ocurriendo desde mediados del siglo XX, pero adquiere especial fuerza en la post-dictadura.

Este cambio de concepción impacta en todas las esferas sociales, siendo especialmente relevante en la familia y la educación. En este último espacio, la transformación de la juventud implica una reconceptualización del rol de los y las jóvenes como ciudadanos/as en el mundo que habitan, como agentes escolares activos y como sujetos de derechos, con voz en los asuntos que les afectan, tal como lo había conceptualizado ya tempranamente John Dewey a inicios del siglo XX. Desde todos estos puntos de vista, se fortalece la idea de que los y las jóvenes son ciudadanos *actuales*, con preocupaciones, derechos y aspiraciones presentes (UNICEF, 2017), siendo las acciones ciudadanas como el voluntariado, la participación política, la vinculación con organizaciones sociales o el desarrollo de movimientos estudiantiles, formas características desde las que se expresa esta nueva ciudadanía juvenil (Conde-Flores, García-Cabrero y Alba-Meraz, 2017).

Dentro de las múltiples acciones ciudadanas, las protestas han cobrado especial fuerza como una herramienta poderosa y global que canaliza la participación de los y las jóvenes. En este sentido, es importante notar que muchas de las protestas desarrolladas en los últimos años en Colombia (2010), México (2014), Estados Unidos (2011), España (2011) o Hong Kong (2019), han sido protagonizadas por jóvenes, en su gran mayoría estudiantes, lo que ciertamente invita a reflexionar sobre la relación entre ciudadanía, juventud y protesta. Este es, en términos generales, el objetivo central de este capítulo. Por cierto, es conocido el protagonismo que la juventud universitaria ha tenido en hitos de reforma y convulsión social (como en Córdova a inicios del siglo XX, o en Francia, Estados Unidos o México a finales de los 60, por nombrar algunos casos), pero resulta más novedoso y ha sido menos estudiado el rol de los estudiantes secundarios, que no gozan de derechos de ciudadanía política pero sin embargo pueden ejercer influencia precisamente por la vía de la protesta y la movilización social.

Específicamente, el capítulo se concentra en analizar los eventos de protesta de los estudiantes secundarios durante un cuarto de siglo en el Chile de la post-dictadura (1990-2014), incluyendo su magnitud, demandas, alianzas y formas de expresión, buscando, a través de este análisis, estudiar cómo se podría estar desarrollando o modificando la relación entre ciudadanía, juventud y educación en el Chile contemporáneo. Así, partiendo de un análisis cuantitativo de la tendencia de las protestas durante este periodo, se busca indagar en cómo las protestas podrían estar mostrando un cambio en la forma a través de la cual se desarrolla la ciudadanía juvenil, cómo se entiende la participación juvenil en la educación y cuál es el rol del sistema educativo en este proceso.

Para desarrollar dichos elementos, el capítulo se estructura en cuatro secciones, además de esta introducción. En un segundo apartado, se articula una breve discusión conceptual que busca mostrar cómo las protestas pueden ser concebidas como una forma de acción ciudadana icónica en la actualidad. Posteriormente, el tercer apartado presenta algunos antecedentes para entender la relación entre la escuela y la niñez y juventud en Chile, con un foco especial en los cambios ocurridos en las últimas décadas. La cuarta sección describe las protestas desarrolladas por los estudiantes secundarios en el país entre 1990 y 2014, dando cuenta de sus características, tendencias y formas. Finalmente, la última sección discute e interpreta los resultados desde una perspectiva más general, identificando algunos desafíos para el país en las próximas décadas.

2. LAS PROTESTAS COMO UNA FORMA ICÓNICA DE EJERCICIO DE CIUDADANÍA

Desde los años 60 y 70 del siglo pasado hasta hoy, se ha registrado a nivel mundial un alza tanto en la cantidad como en la intensidad de conflictos sociales (Snow, Soule y Kriesi, 2007; Dollar, Easterly y Gatti, 2000), especialmente por razones étnicas, políticas, religiosas y económicas (Dodson, 2011; Esteban, Mayoral y Ray, 2012). Esto ha implicado que las protestas puedan considerarse como una forma principal de acción política de los ciudadanos y de los movimientos sociales en el mundo contemporáneo (Della Porta, 2008), lo que ha llevado a caracterizar la era actual como una sociedad de protestas (Meyer y Tarrow, 1998) o, aún más, como un mundo de protestas (Della Porta y Diani, 1999).

Hablando genéricamente, las protestas incluyen todas las acciones de confrontación, tanto colectivas como individuales, que buscan transformar o cuestionar una política, sistema o programa a través de una disrupción del espacio/tiempo rutinario de las sociedades (Taylor y Van Dyke, 2007). La potencia de las protestas en la vida social contemporánea está relacionada a lo menos con tres elementos. En primer lugar, las protestas empoderan a quienes no tienen poder, pudiendo generar cambios en la distribución de los capitales económicos y políticos de las sociedades. En este sentido, las protestas permiten cuestionar la legitimidad del sistema y transformarlo, sin que ello implique necesariamente negarlo totalmente (Della Porta, 2008), diferenciándose así, por ejemplo, de las guerras (civiles o militares) y de las revoluciones. En segundo término, las protestas son acciones con alta capacidad de atraer la opinión pública, lo que les permite destacarse frente a otras acciones políticas, como el lobby o la negociación, que tienden a darse en espacios privados y a estar rodeadas por un halo de opacidad (Della Porta y Diani, 1999). Finalmente, las protestas —a diferencia de otros procesos de conflicto— tienen la capacidad de transformar las relaciones sociales, afectivas y cognitivas de los sujetos, generando transformaciones en las estructuras sociales, relacionales y mentales (Jasper, 1998). Así, las protestas no son solo el resultado de cuestionamientos o problemas sociales, sino experiencias en sí mismas que generan importantes transformaciones individuales y colectivas.

Aunque muchas veces han sido entendidas como procesos que deslegitiman la democracia, lo cierto es que las protestas son parte de la democracia y del ejercicio de la ciudadanía. Por una parte, al ser acciones públicas, políticas, colectivas y orientadas a la discusión social, las protestas pueden entenderse como una forma de ejercicio de ciudadanía que expande la democracia (Rosanvallon, 2009), siendo parte regular de las formas de acción que se despliegan en las democracias contemporáneas (Calderón, 2013). Las protestas son fenómenos que permiten ensanchar la democracia, al problematizar lo no problematizado, ampliando así la capacidad de los actores para hacerse escuchar directamente y empujar transformaciones (Burke, 2015), especialmente cuando el sistema político se vuelve incapaz de procesar determinadas demandas o se muestra insensible a ellas. Por otra parte, las protestas expanden la noción misma de ciudadanía, al permitir opinar a sectores históricamente postergados (como las clases bajas o los pueblos indígenas) o a sectores no incluidos en formas de participación convencional, como el voto (como ocurre con muchos migrantes, con los y las jóvenes menores de edad, y como ocurría hasta hace algunas décadas con las mujeres). En suma, las protestas permiten no solo ampliar la democracia, sino también construir ciudadanía y ampliar las fronteras ciudadanas, pudiendo entenderse como espacios de construcción societal y de generación de vínculos y redes ciudadanas (Giugni, 1999).

En el caso de la juventud, las protestas han estado relacionadas —aunque no exclusivamente— con el sistema escolar. Los procesos de masificación educativa, la extensión de la jornada escolar y la importancia de la educación en la vida juvenil (Serrano, Ponce de León y Rengifo, 2018) han convertido a la escuela en la principal institución de socialización secundaria de niños, niñas y jóvenes, donde estos desarrollan intensivamente relaciones con "otros" diferentes a su familia, y donde además, por su carácter institucional, se abre uno de los espacios más importantes para la construcción de ciudadanía juvenil.

Conceptualmente, es posible distinguir tres dimensiones por los cuales la escuela es un espacio potente para el desarrollo de la ciudadanía juvenil, en tanto promotora del aprendizaje académico, social y político, respectivamente. En primer término, la escuela es un espacio privilegiado para la adquisición de habilidades y conocimientos cívicos y ciudadanos (Knowles, Torney-Purta y Barber, 2018). Como institución, la escuela genera (o limita) las posibilidades de que los y las jóvenes desarrollen un pensamiento crítico sobre el mundo en el que viven, así como una opinión sobre la realidad política, social y cultural de su país. En el caso chileno, investigaciones recientes han mostrado que la capacidad de desarrollo del pensamiento crítico y de habilidades ciudadanas promovidas desde la escuela es baja y limitada (Carrasco et al., 2019; Treviño et al., 2018).

En segundo lugar, la configuración del sistema educativo determina las relaciones sociales que se establecen entre los estudiantes de distintas clases sociales o diferentes grupos, modelando en gran medida las redes y amistades de jóvenes y niños. Obviamente, esto impacta en la capacidad de los y las jóvenes para conocer diferentes realidades, lo que es fundamental para el desarrollo de procesos de movilización política, pudiendo influir también en las posibilidades de protesta. En el caso chileno, la configuración socialmente segregada y polarizada del sistema educativo hace difícil el encuentro y el establecimiento de redes con otros distintos (Villalobos y Valenzuela, 2012; Palacios et al., 2019).

Finalmente, la escuela es, en sí misma, un espacio para el desarrollo de la participación, la movilización política y la experimentación. Como argumentaba Gabriel Castillo hace varias décadas (1984) siguiendo la referida tradición de Dewey, las escuelas son espacios de anticipación de la realidad, donde los y las jóvenes experimentan en su vida cotidiana nociones como la autoridad, la democracia, la participación política, la convivencia reglada, la defensa de sus derechos y el derecho a manifestarse. Esto implica que la escuela abre (o restringe), en su mismo operar, hacia formas de participación que podrían ampliar (o limitar) la disposición de los y las jóvenes a protestar. En Chile, recientes estudios han mostrado que la tendencia de las escuelas chilenas, en general, es a promover una cultura jerárquica y poco democrática, con bajos niveles de participación y toma de decisiones por parte de la juventud (Bramwell, 2020).

3. LA JUVENTUD Y LA ESCUELA EN EL CHILE POST-DICTADURA

El retorno a la democracia en 1990 inauguró un nuevo ciclo político, social y cultural en Chile, marcado por la continuidad de políticas económicas de corte neoliberal, políticas sociales constreñidas por la primacía del mercado y la debilidad del Estado subsidiario, la imposición de un sistema de gobernanza basado en la lógica del consenso y el post-trauma social de la dictadura (Jara-Ibarra, 2019; Ruiz, 2016; Garretón, 2012; Moulian, 1997). Aunque estas características permearon todas las esferas de la vida, fueron especialmente relevantes para la juventud, que fue caracterizada por amplios sectores de la población como un grupo marginalizado y anómico (Valenzuela, 1984; Weinstein, 1989), a pesar de que había mostrado altos niveles de movilización en varios momentos de la dictadura[1]. Esta mirada confluyó en un diagnóstico crítico de la juventud, concebida como un grupo que había que "encarrilar" en la nueva vida democrática, entregándole nuevos espacios de participación, aunque de forma limitada, institucionalizada y organizada jerárquicamente (Cottet, 2015; Duarte, 2015).

En este marco, durante los primeros años de la post-dictadura se desarrollaron distintas iniciativas de participación juvenil, siendo la más destacada la creación del Instituto Nacional de la Juventud (INJUV) en 1991. Concebido como una institución pública para canalizar políticas hacia la juventud, el INJUV se organizó como un espacio de producción de lineamientos gubernamentales juveniles, el desarrollo de acciones cívicas básicas —como el voluntariado o la inscripción electoral—, la promoción de iniciativas juveniles, especialmente culturales, y la atención

---

[1] Durante la dictadura, importantes sectores juveniles fueron protagonistas del movimiento de pobladores en la lucha antidictatorial (Weinstein, 1989; Cortés, 2021), del movimiento estudiantil que permitió democratizar las universidades (Muñoz-Tamayo, 2011) o del movimiento secundario, que buscó generar espacios de democracia al interior de las escuelas y liceos (Álvarez, 2014). Asimismo, los jóvenes fueron protagonistas de movimientos políticos, tanto en defensa del régimen de Pinochet (González, 2020) como en su derrocamiento (Álvarez, 2014).

a ciertas temáticas consideradas como "juveniles", como la sexualidad y el embarazo adolescente (Acevedo y Sáez, 2018). Al mismo tiempo, se promovieron algunas instancias de participación política, siendo el Parlamento Juvenil la más simbólica. Entendido como un espacio de consulta y organización de demandas juveniles, el Parlamento buscó que los y las jóvenes replicaran el rol del parlamento de la naciente democracia, aunque sin consecuencias reales en la política educativa o social (Thielemann, 2016). Por último, desde finales de los 90, la discusión se centró en el cada vez más bajo voto juvenil en las elecciones nacionales, lo que derivó en 2012 en el cambio desde un sistema de voto obligatorio con inscripción voluntaria a uno de inscripción automática pero votación voluntaria, lo que, contrario a lo argumentado, no ha fomentado la participación electoral. Así, por ejemplo, con la aplicación del voto voluntario, la participación electoral en Chile decreció de 58% en las municipales de 2008 a 41% en las municipales de 2012, caída que ha sido especialmente fuerte en la juventud (Morales y Contreras, 2017).

Aunque con diferencias, en todas estas políticas primó una forma de relación vertical entre la juventud y el Estado, concibiendo a los y las jóvenes como un canalizador de demandas juveniles y un objeto de políticas; y a la juventud como un grupo sin total autonomía y con poca capacidad de agencia, primando, de esta forma, una forma adultocéntrica de entender la participación juvenil (Duarte, 2015). Ahora bien, la recuperación de la democracia también permitió abrir espacios de participación juvenil en la educación secundaria, aunque este proceso fue lento, no siempre incremental y en definitiva bastante acotado, especialmente desde el punto de vista de la ciudadanía juvenil. Es posible agrupar estas iniciativas en dos ámbitos: la promoción de la participación de los estudiantes al interior de los establecimientos educacionales y la formación ciudadana incluida en el currículo escolar.

Respecto a la participación de los y las jóvenes, durante los 90 se autorizó y promovió el funcionamiento de los Centros de Alumnos en los liceos, prohibidos durante la dictadura. Aunque relevantes, estas organizaciones tradicionales de expresión y canalización de demandas estudiantiles perdieron fuerza política hacia finales de los 90 y comienzos del nuevo siglo, principalmente por la instalación de una lógica vertical y subordinada en los liceos, la baja participación del estudiantado y la poca influencia en la toma de decisiones dentro del sistema escolar (Assaél et al., 2000), pese a que desde 2005 el presidente/a de esta instancia forma parte del Consejo Escolar por mandato legal. En paralelo, desde mediados de los 90, se promueven formas alternativas de protagonismo juvenil en la vida escolar de los liceos (a través del MECE-Media) mediante la organización de Actividades Curriculares de Libre Elección (ACLE), buscando canalizar intereses especialmente culturales de los y las jóvenes que no siempre encontraban acogida en los espacios regulares. Aunque estas actividades (desarrolladas en tiempos complementarios, incluyendo fines de semana) alcanzaron masividad y fueron una fuente de renovación para los liceos, estas perdieron potencia con la instauración de la Jornada Escolar Completa (Bellei, 2003). Finalmente, también hubo intentos por desarrollar métodos alternativos de formación y diálogo para incorporar temáticas de interés juvenil tradicionalmente excluidas del currículo como las Jornadas de Conversación sobre Afectividad y Sexualidad (JOCAS), instancias que no logran desarrollarse tanto por el rechazo del mundo adulto que existe en el espacio escolar como por bloqueos políticos de sectores conservadores (Meza, 2013).

En la dimensión curricular, el país ha ensayado cambios para reorientar y fortalecer la formación ciudadana que no han mostrado ser efectivos. La reforma curricular de 1998 reemplazó el sesgo de la "educación cívica" nacionalista y focalizada en la obediencia a reglas e instituciones (asignatura heredada de la dictadura), por un enfoque de educación ciudadana orientada por los derechos humanos, la convivencia pacífica, la participación en la vida social y el valor de la democracia (Cox y García, 2017). Este cambio fue simultáneo a un giro en el enfoque, eliminando (desde 2002) la asignatura y definiendo la formación ciudadana como un "objetivo transversal", cuyos contenidos y habilidades asociadas se distribuyen en diferentes asignaturas, como Historia, Filosofía, Lenguaje y Orientación, además de la propia convivencia en los liceos (Mardones, 2015). La evidencia ha mostrado enormes dificultades para asumir este nuevo enfoque: al no estar asociada a una asignatura, la formación ciudadana se ha desdibujado; además, docentes y estudiantes parecen no haber comprendido el giro conceptual propuesto, por lo que la visión restringida de la ciudadanía política prevalece sobre visiones más comprehensivas de participación social y compromiso ciudadano con el bien común. Por último, los niveles de conocimiento de los estudiantes chilenos sobre educación cívica (de acuerdo al estudio internacional CIVED y ICCS de la IEA) eran muy bajos en 1999 y no aumentaron en 2009 (Bellei y Morawietz, 2016) ni en 2016 (Villalobos, Wyman y Treviño, 2020). Estas dificultades, sumadas a la creciente baja participación juvenil en los procesos electorales nacionales, presionaron por cambios en esta área, lo que derivó en la obligación hacia los liceos por desarrollar Planes de Formación Ciudadana (PFC) y la reciente reincorporación de la asignatura de Formación Ciudadana al currículo, aunque las últimas evaluaciones de estos esfuerzos han mostrado que los PFC han sido leídos por las escuelas como una carga más que como una oportunidad para promover la ciudadanía (Zuñiga et al., 2020).

Es posible extraer dos conclusiones generales de este sucinto marco contextual. Por una parte, la promoción oficial de la participación ciudadana y política de los y las jóvenes al interior del sistema democrático y educacional ha sido limitada, estando concentrada en entregar "voz" a la juventud, pero dentro de canales restringidos y por vías fuertemente institucionalizadas. Por otra parte, esta "voz" se ha desarrollado sin que los y las jóvenes sean parte integral del modelo decisional que se ha construido, derivando en lógicas de infantilización de la juventud, dificultades para canalizar genuinamente sus intereses y una participación política formal de baja intensidad. En este sentido, las protestas estudiantiles han sido una expresión no institucional de enorme vitalidad para el desarrollo de la participación juvenil, la profundización democrática y la construcción de la ciudadanía en Chile, especialmente desde los 2000 en adelante.

4. JUVENTUD, PROTESTAS Y EDUCACIÓN EN EL CHILE POST-DICTADURA

En esta sección se describen y analizan las protestas realizadas por jóvenes estudiantes secundarios en Chile en el cuarto de siglo transcurrido entre 1990 y 2014[2]. El análisis se focalizó en cuatro elementos: i) la trayectoria histórica de las protestas; ii) sus demandas; iii) las alianzas desarrolladas; y iv) las tácticas empleadas. El estudio se realizó utilizando el Análisis de

---

[2]   Para un análisis de la protesta de estudiantes universitarios, ver Villalobos y Ortiz-Inostroza (2019).

Eventos de Protesta (AEP), técnica desarrollada para identificar y describir eventos de protestas en periodos largos de tiempo, mediante la codificación, consolidación y validación de datos secundarios (generalmente prensa, como en este caso), lo que permite el análisis de las protestas desde una perspectiva histórica (Olzak, 1989; Koopmans y Rutch, 1999). La unidad básica del análisis son los eventos de protesta educativos ocurridos en el espacio público en todo el territorio nacional, incluyendo marchas, tomas, performances, vigilias, actos culturales, entre otras. De acuerdo al material empírico[3], se registraron 438 eventos de protesta entre 1990 y 2014, las que son analizadas a continuación.

Respecto de la evolución histórica de las protestas, el Gráfico 1 muestra la cantidad anual de eventos de protesta (eje izquierdo) y la cantidad promedio de participantes de estos eventos (eje derecho). Los datos muestran una tendencia general al aumento de las protestas al inicio de ciclo (la cantidad de protestas aumenta desde 2001 y la cantidad de participantes desde 2005), con *peaks* importantes frecuentes desde entonces, siendo especialmente relevantes los años 2006 y 2011, además del 2008 que es relevante en términos de la cantidad de protestas, pero no de la magnitud de las mismas. Estos años han sido destacados como los procesos de movilización más relevantes de la post-dictadura (Garretón, 2016; Bellei, Cabalín y Orellana, 2014; Somma, 2012), previos al estallido social de 2019, y se relacionan con cuatro procesos específicos de protesta identificables: el "*mochilazo*" (2001), la "*revolución pingüina*" (2006), el rechazo a la Ley General de Educación (LGE) (2008) y el movimiento general estudiantil (2011). Como se verá, cada uno de estos grandes procesos de protesta representó un cuestionamiento de la relación entre ciudadanía, juventud y sistema escolar.

---

[3] Detalles del proceso de codificación, fuentes de información utilizadas y estrategia metodológica general de análisis en Villalobos (2019).

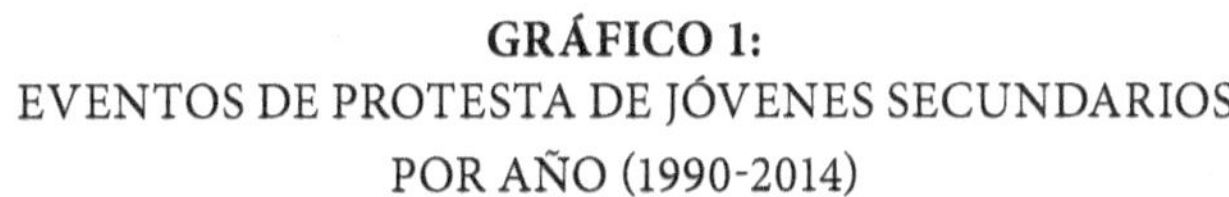

GRÁFICO 1:
EVENTOS DE PROTESTA DE JÓVENES SECUNDARIOS
POR AÑO (1990-2014)

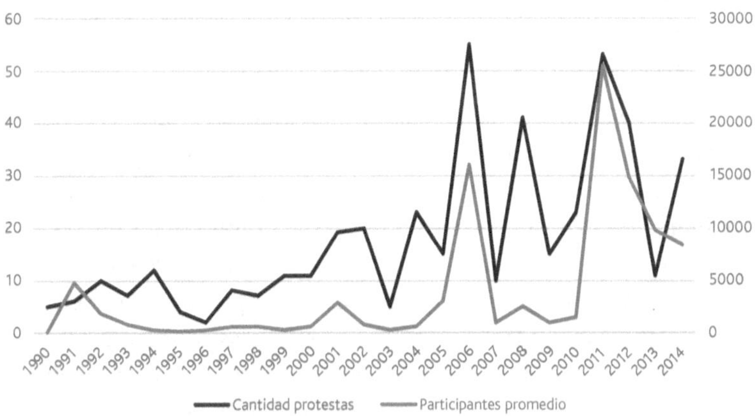

Fuente: Elaboración propia. N eventos= 438. Nota: En el caso de los participantes, solo se tiene información de 306 eventos.

El "*mochilazo*" ha sido indicado como un puntapié de lo que sería la reactivación de la movilización de estudiantes secundarios (y de la sociedad) en Chile (Jara-Ibarra, 2019). Articulado bajo el alero de nuevas organizaciones, que tenían como base –pero no estaban limitadas– a los Centros de Estudiantes, las protestas se vincularon con la disminución de beneficios para los estudiantes, especialmente la entrega del pase escolar por los gremios del transporte[4], lo que provocó una discusión sobre el rol de los privados en la educación (Donoso, 2014). Como resultado, se realizaron multitudinarias manifestaciones, participando más de 7.000 jóvenes secundarios el 4 de abril de 2001 y 12.000 para el paro estudiantil del 9 de abril del mismo año. Estas movilizaciones fueron convocadas por la Asamblea Coordinadora de Estudiantes Secundarios (ACES), fundada en el año 2000, como una manifestación del descontento que existía

---

[4]   Debido a que parte de las modernizaciones del transporte en Santiago implicó la instalación de lectores automáticos de tarjetas en los buses, la entrega de estas tarjetas se retrasó. En este marco, su emisión se encontraba en manos de privados (específicamente, del Consejo Superior de Transporte Terrestre), pero mandatado por el MINEDUC, instalándose así la pregunta por el rol de los privados dentro de cuestiones estudiantiles, derivando en que este beneficio pasara a control estatal (Donoso, 2014).

entre secundarios con las organizaciones de representación de los 90, pero también para posicionar nuevamente a los estudiantes secundarios como actores relevantes de la escena política (Donoso, 2014). La protesta (finalmente exitosa en sus demandas) mostró un cambio en la disposición de los estudiantes respecto de la década de los 90 y potenció la idea de que los secundarios eran un actor relevante del país.

Posterior al *"mochilazo"*, el descontento secundario volvió a expresarse, ahora con más fuerza durante los primeros meses del primer gobierno de Michelle Bachelet (2006-2010), en lo que se conoció como la *"revolución pingüina"*. En este caso, la ola de protestas se originó en los procesos de negociación entre el MINEDUC y las organizaciones de secundarios para incorporar propuestas de corto y largo plazo en la agenda política del nuevo gobierno, que iban desde el pase escolar y problemas de infraestructura de los liceos, hasta poner fin a la Ley Orgánica Constitucional de Enseñanza (LOCE), respectivamente (Domedel y Lillo, 2008). Debido a la falta de acuerdo, desde abril de 2006 comenzaron diversas protestas con demandas de corto y largo plazo que significaron un cuestionamiento del modelo de organización de mercado en educación (Aguilera, 2016), posicionando como eje transversal la desigualdad educativa. Una de las demandas más poderosas fue poner fin a la LOCE que, entre otras cosas, limitaba la participación estudiantil solo a ciertos aspectos, excluyéndola, por ejemplo, de espacios de organización estratégica de los establecimientos educacionales. Para procesar las demandas estudiantiles, el Gobierno convocó a un debate nacional canalizado a través de un amplio Consejo Asesor con representantes de todos los sectores (incluyendo dirigentes estudiantiles), en cuyo Informe Final –junto a una gran cantidad de recomendaciones de diverso tipo– se hacía una amplia crítica a la situación del sistema educacional chileno, incluyendo su institucionalidad. Por ello, la *"revolución pingüina"* de 2006 tuvo un impacto importante y duradero en la agenda pública y en la percepción ciudadana respecto a la educación en el país (Bellei, Contreras y Valenzuela, 2010), además de transmitir la idea de que las movilizaciones estudiantiles podían tener un carácter estructural y conseguir cambios significativos mediante la presión y la participación política (Campos-Martínez y Olavarría, 2020), transformándose en una forma relevante de desarrollo ciudadano y profundización democrática.

Un tercer *peak* de cantidad de protestas se registró en 2008 y puede ser considerado una réplica tardía de las ocurridas en 2006. En efecto, las diversas movilizaciones secundarias de 2008 expresaron principalmente un rechazo al proyecto de la nueva LGE (en reemplazo de la LOCE), que se había constituido en la demanda simbólica de la *"revolución pingüina"*. La LGE formó parte de un extenso paquete de iniciativas legislativas y políticas negociadas entre el Gobierno y la oposición de derecha, luego que esta última bloqueara los cambios impulsados inicialmente por el Gobierno que buscaban responder más directamente a las demandas estudiantiles (como poner fin al lucro en educación). Dicha negociación se expresó en un acuerdo transversal de la mayoría de los partidos políticos en 2007, el que fue rechazado por los dirigentes estudiantiles, gatillando el nuevo ciclo de movilizaciones, pero limitado en su magnitud. Así, las protestas de 2008 no tuvieron un carácter masivo ni especialmente propositivo, concentrándose en denunciar la exclusión de los estudiantes secundarios como actores políticos y ciudadanos, y la distancia entre las demandas estudiantiles y las respuestas producidas por el campo político.

Finalmente, la masividad de la protesta estudiantil retornaría con más fuerza en el último *peak* identificado en este período, durante el denominado *"invierno chileno"* de 2011, que incluyó movilizaciones de secundarios, universitarios y profesores durante siete meses. Estas protestas impactaron la opinión pública y pusieron en graves problemas al primer gobierno de derecha desde la dictadura, provocando una rotativa ministerial en educación sin precedentes desde el retorno a la democracia. En general, las protestas buscaron el fortalecimiento de la educación pública, el fin al lucro y al mercado en la educación, y la expansión de la gratuidad (Bellei, Cabalín y Orellana, 2014), generando discusiones nacionales sobre el rol y sentido de la educación, y sobre la necesidad de reformas institucionales en el sector. Aunque los estudiantes secundarios no tuvieron un rol tan protagónico como en 2006 y 2008, la ACES, la Coordinadora Nacional de Estudiantes Secundarios (CONES) y los secundarios participaron activamente en las movilizaciones, demandando la desmunicipalización de la educación pública, la desmercantilización de la educación y, en menor medida, la ampliación de la democracia en los espacios escolares.

Ahora bien, el análisis histórico de las protestas estudiantiles muestra no solo un aumento cuantitativo, sino una clara transformación cualitativa. Un aspecto interesante para caracterizar cualitativamente las protestas es considerar si sus demandas se plantean de un modo defensivo (i.e. protestas que reaccionan o se oponen a una medida o acción) u ofensivo (i.e. protestas que buscan generar un cambio en el estado actual de la realidad). Como se puede observar en el Gráfico 2, durante todo el periodo existe una predominancia de protestas defensivas por sobre las ofensivas en la juventud secundaria. En efecto, las protestas ofensivas (o propositivas), son casi inexistentes hasta 2005[5]. No obstante, esta tendencia se quiebra con la irrupción de la *"revolución pingüina"*, momento que representa la emergencia de una protesta ofensiva y de carácter transformador, la cual se consolida en 2011. Así, la inmensa mayoría de las protestas propositivas de este cuarto de siglo se produjeron en esos dos años, confirmando así su carácter de bisagra no solo cuantitativo, sino también cualitativo, respecto al surgimiento de la juventud secundaria como un actor político relevante, que de hecho logró cambiar la trayectoria de políticas educacionales.

GRÁFICO 2:
EVENTOS DE PROTESTA DE JÓVENES SECUNDARIOS SEGÚN SU CARÁCTER DEFENSIVO/OFENSIVO (1990-2014)

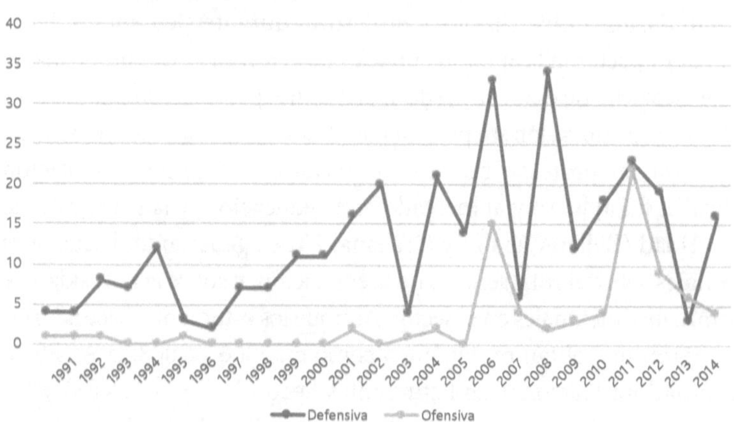

Fuente: Elaboración propia. N eventos= 392.

---

[5] Solo nueve eventos se registran de estas características en esos primeros 15 años de democracia. Entre ellos, destaca una protesta de 1995, en la que estudiantes secundarios y universitarios se congregaron en el frontis de la USACH para exigir el fin al negocio en la educación, reuniendo solo a 150 participantes, según la prensa de la época.

Una manera complementaria de analizar las demandas levantadas por la protesta estudiantil secundaria es identificando los focos de protesta de cada evento. Los datos muestran que en el período estudiado los estudiantes han focalizado su protesta en cuatro principales demandas. En primer lugar, se observan demandas por problemas específicos con las escuelas y liceos, que incluyen problemáticas vinculadas a la infraestructura escolar y problemas con directivos y profesores, estando presentes en 142 eventos de protesta (34% del total). Esto último se vincula con la evidencia, que señala que parte importante de la conflictividad educativa tiene que ver con problemáticas producidas al interior de la escuela (Villalobos et al., 2017; Aravena y Madrid, 2020). En segundo lugar, hay 64 eventos de protesta (15% del total) que giran en torno a demandas asociadas a beneficios de los y las jóvenes secundarios, con una especial importancia en temas como el pase escolar, apoyos estudiantiles y becas. En tercer lugar, se observan 49 eventos de protestas (12% del total) asociadas a demandas sobre la organización del sistema escolar, es decir, a elementos estructurantes de la educación, incluyendo aspectos como la mercantilización, la privatización y la municipalización. Finalmente, un cuarto grupo de protestas está relacionado con demandas vinculadas al financiamiento y costos de la educación, donde aparece especialmente el tema del fin al lucro y al copago; presentes en 28 eventos (7% del total estudiado).

GRÁFICO 3:
EVENTOS DE PROTESTA DE JÓVENES SECUNDARIOS SEGÚN TIPO DE DEMANDA PRINCIPAL (1990-2014)

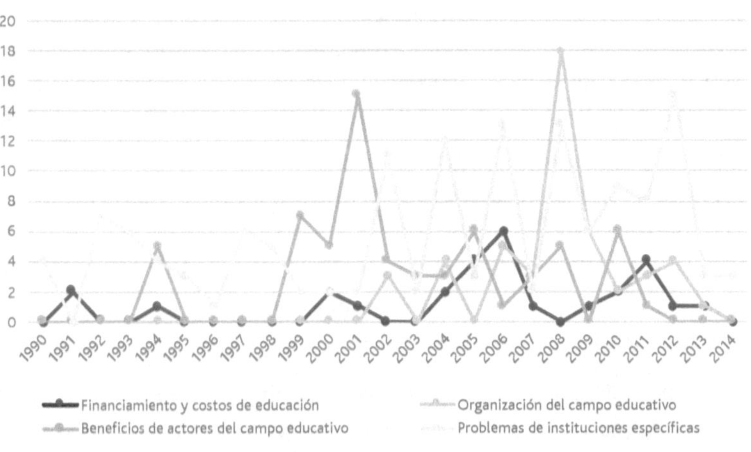

Fuente: Elaboración propia. Nota: N eventos= 283.

La trayectoria de estos eventos se muestra en el Gráfico 3. Como se observa, las protestas que involucran a la juventud secundaria con problemas internos de las instituciones están presentes durante todo el periodo y van creciendo en el tiempo. Esto es coincidente con lo indicado por estudios cualitativos (Peña y Sembler, 2019; Villalobos et al., 2017) que han mostrado cómo parte importante de la conflictividad educativa escolar tiene que ver con las formas de relación situada entre los distintos actores del sistema educativo, generadas por la instalación de lógicas jerárquicas y poco participativas dentro de la escuela, que no logran procesar demandas o reclamos al nivel de cada organización. En segundo término, destaca que ciertos tipos de eventos tienen peaks en momentos específicos. Así, mientras en 2001 son centrales las protestas relacionadas con los beneficios escolares (como el pase escolar), en 2008 son especialmente relevantes las protestas focalizadas en cuestionar la organización del sistema escolar, principalmente debido al rechazo a la LGE. Esto muestra que los procesos de involucramiento político de los estudiantes secundarios no son lineales ni siguen un patrón establecido. Finalmente, se puede observar que las demandas asociadas al financiamiento de la educación son poco frecuentes en los estudiantes secundarios, apareciendo durante la década de los 2000, con cierto protagonismo en los años 2005, 2006 y 2011, es decir, cuando lograron posicionar en el debate políticas públicas de carácter más estructural. En cambio, durante los 90, solo se registran tres protestas de secundarios con demandas por financiamiento, las que no tuvieron un carácter institucional: una –protagonizada exclusivamente por estudiantes secundarios, en 1991– tuvo relación con el alto costo de inscripción de la Prueba de Aptitud Académica (PAA), mientras que las otras dos se vincularon al financiamiento de establecimientos, siendo una de ellas sobre una solicitud de pago a profesores para terminar el año escolar (1991) y la otra, por la falta de subvención para colegios artísticos (1994). Esto indica que aspectos financieros más estructurales que llegaron a ser centrales en la protesta estudiantil como el fin al lucro y al copago no fueron parte de la agenda de movilización de la juventud secundaria durante esta primera década.

Otra característica relevante para describir las protestas estudiantiles son las alianzas realizadas por la juventud secundaria en los procesos de movilización. La formación de alianzas en estos procesos es importante, pues influye en las demandas, tácticas y configuraciones de los actores involucrados (Van Dyke, 2003). El desarrollo de alianzas puede observarse además como un proceso de cristalización de la ciudadanía, pues implica procesos de reconocimiento, discusión y síntesis de parte de actores diversos. Según la evidencia, los estudiantes secundarios en Chile han tendido a protestar sin otros actores durante la mayor parte del período estudiado. Así, en más de la mitad de los eventos (N=220) las protestas se han realizado sin la participación de los otros dos actores más relevantes del campo educativo: los estudiantes universitarios y los profesores. Esto sugiere dos características de la incorporación de la juventud secundaria a la arena ciudadana. Por una parte, podría relacionarse con el carácter sectorial que tuvo el movimiento secundario durante los primeros años de la post-dictadura, debido especialmente a la diferenciación de demandas con otros actores (Donoso, 2014). De forma complementaria, este carácter más bien "solitario" de la protesta podría vincularse con diferencias generacionales, que implicaron una ruptura entre la juventud "sin miedo" y una adultez (que incluía a docentes y también a universitarios) aún enclaustrada en las lógicas de los acuerdos y el miedo post-dictatorial, y que se habría reflejado en formas de organización y métodos de protesta diferentes (Cummings, 2015).

GRÁFICO 4:
EVENTOS DE PROTESTA DE ESTUDIANTES SECUNDARIOS
SEGÚN ALIANZAS CON OTROS ACTORES (1990-2014)

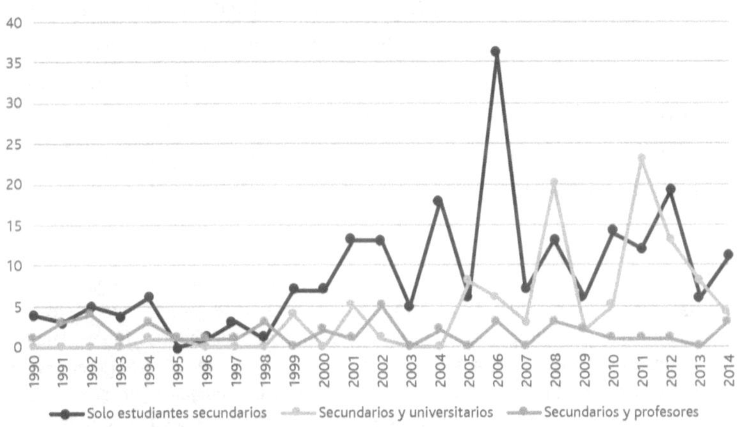

Fuente: Elaboración propia. Nota: N eventos= 392.

Ahora bien, el Gráfico 4 muestra también un cambio en la tendencia histórica a partir de mediados de los 2000. Las protestas de estudiantes secundarios comienzan a involucrar a otros actores a partir de 2005 y 2006 –principalmente a estudiantes universitarios– mediante la conformación de distintos espacios de encuentro, como el Bloque Social por la Educación, la Mesa Social por la Educación o el Movimiento por la Educación Pública, todas instancias que buscaron aglutinar a distintos actores educativos bajo un paraguas común de impugnación al sistema de mercado (Bellei, Cabalín y Orellana, 2014; Aránguez, 2020; Campos-Martínez y Olavarría, 2020). La evolución de la protesta secundaria parece ir consolidando una alianza con los estudiantes universitarios a medida que pasa la década, mostrando peaks relevantes durante 2008 y 2011, en las que la protesta se desarrolló mayoritariamente en conjunto. En contraste, llama la atención la poca articulación entre el movimiento secundario y los docentes, registrando solo 42 eventos en los que participan durante el período estudiado, a pesar de que sus demandas –especialmente, en términos estructurales– tenían altos niveles de coincidencia. Esto podría explicarse por la relación jerárquica y hasta contrapuesta (en términos de poder) en que se encuentran estudiantes y docentes en los liceos, lo que podría dificultar la creación de alianzas[6].

Por último, es interesante analizar la protesta estudiantil según el tipo de tácticas desplegadas por los participantes para llevar a cabo sus propósitos, transmitir su mensaje e impactar en el campo educacional, la política y la opinión pública. Siguiendo la clasificación propuesta por Medel y Somma (2016), las tácticas de protesta se agruparon en cuatro categorías: i) tácticas *contenidas convencionales*, como marchas o petitorios; ii) tácticas *contenidas culturales*, como performances artísticas o caceroleos; iii) tácticas *transgresivas no violentas*, donde se incluyen las tomas, ocupaciones y huelgas; y iv) tácticas *transgresivas violentas*, que incluyen disturbios, destrucción de propiedad y/o ataques a policías

---

[6]   Por ejemplo, durante el *"mochilazo"* solo se manifestaron ambos en una ocasión. Esta protesta fue protagonizada por estudiantes y docentes del colegio Manuel de Salas por su dependencia a la UMCE. En el caso de este proceso, es más o menos evidente que parte importante de las movilizaciones secundarias fueron leídas por los docentes como críticas a la propia gestión escolar, lo que no permitió el desarrollo de alianzas. Algo similar podría decirse de la *"revolución pingüina"*, en que el discurso crítico de los estudiantes secundarios alcanzaba también la calidad de la docencia y el trabajo escolar.

o terceros. Entre 1990 y 2014, las tácticas más utilizadas por los y las jóvenes secundarios fueron las tácticas contenidas convencionales (45%), seguidas por las tácticas transgresivas no violentas (28%), las transgresivas violentas (19%) y, por último, las tácticas contenidas culturales (8%). Esto muestra que los estudiantes secundarios tienden a protestar utilizando tácticas "tradicionales" como las marchas, pero que estas formas conviven con otros modos de movilización más transgresivos (como las tomas), que son cada vez más utilizados (Peña y Sembler, 2017). Asimismo, y comparativamente con los estudiantes universitarios (Villalobos y Ortiz-Inostroza, 2019), las tácticas transgresivas violentas han sido frecuentes en la juventud secundaria, especialmente desde mediados de los 2000, aspecto que sugiere un alto y creciente nivel de alejamiento de la institucionalidad educacional y política, y una mayor sensación de crítica y desconfianza frente a las instituciones democráticas (Aguilera, 2016). La perspectiva longitudinal permitirá observar mejor estas tendencias.

GRÁFICO 5:
EVENTOS DE PROTESTA SEGÚN TIPO DE TÁCTICAS
DE PROTESTA UTILIZADAS POR JÓVENES SECUNDARIOS
(1990-2014)

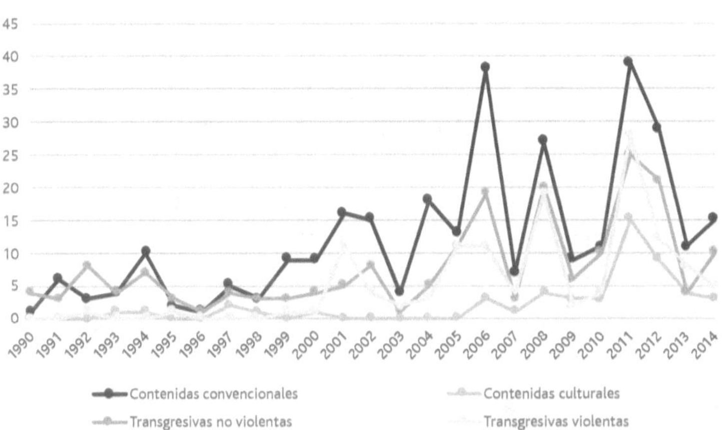

Fuente: Elaboración propia. N eventos= 438. N tácticas=676 (se recopilan hasta 5 tácticas por cada evento)

El Gráfico 5 muestra la evolución histórica de los tipos de tácticas utilizadas por los estudiantes secundarios. Al respecto, tres elementos se pueden destacar. En primer lugar, las tácticas convencionales y las transgresivas no violentas predominaron como la forma de llevar a cabo la protesta estudiantil secundaria durante los 90. Como contrapartida, las tácticas contenidas culturales y transgresivas violentas prácticamente no aparecieron durante aquella década, con solo ocho eventos en total[7]. Esto muestra cómo durante esta década no solo hubo menos protestas, sino que los repertorios de acción y las formas de participación de los secundarios en el espacio público estuvieron altamente enmarcadas en formas históricas de protestar y ejercer ciudadanía. Sin embargo, desde 2001 aparecen con mayor fuerza tácticas transgresivas, tanto no violentas como violentas, alcanzando *peaks* importantes en los años 2001, 2005, 2006, 2008 y 2011. Si se toma en cuenta los años en que esto ocurre, es claro que ellos se asocian con los momentos más álgidos de protesta y resistencia estudiantil abierta frente al campo político en la post-dictadura, como el "*mochilazo*", la "*revolución pingüina*", el rechazo a la LGE y el movimiento estudiantil.

En particular, respecto de las tomas, pareciera ser que desde el "*mochilazo*" los estudiantes secundarios consolidan la paralización de actividades y las tomas como una forma de movilización propia de la juventud estudiantil, retomando una forma de acción también utilizada durante los años 80, aunque en un marco de acción mucho más restringido (Álvarez, 2014). Así, mientras en la década de los 90 se registran 15 eventos que incluyeron tomas, en la década siguiente su incidencia aumentó casi 4 veces, llegando a 57 eventos. La emergencia y consolidación de la toma fue un cambio sustancial en la forma de movilización de los estudiantes secundarios, al permitir presionar y manifestar descontento mostrando las condiciones muchas veces precarias de los establecimientos educacionales durante estas movilizaciones (Aguilera, 2016). De forma complementaria,

---

[7] Entre las tácticas culturales tempranas, destaca una protesta realizada por estudiantes secundarios en 1997, en la que exigían el término de las discriminaciones, el fin de la censura y mayor participación en las decisiones que adopta la autoridad en materia educacional. Mediante una paralización de actividades, los estudiantes se manifestaron en sus establecimientos cantando y realizando actividades artísticas para manifestar su descontento. En otros dos casos, las protestas juveniles se desarrollaron a través de velatones. Respecto de las primeras protestas con tácticas violentas, destaca una manifestación en marzo de 1999 en la que estudiantes secundarios y universitarios en Santiago y Concepción, exigían una rebaja al pase escolar. Esta protesta comenzó con una marcha de 200 estudiantes que terminó en enfrentamientos contra Carabineros, terminando con seis estudiantes detenidos.

las tácticas violentas, como la generación de disturbios o el enfrentamiento con Carabineros, parecen ser una reacción a procesos de cuestionamiento o derechamente criminalización de la juventud. En 2006, por ejemplo, en plena *"revolución pingüina"*, varias marchas terminaron con cientos de detenidos y de heridos, muchos de ellos bajo apremios ilegítimos de parte de Carabineros[8], configurando una dinámica que implica el uso de tácticas violentas, especialmente al final de marchas y otras formas de acción pública.

Por último, aunque minoritarias respecto de las otras formas de movilización, los datos muestran que desde 2006 comienzan a aparecer tácticas culturales de protesta, alcanzando *peaks* importantes en 2006, 2011 y 2012. Estas formas expresivas, artísticas y/o corporales de protesta, emergen con gran fuerza simbólica, mostrando un cambio paradigmático en la relación entre cuerpo y acción política (Paredes, 2019; Ponce, 2017; Aguilera, 2016). Un ejemplo de esto fue una movilización de 2011 en la cual estudiantes secundarios y universitarios realizaron una corrida de 1.800 horas –conocida mediáticamente como las *"1.800 horas por la Educación"*– en la que los convocantes corrían alrededor del Palacio de Gobierno (muchos disfrazados, con cuerpos pintados y pelucas), con el objetivo de remarcar el esfuerzo financiero necesario para costear la educación gratuita en Chile (i.e. US$1,800). Así, las movilizaciones estudiantiles comienzan a mostrar formas de protestas artísticas y/o corpóreas, incluyendo batucadas, rayados, eventos culturales, corridas, bicicletadas, bailes colectivos y disfraces, que complementan las tácticas "tradicionales", como marchas, paros y tomas, incorporando de esta forma lo juvenil y festivo en la lucha política (Ponce, 2017). En todo caso, más allá de estas interpretaciones, es claro que, junto a la tendencia generalizada al aumento de la protesta, se puede observar una mayor heterogeneidad en las formas de protesta de los estudiantes secundarios hacia finales del

---

[8]   A modo de ejemplo, el 5 de agosto de 2006, en el marco de una marcha nacional por la defensa de la educación pública en la que participaron más de 20.000 estudiantes (principalmente secundarios), se detuvo a más de 800 estudiantes en un día, marcando un quiebre en las relaciones entre el Gobierno y las organizaciones estudiantiles. Esta tendencia adquirió nuevas dimensiones durante el estallido social de 2019, cuando la policía chilena cometió masivas violaciones a los derechos humanos (las más graves desde la dictadura), afectando especialmente a jóvenes, consolidando así una relación crecientemente violenta en el espacio público en el marco de la protesta social (detalle de esta relación en Villalobos, 2021).

período analizado, lo que muestra una enorme ampliación del repertorio, en el que ahora coexisten formas tradicionales, innovadoras, transgresivas e incluso violentas.

5. CONCLUSIONES: PENSANDO LA CIUDADANÍA JUVENIL EN UNA SOCIEDAD INTERGENERACIONAL

Considerando como foco central a los y las estudiantes secundarios, este capítulo analizó la relación entre juventud, ciudadanía y protestas en el Chile post-dictadura. Concebidas como una forma de expresión política de la juventud y como un ejercicio de ciudadanía, las protestas de los y las jóvenes en Chile lograron romper con dos ideas instaladas: por una parte, la noción de que la juventud escolar es un actor pasivo, que solo debe ser "educado" en el ejercicio de sus derechos cívicos de futuro adulto; y, por otra parte, la idea de que la ciudadanía solo se ejerce mediante el voto, mostrando así –a la sociedad– cómo mediante las protestas se es un actor relevante, se logran cambios y transforman políticas e instituciones. Superada la dictadura y luego de un proceso de transición a la democracia que desmovilizó a las organizaciones sociales, impulsando una participación ciudadana juvenil restringida a la dimensión electoral y limitada en su accionar, los y las jóvenes secundarios (que no tienen derechos políticos y cuya participación organizada en los liceos ha sido fuertemente resistida) repusieron la centralidad de la protesta como forma de ciudadanía.

El análisis sociohistórico de las protestas de estudiantes secundarios ha mostrado que las movilizaciones no se desarrollan de forma lineal, aunque sí han tenido una clara tendencia in crescendo. Las protestas poseen una dinámica cambiante y recursiva, con ciclos de movilización que modifican objetivos y estrategias, sin por ello abandonar su carácter crítico y de cuestionamiento al orden social. De esta forma, los cuatro grandes *peaks* detectados (el *"mochilazo"*, la *"revolución pingüina"*, el cuestionamiento a la LGE y el movimiento estudiantil) permitieron tensionar la relación entre ciudadanía y juventud, aunque de forma distinta. Así, aunque las protestas de 2006 tuvieron una repercusión política en un sentido diferente al buscado, lograron visibilizar le relevancia mediática y comunicacional del movimiento estudiantil, mientras que el ciclo de

2011 demostró que las protestas sí podían incidir directamente en las reformas educativas, aunque para ello fue preciso esperar la llegada de un nuevo gobierno en 2014. Asimismo, las críticas al pase escolar en 2001 fueron un germen que permitió luego cuestionar de manera generalizada la estructura privatizada del sistema educativo, especialmente en 2008 y 2011, mostrando así la capacidad de la juventud secundaria de incorporarse como un actor relevante del juego democrático y como un grupo de incidencia en la discusión política nacional (Bellei y Cabalín, 2013).

La evidencia analizada muestra no solo el aumento de la protesta estudiantil en el tiempo, sino su mayor complejidad cualitativa. Vista en perspectiva, la protesta secundaria ha ido pasando de un posicionamiento meramente defensivo a uno ofensivo, es decir, más propositivo; incluyendo cada vez más elementos estructurales de la organización del sistema educacional; sumando alianzas con otros actores, centralmente estudiantes universitarios (conformando así un verdadero movimiento social estudiantil, a la larga decisivo en la historia reciente chilena); y diversificando sus formas de expresión, incluyendo tácticas transgresivas incluso violentas, así como artístico-culturales. En definitiva, la protesta misma se ha convertido en un espacio de acción social creativa, que ha impugnado los límites y la ortodoxia de la sociedad chilena (marcada por el signo neoliberal) no solo discursivamente sino en sus prácticas. En qué medida esta impugnación ha ido consolidándose culturalmente y disputando la hegemonía ideológica del individualismo de mercado es una pregunta abierta y uno de los mayores desafíos comunes para la sociedad chilena (Araujo y Martucelli, 2012).

Siguiendo esta línea de reflexión, es posible hipotetizar el ciclo de protestas feministas de 2018 y del estallido social de 2019 como nuevos puntos de quiebre en la relación entre ciudadanía, juventud y educación. Iniciado por jóvenes (la mayoría de ellos, secundarios), el estallido social congregó múltiples demandas sectoriales y canalizó profundos descontentos estructurales de la sociedad chilena (Somma et al., 2020), lo que decantó en un proceso constituyente para reemplazar la Constitución de la dictadura, pero también promovió la emergencia de nuevas formas de participación, como los cabildos y las asambleas autoconvocadas (Ureta et al., 2021), cuestionando así nuestro entendimiento de la relación entre democracia, participación y cambio social.

Paradójicamente, la juventud secundaria ha estado, hasta la fecha, altamente marginada de este proceso y ha sufrido un cuestionamiento de sus demandas y formas de acción. Repensar, por lo tanto, nuevas formas de ciudadanía intergeneracional (Street, 2014) que conecten a los distintos grupos etarios para pensar qué se entiende y cómo se construye la ciudadanía en el país para los próximos años, aparece como una de las tareas más urgentes tanto para el sistema educativo como para el sistema social y político. La educación para la ciudadanía no se agota en el currículo ni en las formas tradicionales de organización y representación institucional, los estudiantes ya lo enseñaron.

REFERENCIAS

Abregu, M. y Curtis, C. (1997). *Aplicación de los tratados sobre derechos humanos en los tribunales locales.* Buenos Aires: Editores del Puerto.

Acevedo, N. y Sáez, L. (2018). Juventud bajo sospecha. Gestión gubernamental de la juventud popular en los inicios de la transición democrática chilena (1990-2000). En Ponce, J., Pérez, A., Acevedo, N. (comp.). *Transiciones. Perspectivas historiográficas sobre la post-dictadura chilena. 1988-2018* (pp. 143-174). Valparaíso: América en movimiento.

Aguilera, O. (2016). *Movidas, movilizaciones y movimientos. Cultura política y políticas de las culturales juveniles en el Chile de hoy.* Santiago de Chile: RIL.

Álvarez, R. (2014). Las Juventudes Comunistas de Chile y el movimiento estudiantil secundario: un caso de radicalización política de masas (1983-1988). En Álvarez, R. y Loyola, M. (eds). *Un trébol de cuatro hojas. Las juventudes comunistas de Chile en el siglo XX* (pp. 170-218). Santiago: Ariadna-América en Movimiento.

Aránguez, R. (2020). Los jóvenes debemos disputar el poder. Las Juventudes Comunistas de Chile y el movimiento estudiantil universitario (2000-2011). *Cuadernos de Histori*a (Santiago), 53, 167-190.

Araujo, K. y Martucelli, D. (2012). *Desafíos comunes. Retrato de una sociedad chilena y sus individuos.* Santiago: LOM.

Aravena, F. y Madrid, R. (2020). The shock absorbers: school principals and their conflicts in Chile. *Journal of Educational Administration and History,* 52(4), 417-431.

Assaél, J., Cerda, A., Santa Cruz, L. y Sepúlveda, R. (2000). La búsqueda por borrar estigmas sociales: una forma de construir ciudadanía. *Revista de Psicología,* 9(1), 1-13.

Bellei, C. (2003). Veinte años de políticas en educación media en Chile (1980–2000). De la autorregulación del mercado al compromiso público. En Cariola, L., Bellei, C. y Núñez, I. *Veinte años de políticas de educación media en Chile.* París: UNESCO-IIPE.

Bellei, C., Cabalín, C. y Orellana, V. (2014). The 2011 Chilean student movement against neoliberal educational policies. *Studies in Higher Education,* 39(3), 426 – 440.

Bellei, C. y Moraweitz, L. (2016). Strong content, weak tools. Twenty-First-Century Competencies in the Chilean Educational Reform. En Reimers, F. y Chung, C. (eds.). *Teaching and learning for the Twenty-First Century: Educational Goals, Policies and Curricula from Six Nations* (pp. 93-126). Harvard Educational Press.

Bellei, C., Contreras, D. y Valenzuela Barros, J. P. (2010). *Ecos de la revolución pingüina: avances, debates y silencios en la reforma educacional.* Santiago, Chile: Pehuén Editores.

Bellei, C. y Cabalín, C. (2013). Chilean Student Movements: Sustained Struggle to Transform a Market-Oriented Educational System. *Current Issues in Comparative Education,* 15(2), 108-123.

Burke, S. (2015). *Conceptualizing protest and conflict. Report from an interdisciplinary conference exploring how governments and institutions of global governance can better respond to contentious politics.* New York: Friedrich Ebert Stiftung.

Calderón, F. (2013). *Understanding Social Conflict in Latin America.* Buenos Aires: Programa de Naciones Unidas para el Desarrollo.

Campos-Martínez, J. y Olavarría, D. (2020). Learning from Chile's student movement: Youth organizing and neoliberal reaction. En Choudry, A. y Vally, S. (eds.). *The University and Social Justice. Struggles Across the Globe* (pp. 98-115). Londres: Pluto Press. doi: https://doi.org/10.2307/j.ctvx077w4.10.

Carrasco, D., Barnjee, R., Treviño, E. y Villalobos, C. (2019). Civic knowledge and open classroom discussion: explaining tolerance of corruption among 8th-grade students in Latin America. *Educational Psychology,* 40(2), 186-206.

Castillo, G. (1984). *Educación de Anticipación.* Santiago: Pontificia Universidad Católica de Chile.

Conde-Flores, S., García-Cabrero, B. y Alba-Meraz, A. M. (2017). Civic and Ethical Education in Mexico: From Classic Civics to the Development of Civic and Citizenship Competencies. En García-Cabrero, B., Sandoval-Hernández, A., Treviño, E., Diazgrandos-Ferrand, S. y Pérez, G. (eds.). *Civics and Citizenship. Theoretical Models and Experiences in Latin America.* (pp. 39-66). Rotterdam/Boston/Taipei: Sense Publisher.

Cortés, A. (2021). The Theoretical Construction of Pobladores and Favelados as Social Movements in Latin America. *Latin American Research Review,* 56(1), 82-97.

Cottet, P. (Ed.). (2015). *Juventudes: metáforas del Chile contemporáneo.* Santiago: RIL editores.

Cox, C. y García, C. (2017). Evolution of citizenship education in Chile: Recent curricula compared. En García-Cabrero, B., Sandoval-Hernández, A., Treviño, E., Diazgrandos-Ferrand, S. y Pérez, G. (eds.). *Civics and Citizenship. Theoretical Models and Experiences in Latin America* (pp. 85-103). Rotterdam/Boston/Taipei: Sense Publisher.

Cummings, P. M. (2015). Democracy and student discontent: Chilean student protest in the post-Pinochet era. *Journal of Politics in Latin America,* 7(3), 49-84.

Della Porta, D. (2008). *Eventful protest, global conflicts.* Conference of the Nordic Sociological Association. Aahurs: Norway.

Della Porta, D. y Diani, M. (1999). *Social movements.* Oxford: Blackwell.

Dodson, K. (2011). The movement society in comparative perspective. *Mobilization,* 16(4), 475-494.

Dollar, D., Easterly, W. y Gatti, R. (2000). What causes political violence? A research outline. Development Research Group. World Bank. Mimeo.

Domedel, A. y Lillo, M. P. (2008). El mayo de los pingüinos. Santiago: Ediciones Radio Universidad de Chile.

Donoso, S. (2013). Dynamics of change in Chile: Explaining the emergence of the 2006 Pingüino movement. *Journal of Latin American Studies,* 45(1), 1-29.

Duarte, C. (2012). Sociedades adultocéntricas: sobre sus orígenes y reproducción. *Última década,* 20(36), 99-125.

Duarte, C. (2015). *El adultocentrismo como paradigma y sistema de dominio. Análisis de la reproducción de imaginarios en la investigación social chilena sobre lo juvenil.* Tesis Doctoral. Universitat Autónoma de Barcelona.

Esteban, J., Mayoral, L. y Ray, D. (2012). Ethnicity and conflict: an empirical study. *American Economic Review,* 102(4), 1310-1342.

García-Cabrero, B., Sandoval-Hernández, A. y Pérez, M. (2017). Affective and cognitive processes as determinants of civic participation in Latin American countries. En García-Cabrero, B., Sandoval-Hernández, A., Treviño, E., Diazgrandos-Ferrand, S. y Pérez, G. (eds.). *Civics and Citizenship. Theoretical Models and Experiences in Latin America* (pp. 127-153). Rotterdam/Boston/Taipei: Sense Publisher.

Garretón, M. A. (2012). *Neoliberalismo corregido y progresismo limitado. Los gobiernos de la Concertación en Chile, 1990-2010*. Santiago: CLACSO/ARCIS.

Garretón, M. A. (2016). La ruptura entre política y sociedad. Una introducción. En Garretón, M. A. (coord.). *La gran ruptura. Institucionalidad política y actores sociales en el Chile del siglo XXI* (pp. 11-20). Santiago: LOM.

Giugni, M. (1999). How social movements matter: Past, research, present problems, future developments. En Giugni, M., McAdam, D. y Tilly, C. (eds.). *How social movements matter* (pp. 13 – 32). Minneapolis: University of Minnesotta Press.

González, Y. (2020). *Los más ordenaditos: Fascismo y juventud en la dictadura de Pinochet*. Santiago: Hueders.

Jara-Ibarra, C. (2019). *(Des) movilización de la sociedad civil chilena: post-trauma, gobernabilidad y neoliberalismo* (1990-2010). Santiago: Ariadna Ediciones.

Jasper, J. (1998). The emotions of protest: Affective and reactive emotions in and around social movements, *Sociological Forum*, 13(1), 397-424.

Knowles, R., Torney-Purta, J. y Barber, C. (2018). Enhancing citizenship learning with international comparative research: Analyses of IEA civic education datasets. *Citizenship Teaching and Learning*, 13(1), 7-30.

Koopmans, R. y Rucht, D. (1999). Protest Event Analysis. En Klandermans, B. y Staggenborg, S. (eds.). *Methods of Social Movement Research* (pp. 231-259). Minneapolis: University of Minnesota Press.

Mardones, R. (2015). El paradigma de la educación ciudadana en Chile: una política pública inconclusa. En Cox, C. y Castillo, J.C. (eds). *Aprendizaje de la ciudadanía. Contextos, experiencias y resultados* (pp. 145-173). Santiago: Ediciones UC.

Medel, R. y Somma, N. (2016). ¿Marchas, ocupaciones o barricadas? Explorando los determinantes de las tácticas de la protesta en Chile. *Política y Gobierno*, 23(1), 163-199.

Meyer, D. y Tarrow, S. (1998). *The social movement society: Contentious politics for a new century.* Oxford: Rowman & Littlefield.

Meza, M. (2013). ¿Qué significa educación democrática? *Revista Derecho y Humanidades*, 21, 71-83.

Morales, M. y Contreras, G. (2017). ¿Por qué se aprobó el voto voluntario en Chile? Razones y argumentos que fomentaron la reforma. *Revista Chilena de Derecho y Ciencia Política*, 8(2), 105-138.

Moulian, T. (1997). *Chile: Anatomía de un mito.* Santiago: LOM.

Muñoz-Tamayo, V. (2011). *Generaciones: juventud universitaria e izquierdas políticas en Chile y México* (Universidad de Chile-UNAM 1984-2006). Santiago: LOM.

Olzak, S. (1989). Analysis of events in the study of collective action. *Annual Review of Sociology*, 15, 119-141.

Palacios, D., Berger, C., Kanacri, B. P. L., Veenstra, R. y Dijkstra, J. K. (2019). The interplay of adolescents' aggression and victimization with friendship and antipathy networks within an educational prosocial intervention. *Journal of Youth and Adolescence*, 48(10), 2005-2022.

Paredes, J. P. (2019). De la Revolución Pingüina a la arena de la gratuidad. Balance de 10 años de luchas estudiantiles en Chile (2007-2017). En Díez García, R. y Betancor Nuez, G. (eds.) *Movimientos sociales, acción colectiva y cambio social en perspectiva: Continuidades y cambios en el estudio de los movimientos sociales* (pp. 133-148). España: Fundación Betiko.

Peña, J. y Sembler, M. (2019). Movilizaciones estudiantiles y liderazgo directivo: un estudio exploratorio en tres liceos de la región metropolitana. *Calidad en la Educación*, 51, 315-349.

Ponce, C. (2017). Internet, nuevas formas de acción colectiva y subjetividades políticas: movilizaciones estudiantiles chilenas del 2011. *Persona y Sociedad*, 31(2), 173-196.

Rojas, J. (2010). *Historia de la infancia en el Chile Republicano, 1810-2010.* Santiago: JUNJI.

Rosanvallon, P. (2009). *La legitimidad democrática: imparcialidad, reflexividad, proximidad.* Ediciones Manantial.

Ruiz, C. (2016). *De nuevo la sociedad.* Santiago: LOM.

Serrano, S., Ponce de León, M., Rengifo, F. y Mayorga, R. (2018). *Historia de la educación en Chile (1810-2010): Tomo III. Democracia, exclusión y crisis (1930-1964)* (Vol. 3). Santiago, Chile: TAURUS.

Somma, N. (2012). The Chilean student movement of 2011-2012: Challenging the marketization of education. Interface. *Journal for and about Social Movements,* 4(2), 296-309.

Somma, N., Bargstead, M., Disi, R. y Medel, R. (2020). No water in the oasis: the Chilean Spring of 2019 – 2020. *Social Movement Studies,* 20(4), 495-502.

Snow, D., Soule, S. y Kriesi, H. (2007). Mapping the terrain. En Snow, D., Soule, S. y Kriesi, H. (eds.). *The Blackwell Companion to Social Movements* (pp. 3 – 16). Malden: Blackwell Publishing.

Street, A. (2014). My child will be a citizen: Intergenerational Motives for Naturalization, *World Politics,* 66(2), 264-292.

Taylor, V. y Van Dyke, N. (2007). Get up, stand up. Tactical repertories of social movements. En Snow, D., Soule, S. y Kriesi, H. (2007) *The Blackwell Companion to Social Movements* (pp. 262 - 293). Blackwell Publishing.

Thielemann, L. (2016). *La anomalía social de la transición. Movimiento estudiantil e izquierda universitaria en el Chile de los noventa (1987-2000).* Santiago: Tiempo Robado

Treviño, E., Villalobos, C., Béjares, C. y Naranjo, E. (2018). Forms of youth political participation and educational system. The role of the school for 8th grade in Chile. *Young,* 27(3), 1-25.

UNICEF. (2017). *Constitución política e infancia. Una mirada desde los derechos de los niños, niñas y adolescentes en Chile.* Santiago de Chile: Andros Ltda.

Ureta, S., Cortés, A., Martínez, J., Tello, P., Vera, F. y Valenzuela, C. (2021). Constituting Chileans: the Cabildos of October 2019 and the trouble of instrumental participation. *Social Identities,* 1-17. doi: 10.1080/13504630.2021.1931087.

Valenzuela, E. (1984). *La rebelión de los jóvenes: un estudio sobre anomía social.* Santiago: SUR.

Van Dyke, N. (2003). Crossing movement boundaries: Factors that facilitate coalition protest by American college students, 1930–1990. *Social Problems,* 50(2), 226-250.

Villalobos, C. y Valenzuela, J. P. (2012). Polarización y cohesión social del sistema escolar chileno. *Revista de análisis económico,* 27(2), 145-172.

Villalobos, C., Peña, J., Aguirre, E. y Guerrero, M. (2017). Liderazgo escolar y conflictos socioeducativos. Un estudio exploratorio en liceos públicos chilenos. *Calidad en la Educación,* 47, 81-111.

Villalobos, C. y Ortiz-Inostroza, C. (2019). Continuidades y rupturas de la protesta universitaria en el Chile de la postdictadura (1990-2014). *Temas Sociológicos,* 24(1), 89-210.

Villalobos, C. (2019). *Los conflictos sociales en el campo educativo en el Chile post-dictadura (1990-2014). Análisis de su evolución, principales características y factores relacionados.* Tesis para optar al grado de Doctor en Ciencias Sociales.

Villalobos, C. (2021). Una continuidad discontinua. Análisis retrospectivo del 18-O a la luz del ciclo de protestas juveniles en el campo educativo. En Alé, S., Duarte, K. y Miranda, D. (eds.). *Saltar el torniquete. Reflexiones desde las juventudes de Octubre* (pp. 41 – 47). Santiago: Fondo de Cultura Económica.

Villalobos, C., Wyman, I. y Treviño, E. (2020). Evaluaciones internacionales a gran escala y ciudadanía. Explorando la relación entre políticas educativas y ICCS en Chile (2009-2016). *Revista Iberoamericana de Educación,* 84(1), 15-36.

Weinstein, J. (1989). Los jóvenes pobladores en las protestas nacionales (1983-1984). *Una visión sociopolítica.* CIDE.

Zúñiga, C. G., Ojeda, P., Neira, P., Cortés, T. y Morel, M. J. (2020). Entre la imposición y la necesidad: implementación del Plan de Formación Ciudadana en escuelas chilenas. *Calidad en la educación,* (52), 135-169.

CAPÍTULO 13

VOTO Y PARTICIPACIÓN ELECTORAL: CREENCIAS Y ACTITUDES DE ESTUDIANTES DE ENSEÑANZA MEDIA

CAMILA JARA IBARRA
Centro de Políticas Comparadas de Educación,
Universidad Diego Portales

CRISTIÁN COX
Centro de Políticas Comparadas de Educación,
Universidad Diego Portales

MACARENA SÁNCHEZ BACHMANN
Centro de Políticas Comparadas de Educación,
Universidad Diego Portales

Este capítulo ha sido elaborado en el marco del proyecto CONICYT FONDECYT Regular N° 1181239 "Socialización política y educación para la ciudadanía: el rol de la familia y de la escuela".

Camila Jara Ibarra

Investigadora del Centro de Políticas Comparadas de Educación de la Universidad Diego Portales. Ph.D, Universidad de Leiden, Msc. Statistics. Quantitative Analysis in the Social Sciences, Universidad Católica de Lovaina y Licenciada en Sociología, Universidad Católica Silva Henríquez. Sus líneas de investigación se vinculan a las formas de participación política, ciudadanía, socialización política, educación ciudadana y liderazgo escolar.

Contacto: camila.jarai@mail.udp.cl

Cristián Cox

Profesor Titular de la Facultad de Educación y director del Centro de Políticas Comparadas de Educación, de la Universidad Diego Portales. Ph.D, Universidad de Londres y Sociólogo, Universidad Católica de Chile. Sus líneas de investigación y publicaciones se han desarrollado en torno a la educación ciudadana, formación de profesores, política educacional, y currículum.

Contacto: cristian.cox@udp.cl

Macarena Sánchez Bachmann

Investigadora del Centro de Políticas Comparadas de Educación de la Universidad Diego Portales. MSc Inequalities and Social Science, London School of Economics and Political Science y Licenciada en Sociología, Universidad de Chile. Ha participado en proyectos de investigación sobre liderazgo educativo, formación ciudadana, socialización política y género.

Contacto: macasanchezb@gmail.com

1. INTRODUCCIÓN

Existe preocupación, tanto en el sistema político como en el campo académico, por el incremento en la desconfianza de la ciudadanía hacia las instituciones políticas y la disminución en la participación en procesos eleccionarios en las últimas décadas (Joignant et al., 2017). Como indican Corvalán y Cox (2015, p. 177), durante los últimos años Chile presenta *"la mayor caída en la participación electoral entre todas las democracias del mundo"*, principalmente entre los más jóvenes. Luego de la implementación del voto voluntario, lejos de una revitalización de la participación electoral, esta se ha mantenido baja y con un estructural sesgo en favor de los sectores de capital social y cultural más altos. Esta tendencia decreciente fue revertida parcialmente durante el plebiscito de octubre de 2020, evento que logra la mayor participación electoral desde la implementación de la inscripción automática y el voto voluntario (2012), pero con todo convocando a solo uno de cada dos chilenos a las urnas[1]. Luego, en las elecciones de convencionales y autoridades regionales y comunales de mayo del 2021, la participación vuelve a decrecer para llegar a un 43% de votantes, dando pie a la discusión respecto a la reposición del voto obligatorio como una forma de combatir la abstención electoral.

Si bien el año 2011 se inicia una nueva etapa en el proceso sociopolítico del país que alcanza un punto álgido durante el denominado "estallido social" de octubre de 2019, esta se caracteriza justamente por el distanciamiento creciente de la ciudadanía respecto a los espacios de participación política formal, junto a un aumento de la participación informal, no institucional o ilegal (Donoso y Von Bulow, 2016; Jara Ibarra, 2019; Van Deth, 2014). A partir de lo anterior, tanto en Chile como en el mundo se analizan con preocupación la implicancias de la brecha entre las esferas políticas y ciudadanas y el aumento en la desafección,

---

[1]   https://www.bcn.cl/portal/api-servicios/servicio/ObtenerNoticiaPorIdNoticiaHTML?id=resultados-plebiscito-2020

apuntando a efectos negativos sobre la estabilidad y legitimidad de los sistemas democráticos (Innerarity, 2015; Luna y Altman, 2011; PNUD, 2015; Rosanvallon, 2007).

Pese a no existir una única definición, un modelo incuestionable e inamovible de lo que implica una buena ciudadanía (Denters et al., 2007), existe un cierto consenso al afirmar que el votar y participar en procesos eleccionarios está en la base, constituyendo una de las acciones básicas y mínimas de la ciudadanía (Kerr, 2009), y la relación que establece el mecanismo esencial de la democracia representativa: el traspaso del poder a los representantes, en el legislativo y el ejecutivo (Sartori, 2012).

A partir de este panorama, junto a un debate respecto al rol de la escuela en la formación de ciudadanos participativos y comprometidos con la democracia[2], es que a principios de 2016 se promulga la Ley 20.911 que crea un Plan de Formación Ciudadana transversal a la enseñanza escolar, junto a una asignatura obligatoria para los niveles de 3° y 4° año de la Enseñanza Media (Ministerio de Educación, 2016) que comienza a implementarse el año 2020 en pleno contexto pandémico. En este escenario, se vuelve necesario analizar el espacio y el protagonismo que la temática del voto ocupa y ocupará en las acciones y procesos formativos por parte de la escuela.

El objetivo principal de este capítulo es analizar evidencia cualitativa sobre las creencias, significados y actitudes de estudiantes de Enseñanza Media respecto al voto y su participación en procesos eleccionarios, considerando las oportunidades de aprendizaje relativas al voto y a la participación formal a las que los estudiantes están expuestos desde la prescripción curricular y desde la experiencia formativa que suponen las instancias de representación y democracia escolar. El capítulo presenta en primer término los principales antecedentes y estudios con foco en voto y estudiantado, y los contenidos y oportunidades de aprendizaje relevantes a la temática del voto, presentes tanto en la investigación nacional como internacional comparada. Luego, se detalla la metodología utilizada para la recolección de los datos, en su mayoría cualitativos, que serán analizados

---

[2]   Problema abordado primero por la Comisión de Formación Ciudadana (2004) y luego por el Consejo Asesor Presidencial Contra Conflictos de Interés, el Tráfico de Influencias y la Corrupción (2015) que concluye en la importancia de otorgar mayor énfasis a la formación ciudadana en el sistema escolar.

en una tercera sección del capítulo. En la sección final, se exponen las principales conclusiones que derivan de los hallazgos empíricos y su análisis, así como una discusión de algunas de sus implicancias para la educación ciudadana de base escolar.

2. VOTO, PARTICIPACIÓN Y ESCUELA

El problema de la relación entre el voto o participación electoral y la juventud o el estudiantado ha sido abordado ampliamente por la literatura nacional e internacional. Una corriente investigativa analiza el panorama estructural o los macro procesos de cambio social que pueden tener un impacto sobre la tendencia a la desafección política en población juvenil (Beck, 1997; Garretón, 2016; Kimberlee, 2002; Mayorga, 2016; Niemi y Hanmer, 2010). Otra, está centrada en la identificación de factores micro o individuales que promueven o desalientan la participación política en términos generales y no necesariamente con foco en la participación electoral (Busse et al., 2015, 2010; Fisher, 2012; Kitanova, 2020; Pollock et al., 2015).

Sin embargo, estudios acerca de creencias, percepciones o significaciones del voto —es decir del núcleo de la participación formal— han concentrado menos interés y han sido alentados por el objetivo de conocer las razones que explican la opción tras un voto (por qué se vota de una determinada manera, *political decision-making*). Una de las investigaciones que se aproxima al objetivo de este capítulo es la realizada por Banerjee (2007), quien a través de una etnografía en dos localidades en India analiza las disposiciones de las personas hacia el voto. A partir de su análisis, contrapone dos concepciones del voto que son usualmente propuestas para entender las motivaciones para votar: una representada por el voto como instrumento utilitario para maximizar el interés personal; y otra que entiende la participación electoral básicamente como una instancia ritual, destacando su importancia como expresión simbólica de la creencia en, y lealtad con, el ordenamiento político institucional representativo. Otras significaciones del voto más específicas surgen con el voto como un deber, como una oportunidad que no tendría sentido desperdiciar y la que identifica al voto como expresión de la existencia. A nivel nacional, el análisis llevado a cabo por Martínez et al. (2010) indaga cualitativamente en las creencias y aspiraciones de ciudadanía en una muestra de jóvenes, y si bien se aborda la temática del voto, esta surge en cuanto crítica a una ciudadanía reducida que debe trascender hacia una más activa. De igual forma, Muñoz-Labraña et al. (2016) analizan percepciones del estudiantado sobre la clase política, recogiendo una visión negativa y muy crítica de estos actores así como de los partidos que representan.

Si bien los estudios referidos se aproximan y sirven de marco empírico y conceptual a la investigación de este capítulo, su foco se centra en la mayoría de los casos en el análisis de la participación, interés o compromiso político en términos más amplios que la participación electoral o apuntan a jóvenes como unidad de estudio en cuanto grupo etario pero no necesariamente a estudiantes. La relación entre estudiantes y participación política ha sido objeto de una gran producción empírica que busca identificar los factores que contribuyen o afectan la participación política en general o la intención de voto en el futuro. Dentro de las variables intra escuela que facilitan la obtención de mayor conocimiento cívico y expectativas de participación, destacan el clima democrático y apertura a la discusión en el aula (Campbell, 2008; Castillo et al., 2014; Schulz et al., 2016), así como las oportunidades de aprendizaje definidas en los currículos escolares (C. Cox et al., 2014; Kerr, 2015; McDevitt y Chaffee, 2002).

Respecto a la línea en la que se inserta este capítulo, el estudio de la relación entre estudiantes y participación electoral, existe un acumulado de evidencia nacional e internacional concentrada especialmente en identificar, a partir de datos cuantitativos, los factores relacionados con las expectativas de participación electoral. En general, estas investigaciones señalan que los estudiantes que declaran intención de votar en el futuro son aquellos que, entre otras variables, reciben contenidos de educación cívica, presentan un mayor conocimiento en asuntos políticos y ciudadanos durante la etapa escolar, y participan de instancias de voto y elección dentro de la escuela (Amadeo et al., 2002; Disi Pavlic y Mardones Arévalo, 2021; Schulz et al., 2011). En Chile, los datos recogidos por la Agencia de Calidad de la Educación (2019) indican que estudiantes de establecimientos con alta participación en directivas y centros de alumnos obtienen mejores resultados tanto en conocimiento cívico como en sus expectativas de participación electoral en el futuro. Tal como señala Kerr

(2015), estos y otros factores asociados con el aprendizaje y la enseñanza de la ciudadanía a nivel escolar atañen y pueden ser promovidos en tres contextos o espacios educativos que se superponen en la cotidianidad escolar: currículo, cultura escolar y comunidad.

2.1. Voto y el currículo de educación ciudadana

En la historia reciente de las definiciones curriculares que atañen a los últimos dos años de educación media, esto es, cuando los estudiantes están *ad-portas* de cumplir o ya han cumplido la edad legalmente requerida para votar, destaca la asignatura de Educación Cívica y Economía instaurada en 1981 durante la dictadura militar. Con vigencia de casi dos décadas, el objetivo principal de esta prescripción curricular fue la socialización escolar de la Constitución de 1980 en los estudiantes de 3° y 4° Medio. En forma acorde, los objetivos y contenidos enfatizaron el patriotismo, obligaciones y responsabilidades de la ciudadanía, así como conocimientos sobre el funcionamiento y estructura del sistema de gobierno. Temas relativos a la participación democrática –incluyendo el voto, elecciones y la participación en gobierno escolar– fueron, en tanto, prácticamente invisibles en los programas de estudio correspondientes (Bascopé et al., 2015; Ministerio de Educación, 2004)[3].

El fin de la dictadura permitió un cuestionamiento del propósito de esta asignatura y reforzar la idea de la necesidad de una educación democrática, centrada en la diversidad y la tolerancia (Gysling, 2005). De esta forma, la necesidad de una educación ciudadana en un contexto de redemocratización requería de una ampliación del horizonte formativo y de las oportunidades de aprendizaje relativas al área, lineamientos que se concretan en el ajuste curricular realizado en 1998 (Bascopé, Cox y Lira, 2015). En términos de la formación en procesos eleccionarios, los autores destacan la paradoja de un currículo dictatorial que incluye la temática electoral de manera exigua, pero aun así en mayor medida que el marco curricular que le sucedería luego en democracia y hacia el final de la década del 90.

---

[3]   La prueba internacional CIVED 1999 de la IEA detectó temas en que los estudiantes chilenos de 8° Básico no habían tenido "oportunidad de aprender" por no figurar en el currículo. Entre ellos, "función de las elecciones periódicas" (ver Informe Comisión Formación Ciudadana, 2004, pp. 38-39).

Preocupado especialmente por la distancia y desafección juvenil con los procesos eleccionarios, el Ministerio de Educación convocó una Comisión para examinar las características y estado de los contenidos cívicos a nivel escolar (Mardones, 2018; Ministerio de Educación, 2004). Luego del análisis, los expertos emitieron sugerencias para fortalecer conocimientos y habilidades considerados clave, entre ellas:

> Debe haber, a juicio de la Comisión, en todo el sistema escolar y a través de una variedad de abordajes metodológicos, enseñanza explícita de la importancia de votar, cómo hacerlo (¿dónde y cuándo inscribirse? ¿por qué las normas que regulan el acto de votar? ¿dónde y en qué ocasiones se vota?), así como acerca de los riesgos para el sistema político democrático de no hacerlo (Ministerio de Educación, 2004, p. 73).

Aun cuando las conclusiones de este informe fueron consideradas en la reforma curricular de 2009, el análisis realizado por Cox y García (2021) sobre los objetivos, focos, énfasis y vacíos de dicho marco curricular, así como el de los subsiguientes, revela un consistente y paradojal vacío respecto a la temática del voto. De acuerdo con el estudio, estos contenidos están prácticamente ausentes en el currículo de los últimos niveles de Educación Media, tanto luego del ajuste curricular de 2009 como, de forma sorprendente, en la nueva asignatura de educación ciudadana de 2019. A lo anterior, los autores dejan ver un asunto que vuelve aún más preocupante este diagnóstico: a la ya nula presencia del voto como tópico formativo, la categoría elecciones, sistema y participación electoral presentan una baja presencia en los currículos de 1998 y 2009, para ya definitivamente desaparecer de la prescripción curricular de 2019.

De manera comparada, un fenómeno similar se constata a nivel latinoamericano donde, a la par de una expansión de los contenidos de educación ciudadana, en los currículos de Colombia, Chile, Guatemala, México, Paraguay, República Dominicana (Cox et al., 2014) y Argentina (Riquelme, 2018), se observa de nuevo la sorprendente ausencia de contenidos asociados al voto, así como desequilibrio a favor de la dimensión convivencia versus la dimensión cívica o política de la ciudadanía. El contraste con los lineamientos curriculares equivalentes de países de Europa y Estados Unidos sobre la temática no hacen sino perfilar aún más el silencio del currículo chileno. Mardones et al (2014) advierten que el tratamiento de la temática voto y sistema eleccionario en el marco curricular inglés y francés asume una profundidad e importancia en que se le define no solo en tanto forma de participación, sino también en su evolución histórica, forma en que se ejerce y comparaciones internacionales, incorporando asimismo experiencias de votación dentro de la institución escolar.

El silencio respecto a voto y procesos eleccionarios a nivel curricular, es observable asimismo en el grueso de las publicaciones recientes de investigación nacional centrada en los contenidos de la educación ciudadana. En esta área temática, el problema de una presencia deficitaria del voto no ha sido abordado, así como tampoco las implicancias de este vacío curricular para la enseñanza y aprendizaje de la participación electoral en las nuevas generaciones (Magendzo y Pavéz, 2020; Pagés y Marolla, 2018; Ruz-Fuenzalida, 2020; Silva Águila et al., 2018).

2.2 Participación democrática y gobierno escolar

En el más reciente informe del PNUD y UNESCO sobre la materia (2021), una de las 12 claves propuestas para fortalecer la educación ciudadana en Chile es potenciar los espacios de participación democrática al interior de las escuelas, al reconocer la importancia que este tipo de experiencias formativas tiene para la participación electoral futura al fomentar el hábito de votar, familiarizar a los estudiantes con la expresión de sus preferencias y fundar desde temprano el compromiso moral con la participación política.

En Chile, existe un marco legal que define mecanismos de participación en el contexto escolar. Ejemplo de ello son los Consejos Escolares que, por ley, deben ser órganos informativos, consultivos y propositivos en los cuales participan representantes de toda la comunidad escolar. De forma complementaria, las organizaciones estudiantiles también se encuentran reconocidas constitucionalmente, destacando el Centro de Alumnos, elegido democráticamente y constituido por estudiantes del segundo ciclo Básico y de Educación Media. El propósito de esta orgánica es "servir a sus miembros como medio de desarrollar en ellos el pensamiento reflexivo, el juicio crítico y la voluntad de acción; de formarlos para la vida democrática, y de prepararlos para participar en los cambios culturales y sociales" (Biblioteca del Congreso Nacional de Chile, 2014,

p. 7). Su estructura contempla una junta electoral cuya función principal es "organizar, supervigilar y calificar todos los procesos eleccionarios que se lleven a cabo en los organismos del Centro de Alumnos" (Biblioteca del Congreso Nacional de Chile, 2014, p. 10). Además del Centro de Alumnos, se establece la existencia del Consejo de Curso que debe ser integrado por los alumnos de un curso y organizado y su directiva electa democráticamente. En cuanto a la presencia de contenidos relativos a participación en gobierno escolar en las más recientes prescripciones curriculares sobre ciudadanía, Cox y García (2021) destacan la expansión en las menciones referidas a esta forma de participación entre el currículo de 2009 y el de 2019, abarcando los últimos grados de la Educación Media.

Si bien los datos ICCS[4] sobre la participación de los estudiantes chilenos en organizaciones democráticas indica que casi el total ha participado en elecciones al interior de la escuela (89%) ubicando a Chile por sobre la media internacional (Agencia de Calidad de la Educación, 2017), estudios cualitativos que han observado con mayor profundidad el significado, uso y valor que se da en la realidad escolar a las instancias de participación de estudiantes tienden a revelar una realidad más compleja. La existencia de centros de estudiantes y directivas de curso es generalizada y ocupa un lugar importante en los planes de formación ciudadana, aunque en muchos casos surgen únicamente para dar cumplimiento a la normativa, sus acciones se centran en la organización de eventos y están condicionadas al interés y motivación de cada generación de estudiantes, para quienes estas organizaciones no tienen un mayor significado. Se trata de instancias valoradas por directores y docentes, pero no existe una estrategia de promoción de las mismas y suelen ser el único referente educativo de participación democrática, lo que ha sido evaluado como un sub aprovechamiento de su potencial formativo (Agencia de Calidad de la Educación, 2015; Jara Ibarra et al., 2019; PNUD, 2018, 2021).

---

[4] Estudio Internacional sobre Educación Cívica y Ciudadana (ICCS, International Civic and Citizenship Education Study en inglés)

3. VOTO Y PARTICIPACIÓN ELECTORAL: SIGNIFICADOS Y ACTITUDES DE ESTUDIANTES SECUNDARIOS

El análisis que se presenta a continuación se basa en 10 entrevistas grupales a estudiantes producidas en 2018 y 5 en 2019, en el marco de investigaciones sobre educación ciudadana en Chile[5]. En total, se entrevistó a 83 estudiantes de 4° Medio de las regiones de Antofagasta (10), Atacama (18), El Maule (11), La Araucanía (22) y Metropolitana (22) provenientes de 15 establecimientos educacionales[6]. Se trabajó en un análisis temático y exploratorio con el propósito de identificar creencias, percepciones y significados en los discursos de estudiantes sobre voto. En ambas rondas de entrevistas (2018 y 2019), se incluyó una sección sobre la intención de voto y la eficacia política de votar. En concreto se les preguntó: ¿a ustedes les gustaría votar en las elecciones presidenciales o municipales cuando cumplan la mayoría de edad?, y ¿creen que participar en elecciones tiene influencia en las decisiones que toman los políticos respecto al país? ¿Por qué? No obstante, el análisis temático se realizó sobre la entrevista completa, considerando otros momentos de la conversación en que se abordó el voto y su significado.

De forma complementaria, se presentan algunos datos cuantitativos del Panel de Ciudadanía Escolar (PACES) producidos en 2019[7]. Este estudio fue diseñado para seguir a una muestra representativa de estudiantes de Educación Media de las regiones Metropolitana, Antofagasta y El Maule entre 2019 y 2021 mientras cursaran 2°, 3° y 4° Medio. En los datos de la ola de 2019, utilizada en este capítulo, se encuestó a 1635 jóvenes de 2° Medio (de 15 y 16 años, en su mayoría). El análisis presentado es descriptivo, univariado y bivariado, y sus datos de base fueron ponderados a nivel del estudiante, considerando el tamaño poblacional de las regiones, la distribución de estudiantes en las dependencias administrativas de los establecimientos y el tipo de enseñanza impartido (técnico profesional y humanista científico). La evidencia obtenida dialoga interesante y

---

[5]   Proyecto CONICYT FONDECYT regular n° 1181239 "Socialización política y educación para la ciudadanía: el rol de la familia y de la escuela" y proyecto "Liderazgo educativo y el desarrollo de competencias ciudadana en el contexto escolar chileno" del Centro de Desarrollo del Liderazgo Educativo (CEDLE) de 2018.

[6]   5 municipales, 6 particulares subvencionados y 4 particulares pagados.

[7]   En el marco del proyecto CONICYT FONDECYT antes referido.

convergentemente con la sistematización y análisis curricular respecto a voto en la educación ciudadana[8], así como con la literatura relevante, y se puede resumir en los hallazgos que se presentan a continuación.

3.1 Entre las y los estudiantes hay una alta valoración e intención de votar en el futuro, pero con condiciones y matices

Según los datos PACES de 2019, un 46% de las y los estudiantes califican el votar en todas las elecciones nacionales como una acción muy importante para ser un buen ciudadano o ciudadana. Respecto a expectativas de participación electoral, un 56% indica que, cuando sea adulto, con seguridad votará en las elecciones presidenciales, un 35% indica que tal vez y solo un 9% declara que seguramente no votará. Por otra parte, al ser consultados directamente por la importancia de las elecciones en Chile, un 69,4% de los estudiantes las define como "muy importantes". Estos resultados coinciden con las respuestas de estudiantes de 8° Básico tanto en los datos de ICCS (Schulz et al., 2011) como con los recolectados por la Agencia de Calidad de la Educación (2019), mientras que contrastan dramáticamente con la participación real de jóvenes de 18 y 19 años: 34,7% en las elecciones presidenciales de 2017 (SERVEL, 2017).

Cuando estos datos son examinados con mayor detención, se observa que la valoración del voto y las expectativas de participación están relacionadas con el género, el conocimiento cívico, el contexto escolar y factores familiares. Respecto a género, las estudiantes presentan una tendencia levemente mayor hacia la valoración del voto así como mayores expectativas de participación electoral. Un 51% considera que

---

[8]   El análisis curricular presentado en este trabajo se basa en las definiciones oficiales del 'marco de objetivos fundamentales y contenidos mínimos' (1998, 2009) y 'bases curriculares' (2013 y 2019) para la educación ciudadana en la EM de las últimas dos décadas. Se trata de la prescripción curricular obligatoria para el conjunto de los establecimientos. Durante el desarrollo de esta investigación fueron publicados (marzo de 2021) los programas de estudios (para 3° y 4° EM) del Ministerio de Educación correspondientes a la nueva asignatura de Educación Ciudadana, y que 'bajan' las Bases Curriculares correspondientes de 2019. Como se sabe, se trata de programas de naturaleza electiva para los establecimientos y, en este caso, incluyen una sección dedicada a la participación electoral. Esto último supone un decisivo avance en esta materia: se contribuye a dar contenidos y orientaciones en una dimensión ignorada por las Bases Curriculares, hecho que nuestro análisis revela y argumenta como cargado de consecuencias.

votar en todas las elecciones es muy importante para ser una buena ciudadana, en contraste con un 41% de los estudiantes, y un 60% indica que seguramente votará, versus un 52% de sus pares. Esto coincide con los datos de población adulta en Chile que muestran una brecha sistemática en los últimos años en la participación electoral a favor de las mujeres (P. Cox y Morales, 2021). Asimismo, se observa una asociación positiva entre conocimiento cívico[9] y valoración del voto, esto es, quienes califican este mecanismo como muy importante en promedio obtuvieron 55% de respuestas correctas en conocimiento factual y 69% de respuestas correctas sobre conocimiento conceptual, lo que contrasta con un 33% y un 48% de respuestas correctas obtenidas por los estudiantes que lo califican como nada importante. Algo similar ocurre entre conocimiento y expectativas de participación: quienes indican que con seguridad votarán en elecciones presidenciales contestaron correctamente un 71% de las preguntas sobre conocimiento conceptual y un 70% de las preguntas de conocimiento factual, en contraste con un 58% y 55% de respuestas correctas entre quienes declaran que tal vez votarán y un 51% y 46% entre los y las estudiantes que indican que con seguridad no votarán.

Por último, en los datos de estudiantes de 2° Medio surgen ciertas asociaciones significativas, aunque débiles, al observar su contexto familiar. Se observa una relación positiva entre tener más libros en el hogar y valorar el voto (r=0,19) así como entre la educación de los padres y madres y mayor valoración del voto como ejercicio de ciudadanía (r=0,16 y r=0,113, respectivamente). Lo mismo ocurre con las expectativas de participación, con una correlación positiva entre cantidad de libros en el hogar y educación de los padres y madres con la intención de participar electoralmente (r=0,17, 0,19 y 0,18 respectivamente). Esto, en línea con la evidencia previa para 8° Básico (Malak-Minkiewicz y Torney-Purta, 2021; Schulz et al., 2011, 2018).

---

[9]   Conocimiento cívico refiere a aquellos conocimientos fundamentales para la vida cívica y ciudadana. Este concepto proviene del marco conceptual y analítico utilizado en el Estudio Internacional de Educación Cívica y Ciudadana (ICCS) (Schulz et al., 2016). En el estudio PACES se construyeron dos escalas de conocimiento. La primera, conocimiento conceptual (7 preguntas) refiere a conocimientos específicos sobre democracia, ciudadanía e instituciones políticas; y la segunda, conocimiento factual (6 preguntas), refiere a la política y al funcionamiento de las instituciones contemporáneas en Chile.

Por otra parte y en términos de gobierno escolar, coherente con estudios de la Agencia de la Calidad (2017, 2019), un 62% de los estudiantes señala que ha votado en una elección al interior de su establecimiento, un 82% indica que se realizan campañas de elecciones del Centro de Alumnos, un 40% afirma haber participado en simulación de elecciones, mientras solo un 12,9% informa ser parte de organizaciones de estudiantes.

Lo retratado por los datos cuantitativos puede ser complementado por los hallazgos en las entrevistas a estudiantes de 4° Medio referidas, que procuraron identificar creencias, percepciones y significados atribuidos al voto y la participación en procesos eleccionarios. En el discurso juvenil se observa una intención generalizada de participar en comicios al momento de cumplir la mayoría de edad y convertirse en ciudadanos, que surge a partir de la pregunta explícita respecto a la intención de voto. Esta respuesta se produjo de manera espontánea, directa y de forma bastante categórica. A partir de esto, es posible señalar que existe una valoración intrínseca y arraigada entre los estudiantes, que es representada como una obligación o deber, respecto de la participación electoral.

Aunque de manera transversal se manifiesta el deseo de votar al cumplir 18 años, luego de estas respuestas espontáneas, en la mayoría de los grupos de estudiantes emergen críticas u opiniones que relativizan esta intención inicial de una participación incondicional. Como en el caso de estudiantes que expresan su voluntad de participar en elecciones, pero condicionado a la oferta de candidaturas en particular y a sus propuestas, es decir, es un voto que ocurriría si existe alguna alternativa en la oferta electoral que les permita sentirse representados. La respuesta que refleja un total desinterés por participar en comicios emerge, en tanto, con escasa frecuencia. Se trata de evidencia que se considera concordante con la opinión del 35% de estudiantes que, según los datos cuantitativos antes presentados, "tal vez" votará y el 9% que "con seguridad no votará" cuando sea adulto.

> *"¿De qué depende? De lo que se postule, obviamente. Si ninguno de los que salen ahí me llama mucho la atención, no… Básicamente no concuerdo con lo que dicen, y no voy a ir a votar a alguien que no me… satisface" (Establecimiento 3, Particular subvencionado, 2018).*

El contraste entre una alta valoración del sufragio en paralelo a diversas críticas sobre el alcance y sentido del voto es coherente con lo revelado por estudios de opinión política en adultos en Chile y Latinoamérica, donde una alta lealtad por y hacia la democracia coexiste con una profunda crítica a las instituciones y actores del sistema político (Latin American Public Opinion Project, 2019).

No es posible distinguir si el apoyo sólidamente mayoritario a una valoración del voto, como a declarar la intención de votar, es genuino o podría ser resultado de la presión por responder acorde con la deseabilidad social implícita y lo que es considerado "correcto" en un contexto escolar de conversación sobre aspectos de la ciudadanía y la democracia. Otra lectura apunta a que existe un "sentido común" democrático, un discurso que no solo se encuentra entre los estudiantes, sino seguramente entre sus apoderados, que define como importante, valorada y deseable la participación electoral como base de la democracia, aun cuando las razones para dar sustento a esa importancia no sean quizás totalmente claras para los individuos. O, por último, y tal vez lo más plausible, que el discurso manifieste una visión acorde con la deseabilidad social, mientras que la disposición y el compromiso reales sean tenues, como lo demuestra el patrón evolutivo reciente de la participación electoral de los jóvenes.

3.2 Significación del voto: responsabilidad, construcción de identidad y ciudadanía

En el discurso de las y los estudiantes se afirma la importancia de informarse antes y durante los procesos eleccionarios como una manera de ejercer responsablemente este derecho, lo que se plantea incluso como una condición fundamental para la toma de decisiones políticas. Asimismo, el informarse sobre los candidatos antes de votar es una actitud o variable incorporada en estudios como ICCS para medir interés político y expectativa de participación electoral.

Sumado a esto, los estudiantes consideran el voto como una oportunidad de expresión relevante que permite incidir en las elecciones y en lo que ocurre en el país. Esto es, existe una valoración relativamente transversal al acto de votar como un medio predominante para la expresión y formalización de las demandas e intereses sociales. Aunque en menor medida, otro significado que surge es el de identificar el voto como un mecanismo necesario para la legitimación de las opiniones individuales. En estos casos, el ejercicio del voto es percibido como una condición que permite, una vez ejercido, poder criticar o expresar malestar frente al sistema con propiedad o, al contrario, el no votar invalidaría cualquier opinión o crítica de quien se abstuvo sobre el sistema político. Esta visión del voto como el mecanismo de entrada y que permite participar de las reglas del juego político es otra forma de valorar el sufragio como forma de participación política.

> *"También puede ser considerado como la persona que se asegura de… tener como… una participación activa dentro de su contexto, porque, yo al menos, encuentro que… no, no es como justo que haya gente que se esté quejando que no le gustan los representantes que hay a nivel país, si no participan activamente; si, por ejemplo, cuando tienen que ir a votar, no van porque les da flojera"* (Establecimiento 8, Municipal, 2018).

Vinculado al significado atribuido al acto de votar, pero en una dirección diferente, el sufragio emerge en las entrevistas como un medio para la expresión de la individualidad en un entramado político más amplio ya que, para los estudiantes, el voto puede ser considerado un canal para dejar constancia de la propia existencia y opinión, siguiendo la línea de los hallazgos de Banerjee (2007) antes presentados. En este conjunto de respuestas, el voto nulo adquiere importancia como medio de expresión de descontento.

> *"No, yo voy a ir a votar sí o sí, o sea, tengo eso en la cabeza, si… si ya se me da la oportunidad para… expresar mi opinión en el país, ¡tengo que aprovecharla! O sea, es algo que afecta a todos, entonces… y… sacándome el pensamiento de que… que pucha, que quizás ahora mismo el candidato de derecha está más fuerte, entonces no vale la pena votar el de izquierda, ¡no, ni siquiera! Si yo voy a votar por quién mi… quién yo crea que es el mejor candidato"* (Establecimiento 3, Particular subvencionado, 2018).

Lo expresado por los estudiantes de la muestra tiene un carácter identitario relacionado con lo que Engelen (2006) define como el voto en cuanto racionalidad expresiva, es decir, que a través del voto los ciudadanos manifiestan quiénes son y qué les importa. Con ello, según este autor, el participar electoralmente tendría que ver con la fuerza de principios y normas propias que harían a los ciudadanos votar porque tienen internalizada la norma, el deber, de que tienen que hacerlo, y no porque necesariamente les guste hacerlo. En este sentido, es posible agregar que en un contexto socio-cultural de marcados rasgos individualistas, junto a una democracia representativa que depende de un voto opcional y voluntario, la escuela surge entonces como un espacio formativo clave para establecer la base de principios y normas internalizados necesarios para vivir el sufragio como un deber.

Es importante visualizar que en las entrevistas la temática del voto surge mayoritariamente y de manera espontánea como significado central de lo que los jóvenes entienden por el concepto de ciudadanía. En muchos casos, el voto parece representar el ejercicio y expresión más concreta en que la ciudadanía se hace práctica.

> *"(Ser ciudadano es) Tener la disponibilidad y la voluntad de ir a las actividades que se ejercen…*
>
> *¿Como en qué actividades estás pensando?*
>
> *En general, ir a votar"*
> *(Establecimiento 5, Particular subvencionado, 2018).*

Así, el concepto de ciudadanía emerge estrechamente vinculado con ser elegible y estar disponible para participar en procesos eleccionarios. Más aún, se podría señalar que existe una asociación que reduce o vincula casi exclusivamente el término ciudadanía al estatus legal o a la capacidad de votar que se adquiere a partir de los 18 años.

3.3 Críticas: problemas de eficacia política asociadas al voto

Tal como ocurre con la intención de voto, si bien desde el discurso de los estudiantes se identifica una tendencia general a la valoración del acto de votar, atribuyéndole significado y siendo definido como un campo de incidencia política importante, al avanzar y profundizar en las entrevistas y en la conversación grupal, surgen voces que critican este mecanismo. Estas críticas son diversas y se mueven en un rango amplio.

Algunos estudiantes expresan que votar es una acción que "no vale la pena", planteando su desconfianza y desilusión ante el sistema político, un sistema que, con sus características actuales, dejaría desposeído de todo impacto el ejercicio del voto. Estas crítica, se relacionan entonces con problemas de eficacia política, o la percepción de que la acción política individual tiene un impacto en el proceso político y que, por tanto, vale la pena ejercerla (Craig y Maggiotto, 1982). Tal como se señaló, si bien se reconoce un impacto y efecto en la acción de votar, en ocasiones esto es percibido como restringido, especialmente ante la posibilidad de generar cambios más profundos o dimensiones más estructurales del sistema político y social chileno.

> *"Sí po', como que te dan ganas de votar, pero sabís que de todas maneras puede que no sirva para nada y… es como un círculo vicioso" (Establecimiento 3, Particular subvencionado, 2018).*

> *"¿Sienten que pueden influir mediante el voto?*

> *Mhm*

> *Mhm*

> *¿O no?*

> *A ver…*

> *Algo (risas)*

> *Algo*

> *Por más mínimo que sea, por último, así darse a escuchar nuestra voz" (Establecimiento 3, Particular subvencionado, 2018).*

Respecto a las elecciones estudiantiles, en general se expresan altos niveles de participación; en algunos contextos el voto es obligatorio y las elecciones del caso representan un hito importante dentro de las actividades escolares. Sin embargo, lo detectado sigue la línea de la evidencia previa recogida desde otros actores o fuentes de información dentro del espacio escolar (Agencia de Calidad de la Educación, 2015; Jara Ibarra et al., 2019; PNUD, 2018, 2021). Esto es, que las elecciones y las organizaciones de representación escolar no proveen necesariamente experiencias significativas y vinculantes de participación o de aprendizaje del ejercicio democrático.

"… Como lo que sucede en el país, y aquí como que, en un liceo se puede demostrar como a nivel general lo que sucede en el país; por ejemplo, yo no fui a votar por el Centro de Estudiantes, porque me dio flojera pararme, ¡simple!

La mitad del curso fue a votar, y al final terminaron yendo al baño, terminaron yéndose a jugar a alguna parte, pero no fueron a votar; y de los pocos que votaron, había muchos que… como que decían "ya, mi amiga va a votar por este, entonces yo también voto por este" y no… como que no… no reflexionan entre que… cuando uno vota por el Centro de Estudiantes, aquí es un beneficio propio" (Establecimiento 8, Municipal).

Con ello, las limitaciones asociadas al voto y su poder de incidencia reflejan dudas sobre la eficacia política del voto, o falta de confianza en que la acción política tiene un impacto (Reef y Knoke, 1999). Lo anterior aplicaría tanto para la percepción y relación que los estudiantes establecen y experimentan con el voto a nivel intra escolar y en instancias de gobierno escolar, como con el alcance y limitaciones del voto en elecciones nacionales. Esto revela un problema: si se entiende la política en general como ineficaz, una justificación principal del voto se disuelve. Lo cual en contraposición plantea directamente lo que debiera ser el propósito mayor de la experiencia escolar en este plano: formar en una visión fundada de la importancia crucial de la política en la vida en sociedad.

Otra crítica relevante es la idea de que los candidatos expresan promesas que luego no se cumplen, y que no hay mecanismos de control posteriores para hacer cumplir dichas promesas electorales. Sumado a esto, otra limitación del sistema electoral, y que supondría un obstáculo para votar, alude a la falta de diversidad de los candidatos, a la homogeneidad del espectro político, donde el mundo político-institucional no muestra diferencias significativas en su interior. Asimismo, y vinculado a la homogeneidad política y a la falta de representatividad de los candidatos, algunos estudiantes expresan la desmotivación que les produce el tener que votar por el candidato que representa el "mal menor".

"Sí, yo creo que… en realidad la política chilena ya… está homogeneizada, o sea… ya sea… de izquierda, centro, derecha, eeh, siempre va a haber algo que nosotros probablemente no vemos, porque quizás no queremos ver o… no es están sedando,

hay algo más atrás de… el gobierno como tal, porque hemos visto, como dices tú, que gobierno tras gobierno, en plena democracia, sigue estando en el mismo camino, y sigue estando con los mismos objetivos que son… siempre para una elite que está escondida" (Establecimiento 8, Municipal, 2018).

De esta forma, la sensación de falta de eficacia política del voto antes referida sería además tanto interna (la sensación de que la propia capacidad de participar en el proceso político es deficiente) como externa (percepción de la capacidad del gobierno y sus instituciones en dar respuesta a las necesidades y demandas de los ciudadanos) (Kahne y Westheimer, 2006; Perea et al., 2010). Esto es, algunos estudiantes perciben que votar no tiene capacidad de incidencia, así como que las votaciones y sus resultados, en términos globales o agregados, tampoco tendrían la capacidad de generar los cambios socio-políticos más profundos que, a su juicio, requiere el sistema.

En base a la importancia clave que tiene la noción de eficacia en el desarrollo de compromiso político entre los estudiantes, Kahne y Westheimer (2006) ven necesario repensar y estructurar el currículo escolar en función de una promoción de la eficacia interna a través de una variedad de actividades experienciales y tradicionales en el contexto educativo. Para los autores, a diferencia de la eficacia externa de la política, que escapa del ámbito de acción de la escuela, la eficacia interna puede ser una meta plausible de definir y de trabajar al interior del espacio escolar, donde los estudiantes mediante la experiencia adquieran la visión fundada de que sus acciones pueden marcar una diferencia.

4. CONCLUSIONES: LA IMPORTANCIA DEL VOTO CONVIVE CON DUDAS SOBRE SU VALOR Y SENTIDO

En general, existe una alta intención de voto entre los y las estudiantes, así como una alta valoración de este como mecanismo de participación democrática. Como revelan los datos del estudio PACES, la intención y valoración señaladas son mayores entre las mujeres y entre estudiantes con mayor conocimiento cívico, lo que es concordante con la evidencia acumulada de los estudios IEA sobre la materia. Complementariamente, desde los datos cualitativos se recoge que el voto es considerado como requisito para definirse como ciudadano por antonomasia, existiendo el discurso del sufragio como un mandato arraigado, un deber en tanto forma de participación.

Al mismo tiempo, se detecta que muchos estudiantes valoran el acto de votar únicamente porque es lo que constituye ser ciudadanos (*es importante votar*), sin ser posible observar una elaboración o elementos conceptuales adicionales que permiten justificar argumentativamente el mismo. Esta simultánea valoración del voto sin conocimiento para justificarlo es un caso del contraste entre reconocimiento y conocimiento, conceptualizado en sus implicancias socio-culturales y educativas por Bourdieu (Bourdieu, 1979; Bourdieu, et al., 1992). Se estaría ante un cuadro en que en el diálogo intergeneracional del espacio familiar, donde rasgos de la tradición de la obligatoriedad del voto aún deben pervivir[10], así como en significados provistos por los medios en tiempos de elecciones, surge el reconocimiento de la importancia y valor del voto; al mismo tiempo, la evidencia muestra que tal reconocimiento, de manera significativa en los grupos focales de estudiantes investigados, no va acompañado de conocimiento fruto de un proceso de formación o educación ciudadana escolar específico y sistemático, clave para justificar y sostener en su futuro ciudadano la participación en la elección de representantes como en plebiscitos. Lo señalado es indicativo de una carencia educativa que se interpreta debe ser vinculada al vacío curricular relativo al voto antes descrito, y por tanto a un proceso formativo escolar que no aborda la importancia de la participación electoral y de votar, ni su justificación. Un silencio sobre el más básico de los derechos y obligaciones políticos y mecanismo fundamental de vínculo entre titularidad y ejercicio de la soberanía (Sartori, 2002).

La alerta que este análisis levanta es que el sentido común –conocimientos y creencias compartidos por una comunidad acerca de lo que es considerado verdadero, bueno o justo (Hernández Prado, 1996)– es una construcción colectiva que no es necesariamente resultado de un conocimiento sistemático, sino más bien uno fragmentario, relacionado con inclinaciones culturales y que puede sostener –o no–

---

[10] En esta línea, la investigación de Bargsted et al. (2019) sobre la participación electoral en Chile indica que las generaciones que votaron durante el plebiscito de 1988 tienden a sufragar más que aquellas que iniciaron su experiencia de votación en democracia.

una valoración democrática. En este punto cobra especial relevancia el contraste entre el conocimiento del sentido común y el conocimiento escolar provisto en función de contenidos curriculares, esto es, los contenidos prescritos, de tipo factuales, conceptuales y procedimentales que el currículo escolar plasma y que la escuela tiene por tarea transmitir (Deng et al., 2008). Al no existir un foco formativo en la importancia del voto y el riesgo de la desafección política para la sustentabilidad de los sistemas democráticos, este sentido común, que todavía contiene una valoración del acto de votar, puede no ser suficiente para sostener una participación democrática amplia, con base en un compromiso y conocimiento del sistema democrático representativo.

Vale la pena preguntarse en este punto si este hecho tendría relación con la ausencia curricular de contenidos asociados al voto en la prescripción curricular actual (y la de las últimas décadas) y, más aún, qué explicaciones surgen para esta deficitaria presencia en las oportunidades de aprendizaje en los últimos marcos curriculares chilenos. Una posible explicación estaría paradójicamente en los esfuerzos por mejorar, expandir y redefinir el foco y alcance de los contenidos de educación cívica dictatorial hacia una educación ciudadana coherente con el contexto de redemocratización del país. A partir de las definiciones curriculares se produce entonces un giro desde una concepción minimalista de la ciudadanía centrada en el conocimiento de las instituciones, leyes y formas de participación política institucional, hacia una maximalista que intenta incorporar también habilidades democráticas y la interacción con el entorno comunitario (C. Cox et al., 2014; Kerr, 2009; Riquelme, 2018). Esto podría explicar que los contenidos asociados al voto y el sistema electoral hayan quedado sistemáticamente relegados, subordinados o desatendidos en los lineamientos curriculares de la democracia y de las actuales bases curriculares (ver Honorato-Errázuriz, 2020). Algo, en cierta medida, coherente a lo recogido por Martínez et al., (2010) desde la visión de los jóvenes, críticos de una ciudadanía reducida o que debe trascender el ejercicio del voto.

La paradoja de esta objetiva minusvaloración o ausencia del voto como contenido en la educación ciudadana es algo que abordó Riquelme (2018) en su análisis comparado del desarrollo curricular chileno y argentino sobre educación ciudadana post-dictaduras. Según este estudio, desde la perspectiva de los diseñadores de política de ambas naciones las explicaciones para la baja presencia o ausencia de esta dimensión basal de la ciudadanía incluyeron tres abordajes: en primer término negar el hecho, señalando que voto y elecciones estaban implícitos en la enseñanza de la democracia y la participación. Un segundo tipo de respuesta, planteó que votar y enseñar sobre su valor y práctica se consideraría un paradigma limitado, reduccionista y tradicional y que los marcos curriculares deben enfatizar, en cambio, los nuevos desafíos societales más que aquellos conocimientos que ya están instalados. Finalmente, otra explicación a este déficit tendría una fuente ideológica, presente en los diseñadores de política, que operaría restando valor a la democracia representativa y enfatizando en cambio unas competencias críticas, juzgadas como las fundamentales para el ejercicio de la ciudadanía contemporánea. Con ello, dada la escasa cobertura curricular sobre voto y participación electoral así como el bajo nivel de incidencia de la participación en elecciones intra escolares, si la importancia y la valoración del voto entre los estudiantes fuera el resultado de un aprendizaje proveniente de las escuelas, esto sería más bien por mérito e iniciativa de los docentes del área[11].

Tal como señala Edwards (2007), se debe pensar en la participación electoral como un aprendizaje en el que intervienen múltiples agencias y actores. En este sentido, el Estado debe examinar el papel que juega y la responsabilidad que tiene en la construcción de barreras para la participación política de la juventud. Es cierto que existe un proceso global de desconfianza hacia las instituciones políticas y sus representantes, que en el caso de Chile cobra rasgos de agudización que llevaron al estallido social de octubre de 2019. El que una crisis social y política mayor tome luego la forma institucional conocida de generación de una nueva Constitución a través de un cuerpo constituyente elegido en forma directa, habla elocuentemente de la capacidad de la política democrática y sus reglas para renovarse y redefinir los términos de la relación entre sociedad y política. ¿Cómo podrían los educadores dar cuenta de este proceso a sus estudiantes sin enseñar coherentemente sobre representación, voto, deliberación y negociación sometida a reglas?

---

[11]   En este sentido, Henríquez y Mardones (2015) alertan que el silencio del currículo en esta materia obliga a que los docentes sean formados y capacitados en mayor medida en temáticas como el voto y las elecciones, la representación política y la deliberación democrática.

Al cierre de este capítulo, que permite evidenciar que los jóvenes mantienen una creencia en la importancia del voto, junto con dudas acerca de su valor y sentido y una falta de conocimiento estructurado acerca de la centralidad de la participación electoral, es necesario destacar el papel decisivo de la experiencia escolar en la formación de tal conocimiento y las competencias asociadas. Así como, por otra parte, las serias implicancias de desarrollar de modo insuficiente su aprendizaje en la nueva generación. Desde este punto de vista, y considerando además la discusión en curso sobre la necesidad de reponer la obligatoriedad del voto, se concluye relevando tres asuntos que constituyen una agenda a considerar por las políticas educativas, las instituciones de formación del profesorado y los centros escolares.

En primer término, es necesario abordar el déficit del currículo vigente, que en la nueva asignatura de Educación Ciudadana, como se ha reiterado, no se refiere al voto. Se trata de una paradoja difícil de explicar: la Ley de Formación Ciudadana (20.911 de 2016), que equivale a una petición del sistema político al campo educacional por una respuesta coherente a la distancia de los jóvenes con la participación política formal, luego de casi cuatro años de elaboración entre Ministerio y Consejo Nacional de Educación, culmina en 2019 con una formulación en que el fundamento de la democracia representativa, es decir el mecanismo de traspaso del poder del titular de la soberanía a la institucionalidad política, no es mencionado. Es esperable que se trate de un resultado emergente, es decir no buscado, del proceso de generación de la norma curricular, que debiera ser enmendado. En segundo lugar, las instituciones formadoras de profesores debieran abordar, en forma sistemática y diferenciada, entre los docentes generalistas de la Educación Básica y especialistas del área de Historia, Geografía y Ciencias Sociales en la Educación Media, su preparación en teoría democrática y conceptos de la ciencia política. Ambas dimensiones carecen de suficiente presencia en los programas de formación de las carreras de educación aludidas (García, 2018; Mardones et al., 2014; Henríquez et al., 2015).

Por último, importa visualizar que las Bases Curriculares de 3° y 4° año Medio vigentes dejan un amplio espacio para la autonomía de las instituciones en su creación de oportunidades de aprendizaje relevantes en cada una de las áreas. Liceos y colegios no debieran esperar entonces el final del prolongado y sinuoso proceso de los ajustes o reformas al currículo a nivel nacional para ofrecer oportunidades de aprendizaje efectivas acerca del núcleo fundante de la participación política y la representación, como es el voto. Una experiencia escolar que coherentemente fundara y justificara el valor y las habilidades de la representación, la deliberación y la negociación en la nueva generación, a través del conocimiento cívico y la participación en centros de alumnos y consejos escolares, por una parte, como en acciones de servicio a la comunidad, por otra (Kerr, 2011), contribuiría decisivamente a establecer las capacidades ciudadanas que demanda la democracia, especialmente en tiempos de incertidumbre y conflicto altos.

REFERENCIAS

Agencia de Calidad de la Educación (2015). *Los Indicadores de desarrollo personal y social en los establecimientos educacionales chilenos: Una primera mirada*. Recuperado de: http://archivos.agenciaeducacion. cl/estudios/Estudio_Indicadores_desarrollo_personal_social_en_ establecimientos_chilenos.pdf

Agencia de Calidad de la Educación (2017). *Estudio Internacional de Educación Cívica y Formación Ciudadana*. Recuperado de: http://archivos. agenciaeducacion.cl/PRESENTACION_EDUCACION_CIVICA.pdf

Agencia de Calidad de la Educación (2019). *Resultados primer estudio nacional de formación ciudadana*. Recuperado de: http://archivos. agenciaeducacion.cl/Presentacion_resultados_Estudio_Nacional_ Formacion_Ciudadana.pdf

Amadeo, J-A., Torney-Purta, J., Lehmann, R., Husfeldt, V. y Nikolova, R. (2002). *Civic knowledge and engagement: An IEA study of upper secondary students in sixteen countries*. IEA. Recuperado de: https://www.iea. nl/sites/default/files/2019-04/CIVED_Phase2_Upper_Secondary.pdf

Amnå, E., Ekström, M., Kerr, M. y Stattin, H. (2009). Political Socialization and Human Agency: The Development of Civic Engagement from Adolescence to Adulthood. *Statsvetenskaplig Tidskrift*, 111, 27-40.

Banerjee, M. (2007). Sacred Elections. *Economic and Political Weekly*, 42(17), 1556-1562.

Bargsted, M., Somma, N. M. y Muñoz-Rojas, B. (2019). Participación electoral en Chile. Una aproximación de edad, período y cohorte. *Revista de ciencia política (Santiago)*, 39(1), 75-98. https://doi.org/10.4067/ S0718-090X2019000100075

Bascopé, M., Cox, C. y Lira, R. (2015). Tipos de ciudadano en los currículos del autoritarismo y la democracia. En C. Cox y J. C. Castillo (Eds.), *Aprendizaje de la ciudadanía: Contextos, experiencias y resultados* (pp. 245-282). Ediciones Universidad Católica de Chile.

Beck, U. (1997). *The Reinvention of Politics: Rethinking Modernity in the Global Social Order*. Wiley.

Biblioteca del Congreso Nacional de Chile (2014). *Marco normativo de las organizaciones estudiantiles en el ámbito de la Educación Escolar*. Recuperado de: https://obtienearchivo.bcn.cl/

obtienearchivo?id=repositorio/10221/20679/5/BCN_Centros%20 de%20Alumnos_Final_v6.pdf

Bourdieu, P. (1979). La Distinction. Critique sociale du jugement. Paris. Editions de Minuit.

Bourdieu, P. y Wacquant, L. (1992). *An invitation to reflexive sociology.* Chicago: The University of Chicago Press.

Busse, B., Hashem-Wangler, A. y Tholen, J. (2015). Two Worlds of Participation: Young People and Politics in Germany. *The Sociological Review,* 63(2), 118-140. https://doi.org/10.1111/1467-954X.12265

Corvalán, A. y Cox, P. (2015). Participación y desigualdad electoral en Chile. En C. Cox y J. C. Castillo (Eds.), *Aprendizaje de la ciudadanía: Contextos, experiencias y resultados* (pp. 175-206). Ediciones Universidad Católica de Chile.

Cox, C., Bascopé, M., Castillo, J. C., Miranda, D. y Bonhomme, M. (2014). *Educación ciudadana en América Latina: Prioridades de los currículos escolares.* UNESCO Oficina Internacional de Educación.

Cox, C. y García, C. (2021). Chile's Citizenship Education Curriculum: Priorities and Silences Through Two Decades. *Encounters in Theory and History of Education,* 22.

Cox, P. y Morales, M. (2021). Gender gaps in electoral turnout: Surveys versus administrative censuses. *Political Studies Review.*

Craig, S. C. y Maggiotto, M. A. (1982). Measuring Political Efficacy. *Political Methodology,* 8(3), 85-109.

Dalton, R. J. (2008). Citizenship Norms and the Expansion of Political Participation. *Political Studies,* 56(1), 76-98. https://doi.org/10.1111/ j.1467-9248.2007.00718.x

Deng, Z. y Luke, A., (2008). Subject Matter; Defining and Theorizing School Subjects. En Connelly, F. (Ed.), *The SAGE Handbook of Curriculum and Instruction.* Thousand Oaks, California: Sage Publications.

Denters, B., Gabriel, O. y Torcal, M. (2007). Norms of Good Citizenship. En J. W. V. Deth, J. R. Montero y A. Westholm (Eds.), *Citizenship and Involvement in European Democracies: A Comparative Analysis* (pp. 88-108). Routledge.

Disi Pavlic, R. y Mardones Arévalo, R. (2021). Enseñando con actitud: ¿cuán efectiva ha sido la formación ciudadana en Chile? *Education Policy Analysis Archives,* 29, 1-31.

Donoso, S. y Von Bulow, M. (Eds.) (2016). *Social Movements in Chile: Organization, Trajectories, and Political Consequences*. Palgrave McMillan.

Edwards, K. (2007). From Deficit to Disenfranchisement: Reframing Youth Electoral Participation. *Journal of Youth Studies,* 10(5), 539-555. https://doi.org/10.1080/13676260701600070

Engelen, B. (2006). Solving the Paradox: The Expressive Rationality of the Decision to Vote. *Rationality and Society,* 18(4), 419-441. https://doi.org/10.1177/1043463106066382

Fisher, D. R. (2012). Youth Political Participation: Bridging Activism and Electoral Politics. *Annual Review of Sociology,* 38(1), 119-137. https://doi.org/10.1146/annurev-soc-071811-145439

García, C. (2018). *La educación ciudadana en la formación inicial del profesorado de Historia y Ciencias Sociales en Chile. Una tarea pendiente.* III Congreso Iberoamericano de Investigación en Didáctica de las Ciencias Sociales, Bariloche.

Garretón, M. A. (2016). Crisis de representación, movilizaciones sociales y elecciones presidenciales 2013 en Chile. En F. Mayorga (Ed.), *Elecciones y legitimidad democrática en América Latina* (pp. 15-38). CLACSO Consejo Latinoamericano de Ciencias Sociales.

Gysling, J. (2005). Reforma curricular: Itinerario de una transformación cultural. En C. Cox (Ed.), *Politicas educacionales en el cambio de siglo. La reforma del sistema escolar de Chile* (pp. 213-250). Editorial Universitaria.

Hernández Prado, J. (1996). Sentido común «común» y sentido común «sensato»: Una reivindicación de Thomas Reid. *Tópicos 11(1),* 35-50. https://doi.org/10.21555/top.v11i1.448

Honorato-Errázuriz, M. J. (2020). Nuevo currículum de 3° y 4° medio: Formando ciudadanos para el siglo XXI. *Revista Saberes Educativos,* 4, 5-12. https://doi.org/10.5354/2452-5014.2020.55870

Innerarity, D. (2015). *La política en tiempos de indignación.* Galaxia Gutemberg.

Jara Ibarra, C. (2019). *(Des)movilización de la sociedad civil chilena: Post-trauma, gobernabilidad y neoliberalismo (1990-2010).* Ariadna Ediciones. Recuperado de: http://library.oapen.org/handle/20.500.12657/23470

Jara Ibarra, C., Sánchez Bachmann, M. y Cox, C. (2019). Liderazgo educativo y formación ciudadana: Visiones y prácticas de los actores. *Calidad en la educación, 51,* 350-381. https://doi.org/10.31619/caledu.n51.687

Joignant, A., Morales, M. y Fuentes, C. (Eds.) (2017). *Malaise in Representation in Latin American. Chile, Argentina, and Uruguay.* Palgrave Macmillan.

Kahne, J. y Westheimer, J. (2006). The Limits of Political Efficacy: Educating Citizens for a Democratic Society. *PS: Political Science & Politics, 39*(2), 289-296. https://doi.org/10.1017/S1049096506060471

Kerr, D. (2009). An international review of citizenship in the curriculum. En J. Torney-Purta, G. Steiner-Khamsi y J. Schwille (Eds.), *New paradigms and recurring paradoxes in education for citizenship ; An international comparison* (pp. 207-237). Emerald Group Publishing Limited.

Kerr, D. (2011). Comparative and international perspectives on citizenship education. En J. Arthur y H. Cremin (Eds.), *Debates in Citizenship Education* (pp. 17-31). Routledge.

Kerr, D. (2015). Ciudadanía a nivel nacional, regional e internacional: Una revisión de enfoques, investigaciones y debates. En J. C. Castillo y C. Cox (Eds.), *Aprendizaje de la ciudadanía: Contextos, experiencias y resultados* (pp. 111-143). Ediciones Universidad Católica de Chile.

Kimberlee, R. H. (2002). Why Don't British Young People Vote at General Elections? Journal of Youth Studies, 5(1), 85-98. https://doi.org/10.1080/13676260120111788

Kitanova, M. (2020). Youth political participation in the EU: Evidence from a cross-national analysis. *Journal of Youth Studies,* 23(7), 819-836. https://doi.org/10.1080/13676261.2019.1636951

Latin American Public Opinion Project (2019). *Resultados Estudios LAPOP Chile.* LAPOP. Recuperado de: https://www.vanderbilt.edu/lapop/chile.php

Luna, J. P. y Altman, D. (2011). Chile: ¿institucionalización con pies de barro? En M. Cameron y J. P. Luna (Eds.), *Democracia en la región andina* (pp. 273-313). IEP.

Magendzo, A. y Pavez, J. (2020). Análisis de la Educación Ciudadana en las Bases Curriculares de 3° y 4° Medio. *Revista Enfoques Educacionales, 17*(2), 15-28. https://doi.org/10.5354/0717-3229.2020.60636

Malak-Minkiewicz, B. y Torney-Purta, J. (Eds.) (2021). *Influences of the IEA Civic and Citizenship Education Studies: Practice, Policy, and Research Across Countries and Regions.* Springer Open IEA.

Mardones, R. (2018). The Politics of Citizenship Education in Chile. En A. Peterson, G. Stahl y H. Soong (Eds.), *The Palgrave handbook of citizenship and education.* Palgrave. https://doi.org/10.1007/978-3-319-67905-1_35-1

Mardones, R., Cox, C., Farías, A. y García, C. (2014). Currículos comparados, percepciones docentes y formación de profesores para la formación ciudadana: Tendencias y proposiciones de mejoramiento. En Centro de Políticas Públicas UC (Ed.), *Propuestas para Chile Concurso Políticas Públicas* (pp. 215-245). Pontificia Universidad Católica de Chile.

Martínez, M. L., Silva, C. y Hernández, A. C. (2010). ¿En qué Ciudadanía Creen los Jóvenes? Creencias, Aspiraciones de Ciudadanía y Motivaciones Para la Participación Sociopolítica. *Psykhe (Santiago),* 19(2), 25-37. https://doi.org/10.4067/S0718-22282010000200004

Mayorga, F. (Ed.). (2016). *Elecciones y legitimidad democrática en América Latina.* CLACSO Consejo Latinoamericano de Ciencias Sociales.

McDevitt, M. y Chaffee, S. (2002). From Top-Down to Trickle-Up Influence: Revisiting Assumptions About the Family in Political Socialization. *Political Communication,* 19(3), 281-301. https://doi.org/10.1080/01957470290055501

Ministerio de Educación (2004). *Informe Comisión Formación Ciudadana.* Ministerio de Educación.

Ministerio de Educación (2016). *Orientaciones para la elaboración del plan de formación ciudadana.* División de Educación General, Ministerio de Educación.

Miranda, D., Castillo, J. C. y Sandoval-Hernandez, A. (2020). Young Citizens Participation: Empirical Testing of a Conceptual Model. *Youth w Society,* 52(2), 251-271. https://doi.org/10.1177/0044118X17741024

Muñoz-Labraña, C., Martínez-Rodríguez, R. y Muñoz-Grandón, C. (2016). Percepciones del estudiantado sobre la política, los partidos políticos y las personas dedicadas a la política al finalizar la educación secundaria en Chile. *Revista Electrónica Educare,* 20(1), 1-16.

Niemi, R. G. y Hanmer, M. J. (2010). Voter turnout among college students: New data and a rethinking of traditional theories. *Social Science Quarterly,* 91(2), 301-323. https://doi.org/10.1111/j.1540-6237.2010.00694.x

Pagés, J. y Marolla, J. (2018). La historia reciente en los currículos escolares de Argentina, Chile y Colombia. Desafíos de la educación para la ciudadanía desde la Didáctica de las Ciencias Sociales. *Historia y MEMORIA,* 17, 153-184. https://doi.org/10.19053/20275137. n17.2018.7455

Perea, E. A., Cantijoch, M., Gallego, A. y Salcedo, J. (2010). *Internet y participación política en España.* Centro de Investigaciones Sociológicas.

PNUD (2015). *Los tiempos de la politización.* Programa de las Naciones Unidas para el Desarrollo (PNUD).

PNUD (2018). *Estudio sobre la puesta en marcha del Plan de Formación Ciudadana.* Programa de las Naciones Unidas para el Desarrollo. Recuperado de: http://www.ciudadaniayescuela.cl/wp-content/uploads/2018/04/Estudio-puesta-en-marcha-del-Plan-de-Formaci%C3%B3n-Ciudadana.pdf

PNUD (2021). *12 claves para fortalecer la educación ciudadana en Chile.* Programa de las Naciones Unidas Para el Desarrollo.

Pollock, G., Brock, T. y Ellison, M. (2015). Populism, Ideology and Contradiction: Mapping Young People's Political Views. *The Sociological Review,* 63(2), 141-166. https://doi.org/10.1111/1467-954X.12266

Reef, M. J. y Knoke, D. (1999). Political Alienation and Efficacy. En J. P. Robinson, P. R. Shaver y L. S. Wrightsman (Eds.), *Measures of Political Attitudes* (pp. 413-464).

Riquelme, S. (2018). *Citizenship Curriculum Development in Chile and Argentina during the 1990s and the 2000s: Patterns and Justifications* [Tesis doctoral]. Melbourne Graduate School of Education.

Rosanvallon, P. (2007). *La contrademocracia: La política en la era de la desconfianza.* Ediciones Manantial.

Ruz-Fuenzalida, C. (2020). Construcción y trayectoria del currículum en Chile: Una perspectiva desde las Nuevas Bases Curriculares para 3o y 4o medio. *Revista Saberes Educativos,* 4, 22-36. https://doi.org/10.5354/2452-5014.2020.55896

Sartori, G. (2002). *Elementos de teoría política.* Alianza Editorial.

Sartori, G. (2012). *¿Qué es la democracia?* Penguin Random House Grupo Editorial México.

Silva Águila, M., Llaña Mena, M., Maldonado García, F. y Baeza Reyes, A. (2018). Algunos desafíos curriculares de la formación ciudadana y la diversidad en Chile. *Educación,* 27(53), 155-173. https://doi.org/10.18800/educacion.201802.009

Schulz, W., Ainley, J., Fraillon, J., Losito, B. y Agrusti, G. (2016). *IEA International Civic and Citizenship Education Study 2016 Assessment Framework*. Springer International Publishing. https://doi.org/10.1007/978-3-319-39357-5

Schulz, W., Ainley, J., Fraillon, J., Losito, B., Agrusti, G. y Friedman, T. (2018). *Becoming Citizens in a Changing World: IEA International Civic and Citizenship Education Study 2016 International Report*. Springer International Publishing. https://doi.org/10.1007/978-3-319-73963-2

Schulz, W., Ainley, J., Friedman, T. y Lietz, P. (2011). *ICCS 2009 international report: Civic knowledge, attitudes, and engagement among lowersecondary school students in 38 countries*. International Association for the Evaluation of Educational Achievement.

SERVEL (2017). *Estadística de participación por rango de edad y sexo Segunda Votación Presidencial. Servicio Electoral de Chile*. Recuperado de: https://www.servel.cl/estadistica-de-participacion-por-rango-de-edad-y-sexo-segunda-votacion-presidencial/

Van Deth, J. W. (2014). A conceptual map of political participation. *Acta Politica*, 49(3), 349-367. https://doi.org/10.1057/ap.2014.6

SOCIOECOLOGÍA BASADA EN LA COMUNIDAD: INVESTIGACIÓN CIENTÍFICA ESCOLAR Y FORMACIÓN CIUDADANA PARA LA SUSTENTABILIDAD EN WALLMAPU

MARTÍN BASCOPÉ
Campus Villarrica,
Centro UC de Desarollo Local,
Pontificia Universidad Católica de Chile

JULIÁN CAVIEDES
Centro UC de Desarollo Local,
Pontificia Universidad Católica de Chile

RUKMINI BECERRA - LUBIES
Campus Villarrica,
Centro de Estudios Interculturales e Indígenas (CIIR),
Pontificia Universidad Católica de Chile

NICOLÁS GÁLVEZ
Campus Villarrica,
Centro UC de Desarollo Local,
Pontificia Universidad Católica de Chile

MARÍA DE LA LUZ MARQUES
Campus Villarrica,
Pontificia Universidad Católica de Chile

GONZALO SALAZAR
Campus Villarrica,
Centro UC de Desarollo Local,
Instituto de Estudios Urbanos y Territoriales,
Pontificia Universidad Católica de Chile

ANTONIA BARREAU
Centro UC de Desarollo Local,
Pontificia Universidad Católica de Chile

JOSÉ TOMÁS IBARRA
Campus Villarrica,
Facultad de Agronomía e Ingeniería Forestal,
Center of Applied Ecology and Sustainability (CAPES),
Pontificia Universidad Católica de Chile

Martín Bascopé

Académico del Campus Villarrica de la Pontificia Universidad Católica de Chile. Desde el año 2013 forma parte del Centro de Desarrollo Local UC y actualmente lidera la línea de Educación para el Desarrollo Sustentable. Sociólogo, Magíster en Economía con mención en Políticas Públicas, candidato a Doctor en Educación de la Universidad Técnica de Múnich. La temática principal de su trabajo de investigación se ha centrado en formación inicial y continua docente para el desarrollo sustentable, comprendiendo el estudio de aprendizajes basados en la indagación, metodologías innovadoras para la alfabetización científica y formación ciudadana desde edades tempranas. Contacto: mbascope@uc.cl

Julián Caviedes

Investigador Asociado al Centro UC de Desarrollo Local y al Co-Laboratorio ECOS (Ecosistema – Complejidad – Sociedad) de la Pontificia Universidad Católica de Chile. Es estudiante del Doctorado en Ciencias Ambientales y miembro del Laboratorio LASEG de la Universidad Autónoma de Barcelona. Ingeniero agrónomo de la Pontificia Universidad Católica de Chile y MSc en Conservación, University College London. Sus intereses de investigación actuales tienen relación con la resiliencia de sistemas socio-ecológicos, la agroecología y la conservación de la memoria biocultural. Contacto: jjcavied@uc.cl

Rukmini Becerra

Ha sido profesora visitante en la Universidad Pompeu Fabra, España, y realizado pasantías en diferentes universidades, tales como Universidad de California Berkeley y Universidad de Washington. Ha publicado en importantes revistas científicas internacionales sobre educación, tales como International Journal of Bilingual Education and Bilingualism, Race ethnicity and education, International Journal of Multicultural Education. Sus líneas de investigación se relacionan con: infancia, diversidad e interculturalidad, aprendizajes basados en comunidades y territorios, formación docente cultural y lingüísticamente relevante, naturaleza y diversidades. Contacto: rubecerra@uc.cl

Nicolás Gálvez

Profesor Asociado del Campus Villarrica, Pontificia Universidad Católica de Chile e investigador del Centro de Desarrollo Local (CEDEL-UC). Ingeniero Agrónomo de la Pontificia Universidad Católica de Chile, MSc en Conservación Biológica y Doctor en Manejo de Biodiversidad del Instituto Durrell de Ecología y Conservación (DICE) de la Escuela de Antropología y Conservación de la Universidad de Kent, Reino Unido. Es miembro del grupo de especialistas de felinos de la IUCN y ha tenido experiencia de 2 años como guardaparque en Pumalín. Su principal área de interés es comprender el impacto del uso de la tierra sobre carnívoros silvestres y la relación de éstos con comunidades humanas. Tiene más de 14 años de experiencia utilizando el fototrampeo como herramienta para estudiar fauna, lo que ha utilizado también para realizar iniciativas de educación ambiental. Contacto: ngalvezr@uc.cl

María de la Luz Marqués Rosa

Académica Asistente del Campus Villarrica de la Pontificia Universidad Católica de Chile. Codirectora del proyecto Explora "Huerteando Cultivo mi cultura". Educadora de Párvulos, Doctora en Ciencias de la Educación. Sus líneas de investigación comprenden: Aprendizaje Servicio en la formación Inicial Docente, Lectura y escritura en los primeros años de vida, Inclusión e interculturalidad en la Formación inicial docente. Contacto: mamarques@uc.cl

Gonzalo Salazar

PhD. Profesor Asociado del Instituto de Estudios Urbanos y Territoriales y del Campus Villarrica de la Pontificia Universidad Católica de Chile. Director del Centro UC de Desarrollo Local de la misma Universidad e Investigador asociado de los Centros FONDAP Centro de Desarrollo Urbano Sustentable (CEDEUS) y Centro de Estudios Interculturales e Indígenas (CIIR). Sus investigaciones se centran en: ética y política del desarrollo sustentable; transiciones comunitarias para la sustentabilidad; desarrollo de ciudades intermedias de Chile y Latinoamericana; desarrollo sustentable en contextos indígenas e interculturales; y en educación para el desarrollo sustentable. Estas líneas las ha integrado en torno a una cuestión central: comprender cómo darle forma a una praxis del desarrollo sustentable más profunda y desde la heterogeneidad y la particularidad de los territorios que habitamos. Contacto: gonzalosalazar@uc.cl

Antonia Barreau Daly

Investigadora etnobotánica independiente, así como adjunta al Co-Laboratorio ECOS (Ecosistema - Complejidad - Sociedad), Centro de Desarrollo Local del Campus Villarrica, Pontificia Universidad Católica de Chile. Ingeniera Forestal de la Pontificia Universidad Católica de Chile y MSc en Forestry de The University of British Columbia, Canadá. Sus principales intereses de investigación son la Conservación biocultural y Etnoecología, con un fuerte enfoque botánico, así como la comprensión de los sistemas alimentarios locales y sus complejidades. Su trabajo tiene un fuerte componente de interfaz ciencia y arte. Contacto: abarreau@gmail.com

José Tomás Ibarra

Profesor e investigador en Ecología humana y sistemas socioambientales en la Pontificia Universidad Católica de Chile. Director del Co-Laboratorio ECOS (Ecosistema - Complejidad - Sociedad) del Centro UC de Desarrollo Local. Sus intereses se relacionan con la investigación, la educación y la acción socioecológica. Para ello, promueve la transdisciplina y la combinación de herramientas de las ciencias naturales, ciencias sociales y humanidades para el estudio y el fortalecimiento de la resiliencia de paisajes bioculturales complejos, en particular de bosques, montañas y sistemas agroforestales y agrícolas de pequeña escala. Contacto: jtibarra@uc.cl

1. INTRODUCCIÓN

La crisis socioecológica global exige repensar los marcos educativos y el rol que cumplen los centros educativos en sus territorios. Los desafíos socioecológicos presentes en *Wallmapu* —territorio ancestral del pueblo mapuche— constituyen un escenario interesante para indagar en oportunidades para la formación ciudadana. Esta zona presenta desafíos ambientales (por ej., escasez hídrica, deforestación y pérdida de biodiversidad), que están estrechamente relacionados con las prácticas históricas de uso de la tierra y los conflictos sociales. Por lo mismo, las cuestiones medioambientales e interculturales en el *Wallmapu* están interrelacionadas, tomando un papel central en la agenda social, política y económica de esta macrozona.

En este contexto, existe una oportunidad única para que, desde los centros educativos (i.e. escuelas y jardines infantiles), se puedan abordar estas problemáticas a través de lo que se ha denominado como *"Proyectos de investigación socioecológica basados en la comunidad"*. Esto justifica un enfoque territorial, como una aproximación orientada a la formación ciudadana, convirtiéndose en un aporte genuino para comprender, valorar y re-significar el entorno social y natural de las escuelas y jardines infantiles. En este sentido, al referir a "la comunidad", se utilizará una definición amplia que considera a los miembros, actores sociales, el entorno natural y cultural del centro educativo. A su vez, la idea de enfoque socioecológico permite poner atención integral a diversos problemas y desafíos, que comprendan tanto sus dimensiones sociales como ambientales, entendiéndolos como un sistema complejo e interrelacionado (Ibarra et al., 2020).

Este capítulo describe y analiza cinco experiencias educativas para la formación ciudadana, llevadas a cabo a través de procesos de investigación científica escolar, con un enfoque basado en los territorios y comunidades circundantes a los centros educativos. La propuesta surge a partir de la experiencia de proyectos implementados por el Centro UC de Desarrollo Local ubicado en Villarrica en *Wallmapu*, sur de Chile. Entre los años 2018 y 2019, se ejecutaron cinco proyectos Explora de Valoración de la Ciencia y Tecnología, involucrando escuelas, jardines infantiles y comunidades educativas de las regiones de La Araucanía, Los Ríos y Los Lagos. Los proyectos estuvieron orientados a generar conocimientos y acciones para la sustentabilidad de las comunidades educativas participantes y su territorio circundante, con un rol activo de los estudiantes como exploradores e investigadores/as del entorno natural y cultural de sus territorios. El capítulo presenta un resumen y una sistematización de los principales hallazgos de la ejecución de los proyectos, analizando aspectos críticos para su implementación y sus principales aportes para la formación ciudadana.

Para desarrollar este trabajo, en primera instancia, se presenta un marco de referencia con tres dimensiones principales asociadas a la formación ciudadana: i) identidad; ii) formas de participación; y iii) conocimientos y habilidades para la formación ciudadana. Usando estas dimensiones, se exponen, desde la experiencia de cada proyecto, los principales aciertos y debilidades de estas iniciativas para la formación ciudadana, discutiendo el rol que proyectos con un enfoque socioecológico y basados en la comunidad pudiesen tener en esta materia. Tras la experiencia obtenida, se identificaron oportunidades para la innovación en temáticas de formación para la ciudadanía. A la vez, se identificaron barreras estructurales asociadas a este tipo de proyectos que sería necesario analizar y rediseñar para futuras iniciativas.

2. FORMACIÓN CIUDADANA EN TIEMPOS DE CRISIS SOCIOECOLÓGICAS A MÚLTIPLES ESCALAS

La popularización del concepto de sustentabilidad en distintos sectores de la sociedad y los desafíos que presenta la fuerte crisis socioambiental global, generan un espacio nuevo para la definición de prioridades en los centros educativos, facilitando la construcción de un concepto de ciudadanía acorde a sus contextos. Antes de profundizar en las alternativas que este capítulo entrega para la formación ciudadana, es necesario realizar una breve discusión respecto de este concepto.

2.1 Formando ciudadanas y ciudadanos

El desafío de la formación ciudadana durante la niñez y juventud es complejo, ya que presenta muchas aristas en términos de generación de valores, actitudes y competencias para el ejercicio de una ciudadanía crítica y activa. La escuela y el jardín infantil son lugares singulares de formación ciudadana, donde se accede a visiones distintas de sociedad, se rompe con la incondicionalidad del hogar y se accede a un "nosotros" —amplio o restringido— que es la base de la vida cívica (Crick, 2003; Peña, 2007).

Según Cox y Castillo (2015), el concepto de formación ciudadana puede dividirse en tres dimensiones principales: i) identidad, ii) participación, y iii) conocimientos y habilidades. A su vez, cada una de las tres dimensiones propuestas se divide en dos subdimensiones, que dan cuenta de ámbitos diferenciados de aprendizaje de la ciudadanía (Figura 1). En este sentido, las tres dimensiones principales hacen diferencia entre una formación para la ciudadanía localizada, asociada al entorno cercano y a la convivencia entre pares —lo que se conoce como el ámbito de lo "civil"— y una formación ciudadana para la relación con otros lejanos, con el extraño, el desconocido —entendido por estos autores como el ámbito de lo "cívico" (Ekman y Amnå, 2012). Es importante hacer esta distinción para entender que el aprendizaje de la ciudadanía funciona como un sistema complejo, que requiere de habilidades y visión de mundo que permitan entender y diferenciar las implicancias locales y globales de su actuar. De esta forma, el aprendizaje para la ciudadanía requiere el pensar en enfoques y metodologías educativas que entreguen herramientas para un ejercicio de la ciudadanía que permita a las futuras generaciones lidiar con las ambigüedades, contradicciones y conflictos que puedan surgir de un potencial choque entre estas dos fuerzas.

En primer lugar, en la formación de identidad pueden distinguirse dos aspectos, que Peña (2015) identifica como *titularidad y membresía*. Por una parte, se puede definir la *titularidad* como derecho adquirido por pertenecer a un estado nacional determinado y que contempla, por ejemplo, la participación democrática por canales institucionalizados para la elección de representantes, junto con una serie de procedimientos que deben ser inculcados a través de valores como la tolerancia, el respeto por otros diferentes, el respeto a las mayorías, entre otros. La *titularidad* puede ser un elemento gravitante en la definición del sentido de pertenencia y funciona como una herramienta para la interacción con el otro "desconocido pero igual", una construcción democrática que se fundamenta en el procedimiento formal y la institucionalidad. Por otro lado, la ciudadanía como *membresía*, refiere al sentido de pertenencia a una comunidad cercana y que apela a un "sentirse parte", a la idea de comunidad. Para el desarrollo de este tipo de ciudadanía se requieren herramientas y dispositivos diferentes a los de *titularidad*. Así, la *membresía* es una construcción simbólica, que apela a la asociatividad y pertenencia por afinidad, con un sentido y marcos valóricos distintos. Muchas veces, la ciudadanía por *titularidad* y *membresía* puede entrar en tensión y los centros educativos deben navegar entre funciones de cohesión y diversidad complejas de abordar. Sin embargo, la formación de identidad y pertenencia puede estar fundamentada en ambos tipos de ciudadanía e incorporar elementos de ambos enfoques.

En segundo lugar, existe la dimensión de participación ciudadana (Figura 1). Al igual que la dimensión de identidad, esta dimensión también se divide en dos subdimensiones: la dimensión *cívica*, que incluye la participación formal e institucionalizada, y la dimensión *civil*, que se relaciona con la vida cotidiana (por ej. asociaciones, movimientos, juntas de vecinos, etc.) y que se conecta directamente con el concepto de ciudadanía por membresía (Cox y García, 2017). En Chile, existe una correlación entre el origen socioeconómico y las expectativas de participación *cívica* o *civil*, siendo los estudiantes de sectores más acomodados quienes tienen mayores expectativas de participación formal (cívica) y menores de participación comunitaria (civil), y viceversa (Castillo et al., 2014). Esta situación pone en riesgo las bases participativas del sistema democrático y segmenta socioeconómicamente los tipos de participación. Es por esto que es necesario contar con acciones educativas que apunten a fortalecer transversalmente ambos tipos de participación.

Finalmente, se puede identificar la dimensión de conocimiento y habilidades para la ciudadanía (Figura 1). En este caso también existe una distinción entre elementos de conocimiento y habilidades cívicas y, por otra parte, para la convivencia y coexistencia entre cercanos o conocidos (Schulz et al., 2010). En este caso, distinguimos entre conocimiento y habilidades para la formación ciudadana local/global, que contempla vínculos cercanos/lejanos, en relación a lo conocido/desconocido, como una forma de atender a los desafíos y tensiones que presenta esta dualidad propia de la formación ciudadana.

En Chile, la formación ciudadana ha transitado desde un énfasis en la titularidad y participación cívica, hacia un entendimiento de la ciudadanía que incorpora elementos civiles, de participación local y ciudadanía global. En la reforma curricular de los 80, debido a su redacción durante la dictadura cívico-militar, se observa un énfasis con foco en ideales patrióticos, estado de derecho y participación formal. Con el retorno a la democracia, se comienza a transitar hacia ideas de ciudadanía moderna global fundada en valores como la justicia social, igualdad y derechos humanos; con temáticas orientadas al desarrollo de la comunidad escolar y el vínculo con el medio, elementos presentes en la reforma curricular de los 90 (Cox y García, 2017). Lo anterior, se expresa especialmente en la última reforma curricular de 2017, la cual propone planes de formación ciudadana en las escuelas, que vinculen temáticas de ciudadanía digital, educación ambiental y participación comunitaria, entre otras. A pesar de estos avances a nivel curricular y desde la política pública, un entendimiento parcial de la ciudadanía como membresía puede levantar tensiones importantes en territorios con un fuerte componente indígena, ya que muchos pueblos originarios —o subgrupos de estos— han formado su identidad en contraposición a un estado nacional y unitario. Estas diferencias pueden volverse irreconciliables si no se trabajan y analizan desde edades tempranas.

FIGURA 1:
CONCEPTOS CENTRALES DE FORMACIÓN CIUDADANA

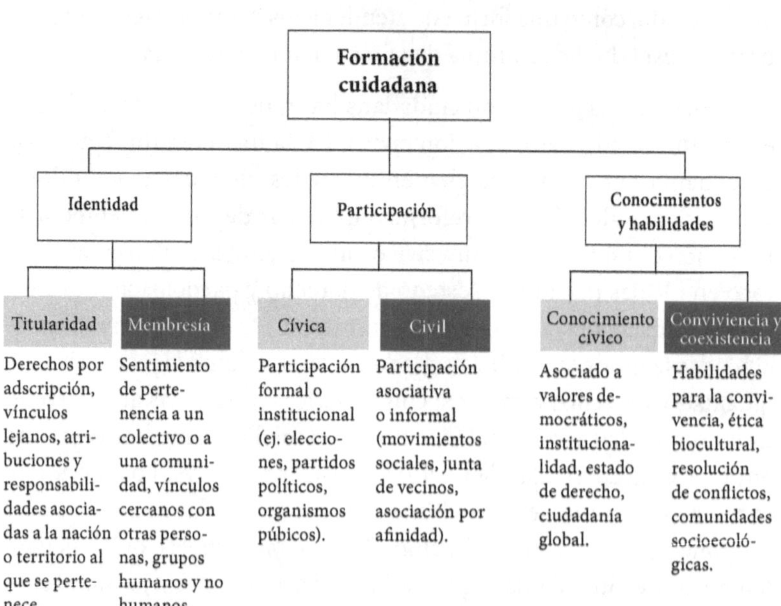

Fuente: Elaboración propia en base a Ekman y Amnå (2012) y Cox y Castillo (2015).

Considerando este marco, este capítulo busca describir y analizar cómo proyectos específicos logran conectar con ambos ámbitos de la formación ciudadana, en cada una de las dimensiones anteriormente descritas. De este modo, se podrán identificar oportunidades que proyectos de investigación basados en la comunidad, con un enfoque socioecológico, presentan para la formación ciudadana. Antes de esto, se definirá con mayor precisión el foco común de los proyectos que serán presentados en este capítulo, indicando qué se entiende por investigación basada en la comunidad y algunas características del enfoque socioecológico.

2.2 Formación ciudadana para el desarrollo sustentable: proyectos de investigación socioecológica basados en la comunidad

El desafío de la sustentabilidad —que engloba a los proyectos que se presentan aquí— requiere la formación de nuevas capacidades para que los futuros ciudadanos comprendan y actúen ante cambios globales. A su vez, este desafío requiere que los ciudadanos desarrollen habilidades técnicas para afrontar los desafíos locales que emergen, por ejemplo, como consecuencia de modelos de desarrollo centrados en la explotación y el extractivismo. Desde aquí, se propone un enfoque socioecológico basado en la comunidad, como una herramienta para la formación ciudadana y un aporte para comprender, valorar y re-significar el entorno social y natural de las escuelas y jardines infantiles, con un foco en futuros sustentables. A continuación se exponen algunos conceptos importantes para entender la orientación y sentido de los proyectos.

La Educación para el Desarrollo Sustentable (EDS), especialmente en edades tempranas (4 a 12 años), necesita y debe involucrar a las comunidades locales para lograr su cometido (Aguilar, 2018; Davis, 2009; Ibarra et al., 2021; Jucker, 2011; Zachariou y Symeou, 2009). Sin embargo, el grado y tipo de participación con las comunidades puede variar según las herramientas de base y el contexto. Por una parte, la participación puede comenzar por considerar a las comunidades locales como un campo de aprendizaje (local, indígena, entre otros) (Zachariou y Symeou, 2009). Esta aproximación puede conducir a situaciones en las que los niños y niñas invitan a otros miembros de la comunidad a participar en un proceso de aprendizaje conjunto, orientado a resolver problemas de sustentabilidad local. Como afirman Tilbury y Wortman (2008), la orientación comunitaria de la EDS se basa en la pertinencia de la educación comunitaria no formal.

En el ámbito de la educación, el término "comunidad" puede entenderse de manera diferente según el contexto. En general, se refiere a la comunidad educativa vinculada directamente al centro educativo (padres, vecinos, trabajadores de la escuela, etc.), pero también puede referirse a la localidad en la que la escuela o jardín infantil se inserta. En contextos indígenas, la comunidad suele referirse a una forma de organización sociopolítica que habita en el territorio donde se encuentra el centro educativo. Sin embargo, lo que define la orientación comunitaria de la EDS es la idea de la educación como un proceso social localizado que abarca a todos los agentes relacionados directa o indirectamente con la escuela y jardines infantiles. Bascopé et al. (2019) proponen la siguiente clasificación en función de estrategias para elaborar proyectos de EDS basados en la comunidad:

- *Aprender de y sobre la comunidad:* Los niños aprenden de sus propias comunidades a través de diferentes formas de participación en la vida comunitaria (por ej., entablando diálogos con los actores comunitarios). A su vez, esta estrategia también permite que diversas formas de conocimiento formen parte del proceso pedagógico. Esto significa que el conocimiento presente en la comunidad debe encontrar un lugar en el proceso educativo y, es de esperar, sea enseñado en igualdad de condiciones y validez con el conocimiento científico (Davies et al., 2009; Duhn, 2012; Nigh y Bertely, 2018; Pearson y Degotardi, 2009; Ritchie, 2015). Basado en lo que Duhn (2012) denomina como "pedagogías del lugar", esto desarrollaría un "sentido de lugar" debido a la indagación sobre el conocimiento y el patrimonio local; y fortalecería el desarrollo de la identidad local (Zachariou y Symeou, 2009).

- *Actuar sobre cuestiones comunitarias:* Los niños son agentes de transformación de sus propias comunidades. Por lo tanto, elaboran estrategias para resolver los desafíos de sustentabilidad local con la orientación de los adultos. El objetivo es conseguir que los agentes de cambio participen activamente en las medidas de sustentabilidad de su propia localidad (Caiman y Lundegäard, 2014; Green, 2015).

- *Co-aprender y actuar con la comunidad:* Los agentes adultos de la comunidad (en particular los apoderados) colaboran en el proceso educativo y aprenden con los niños mediante proyectos orientados a la acción para resolver los desafíos de sustentabilidad local (Aguilar, 2018; Tilbury y Wortman, 2008). Estas formas de participación fomentan la emergencia de capacidades colectivas —esto es, por ejemplo, familiares o comunitarias— (Davis, 2009; Jucker, 2011) para hacer frente a desafíos socioambientales que enfrentan en conjunto (Salazar , 2018). Por lo tanto, el objetivo de las escuelas es convertirse en centros de sustentabilidad con potenciales repercusiones a nivel local.

Desde esta perspectiva, los proyectos que se expondrán a continuación consideran una definición amplia de comunidad, en la que se incluyen no solo actores sociales, sino que también el entorno físico-biológico de ésta (por ej., flora, fauna, humedales, bosques, parques, plazas, etc.). Es en este entorno donde se espera que los estudiantes sean actores comunitarios que co-aprendan, en conjunto con otros actores sociales, respecto de problemáticas locales. En este sentido, los proyectos aquí presentados son una forma de realizar ciencia ciudadana al servicio de sus comunidades.

A continuación se presentan dos posibles formas para el ejercicio de la ciencia ciudadana en el ámbito educativo. Una primera forma se puede entender como la colección descentralizada de datos bajo protocolos establecidos. Estos datos son ampliamente utilizados por museos, universidades y centros de investigación para el monitoreo de flora y fauna (Hecker et al., 2018; Sforzi et al., 2018). El ejercicio consiste básicamente en la recolección sistemática y estandarizada de observaciones por parte de estudiantes escolares. Estas observaciones deben ser registradas según procedimientos y protocolos establecidos, para luego ser cargadas en bases de datos de orden mayor, generando así una contribución global al conocimiento de estas especies que supera la localidad del establecimiento.

Otra forma de ciencia ciudadana escolar es la ejecución descentralizada de proyectos de investigación local. Aquí la finalidad es contribuir al desarrollo del pensamiento científico mediante la implementación de proyectos de investigación escolar aplicados a la comunidad, que analicen, den cuenta y propongan alternativas de solución a problemáticas socioecológicas relevantes en el contexto de los centros educativos. Si bien este tipo de ciencia ciudadana es incipiente y ha captado la atención de diversos centros educativos, todavía es un desafío pendiente consolidar una red de investigación escolar que permita ir construyendo conocimiento sistemático respecto de lo que se explore en cada localidad. Es necesario enfatizar que las dos formas de hacer ciencia ciudadana no son excluyentes y pueden existir programas o proyectos que incorporen ambas.

Cuando es aplicada con enfoques basados en la comunidad, la ciencia ciudadana puede ser una herramienta importante para la resignificación de los territorios locales, para la valoración y cuidado del entorno y para fomentar el compromiso local con la sustentabilidad. Los "proyectos de investigación socioecológica basados en la comunidad" son también una forma de adquisición de conocimientos y habilidades de ciencia aplicada que pueden ser considerados como una herramienta para el ejercicio de una ciudadanía activa y empoderada. Argumentar en base a evidencia, la distinción entre opinión y datos, las habilidades de experimentación en ciencias naturales y sociales y el entendimiento sobre la naturaleza de las ciencias, son algunas de las habilidades fundamentales que — investigaciones recientes han demostrado— pueden ser desarrolladas desde los cinco años de edad (Piekny y Maehler, 2013; Samarapungavan et al., 2009; van der Graaf et al., 2015).

3. PROYECTOS SOBRE AGUA, BIODIVERSIDAD, HUERTAS, BOSQUES Y CULTURA: SOCIOECOLOGÍA BASADA EN LA COMUNIDAD

En la Tabla 1 se resumen brevemente los proyectos ejecutados, con la finalidad de dar una idea general de estos, entender sus objetivos y las metodologías utilizadas para su implementación. Dado que todos los proyectos provienen de un mismo fondo estatal (programa Explora de la Agencia Nacional de Investigación y Desarrollo/ANID), estos comparten algunos elementos comunes. Por ejemplo, todos tienen un componente de co-diseño, que es una experiencia de construcción conjunta de las actividades pedagógicas entre los investigadores/as científicos a cargo del proyecto y los y las docentes/educadoras de las instituciones educativas que participaron en los proyectos. Por otro lado, todos los proyectos comparten objetivos comunes y funcionaron en base a un esquema común para su implementación. De esta forma, el foco central estaba en la valoración de las ciencias a nivel parvulario y escolar, con exigencias en términos de tiempo de trabajo directo con estudiantes. Todos estos proyectos implicaron el trabajo presencial de los/as investigadores/as a cargo, con las comunidades educativas y los cursos participantes.

Para la presentación de los proyectos, luego de realizar una breve descripción con enlaces a videos y recursos educativos asociados a cada uno (Tabla 1), se preparó una descripción de los principales resultados en términos de aporte a las tres dimensiones del marco sobre formación ciudadana (Figura 1). Los resultados presentados fueron obtenidos a partir de observaciones participantes y entrevistas formales e informales con los docentes, asistentes de la educación, apoderados y estudiantes participantes de estas iniciativas.

TABLA 1:
RESUMEN DE LOS PROYECTOS DE INVESTIGACIÓN
SOCIOECOLÓGICA BASADOS EN LA COMUNIDAD,
DESARROLLADOS EN WALLMAPU

Nombre	**Escuchando a los abuelos: las aves y el bosque como vínculos intergeneracionales para cultivar la memoria biocultural**
Nivel	Primer ciclo Básico
Objetivo	Cultivar la memoria biocultural, basada en los procesos de participación y materialización en las comunidades educativas. En este proyecto, la investigación de los y las estudiantes sobre narrativas tradicionales sobre las aves y los bosques actúan como vínculos intergeneracionales y facilitan los procesos de participación, intercambio con otros, y comunicación dentro y más allá de las comunidades.
Metodología	Se trabajó con tres escuelas rurales e interculturales de las comunas de Pucón y Curarrehue en la Región de La Araucanía. El equipo investigador, en un proceso de co-creación junto con la comunidad local y escolar, diseñó un Ciclo de 5 Pasos para cultivar la memoria biocultural y contrarrestar la actual "extinción de la experiencia biocultural". El Ciclo de 5 Pasos incluyó (i) talleres de historia natural y cuenta cuentos, (ii) la formación de niños como investigadores/as, (iii) traspaso de la investigación al arte, (iv) diálogos de la memoria y (v) comunicación más allá de la comunidad.
Enlaces, materiales, recursos	https://www.youtube.com/watch?v=KIXUe3ze2VQyt=32s https://www.youtube.com/watch?v=HGrNj6906zMyt=6s
Nombre	**Huerteando cultivo mi cultura: la huerta como espacio de revitalización lingüística y cultural mapuche en la educación científica inicial**
Nivel	Educación inicial, jardines infantiles
Objetivo	Contribuir a la formación biocultural de niños y niñas de jardines interculturales de la Región de La Araucanía a partir del uso intencionado de las huertas como recurso pedagógico para el fortalecimiento del conocimiento científico inicial y la revitalización lingüística y cultural de saberes del pueblo mapuche.
Metodología	Se trabajó con tres jardines interculturales bilingües de la comuna de Padre Las Casas, Región de La Araucanía. A través de una propuesta de co-diseño, que involucró a los equipos educativos, padres, apoderados e investigadoras, se desarrolló una secuencia de actividades vinculadas con el ciclo de vida de una huerta. La secuencia de experiencias educativas incluyó la exploración guiada a una huerta familiar o comunitaria con acompañamiento recíproco hacia las familias y niños/as, el desarrollo de una serie de actividades para aprender haciendo con niños/as y equipos técnicos, la construcción de un botiquín herbario familiar y un *trafkintu* (i.e. actividad de intercambio de productos, saberes y aprendizajes).

Enlaces, materiales, recursos	https://www.youtube.com/watch?v=EC9pUovK_g44
Nombre	**Monitoreo escolar de fauna silvestre en la Reserva de la Biósfera Araucarias: aprendizaje basado en proyectos y ciencia ciudadana**
Nivel	Segundo ciclo Básico
Objetivo	Realizar monitoreo de fauna silvestre liderado por comunidades escolares para generar acciones o discusiones en el ámbito de la conservación de fauna silvestre y la sustentabilidad.
Metodología	Se trabajó con tres escuelas en "Zonas de Transición" de la Reserva de Biósfera Araucarias circundante a Áreas Silvestres Protegidas del Estado. Cada escuela realizó un estudio particular con foto-trampeo para evaluar la presencia de fauna silvestre. El foto-trampeo consiste en instalar dispositivos que obtienen fotos mediante sensores de movimiento. Cada escuela llevó a cabo una investigación escolar de fauna silvestre asociada a preguntas particulares. Con estas, cada grupo escolar pudo registrar y observar, mediante los registros del foto-trampeo, especies que son difíciles de observar (por ej., zorros, puma, güiña, chingue, pudú). Estos registros permitieron responder las preguntas científicas realizadas por los cursos. En base a los resultados y registros, los grupos escolares discutieron y pensaron acciones que se podrían llevar a cabo para la conservación de fauna nativa.
Enlaces, materiales, recursos	https://centrodesarrollolocal.uc.cl/centro-de-recursos/recursos/55-documentos/677-guia-docente-proyecto-monitoreo-fauna-silvestre https://www.youtube.com/watch?v=QM0ng2DS5bI
Nombre	**Mi cuenca, mi espacio y mis acciones**
Nivel	Educación Básica
Objetivo	Fomentar el conocimiento y valoración de los componentes y problemáticas socioecológicas de la cuenca hidrográfica del lago Villarrica, mediante procesos de aprendizaje situado que faciliten la apropiación, valorización y cuidado del territorio local.
Metodología	Se utilizó un laboratorio móvil de indagación científica *in situ* como principal recurso para conectar el aula con el territorio lacustre. Este laboratorio contó con cuatro mesas desplegables para el trabajo grupal en tres temáticas de aprendizaje: i) la formación y funcionamiento de la cuenca en términos geográficos, ecológicos y culturales; ii) la tragedia de los comunes y desafíos para su sustentabilidad; y iii) procesos de monitoreo físico y ecológico del río, el lago y el humedal.
Enlaces, materiales, recursos	https://centrodesarrollolocal.uc.cl/centro-de-recursos/recursos/55-documentos/675-conocemos-y-cuidamos-nuestra-cuenca-guia-del-estudiante https://centrodesarrollolocal.uc.cl/centro-de-recursos/recursos/55-documentos/673-conocemos-y-cuidamos-nuestra-cuenca-guia-profesor
Nombre	**Epu Trokin Kimün: indagación científica para el encuentro de saberes locales y científicos**
Nivel	Pre-kinder a 8° Básico

Objetivo	Crear una plataforma web que contenga recursos educativos y compilaciones de experiencias de escuelas, de educación basada en proyectos con pertinencia territorial en contexto mapuche. El proyecto se basa en tres principios: (i) Educación basada en el lugar, (ii) Aprendizaje basado en indagación y (iii) Educación culturalmente relevante.
Metodología	Se trabajó con ocho escuelas de las regiones de La Araucanía, Los Ríos y Los Lagos, en capacitaciones docentes destinadas a la creación, planificación e implementación de proyectos de investigación escolar basados en los territorios de las escuelas. Se realizó un monitoreo en terreno conectando a las escuelas con la Universidad y con su entorno cercano para atender a desafíos socioecológicos locales.
Enlaces, materiales, recursos	www.eputrokinkimun.org http://capacitate.villarrica.uc.cl/inicio/wp-content/uploads/2020/08/APRENDIZAJE-BASADO-EN-PROYECTOS-CON-PERTINENCIA-TERRITORIAL.pdf

4. ELEMENTOS DE LA FORMACIÓN CIUDADANA PRESENTES EN PROYECTOS DE INVESTIGACIÓN CON ENFOQUE SOCIOECOLÓGICO

A continuación se expone un resumen de los resultados por proyecto[1], los que son divididos considerando las tres dimensiones expuestas en el marco conceptual de este capítulo. En esta sección se revisará, por dimensión, los principales resultados obtenidos por las cinco iniciativas, para luego discutir los desafíos pendientes y las limitaciones de estas, considerando las principales restricciones internas y estructurales que se enfrentaron. De este modo, se espera entregar recomendaciones a futuros programas educativos en el área. En resumen, se puede destacar que las tres dimensiones están mayoritariamente relacionadas con el ámbito de lo civil, lo que presenta algunos desafíos importantes a la formación ciudadana, especialmente en contextos como los de las experiencias revisadas, los que serán expuestos en la discusión final.

4.1 Identidad: fortaleciendo la ciudadanía como membresía

Los cinco proyectos comparten una característica común: un vínculo directo con la comunidad, tanto con el entorno natural como con

---

[1] Para mayor detalle ver la tabla en los anexos del capítulo.

organizaciones y actores locales. En este sentido, por un lado, los participantes reportaron un incremento en la identificación con elementos del paisaje natural, resignificando elementos comunes, dotándolos de una nueva importancia que pudo estar vinculada tanto con aspectos reales o simbólicos. Se pueden ver ejemplos de esto en los trabajos realizados por los niños y niñas del proyecto "Mis abuelos me lo contaron", en donde los y las estudiantes expusieron "memes" como representaciones de los nuevos significados y conocimientos asociados al comportamiento de las aves de su entorno (Ibarra et al., 2021).

Por otro lado, también se reportó un fortalecimiento de las comunidades dentro y fuera de los centros educativos. Observamos en todos los proyectos un involucramiento de comunidades más allá de las paredes del aula, incorporando nuevos lugares y actores del entorno a la comunidad escolar. Este tipo de iniciativas aportó a la creación de nuevos vínculos de colaboración con actores y organizaciones locales, permitiendo el acercamiento de los y las estudiantes al funcionamiento de las dinámicas sociales del entorno, incorporando prácticas y saberes locales. Un ejemplo de esto es lo sucedido en el proyecto *Epu Trokin Kimün*, en donde un grupo de Kínder en colaboración con un 5° Básico trabajaron en la elaboración de un botiquín tradicional mapuche, colaborando con miembros de la comunidad eruditos en el tema, quienes realizaron actividades prácticas con ellos para la fabricación y aprendizaje de los usos de las distintas medicinas (Bascope et al., 2021). Luego se realizaron donaciones del botiquín a la posta de cada comunidad local y otro a la enfermería de cada escuela.

Otro elemento interesante fue el de promover, a partir de los diálogos intergeneracionales, la construcción de identidad local, en específico en términos de membresía e identificación con la comunidad local (Ibarra et al., 2021). Escuchar historias, conocer el trabajo y aprender de la sabiduría de los ancestros en temas asociados al territorio de los centros educativos, generó un vínculo de cercanía e identificación que fue muy valorado por los participantes. En tres de las iniciativas, se potenció este tipo de intercambio, creando puentes que invitaron a mirar con otros lentes el paisaje natural y cultural de los y las estudiantes. Estos proyectos, por su fuerte componente socioecológico, propusieron el desarrollo de un vínculo identitario con el paisaje, entendiéndolo como un sistema complejo, intentando poner en el centro la relación humano-naturaleza a partir de una interacción en primera persona con el entorno. De este modo, la membresía local comprende el sentirse parte no solo de un colectivo, sino de un ecosistema. En palabras de una de las educadoras de una de las escuelas participantes del proyecto "Mis abuelos me lo contaron":

> *"Los estudiantes han echado raíces para releer lo que han visto y comprender a las aves, tal como las hemos estudiado... pero también han fortalecido su propia identidad porque tuvimos encuentros ancestrales... aprendí mucho... los estudiantes han incorporado nuevas metodologías, por lo que esta ha sido una red y espero que florezca y que este mensaje llegue a otros lugares dentro del corazón de cada niño, porque allí es donde se bordará en el tiempo".*

Finalmente, si bien la relación de estos proyectos con la ciudadanía entendida como titularidad no es directa ni intencionada, en el caso del proyecto "Mi Cuenca" sí existió un objetivo asociado a la valoración del concepto de "cuenca", que trascendiera la mera valoración de la propia cuenca. Aun cuando las acciones fueron orientadas en específico a la cuenca en la que habitan los estudiantes, existió la posibilidad de explorar elementos de "titularidad ecológica" (Bennett et al., 2018) que trascendieron las barreras locales, al comprender que estos sistemas complejos comparten características a nivel global y que existe una serie de derechos fundamentales y transnacionales que se asocian a la conservación de estos espacios.

4.2 Participación: promoviendo la participación comunitaria (civil)

Este punto fue declarado como uno de los más importantes y en los que se pudo evidenciar un claro aporte de los proyectos. Por un lado, estas iniciativas crearon un espacio para la acción por el territorio y la biodiversidad, fomentando el conocimiento localizado a partir de laboratorios móviles, salidas a terreno (por ejemplo, a observar aves, recolectar semillas, jugar en el bosque), visitas a organizaciones locales y reflexión sobre las actividades en el entorno. Las iniciativas fomentaron activamente el atender problemáticas socioecológicas de la comunidad, haciendo de la experiencia educativa un espacio directo de participación local. En este sentido, los/as investigadores/as coinciden en que los proyectos tuvieron una importante influencia en la participación civil de estudiantes, profesores/as y asistentes de la educación. Cabe destacar que el grado de involucramiento de los y las docentes/educadoras y sus cursos, estuvo fuertemente relacionado con el nivel de participación de los primeros en la fase de co-diseño de la experiencia educativa y, por ende, de la motivación de estos con el proyecto. Este elemento es esencial y por lo mismo muy importante de tener en consideración en la planificación de iniciativas similares, pues de esto depende en gran medida el nivel de impacto que el proyecto pueda alcanzar.

Los proyectos intencionaron la formación de agentes de cambio desde la primera infancia, con el fin de despertar la curiosidad y mirada crítica sobre sus propias realidades. Esto permitió, desde la perspectiva de los y las docentes/educadoras, fortalecer la capacidad de agencia activa de sus estudiantes, con formatos educativos que fomentaron la acción, en lugar de la tradicional escucha pasiva. Los y las docentes/educadoras declararon también un cambio personal respecto de su propia capacidad de agencia por el territorio y la sustentabilidad, saliendo de los formatos tradicionales de educación ambiental orientados al reciclaje y cambios conductuales de mitigación de impacto, para tomar acción en otras temáticas socioecológicas de mayor complejidad, como fue por ejemplo, el *Trafkintuwe* realizado en el contexto del proyecto "Huerteando cultivo mi cultura". Durante esa experiencia los niños, niñas, educadores tradicionales, agentes educativos y familias intercambiaron semillas, plantas, hierbas medicinales y otros productos, instancia que como práctica social y cultural, representó un espacio colectivo donde el potencial de conocimiento y sabiduría tradicional, se puso en acción en un evento en que la participación de las personas fue un hecho concreto.

Por otro lado, todas estas experiencias tuvieron un espacio en el que los y las estudiantes realizaron una presentación y retribución a su comunidad. A través de ferias científicas, exposiciones y presentaciones, los proyectos otorgaron espacios de difusión local de las iniciativas, siendo los estudiantes los principales protagonistas.

Finalmente, cabe destacar la importancia de la experiencia de implementar proyectos de ciencia ciudadana, como espacios participativos de levantamiento de información y generación de conocimiento localizado y sistemático. La ciencia ciudadana aplicada en contextos de investigación científica escolar es un ejemplo de cómo ejercer una ciudadanía local que pueda también ser un ejercicio que apele a desafíos globales mayores, que invite a construir técnicas y conocimientos al servicio de la sociedad a un nivel más amplio, que supera incluso las barreras nacionales. Lo sucedido en el caso del proyecto de monitoreo de fauna silvestre es ejemplar, ya que los estudiantes contribuyeron a la generación de conocimiento respecto de la presencia de fauna local, contestando a preguntas especialmente construidas para las localidades de cada establecimiento. A su vez, ellos pudieron contribuir al monitoreo global de biodiversidad al ingresar sus resultados a plataformas internacionales de monitoreo de fauna (e-mammal: https://emammal.si.edu/), permitiendo el uso de estos datos para la generación de nuevo conocimiento colectivo de interés global (Galvez et al., 2020).

4.3 Conocimientos y habilidades para las problemáticas locales

La motivación por aprender, el gusto por hacer ciencia y la capacidad de mirar críticamente el territorio se fortalecen cuando son miradas desde diferentes perspectivas y afrontadas de manera sistémica. En este sentido, un aspecto clave que permite la conexión de estos proyectos con la formación ciudadana, es la transversalización de conocimientos con foco en problemáticas y temas de relevancia local que puedan ser abordados desde distintas áreas del currículo y atendiendo a diversos objetivos de aprendizaje. De este modo, el foco está en resolver o afrontar un desafío local, en generar propuestas de resolución e ir adquiriendo distintos conocimientos y habilidades a lo largo del proceso. Tal como se observa en la Tabla 2 (anexada al final del capítulo) el enfoque socioecológico tuvo como uno de sus focos principales el aprendizaje de contenidos y habilidades científicas, de diversa índole, considerando tanto elementos de las ciencias sociales como naturales. Dada la naturaleza aplicada y basada en la comunidad local de las iniciativas, se llenó de sentido y realidad a los contenidos y habilidades adquiridas, generando una capacidad de aplicar o llevar a la práctica lo aprendido.

Las profesoras, profesores y asistentes de la educación declararon que estas iniciativas fueron una gran oportunidad de desarrollo profesional y aprendizaje colaborativo. En términos de adquisición de nuevos conocimientos y habilidades a partir de la colaboración entre universidad, organizaciones locales, colegas y a través del proceso de indagación científica con sus estudiantes. Este aprendizaje adquiere un valor especial por su sentido orientado a acciones locales por el bien común y la sustentabilidad de la comunidad local. Por otro lado, se destacó transversalmente en los proyectos el desarrollo de pensamiento crítico y discernimiento ético respecto de sus propias localidades, lo que permitió a los y las estudiantes y docentes/educadoras tomar posiciones ante dilemas complejos para el desarrollo como, por ejemplo, respecto de las consecuencias de la deforestación o pérdida de biodiversidad nativa y agrícola tradicional. El fomento del pensamiento crítico se basó tanto en evidencia científica como en el valor simbólico-cultural asociado a los elementos contextuales, los que se descubrieron y analizaron a lo largo del proceso de conexión con el entorno natural y social del establecimiento.

La evaluación y seguimiento sistemático de estos proyectos y sus efectos a largo plazo es aún algo inexplorado en la realidad chilena. Algo que no se realizó en estos proyectos fue generar evaluaciones de avance en habilidades y conocimiento científico o en actitudes, habilidades y conocimiento para la ciudadanía, de manera sistemática. En este sentido, un desafío pendiente de este tipo de iniciativas es que los testimonios de los y las docentes y estudiantes participantes, presentados en esta sección, junto con la observación participante, puedan ser complementados con instrumentos de evaluación cuantitativa y sistemática de los programas, con un foco longitudinal, para ahondar en efectos de largo plazo.

5. MIRANDO HACIA ADELANTE: CONSTRUYENDO PUENTES ENTRE NATURALEZA, SOCIEDAD Y COMUNIDAD

Los proyectos de investigación socioecológica, como los presentados en este capítulo, pueden construir un puente de conexión entre naturaleza, sociedad y comunidad, entendiendo sociedad como el contexto macro y comunidad como el contexto local. El trabajo que las escuelas y jardines infantiles pueden hacer para fortalecer la relación con el patrimonio local resulta central para cultivar el sentido de pertenencia y generar un vínculo con el territorio inmediato (membresía). Al mismo tiempo, cuando estos conceptos son investigados y puestos al servicio de afrontar problemáticas socioecológicas globales, toman un valor que trasciende el territorio inmediato. El pensamiento ecológico, sistémico y complejo, conecta con una serie de normas y valores globales que, aplicados al contexto local, invitan también a formar parte de una comunidad socioecológica global. Sin embargo, la manera de hacer evidente esta conexión con lo global, no es trivial y muchas veces no está en el centro de los proyectos.

En la Figura 2 se resume cómo este tipo de proyectos tienen una relación directa con la formación ciudadana localizada, promoviendo la participación local, la identidad territorial y habilidades para la convivencia con cercanos. Respecto de elementos relacionados con la ciudadanía global o institucionalizada, existe un vínculo débil o indirecto que no se presentó de manera explícita en el desarrollo de las iniciativas de este capítulo y que es un punto pendiente que podría ser desarrollado de manera directa. Dicho de otro modo, "los proyectos de investigación socioecológica basados en la comunidad" descritos, tienen una directa relación con los ámbitos de la formación ciudadana que refieren a aspectos comunitarios (membresía, participación civil, habilidades y conocimientos para la convivencia y coexistencia pacífica [Figura 2]), y una relación menor o indirecta con aspectos relacionados con la formación cívica que refiere a elementos que se podrían clasificar como supracomunitarios.

Si bien esta figura resume lo sucedido en todos los proyectos en conjunto, un siguiente paso para esta investigación está en encontrar aspectos específicos de cada proyecto que se relacionen con mayor o menor grado con una u otra dimensión de la ciudadanía. Y entender también cómo estas dimensiones de la ciudadanía se relacionan entre sí a partir de este tipo de metodologías educativas. Esto permitirá entender de mejor manera la naturaleza multidimensional de la formación de ciudadanos y cómo enfoques socioecológicos y basados en la comunidad pueden aportar desde sus distintas modalidades.

FIGURA 2:
RELACIÓN DE LOS PROYECTOS DE INVESTIGACIÓN
SOCIOECOLÓGICA BASADOS EN LA COMUNIDAD CON LAS
DIMENSIONES DE FORMACIÓN CIUDADANA

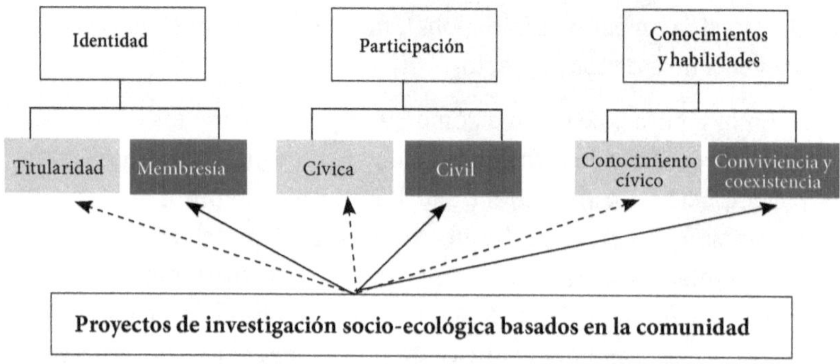

Fuente: Elaboración propia.

Un aspecto que no es considerado por los proyectos presentados es su relación con la participación formal o institucionalizada. Este es un punto muy relevante a discutir, pues existe un riesgo de caer en una sobre-institucionalización, que produzca frustración y rechazo a las estructuras políticas o administrativas que no son reconocidas como válidas y que carecen de legitimidad para algunas comunidades. Uno de los objetivos de la educación basada en el lugar es reivindicar espacios relegados, levantar y validar discursos desde las bases y revalorizar narrativas que han sido excluidas del discurso oficial. En este sentido, el conectar con elementos institucionales o procurar que estas experiencias otorguen herramientas para la acción a través de canales institucionalizados, tiene aristas que no son fáciles de sortear. Por un lado, dotar de importancia universal a ciertos elementos claves para la regeneración y conservación de sistemas socioecológicos es de suma urgencia y la vía institucional podría facilitar este tránsito a niveles nacionales o regionales. Pero, si esto implica abandonar o contradecir elementos basales de la identidad local y negociar con discursos muchas veces antagónicos, es altamente probable que existan una serie de resistencias. En este sentido, es importante generar un balance entre elementos técnicos e identitarios, entre participación cívica y civil; una tarea desafiante, pero necesaria. El postulado es que, a través de la comprensión e incorporación de principios ecológicos, se puede formar una ciudadanía capacitada para conducir iniciativas a nivel regional que atiendan al cuidado de la casa común, con fundamentos que congreguen narrativas y voces excluidas y las unan en un objetivo común y global.

Hay también algunos desafíos pendientes en términos del sistema de administración educativa. Es importante que políticas educativas propongan modelos concretos de conexión de centros educativos con comunidades locales. La investigación de educación basada en el lugar puede aportar valiosas contribuciones para apoyar, con estrategias y recursos específicos, estas alianzas con comunidades mapuche y otros socios comunitarios. De manera similar, es necesario que recursos económicos sean considerados para fomentar la (re)conexión de los centros educativos con sus comunidades, pues mucho del trabajo territorial se realiza voluntariamente por miembros comunitarios y en horas extras por equipos de los centros educativos. Asimismo, es central que, desde los lineamientos de la autoridad central, el territorio y las comunidades locales sean percibidos como vitales en los procesos de enseñanza, derribando así las murallas de los establecimientos a su propio patio, huerta y entorno natural y social circundante. Algunas posibilidades se avistan a partir del nuevo sistema de educación pública, que podría fortalecer esto en la medida en que se instalen estas prioridades en los servicios locales de educación. Otra oportunidad está en el caso de las escuelas que cuentan con el programa de educación intercultural bilingüe, que ofrece oportunidades de vínculo con el medio local. Sin embargo, el éxito de estas iniciativas radica finalmente en las comunidades de curso y en las capacidades docentes de aprovechar estos instrumentos de política para organizar e implementar este tipo de proyectos.

Por otro lado, los objetivos y la naturaleza de los fondos que permitieron la implementación de estos proyectos no tienen una directa relación con el aprendizaje para la ciudadanía, ni permiten la evaluación de los efectos a corto y largo plazo. Si bien se recomienda y se solicita voluntariamente generar algún tipo de evaluación, esta no es una condición ni existen los recursos necesarios para realizarla. En este sentido, se recomienda que las políticas educativas promuevan el desarrollo de nuevas etapas en las cuales se puedan desarrollar proyectos longitudinales, cautelando de este modo, que las iniciativas implementadas no sean anecdóticas o dependientes de voluntades personales y que permitan instalar mayores capacidades en los establecimientos. La idea de la implementación de programas educativos continuos y de largo plazo —en lugar de proyectos de 12 meses de duración— que promuevan una triple articulación entre academia, centros educativos y lineamientos ministeriales es una tarea pendiente y necesaria para fortalecer la formación ciudadana aplicada, para el fortalecimiento del pensamiento científico y el gusto por aprender desde la primera infancia (Campbell et al., 2018; Katz, 2010). Los planes de formación ciudadana aprobados por ley el 2017, podrían presentar una oportunidad para el trabajo basado en las comunidades locales con una mirada de mediano o largo plazo. Sin embargo, es necesario también un trabajo de articulación entre establecimientos que permita aprender de estas experiencias en diversos contextos, tarea que podría ser un aporte de las nuevas administraciones educativas (servicios locales), en colaboración con la academia.

En definitiva, se espera que las iniciativas expuestas y analizadas en este capítulo, puedan ser útiles para la implementación de nuevos proyectos de formación ciudadana desde el nivel parvulario. Se invita a los lectores a conocer más sobre las iniciativas en los enlaces compartidos y en las publicaciones asociadas a los proyectos específicos. La formación para la ciudadanía puede ser abordada a partir de proyectos socioecológicos basados en la comunidad. Esta ofrece oportunidades para abordar temáticas de relevancia local y global y promueve un sentido de agencia mediante la implementación de proyectos que tienen en su origen un enfoque de ciencias aplicadas al territorio y la ciudadanía en pos la sustentabilidad.

REFERENCIAS

Aguilar, O. M. (2018). Examining the literature to reveal the nature of community EE/ESD programs and research. Environmental Education Research, 24(1), 26–49.

Bascopé, M., Cox, C. y Lira, R. (2015). Tipos de ciudadano en los currículos del autoritarismo y la democracia. In *Aprendizaje de la ciudadanía: Contextos, experiencias y resultados* (Vol. 1, pp. 245–282). Ediciones UC.

Bascopé, M., Perasso, P. y Reiss, K. (2019). Systematic Review of Education for Sustainable Development at an Early Stage: Cornerstones and Pedagogical Approaches for Teacher Professional Development. Sustainability, 11(3), 719. https://doi.org/10.3390/su11030719

Bascope, M., Reiss, K., Cortés, J. y Gutierrez, P. (2021). Implementation of Culturally Relevant Science-Based Projects in Preschools and Primary Schools: From Roots to Wings. In *Handbook of Research on Environmental Education Strategies for Addressing Climate Change and Sustainability* (pp. 22–38). IGI Global.

Bennett, N. J., Whitty, T. S., Finkbeiner, E., Pittman, J., Bassett, H., Gelcich, S. y Allison, E. H. (2018). Environmental Stewardship: A Conceptual Review and Analytical Framework. *Environmental Management, 61*(4), 597–614. doi:10.1007/s2-0993-017-00267

Caiman, C. y Lundegård, I. (2014). Pre-school children's agency in learning for sustainable development. *Environmental Education Research, 20*(4), 437–459.

Castillo, J. C., Miranda, D., Bonhomme, M., Cox, C. y Bascopé, M. (2014). Social inequality and changes in students' expected political participation in Chile. *Education, Citizenship and Social Justice, 9*(2), 140–156. https://doi.org/10.1177/1746197914520650

Cox, C. y Castillo, J. C. (Eds.). (2015). *Aprendizaje de la ciudadanía: Contextos, experiencias y resultados* (1st ed.). Ediciones UC.

Cox, C. y García, C. (2017). Evolution of Citizenship Education in Chile. In *Civics and Citizenship* (pp. 85–103). SensePublishers, Rotterdam. https://doi.org/10.1007/978-94-6351-068-4_5

Crick, B. (2003). The English Citizenship Order 1999: Context, content and presuppositions. *Education for Democratic Citizenship: Issues of Theory and Practice,* 15–29.

Davies, J., Engdahl, I., Otieno, L., Pramling-Samuelson, I., Siraj-Blatchford, J. y Vallabh, P. (2009). Early childhood education for sustainability: Recommendations for Development. *International Journal of Early Childhood, 41*(2), 113–117. Scopus. https://doi.org/10.1007/BF03168882

Davis, J. (2009). Revealing the research 'hole' of early childhood education for sustainability: A preliminary survey of the literature. *Environmental Education Research, 15*(2), 227–241. https://doi.org/10.1080/13504620802710607

Duhn, I. (2012). Making 'place' for ecological sustainability in early childhood education. *Environmental Education Research, 18*(1), 19–29. https://doi.org/10.1080/13504622.2011.572162

Ekman, J. y Amnå, E. (2012). Political participation and civic engagement: Towards a new typology. *Human Affairs, 22*(3), 283–300. https://doi.org/10.2478/s13374-012-0024-1

Gálvez, N., González, M. J., Vuskovic, T., Bañales-Seguel, C., Opazo, A., Martínez, D., Zurita, R., Ortega, F. y Schuttler, S. (2020). Monitoreo escolar de fauna silvestre: Guía docente para realizar un proyecto científico escolar mediante foto-trampeo (First ed.). Proyecto EXPLORA de Divulgación y Valoración de la Ciencia y Tecnología 2018-2019 de CONICYT ED220040. ISBN 978-956-402-440-0

Green, C. J. (2015). Toward Young Children as Active Researchers: A Critical Review of the Methodologies and Methods in Early Childhood Environmental Education. *The Journal of Environmental Education, 46*(4), 207–229. https://doi.org/10.1080/00958964.2015.1050345

Ibarra, J.T., Cockle, K.L., Altamirano, T.A., van der Hoek, Y., Simard, S., Bonacic, C. y Martin, K. (2020). Nurturing resilient forest biodiversity: nest webs as complex adaptive systems. *Ecology and Society*, 25(2), 27. https://doi.org/10.5751/ES-11590-250227

Ibarra, J.T., Barreau, A., Caviedes, J., Pessa, N., Valenzuela, J., Navarro-Manquilef, S., Monterrubio-Solís, C., Ried, A. y Pizarro, J.C. (2021). Listening to Elders: Birds and Forests as Intergenerational Links for Nurturing Social-Ecological Memory in the Southern Andes. En V. Derr y Y. Corona (Eds). *Latin American Transnational Children and Youth Experiences of Nature and Place, Culture and Care Across the Americas.* Routledge, Abington, Reino Unido. Pp. 161-175.

Jucker, R. (2011). ESD between Systemic Change and Bureaucratic Obfuscation: Some Reflections on Environmental Education and Education for Sustainable Development in Switzerland. *Journal of Education for Sustainable Development, 5*(1), 39–60. https://doi.org/10.1177/097340821000500109

Nigh, R. y Bertely, M. (2018). Conocimiento y educación indígena en Chiapas, México: Un método intercultural. *Diálogos Sobre Educación. Temas Actuales En Investigación Educativa, 9*(16). http://www.scielo.org.mx/scielo.php?script=sci_arttext&pid=S2007-21712018000100003

Pearson, E. y Degotardi, S. (2009). Education for sustainable development in early childhood education: A global solution to local concerns? *International Journal of Early Childhood, 41*(2), 97–111. Scopus. https://doi.org/10.1007/BF03168881

Peña, C. (2007). Educación y ciudadanía, los problemas subyacentes. *Revista Pensamiento Educativo, 40*(1).

Peña, C. (2015). Escuela y vida cívica. *Aprendizaje de La Ciudadanía. Contextos, Experiencias y Resultados,* 25–50.

Ritchie, J. (2015). Food Reciprocity and Sustainability in Early Childhood Care and Education in Aotearoa New Zealand. *Australian Journal of Environmental Education, 31*(1), 74–85. https://doi.org/10.1017/aee.2014.46

Salazar, G. (2018). The Incongruities of Sustainability: An Examination of the UN Earth Summit Declarations 1972-2012. In P. Spinozzi y M. Mazzanti (eds). *Cultures of Sustainability and Wellbeing Wellbeing,* 46-62, Routledge.

Schulz, W., Ainley, J., Fraillon, J., Kerr, D. y Losito, B. (2010). *ICCS 2009 International Report: Civic knowledge, attitudes and engagement among lower secondary school students in thirty-eight countries.*

Tilbury, D. y Wortman, D. (2008). How is community education contributing to sustainability in practice? *Applied Environmental Education and Communication, 7*(3), 83–93.

Zachariou, A. y Symeou, L. (2009). The local community as a means for promoting education for sustainable development. *Applied Environmental Education y Communication, 7*(4), 129–143.

Agradecimientos

Agradecemos a JUNJI Región de La Araucanía la apertura y disposición para ejecutar el Proyecto Huerteando cultivo mi Cultura. De manera muy especial a los equipos de aula, las educadoras de Lengua y Cultura Indígena, a las familias y a todos los niños y niñas de los Jardines Interculturales bilingües "Emanuel", "We Kimün" y "We Rayen" de Padre Las Casas, comunidades que nos abrieron las puertas y nos permitieron ser parte de sus experiencias educativas. Agradecemos también a las escuelas y docentes participantes del proyecto "Epu Trokin Kimün" financiado por ANID código ED220084. A las comunidades escolares de las 8 escuelas participantes, especialmente a los 27 docentes que participaron durante un año completo en torno a sus proyectos. A Josefina Cortés, Cecilia Ibáñez, Pablo Gutiérrez, Macarena Almeida, Fernando Novoa y a todos quienes colaboraron en la implementación de estos proyectos. Especial agradecimiento al apoyo de la fundación Siemens Stiftung, que permitió el desarrollo de materiales educativos y acompañamiento en terreno de los proyectos. También nuestro agradecimiento a las comunidades educativas de Loncofilo, Quelhue, Antu Mawida. En especial se agradece a los lonkos Juan Huilipan y Amador Lefin, junto con el Üñümche Don Lorenzo Aillapán, además de Natalia Pessa, Jesús Sánchez y Lucía Ferreira por su apoyo en el desarrollo del proyecto "Escuchando a los Abuelos" (ANID código ED210025). Se agradece el apoyo de ANID/FONDAP/15110006, ANID PIA/BASAL FB0002, ANID/FONDECYT Regular (1200291) y al CESIEP (NCS13_004). Al financiamiento mediante el proyecto de Divulgación y Valoración de la Ciencia y Tecnología 2018-2019 de Explora CONICYT "Monitoreo escolar de fauna silvestre en la Reserva de la Biósfera Araucarias: Ciencia ciudadana y aprendizaje basado en proyectos" código ED220040. Al equipo del proyecto, Claudia Ríos, Camila Bañales, Tatiana Vuskovic, María José Gonzales y Andrea Opazo. A los guardaparques involucrados, Felipe Ortega, Marcos Matus, Eliecer Ñancufil, Juan Salazar y Nemo Ortega. A las escuelas Candelaria, Padre Enrique Römer y Colegio Pucón, sus directivos, equipo docente y a los estudiantes de los distintos cursos, como también a sus apoderados por confiar en el proyecto. Y a todos los propietarios que nos permitieron instalar dispositivos en sus terrenos.

6. ANEXOS

TABLA 2:
RELACIÓN ENTRE LOS PROYECTOS DE INVESTIGACIÓN SOCIOECOLÓGICA BASADOS EN LA COMUNIDAD, CON LAS DIMENSIONES DE FORMACIÓN CIUDADANA

Nombre	Escuchando a los abuelos: las aves y el bosque como vínculos intergeneracionales para cultivar la memoria biocultural
Identidad	En "Escuchando a los Abuelos" se cultivó la memoria biocultural e identidad de niños y niñas de escuelas rurales mapuche, basándose en los principios de participación y reificación en las comunidades-de-práctica. Las narrativas tradicionales sobre las aves, los bosques y el territorio, junto con las metodologías implementadas para recopilarlas y compartirlas, no solo actuaron como vínculos intergeneracionales abuelos-niños, sino que también fortalecieron el sentido de lugar y la identidad de los participantes al estimular el "sentirse parte" de una comunidad socioecológica.
Participación	Los niños de cada escuela, junto con los abuelos (incluyendo autoridades ancestrales), tuvieron una participación activa en el proyecto a través de distintas actividades que fomentaron el relacionarse, el vivir y actuar en el territorio. En varias de las actividades, también se involucraron los padres y madres y algunos miembros de comunidades cercanas y otras lejanas. Se desarrollaron talleres y encuentros llamados "Diálogos de la Memoria", los que fueron desarrollados dentro de la comunidad o en conjunto con otras comunidades. Representantes de las escuelas presentaron su proceso de investigación en el Congreso Regional de Ciencia y Tecnología, recibiendo la distinción "Proyección Futura". Finalmente, a través de exposiciones artísticas, los niños fueron protagonistas de muestras que alcanzaron a más de 600 personas, permitiendo que los estudiantes fueran representantes del conocimiento recopilado en su comunidad para la ciudadanía más amplia en ciudades cercanas.
Conocimientos y habilidades	En este proyecto se revalorizaron saberes locales sobre el territorio utilizando a las aves y al bosque como catalizadores del diálogo. A medida que el diálogo se tornó más fluido, comenzaron a aparecer más historias y memorias por parte de los abuelos que hablaban sobre una coexistencia armónica entre humanos y no-humanos. Para todo esto, el ciclo codiseñado e implementado de 5 pasos consistió en un proceso de formación socioecológica de niños y niñas que les permitió investigar a ellos mismos sobre las historias de sus abuelos. Además, se desarrollaron talleres de historia natural, observación de aves, cuentacuentos y de arte que facilitaron el aprendizaje y potenciaron los conocimientos y habilidades de los y las estudiantes.
Nombre	Huerteando cultivo mi cultura: la huerta como espacio de revitalización lingüística y cultural mapuche en la educación científica inicial
Identidad	La exploración de la huerta comunitaria y el *trafkintuwe* fueron experiencias que, al interactuar entre ellos y con otros, permitieron a los párvulos desarrollar el sentido de pertenencia. Los niños y niñas pudieron ser conscientes de sí mismos y de los otros, lo que fortaleció lazos y generó un tejido social que contribuyó a su bienestar y gratificación al sentirse incluidos.
Participación	Las experiencias involucradas en la actividad "aprender haciendo" abrieron, para los niños y niñas, espacios de participación e involucramiento. Fue en la huerta y en el invernadero donde los párvulos, a través del aprender haciendo, co-construyeron su aprendizaje. El tener un proyecto común, un objetivo compartido los invitó a indagar, observar e involucrarse en actividades simples, como fueron la recolección de abono animal o el riego de la siembra, ambas ejemplos de actividades propias de su entorno y cultura.

Conocimientos y habilidades	Se propiciaron los conocimientos y habilidades (procedimentales y actitudinales), en función de las características, necesidades e intereses de los niños y niñas, sus familias y comunidad. Se adaptó la propuesta de actividades siguiendo un cronograma de cultivo local e instancias de trabajo con las familias. El cuaderno viajero, fue el contenedor y transmisor del saber ancestral, convirtiéndose en el vehículo a través del cual este conocimiento fue compartido.
Nombre	**Monitoreo escolar de fauna silvestre en la Reserva de la Biósfera Araucarias: aprendizaje basado en proyectos y ciencia ciudadana**
Identidad	Las cámaras permiten abrir un "portal" hacia el comportamiento y presencia de animales que en general no se ven. Esto lleva a la comunidad escolar a sorprenderse de las especies que están en las inmediaciones de las escuelas. En general, hay ideas preconcebidas de que estas especies habitan lugares lejanos o arriba en la cordillera, por lo que al tener evidencia en fotos y videos de un pudú a 50 metros de la escuela se pueden generar vínculos especiales con animales no-humanos con los cuales se co-habita. También haber logrado subir información a una plataforma global de datos conectó a estudiantes a una comunidad científica global.
Participación	El levantamiento de información en el contexto territorial es en sí una práctica de participación ciudadana en el monitoreo de la biodiversidad local. Luego, la generación de discusiones sobre cómo podemos mejorar nuestra co-existencia con animales no-humanos invita e incentiva a participar activamente en la sociedad para mitigar problemas socioambientales relevantes de este siglo.
Conocimientos y habilidades	Con el proyecto se busca un acercamiento hacia el conocimiento científico de las especies de mamíferos que habitan los contextos escolares. Desde su ecología, taxonomía y también origen diferenciando especies nativas, endémicas, introducidas y domésticas. A su vez, el uso de tecnología que permite saber más de las especies, como también herramientas y habilidades para procesar la información en el contexto del método científico. Por último, se busca generar habilidades para poder realizar nuevas preguntas a partir de la experiencia realizada.
Nombre	**Mi cuenca, mi espacio y mis acciones**
Identidad	El proyecto buscó facilitar la conexión entre niños/as con la cuenca de la que son parte, fomentando un sentido de pertenencia y responsabilidad individual y colectiva para su cuidado y sustentabilidad. Se generaron instancias para comprender que el bienestar de cada participante en el proyecto, sus comunidades y el de las cuencas son complementarios (Rozzi 2010). Se realizaron experiencias en terreno, preguntas abiertas y reflexiones que buscaron gatillar sentidos de cuidado y responsabilidad sobre la cuenca del lago Villarrica.
Participación	En el proyecto participaron 64 niñas y niños entre primero y séptimo Básico en 21 instancias de aprendizaje e indagación, destacando 9 de ellas que se efectuaron al aire libre junto a ríos, humedales y lagos, articuladas por el laboratorio móvil "Mi Cuenca". Finalmente, se involucró a la comunidad escolar de tres escuelas para compartir los resultados del trabajo realizado en respectivas ferias de ciencia.
Conocimientos y habilidades	Con este proyecto se buscó facilitar la generación de conocimientos sobre componentes y dinámicas socioecológicas de ríos, humedales y lagos de la cuenca. El proyecto combinó instancias de indagación científica (como el monitoreo de aspectos físicos y ecológicos de los ecosistemas) con instancias de exploración y reflexión colaborativa en torno al concepto de cuenca, considerando sus diversas cualidades y desafíos actuales para su sustentabilidad. Se busca con el proyecto que las niñas y niños que participan comprendan y desarrollen un sentido de pertenencia y responsabilidad cívica sobre el cuidado y sustentabilidad de su cuenca.
Nombre	**Epu Trokin Kimün: indagación científica para el encuentro de saberes locales y científicos**
Identidad	Durante este proyecto se fortaleció el vínculo entre la escuela y su comunidad cercana, se conocieron y validaron conocimientos locales y se pusieron en valor elementos propios del territorio, esto permite desarrollar el sentido de pertenencia de los niños a su territorio.

Participación	Los proyectos que fueron co-diseñados entre escuela y universidad, tenían como requisito que atendieran a una problemática o desafío local y que incorporaran a miembros de la comunidad externa de la escuela para afrontarlo. Esto contribuye a la formación de ciudadanía local, promoviendo la formación de agentes de cambio. Uno de los puntos por mejorar fue la conexión de estas problemáticas locales con otras globales, para sentar las bases de formación para una ciudadanía global.
Conocimientos y habilidades	Dentro de los cambios reportados por los docentes luego de la implementación del proyecto, fue destacado el cambio actitudinal de los estudiantes respecto de su territorio y del patrimonio natural y cultural. Junto con los contenidos asociados a los proyectos de cada escuela (biodiversidad, ecosistemas, lengua y cultura mapuche, entre otros), se intencionó el desarrollo de habilidades de razonamiento y argumentación científica iniciales aplicadas a sus realidades. Se espera que estas habilidades puedan ser un aporte en el futuro para la negociación y resolución de conflictos y para establecer diálogos basados en evidencia en sus futuras decisiones.

PROMOVIENDO LA PARTICIPACIÓN PROSOCIAL Y CIUDADANA EN UN ENTORNO DE INEQUIDAD MULTIDIMENSIONAL: ANÁLISIS DEL CAMBIO EN REDES INTERPERSONALES EN EL CONTEXTO DE INTERVENCIONES ESCOLARES EN CHILE

ALEJANDRA MARINOVIC
Escuela de Negocios
Universidad Adolfo Ibáñez

PAULA LUENGO KANACRI
Escuela de Psicología,
Pontificia Universidad Católica de Chile

DIEGO PALACIOS
Centro de Investigación en Sociedad y Salud (CISS),
Universidad Mayor

Alejandra Marinovic agradece el financiamiento del proyecto Fondecyt regular N° 1171448, y el valioso apoyo de los ayudantes Esteban Concha y Esteban Veas. Paula Luengo Kanacri agradece el financiamiento de los proyectos Fondecyt regular N°1160151 y N°1161992 y del Centro Interdisciplinario de Estudios de Conflicto y Cohesión Social, COES, FONDAP N° 15130009.

Alejandra Marinovic Guijón

Ingeniera Comercial y Magister en Economía de la Pontificia Universidad Católica de Chile, obtuvo su Doctorado en Economía en Columbia University, New York. Es Profesora Asociada de la Escuela de Negocios de la Universidad Adolfo Ibáñez. Su agenda de investigación se construye sobre un pensamiento económico y social originado en una pregunta de fondo: ¿cuáles relaciones humanas llevan al bien común? Sus trabajos abarcan experiencias y prácticas para el fortalecimiento de los vínculos interpersonales, organizacionales y sociales, que junto con instituciones adecuadas (constitución, leyes y políticas públicas) constituyen las bases del buen funcionamiento de la democracia y del desarrollo económico y humano. Contacto: alejandra.marinovic@uai.cl

Paula Luengo Kanacri

Es Profesora Asociada de la Escuela de Psicología en la Pontificia Universidad Católica de Chile e investigadora del Centro de Estudios de Conflicto y Cohesión Social (COES). Su investigación se centra en entender cómo los factores individuales y contextuales interactúan en el tiempo para explicar si la participación prosocial y cívica puede reducir las disparidades sociales y promover la cohesión social. Actualmente en Chile desarrolló y dirige el Proyecto ProCiviCo para reducir los efectos negativos interpersonales de las desigualdades sociales a través del ejercicio de la ciudadanía en adolescentes. En la actualidad, coordina la Unidad de Políticas Públicas "Evidencia, Conexión e Impacto" del COES. Realizó su Postdoctorado en el Parenting Among Cultures Project, PAC (National Institute of Health, US) y su Doctorado en Psicología, Facultad de Medicina y Psicología, Sapienza Universitá di Roma, Italia.

Contacto: bluengo@uc.cl

Diego Palacios

Sociólogo y Magíster en Psicología Educacional por la Pontificia Universidad Católica de Chile, obtuvo su Doctorado en Sociología en la Universidad de Groningen (Países Bajos). Es Profesor Asistente del Centro de Investigación en Sociedad y Salud (CISS) de la Universidad Mayor. Su investigación se centra en entender cómo las relaciones entre estudiantes (ej. amistades, académicas, cooperación) se asocian al desarrollo de comportamientos positivos (prosocialidad, empatía, aprendizaje) y negativos (bullying, agresión), así como a factores contextuales del aula y escuela como son el clima escolar, la composición académica, y las creencias normativas de estudiantes, profesores y familias. Complementariamente, está interesado en la aplicación de modelos longitudinales de redes sociales a ámbitos escolares, los cuales permiten estudiar cómo las relaciones interpersonales entre estudiantes se forman, mantienen y destruyen, así como estas relaciones impactan los comportamientos y actitudes de los estudiantes.

Contacto: dfpalaci@uc.cl

1. INTRODUCCIÓN

El presente capítulo analiza cómo la socialización cívica escolar se vincula a una de las condiciones más representativas de la configuración socioeconómica de Chile: la desigualdad (PNUD, 2017). Esta marcada característica de la sociedad chilena plantea desafíos para definir e impulsar en terreno prácticas educativas facilitadoras de mejores aprendizajes que apunten no solo a conocimientos, sino también a conductas que promuevan la inclusión y la superación de la inequidad desde la ciudadanía activa y entre grupos socialmente distintos. Ello se vuelve esencial al momento de ofrecer propuestas que impacten las políticas públicas y que puedan impulsarse hasta las aulas de las escuelas. En efecto, aunque han existido cambios relevantes en la política pública chilena hacia la promoción de la educación cívica y ciudadana, existe aún una brecha significativa entre los objetivos de diseño de dicha política, y su efecto tangible al nivel de escuelas (Mardones, 2020; Mardones y Marinovic, 2021).

Desde esta mirada, el presente capítulo busca proponer una aproximación reflexiva acerca de la relación existente entre la inequidad multidimensional a nivel nacional y escolar y, por otra parte, la promoción de conductas de participación prosocial y ciudadana, así como la reducción de conductas de rechazo y victimización de niños, niñas y adolescentes.

En las últimas tres décadas, diversos estudios han subrayado que los comportamientos prosociales, es decir, todos aquellos comportamientos voluntarios dirigidos a beneficiar a otros, como ayudar, cooperar, donar, consolar, cuidar (Eisenberg, Fabes y Spinrad, 2006; Penner, Dovidio, Piliavin y Schroeder, 2005), pueden mejorar las actitudes hacia personas de distintos grupos sociales, reducir los prejuicios y producir, en general, interacciones sociales de cooperación, promoviendo de esta manera el compromiso con el bien común y la participación cívica (Batson, Ahmad y Tsang, 2002; Luengo Kanacri et al., 2014; Sherrod, 2005). Debido a que la calidad de las interacciones entre individuos provenientes de grupos sociales diversos es la base sobre la cual se apoya una sociedad inclusiva, el enfoque de este capítulo es el estudio de las conductas prosociales y sus determinantes como predictores de una participación cívica capaz de reducir comportamientos de exclusión, como la victimización y el rechazo.

En este capítulo se realiza una contextualización de la inequidad de las últimas décadas en Chile, no solo desde los indicadores básicos de nivel socioeconómico y/o clase social de los hogares de niños, niñas y adolescentes, sino también desde las nuevas dimensiones que se han ido incorporando en las mediciones de inequidad, en especial aquellas que incluyen privaciones o carencias en diversos aspectos (entre ellos educación), acceso a oportunidades tanto individuales como colectivas, provisión de bienes privados y públicos, calidad de vínculos interpersonales y diferencias de percepción (tales como aquella de injusticia). Asimismo, más allá de los hogares, se muestran datos de inequidad socioeconómica intra-escuelas. Los datos indican que Chile, si bien tiene un mayor nivel de ingreso per cápita, supera en inequidad a otros países de la región y, en lo relacionado con la educación para la ciudadanía, exhibe peores resultados educacionales en pruebas estandarizadas de educación cívica y ciudadana (Agencia de la Calidad de la Educación, 2018).

Luego de esta contextualización, el capítulo realiza una contribución analítica y empírica que explora aspectos centrales del tema de actitudes ciudadanas y escuela, desde las perspectivas de la relación de cooperación con otros, a partir datos longitudinales provenientes del proyecto de intervención escolar ProCiviCo[1] (Luengo Kanacri et al., 2019). Estos datos longitudinales no solo constituyen un aporte significativo al estudio de las conductas de niños, niñas y adolescentes en escuelas chilenas, en especial aquellas prosociales, sino que también permiten analizar las implicancias de dicha intervención escolar sobre la formación y evolución de redes de pares en el aula, incluyendo aquellas que pueden contribuir a una mejor formación ciudadana.

Por último, el capítulo apunta a aportar elementos desde la evidencia y la discusión académica de la última década, para abrir espacios de diálogo y orientaciones de política pública que permitan afrontar y proyectar un Chile más equitativo e inclusivo.

---

[1] Participación Prosocial y Cívica en Contextos Escolares para la Cohesión Social en Chile (www.procivico.cl).

2. EJERCER Y FORMAR PARA LA CIUDADANÍA EN CHILE EN CONTEXTO DE INEQUIDAD

En las últimas décadas se ha realizado una transición a nivel global desde modelos de socialización política escolar de niños, niñas y adolescentes, desde la educación cívica a la educación ciudadana. Mientras la primera apunta a instruir a los futuros ciudadanos en el funcionamiento del Estado y las instituciones políticas, favoreciendo la identidad nacional, el acatamiento de las leyes y la adhesión a los valores patrios -no necesariamente en un régimen de democracia- la educación ciudadana se refiere a la socialización política para la democracia, considerando no solo los conocimientos, sino también las habilidades y actitudes que permiten ejercer una ciudadanía democrática de manera eficaz (Campbell, 2012). De manera coincidente con su retorno a la democracia en 1990, Chile ha experimentado importantes reformas que han materializado en la política pública dicho paso hacia la educación ciudadana, incluyendo varios cambios curriculares y, en especial, la promulgación en 2016 de la Ley 20.911, que exige a las escuelas un Plan de Formación Ciudadana (Gobierno de Chile, 2016).

Estos cambios en el diseño de la política pública han tenido dificultades en llegar de manera tangible al nivel de escuelas (Mardones, 2020; Mardones y Marinovic, 2021). Así, se hace altamente relevante presentar no solo una perspectiva a nivel macro sobre la ciudadanía, sino también a nivel micro, y en especial en los espacios de formación de niños, niñas y adolescentes, como son las escuelas y aulas de clases.

A continuación, se aportarán elementos desde diversas perspectivas, y que apuntan a configurar una comprensión multidimensional del fenómeno de la inequidad en Chile y cómo se relaciona con el ejercicio y percepción de ciudadanía. En particular, se presentan datos que abarcan (i) niveles nacional, regional, comunal, inter e intra-escuelas; (ii) diversos grupos etarios; (iii) elementos asociados a los hogares, así como al acceso a bienes privados y públicos adicionales; (iv) inequidad de ingresos y relación con políticas tributarias redistributivas; (v) inequidades de género y étnicas; y (vi) percepciones, intereses y preocupaciones de tales inequidades.

Como se mencionó anteriormente, una de las características más salientes del ejercicio de la ciudadanía en Chile es que se contextualiza y se ejerce en contextos con altos niveles de inequidad. En efecto, Latinoamérica y el Caribe se ubican entre las regiones más desiguales del planeta (Alvaredo y Gasparini, 2015; CEPAL, 2020). Particularmente, en Chile el 10% más rico de la población concentra una alta proporción del ingreso total (36,5%) (PNUD, 2020).

En el contexto científico internacional referido a desigualdad socioeconómica, la atención se ha colocado mayoritariamente en indicadores macroeconómicos y en los factores económicos estructurales del ingreso individual desde la mirada del capital humano (con la teoría seminal de Mincer (1974)). Esta visión, que asocia la desigualdad básicamente a ingreso, se observa en numerosos estudios y bases de datos internacionales (Dabla-Norris et al., 2015; López y Miller, 2008; World Bank, 2020; World Bank Open Data). En la últimas décadas, se ha profundizado en la complejidad del concepto de desigualdad, mediante la incorporación de factores relacionados con la distribución de recursos distintos del ingreso individual y de oportunidades; por ejemplo, los hitos marcados progresivamente por los Informes de Desarrollo Humano desde 1990 (PNUD, 1990), y en especial en 2016 (PNUD, 2016), que incorpora explícitamente la participación activa de las personas en los procesos que determinan sus vidas. Dicha evolución respecto de qué genera bienestar y cómo aproximarnos a las desigualdades en este se encuentra alineada con los planteamientos de Amartya Sen (1999): el desarrollo humano apunta a ampliar las libertades de manera tal que todos los seres humanos puedan aprovechar las posibilidades que consideren más valiosas. Dichas libertades tienen dos aspectos fundamentales: la libertad de bienestar personal, representada por los funcionamientos y las capacidades, y la libertad de agencia, representada por la voz y la autonomía. Por lo tanto, lo que las personas consideran como más valioso, la presencia de oportunidades además de transacciones realizadas (como ingreso), las percepciones respecto de la contribución de éstas a su vida personal, la participación y la voz ciudadanas, resultan dimensiones necesarias para comprender la inequidad. A su vez, las dimensiones interpersonales y políticas de tales desigualdades cobran especial interés tanto en su rol de contexto, así como de espacios de formación y ejercicio de ciudadanía hacia un país más equitativo e inclusivo.

En base a estos elementos, se observa que la fuerte estratificación socioeconómica en Chile se manifiesta en numerosos ámbitos, incluyendo temas de ciudadanía amplios, tales como interés, diversas formas de participación y educación cívica y ciudadana. Por ejemplo, en 2018 el porcentaje nacional de jóvenes (15 a 29 años de edad) del grupo socioeconómico alto, que dicen estar interesados o muy interesados en política fue prácticamente el triple respecto del segmento bajo (32% grupo socioeconómico alto; 18,7% medio; y 10,7% bajo), mientras que la participación en organizaciones sociales es similar (49,1%, 46,8%, y 45%, respectivamente) (INJUV, 2018). Por su parte, al dividir a los niños y niñas de 8º Básico (aproximadamente 14 años de edad) en tres niveles socioeconómicos, aquellos del nivel alto muestran un nivel de conocimiento cívico similar a la media internacional, 16% más alto en promedio que el resultado del grupo de nivel socioeconómico bajo (Agencia de la Calidad de la Educación, 2018).

La última encuesta de Latinobarómetro muestra que, en 2020, en plena crisis social y pandemia, las diferencias en el ejercicio de la ciudadanía en Chile no son percibidas dentro de las peores expresiones de la desigualdad (lugar 15 del ranking, el último puesto del listado), en comparación con el acceso a salud y oportunidades de educación, que ocupan el primer y segundo lugar, respectivamente. Junto con ello, en 2020, si bien el 61% prefiere la democracia respecto de cualquier otra forma de gobierno, el 54% piensa que en este país se vive una democracia con grandes problemas (Latinobarómetro, 2021). Estas mediciones sugieren que la democracia se percibe dañada. Para resolver los problemas de salud y educación, la mayoría preferiría un sistema democrático, pero no se observa que la inequidad en el ejercicio de la ciudadanía sea un problema principal para encontrarles soluciones democráticas. Esta percepción de democracia dañada también se observa en escolares de 8º grado en Chile. En 2016, el 52% de ellos está de acuerdo o muy de acuerdo con que "las dictaduras están justificadas cuando traen beneficios económicos" (Schulz et al., 2018). Esta debilidad en los valores democráticos presenta un desafío que interpela no solo a las familias y escuelas, sino al sistema político en su conjunto (Sandoval-Hernández et al., 2019).

La combinación de estas cifras, de diversas muestras de representatividad nacional y grupos etarios, señala un desafío muy relevante en cuanto a la formación de las nuevas generaciones de ciudadanos frente al estallido social de 2019, y con miras a la Asamblea Constituyente de los próximos años.

¿Cuán profunda es la inequidad en Chile de cara a estos grandes desafíos? A continuación, se presenta una discusión que aborda las diferentes dimensiones ya mencionadas.

Si se analiza el comportamiento de uno de los indicadores más utilizados para medir la desigualdad de ingresos, el índice de Gini[2], es posible concluir que esta se ha mantenido estable en la última década (CASEN, 2017). Este indicador también se puede calcular utilizando datos de consumo (Szekely, 2003; Diaz-Bazan, 2015; PNUD, 2017) o datos tributarios de ingreso (Banco Mundial, 2015; CEPAL, 2019). No obstante, la conclusión en la última década es la misma: el alto nivel de desigualdad no exhibe variaciones significativas. Dicha conclusión no cambia incluso si se consideran las intervenciones estatales redistributivas. Este es un fenómeno presente en toda América Latina y el Caribe, donde al incorporar las intervenciones estatales que afectan los ingresos de los hogares, el índice de Gini cambia solo 2 puntos, mientras que el promedio para los miembros de la OCDE bordea los 16 puntos (CEPAL, 2020). Este camino más tradicional para estudiar la desigualdad no permite analizar espacios dentro de los grupos sociales en los cuales las diversas manifestaciones de la desigualdad se articulan de manera agravada, ni comprender posibles cambios en las percepciones de las personas respecto de dichos fenómenos. Si bien estudios indican que las percepciones de brecha salarial están alineadas con los indicadores de Gini, ellos también reportan brechas de percepción estratificadas: los estratos socioeconómicos más bajos perciben brechas salariales más altas que los estratos más pudientes (Castillo, 2013; Segovia y Gamboa, 2015). Un escenario en que el índice de Gini se ha mantenido en las últimas décadas, junto con la manifestación del estallido social de 2019, invita a explorar cambios en dichas percepciones; se hará con foco en los problemas que más inquietan a los chilenos: salud y educación.

---

[2] El índice de Gini es un índice de concentración, en este caso de ingresos de los hogares, agrupados en percentiles. Mide la diferencia acumulada respecto de una distribución perfectamente igualitaria.

La preocupación por el acceso y calidad de la salud y de la educación ha estado presente de manera continua desde la transición a la democracia (CEP, 2012 y 2019). Esta inquietud es relevante no solo respecto de las generaciones actuales, sino también de las futuras. El 65,9% de los chilenos indicó recientemente que "no poder dar una buena educación a sus hijos" les preocupa bastante o mucho (World Values Survey Wave 7, 2017-2020). De hecho, salud y educación no solo han sido preocupaciones persistentes, sino que son aspectos sobresalientes en materia de desigualdad. Ambas presentan acceso y calidad altamente estratificados por niveles socioeconómicos, siendo las dos desigualdades que más molestan a la población. En escala de 1 a 10, siendo 10 mucha molestia, el 68% y 67% de los chilenos responde que las desigualdades en salud y educación les molestan mucho (9 y 10), respectivamente. Aún más, el porcentaje que está en desacuerdo con la expresión "es justo que aquellos que pueden pagar más tengan acceso a una mejor salud/educación para sus hijos", ha aumentado desde un 52% en 2000 para ambos aspectos, a 68% y 64%, respectivamente, en 2017 (PNUD).

Respecto de la educación, la baja movilidad social es un factor que contribuye a estas percepciones de molestia e injusticia. Siendo el país de la OCDE con mayor desigualdad de ingresos, Chile es uno de los países donde se cree que para escalar socioeconómicamente se requiere de una mayor educación de los padres; ello está fuertemente correlacionado con dicha movilidad (OCDE, 2018). Coherentemente, en los datos analizados en las secciones siguientes, se observa que la educación de los padres resulta de gran relevancia para entender las diferencias de rendimiento en conocimiento cívico y ciudadano, y las relaciones sociales entre estudiantes de distintos grupos sociales y étnicos (análisis de datos longitudinales ProCiviCo).

Considerando que en 43% de los hogares el jefe es una mujer (Instituto Nacional de Estadísticas INE, Censo 2017), resulta importante aportar algunos elementos sobre la desigualdad de género. Según el mismo INE, en 2018 las mujeres obtuvieron en promedio 27% menos ingresos que los hombres. La distancia salarial se observa en casi todos los grupos de edades y niveles educacionales. El grupo de personas de 30 a 54 años es el que presenta las brechas de ingresos más importantes (Encuesta Suplementaria de Ingresos 2015-2018). De manera agravante,

Chile muestra una cifra de participación laboral femenina muy por debajo del promedio de los países de la OCDE (62% en promedio entre 2000 y 2019, versus 50%) (OECD.Stat). Dicha participación exhibe, además, una fuerte estratificación socioeconómica y territorial. En particular, el Censo 2017 indica que en comunas del Gran Santiago de bajos recursos puede reducirse a 15,4%, mientras que en comunas de altos recursos alcanza 75,1%.

La desigualdad en Chile se manifiesta también de la mano de la percepción de discriminación. Entre 2009 y 2020 se redujo el porcentaje de personas que no se consideran discriminadas de 82% a 62%, mientras que, en el mismo período, la cifra de personas que sí se sienten discriminadas sube de 14% a 34% (Latinobarómetro, 2021). La misma fuente de datos reporta que los grupos más discriminados son los pobres (21%), indígenas (15%), adultos mayores (13%) e inmigrantes (en general) (11%)[3].

Del 41% de personas encuestadas por el PNUD (2017) que dicen haber experimentado malos tratos en el último año, el nivel socieconómico, dónde vive o en qué trabaja abarcan por mucho las razones más frecuentes. Aparecen también como relevantes, aunque en menor medida, etnia, raza o cultura de origen y color de piel (lo que no quita que puedan traslaparse estas razones con las anteriores). Casi el 60% de la población (hombres y mujeres por igual) percibe que los grupos a los que peor se trata en Chile son los indígenas y las minorías sexuales. Dado que estos últimos grupos son relativamente acotados en número a nivel nacional, es posible que la mayoría de ellos sea víctima de maltratos, o que estos sean más intensos que los que experimenta el resto de la población (PNUD, 2017).

Si se considera a los niños, niñas y adolescentes inmigrantes, un estudio reciente de la UNICEF reporta que el alumnado extranjero en el sistema escolar chileno ha aumentado en 271% entre 2015 y 2018, pasando de 30.625 a 113.585 estudiantes. El Ministerio de Educación indica que en 2018 el 59,5% de los estudiantes extranjeros se había matriculado en establecimientos municipales y dependientes de algún Servicio Local de Educación (UNICEF, 2020). El análisis de denuncias en la Superintendencia

---

[3] La pregunta de Latinobarómetro es la siguiente: "Por lo que Ud. sabe o ha oído, ¿cuáles cree Ud. que son las personas o grupos de personas más discriminadas que hay en Chile o cree Ud. que no hay grupos o personas discriminadas en Chile?" Pregunta Abierta.

de Educación señala que la experiencia migratoria de niños, niñas y adolescentes en Chile está fuertemente marcada por constantes situaciones de discriminación y racismo de las que son víctimas. El color de la piel y la forma de hablar, entre otras características, constituyen elementos de marginación (Superintendencia de Educación, 2016).

Otro aspecto de la inequidad se refiere a los bienes y servicios que son distintos de los generados por el hogar, tales como el acceso a servicios públicos (por ejemplo: transporte) y privados (como internet), desde una perspectiva territorial más desagregada. Por razones de espacio, se mencionarán solo dos indicadores multivariados a nivel de comunas en la Región Metropolitana, que refuerzan el diagnóstico de fuerte segregación: el Índice de Desarrollo Comunal (IDC) y el Índice de Calidad de Vida Urbana (ICVU)[4]. Los Gráficos 1 y 2 presentan a las 6 comunas de mayores ingresos (blanco) y de menores ingresos (gris)[5].

---

[4] El IDC e ICVU utilizan el método de Análisis de Componentes Principales. El IDC 2020 es realizado por la Universidad Autónoma de Chile y el Instituto Chileno de Estudios Municipales, que utilizan 13 variables agrupadas en 3 dimensiones: Salud y bienestar social (servicios básicos, pobreza, agua potable y años de vida potenciales perdidos); Economía y recursos (dependencia etaria (adultos mayores / población económicamente activa), ingresos propios permanentes, conexiones a internet, número de empresas); y Educación (puntaje promedio SIMCE lenguaje y matemáticas 8° Básico, matrículas educación parvularia y educación media, puntajes PSU), obteniendo un indicador que oscila entre 0 a 1. El ICVU de 2020 es elaborado por el Observatorio de ciudades UC y la Cámara Chilena de la Construcción, utilizando 6 dimensiones (vivienda y entorno; salud y medio ambiente; condiciones socio culturales; ambiente de negocios; condición laboral; conectividad y movilidad) obteniendo un índice entre 0 a 100.

[5] Promedio de ingreso por hogares de comunas, en base a la CASEN 2013 (representativa a nivel comunal). Para hacer comparables los índices, se analizan las 44 comunas urbanas de la Región Metropolitana disponibles en el ICVU. Se muestran ambos índices para las 6 comunas con mayores ingresos y las 6 comunas con menores ingresos.

GRÁFICO 1:
ICVU PARA COMUNAS DE MÁS ALTOS Y BAJOS INGRESOS

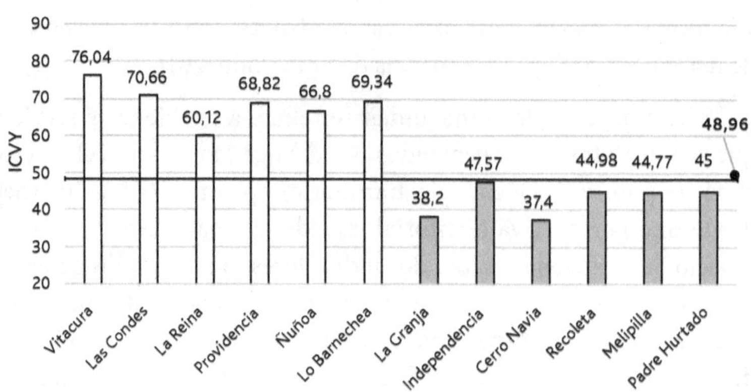

GRÁFICO 2:
IDC PARA COMUNAS DE MÁS ALTOS Y BAJOS INGRESOS

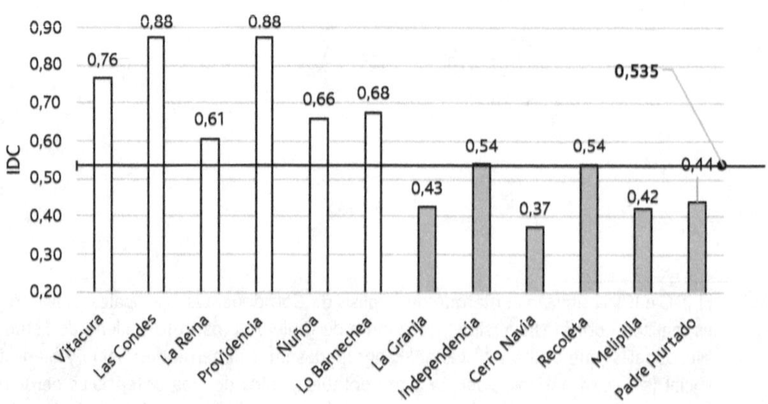

Datos 2020. Fuentes: Elaboración propia en base a indicadores comunales de ingreso Encuesta CASEN 2013. Índice de Calidad de Vida Urbana: Orellana (2020). Índice de Desarrollo Comunal 2020: Hernández et al. (2020).

Los gráficos refuerzan la idea de dimensiones traslapadas de inequidad que generan una experiencia de estratificación socioeconómica altamente compleja. A la caracterización de la desigualdad realizada previamente, se añaden elementos de polarización territorial, acceso a servicios privados (como internet, número de empresas), e inequidades insertas en las políticas públicas (agua potable, conectividad, movilidad, acceso a salud). Cabe notar que ambos índices incluyen elementos de educación y resultados en mediciones de aprendizaje estandarizadas.

Avanzando en nivel de desagregación, se analizan a continuación datos a nivel de escuelas chilenas utilizando el Estudio Internacional sobre Educación Cívica y Ciudadana (ICCS) realizado por la Asociación Internacional para la Evaluación del Logro Educativo (IEA), con estudiantes de 8º Básico (Agencia de la Calidad de la Educación, 2018). Los gráficos presentados más abajo muestran información de 62 y 162 establecimientos educacionales chilenos en los años 2009 y 2016, respectivamente. En este análisis se consideran los datos por estudiante de la prueba cognitiva de conocimiento cívico, y el indicador de sus características socioeconómicas[6].

Para analizar la inequidad intra-escuela, se observa cuántos quintiles de grupos socioeconómicos se encuentran presentes en cada establecimiento. Para tener en cuenta la posible diversidad en la proporción de quintiles presentes, se construyó un indicador de concentración socioeconómica basado en el Índice Hirschman-Herfindahl (IHH)[7].

Los siguientes gráficos señalan los resultados entre escuelas y dentro de ellas, tanto de los niveles socioeconómicos, la concentración de estos en cada establecimiento y los puntajes de la prueba del Estudio Internacional sobre Educación Cívica y Ciudadana (ICCS, por sus siglas en inglés).

---

[6]   El nivel socioeconómico de cada escuela es el promedio simple del nivel socioeconómico de sus estudiantes. A su vez, el puntaje ICCS de cada escuela es el promedio simple de los resultados obtenidos por cada uno de sus estudiantes (Schulz et al., 2018).

[7]   Se agrupa a los estudiantes en quintiles según su nivel socioeconómico y se calcula el porcentaje de participación de cada quintil en la escuela. Luego, se calcula la suma al cuadrado de cada una estas participaciones (o proporciones). El valor de este índice oscila entre 0 y 1; al tener 5 quintiles, una distribución homogénea (cada quintil tiene la misma proporción, es decir, hay 20% de estudiantes de cada quintil en la escuela), mostraría un valor de 0,2; mientras que una distribución desigual tomaría el valor 1 (solo hay presencia de un único quintil en la escuela).

GRÁFICO 3:
CONCENTRACIÓN DE QUINTILES EN LAS ESCUELAS

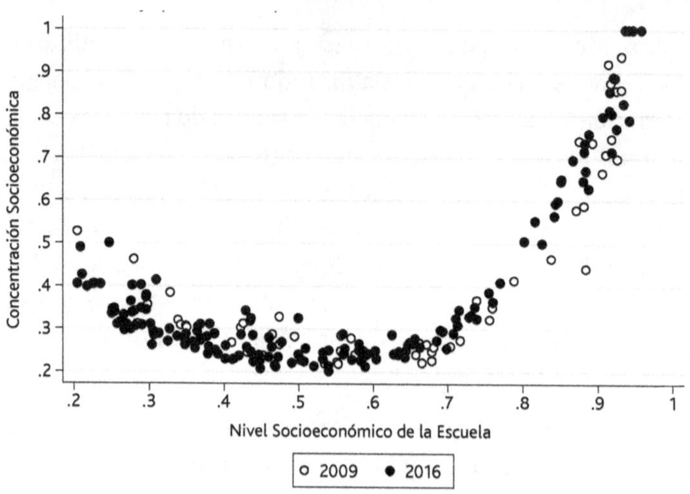

GRÁFICO 4:
PUNTAJE PRUEBA ICCS POR CONCENTRACIÓN ECONÓMICA ESCOLAR

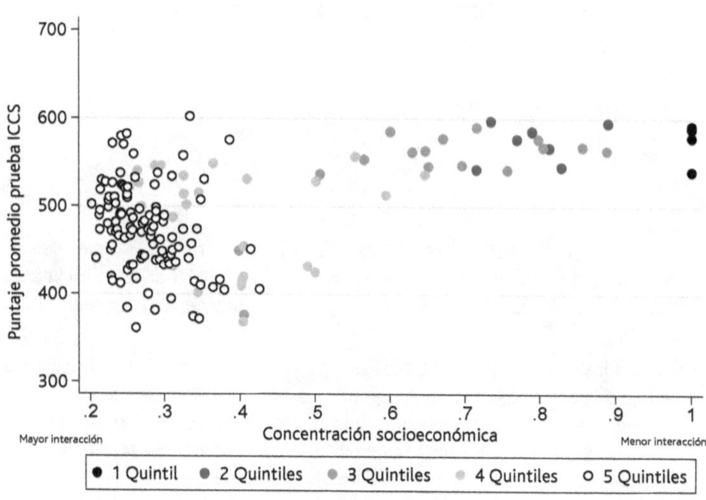

Fuente: Elaboración propia con datos ICCS 2009 y 2016.

El Gráfico 3 muestra que en las escuelas de menores recursos (niveles socioeconómicos más bajos) la concentración socioeconómica es menor; es decir, existe mayor diversidad de estudiantes provenientes de diferentes quintiles socioeconómicos, mientras que, al aumentar el nivel promedio socioeconómico de las escuelas, se encuentra una relación directa con la concentración. Es notoria la asimetría entre la composición socioeconómica de las escuelas de mayores y menores recursos. El Gráfico 4 presenta el resultado promedio de cada escuela en la prueba de conocimiento cívico 2016, clasificando por concentración socioeconómica y por la cantidad de quintiles que se encuentran presentes en esa escuela. Las escuelas con mayor indicador de concentración socioeconómica presentan puntajes ICCS similares, entre 520 a 600 (cercanos al promedio internacional). Las escuelas con menor concentración socioeconómica (bajo 0,4), y que a su vez tienen más quintiles presentes (incluso los 5 quintiles), tienen puntajes con mayor varianza, entre 350 y 600. Este análisis sugiere que hay otros factores (no socioeconómicos), en particular dentro de la escuela, que pueden afectar los puntajes ICCS.

Mediante el análisis de la presencia de quintiles y concentración socioeconómicos intra-escuela, y su relación con resultados de conocimiento cívico, estos resultados profundizan y expanden las observaciones ya realizadas por otros estudios con la misma base de datos, en cuanto a la fuerte estratificación socioeconómica de conocimiento cívico y ciudadano en las escuelas chilenas (Agencia de la Calidad de la Educación, 2018; Castillo et al., 2015; Collado et al., 2014; Miranda y Carrasco, 2020).

A continuación, se procederá al análisis empírico longitudinal de este capítulo, enfocado en el aula como espacio relacional, concentrándose, además, en escuelas de menores recursos.

2.1 Promoción de comportamientos prosociales y ciudadanía: el programa ProCiviCo

Hoy prácticamente nadie pondría en discusión el rol de la escuela como contexto privilegiado de socialización cívica y política; sin embargo, de qué manera la escuela asume este desafío y cumple su función cívica, es materia de constante debate (Amna, 2012), también en nuestro país (ver Cox y Castillo, 2015). Lo anteriormente expuesto sobre la inequidad multidimensional ofrece aún más estímulos para identificar buenas prácticas educativas facilitadoras de mejores aprendizajes ciudadanos en contextos tan fuertemente marcados por la desigualdad. En un país como Chile, el estudio de las condiciones que promueven inclusión y superación de la inequidad desde la ciudadanía activa y entre grupos socialmente distintos se vuelve crucial al momento de ofrecer propuestas que impacten las políticas públicas. La participación ciudadana se entiende como un concepto multi-componencial (por ej.: Bobek, Zaff, Li y Lerner, 2009; Varela et al., 2015) que implica participación en la esfera política (Metzger y Smetana, 2009), y en nuevas formas de participación social y comunitaria (Amna, 2012). En general, al referirse a la participación cívica, los estudios presentan una variedad de comportamientos asociados con la intención de mejorar la comunidad (Flanagan y Faison, 2001; Youniss et al., 2002) en contextos públicos y sin fines de lucro (Obradovi y Masten, 2007). La participación en asociaciones u organizaciones sociales, el voluntariado (Bobek et al., 2009), y la participación en acciones específicas como un ciudadano activo (por ej.; firmar una petición o participar en una manifestación), son algunos de los indicadores más típicos de participación ciudadana. Sin embargo, no existen estudios que hayan focalizado su atención en los procesos explicativos, a nivel individual e intergrupal, del ejercicio de una participación cívica que promueva la cohesión social.

Las desigualdades perduran, en parte, porque los ciudadanos aprenden desde edades tempranas a naturalizar las jerarquías, a minimizar su magnitud o a mantener estereotipos negativos sobre los grupos marginados (Elenbaas, Rizzo y Killen, 2020). Distintas investigaciones muestran el rol de las aulas de clases y de las interacciones que ahí se realizan como factores de socialización claves en la educación ciudadana (Carrasco, Banerjee, Treviño y Villalobos, 2020; Knowles, Torney-Purta y Barber, 2018). Las aulas no son contextos asépticos y es allí donde el desarrollo de las concepciones de inequidad y la justificación de la desigualdad es presentado a niños, niñas y adolescentes. Varias investigaciones han señalado que un tipo de habilidades y comportamientos que estarían a la base de la inclusión y la cohesión social son los comportamientos prosociales y que los principales antecedentes de la participación cívica se encuentran en la actuación temprana y sostenida de estos comportamientos dirigidos a beneficiar a otros, como ayudar, cooperar, empatizar, cuidar y consolar (Luengo Kanacri et al., 2014; Velásquez, Martínez y Cumsille, 2004). Niños, niñas y adolescentes capaces de actuar para aliviar las necesidades de otros, estarán en mejores condiciones para actuar posteriormente en favor del bien común. La participación y las acciones de beneficio a la propia comunidad tienen sus raíces en la temprana adolescencia en forma de acción prosocial, participación activa escolar; todas conductas que son ya una incipiente pero fundamental expresión de responsabilidad hacia el propio entorno y hacia el bien común (Penner y Finkelstein, 1998).

En 2016 surgió la creación y aplicación del programa ProCiviCo, desarrollado por primera vez durante 2017 y 2018 en 16 salas de clases de ocho escuelas de la Región Metropolitana. ProCiviCo es un proyecto que busca, desde la escuela, fomentar desde las aulas de clases participación prosocial y ciudadana para la cohesión social a través del aumento de la autoeficacia individual y colectiva en actividades de cooperación y proyectos de participación cívica escolar liderados por los y las estudiantes (ver www.procivico.cl). El programa utiliza diferentes estrategias de enseñanza-aprendizaje para la promoción de la auto-eficacia socio-emocional interpersonal, como elemento transversal de cambio comportamental, así como la promoción de eficacia colectiva como dimensión formadora de la participación cívica y política (Caprara et al., 2012). Específicamente, en base a los postulados de la teoría social cognitiva, las fuentes privilegiadas para aumentar las convicciones de auto-eficacia en cualquier dominio tienen que ver con los procesos de persuasión verbal, el modelado (*modelling*), las retroalimentaciones y las experiencias de dominio o *mastery experiences* (Bandura, 1997), las que en este caso son aplicadas al ámbito del comportamiento prosocial. En general, el programa incluye estrategias de intervención que favorecen la incorporación transversal de los objetivos en las distintas materias escolares, principalmente guiados por los y las docentes. El programa incluye cinco componentes: (a) comportamiento prosocial en el contexto de pares, (b) desarrollo de empatía, (c) regulación de las emociones, (d) discusión de prejuicios e identidades sociales, y (e) compromiso cívico en la comunidad escolar.

Terminando su tercer año de desarrollo y gracias a una investigación longitudinal asociada a la intervención, los primeros hallazgos confirman aspectos relevantes del modelo teórico propuesto. Además, hay evidencia de que el programa permite aumentar los comportamientos prosociales y la estabilización de comportamientos agresivos (Luengo Kanacri et al., 2019), así como la promoción de ambientes más inclusivos desde las aulas de clases (Palacios et al., 2019).

3. ANÁLISIS DE DATOS LONGITUDINALES DE INTERVENCIONES ESCOLARES DEL PROGRAMA PROCIVICO EN REDES INTERPERSONALES DE VICTIMIZACIÓN Y RECHAZO EN AULAS DE CLASES CHILENAS

Los pares constituyen un contexto social clave para el desarrollo de los adolescentes (Furman y Rose, 2015), determinando procesos de inclusión o exclusión del grupo y, por lo tanto, ejercen un considerable impacto en los procesos de construcción identitaria típicos de esta fase del desarrollo humano. Esto se ve reflejado en las aulas de clases, las que pueden diferir en la forma en que los comportamientos son evaluados y apreciados y, por lo tanto, diferir en la promoción de relaciones prosociales inclusivas o en fomentar procesos como el rechazo y la victimización (Berger y Caravita, 2016; Babarro et al., 2017). Considerando esto, el presente capítulo se concentra en analizar si el efecto del nivel socioeconómico y la diversidad étnica en las relaciones de rechazo y victimización entre estudiantes difiere en aulas que recibieron la intervención ProCiviCo y en aulas de control. Se controló por efectos estructurales de las redes (por ej.: reciprocidad, transitividad), además del género y rendimiento académico de los estudiantes. Se espera que el nivel socioeconómico y la diversidad étnica jueguen un rol menor en las redes de rechazo y victimización en salas de intervención en comparación a las de control, es decir, que las habilidades y comportamientos de ayuda y de cooperación desarrollen ambientes escolares más inclusivos y menos excluyentes. Específicamente, la expectativa es que los estudiantes de menor nivel socioeconómico y con diversidad étnica (extranjeros y chilenos con ascendencia indígena) reciban una menor cantidad de nominaciones de rechazo y victimización en salas de intervención en comparación a salas de control. Además, se espera que los adolescentes rechacen y perciban como victimizados en menor medida a pares de nivel socioeconómico y grupo étnico distintos al suyo, en salas de intervención en comparación a salas de control.

Muestra

El proyecto ProCiviCo fue una intervención llevada a cabo de Mayo a Noviembre del 2017 con el objetivo de medir variables relacionadas a los comportamientos prosociales, compromiso cívico escolar, relaciones sociales entre estudiantes asi como variables sociodemográficas de los estudiantes (genero, etnicidad, clase social, etc.)[8]. Los estudiantes se midieron tres veces durante el estudio: pre-test (abril de 2017), post-test (noviembre de 2017) y dos follow-up (mayo y noviembre de 2018). Todos los participantes asistieron a 7° grado en el pre-test. En este capítulo, se analiza la información[9] del pre-test, post-test y el primer follow-up.

Instrumentos y Variables

a) *Redes de rechazo (T1 – T2 – T3).* Se utilizó un procedimiento de nominación de pares (Cillessen y Mayeux, 2004) en el cual se les pidió a los participantes que nominaran hasta tres compañeros de su clase que se ajustaran mejor al descriptor "con quién no te gustaría estar durante el recreo"[10].

b) *Redes de victimización (T1 – T2 – T3).* De manera similar a las redes de rechazo, se les pidió a los participantes que nominaran hasta tres compañeros de su clase que se ajustaran mejor al descriptor "estos estudiantes son victimizados, o los demás se burlan de ellos/as"[11].

---

[8] Los datos del proyecto estuvieron compuestos por 659 alumnos de 7° grado de Santiago (Chile) de 16 aulas ($Medadt1$ = 12,32; $DEt1$ = 0,22, 48% niñas) de ocho escuelas públicas y particulares subvencionadas. Las escuelas fueron asignadas al azar a la condición de intervención (nueve aulas en cuatro escuelas) y control (siete aulas en cuatro escuelas). Según el Ministerio de Educación de Chile, estas escuelas son consideradas de nivel socioeconómico medio-bajo a medio. El tamaño promedio de las aulas (considerando todos los estudiantes presentes en alguna de las tres mediciones) fue de 42 estudiantes (DE = 8,20, rango de 30 a 51).

[9] Se excluyó un aula de los análisis debido a su elevado porcentaje de datos perdidos en una de sus mediciones (superior a 25%). La muestra final contuvo 630 estudiantes de ocho salas de intervención ($M\ aget1$ = 12.31; $DE\ t1$ = 0,24, 39% niñas) y de siete salas de control ($Medad\ t1$ = 12.28, $DEt1$ = 0,16; 57% niñas).

[10] promedio de grado $_{T1}$=2.50, DE_{T1} =0,40; promedio de grado $_{T2}$=2,54, DE_{T2} =0,33; promedio de grado $_{T3}$=2,27, DE_{T3} =0,31. Se crearon matrices de adyacencia para cada sala de clases, con las nominaciones de rechazo codificadas como 1 y la ausencia de nominaciones codificadas como 0.

[11] promedio de grado $_{T1}$=2,33, DE_{T1} =0,38; promedio de grado $_{T2}$=2,48, DE_{T2} =0,34; promedio de grado $_{T3}$=2,17, DE_{T3} =0,32. Se crearon matrices de adyacencia para cada

c)   *Nivel Socioeconómico (NSE)*. El nivel socioeconómico de los estudiantes fue medido a través del nivel educativo de las madres (o apoderadas) reportado por los estudiantes. El nivel educativo de las madres se midió en una escala de seis puntos desde educación básica incompleta a posgrado completo)[12].

d)   *Diversidad étnica*. Se creó una variable compuesta combinando la nacionalidad y el origen indígena de los estudiantes. Específicamente, se preguntó a los participantes sobre su nacionalidad, y si ellos/as o sus familiares tienen origen indígena. Luego, se agrupó a los estudiantes extranjeros y los que informaron tener procedencia indígena (38% en la muestra), distinguiéndolos de los estudiantes chilenos sin origen indígena (62% en la muestra).

e)   *Rendimiento académico (T1-T2)*. Se utilizó el promedio general de notas en 7° y 8° grado reportado por las escuelas[13].

f)   *Género*. Se preguntó a los participantes sobre su género, codificándose 0 para hombres y 1 para mujeres (51% de mujeres).

Estrategia analítica y especificación del modelo

Se utilizaron modelos longitudinales de redes sociales implementados el paquete de R llamado RSiena (Ripley, Snijders, Boda, Voros y Preciado, 2018). Los modelos estocásticos orientados al actor (stochastic actor-oriented models en inglés, SAOM, Snijders, van de Bunt y Steglich, 2010), suponen que los actores (aquí; estudiantes) modifican sus relaciones (en este caso, relaciones de rechazo y victimización) entre las mediciones en base en sus preferencias individuales. El modelo determina trayectorias probables entre mediciones con la información del tiempo 1 como punto de partida. El modelo se estimó para cada aula por separado y luego se hicieron dos meta-análisis para agrupar los resultados de cada tipo de

---

sala de clases, con nominaciones de rechazo codificadas como 1 y la ausencia de nominaciones como 0.

[12] M_{t1} = 2,43; DE_{t1} = 1,02; educación básica incompleta = 16%, educación básica completa = 46%, educación media completa = 19%, título técnico = 16%, título profesional = 3%, posgrado completo = 0%. Para dos estudiantes se utilizó el nivel educativo del padre al no estar disponible el nivel educativo de la madre. El nivel educativo de la madre se ha utilizado ampliamente en la literatura como indicador del estatus socioeconómico de las familias (Alexander, Entwisle, Blyth y McAdoo, 1988).

[13] M_{T1} = 5,02, DE_{T1} = 0,67; M_{T2}=5,15, DE_{T2}=0,62.

salas: uno para salas de control y otro para las salas de intervención. Los modelos incluyeron efectos para capturar las tendencias básicas de los estudiantes para formar y mantener relaciones de rechazo y victimización[14].

3.1 ProCiviCo reduce el efecto del nivel socioeconómico y diversidad étnica en la formación de redes interpersonales de rechazo y victimización

La Tabla 1 proporciona información descriptiva sobre los cambios en las redes de rechazo y victimización entre mediciones (el período 1 contiene la información sobre mediciones 1 y 2, el período 2 sobre mediciones 2 y 3). Los índices de Jaccard[15] refieren a la estabilidad de los vínculos entre mediciones, indicando que la estabilidad de las relaciones de rechazo y victimización fue, en promedio, ligeramente superior en el primer período (16% y 17%, respectivamente) que en el segundo (14% y 15%, respectivamente)[16].

---

[14] La *densidad* describe la tendencia de los estudiantes a rechazar y nominar a otros estudiantes como victimizados. La reciprocidad es la tendencia a tener nominaciones de rechazo y victimización mutuas. Además, se incluyeron los efectos de grado de popularidad (*indegree popularity*), indicando la tendencia de los actores que ya reciben una alta cantidad de nominaciones de rechazo y victimización a acumular más nominaciones en el tiempo. Además, se incluyeron los efectos de *alter*, *ego* y *mismo/similitud*, para el nivel socioeconómico y la diversidad étnica de los estudiantes. El efecto *alter* captura la tendencia de los estudiantes de nivel socioeconómico alto, y con diversidad étnica a recibir más nominaciones de rechazo y victimización (en comparación grupos de menor nivel socioeconómico y de chilenos sin origen indígena, respectivamente). El efecto *ego* se refiere a la tendencia de los estudiantes de nivel socioeconómico alto y con diversidad étnica a enviar más nominaciones de rechazo y victimización (en comparación grupos de menor nivel socioeconómico y de chilenos sin origen indígena, respectivamente). Los efectos *mismo/similitud* capturan la tendencia de rechazar y nominar a otros como victimizados cuando estos pertenecen a un nivel socioeconómico similar o al mismo grupo de diversidad étnica. Además, se controló por los efectos del mismo género y rendimiento académico (*mismo género y similitud en rendimiento académico*), así como los efectos ego y alter de género, ya que el género es una característica importante en otras redes, como la amistad (Dijkstra, Berger y Lindenberg, 2011). Por último, se incluyeron los efectos de las redes de victimización sobre las de rechazo (*victimización*), y viceversa (*rechazo*). Estos efectos indican la tendencia de rechazar a quienes percibo como victimizados, y la tendencia de percibir a estudiantes como victimizados cuando yo los rechazo, respectivamente.

[15] El índice Jaccard se calcula dividiendo la cantidad de relaciones que se mantienen entre dos mediciones sucesivas (N_{11}) por la suma de relaciones nuevas (N_{01}), terminadas (N_{10}) y mantenidas (N_{11}).

[16] Aún cuando estos índices fueron relativamente bajos, no fue un problema para obtener la convergencia satisfactoria de los modelos estimados para cada aula (ratios de convergencia globales < 0,20).

TABLA 1:
INFORMACIÓN DESCRIPTIVA SOBRE LAS REDES DE RECHAZO Y VICTIMIZACIÓN, Y COVARIABLES EN CADA SALA

Sala	Tipo Sala	N	Gen %	Rend. Acad.	Rend. Acad.	Educ Madre*	Divers. Étnica	Datos Perdidos %			Prom. grado Rechazo			Prom. grado Victimización			Jacc Rech	Jacc Rech	Jacc Vict	Jacc Vict
				T1	T2			T1	T2	T3	T1	T2	T3	T1	T2	T3	P1	P2	P1	P2
1A	INT	47	44	4.80	4.98	2,97	19	15	14	18	2,54	2,82	2,89	2,34	2,80	2,71	16	12	13	13
1B	INT	50	49	4,88	5,09	3,02	15	07	05	07	2,26	2,66	2,45	1,90	2,58	2,23	16	06	14	12
2A	INT	34	34	4,96	5,34	1,79	16	16	22	19	1,78	2,27	1,63	1,74	2,27	1,52	14	04	16	07
2B	INT	30	50	5,02	5,24	1,84	37	10	06	00	2,99	2,77	2,13	2,77	2,73	2,13	15	12	20	16
3A	INT	48	0**	5,05	5,13	2,00	23	02	02	08	2,49	2,81	2,46	2,47	2,76	2,55	12	10	14	10
4A	INT	35	47	5,11	5,03	2,40	35	06	03	02	2,78	2,73	2,46	2,48	2,70	2,22	17	12	18	18
4B	INT	34	50	4,53	4,80	2,41	32	00	05	00	2,91	2,82	2,47	2,56	2,63	2,21	14	20	14	17
4C	INT	31	39	4,84	5,04	2,32	24	00	00	00	2,77	2,65	2,00	2,39	2,52	1,74	13	13	10	13
5A	CON	43	58	5,04	4,96	2,48	47	11	11	16	2,65	2,57	2,34	2,63	2,55	2,34	12	09	20	21
6A	CON	40	56	4,92	5,11	3,34	15	23	23	17	2,54	2,62	2,18	2,47	2,55	2,18	14	11	28	16
6B	CON	39	68	5,17	5,27	2,72	25	18	18	11	2,99	3,00	2,34	2,89	2,97	2,37	33	28	35	32
7A	CON	50	50	5,36	5,31	2,43	53	14	14	18	2,28	2,30	2,33	2,30	2,23	2,23	13	10	15	17
7B	CON	47	38	5,41	5,34	2,14	69	04	04	02	2,64	2,37	2,36	2,44	2,28	2,36	11	16	09	14
7C	CON	51	64	5,31	5,45	2,50	54	17	13	18	2,13	1,87	2,28	2,13	1,89	2,16	23	22	15	13
8A	CON	51	68	4,89	5,13	2,14	50	19	20	18	1,69	1,91	1,72	1,50	1,72	1,62	13	14	16	07
Prom INT		309	44,71	4,90	5,08	2,34	25,13	07	07	07	2,57	2,69	2,31	2,33	2,62	2,16	14,63	11,13	14,88	13,25
Prom CON		321	57,43	5,16	5,22	2,54	44,71	15	14	15	2,38	2,38	2,20	2,32	2,32	2,15	17,00	15,71	19,71	17,14
Prom Total		630	51,07	5,02	5,15	2,43	34,27	11	11	10	2,50	2,54	2,27	2,33	2,48	2,17	15,73	13,27	17,13	15,07

Notas. **N**: Número de estudiantes; INT: Intervención; CON: Control; GEN: Porcentaje de mujeres; Jacc: Jaccard index; Prom: Promedio.

***Esta variable fue utilizada para estudiar el nivel socioeconómico; ** Esta clase está exclusivamente compuesta por hombres.**

De forma complementaria, la Tabla 2 presenta los resultados de los análisis longitudinales para las redes de rechazo (parte superior de la tabla) y victimización (parte inferior de la tabla) comparando aulas de intervención y control. Debido al foco en el efecto del nivel socioeconómico y diversidad étnica en las relaciones de rechazo y victimización, los resultados de los efectos estructurales de las redes, género y rendimiento académico se reportan de manera sucinta.

Al observar los efectos estructurales de las redes de rechazo y victimización en aulas de intervención y control, se hallaron resultados similares. Mientras las nominaciones de rechazo fueron recíprocas entre estudiantes (rechazo *reciprocidad*; Est.$_{INT}$ = 0,41, p <.001; Est$_{CON}$= 0,36, p <.01) las de victimización no lo fueron (victimización *reciprocidad*; Est.$_{INT}$ = 0,01, p = 0,99; Est.$_{CON}$ = 0,03, p = 0,84). Además, en ambos tipos de clases, los estudiantes percibidos como rechazados y victimizados aumentaron sus nominaciones recibidas en el tiempo (*rechazo indegree-popularity*; Est.$_{INT}$ = 0,10, p <.001; Est.$_{CON}$ = 0,11, p <.001; *victimización indegree-popularity*; Est.$_{INT}$ = 0,11, p <.001; Est$_{CON}$ = 0,11, p <.001). En relación al género, solo en salas de control los hombres fueron más rechazados que las mujeres (*género alter*; Est$_{INT}$= 0,03, p= .76; Est$_{CON}$ = -0,12, p <.05), mientras que en ambos tipos de salas, los hombres fueron percibidos en mayor medida como victimizados (*género alter*; Est.$_{INT}$ = -0,27, p <.01; Est.$_{CON}$ = -0,27, p <.001). En ambos tipos de salas, no se observó una tendencia a rechazar a estudiantes del mismo género (*mismo género*; Est.$_{INT}$ = -0,09, p = 0,25; Est.$_{CON}$ = -0,08, p = 0,44). En el caso de las redes de victimización, solo en salas de intervención, los estudiantes percibieron como victimizados a estudiantes del mismo género (*mismo género*; Est.$_{INT}$ = 0,14, p <.05; Est.$_{CON}$ = 0,01, p = 0,94). Respecto al rendimiento académico, los estudiantes con mejor rendimiento fueron menos rechazados tanto en salas de intervención como de control (*rendimiento acad. alter*; Est.$_{INT}$ = -0,09, p < .01; Est.$_{CON}$= -0,12, p < .001). En cambio, solo en salas de control, los estudiantes con mejor rendimiento fueron menos victimizados (*rendimiento acad. alter*; Est.$_{INT}$ = -0,04, p = .29; Est.$_{CON}$ = -0,18, p <.001).

Respecto al nivel socioeconómico, solo en salas de control los estudiantes de nivel socioeconómico alto fueron más rechazados que sus pares de menor nivel socioeconómico (*nivel socioeconómico alter*; Est.$_{INT}$ = -0,02, p = .32; Est.$_{CON}$ = -0,07, p <.05). Sin embargo, no se encontraron efectos significativos en las redes de victimización (*nivel socioeconómico alter*; Est.$_{INT}$ = -0,01, p = 0,65; Est.$_{CON}$ = -0,02, p = 0,64). En relación a la diversidad étnica, no se observó una tendencia a rechazar a estudiantes extranjeros y chilenos con ascendencia indígena (*diversidad étnica alter*; Est.$_{INT}$= -0,02, p = 0,71; Est.$_{CON}$ = -0,01, p = 0,99). Por su parte, solo en salas de control se observó una tendencia a percibir como victimizados a estudiantes extranjeros y chilenos con ascendencia indígena (*diversidad étnica alter*; $Est._{INT} = -0,08$, $p = 0,17$; $Est._{CON} = 0,19$, $p < .05$).

Además, solo en salas de control los adolescentes tendieron a rechazar a estudiantes de distinto nivel socioeconómico (*similar nivel socioeconómico* $Est._{INT} = 0,07$, $p = 0,42$; $Est._{CON} = -0,21$, $p < .10$). Sin embargo, no se encontró que los adolescentes percibieran como victimizados a estudiantes de similar nivel socioeconómico (*similar nivel socioeconómico* $Est._{INT} = 0,06$, $p = 0,58$; $Est._{CON} = -0,22$, $p = 0,16$). Además, solo en salas de control los estudiantes rechazaron más a estudiantes pertenecientes a otro grupo étnico (*misma diversidad étnica* $Est._{INT} = -0,01$, $p = .90$; $Est._{CON} = -0,15$, $p < .05$). En cambio, no se encontró que los estudiantes percibieran en mayor medida como victimizados a pares del mismo grupo étnico (*misma diversidad étnica* $Est._{INT} = -0,12$, $p = 0,16$; $Est._{CON} = -0,08$, $p = 0,20$). Finalmente, respecto a los resultados entre los dos tipos de redes estudiadas, se encontró que solo en salas de control, los estudiantes percibidos (a nivel diádico) como victimizados fueron rechazados por sus pares (*victimización* $Est._{INT} = 0,12$, $p = 0,51$; $Est._{CON} = 0,37$, $p = < 0,05$). Sin embargo, no se observó el efecto inverso, es decir, la tendencia a percibir a estudiantes como victimizados cuando estos son rechazados por los estudiantes (*rechazo* $Est._{INT} = 0,34$, $p = 0,14$; $Est._{CON} = 0,15$, $p = 0,55$).

Estos resultados muestran prometedores efectos de ProCiviCo sobre las relaciones de rechazo y victimización en aulas de clase chilenas. En resumen, los estudiantes en salas de control rechazaron a estudiantes de distintos grupos socioeconómicos y étnicos, particularmente a estudiantes de nivel socioeconómico bajo y a los que percibieron como victimizados. Además, en estas salas los estudiantes con diversidad étnica (extranjeros y chilenos con ascendencia indígena) fueron más percibidos como rechazados que estudiantes chilenos sin ascendencia indígena. Todos estos mecanismos de selección de redes de rechazo y victimización no se observaron en salas de intervención.

Estos resultados sugieren que la intervención, enfocada en promover el comportamiento prosocial y la participación cívica, impactaría en los mecanismos y tendencias por los cuales los/as estudiantes rechazan y perciben a otros como victimizados. Específicamente, el nivel socioeconómico y la diversidad étnica tienen un rol menos relevante en redes de victimización y particularmente en redes de rechazo en las salas de intervención, en comparación a las aulas de control. Es importante señalar que los resultados del estudio no indican una diferencia relevante en términos de las nominaciones promedio por estudiante comparando las salas de intervención y control (ver Tabla 1). Es decir, los niveles de rechazo y victimización no fueron significativamente distintos, pero sí lo fueron los mecanismos por los cuales estas redes se forman y mantienen en las aulas estudiadas.

TABLA 2:
SAOM META-ANÁLISIS EN SALAS DE INTERVENCIÓN Y CONTROL

Efecto	Intervención			Control		
	Est.		DE	Est.		DE
Redes de Rechazo						
Densidad	-1,72	***	0,07	-1.83	***	0,06
Reciprocidad	0,41	***	0,08	0,36	***	0,11
Indegree-popularity	0,10	***	0,01	0,11	***	0,01
Género (mujer) alter	0,03		0,09	-0,12	**	0,05
Género (mujer) ego	0,01		0,05	0,01		0,06
Mismo Género (mujer)	-0,09		0,08	-0,08		0,10
Rendimiento acad. alter	-0,09	***	0,03	-0,22	***	0,05
Rendimiento acad. ego	-0,03		0,04	0,01		0,05
Rendimiento acad. similitud	-0,23	*	0,11	0,08		0,15
NSE alter	-0,02		0,02	-0,07	*	0,03
NSE ego	0,01		0,03	-0,02		0,03
NSE Similitud	0,07		0,09	-0,21	†	0,12
Diversidad étnica alter	-0,02		0,06	-0,01		0,06
Diversidad étnica ego	0,01		0,06	0,01		0,06
Misma Diversidad étnica	-0,01		0,07	-0,15	**	0,06
Victimización	0,12		0,18	0,37	**	0,15
Redes de Victimización						
Densidad	-1,85	***	0,08	-1,92	***	0,05
Reciprocidad[a]	0,01		0,15	0,03		0,14
Indegree-popularity	0,11	***	0,01	0,11	***	0,01
Género (mujer) alter	-0,27	***	0,09	-0,27	***	0,08
Género (mujer) ego	0,01		0,06	-0,05		0,06
Mismo Género (mujer)	0,10	*	0,07	0,01		0,06
Rendimiento acad. alter	-0,04		0,04	-0,18	***	0,05
Rendimiento acad. ego	-0,04		0,04	-0,04		0,05
Rendimiento acad. similitud	0,01		0,13	-0,11		0,15
NSE alter	-0,01		0,02	-0,02		0,05
NSE ego	0,01		0,06	-0,03		0,03
NSE Similitud	0,06		0,10	-0,22		0,16
Diversidad étnica alter	-0,08		0,06	0,19	**	0,07
Diversidad étnica ego	-0,08		0,06	0,03		0,07
Misma Diversidad étnica	-0,12		0,09	-0,08		0,06
Rechazo	0,34		0,23	0,15		0,26

Notas. † p < 0,10; p < 0,05; p < 0,01.; p < 0,001 (two-tailed tests).

a Debido a errores estándares altos (>5) se fijaron los valores de estos efectos al promedio de las salas de ese grupo.

4. RESIGNIFICANDO EL CONCEPTO DE CIUDADANÍA ESCOLAR EN CONTEXTOS DE INEQUIDAD

Desde este análisis se ha podido reflexionar acerca de la necesidad de resignificar el concepto mismo de ciudadanía escolar, cuando esta se desarrolla en contextos marcados por la desigualdad social. Estudiantes que ejercen sus derechos a la participación cívica en estos entornos, implícita o explícitamente, lo hacen desde una visión de la sociedad que los posiciona frente a las inequidades sociales, sobre todo cuando las mismas habitan sus vidas personales y familiares. El naciente concepto de "ciudadanía para la cohesión" (*cohesive citizenship*) (Keating y Benton, 2013) podría responder a esta necesidad y ayudaría a comprender qué procesos de socialización cívica promueven el ejercicio de una ciudadanía para la cohesión social.

En las sociedades democráticas modernas, el sistema escolar estaría diseñado para igualar y reducir las brechas entre personas provenientes de distintos grupos socioeconómicos y étnicos promoviendo un sentido de equidad. En esta línea, el micro-nivel "aula de clases" emerge no solo como un contexto de aprendizaje de ciudadanía significativo, sino también como un espacio privilegiado de observación de dinámicas de participación y conflicto en fases del desarrollo humano permeables a los procesos de socialización, como son la adolescencia y la juventud. En ese sentido, incorporar las visiones acerca del sistema político, las condiciones de vida, las causas del estallido social y/o las expectativas de cambios son aspectos que deberían tomarse en cuenta al momento de implementar la formación para la ciudadanía de las futuras generaciones en Chile.

La desigualdad es una de las condiciones más representativas de la configuración socioeconómica de este país, y afecta fuertemente dicho contexto de educación. El presente capítulo ofrece una mirada multidimensional a este marco estructural de inequidad, que es complementaria a los indicadores macroeconómicos más utilizados. Este análisis, contextualizado desde dicha mirada más compleja, y gracias a la investigación longitudinal asociada a la intervención en aulas de escuelas de nivel socioeconómico medio-bajo y bajo de Santiago, presenta evidencia de que es posible aumentar los comportamientos prosociales y la estabilización de comportamientos agresivos, así como la promoción de ambientes más inclusivos.

Surgen importantes señales para el diseño de la política pública, la cual debe considerar los efectos de brechas estructurales multidimensionales en los grupos socioeconómicamente más vulnerables. El aula se evidencia como un espacio privilegiado tanto para reparar brechas, como para visualizar y construir mayor equidad y superación de prejuicios sociales. Los efectos de una intervención escolar concebida para desarrollar habilidades prosociales pueden ser relevantes, sobre todo en entornos marcados por los efectos de la desigualdad, ya que es allí donde convergen de manera compleja diversos factores de inequidad, y es también donde probablemente el cambio en el desarrollo de habilidades ciudadanas puede producir un "salto" mayor.

Sin duda, habrá un gran desafío sobre la formación para la ciudadanía cohesiva en este contexto de gran crítica sobre las condiciones de vida y la institucionalidad existente, pero también una gran oportunidad, considerando la lucidez de los estudiantes y su amplia expectativa de participar en la construcción de un futuro más digno para todos y todas.

REFERENCIAS

Agencia de la Calidad de la Educación (2018). Informe de Resultados ICCS 2016, Santiago: Gobierno de Chile

Alexander, K. L., Entwisle, D. R., Blyth, D. A. y McAdoo, H. P. (1988). Achievement in the First 2 Years of School: Patterns and Processes. *Monographs of the Society for Research in Child Development, 53(2)*,1-157.

Alvaredo, Facundo, y Leonardo Gasparini (2015). "Recent Trends in Inequality and Poverty in Developing Countries". En Anthony B. Atkinson y Francois Bourguignon (eds.), *Handbook of Income Distribution, Vol 2A*. Oxford, North Holland.

Amnà, E. (2012). How is civic engagement developed over time? Emerging answers from a multidisciplinary field. *Journal of Adolescence, 35(3)*, 611-627.

Burk, W. J., Steglich, C. E. G. y Snijders, T. A. B. (2007). Beyond dyadic interdependence: Actor-oriented models for co-evolving social networks and individual behaviors. *International Journal of Behavioral Development, 31(4)*, 397–404.

Campbell, D. E. (2012). Introduction. En: D. E. Campbell, M. Levinson y F. M. Hess (Eds.), *Making civics count. Citizenship education for a new generation* (pp. 1-13). Cambridge, MA: Harvard University Press.

Caprara, G. V., Luengo Kanacri, B. P., Zuffianò, A., Gerbino, M. y Pastorelli, C. (2015). Why and How to Promote Adolescents' Prosocial Behaviors: Direct, Mediated and Moderated Effects of the CEPIDEA School-Based Program. *Journal of Youth and Adolescence, 44(12)*, 2211–2229.

Carrasco, D., Banerjee, R., Treviño, E. y Villalobos, C. (2020) Civic knowledge and open classroom discussion: explaining tolerance of corruption among 8th-grade students in Latin America. *Educational Psychology, 40(2)*, 186-206.

CASEN (2017). *Síntesis de Resultados CASEN 2017: Ingresos, Chile, Encuesta de Caracterización Socioeconómica Nacional*, Ministerio de Desarrollo Social y Familia, Santiago: Gobierno de Chile.

Castillo, J.C. (2013). Contrastes entre la desigualdad económica objetiva y subjetiva en Chile. *Temas de la agenda pública, 7(57)*, Santiago: Centro UC de Políticas Públicas, 1-15.

Castillo, J.C., Miranda, D., Boonhomme, M., Cox, C. y Bascopé, M. (2015). Mitigating the political participation gap from the school: the roles of civic knowledge and classroom climate. *Journal of Youth Studies, 18(1)*, 16-25.

Centro de Estudios Públicos (CEP) (2012). *Estudio Nacional de Opinión Pública N°66*, Santiago.

Centro de Estudios Públicos (CEP) (2019). *Estudio Nacional de Opinión Pública N°84*, Santiago.

CEPAL (2020). *Inclusión y cohesión social en el marco de la Agenda 2030 para el Desarrollo Sostenible: claves para un desarrollo social inclusivo en América Latina*. Santiago.

Cillessen, A. H. N. y Mayeux, L. (2004). From Censure to Reinforcement: Developmental Changes in the Association Between Aggression and Social Status. *Child Development, 75(1)*, 147–163.

Collado, D., Lomos, C. y Nicaise, I. (2014). The effects of classroom socioeconomic composition on student's civic knowledge in Chile. *School Effectiveness and School Improvement, 26(3)*, 415-440.

Cox, Cristián y Castillo, J. C. (Eds.) (2015). *Aprendizaje de la ciudadanía: contextos, experiencias y resultados*. Santiago de Chile: Ediciones Universidad Católica de Chile.

Dabla-Norris, E., Kochhar, K., Ricka, F., Suphaphiphat, N. y Tsounta, E. (2015). *Causes and Consequences of Income Inequality: A Global Perspective*. Strategy, Policy, and Review Department, International Monetary Fund.

Diaz-Bazan, T.V. (2015). Measuring Inequality from Top to Bottom. World Bank. *Policy Research Working Paper* No 7237.

Dijkstra, J. K., Berger, C. y Lindenberg, S. (2011). Do physical and relational aggression explain adolescents' friendship selection? The competing roles of network characteristics, gender, and social status. *Aggressive Behavior, 37(5)*, 417–429.

Espelage, D. L., Holt, M. K. y Henkel, R. R. (2003). Examination of Peer-Group Contextual Effects on Aggression During Early Adolescence. *Child Development, 74(1)*, 205–220.

Hernández, J., Ramírez, H., Parrao, A., Salazar, L., González, J. y Godoy, C. (2020). *Índice de Desarrollo Comunal. Chile 2020*. Santiago: Universidad Autónoma de Chile.

INJUV (2018). *Informe General de Resultados 9ª Encuesta de la Juventud, Instituto Nacional de la Juventud.* Santiago: Ministerio de Desarrollo Social y Familia, Gobierno de Chile.

Johnson, D. y Gastic, B. (2014). Patterns of Bullying in Single-Sex Schools. Sexuality *Research and Social Policy, 11(2),* 126–136.

Knowles, R.T., Torney-Purta, J. y Barber, C. (2018). Enhancing Citizenship Learning with International Comparative Research: Analyses of IEA Civic Education. *Teacher Education and Leadership Faculty Publications 13(1),* 7-30.

Latinobarómetro (2021). *Informe Chile 2020.* Santiago: Corporación Latinobarómetro.

López, R. y Miller, S.J. (2008). Chile: The Unbearable Burden of Inequality. *World Development, 36(12),* 2679–2695.Lospinoso, J. y Snijders, T. A. (2019). Goodness of fit for stochastic actor-oriented models. *Methodological Innovations, 12(3).* Luengo Kanacri, B. P. y Jiménez-Moya, G. (2017). Good Practices on Civic Engagement in Chile and the Role of Promoting Prosocial Behaviors in School Settings. En *Civics and Citizenship* (pp. 241–254). Rotterdam: SensePublishers.

Luengo Kanacri, B. P., Pastorelli, C., Zuffianò, A., Eisenberg, N., Ceravolo, R. y Caprara, G. V. (2014). Trajectories of prosocial behaviors conducive to civic outcomes during the transition to adulthood: The predictive role of family dynamics. *Journal of Adolescence, 37(8),* 1529–1539.

Luengo Kanacri, B. P., Zuffiano, A., Pastorelli, C., Jiménez-Moya, G., Tirado, L. U., Thartori, E., ... Martinez, M. L. (2019). Cross-national evidences of a school-based universal programme for promoting prosocial behaviours in peer interactions: Main theoretical communalities and local unicity. *International Journal of Psychology, 55(S1),* 48-59.

Mardones, R. (2020). The politics of citizenship education in Chile. En A. Peterson, G. Stahl, H. Soong (eds.), *The Palgrave Handbook of Citizenship and Education* (pp. 343-355). Cham: Palgrave Macmillan.

Mardones, R. y Marinovic, A. (2021). Educating in Politics, Democracy and Citizenship: The Challenges of Chilean Catholic Schools (Chapter 6). En: P. Imbarack y C. Madero SJ, (eds.), *Catholic Education in Latin America (73-91).* Cham: Springer Nature.

Metzger, A. and Smetana, J.G. (2009). Adolescent civic and political engagement: Associations between domain-specific judgments and behavior. *Child Development, 80 (2),* 433-441.

Mincer, J. (1974). *Schooling, Experience and Earnings: National Bureau of Economic Research.*

Miranda, D. y Carrasco, D. (2020). ¿Cuánto aportan las escuelas en diversos aspectos de la formación ciudadana?: Evidencias desde ICCS. *Midevidencias, 21,* 1-6. Recuperado de: https://www.mideuc.cl/wp-content/ uploads/2020/01/MIDevidencias-21.pdf

Obradović J. y Masten A.S. (2007) Developmental antecedents of young adult civic engagement. *Applied Developmental Science,* 11(1), 2-19.

OECD (2018). *A Broken Social Elevator? How to Promote Social Mobility.* Paris: OECD Publishing.

OECD. OECD.*Stat.* Recuperado de: https://stats.oecd.org/

Orellana, A. (2020). *10 años | Calidad de Vida Urbana – ICVU 2020.* Santiago: Instituto de Estudios Urbanos y Territoriales de la Pontificia Universidad Católica de Chile.

Palacios, D., Berger, C., Luengo Kanacri, B. P., Veenstra, R. y Dijkstra, J. K. (2019). The Interplay of Adolescents' Aggression and Victimization with Friendship and Antipathy Networks within an Educational Prosocial Intervention. *Journal of Youth and Adolescence, 48(10),* 2005–2022.

Penner, L. A., Dovidio, J. F., Piliavin, J. A., y Schroeder, D. A. (2005). Prosocial behavior: Multilevel perspectives. *Annual Review of Psychology,* 56, 365–392.

Penner, L. A., y Finkelstein, M. A. (1998). Dispositional and structural determinants of volunteerism. *Journal of Personality and Social Psychology, 74(2),* 525–537

PNUD (1990). *Desarrollo Humano. Informe.* Programa de Naciones Unidas para el Desarrollo.

PNUD (2016). *Informe sobre Desarrollo Humano.* Nueva York: Programa de las Naciones Unidas para el Desarrollo.

Ripley, R. M., Snijders, T. A. B., Boda, Z., Voros, A. y Preciado, P. (2018). Manual for RSIENA (May 24, 2018). *University of Oxford, Department of Statistics, Nuffield College.* Oxford: University of Oxford, Department of Statistics; Nuffield College. Recuperado de: http://www.stats.ox.ac.uk/~snijders/siena/

Sandoval-Hernández, A., Miranda, D., Treviño, E. y Schmelkes, S. (2019). Is Democracy Overrated? Latin American Students' Support for Dictatorships. *IEA Compass: Briefs in Education, 7. Amsterdam: International Association for the Evaluation of Educational Achievement.*

Sen, A. (1999). *Development as Freedom.* New York: Anchor Books.

Segovia, C. y Gamboa, R. (2015). Imágenes de desigualdad en Chile: El impacto de factores económicos y políticos. *Papel Político*, 20(2), 481-500.

Sherrod, L.R. (2005). Ensuring liberty by promoting youth development. *Human Development*, 48(6), pp. 376-381,

Schulz, W., Carstens, R., Losito, B. y Fraillon, J. (eds.) (2018). *ICCS 2016 technical report.* Amsterdam: International Association for the Evaluation of Educational Achievement.

Schulz, W., Ainley, J., Cox, C. y Friedman, T. (2018). *Percepciones de los jóvenes acerca del gobierno, la convivencia pacífica y la diversidad en cinco países de América Latina. Estudio Internacional sobre Educación Cívica y Ciudadana 2016 de la IEA Informe Lationamericano.* Amsterdam: International Association for the Evaluation of Educational Achievement.

Simpkins, S. D., Schaefer, D. R., Price, C. D. y Vest, A. E. (2013). Adolescent Friendships, BMI, and Physical Activity: Untangling Selection and Influence Through Longitudinal *Social Network Analysis. Journal of Research on Adolescence, 23(3),* 537–549.

Snijders, T. A. B., van de Bunt, G. G. y Steglich, C. E. G. (2010). Introduction to stochastic actor-based models for network dynamics. *Social Networks, 32(1),* 44–60. https://doi.org/10.1016/j.socnet.2009.02.004

Superintendencia de Educación (2016). *Niños y niñas migrantes: Trayectorias de inclusión educativa en escuelas de la Región Metropolitana.* Santiago: Gobierno de Chile. Recuperado de: https://www.supereduc.cl

Szekely, Miguel (2003). The 1990s in Latin America: Another Decade of Persistent Inequality, but with Somewhat Lower Poverty. *Journal of Applied Economics, 6(2)*, 317-339.

UNICEF (2020). *Estudio exploratorio de caracterización de niños, niñas y adolescentes migrantes de América Latina y el Caribe y sus familias en Chile.* Santiago: Centro de Justicia y Sociedad, Pontificia Universidad Católica de Chile, UNICEF Chile, WorldVision y Colunga. Recuperado de: https://www.unicef.org/chile/

Varela, E., Martínez, M.L., Cumsille, P. 2015. ¿Es la participación política convencional un indicador del compromiso cívico de los jóvenes? *Universitas Psychologica, 14(2)*, 715-730.

Velásquez, E., Martínez, M. L., y Cumsille, P. (2004). Expectativas de autoeficacia y actitud prosocial asociadas a participación ciudadana en jóvenes. Psykhe: *Revista de la Escuela de Psicología, 13(2)*, 85–98.

World Bank (2020). *Atlas of Sustainable Development Goals, The World Bank Group.* Recuperado de: https://datatopics.worldbank.org/sdgatlas/

World Bank Open Data. *Free and open access to global development data.* Recuperado de: https://data.worldbank.org/

Youniss, J., Bales, S., Christmas-Best, V., Diversi, M., McLaughlin, M., y Silbereisen, R. (2002). Youth civic engagement in the twenty first century. *Journal of Research on Adolescence, 12(1)*, 121-148.